JACQUES TATI

Sein Leben und seine Kunst

David Bellos

JACQUES TATI
Sein Leben und seine Kunst

Aus dem Englischen von Angelika Arend

mitteldeutscher verlag

Die Originalausgabe erschien 1999 unter dem Titel »Jacques Tati.
His Life and Art« im Verlag Harvill Press, einem Imprint von Vintage.
Vintage ist Teil der Unternehmensgruppe Penguin Random House.

First published as »Jacques Tati. His Life and Art« in 1999
by Harvill Press, an imprint of Vintage.
Vintage is part of the Penguin Random House group of companies.
Copyright © David Bellos, 1999

Für die deutsche Ausgabe hat der Autor das Kapitel 12, »Tatis Krieg«,
überarbeitet sowie ein ergänzendes zweites Nachwort, »Helgas Story«, verfasst.

David Bellos beansprucht das moralische Recht,
als Autor dieses Werkes identifiziert zu werden.

Deutsche Erstausgabe
1. Auflage
Copyright © 2024 der deutschen Ausgabe
by mdv Mitteldeutscher Verlag GmbH, Halle (Saale)
www.mitteldeutscherverlag.de

Alle deutschsprachigen Rechte vorbehalten

Der Verlag behält sich die Verwertung der urheberrechtlich geschützten Inhalte
dieses Werks insbesondere für Vervielfältigungen, Übersetzungen und die
Einspeicherung und Verarbeitung in elektronischen Systemen auch für Zwecke
des Text- und Data-Minings nach § 44 b UrhG ausdrücklich vor.
Jegliche unbefugte Nutzung ist hiermit ausgeschlossen und strafbar.

Gesamtherstellung: Mitteldeutscher Verlag, Halle (Saale)
Umschlagabbildung: © Nelson Gonçalves

ISBN 978-3-96311-879-1

Printed in the EU

Inhalt

Danksagung 7
Vorwort 8
Zeichen an der Wand 11

Erster Teil – Jahre der Mühen, 1907–1946

Eins	Die französische Familie Tatischeff	17
Zwei	Das Bilderrahmengeschäft	35
Drei	Der Kavallerist	40
Vier	Tatis Universität	51
Fünf	*Les Copains*	59
Sechs	Mittellos und auf der Straße	72
Sieben	Oscar, Roger und Rhum	77
Acht	Sport-Imitationen	86
Neun	Ein Tag auf dem Land	91
Zehn	Der Zentaur	98
Elf	Spiel der Phantasie	112
Zwölf	Tatis Krieg	120
Dreizehn	Der Weg zurück	142
Vierzehn	Mr Byrnes und M. Blum	151

Zweiter Teil – Jahre des Erfolgs, 1946–1960

Fünfzehn	Lokale Farbe	159
Sechzehn	Ton und Wort	169
Siebzehn	Back-Up	192
Achtzehn	*US Go Home!*	203
Neunzehn	Im tiefsten Frankreich	209
Zwanzig	Fenster und Rahmen	220
Einundzwanzig	Eine schleppende Freigabe	226
Zweiundzwanzig	Unabhängigkeitserklärungen	235
Dreiundzwanzig	Warten auf Hulot	244
Vierundzwanzig	Gags, Witze und Kameratricks	257
Fünfundzwanzig	Am Strand	269
Sechsundzwanzig	Ferienstimmung	277

Siebenundzwanzig	Unfall	282
Achtundzwanzig	Mein Onkel	297
Neunundzwanzig	Die Alte und die Neue Welt	314
Dreißig	Tati-Total	338

Dritter Teil – **Playtime, 1960–1970**

Einunddreißig	Edifice Complex	357
Zweiunddreißig	*Le Gadget*	371
Dreiunddreißig	Die breite Leinwand	379
Vierunddreißig	Economic Airlines	388
Fünfunddreißig	Situationen	396
Sechsunddreißig	Fisch im Wasser	409
Siebenunddreißig	Babylonische Türme	415
Achtunddreißig	Das Ende des Wegs	420

Vierter Teil – **Confusion, 1970–1982**

Neununddreißig	Tati-TV	429
Vierzig	Rettung aus dem Norden	439
Einundvierzig	Spiegel der Mobilität	447
Zweiundvierzig	Auf Tour, im Fernsehen, auf der Bühne	454
Dreiundvierzig	Zwei französische Wochen	461
Vierundvierzig	Zirkus-Zeit	464
Fünfundvierzig	*Confusion*	477

Nachwort I	491
Nachwort II: Helgas Story	494
Abkürzungen	502
Anmerkungen	503
Quellennachweis	528
Abbildungsliste	534
Bildnachweis	537
Personenregister	538

Danksagung

Dieses Buch hätte ohne die großzügige Genehmigung und Kooperation von Tatis Tochter nicht geschrieben werden können: Sophie Tatischeff gewährte mir Einblick in die Pressebücher, Fotoalben und Geschäftskorrespondenzen ihres Vaters, wie auch in ihre eigene kostbare Sammlung von Videobändern. Ich hoffe, dass dieses Buch – für das ich allein die Verantwortung trage – meine Dankesschuld für ihr ungewöhnlich freundliches Entgegenkommen zu begleichen vermag.

Vielen Menschen bin ich zu Dank verpflichtet, die in Paris, Stockholm und andernorts sich die Zeit nahmen, ihre Erinnerungen an Jacques Tati mit mir zu teilen und in einigen Fällen mir kostbare Dokumente auszuleihen. Von den vielen seien nur diese genannt: Sylvette Baudrot, Michèle Brabo, Barbara Denneke-Ramponi, Gustaf Douglas, François Ede, Pierre Etaix, Karl Haskel, Maurice Laumain, Gilles L'Hôte, Germaine Meunier, Hyacinthe Moreau-Lalande, Fred Orain, Nicolas Ribowski, Anne Sauvy-Wilkinson, Marie-France Siegler, Lucile Terouanne, Norbert Terry und Elisabeth Wennberg.

Die Qualität der Illustrationen in diesem Buch ist weitgehend den technischen Fähigkeiten von Jérôme Javelle zu verdanken. Patrizia Molteni – eine verlässlich sorgfältige Assistentin – war bei den Bibliotheksarbeiten und Faktenchecks in Paris behilflich.

Steve Parker, Andrew Hussey, P. Adams Sitney, Gaetana Marrone-Puglia und viele andere Kollegen beantworteten Anfragen, machten Vorschläge und halfen mir, Fehler zu vermeiden. Pascale Voilley hat diesem Buch (und seinem Autor) mehr gegeben, als ich sagen kann.

Vorwort

Jacques Tati – besser bekannt unter dem Namen seiner filmischen Persona M. Hulot – war ein genialer Mime und Autor von vier oder fünf der unterhaltsamsten, wenngleich enigmatischen Filme, die je gemacht worden sind: *Jour de fête, Les Vacances de M. Hulot, Mon Oncle, Playtime,* wie auch, in den Augen vieler, *Trafic* und *Parade.* Alle diese Filme sind in Frankreich, Großbritannien, den USA und in vielen anderen Ländern im Handel auf DVD erhältlich; auch Zelluloid-Versionen werden noch gezeigt: gelegentlich in kommerziellen Kinos, und immer wieder in Film-Clubs weltweit. Jacques Tatis Filmwerk ist wohlbekannt. Dieses Buch verfolgt das Ziel, die Genese seines Werks näher zu beleuchten und damit zu dessen besserem Verständnis beizutragen.

Ich bin weder ein Filmkritiker noch ein Filmexperte und halte mich schon gar nicht für einen Filmemacher (was, wie ich befürchte, auf viele Filmkritiker zutrifft). Wichtiger aber ist, dass in den vergangenen vierzig Jahren mindestens ein Dutzend Bücher über Tati geschrieben worden sind. Die Bandbreite reicht von Marc Dondeys attraktivem Foto-Album bis hin zu einem sehr persönlichen Essay des hervorragenden Musikkritikers Michel Chion. Unter den zahlreichen Tati-Büchern finden sich ferner eine gut verständliche, wenngleich nicht ganz perfekte Biografie auf Englisch von James Harding sowie sorgfältig verfasste Thesen von Brent Maddock, Lucy Fischer und anderen amerikanischen Filmwissenschaftlern. (Detaillierte Angaben zu diesen und anderen Werken finden sich weiter hinten in der Bibliografie ab S. 529.) Alle sind überaus lesenswert – mein Buch verdankt vielen von ihnen wertvolle Informationen –, aber sie konnten mir nicht alles sagen, was ich wissen wollte.

»Das Auflösen eines Rätsels ist die reinste und fundamentalste Tätigkeit des menschlichen Geistes«, schrieb Vladimir Nabokov in einer ironischen Rezension seiner eigenen Autobiografie. Das Leben und Werk des Jacques Tati – und darüber hinaus das

Verhältnis zwischen Leben und Werk – geben uns ein faszinierendes Rätsel auf: Wie konnte *dieser* Mann *solche* Filme machen? Auf welche Weise und aus welchem Grund nehmen Filme dieser Art Einfluss darauf, wie wir das Kino einschätzen und auch die reale Welt wahrnehmen? Was genau bedeutet uns M. Hulot? Das sind Rätsel, die jede Art von Kunst uns aufgibt. Ich kann nicht behaupten, das Tati'sche Rätsel ein und für alle Mal gelöst zu haben; aber dieses Buch versammelt eine weit größere Anzahl von Lösungshilfen, als bisher verfügbar waren.

Die Entscheidung, das Buch zu schreiben, basiert auf der anfänglich intuitiven, jetzt zur Überzeugung gewordenen Einsicht, dass Tati, anders als manch achtbarer professioneller Filmemacher, nicht einfach eine Reihe von Filmen produziert hat. Er schuf ein Set von Filmen, das zusammen genommen mehr darstellt als die Summe seiner Teile. Tati ist der Autor eines Oeuvres, das unsere Aufmerksamkeit verdient und unsere respektvolle Bemühung um sein faires Verständnis mittels sachgerechter Methoden, wie wir sie an das Werk jedes Künstlers herantragen, sei er Maler, Dichter oder Filmproduzent.

Tatis Filme geben uns ein komplexes Bild einer in sich geschlossenen, imaginären und leicht poetisierten Welt, und gleichzeitig einen aufschlussreichen Kommentar zur historischen Realität. Entstanden in einer Zeitspanne, die fast deckungsgleich ist mit den *trente glorieuses* von 1945 bis 1975 – den dreißig »glorreichen« Jahren des wachsenden Reichtums in Frankreich –, gibt Tatis Werk uns einen objektiv scharf gezeichneten Ausschnitt der Geschichte Frankreichs, wie auch dessen künstlerische Gestaltung durch eine hochgradig individuelle Sensibilität. Wie schon in meiner Studie zu Georges Perec geht es mir auch in diesem Buch darum zu zeigen, wie das Zusammenwirken von Kunstfertigkeit, Beobachtung, Feingefühl und Intelligenz (im Falle Tatis allerdings von ganz eigener Art) zur Quelle bedeutsamer Kunst wird.

Jacques Tati war ein Mensch und Künstler, der sich von Georges Perec so grundlegend unterschied, wie man sich nur denken kann. Während ich mit Perec vermutlich ein gutes Gespräch geführt hätte, muss ich bezweifeln, dass ich vis-à-vis Tati auch nur fünf Minuten hätte bestehen können. Dennoch sehe ich keinen Widerspruch darin, den Mann und das Werk im Rahmen desselben übergreifenden Narrativs zu präsentieren, auch wenn das Verhältnis zwischen beiden – und zwischen dem Biografen und jedem Einzelnen von ihnen – kein enges oder gar erforderliches ist.

Ein Leben ist länger und reicher, als eine Biografie sein kann. Ich habe mich bemüht, alles einzubeziehen, was ich von Tati als Mensch und von seinem Werk weiß, bin mir aber im Klaren darüber, dass noch viele Lücken verbleiben. Es wird wohl tausend nicht erzählte Anekdoten und Hunderte von nicht erfassten Fakten aus Tatis Leben geben. Konnte er kochen? Was aß er am liebsten? Ich habe es nicht herausfinden können – aus dem einfachen Grund, dass fast alle seiner Zeitgenossen schon vor einiger Zeit aus dem Leben geschieden waren. Aber einige der in diesem Buch fehlenden Kapitel werden eines Tages vielleicht doch noch geschrieben werden – wie zum Beispiel die lückenlose Geschäftsgeschichte von Cady-Films, Specta-Films und CEPEC; oder ein nicht allzu spekulativer Bericht darüber, wie Tati durch die Jahre 1939 bis 1944 gekommen ist – falls die relevanten Dokumente, die existiert haben müssen, irgendwann ans Tageslicht gelangen. Künftige Biografen werden vielleicht auch in der Lage sein, mehr über Tatis Verhältnis zu den Künstlern, Malern, Musikern und Entertainern seiner Zeit zu berichten. Die hier vorgelegte Biografie kann also nicht als das letzte Wort zu Tati betrachtet werden. Ich möchte sie verstanden wissen als Beitrag zu einem weltweit anhaltenden Gespräch über einen der herausragenden kreativen Köpfe des 20. Jahrhunderts – mit Sicherheit den letzten seiner Art.

D. B.
Princeton, N.J.
24. April 1999

Zeichen an der Wand

Wie selbst gelegentliche Besucher begreifen, verzieren die Straßennamen in Paris das Stadtbild mit einem reichen Muster nationaler Geschichte und Kultur. Von der Rue Clovis bis zur Rue Charlemagne, vom Quai Henri-IV zum Pont Louis-Philippe, alle französischen Könige haben ihren Ort, so auch zahlreiche Minister, Generäle, Ärzte, Biologen, Kriegshelden und Philosophen. Auch Künstler und Erfinder werden in jedem *quartier* geehrt, und seit einigen Jahren hat das nationale Kulturerbe weit mehr neue Orts- und Straßennamen hervorgebracht als das Militär oder die Politik. Pablo Picasso, Raymond Queneau und Louis Aragon haben heute ihre je eigene Metro-Station, und Straßen wurden benannt (oder umbenannt) nach Marcel Proust, Georges Perec und François Truffaut. Und noch etwas hat sich in der Praxis der Namensgebung verändert. Seit die alten blau-grauen Schieferplatten durch Metall und jetzt auch synthetische Stoffe ersetzt werden, stehen die Antworten auf die unvermeidlichen Fragen – »Papa, wer *war* Pierre Brosolette?« – in kleiner Schrift gleich unter dem Namen: »Französischer Journalist und Held des Widerstands, 1903–1944«. Diese Beschriftungen sind allerdings nur winzige Schutzwälle gegen den Ansturm von Zeit und Vergessen. Tolbiac, Arago, Trousseau, Isabey – verdienstvolle und herausragende Männer in ihrem jeweiligen Schaffensbereich – leben in den Köpfen der Menschen nur noch in Verbindung mit den Straßen und Plätzen, die ihren Namen tragen.

Die Rue André Gide (»Französischer Schriftsteller, 1869–1951«) bildet die äußere Grenze einer Musterwohnsiedlung im Zentrum von Paris und verläuft bis zu den Bahnschienen, die zum Gare Montparnasse führen. Eine Plattenwand – beige und ockerfarben angestrichen – verdeckt die schmuddeligen Schuppen am hinteren Ende des Bahnhofs. Auf drei dieser Gipsplatten sind lebensgroße Flachreliefs eines hochgewachsenen, hageren, Pfeife paffenden Gentlemans mit weichem Hut zu sehen, der einmal ein Schmetterlingsnetz, einmal einen Tennisschläger und einmal einen Regenschirm in Händen hält. Hier findet man keine Gedenktafel, keinen Namen, keinen erläuternden Text. Man weiß ja – so die Erwartung –, dass der Schnellzug, der hinter dieser Wand dahingleitet, einen in Windeseile gen Westen nach Nantes und Saint-Nazaire trägt, von wo ein klappriger Bus, ein Fahrrad oder ein alter Amilcar einen zum Hôtel de la Plage in Saint-Marc-sur-mer transportiert, dem realen, weitgehend unveränderten Ort von M. Hulots unvergesslichem Ferienaufenthalt.

Fast fünfzig Jahre nach seiner Erschaffung durch Jacques Tati ist und bleibt M. Hulot eine auf Anhieb erkannte Gestalt, sowohl in Frankreich als auch in vielen anderen Teilen der Welt. Keine Straße in Paris trägt Hulots Namen, oder den seines Schöpfers, und doch haben nur wenige andere Film-Ikonen ihren Platz in der Erinnerung und Imagination der Menschen so lange gehalten. Es bietet sich der Vergleich mit dem kleineren, aber ebenfalls lebensgroßen Bild eines Tramps an, der mit Bowler-Hut an der Südwestecke des Leicester Square in London steht. Die Parallele zu diesem »*clever wee fellow*«, dem cleveren kleinen Kumpel, ist zwingend, denn die amerikanische Burleske war der ausschlaggebende Kontext für Jacques Tatis Arbeit als Filmemacher in der Komik-Branche. Doch obwohl »Hulot« sich auf Chaplins französischen Spitznamen »Charlot« reimt, vollzieht sich das, was Tatis gemächliche und verträumte Filme zu sagen haben, auf einer völlig anderen Ebene.

Tatis sechs Spielfilme behandeln ausdrücklich eine Vielzahl der einschneidenden Veränderungen, die die Jahre 1945 bis 1975 mit sich brachten, wie zum Beispiel die städtische Erneuerung, das Wachstum der Wohlstandsgesellschaft, die Entwicklung und Verbreitung des Automobils. Diese Filme führen uns die Geschichte des modernen Frankreichs vor Augen – eine Materialgeschichte, dargeboten in leicht verträglicher, komischer Form, und frei von jedem intellektuellen Anspruch der »Nouvelle

Vague«, die ja derselben Zeit angehört. Eine Geschichte also, die uns in der Rückschau umso aktueller erscheint.

Die Produktion dieser sechs Filme ging langsam voran, denn Tatis Arbeitsweise war auf eigene Art sorgfältig und akkurat, um nicht zu sagen, extrem pedantisch, doch in mancher Hinsicht unprofessionell und schleppend. Tati forderte und behielt fast komplete Kontrolle über alle Aspekte seiner Arbeit, so dass seine Filme in wesentlich geringerem Maß den Zwängen kommerzieller Erwägungen unterlagen als der Großteil aller Filmkunst. Daher ist es durchaus geboten, diese Filme nicht nur als charmante, historisch getränkte Komödien zu betrachten, sondern auch als den sorgfältig geformten Ausdruck einer singulären kreativen Persönlichkeit. Es gibt keinen Grund, Tatis Filme nicht mit derselben Ernsthaftigkeit und demselben Respekt anzugehen, wie wir sie – zum Beispiel – Molières Komödien entgegenbringen.

Ganz offensichtlich liegen die Quellen der Weltsicht Tatis viel weiter zurück als im Jahr 1945. Unser Ansatzpunkt – der auch die früheste uns vorliegende Information dessen ist, was Tati von seiner Herkunft preiszugeben gestattete oder nach eigenem Wissen überhaupt mitteilen konnte – geht zurück auf die Zeit, als Louis und Auguste Lumière den *cinématographe* noch nicht erfunden hatten.

Erster Teil
Jahre der Mühen
1907–1946

EINS

Die französische Familie Tatischeff

Il n'est trésor que de vivre à son aise

FRANÇOIS VILLON

Jacques Tati wurde 1907 geboren[1] – neun Jahre nach dem Erscheinen der weltweit ersten Kurzkomödie (*L'Arroseur arrosé*, 1898), vier Jahre nach der Geburt von Raymond Queneau, zwei Jahre nach Sartre. So gehörte er zu der Generation derer, die den Ersten Weltkrieg 1914–18 nicht persönlich erlebt haben, sondern nur als mitgehörtes Gesprächsthema der Erwachsenen. Aber das Leben aller französischen Männer und Frauen in Tatis Alter zerfiel durch den Zweiten Weltkrieg und die deutsche Besetzung Frankreichs (1940–44) in zwei sehr unterschiedliche Teile.

Der Familienname war (und bleibt) Tatischeff, ein aristokratischer russischer Name ältester Herkunft. Tatis Großvater väterlicherseits, ein erblicher Graf und nomineller Oberbefehlshaber der Alexandrinischen Husaren, wurde in den 1870er Jahren als Militärattaché in die Kaiserliche Russische Botschaft nach Paris versetzt. Dort verliebte er sich in eine junge Französin, Rose-Anathalie Alinquant, die ihm 1875 einen Sohn gebar, dem er den Namen Georges-Emmanuel gab. Nicht lange danach kehrte Graf Dmitris Pferd ohne seinen Reiter aus Bois de Boulogne zurück: Die Leiche wurde später am Straßenrand aufgefunden. Offiziell galt der Tod des Militärattachés als ein bedauerlicher Reitunfall. Aber nach den Angaben eines verlorengegangenen Schriftstücks soll jemand die Steigbügelriemen des Pferdes manipuliert haben.[2] In der Familie kursierte die Erklärung, dass Dmitris Tod kein Unfall war, sondern Mord, und dass, wenn nicht die Täter, dann doch der Auftraggeber in Moskau zu finden sei.

Der Verdacht eines Komplotts gewinnt durch die unmittelbar folgenden Ereignisse an Plausibilität. Gleich am nächsten

Abb. 1: *Graf Dmitri Tatischeff in der Uniform der Alexandrinischen Husaren*

Tag wurde Dmitris neugeborener Sohn entführt, und bald stellte sich heraus, dass er nach Moskau gebracht worden war, wo er als einziger männlicher Abkömmling des großen Hauses Tatischeff standesgemäß erzogen werden sollte. Die Mutter dieses Jungen – Jacques Tatis Großmutter – hatte ihren Liebhaber und auch ihr Kind verloren. Sie reagierte mit bemerkenswerter Willensstärke und Entschlossenheit. Sie brachte sich Russisch bei, nahm in Moskau einen Job als Kindermädchen an und machte ausfindig, wohin Georges-Emmanuel verschleppt worden war. Nach Jahren des Wartens und Planens organisierte sie die Entführung ihres Kindes und brachte den achtjährigen Jungen zurück nach Frankreich. Da sie in ständiger Angst vor Repressalien einer mächtigen russischen Familie lebte (Russland und Frankreich waren zu der Zeit enge Verbündete), zog sie sich in gute Entfernung von Paris in ein Dorf namens Le Pecq zurück, das in einer der großen Schleifen der Seine lag.

Ob wahr oder erfunden, ist dieser Herkunftsmythos von einer wilden und gewalttätigen Energie geprägt, die in scharfem Kontrast zur Welt der Filme von Jacques Tati steht. Auch wenn der mutmaßliche Komplott im Rahmen der in Russland für die Vererbung aristokratischer Titel und Besitztümer geltenden Regeln durchaus denkbar ist – Balzac hatte dreißig Jahre vorher zu seinem Ärger erfahren müssen, dass es unter den zaristischen Gesetzen nicht möglich war, als Ausländer durch Eheschließung oder Erbschaft zu Titel und Reichtum zu gelangen –, erscheint er dennoch als nicht konsequent durchdacht, da es zum Zeitpunkt der Ermordung des Erbschaftsanwärters durchaus nicht sicher war, ob dessen illegitimes Kind überleben würde. Aber der Tod des Grafen Dmitri und Georges-Emmanuels frühe Jahre in Moskau – Geschichten, die Jacques Tati nachweislich immer und immer wieder erzählt bekam und sie auch seinen eigenen zwei Kindern weitererzählte – haben tiefe Narben hinterlassen. Nach den Aussagen seiner Großenkelin hat Georges-Emmanuel die brutalen Brüche seiner Kindheit nie richtig verwunden. Als Waise aufgewachsen, wurde er zum Gegenstand eines verwirrenden internationalen Tauziehens der Liebe und war seit seinem achtzehnten Lebensjahr der einzige Trost seiner Mutter. War er Russe? War er Franzose? Sehr früh in seinem Leben beschloss er, sich von Moskau zu lösen. Seinen Status als außerehelich Geborener empfand er als Stigma, das verborgen oder überspielt werden musste. Das tat er nicht durch die Annahme eines anderen Namens, auch nicht des Namens seiner Mutter, sondern dadurch, dass er sich mit Nachdruck als achtbaren Bürger der Dritten Fran-

Abb. 2: *Georges-Emmanuel Tatischeff in französischer Militäruniform, ca. 1915*

zösischen Republik definierte. Assimilation wurde in dieser optimistischen und selbstsicheren Gesellschaft ohnehin erwartet, und Nationalität war ein Begriff, mit dem man viel lockerer umging, als wir es heute tun. Von viel größerer Bedeutung war die Gesellschaftsklasse, der man zugehörte.

Georges-Emmanuel wuchs in Le Pecq auf und wurde Geschäftsmann. In den späteren 1890er Jahren ging er in den Kohlenhandel, gründete in Port Marly sein eigenes Unternehmen (vielleicht hatte er es auch übernommen), das er nur allzu gern wieder aufgab, als er 1903 die Tochter eines viel erfolgreicheren Bilderrahmenhändlers heiratete.[3] Claire Van Hoof war ebenfalls gemischter Herkunft: holländisch seitens des Vaters, italienisch seitens der Mutter. Von Claire lernte Jacques ein paar Brocken Holländisch, die ihm später zustattenkamen, als er an seinem letzten großen Spielfilm *Trafic* mit einer vorwiegend holländischen Crew an einem Drehort in den Niederlanden arbeitete. Es kann also kaum behauptet werden, Tati sei ein französischer Filmemacher »russischer Herkunft«, wie es häufig in der einschlägigen Literatur nachzulesen ist. Der Herkunft nach, wenn das heutzutage überhaupt noch viel bedeutet, war er ein europäischer Cocktail, teils italienisch, teils holländisch, teils russisch und teils französisch – und in dieser Hinsicht nicht untypisch für die französische Bevölkerung im zwanzigsten Jahrhundert. Abgesehen von dem Namen Tatischeff und einer schwerblütigen Verträumtheit, die oft als »typisch slawisch« beschrieben wird – er selber wollte seine Anfälle von Niedergeschlagenheit und Depression säuberlich von seiner »russischen Seite« getrennt wissen – hatte Tati von seinem russischen Großvater nichts geerbt.⁴ Weder Jacques noch seine ältere Schwester Odette (die 1905 geboren wurde und den Rufnamen Nathalie bekam) haben je ein Wort Russisch gesprochen und hatten auch keinerlei Kontakt zu diesem Land (abgesehen von Jaques' Teilnahme an zwei Filmfestivals, als er schon ein weltweit bekannter Filmregisseur war). Zeit seines Lebens war Jacques Tati für die Welt, wie auch für sich selber, so französisch wie Knoblauchwurst; die ihm oft gestellte Frage, was seine russische Herkunft ihm bedeute, beantwortete er mit einem Achselzucken und ging zur nächsten Frage über.⁵

Abb. 3: *Jacques Tatischeff am Tag seiner Erstkommunion*

Georges-Emmanuel, der als einziges Kind einer alleinerziehenden Mutter in dem Dorf Le Pecq aufwuchs, hat sich nie von seinen französischen Wurzeln entfernt. Und dort wuchs auch sein Sohn Jaques auf. Le Pecq war eigentlich der untere Teil der altehrwürdigen Stadt Saint-Germain-en-Laye. Mit ihrem riesigen Schloss (in dem sich heute das *Musée d'Archéologie Nationale* befindet), mit ihrer Kavalleriegarnison und ihrem ausgedehnten Waldgelände ist die Stadt Saint-Germain mehr als nur ein Vorort von Paris. Sie mag heute die Endstation der Express-Metro-Linie sein, bleibt aber dennoch eine Stadt von großbürgerlichem, geradezu aristokratischem Gepräge. Saint-Germain war und ist bis heute ein prestigeträchtiges teures Pflaster.

Tatis Mutter war die Tochter eines angesehenen Besitzers einer Bilderrahmen-Galerie, Cadres Van Hoof, die er im Zentrum von Paris in der Nähe des Place Vendôme betrieb. Georges-Emmanuel hatte in Kürze sowohl die handwerklichen als auch die verwaltungstechnischen Fähigkeiten erlernt, die ihn zum natürlichen Nachfolger seines Schwiegervaters machten. Die seit der Jahrhundertwende florierende Firma Cadres Van Hoof produzierte antike und moderne Bilderrahmen für Museen und private Sammler wie auch für Künstler, die nicht immer das nötige Bargeld hatten. Doch der alte M. Van Hoof nahm keine Zahlung in Form irgendwelcher Sachleistungen entgegen; in der Familie wurde erzählt, dass er drei Van Goghs abgelehnt hatte, die sie alle zu Millionären gemacht hätten.[6]

Nach ihrer Eheschließung bezogen Tatis Eltern ein vornehmes, nagelneues Haus an der Rue de L'Ermitage in Le Pecq. Ihr Dienstpersonal hielt den großen Garten in Ordnung, betrieb die Stallungen und fuhr das Automobil, das die Tatischeffs sich 1903 zugelegt hatten; und im Bilderrahmengeschäft waren bis zu fünfundzwanzig Hilfskräfte eingestellt.[7] Georges-Emmanuel war ein angesehener Mann und wurde durch clevere Manöver an der Pariser Börse immer reicher. Nach der Russischen Revolution muss Georges-Emmanuel seinen Sternen dafür gedankt haben, dass er französischer Bürger geworden war und nicht, wie es vielen anderen russischen Aristokraten in Paris, Berlin oder New York erging, mit einem nutzlosen Nansenpass in der Tasche sein Leben als Taxifahrer fristen musste.

Als Kinder einer wohlhabenden Familie der oberen Mittelschicht wurden Jacques und seine Schwester streng und nach Maßgabe standesgemäß geltender Konvention erzogen. Madame Van Hoof, geb. Teresa-Maria Rizzi, Tatis italienische Großmutter mütterlicherseits, lebte im Haus der Familie und bestand auf der strikten Einhaltung aller Formen religiöser und gesellschaftlicher Schicklichkeit. (Da die Tatischeffs jegliche Verbindung mit Russland abgebrochen hatten, war der katholische Glaube zur Fami-

Abb. 4: *Das Familiengeschäft, Rue de Caumartin, 1929*

lienreligion erhoben worden.) Fisch am Freitag, ohne Ausnahme; der Kirchgang am Sonntag war absolute Pflicht, und Jacques sang als Chorknabe im Gottesdienst. Erst im fortgeschrittenen Teenageralter durften die Kinder ihre Mahlzeiten gemeinsam mit den Eltern einnehmen.[8]

Da Jacques' Eltern beide Einzelkinder waren, hatte der Junge keine Cousins und keine Kusinen ersten Grades, weder Tanten noch Onkel: *Mon Oncle*, Tatis Oscar-prämierter Film von 1958, kann daher nur von dem Onkel handeln, den er nie hatte. Mit entfernteren Verwandten auf der russischen Seite des Vaters hatte man keinerlei Verbindung, und die meisten Verwandten der Mutter lebten in Holland, Italien oder anderswo. Jacques wuchs als einziges männliches Kind seiner Generation auf, umgeben von zwei Großmüttern, dem schnurrbärtigen Opa Van Hoof, seiner Mutter und seiner älteren Schwester; er hatte eine englische Nanny, Miss Brammeld, und bekam Klavierunterricht von Mademoiselle Saulx.[9] Und wie stand es mit dem einzigen männlichen Erwachsenen in der Generation seiner Eltern, Georges-Emma-

Abb. 5: *Georges-Emmanuel Tatischeff zu Pferd, ca. 1925*

nuel? »Mein Vater war ein Mann von starkem Charakter«, sagte Tati zu Penelope Gilliatt in den 1970er Jahren, »ich wünschte, er hätte etwas mehr von dem Onkel in *Mon Oncle* gehabt ...«[10] Einem schwedischen Interviewer gegenüber äußerte er sich etwas deutlicher zu den Frustrationen seiner Kindheit und zu der auch in der Rückschau noch anhaltenden Enttäuschung: »[Mein Vater] war der Besitzer der Familie. Ich glaube, das war nicht so ganz richtig.«[11]

Der Krieg brach aus, als Jacques noch keine sieben Jahre alt war. Das französische Cinéma, das damals mit den beiden Giganten Pathé Frères und Gaumont die Filmindustrie weltweit beherrschte, erlitt einen empfindlichen Niedergang. Wenn Jacques und Nathalie während ihrer Kindheit überhaupt ins Kino gekommen sind, dann haben sie ab 1915 sicher mehr amerikanische als französische Filme gesehen. Aber alles, was wir mit Gewissheit über Jacques' frühe Erfahrung der Unterhaltungskultur sagen können, ist, dass er um die Zeit des Kriegsausbruchs den komisch überschwänglichen Zwerg-Entertainer namens Little Tich zu sehen bekam. Dieser englische Music-Hall-Künstler trug Schuhe, die doppelt so lang waren wie seine kurzen Beine, und er begeisterte seine Zuschauer in Paris und London mit akrobatischen Albernheiten ohnegleichen. Tati hat dieses Erlebnis nie vergessen, und in späteren Jahren berief er sich oft auf seine Erinnerungen an Little Tich, der, wie er sagte, die ganze Kunst der Film-Burlesque erfunden hat. Als Tati 1969 zu einem Vortrag im National Film Theatre nach London kam, bestand er darauf, den einzigen noch vorhandenen Filmclip von Little Tich vorzuführen.[12]

1914 ging Georges-Emmanuel, wie alle Männer im wehrfähigen Alter, zur Armee und diente bis zum Kriegsende. Anders als sehr viele seiner Zeitgenossen entging er der brutalen Vernichtung in den Schützengräben. Während dieser vier Kriegsjahre wurde die persönliche Umgebung seiner Kinder noch weiblicher geprägt, als sie ohnehin schon war. Der junge Jacques sah immer nur Frauen, außer in der Schule, oder wenn der Vater, was selten genug geschah, überraschend auf Heimaturlaub zu Hause auftauchte. Einen solchen Besuch gab es im Sommer 1916 während eines Ferienaufenthalts der Frauen und Kinder in Mers-les-bains an der Küste des Ärmelkanals. Diese Begebenheit ist unauslöschlich in Tatis Gedächtnis hängengeblieben:

> Mein Vater war auf Urlaub. Er besuchte uns in voller Uniform. Er durfte sie, außer zum Schwimmen, nicht ablegen. Dort stand er, am Strand, in Militärblau. Wie ein Wildhüter, der uns bewachte. Diese Szene geht mir oft durch den Kopf.[13]

Fünfunddreißig Jahre später hielt Tati gemeinsam mit seinem Maler-Freund Jacques Lagrange Ausschau nach einem Drehort für *Les Vacances de M. Hulot*. Der schließlich ausgewählte Ort, Saint-Marc-sur-mer in der Nähe von Saint-Nazaire, ähnelt Mers-les-bain nur insofern, als er eine kleine Ferienstadt am Meer mit einem Strandhotel ist. Aber das war gerade richtig, denn der Film sollte »Ferientage am Meer« abbilden und gefühlsmäßig aufle-

Abb. 6: *Jacques und Nathalie Tatischeff, Mers-les-bains, ca. 1916*

ben lassen, um eine Erfahrung zu vermitteln, die für Tati, wenn nicht für die meisten von uns, unlöslich mit der Kindheitserinnerung verbunden ist. In allen seinen vielfach aufgezeichneten Erinnerungen – den zahlreichen weltweit veröffentlichten Interviews,[14] den auf Tonband gesprochenen Memoiren – begegnet uns als früheste und oft zitierte Erinnerung das Bild des Vaters, der dem Kind als ein völlig fremder Mensch erschien.

Jacques war ein stiller Junge, ein geborener Nichtstuer – im Gegensatz zu seiner Schwester, die es immer eilig hatte. Er konnte sich stundenlang, ohne viel zu tun, in seinem Zimmer aufhalten. Gelegentlich geschah es, dass seine Schwester ihn bei Phantasiespielen vor dem Spiegel überraschte, wo er für sich ganz allein verschiedene Hüte ausprobierte; eine Zeitlang gab er einen Großteil seines Taschengelds für allerlei kuriose Kopfbedeckungen aus.[15] Das war eine Form von Jux und Possenspiel, die er Jahrzehnte später wiederbelebte. Die Bergerons, eine befreundete Familie, hielten in der Garderobe ihrer Wohnung im sechzehnten Arrondissement Hüte für den normalen Gebrauch wie auch zu Partyzwecken bereit. So weit der Abend auch fortgeschritten war, Tati verließ kein einziges Mal eine Soirée bei den Bergerons, ehe er nicht ein oder zwei Hüte aufgesetzt und einen entsprechenden Charakter gemimt hatte. Das wurde zu seinem persönlichen Abschiedsritual.[16]

Der junge Tatischeff wuchs sehr schnell und schien nicht damit aufhören zu wollen. Als er gerade sechzehn war, glich er mit seinen 1,92 m[17] eher einem Laternenpfahl als einem heranwachsenden Burschen. Die Durchschnittsgrößen damals waren geringer als heute, und wir müssen uns den jungen Jacques nicht nur als einen hochgewachsenen Jugendlichen vorstellen, sondern als eine Bohnenstange – eine Peinlichkeit für ihn selbst, wie wohl auch für andere. Aufgrund seiner frühzeitigen Größe musste er, wann immer es eine Beerdigung gab, das Kreuz tragen und die Prozession der Chorknaben von der Kirche bis zur Grabstelle anführen. So kam er regelmäßig am frisch ausgehobenen Grab in unmittelbarer Nähe der weinenden Trauergesellschaft zu stehen. Wenn er sah, wie der Sarg langsam in die Erde sank, wenn er hörte, wie die Menschen um ihn herum lamentierten und schnüffelten, wollte er mitweinen. Aber er durfte es nicht. Er hatte sich wie der große Junge zu verhalten, der er nun einmal war.[18]

Diese beiden Erinnerungsbilder – der Vater am Meer und die unterdrückten Tränen am Grab – sind natürlich keine wirklichkeitsgetreuen Bilder aus Jacques' Kindheit. Es sind die Spuren, die der Prominente Jaques Tati hinterlassen oder festlegen wollte, sei es in Interviews mit der Presse oder in Anekdoten, die er seinen jüngeren Mitarbeitern bei Mahlzeiten in der Kantine erzählte. Beide Erinnerungsbilder lassen eine gewisse emotionale Unsicherheit erahnen. Es sind Erinnerungen weder an eine glückliche Kindheit noch an erlebtes Kindheitsglück. Sie sind wohl am besten zu deuten als Anzeichen dafür, dass der erwachsene Tati sich einiger emotionaler Komplikationen in seinen frühen Jahren durchaus bewusst war.

Tati hat sich nie direkt gegen die Werte und den Stil seines steifen, wohlanständigen und wahrscheinlich recht kalten Elternhauses aufgelehnt. M. Hulots Manieren, so unpassend er sie auch bewerkstelligen mag, entsprechen genau dem, was Tati in der Kinderstube und zu Tisch in Le Pecq gelernt haben muss. Noch auffallender ist das fast völlige Fehlen jeglichen Ausdrucks starker Gefühle in Tatis Filmen, was auf ähnliche Weise die *art de vivre* der standesbewussten Bourgeoisie widerspiegelt. Zumindest an der Oberfläche blieb der Filmemacher Tati den Prinzipien und dem Stil seiner im Elternhaus verlebten Kindheit treu; die Sittenkomödie seiner Fasson ist noch keine Satire, und Abrechnung oder gar Rache ist nicht ihr Ziel.

Der Teenager Tati überragte seine Klassenkameraden buchstäblich um einen ganzen Kopf, doch geistig reichte er nicht an sie heran. Er besuchte eine gute Schule und bekam zu Hause alle Unterstützung, die der moderate Reichtum der Eltern ihm bieten konnte, einschließlich zusätzlichem Hausunterricht. Doch nur wenig von dem, was man ihn lehrte, blieb lange in seinem Kopf haften. Sein Vater hätte ihn gern in einem guten Beruf gesehen – als Ingenieur zum Beispiel –, aber das war und blieb eine aussichtslose Hoffnung. »Das moderne Leben ist für die Klassenbesten«, antwortete Tati wiederholt auf die Frage, wie er die augenscheinlich anti-moderne Tendenz einiger seiner späteren Werke rechtfertige, »und ich möchte für all die anderen eine Lanze brechen.« Tatsächlich war Tatischeff in der höheren Schule weit von der Klassenspitze entfernt, so dass er nicht einmal die Prüfung für das Bakkalaureat schrieb. Im Alter von ungefähr sechzehn Jahren ging er von der Schule ab und arbeitete im Geschäft seines Vaters.

Tati ist nur einer von den vielen cleveren und kreativen Köpfen, die in der Schule als beschränkt und verträumt galten – Einstein und Georges Perec sind zwei weitere Beispiele. Ein entscheidender Unterschied aber ist, dass Tati selbst zu seinen besten Zeiten von den meisten als recht minderbemittelt betrachtet wurde. Sich mit Worten auszudrücken, war nicht seine Stärke; und mindestens einer seiner engen Kollegen vermutete, dass er das Grundrechnen nie richtig kapiert habe.[19] Ein amerikanischer Journalist meinte einmal, Tati hätte »einen viel besseren Kopf als Steven [Spielberg]« gehabt,[20] aber die Mehrzahl derer, die mit Tati zu tun hatten, konnten sehen, dass er in keinem herkömmlichen oder landläufigen Sinn des Wortes ein intelligenter Mann war.[21] »Tati war ganz und gar kein Intellektueller«, schrieb Jean-Claude Carrière, der 1957 zum ersten Mal von Tati in ein Schnittstudio gebracht worden war. »Alles andere als das.«[22]

Tati hat nie versucht, seinen langsamen Start ins Leben zu vertuschen, und ohne Umschweife gab er zu, eigentlich ungebildet zu sein. »Meine akademischen Leistungen könnten in vollem Umfang auf der Rückseite einer Briefmarke aufgelistet werden!«, erklärte er Jean L'Hôte gegenüber; und seiner alten Lehrerin, die ihm, als er berühmt geworden war, geschrieben und ihren Glückwunsch ausgesprochen hatte, antwortete er ohne falsche Bescheidenheit:

> Ich erinnere mich sehr gut daran, wie Sie sich mit mir abgemüht haben. Ich habe alles vergessen, was Sie mit so viel Geduld versucht haben, mir in den Kopf zu trichtern, aber ich habe Sie als verständnisvolle und milde Lehrerin im Gedächtnis behalten.[23]

In seinen früheren Filmen spielt Tati Charaktere, die sich durch nichts anderes als ihre Stupidität auszeichnen. Der gespielte Boxer in *Soigne ton gauche*, der Postbote mit seinem Fahrrad in *L'École des facteurs* und (noch markanter) der neu erschaffene

François in *Jour de fête* – sie alle spielen Varianten ein und desselben komischen Themas durch: »Der Schwachkopf«. M. Hulot ist eine komplexere Gestalt, aber auch er kann nicht recht verstehen, wie die Dinge eigentlich funktionieren (besonders, wenn es sich um Gerätschaften und Maschinen handelt, wie zum Beispiel in *Mon Oncle*). Dass Tati sich in der Rückschau als unintelligentes Kind beschrieben hat, mag zur Verbreitung seines Images als Darsteller eines dusseligen Clowns beigetragen haben, aber das ist kein Grund, die zugrundeliegende Wahrheit zu bezweifeln: Tati hatte keine nennenswerte Bildung mitbekommen – nicht aus Mangel an Gelegenheit, sondern aus Mangel an Fähigkeit und Motivation. Er war schlichtweg ein einfältiges Kind.

Aus Jacques' Schulzeit ist nur eine Anekdote überliefert. Der Englischlehrer wandte eine frühe Form der »Direktmethode« an, nach der die Jungen die zuerst auswendig gelernten Sätze szenisch darstellen mussten. Als Tati an der Reihe war, bekam er die Sätze: »Ich öffne die Tür« und »Ich schließe die Tür«. Jetzt musste er aufsagen: »Ich öffne die Tür«, und dabei die Tür öffnen. Dann kam ihm eine Idee. »Ich schließe die Tür«, sagte er, indem er sie von außen schloss, also das Klassenzimmer verlassen hatte – nicht aus Protest, sondern als eine Art experimenteller Gag.

Dieser Streich war dem Lehrer gegenüber nicht bösartig gemeint und auch nicht als Schülerkommentar zu dessen Sprachpädagogik. Doch in seinen Erinnerungen behauptete Tati, dass er aus der Situation, in die er sich damals gebracht hatte, draußen vor der Klassentür, sehr viel über das Wesen der Komödie gelernt habe. Die ganze Klasse wartete mit angehaltenem Atem darauf, was passieren würde. Sollte er mit einem breiten Grinsen auf dem Gesicht ins Klassenzimmer zurückkehren? Sollte er sich bis zur nächsten Stunde in den Toilettenräumen verstecken? Was wäre lustiger – die Spannung im Klassenzimmer, die umso größer wurde, je länger er draußen blieb, oder seine triumphale Rückkehr? Tati stahl sich aus der Schule und ging nach Hause, und erst am nächsten Tag erfuhr er, welche Furore seine kleine Nummer gemacht hatte.

Marc Dondey beginnt seine ausgezeichnete Studie über Tati mit ebendieser Anekdote, wie schon Tati seine eigenen, auf Tonband gesprochenen Memoiren damit begonnen hat, so als wollte er sagen: Das war die Geburt des Komödianten in mir. Es ist ein Gag ohne Pointe, ohne komische Umkehrung und auch ohne Schluss. Und wie einige der seltsamen Possen des M. Hulot geschah dieser Bubenstreich eher aus Schüchternheit als aus böser Absicht.

Die Familie Tatischeff fuhr auch weiterhin regelmäßig auf Sommerurlaub in die derzeit vornehmsten Seebäder, und Jacques hinterließ auf Tonband mehr Erinnerungen an seine Ferien-Eskapaden als an seine Zeit in der Schule oder am Arbeitsplatz. Während eines dieser Urlaube, der in den Jahren unmittelbar nach dem Ende des Ersten Weltkriegs stattgefunden haben muss, tat Jacques sich in Deauville mit einem Schulkameraden zusammen, um an einem Charleston-Wettbewerb teilzunehmen, den sie zu ihrer großen Freude gewannen. Der Freund hieß Bruno Coquatrix: Später wurde er zu einem der führenden Chanson-Texter Frankreichs und vor allem Musik-Impresario und Besitzer der großen Pariser Music-Hall *Olympia*. (Keiner von beiden schaffte es bis zur Weltmeisterschaft, die in der Albert Hall in London ausgetragen wurde. Der Sieger von 1926 war ein ukrainischer Immigrant, der später unter dem Namen Lew Grade Englands prominentester Filmproduzent wurde und auch Baron im House of Lords.) Tatis tänzerisches Talent ist in mehreren seiner Filme zu sehen (allen voran in *L'École des facteurs* und *Jour de fête*). Leider gibt es keine Videoaufzeichnung von einem Abend des Deauville-Film-Festivals der 1970er Jahre, an dem Tati gemeinsam mit ... Marguerite Duras auftrat.

Die Tatischeffs verbrachten den Sommer 1924 in Saint-Tropez, und dort dachte sich der siebzehnjährige Jacques seine erste klei-

Abb. 7: *Jacques Tatischeff als Teenager*

ne Pantomime aus, mit der er die Strandbesucher aufs Köstlichste amüsierte. Er mimte die Gesten und Bewegungen eines Fußballtorwarts und nannte diesen Sketch *Football vu par un gardien de but* (»Fußball aus der Sicht des Torwarts«). Aufgrund professioneller Rivalität ließ Tati später das Datum und die Art dieses ersten Auftritts durch den Generalsekretär der *Fédération Française de Football Association* zertifizieren.[24] Es gibt keinen Grund anzunehmen, Tati habe im Alter von siebzehn Jahren ahnen können, dass dieser Sommerspaß das Samenkorn seiner ganzen Karriere in sich trug; und Georges-Emmanuel kann sich unmöglich vorgestellt haben, dass sein Sohn einmal ein Clown werden würde. Aber fünfzehn Jahre nach diesem ersten Auftritt bestä-

Abb. 8: *M. Hulot von einem Schimmel zur Strecke gebracht, 1953*

tigte die FFFA, dass die am Strand von Saint-Tropez aufgeführte Szene »ohne die geringste Abänderung« identisch war mit der Pantomime, die Tati später mit großem Erfolg auf die Bühne des Varieté-Theaters brachte.

Abgesehen von Tanz und Clownerie besaß Jacques keine nennenswerten Talente. Er konnte nicht besonders gut zeichnen, war musikalisch kaum begabt (obwohl er eine Melodie summen und halten konnte) und hat es – trotz des von seiner Mutter streng überwachten Übens – nie geschafft, Beethovens *Türkischen Marsch* in die Tasten zu hauen. Da er hochgewachsen war, konnte er im Tennis, das auch sein Vater spielte, oft gewinnen. Aber sein Lieblingshobby, die einzige Aktivität, in der er ein hohes Leistungsniveau erreichte, war das Reiten. Saint-Germain war ein dafür vorzüglich geeigneter Ort; und auf den Reitwegen und Pfaden im Wald traf er des Öfteren auf Kavallerieoffiziere der lokalen Garnison, die diesem langen Jungen, der so zünftig im Sattel saß, mit Wohlwollen entgegenkamen. Diese gelegentlichen Begegnungen bereiteten Jacques das glücklichste Jahr seiner Jugend, wie auch seine erste reale Erfahrung von Komödie – in der französischen Kavallerie.

ZWEI

Das Bilderrahmengeschäft

Als er die Schule abbrach, wurde Tatischeff jr. als Lehrling in dem von seinem Vater geführten Geschäft eingestellt, dessen Besitzer immer noch der Großvater Van Hoof war. Die Hierarchie war klar und wurde streng eingehalten. Vater und Sohn gingen jeden Morgen zu Fuß zur Bahnstation von Saint-Germain, um die kurze Strecke bis zum Gare Saint-Lazare mit dem Zug zu fahren. Der Vater stieg in einen Wagen Erster Klasse, der Sohn in ein Abteil Dritter Klasse. Am Zielbahnhof angekommen, gingen sie zu Fuß weiter zur Werkstatt in der Rue de Caumartin (bis 1929) und zur Rue de Castellane danach.

Das hochklassige Bilderrahmengeschäft vereinte Handwerk, Business und niedere Kunst im Dienst einer höheren. Es gehe darum, die Aufmerksamkeit nicht auf den Rahmen, sondern auf das Bild darin zu lenken, erklärte Tati seinen Assistenten und Anhängern bei Hunderten, wenn nicht Tausenden von Mahlzeiten in der Kantine. Der Rahmen sei perfekt, wenn man ihn kaum wahrnimmt.[25] Als ein sich selbst zurücknehmendes, nicht sich selbst darstellendes Kunstwerk verkörpere der Bilderrahmen das Zwillingskonzept der Bescheidenheit-cum-Perfektion. Wenn Tati so predigte, irritierte er seine jüngeren Zuhörer oft mit der Behauptung, diese einfachen Ideen ließen sich auf den Film übertragen: Ein Film-Frame (d. h. das auf der Leinwand sichtbare Tableau (Bild)) ist eingerahmt von einem Picture-Frame (Bild-Rahmen), der selber nichts weiter als das fehlende Licht rundum ist, d. h. die so geschwärzte Umrandung der Kinoleinwand. Es wäre wohl weniger verwirrend gewesen, wenn im Filmdiskurs ein Frame als Tableau bezeichnet würde. Offensichtlich geht Tatis Vorstellung dessen, was in einem Film-Frame abgebildet zu werden verdient, auf seine Jahre langweiliger Arbeit im Bilderrahmengeschäft zurück.

Tati wurde angehalten, sich auf die Aufnahmeprüfung der École Nationale des Arts et Métiers vorzubereiten, die ihm eine grundsätzlich solide Ausbildung und anerkannte Qualifikation vermittelt hätte. Er belegte Kurse an der École professionelle Hanley in Choisy-le-Roi, hat dann aber die Prüfung nicht bestanden, weil seine Mathematikarbeiten zu schwach waren. So blieb er eben nur ein Lehrling; es gab keinen automatischen Aufstieg für ihn, nur weil er der Nachfolger war.[26]

Von seinem Großvater Van Hoof lernte er, wie man Bilderrahmen vergoldet: mit langsamstem, immer geduldigem Auftragen feinster Schichten von Goldfarbe in jede kleine Windung, jede Krümmung, jeden winzigen Schnörkel der reich verzierten klassischen Rahmen, die Cadres Van Hoof produzierte. In späteren Jahren hat Tati die Geduld seiner Zuhörer oft auf die Probe gestellt, wenn er mit quälender Langsamkeit vorführte, wie er sein erstes *métier* erlernt hatte; sie sollten miterleben, wie unendlich schwer der Weg bis hin zum perfekten Produkt ist. Einmal, als der Lehrling Tati besonders stolz auf einen fertiggestellten Rahmen war, musste er ihn auf Geheiß des Großvaters wieder auseinandernehmen – weil er zu gut für das vorgesehene Bild und daher zu *sichtbar* war.[27] Diese Anekdote war wahrscheinlich nur ein Beispiel der überholten Vorstellungen, wie man junge Leute am besten ausbildet (indem man sie wissen lässt, wo sie hingehören, nämlich ganz unten), aber sie diente Tati wohl auch zur Rechtfertigung der oft erratischen Art und Weise, wie er mit der Arbeit seiner Assistenten, auch mit seiner eigenen, umging. Wie schon sein Großvater war auch er durchaus fähig zu sagen: Nein, das ist nicht *ganz* richtig. Das musst du alles noch einmal von vorne anfangen.

Der Maler Claude Schurr, den Tati für die Tanz-Sequenzen in *Playtime* gewonnen hatte, erinnert sich an ein Beispiel von Tatis Perfektionismus, der seine Mitarbeiter schlichtweg zur Raserei bringen konnte. Auf dem weitläufigen Set des »Royal Garden«-Restaurants hatte sich ein sehr großer Cast einen ganzen Tag

Abb. 9: *Die Werkstatt in der Rue de Caumartin, 1929*

lang mit den Proben und dem Shooting einer winzigen Drei-Sekunden-Szene einer tanzenden Menschenmasse abgemüht. Alles schien gut gelaufen zu sein, und man wollte Pause machen und nach Hause fahren. Aber nein. Ein Kellner, der durch das Bild läuft und sich den Hosenboden an den Knöpfen der Insignien des »Royal Garden« zerreißt, mit denen alle Stühle im Speisesaal verziert sind, trug an diesem Tag einfarbig weiße Unterhosen. Aus Gründen der Stringenz mussten es aber gestreifte Unterhosen sein. In dieser überaus bewegten Szene, dieser wirklich kurzen Sequenz, hätte kein Zuschauer diesen Makel bemerkt. Aber das war nicht gut genug. Alles musste noch einmal gemacht werden.[28]

In seiner Jugend, und auch später, hat Tati nie sehr viel gelesen und war auch nicht geneigt, viel aufzuschreiben: »Ich habe kaum irgendetwas gelesen, und ich sehe mir auch nicht viele Filme an. Ich bin kein kultivierter Mensch.«[29] Über die kulturellen Erfahrungen des jungen Tati können wir nur mutmaßen. Er wird, wie alle jungen Menschen in den 1920er Jahren, in Bars gegangen sein und auch ins Kabarett, er wird die beliebten Chansons gehört haben und wohl auch ins Kino gegangen sein. Wir können nur vermuten, dass Tati die komischen, meist in Amerika gedrehten Kurzfilme des französischen Music-Hall-Künstlers Max Linder gesehen hat, noch ehe Linder sich 1925 das Leben nahm. Chaplin kann Tati kaum entgangen sein, und Tatis Begeisterung für Buster Keaton muss sich in den Jahren des Stummfilms entwickelt haben. Mehr als dreißig Jahre später kaufte Tati gemeinsam mit Raymond Rohauer nicht weniger als 160 Kilometer der frühen Kurzstummfilme (den ganzen Bestand von Educational Pictures, Inc.);[30] einige davon wollte er mit einer Tonspur versehen und dann in ganz Europa vertreiben, oder wenigstens in dem einzigen Kino zeigen, das er zu der Zeit in der Rue de Rennes gemietet hatte. Er ist nie dazu gekommen, diesen Plan auszuführen, aber es ist schwer vorstellbar, dass diese Treuebezeugung gegenüber den klassischen Komödien der 1920er Jahre nicht in lebendig gebliebenen Erinnerungen an diese Filme gründete, die er gesehen hatte, als sie noch frisch und neu waren.

Und sei es nur durch Osmose geschehen, in der Werkstatt seines Großvaters muss er sich auch eine gründliche Kenntnis vieler klassischer und zeitgenössischer europäischer Kunstwerke angeeignet haben. Auf dem Hintergrund dieser Erfahrung wird erklärlich, wieso er in späteren Jahren in der Gesellschaft von Malern wie Lagrange und Schurr völlig unbefangen war, wie auch im Umgang mit Kunsthändlern und Kunsthistorikern wie René Huyghe, der zum Freund der Familie wurde. Doch hat Tati sich selber nie als Kunstkenner ausgegeben, und er sammelte, als er die Mittel dazu hatte, wesentlich mehr Marionetten und Modelle von Clowns als alte Meister. Nichtsdestoweniger blieb für ihn im gesamten Verlauf seiner Karriere das »Auge des Malers« ein wichtiger Faktor. Erstmals im Szenario von *Les Vacances des M. Hulot*, dann auch in der Neuverfilmung von *Jours de fête*, brachte er einen Maler auf die Leinwand, der auf ganz bestimmte Weise die im Film dargestellte Welt betrachtet. Das sollte dem Zuschauer die Richtung zu einer angemessenen Sicht dieser Welt weisen.

Und wenn es in seinen Filmen eine ganze Reihe von Bildern gibt, die an die Gemälde von Dufy, Toulouse-Lautrec und Cézanne erinnern, dann ist das mit großer Gewissheit nicht darauf zurückzuführen, dass Tati Bücher über Kunstgeschichte gelesen oder Museen besucht hat, sondern darauf, dass er im Atelier der Familie in stundenlanger handwerklicher Arbeit Bilder einrahmen musste. Der junge Tati zeigte keinerlei Interesse am Lernen; nur ungern arbeitete er für seinen Vater, und ganz offensichtlich lag ihm Arbeit als solche überhaupt nicht. Die Themen und Titel seiner Filme sagen es schlicht heraus: ein arbeitsfreier Tag (*Jour de fête*), Urlaub am Meer (*Les Vacances de M. Hulot*) und Zeit zum Spielen (*Playtime*) – Tati feierte die Muße, nicht die Arbeit; die »Aus«-Zeit, nicht die Zeit »da drin«. Es muss eine große Erleichterung für den jungen Mann gewesen sein, als er das Alter von zwanzig Jahren erreichte und einberufen wurde. Die abscheuliche Plackerei des täglichen Pendelns zu acht Stunden Fronarbeit im Bilderrahmengeschäft war nun endlich vorbei.

DREI

Der Kavallerist

In Frankreich herrschte Friede, die Armee feierte ihren Ruhm. Wer das Blutbad von 1914 bis 1918 überlebt hatte, war ein Nationalheld und trug erhobenen Hauptes seine Orden. Dank der Verträge von Versailles war Frankreich wieder eine wohlhabende Nation: 1929 gab es im ganzen Land nur eintausend Arbeitslose, und 1931 hatten die Goldreserven einen astronomischen Wert von 55 Milliarden Franken erreicht. Das Militärbudget des Landes war entsprechend hoch; das Leben in der Armee durchaus nicht beschwerlich. Es herrschte allgemeine Wehrpflicht, aber weil Frankreich sich nicht im Krieg befand, war der Wehrdienst ungefährlich und daher auch nicht unbeliebt. Für viele junge Männer, unter ihnen auch Tatischeff, bot das Militär eine Befreiung von häuslichen Zwängen und ein unvergessliches Jahr voller Burschenspaß.

Den Franzosen, wie auch den Briten, kam es nicht in den Sinn, dass die Millionen, die in den Schützengräben gestorben waren, ihr Leben vergeblich geopfert hätten: 1928 glaubten nur sehr wenige, und noch wenigere wagten es auszusprechen, dass der »Große Krieg«, der allen Kriegen ein Ende setzen sollte, je wieder gekämpft werden müsse. Und so kam es, dass die französische Armee, ganz besonders ihre Abteilung vortrefflich archaischer Kavallerieregimenter, sich darauf einstellte, den ewigen Frieden bestmöglich zu genießen.

Tati hatte großes Glück. Ein Kavallerieregiment war in der Kaserne im Zentrum von Saint-Germain-en-Laye stationiert, nur eine gute Meile vom Elternhaus entfernt, und dem Oberst bot sich reichlich Gelegenheit, einen langen, kompetenten Burschen zu sichten, der auf den lokalen Reitpfaden seine Reitkünste vorführte. So ein Mann konnte dem Oberst helfen, eines seiner ewigen Probleme zu lösen. Unter seinen Offizieren waren mehr als genug gute Reiter, aber er konnte ihnen nicht zumuten, die vielen Renn- und Paradepferde, die in seinen Reitställen standen, zu striegeln, zu pflegen oder auszureiten. Auf üblich militärische Art schickte ihm das Rekrutierungsbüro Leute, von denen die meisten nicht wussten, an welchem Ende des Pferdes sie den Futterbeutel anzubringen hatten. In »anderen Dienstgraden« waren erfahrene Reiter kaum zu finden und zu halten. So wurden einige Hebel in Bewegung gesetzt, und Tati kam zu dem Regiment, das ihn haben wollte: die *XVIe Dragons* (die 16. Dragoner) auf dem Hügel in unmittelbarer Nähe des Elternhauses.

Das Regiment war zu der Zeit weniger eine Streitkraft als eine gesellschaftliche Institution. Viele seiner Berufsoffiziere waren die weniger intelligenten Söhne des verarmten Adels, die kaum eine Chance hatten, in Geschäft oder Regierung ihren Reichtum wiederzuerlangen. Das Kavallerieregiment diente ihnen sowohl als Zuflucht vor den härteren Ansprüchen des Zivillebens wie auch als gesellschaftliche Startrampe. Es versorgte sie mit prächtigen Uniformen und stattlichen Pferden, auf denen sie sich in den endlosen Runden der Gymkhanas und Militärparaden zu ihrem besten Vorteil präsentieren konnten. Ohne viel mehr zu leisten, bekamen sie ihren Unterhalt und ihre Bezahlung, während sie nur darauf warteten, bei einer der Veranstaltungen, die die Armee für die Zivilbevölkerung arrangierte, einer akzeptablen Erbin vorgestellt zu werden.[31]

Am anderen Ende des gesellschaftlichen Spektrums vermittelte das Regiment den Rekruten unterschiedlichster sozialer und geografischer Herkunft eine gemeinsame französische Identität: Bauern, Fabrikarbeiter, Tischler, Büroangestellte und Studenten; Menschen, die Gascogne Patois sprachen, Pariser Slang und elsässische Dialekte – sie alle mussten lernen, zusammenzuleben und sich mit Regelgeschwindigkeit dieselbe militärische Routine anzueignen: wie man ein Pferd besteigt, wie man es zu Fuß führt; dann das Traben, das Galoppieren, das Springen, um schließlich mit gezogenem Säbel und unflätigem Gebrüll durchs Unterholz

Abb. 10: *Tati (rechts) und Kameraden, Saint-Germain-en-Laye, 1928*

des Waldes von Saint-Germain auf imaginäre Boches loszustürmen. Es war ein mustergültiges Beispiel Gemeinschaft stiftender Erfahrung.

Als Soldat hat Tati sich aufs Beste amüsiert. Es ist kein Zufall, dass der Militärdienst das Einzige ist, was man in *Playtime* über M. Hulots sozialen Hintergrund erfährt. In einer Szene, die als Bindeglied zwischen den beiden in Hotel und Ausstellung und dem Abend im Restaurant dient, wird Hulot, der Fahrer des Lieferwagens für den »Royal Garden«, vom Portier des Restaurants (gespielt von Tony Andall) überschwänglich empfangen; dann auch von Schneider, dem korpulenten Emporkömmling und Bewohner eines der »Fishbowl«-Appartements. Diese beiden Typen begrüßen Hulot als einen lang verschollenen Freund aus der Armee: »*Alors, Hulot, l'Armée!*«, hören wir (gerade noch) von Tony Andall; »*Hulot! Hulot! L'Armée!*«, ist Schneiders Salut. Ungeachtet dessen, was die französische Armee zwischen 1928 und 1967 erleben musste, steht die militärische Anspielung im Zeichen der Lustbarkeit in der Retortenstadt aus Stahl und Glas des Spielfilms *Playtime*.

Tati teilte das Leben der Rekruten, blieb aber verschont von vielerlei Ungemach, das die anderen während der Ausbildung erdulden mussten, war er doch bereits ein erfahrener Reiter. »In der Rückschau«, sagte er 1980 in seinen Gesprächen mit Jean L'Hôte, »wird mir klar, dass hinsichtlich des komischen Effekts kein Clown, kein vermeintlich amüsanter Film an die erste Reitstunde eines Trupps frischer Rekruten herankommt.« Zuerst führt der Offizier ihnen alles vor und wiederholt es mehrmals, um seine Kontrolle über das Tier und über die Soldaten zu demonstrieren. Dann stellen die Rekruten sich neben ihren Pferden auf und versuchen, auf die ihnen zugebrüllten Befehle ihre Pferde zu besteigen. »Die Show, die dann folgt, muss man gesehen haben«, erklärte Tati:

> Angesichts einer so enorm schwiergen Aufgabe ist es die erste Reaktion der jungen Soldaten, sich vorzustellen, dass es leichter wäre, aufs Pferd zu kommen, wenn sie die offizielle Methode ignorieren und ihre eigene, besser zu ihnen passende erfinden. So sieht es dann aus, als wollten sie versuchen, über eine Mauer zu springen, und das Ergebnis ihrer Mühen lässt viel zu wünschen übrig. Die Pferde wissen sofort, dass sie tun können, was sie wollen … Und sie spazieren im Ring herum, nicken sich im Vorübergehen zu oder beschnuppern sich gegenseitig, ob sie vielleicht Interesse hätten … Gar nicht mehr des Menschen edelste Eroberung, benehmen die Pferde sich wie Gäste auf einem distinguierten Gartenfest der Reiterelite …

Freilich ist es unterhaltsam zuzusehen, wie Menschen etwas ganz Einfaches mit großem Ungeschick ausführen; aber die hier von Tati unter die Lupe genommene komische Szene war eine Sittenkomödie, oder genauer gesagt, eine Komödie der sozialen Klassen. Der Junge aus der Arbeiterklasse hält sich an der Pferdemähne fest, als wäre sie die Lenkstange seines Fahrrads (das Fahrradfahren war zu der Zeit ein Sport der Arbeiterklasse); der

Bauernjunge sitzt rittlings auf seinem Hengst, als säße er auf einem stämmigen Zugpferd; der Büroangestellte sitzt kerzengerade und zieht die Zügel an, als säße er an seinem Schreibtisch; und so weiter. Es gibt einen kurzen Film, *Cours du soir*, den Nicolas Ribowski 1966 auf dem Set von *Playtime* gedreht hat, wo zu sehen ist, wie Tati seine Gesellschaftstheorie der Reiterpose demonstriert. Diese Sequenz ist die einzige bekannte filmische Aufzeichnung von Tatis mimischer Kunst zu Pferd, die heute allerdings kaum noch sehr komisch wirkt. Viele der persiflierten Typen gibt es nicht mehr; das ganze Konzept der »sozialen Typen« scheint veraltet, wenn nicht ganz und gar reaktionär. Es trifft auch kaum auf Tatis mimische Darstellungen zu, mit denen er fast immer Tätigkeiten nachahmt, keine »Typen«.

In der Armee wurde Tati trotz seiner überlegenen reiterlichen Fähigkeiten nicht von den bescheideneren Arbeiten eines einfachen Kavalleristen befreit:

Ich bin vorher viel geritten, aber ich war nie ein Stalljunge gewesen. Diese Arbeit fordert dir das Opfer einer schlaflosen Nacht ab, denn du musst sicherstellen, dass die dreißig Pferde, für die du verantwortlich bist, eine ordentliche Ruhepause bekommen. Das Problem dabei ist, dass du am Morgen den Stall genauso peinlich sauber hinterlassen musst, wie du ihn am Anfang deiner Schicht vorgefunden hast. Das heißt: Nicht die geringste Spur von Kot darf auf dem Boden liegen bleiben.

Ein alter Hase mit vielen Nächten Stallerfahrung gab mir einmal den guten Rat: »Tatischeff! Wenn du mit dem Saubermachen bis zum Morgen wartest, schaffst du es nie!«

Da saß ich also auf einem Schemel an einem Ende des Stalls mit dreißig Pferdehintern in meiner Sichtachse. Ich musste nicht lange warten. Innerhalb weniger Minuten zerfiel die perfekte Ausrichtung von dreißig Schwänzen, weil einer sich erhob und mir so das notwendige Signal gab. Mit einem Eimer in der Hand sprang ich hin und konnte ihn im letzten Moment gerade noch unterstellen. Mein erster Sieg. Einen guten Teil der Nacht verbrachte ich mit diesem Eimer-Hin-und-Her. Und als ich wieder mal auf meinem Schemel saß, musste ich lächeln. Ich hatte gerade daran gedacht, wie stolz meine Eltern den Nachbarn mitteilten, dass ihr »Sohn in der Kavallerie« ist. – Ach ja, ich war in der Kavallerie! Bis hoch zur Nasenspitze war ich drin![32]

Als geschickter Reiter in vertrauter Umgebung war Tati ein gemachter Rädelsführer bei Jux und Schabernack. Der merkwürdigste aller verübten Streiche war ein sorgfältig ausgeheckter und erfolgreich durchgeführter Plan, einem Juniorofizier, der jeden Sonntagabend volltrunken ins Quartier zurückkam, den Schreck seines Lebens einzujagen. Sein Zimmer befand sich in der ersten Etage über dem Reitstall. Als er eines Nachts angetorkelt kam, am Türschloss herumfummelte und die Tür schließlich aufbekam – fand er, über sein Bett gebeugt, einen Schimmel vor. Tatischeff hatte einen ganzen Trupp organisiert, um das Pferd die Treppe hochzubugsieren. Doch als der Streich bekannt geworden war – das ganze Regiment fand ihn offensichtlich sehr lustig –, musste Tatischeff das Pferd allein wieder nach unten bringen. Das war gar nicht einfach.

Fast fünfzig Jahre später rief Elisabeth Wennberg, die Tati von der Arbeit an *Parade* her gut kannte, den Maestro in Paris an. Sie hatte gehört, dass Tati zum Re-Release von *Trafic* nach Stockholm kommen würde: Ob er vielleicht in ihrer Talkshow auftreten wolle? Na klar, sagte Tati in seinem annähernd korrekten Englisch. »Alles, was ich für meine Nummer brauche, ist ein Schimmel – in einem Schrank.« Das war eine bizarre Bedingung, aber Tati gab nicht nach: Er werde nur dann in ihrer Show auftreten, wenn er einen Schimmel in einem Schrank bekommt. Das schwedische Fernsehen tat das Nötige. Tatis »Nummer« in dieser Show war es, den Schrank zu öffnen und das Pferd zur Musik der Rockband »Kiss« im Studio herumzuführen. Niemand – außer

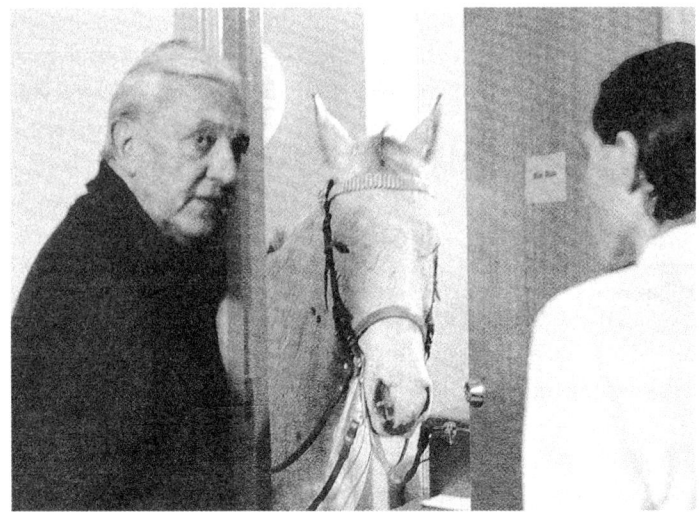

Abb. 11: *Tati und ein Schimmel, Stockholm, 1975*

einem unwahrscheinlichen französischen Zuschauer des schwedischen Fernsehens, der 1928 seinen Militärdienst bei den 16. Dragonern absolviert hatte – hätte den Witz verstehen können. Tatsächlich konnte sich niemand einen Vers darauf machen, was Tati sich dabei gedacht hatte, und man nahm ihm das Ganze als Grille eines alternden Stars ab, für den die Schweden eine besondere Zuneigung hegten.

Für Tati war der Militärdienst die Zeit, die ihm die Augen für die Komik des Lebens geöffnet hat. Zahlreiche Szenen militärischen Unsinns verblieben scharf eingraviert in seinem Gedächtnis, oder wurden im Alter wieder lebendig. Über die Hälfte der Memoiren, die er 1980 für Jean L'Hôte auf Tonband sprach, sind Anekdoten aus den zwölf Monaten, die er bei den 16. Dragonern verbracht hatte. Die Szenen, die er sich 1980 ins Gedächtnis rief, sind sich natürlich sehr ähnlich und werden, vielleicht allzu explizit, als Lehrstücke über den Aufbau komischer Gags dargeboten. Aber das ist kein Grund, die Authentizität dieser Anekdoten zu bezweifeln.

Tatischeff, befördert zum Rang eines Wachtmeisters (*maréchal du logis*), musste Wachdienst leisten. Das war nicht so leicht, wie es klingt, denn die Kaserne befand sich im Zentrum der Stadt, und der Wachposten stand auf der Hauptstraße. Einmal geschah es, dass Tatis Großmutter mit einem sorgsam in Papier verpackten und mit hübschem Band verschnürten Päckchen auf ihn zukam. Der Wachsoldat rührte sich nicht und schaute unbeirrt geradeaus. Die Oma trat lächelnd noch näher an ihn heran: »Sieh mal, was ich dir gebracht habe!« Tati rührte sich nicht. »Jacques, sag doch was zu deiner Oma! Ich habe dir Kuchen mitgebracht!« Jacques schaute weiter geradeaus und versuchte, durch den Mundwinkel zischend seiner Großmutter klarzumachen, dass sie sich einem Soldaten auf Wachdienst nicht einfach so nähern konnte. Es gelang ihm nicht, und er musste den Rest seiner Wache mit einem zierlichen Päckchen, das an einem hübschen Bändchen von seinem kleinen Finger baumelte, strammstehen.

Es war auch in der Armee, dass Tati auf Männer traf, die viel dümmer waren als er. Einer von ihnen bekam die Namen und Ehrenabzeichen der militärischen Ränge einfach nicht in seinen Kopf, und Tati wurde damit beauftragt, ihm Nachhilfe zu geben. Er brachte diesen Mann tatsächlich dazu, die Reihenfolge auswendig herunterzuleiern, aber wenn er ihm eine Frage außer der Reihe stellte, bekam er eine aus der Luft gegriffene Antwort. Zum Spaß trichterte er seinem Schüler eine lachhafte Parallelsequenz ein: die nach der Höhe ihrer Hüte definierte Rangordnung der politischen Führungsschichten – vom Bürgermeister zum Parlamentsmitglied zum Minister und Präsidenten. Während der formalen Befragung durch den Rittmeister rasselte der Mann in korrekter Reihenfolge nicht nur die Leiter der militärischen Ränge und ihrer jeweiligen Streifen und Sterne herunter, sondern auch die Mumpitz-Hierarchie der Politiker und ihrer Hüte. »Und wer hat dir diesen Unsinn beigebracht!!?« Das konnte ganz offensichtlich nur Tatischeff gewesen sein. Aber er ist wohl mit heiler

Haut davongekommen: Das Gelächter über diesen köstlichen Streich ließ alles vergessen.

Gegen Ende seiner Militärzeit wurde das Regiment modernisiert, allerdings nur insoweit, als den traditionellen Fortbewegungsmitteln der Kavallerie motorisierte Zweiräder hinzugefügt wurden. Hin und wieder fuhr Tati eines dieser Fahrzeuge, und einmal merkte er, wie der Vorderreifen platzte. Einer der Soldaten inspizierte den Schaden und konnte erleichtert berichten: »Keine Sorge, Wachtmeister, nur der untere Teil ist geplatzt.«

Der Mensch aber, dem Tati nach eigener Aussage die stärksten Impulse für seine Wahrnehmung der Komik des Lebens verdankte, war ein Friseur namens Lalouette. Lalouette war ein fröhlicher, gutmütiger Geselle, der einfach nicht merkte, dass es in der Armee anders als draußen zuging. Er redete die Offiziere mit »mein Herr« an, und nicht, wie es sich gehörte, *mon capitaine, mon colonel* und so weiter, und wenn er dafür gerügt wurde, entschuldigte er sich mit aufrichtiger Höflichkeit: »Bitte um Verzeihung, mein Herr.« Als Reiter war er ein hoffnungsloser Fall, außerdem hatte er ständig etwas verlegt oder verloren. Doch unverzagt und sozusagen blind für seine reale Situation ging er freundlich auf die Offiziere zu und fragte mit normal bürgerlicher Ehrerbietung, ob sie vielleicht seine Striegelbürste irgendwo haben herumliegen sehen ... Lalouette wanderte durch seinen Militärdienst wie »Iwan Durak« der russischen Folklore – einfältig und unschuldig in einem Ausmaß, das ihn unberührbar machte, fast einen heiligen Narren. Selbst die schärfsten der Ausbilder gaben es auf, ihn zurechtzuweisen, wussten sie doch, dass Lalouette alles mit derselben unerschütterlichen Gelassenheit hinnehmen würde. Tati hat wiederholt betont, dass die ursprüngliche Inspiration für die Figur des Hulot von diesem hoffnungslosen Rekruten ausging.[33] Später benutzte er auch dessen Namen für einen Comedy-Sketch über »Le Rugby militaire«, den er in den 1930er Jahren mit seinen Freunden aus dem Rugby Club aufführte.[34] Wie Tati einmal erklärte, war Lalouette völlig unfähig, die Witzfigur zu erken-

Abb. 12: *Militärischer Festzug, 10. Juni 1928, Tati in der Uniform eines Karabiniers von 1809*

nen oder darzustellen, die er selber war; die Komik der Situation habe in den verärgerten Reaktionen der Offiziere gelegen, nicht in dem unangemessenen, aber unauffälligen und nie bösartigen Verhalten des Lalouette. Aus dieser Konstellation bezog Tati das Grundprinzip seiner Komik, die er wiederholt und emphatisch gegen die von Charlie Chaplin abgrenzte: *Komik liegt nicht in den Handlungen des Komikers, sondern in der Fähigkeit des Komikers, die komische Dimension anderer aufzudecken.*

Die wenigen anekdotisch überlieferten Ereignisse aus Tatis Schulzeit, seiner Ausbildung und seinem Militärdienst summieren sich kaum zur Ausbildung eines Komikstars, geschweige denn eines kreativen Künstlers. Dennoch muss das Fundament für Tatis späteres Werk hier liegen: in den Jahren des Nichtstuns; in den bürgerlichen Konventionen, von denen er nie sagte, dass er sie als erdrückend empfunden habe; im Reiten und in der menschlichen Komödie, die sich ihm bei den 16. Dragonern auftat. Hier muss es liegen: in Ferienerlebnissen, in kirchlichen Prozessionen, in schulischen Demütigungen – nicht, weil alle Kunstwerke notwendig autobiografisch sind, sondern weil Tati das genaue Gegenteil eines Erfinders war. Er beschrieb sich gern als Beobachter und Realist. Und nichts ist so gut beobachtet, nichts so real erlebt, wie das, was wir zum ersten Mal sehen, in der Kindheit, in den Entwicklungsjahren, in der Jugend.

VIER

Tatis Universität

Als die zwölf Monate seines Militärdiensts verstrichen waren, verließ Tati die Dragoner und kehrte nach Le Pecq zurück. Die Armee hatte ihm eine wunderbare Zeit verschafft, aber keine andere Karriere. Er hatte keine Wahl und musste die langweilige Lehre bei Cadres Van Hoof wieder aufnehmen.

Im Verlauf seiner sich lang dahinziehenden Ausbildung im Bilderrahmenhandel wurde Jacques nach London geschickt, um zu erkunden, wie andere Firmen funktionierten; um sein Englisch zu verbessern; und zweifellos auch, um ihn für eine Weile von zu Hause wegzubekommen. Man fand eine Anstellung bei Spillers, im Zentrum der Stadt, aber er logierte bei einer Familie in Lewisham, einer Vorstadt, die so grün war wie Saint-Germain. Dort begegnete ihm jemand, der ihn, diesen hochgewachsenen französischen Jungen, zum nahegelegenen Sportplatz im Westcombe Park mitnahm, einer Zweigstelle des bekannten Blackheath Rugby Clubs.

Beim Rugby fühlte Tati sich ganz in seinem Element. Er war groß, fit und flink, und erwies sich schnell als guter Team-Player. Nach Paris zurückgekehrt, fand er eine Möglichkeit, dem Racing-Club de France beizutreten, und bald trug er das berühmte blauweiß gestreifte Trikot als Außendreiviertel in der dritten Mannschaft, die unter dem Namen ihres ungewöhnlichen Kapitäns »Equipe Sauvy« bekannt war.

Die jugendliche Begegnung von Alfred Sauvy und Jacques Tati auf dem Spielfeld des Racing-Clubs in Colombe führte zu einer der seltsamsten Verbindungen in der französischen Kulturgeschichte. Sauvy war zehn Jahre älter als Tati und eine geborene Führernatur. Aber er war auch ein völlig anderer Typ: Als Absolvent der Elite-Ingenieurschule Polytechnique war er ein hervorragender Statistiker und Erfinder innovativer Prognosetechniken. Insbesondere befasste er sich mit Bevölkerungsstatistik (einem heißen Thema in Frankreich, wo die Geburtenrate seit langem niedriger als in England und Deutschland war), und er wurde zur international anerkannten Autorität in der aufblühenden Disziplin der Demografie. Aber Sauvy war ein Mann mit vielen anderen Eigenschaften, und zu der Zeit, als er den langgliedrigen Tatischeff in sein Team aufnahm, assistierte er auch teilzeitlich für den immens erfolgreichen Romancier, Dramatiker und Sportfan Tristan Bernard. Ein reicher Mann dank Erbschaft und großer Popularität, hatte Bernard über dreißig Jahre lang leichte Farcen, Einakter, Zwischenspiele und Dialogstücke produziert; in den Jahren vor dem Ersten Weltkrieg und dann wieder in den 1920er Jahren wurden Werke von Tristan Bernard oft gleichzeitig auf mehreren Pariser Bühnen aufgeführt. Bernards oft schneidender Wortwitz war die Quintessenz der französischen Kultur der Belle Époque, und seine diversen außerberuflichen Aktivitäten – als Besitzer eines Velodroms, als Unterstützer mehrerer Fußballmannschaften, als Investor im frühen Film (sein Sohn Raymond war bereits ein bekannter Filmregisseur), und als eleganter Stadtmensch – ließen ihn als Einmannresümee der Unterhaltungskultur der Zwischenkriegszeit erscheinen.[35]

Offensichtlich hat Tati von seinem Rugby-Kapitän keinerlei Statistik gelernt, und er hat auch nicht angefangen, Tristan Bernard zu lesen, nur weil der Stückeschreiber manchmal nach einem Match in die Umkleideräume kam, um ein paar Worte mit seinem Sekretär zu wechseln und die sportlichen Errungenschaften seines Teams zu loben. Aber die Rugby-Clique im Racing-Club muss nichtsdestoweniger Tatis Universität gewesen sein: der Ort, wo er zum ersten Mal mit klugen Leuten in Berührung kam, die in den Wissenschaften, den Künsten und in der größeren Welt aktiv waren. Sie alle schienen sich auch darauf verstanden zu haben, die Nacht zum Tag zu machen. In ihrer zwanglosen Gesellschaft gelang es Tati endlich, die Schüchternheit zu überwinden, die ihn zu einem überaus antriebslosen und leistungsschwachen Kind gemacht hatte; und hier war es auch, dass in ihm – zweifellos sehr langsam – die Überzeugung aufkeimte, auch er könne der Welt etwas zu bieten haben.

Tati legte sich beim Rugby jedenfalls mehr ins Zeug als beim Einrahmen von Bildern. Er trainierte regelmäßig donnerstags und freitags nach der Arbeit, nahm am Samstag an den Übungsspielen und am Sonntag an den richtigen Spielen teil, denen Trinkgelage bis in die Nacht hinein folgten, dank derer er bis gut in die Woche hinein verkatert und schläfrig war. Er gewöhnte sich einen Rhythmus an, der ihm die späten Abendstunden leicht und die frühen Morgenstunden sehr schwer machte. Das kam bei Cadres Van Hoof in der Rue de Castellane gar nicht gut an, auch nicht zu Hause in der Rue de L'Ermitage in Le Pecq. Es muss ernsthafte Spannung geherrscht haben zwischen dem nutzlosen jungen Mann, der nichts anderes als Sport und Spaß im Kopf hatte, und dem seriösen Geschäftsmann, der seinen Betrieb aufrechterhalten musste.

Wie die Armee, so war auch der Amateursport relativ unberührt von dem rigiden Klassendenken der französischen Gesellschaft, und Tati fühlte sich wohl unter seinen sozial sehr unterschiedlichen Sportkameraden. In der Sauvy-Mannschaft spielten unter anderen ein Handelsvertreter einer Schweizer Uhrenmanufaktur (Broïdo), ein Arbeiter aus der Automobilfabrik Renault in Boulogne-Billancourt (Lagrelat) und ein Medizinstudent, der bald Oberarzt sein würde (Gorodiche); Moutet war der Sohn eines Parlamentsmitglieds, wohingegen Dupont in einem Zigeunerwagen hauste, der auf dem Brachland von Colombes geparkt war;[36] und dann gab es noch Doug Schneider, einen in England geborenen Diplomaten, der die längste Zeit seines Lebens in Frankreich verbracht hatte. Diese tiefgreifenden Unterschiede in sozialer Herkunft, Beruf und Lebenslage waren deutlich sichtbar, wenn das Team zu Beginn eines Spiels auf den Rasen trottete. Einige (die zu Hause lebten und ihre Wäsche gewaschen bekamen) trugen blitzblanke Shorts und Shirts; einige (die allein lebten, ganz besonders die Studenten) kamen mit den Flecken vom letzten Spiel auf den Rasen; und andere hatten ihre Shorts mit Sicherheitsnadeln oder Bindfaden befestigt. Zur Halbzeit waren die Unterschiede weniger sichtbar, und am Ende des Spiels hatte der Matsch auf dem Spielfeld alle sichtbaren Kennzeichen von Herkunft und Besitz verwischt.[37]

Die Geheimwaffe der Mannschaft war Colombel, ein stämmiger Bulle von einem Jungen, Sohn des Chefanwalts der Pariser Polizei. Colombel schielte stark, was ihn zu einem lausigen Fahrer seines Citroën B14 machte: denn wenn er geradeaus blickte, sah er zur Seite, und um geradeaus nach vorn zu sehen, musste er seinen Kopf zur Seite drehen. Wenn er auf dem Rugbyfeld den Ball hatte, deckte das gegnerische Team den Mann, der auf der Seite stand, wohin Colombel zu blicken schien – aber er tat es ja nicht, und oft hatte er freie Bahn bis zur Linie.

Als Tatis erster Spielfilm *Jours de fête* 1949 schließlich in die Kinos kam, war – ungeachtet des enormen Publikumserfolgs – das Lob der Kritiker alles andere als einstimmig. Ein Kritiker stieß sich an einer Szene, in der es einem schielenden Bauern bei aller Mühe nicht gelingt, den Pflock mit dem Hammer zu treffen, den er zur Befestigung des Maibaums in die Erde schlagen muss. Postbote François, gespielt von Jacques Tati, erfindet einen Gag, um das Problem zu lösen: Er setzt einen anderen Pflock ein paar Zentimeter neben den eigentlichen Pflock, und indem er den schielenden Bauern anweist, auf den falschen Pflock zu schlagen, verhilft er ihm dazu, den richtigen Pflock in die Erde zu rammen. Das ist offensichtlich ein Gag, der in einem Film von Mack Sennet & Ben Turpin vorkommt, und Tati wurde des Plagiats beschuldigt.[38] Wenn aber Tati darauf gekommen war, diese Sennet-Szene zu kopieren, dann wohl deswegen, weil die dargestellte Situation eine Erinnerung an die reale Situation des schielenden Colombel im Racing-Club wachgerufen hatte.

Tati war ein guter Rugbyspieler, aber kein außergewöhnlich guter. Den Sport professionell zu betreiben, stand nie zur Debatte: Es gab ja auch zu der Zeit kein professionelles Rugby in Frankreich. Die Sportarten, die Unterhaltungsstatus genossen und damit auch eine kommerzielle Dimension angenommen hatten, waren Radrennen (allen voran), Tennis, Fußball, Boxen und Ringen. Aber die 1930er waren auch die Jahre der Massenbegeisterung für Veranstaltungen, die wir heute unmöglich und grausam finden, wie zum Beispiel Sechs-Tage-Rollschuh-Rennen, Radrennen in den Abgaswolken vorausfahrender Motorräder und Vierundzwanzig-Stunden-Charleston-Marathons. Rugby war damals, und ist noch heute, ein beliebter Sport in bestimmten Regionen Frankreichs (besonders den katalanischen und baskischen Gebieten im Südwesten – Sauvy kam aus Perpignan –, aber auch in der Bretagne und in Teilen des Zentralmassivs). Im großen Rest Frankreichs trug Rugby den Stempel eines *gentleman's game,* was auch erklärt, warum es im sonst recht exklusiven Racing-Club de France vertreten war.

Wie schon in der Armee bewegte Tati sich auch im Racing-Club in einem geselligen, ausschließlich männlichen Umfeld, das ihm ständig Beispiele natürlicher Komik lieferte. »Gemeinsam zu lachen ist einfacher, als einsam zu lachen«,[39] erklärte Tati in seinen mündlichen Memoiren. »Der Urquell der Komödie ist die Freude, mit anderen zusammen zu sein.« Aber die von fünfzehn jungen Riesenkerlen zu erwartende frivole Ausgelassenheit ist weit entfernt von der charmanten und subtilen Komik der Filme Tatis. Der ursächliche Zusammenhang zwischen den Rugby-Club-Feten und der Genese seiner komischen Kunst, von dem Tati in seinen Memoiren spricht, beruht einzig und allein auf der besonderen Art der Unterhaltung, die Tati spontan zur Feier eines jeden der gerade beendeten Spiele erfand. Und anscheinend begann es mit seinem allerersten Spiel für die Sauvy-Fünfzehn:

> Es war ein Rugby-Sonntag. Nur vierzehn von uns waren in den Umkleideräumen. Eine junge, schüchterne lange Latte kam auf mich zu. Jacques Tatischeff.

Wir gaben uns die Hand, ich beäugte ihn von oben bis unten und sagte: Halbspieler.

An diesem Abend versammelte sich die Mannschaft, die noch kein Team war, bei Barbe-Jean, einem Restaurant in Montmartre, das seinen Namen, nicht aber seine jetzt historische Telefonzelle behalten hat …

Wir waren gerade beim Essen, da gingen die Lichter überall im Raum aus, nicht aber die in der kleinen Zelle … und wir alle wurden Zuschauer der lustigsten Schattenpantomime, die man sich denken kann. Ein Star war geboren: Jacques Tati.[40]

Tatis vierzehn Rugby-Kameraden erwarteten jetzt eine Show nach jedem Spiel, und im angemessenen Moment nach Beendigung des Essens verstummte das Gespräch, so als ginge jetzt der Vorhang auf. Tati brauchte diese Zuschauer, um performen zu können; und die Mannschaft hatte sich bald an seine Aufführung gewöhnt und erwartete sie jedes Mal zur Krönung des Spiels. Sauvys Fünfzehn mag in vieler Hinsicht ausgesehen haben wie jede andere Gruppe gesunder Fünfundzwanzigjähriger, aber diese Jungs waren ein gutes Stück kultivierter als die meisten.

Tati wusste sehr bald, dass er seine Team-Kameraden nach dem Essen am besten mit den gemimten Hauptereignissen aus dem Match dieses Tages amüsieren konnte. Dabei ahmte er den einen oder anderen Spieler nach, wie er voranstürmte oder auswich – und brauchte dazu nur den Kopf ein wenig so oder so zu neigen, den Arm so oder so zu beugen. Und bald war ihm auch klar, dass nicht seine Leistungen auf dem Rugbyfeld der eigentliche Grund dafür waren, dass er im Team gehalten wurde, sondern seine spontanen Replays, die er in diesen fabelhaften »dritten Halbzeiten« zum Besten gab.

Die Spiele und Vergnügungen waren keine ausschließlich männliche Angelegenheit, wie Tatis und Sauvys veröffentlichte Erinnerungen immer konstatieren oder andeuten: *La belle Catherine*[41] mag keine umwerfende Schönheit gewesen sein, auch kein Groupie oder nur Anhänger, aber sie kam zu jedem Match, auch zu auswärtigen Spielterminen in entlegenen Ecken Frankreichs, und natürlich eroberte sie die Herzen aller Spieler, eines nach dem anderen, bis sie sich schließlich als Madame Schneider niederließ. 1934 waren dann auch Sauvy und Broïdo verheiratet, aber Tatischeff blieb noch für viele weitere Jahre ein nunmehr leicht alternder *garçon*. Es liegen uns keine Anekdoten – schon gar keine Fakten – über etwaige Frauengeschichten Tatis in diesen beschwingten Jahren vor. Seine eigenen Erinnerungen, wie auch die seiner Team-Kameraden, kreisen allein um den rein männlichen Haufen der Kumpels – *les copains*.

In den Umkleideräumen konnte Tristan Bernard gelegentlich nach einem erfolgreichen Match beobachten, wie Sauvys stämmiger Halbspieler in einer Art Trance um die Kabinen herumwirbelte und stumm das ganze Spiel noch einmal durchspielte, nur für sich selbst allein. (Wir sehen, wie Tati in *Jour de fête* etwas Ähnliches macht, wo er, nachdem er den Maibaum des Dorfes vor dem Umsturz gerettet hat, diese Errungenschaft den Dorfbewohnern, die ihm danach begegnen, gleich noch dreimal vorführt.) Er ahmte den Schiedsrichter nach, das eigene Team, das gegnerische Team, auch sich selbst, und merkte offensichtlich nichts von dem schallenden Gelächter der ganzen Mannschaft um ihn herum, die sich an seiner Show ergötzte.

»Weißt du was«, brummte Tristan Bernard, »ich kann nicht begreifen, warum du immer noch Stillleben einrahmen musst.«[42]

Tati hatte eine Fähigkeit entdeckt, wenngleich noch kein Metier, die so alt ist wie die Geschichte der Menschheit. Die Kunst der *Reprise* – der Nachahmung von Beispielen menschlichen Tuns, Sinnens und Trachtens, sei es in komischem oder tragischem Modus, egal in welcher Größenordnung und auf welcher Bühne – ist die gemeinsame Quelle von Zirkus-Clownerie und ernstem Schauspiel, und vielleicht jeder Art mimetischer Kunst. Nachäffen können viele, und im Frankreich der 1930er Jahre gab es auf Bühne und Leinwand zahlreiche liebenswerte Possenreißer (Fernandel, zum Beispiel, oder der wunderbare Raimu); aber ein genialer Mime ist eine Seltenheit. Jean-Louis Barrault war ein derzeit noch unbekannter Student an der École du Vieux-Colombier, und Marcel Marceau (geboren 1923) noch ein Schuljunge. Ohne jegliches Vorbild für eine mögliche Karriere, an dem er sich hätte orientieren können, scheint Tati keinen weiteren Wunsch gehabt zu haben, als nach den Rugbyspielen einfach herumzualbern, seine Team-Kameraden zu amüsieren und seinen Platz als Master der Lustbarkeit nach dem Spiel zu wahren. Ein Wort der Ermutigung aus dem Mund eines berühmten Dramatikers hätte Tati bestimmt geholfen, sich einen Weg aus der Rue de Castellane zu bahnen. Aber außerhalb des Rugbyfelds bewegte Tati sich gar nicht schnell.

FÜNF

Les Copains

Tatis Talent für spontane Improvisation und Mimik fand nicht nur bei den Abendessen nach den Spielen freien Lauf, sondern jedes Mal, wenn er mit Team-Kameraden zusammen war. Seine späteren Evokationen der kollektiven Ausgelassenheit seines geselligen Lebens in den 1930er Jahren erinnern auffallend stark an Jules Romains stilvoll komischen Roman über männliche Freundschaft *Les Copains* (1922), der uns ein Modell an die Hand gibt: kein Abbild des tatsächlichen Verhaltens der jungen Leute im Rugby-Club, aber ein Modell dafür, wie man darüber sprechen kann. Sauvy erinnerte sich an eine tolle »Imitation« eines Radiosprechers, die Tati auf der offenen hinteren Plattform eines Pariser Busses vorführte, die die Zuschauer so in Atem hielt, dass sie ihre Haltestelle verpassten …

> Als wir ausgestiegen waren, sagte ich: »Tati, du musst dieses kleine Meisterstück sofort aufschreiben, das ist unbezahlbar …« Aber du hattest es schon vergessen, hattest schon eine andere Szene im Visier.[43]

Eine entscheidende Wende kam, als Tati für ein auswärtiges Spiel in Bordeaux in ein höheres, seine eigene Form weit überragendes Team gewählt wurde – nicht, weil er der beste Spieler unter Sauvys Fünfzehn war, sondern weil er dort die »dritte Halbzeit« aufführen sollte. Das wurde zu einem Meilenstein in seinem Leben.

Das Team gewann das Spiel, was für beste Stimmung sorgte, und obendrein entdeckte Tati in dem Restaurant, wo sie Tische für den Abend reserviert hatten, einen Berg Partyhüte und Kostüme, die von irgendeiner Fete liegen geblieben waren. An diesem Abend gab er eine besonders schwungvolle Show, in der er nicht nur das Match des Nachmittags mimte, sondern auch andere traditionelle Nummern, wie zum Beispiel den Betrunkenen, der versucht, durch seine Haustür zu kommen.

> Ich bemerkte dann, dass ich zwei Zuschauergruppen hatte: Die eine hat wild applaudiert (meine Leute), die andere war unverhohlen feindselig (der *patron* und das Restaurantpersonal). Die eisigen Blicke Letzterer werde ich nie vergessen. Später, als ich mir die Szene in Erinnerung rief und mich in ihre Lage versetzte, erkannte ich, wie wirkliche Komik für mich aussehen würde.[44]

Tatis »Erkenntnis« wird veranschaulicht durch seine Erinnerung an das, was sich später an diesem Abend abspielte. Das Team fuhr zu einem anderen Match weiter nach Toulouse, er aber musste mit dem Nachtzug nach Paris zurückkehren, um am Morgen in der Rue de Castellane zu sein. Die ganze lärmende Bande begleitete ihn zum Gare Saint-Jean, und er machte auch beim Einsteigen mit seinen albernen Possen weiter. Er kam ans Abteilfenster, und mit einer Zirkusnase im Gesicht und einem grotesken Hut auf dem Kopf mimte er einen verdrehten Lokomotivführer und gab dann noch seine Betrunkenen-Nummer dazu. Als der Zug schließlich abfuhr, machte er das Fenster zu, drehte sich um und sah sich konfrontiert mit fünf höchst ungnädigen Augenpaaren. Mit seiner roten Nase, seinem verkehrt übergezogenen Jackett und dem rosa Papierhut kam er sich vor wie ein mittelmäßiger Clown, der vor einem Zirkustribunal wegen irgendeines Vergehens Rede und Antwort stehen musste.

Tati brachte seine Kleidung in Ordnung, stopfte sehr langsam den Papierhut in seine Tasche und setzte sich auf den letzten leeren Sitzplatz. Dann nahm er sich Zeit, seine Mitreisenden zu beobachten. Einer nach dem anderen machten sie sich für die Nacht bereit. Der eine lockerte seine Schnürsenkel, ein anderer seinen Gürtel; einer legte sich seinen Mantel als Decke zurecht, ein anderer rollte einen Schal zusammen und hatte sein Kopfkissen ... Es schien, als wären sie alle selber Pantomime-Künstler, die die Passagiere eines Nachtzugs *nachahmten,* wie Tati sie viel später in einer Szene darstellen sollte. Und in solchen Szenen, die völlig natürlich und gleichzeitig total lächerlich erscheinen, wenn man sie mit dafür geschärftem Auge betrachtet, fand Tati, wie er selber erklärte, die Quelle seiner eigenen Komik.

Tatis Interpretation dieser Szene (in einem Interview von 1980) ist natürlich gefärbt von seinen späteren Ansichten über den Unterschied zwischen professionellen Schauspielern und, wie er meinte, wirklichen Darstellern, das heißt normalen Menschen, die normale Dinge tun. Seiner Meinung nach waren ausgebildete Schauspieler einfach nicht in der Lage, den von ihm erwünschten »Wahrheitseffekt« zu erbringen. Aus diesem Grund hat Tati für seine Filme auch meistens Laien engagiert, die sich dann selber darstellten. So war zum Beispiel der Concierge in der elektronisch ausgestatteten Loge des Strand Building in *Playtime* ein richtiger Concierge im Ruhestand (er wurde jeden Morgen mit dem Taxi von seinem Altersheim, wo Tati ihn schließlich gefunden hatte, zur Szene gebracht); wie auch der Geschäftsmann in *Les Vacances de M. Hulot*, der ständig ans Telefon gerufen wird, nicht von einem Schauspieler gespielt wird, sondern von einem realen Geschäftsmann (dem Ehemann der Hauptdarstellerin), der sich selber spielt.

Nur in einigen spezifischen Fällen scheint Tati sich durch den Einsatz von Laienschauspielern einem naturalistischen, dokumentarischen oder Schnappschuss-Stil zu nähern – am deutlichsten in den Szenen von *Trafic*, wo Autofahrer, die an der Verkehrsampel warten, in der Nase bohren (eine Sequenz, die tatsächlich von Bert Haanstra, nicht von Tati stammt); und in den Episoden mit dem Fuhrmann und der sauberen Bluse in *Jour de fête* (siehe S. 195) und dem Kleinkind mit der Eistüte in *Les Vacances de M. Hulot*. Meistens aber mussten Tatis Amateure erst *lernen,* wie sie sich selber darzustellen hatten. Bei den Proben, die ihm allergrößtes Vergnügen bereiteten, führte er vor, wie sie liefen oder standen – und dann mussten sie lernen, seine Nachahmung ihrer selbst nachzuahmen …

Diese Herangehensweise an die Schauspielkunst geht auf Tatis Jugenderfahrung im Bordeaux-Paris-Express zurück. Was er damals im Zug gesehen hatte, waren nicht einfach normale Handlungen, die komisch sein können. Selbst wenn er es nie so deutlich formuliert hat: Hier hatte er einen Einblick in das Wesen der Wirklichkeit und in die kongeniale Methode ihrer Wiedergabe bekommen. Jene realen Mitreisenden haben – in den Augen dessen, der sie mit einer besonderen Art der Aufmerksamkeit beobachtete – Gesten vollführt, die durch genaue und gleichzeitig übertriebene Nachahmung zu Zeichen werden konnten, die diese und keine andere Realität wiedergaben. Die einzig erforderliche Schauspielschule, das einzig nötige »Alphabet mimischer Darstellung« ist genaue Beobachtung dessen, was reale Menschen tun.

Diese Grundidee erinnert an Diderots bekanntes Paradox des vom Schauspieler bewirkten emotionalen Effekts: eines Effekts, der, wie der Philosoph nachdrücklich erklärte, nicht die Frucht authentischen Fühlens sei, sondern im Gegenteil das Produkt rationaler Beobachtung und sorgfältiger Neu-Erstellung der Gesten anderer. Diderot sagte, dass präzise nachgeahmte Emotion mitteilbarer und tatsächlich »wahrer« sei als das reale Vorbild. In ihrer überschwänglichen frühen Arbeit über Tatis Kunst entwickelt Geneviève Agel dasselbe Argument in Bezug auf den Mimen, der, wie sie erklärt, »ein derart scharfer, präziser und aufmerksamer Beobachter ist, dass er die von ihm beobachteten Lebewesen und Dinge sich einzuverleiben und uns wahrhaftiger zu machen versteht, als wenn wir sie selber sehen«.[45]

Eine solche Konzeption mimischer Darstellung ist – dank ihrer verschiedenen Möglichkeiten der Akzentuierung von authentischer, ehrlicher und unvermittelter Wiedergabe der Realität – weit entfernt von naturalistischer Kunst. Wenn Tatis zweigleisige Karriere als Mime und als Filmemacher eine Einheit bildet, dann

Abb. 13: *Tati gibt Pantomime-Unterricht am Set von* Mon Oncle

gründet sie in dieser seiner zweigliedrigen Überzeugung: Die Kunst gibt die Realität wieder, und die Realität kann nur durch bewusste, wohldurchdachte Neuerschaffung wiedergegeben werden. Diese Konzeption rückt Tati in viel größere Nähe zu den formalisierten Aufführungspraktiken des Brecht'schen Theaters, wie auch zu Trends experimenteller Malerei und Dichtung der Nachkriegszeit, als er selber es wohl dachte. Wie dem auch sei, es kann nur wenige Filmszenen geben, die so formal, so nicht-naturalistisch und dennoch »real« sind wie die Gartenfestszene in *Mon Oncle*. Als die Gäste sich auf dem im »modernen Stil« angelegten Rasen des Vorgartens der Arpel-Residenz versammeln, ist jede Bewegung ihrer Beine, Hände und Körper ein integraler Teil dessen, was die Szene als Ganzes aussagen soll. Jede angenommene Pose, jede winzige Bewegung von Nacken oder Schulter ist genau kalkuliert und einstudiert und fungiert als sinntragendes Element in einem komplexen Tableau (kleinbürgerlicher) Affek-

Abb. 14: Die »Garden-Party« in Mon Oncle (1958)

tiertheit. Jede Regung, jede Geste entstammt einer einzigen Schule, einem einzigen Lehrer, einer einzigen Vision – der des Jacques Tati, der jede Rolle erst selber mimte, ehe er seinen »Amateuren« erlaubte, sie nachzuahmen. Die Garden-Party ist – wie eine Szene in der großen komischen Oper – ein durch Übertreibung intensiviertes Stück Lebensrealität, dessen Darstellung im Dienst eines übergreifenden Themas steht. Es ist keine Karikatur, denn die Übertreibungen bleiben innerhalb der Grenzen der Wahrscheinlichkeit und sind subtil komponiert; aber es ist auch das ganze Gegenteil von dokumentarischer Wiedergabe einer kleinbürgerlichen Partyszene.

Um 1930/31, als diese Ideen in ihm zu keimen begannen, fand Tatis erwachendes komisches Talent tatkräftige Unterstützung und Förderung durch andere Mitglieder des Sauvy-Teams. Insbesondere Jacques Broïdo scheint zumindest eine Zeitlang ein fast unzertrennlicher Bühnenpartner gewesen zu sein. Er hatte damals schon ein außergewöhnliches Leben hinter sich: 1908 in Moskau geboren, war Broïdo auf einem langen Treck über Land bis Basel der Revolution entkommen, er wuchs in Genf auf, wo er die schweizerische Staatsbürgerschaft annahm und eine Ausbildung zum Uhrmacher absolvierte. Obwohl er nie die Universität besucht hatte und seinen Lebensunterhalt als Handelsvertreter verdiente, war Broïdo ein geborener Ingenieur und als solcher fasziniert von der Technologie der fotografischen Apparaturen, ganz besonders der Filmkameras (bei seinem Tod 1987 hinterließ er nicht weniger als 750 gewerbliche Patente, von denen viele noch in Gebrauch sind). Dem Namen nach der Sohn des gefeierten russisch-jüdischen Architekten Hermann Broïdo, und damit der Bruder der mäßig erfolgreichen Film- und Bühnenschauspielerin Colette Broïdo, mit der er wenig Kontakt hatte, galt Jacques Broïdo als der illegitime Sohn des Fürsten Dolgorukij, des ehemaligen russischen Botschafters in Paris … und damit als ein Nachkomme jener großen russischen Familie, die einst St. Petersburg erbaute – gegen den Willen der lokalen Barone … namens Tatischeff.

Die beiden »russischen Jacques«, Tati und Broïdo, erarbeiteten für ihre Auftritte als Duo Skizzen und Sketche mit Wortwitz und Schlagfertigkeit, die in Tatis späterem Bühnen- und Filmwerk nicht mehr vorkamen. Wie Sauvy sich erinnerte, konnten die beiden einen ganzen Abend, ja eine ganze Nacht mit einem improvisierten Austausch von Wortspielen und Witzen füllen.[46] Als sie sich zu einem gemeinsamen Lunch in einem Restaurant gegenüber des Gare Saint-Lazare trafen, war die erste Flugzeugüberquerung des Atlantiks ohne Zwischenlandung der beiden Franzosen Costes und Bellonte die große Nachricht des Tages.

Und daraufhin … erhoben sich Jaques Tati und sein Freund und Alter Ego Jacques Broïdo und erklärten ohne viel Aufhebens, dass sie die Atlantiküberquerung von Costes und Bellonte vorführen werden. Sie stellten zwei Stühle auf, einen vor den anderen: auf dem vorderen saß Tati-Costes, auf dem hinteren Bellonte-Broïdo. Und wir bekamen eine sensationelle pantomimische Darstellung zu sehen, die man sich schwer vorstellen und noch schwerer rekonstruieren kann. Diese Szene führte uns mit vielen Gags während des Fluges über den Atlantik bis hin zur Ankunft in New York, zum offiziellen Empfang, und so weiter ...[47]

Das war wohl ein ungewöhnlicher Moment in Tatis aufblühender Karriere als Komiker, denn zu anderen Zeiten und in den meisten Fällen schien er kein großes Talent für verbale Improvisation zu haben, auch wenn er immer einen Vorrat von Witzen und Skizzen parat hatte, die er mit eigener Langsamkeit und behäbiger Brillanz darbot. Seinem Naturell bei weitem angemessener und seiner zukünftigen Karriere zuträglicher war die improvisierte Pantomime:

> Eines Abends, an dem noch nicht viel geschehen war, saßen wir im *Trapèze volant*, wo tatsächlich ein Trapez von der Decke hängt. Tati und sein Schüler J. Vigouroux stellten sich auf das kleine Trittbrett, als wären sie Akrobaten, die zu ihrer Nummer antraten, obwohl sie nicht die geringste Ahnung hatten, was sie tun würden. Sie brachten eine vierzig Minuten lange Szene zustande, in der zwei Akrobaten sich für ihren Auftritt bereitmachten. Hin und wieder ließ einer von ihnen das Trapez über die Zuschauer schwingen, um es, wenn es zurückkam, fest in den Griff zu bekommen. Währenddessen richtete der andere sich auf, oder er rieb sich die Hände mit Talkum ein. Dann mimte der eine oder der andere die Ankündigung des Saltos, der jetzt folgen würde, aber das Trapez kam aufgrund irgendeines vorgegaukelten Hindernisses immer wieder leer zurück ...[48]

Diese Darbietungen nach dem Spiel führten fast dazu, den Sport als hauptsächliches Interesse der Mannschaft zu verdrängen: Die

```
                    PROGRAMME
                    ─────────
                  R.C.F. 31
              Revue sportive de A. Sauvy et H. Janicot
                 Musique adaptée par M. Gaston Saux

                      PREMIÈRE PARTIE
      1. Musique de disques.
      2. LA RESQUILLE
            Le spectateur  . .  . .  . .  . .   MM. Jacques Keyser.
      3. À LA MANIÈRE DE, par. .  . .  . .      Gabriel Lavoégie.
      4. JARDINAGE ET CONSTRUCTION, par         Douglas Schneider.
      5. LE COUP DU SAC, par    . .  . .        Henri Colombel.
      6. CEUX D'AUTREFOIS, sketch de G. Lavoégie et A. Sauvy.
            Le dirigeant . .  . .  . .  . .     MM. P. Taffet.
            Le joueur .  . .  . .  . .  . .     A. Sauvy.
            L'ancêtre..  . .  . .  . .  . .     G. Lavoégie.
      7. DITES-MOI ROUSSEL, par  . .  . .       Goullet.
      8. SPORT MUET, par  . .  . .  . .         Jacques Tattischeff.
      9. LA NUIT ARGENTINE, Parodie sonore de H. Janicot
                         (D'après C. A. GONNET)
            Le bandit . .  . .  . .  . .        M. Douglas Schneider.
            Dolorès .  . .  . .  . .  . .       M^lle Simone Millet.
            Manola  .  . .  . .  . .  . .       M^lle Denise Balensi.
     10. DANSES DE STYLE par les JACK TWINS
              J. Tattischeff, J.-J. Cattier et J. Broïdo.

                        ENTR'ACTE
                    MUSIQUE DE DISQUES
```

Abb. 15: »R.C.F. 31«: Gala-Programm

Rugbyspieler verwandelten sich allmählich in eine Theatertruppe. An einem Abend im *Bon Bock,* einem Restaurant an der Rue Dancourt, vergnügten sie sich besonders lebhaft, und in ihrer Hochstimmung verabschiedeten sie sich mit der Ankündigung an alle Anwesenden: »Bis nächsten Freitag!« Und siehe da, als sie am nächsten Freitag nach ihrem Spiel dort ankamen, stand eine lange Schlange vor der Tür. »Stellt euch gefälligst hinten an«, riefen die Leute, »wir wollen alle zu den Clowns!«[49]

Abb. 16: »Sport 33«: Gala-Programm

Beflügelt von dieser ungesuchten Berühmtheit, machte das Team sich seine Possen zur Spezialität und brachte am Ende der Saison seine eigene Show auf die Bühne. Das Thema war der Sport und der Anlass die alljährliche »Gala« des Racing-Clubs. Viermal, von 1931 bis 1934, setzte Sauvy in Zusammenarbeit mit der ganzen Mannschaft ein gemeinsames Unterhaltungsprogramm unter dem anfänglichen Titel *Ballon d'essai* auf.

Vor einem Publikum aus Ehefrauen, Freundinnen, Verwandten und alten Club-Mitgliedern gaben die Rugbyspieler Lieder zum Besten, auch kleine Tänze und Rezitationen; aber den größten Teil der Gala-Show machten lustige Sketche aus, und Alfred Sauvy, wie auch sein Chef Tristan Bernard, reihten geschickt ein paar Witze auf einen dünnen Programmfaden, so dass die Zuschauer sich dreißig Minuten oder länger vor Lachen nicht halten konnten. Und für genau diese Gala-Abende erarbeitete Tati seine einzige richtige Varieté-Nummer, die zuerst unter dem Titel *Sport muet* (»Stummer Sport«) und später unter dem endgültigen Titel *Impressions sportives* (»Sport-Imitationen«) lief. Die erste bezeugte Aufführung fand im Rahmen des Gala-Programms im April 1931 statt:[50] Doch mindestens ein Element dieses Stücks – die Pantomime eines Fußballtorwarts – geht, wie wir gesehen haben, auf das Jahr 1924 zurück.

Tati ist in der Revue des Rugby-Clubs mindestens zweimal aufgetreten: das erste Mal in einer Szene, die nie wieder aufgeführt wurde: eine der üblichen Possen heranreifender junger Männer, in der er mit Jacques Broïdo, beide in rosafarbenen Strumpfhosen und Tutu, einen *Pas-de-Deux* aus *Coppelia* tanzte. Demgegenüber erschienen die *Impressions sportives*, obwohl sie nicht ganz ohne Vorgänger waren, den damaligen Zuschauern als durchaus original. Diese Pantomime stellte fünf unterschiedliche Sportarten bzw. Sportler dar: den Fußballtorwart, den ersten Kampf eines Boxers, den Radfahrer, das Turnierpferd und seinen Reiter. Hierbei fällt auf, dass der Rugby-Sport, der eine so große Rolle in der Genese von Tatis mimetischem Talent gespielt hatte, hier überhaupt nicht vorkam; und dass Tati die einbezogenen Sportarten nur wenig (oder gar nicht) ausübte, obwohl er ein passabler Reiter war und ausreichend Kraft in den Beinen hatte, mit dem Fahrrad in gutem Tempo voranzukommen.

Wir sehen, wie Tati über vierzig Jahre später genau dieselben Szenen mimt, und zwar in dem letzten tatsächlich unter seiner Regie gedrehten Film *Parade* (1974). Zu dem Zeitpunkt hatte er auch Imitationen von »Tennis zur Jahrhundertwende« hinzugefügt sowie eine Gruppe arglos rassistischer Pantomimen von Verkehrspolizisten in Paris, London, Mexiko, Rom und New York; doch selbst diese beiden Ergänzungen gehen zurück bis mindestens in die frühen 1950er Jahre.[51]

Die thematische Stabilität von Tatis Pantomime ist typisch für Zirkus und Varieté. Ein Artist hat nur eine »Nummer«, eine Routine, die sich teils an Vorbildern und Meistern orientiert und teils – unabdingbar – durchaus original ist. Es geht nicht darum, immer etwas anderes zu bringen, sondern immer genau dasselbe (der Artist wird in erster Linie gerade für diese seine Nummer angeheuert), und dabei der Perfektion immer näher zu kommen. Jede Aufführung ist eine Probe für das nächste Mal.

Die Gala-Vorstellungen waren überaus beliebt – gerade zu der Zeit, als Tatis Lehrjahre im Bilderrahmengeschäft zur lebenslangen Haftstrafe wurden. Eines Tages ergriff ihn in Anbetracht des ihm bevorstehenden Lebens, angesichts der endlosen Eintönig-

Abb. 17: *Vater und Sohn, Juli 1931*

keit, blanke Panik. Er stand auf der Vordertreppe des Familiengeschäfts und fragte sich: »Muss ich bis an mein Lebensende den Laden da drüben auf der anderen Straßenseite anglotzen?«[52] Er musste weg. Er ging nach Hause und eröffnete seinem Vater, dass er den Kram hinwerfen werde:

»Und was willst du machen?«

»Auf die Bühne gehn.«

»Was willst du machen? Auf die Bühne gehn! Als Clown?«

Als Georges-Emmanuel sich beruhigt hatte, erklärte er seinem Sohn, dass er tun könne, was er wolle, aber er würde keinen Pfennig Unterstützung bekommen. So gab Jacques Tati nicht nur seinen Job auf, sondern auch seine Basis im Haus der Eltern sowie den kümmerlichen Lohn, den Cadres Van Hoof ihm bezahlt hatte. Das muss 1931 oder vielleicht 1932 gewesen sein. Es folgten mehrere Jahre der Armut, denn Tati verließ das Elternhaus im exakt falschen Moment. Die im Oktober 1929 durch den Crash an der Wall Street ausgelöste Weltwirtschaftskrise hatte gerade begonnen, sich in Frankreich bemerkbar zu machen.

SECHS

Mittellos und auf der Straße

Tati ging mit leeren Taschen von zu Hause weg. Er wohnte in billigen Hotels oder fand ein Bett für die Nacht bei einem seiner Freunde – oder er holte sich, wenn es gar nicht mehr ging, von seinem Rugby-Kameraden Gorodiche (der jetzt Arzt war) ein Attest, das ihm eine freie Übernachtung in einem Armenhaus verschaffte. Tati war nicht der einzige arme Mann in Paris. Obwohl Frankreich sich immer noch als reiches Land betrachtete – hatte es nicht vor kaum zehn Jahren den Krieg gewonnen? –, hatte seine industrielle Basis zu schrumpfen begonnen, da die Auswirkungen der amerikanischen Rezession die Wirtschaft fortschreitend schwächten. Tati war kein junger Bürgersohn mehr, der einen langweiligen Job und eine verrückte Ambition hatte; er war einer von vielen und immer mehr werdenden Arbeits- und Mittellosen auf der Straße.

Alles, was er besaß, war eine Pantomime-Nummer, mit der er die Besucher der jährlichen Gala-Abende im Racing-Club begeistert hatte: eine Nummer, die er auf die Varieté-Bühne oder zur Not in die Zirkusarena hätte bringen können; aber das Live-Varieté war in den frühen 1930er Jahren kaum in der Lage, ein junges Talent aufzunehmen, denn das Publikum war plötzlich geschrumpft wie ein Ballon, dem die Luft abgelassen worden war.[53]

In den 1920er Jahren gab es Varieté-Theater und Kabaretts überall in Paris – nicht nur in dem teuren Unterhaltungsviertel der Champs-Élysées, sondern in jedem Arrondissement und fast jedem *quartier*. Viele gewöhnliche Restaurants und zahlreiche Bars hielten für ihre lokale Kundschaft Hinterräume bereit, in denen Varieté-Unterhaltung angeboten wurde: nicht nur von Sängern des traditionellen, besonders bei der Unterschicht beliebten *caf'conc*, auch von Jongleuren, Akkordeonspielern, Balladen- und anderen Sängern populärer Melodien; in größeren Häusern gab es auch anspruchsvollere Darbietungen von beispielsweise Akrobaten oder Kunst-Radfahrern – und all das zur Unterhaltung einfacher Leute, keiner wohlhabenden Klientel. Aber die *années folles* waren schon ziemlich zu Ende gegangen, als Tati versuchte, in der Unterhaltungsbranche Fuß zu fassen.

Der Börsencrash hatte die Flut der finanzkräftigen amerikanischen Besucher in ein kleines Rinnsal verwandelt, und die exklusiveren Kabaretts und Music-Halls, die vom Geld der Touristen abhingen, waren stark betroffen. Zwischen 1929 und 1931 hatten – bis auf zwei – alle größeren Häuser zugemacht: Das Alhambra ging in Flammen auf und wurde nicht wieder errichtet; das Olympia musste schließen und blieb über viele Jahre leer; der Cirque de Paris ging sang- und klanglos unter, Le Palace wechselte vom Varieté zur Operette, und – vielleicht das symbolträchtigste aller Opfer – das Moulin-Rouge wurde in ein Kino umfunktioniert. Von den bedeutenden Varieté-Häusern der 1920er Jahre blieben allein das Empire und das Bobino am Leben. Die kleineren überlebenden Varietés waren nicht in der Lage, alle an die Luft gesetzten Künstler aufzunehmen, und Tati war nur einer von Hunderten arbeitsloser Unterhaltungskünstler. Einige probierten ihr Glück als Straßenartisten, andere suchten neue Möglichkeiten, sich ihren Lebensunterhalt zu verdienen, und den Talenten, die sich bisher auf der Varieté-Bühne getummelt hatten, winkte das Kino als nächstliegendes alternatives Betätigungsfeld.

Die Wirtschaftskrise, die sehr bald ganz Europa peinigen sollte, setzte fast genau in dem Moment ein, als auch der Tonfilm herauskam und in der Unterhaltungskultur eine mächtige Welle der Veränderung hervorrief. Der Gedanke, Ton und Bild miteinander zu verbinden, war so alt wie das bewegte Bild selbst, und Methoden der Aufzeichnung von Stimme und Musik – zuerst auf gewachsten Zylindern, dann auf Metall- und schließlich Bakelitscheiben – wurden in genau derselben Zeitspanne entwickelt wie das Kino. Trotz starken industriellen Interesses an der Verbindung von Ton und Bild – Charles Pathé machte mit Kopien von

Edisons Phonograph und der gleichzeitigen Vermarktung seiner eigenen Filmkameras ein Vermögen, und Léon Gaumont patentierte ein »sprechendes Bild«, das er allerdings weder weiter entwickelte noch nutzte – entfaltete sich das Kino in Amerika und Europa als eine Kunst des stummen Dramas oder, wie Chaplin es formulierte, als eine Neuerfindung der Pantomime. So stieß am Ende der 1920er Jahre die Einführung des Tonfilms auf gut etablierte kulturelle und intellektuelle Barrieren. Als Warner Brothers 1927 den ersten angeblich »hundertprozentig sprechenden Film« herausbrachten – *The Jazz Singer* mit Al Jolson – sah nicht jeder in der Branche, und mit Sicherheit kaum einer in Frankreich, darin eine ernsthafte Bedrohung. Die Technologie (Vitaphone) war umständlich, da sie mit separaten Geräten für Ton und Bild arbeitete; aber sehr bald erwarben Fox und RKO das Patent auf zwei konkurrierende Versionen optischen Tons (Movietone und Phototone). In beiden Systemen dient ein schmaler Streifen auf der Seite des bildtragenden Films dazu, eine Tonspur analog aufzuzeichnen, was eine perfekte Synchronisierung von Ton und Bild ermöglicht. Der optische Ton war ein durchschlagender Publikumserfolg, der die Industrie – und die Kunst – des Kinos fast über Nacht veränderte. Die ersten richtigen Tonfilme kamen 1929 in Europa an und nach einem kurzen Kampf um technische und kommerzielle Vormacht wurde der Markt klar aufgeteilt zwischen den amerikanischen Geräten und dem einzigen, nur leicht unterschiedlichen System von Tobis-Klangfilm, einem mächtigen deutsch-schweizerischen Konzern. Das war ein heftiger Schlag für den Stolz der Franzosen: Der Ton etablierte sich als eine ausländische, keine einheimische Erfindung, trotz der historischen Priorität der französischen Filmindustrie. Aber selbst wenn die Patente französisch gewesen wären, hätten die Tonfilme ernsthafte – und auch sehr interessante – Probleme für das Land des *cinématographe* verursacht.

Die allerersten französischen Tonfilme wurden 1929 produziert, eigentlich in Auftrag gegeben. An dem einen Ende der gesellschaftlichen und kulturellen Skala unterstützten Charles und Marie-Laure de Noailles Luis Buñuel und Jean Cocteau mit 700.000 Franken für Experimente im neuen Medium: Dank dieser aristokratischen Gabe kam 1930 schließlich der Film *L'Age d'Or* heraus und wurde prompt als unmoralisch verboten; des Weiteren *Le Sang d'un poète*, der erst 1932 veröffentlicht wurde.[54] Das, so darf man wohl schließen, markierte das Ende des Kinos als ein Spielzeug wohlhabender Ästheten in Europa (und auch, in einem anderen Sinn, als das letzte Abenteuer des Surrealismus), denn als Cocteaus »erster« Tonfilm herauskam, hatte das andere, populäre Ende der Filmindustrie den Stummfilm längst aufgegeben und Hunderte von mehr oder weniger vergessenswerten Tonfilmen produziert. Der erste in den französischen Kinos gezeigte Film dieser Art war wahrscheinlich *Bluff*, ein 600 Meter langer Streifen von Georges Lacombe. Dieser bahnbrechende Kurzfilm war ein Kompendium der Varieté-Stars: Yvette Guilbert, Georges Tschernogarow und seine Balalaika, Frédo Gardoni auf dem Akkordeon, die Boyer-Schwestern und ein Mann namens Jack Forrester vollführten ihre Nummern, als wären sie auf der Bühne einer Music-Hall.[55] Der Tonfilm bot diesen Künstlern ein weit lukrativeres Medium als die Musikbühne; und der Niedergang der Live-Varieté-Shows verlief Hand in Hand mit dem Aufstieg des sprechenden, singenden, bewegten Bildes. Wie das Moulin-Rouge verwandelten sich viele »*music-halls de quartier*«, beispielsweise die Folies-Belleville, innerhalb von ein bis zwei Jahren in ein Filmtheater.[56]

Den Stummfilm, dem keine sprachlichen Grenzen gesetzt sind, kann man als eine internationale Kunstform betrachten. Das potenzielle Publikum jedes Stummfilms, wo immer er produziert wurde, ist die ganze Welt, und der potenzielle Gewinn entsprechend hoch. Obwohl das in der Realität nicht immer so war, hat der Tonfilm die grundlegenden Strukturen verändert, und auch den Sinn und Zweck der lokalen – das heißt nationalen – Filmindustrie. Die Amerikaner besaßen die Patente auf die

Technologie; sie hatten ebenfalls die größte Sprachgemeinschaft (zu der Zeit wurde Englisch von ungefähr dreimal so vielen Menschen gesprochen wie Französisch) und somit die größte wirtschaftliche Basis. Die Gefahr – mit der sich die französischen Regierungsorgane, Politiker, Gewerkschaften und Filmemacher fortan konfrontiert sahen – war die, dass französischsprachige Filme einfach beiseite gedrängt und ausgelöscht werden könnten. Und, wie so oft in ihrer Geschichte, hatte die französische Filmindustrie – finanziell zersplittert, unterkapitalisiert und unterausgestattet – kaum eine Chance, sich zu wehren.[57]

Tati verließ das Elternhaus, um sich in Live-Performance als Mime zu etablieren – und tat es zu einer Zeit, als die Music-Hall sich in Krise und Niedergang befand. Falls er auch Filmstar werden wollte (und es scheint, als wäre das der Fall gewesen), dann war sein Timing auch hier ausgesprochen schlecht – denn stummes Theater hatte die Branche jetzt nicht mehr nötig. Und es sah weithin wohl so aus, als könne die Welt sehr gut auch ohne die französische Filmindustrie auskommen. Viele talentierte französische Filmtechniker und Filmemacher gingen nach Hollywood, um dort französischsprachige Versionen amerikanischer Tonfilme zu betreuen: Da es noch keine Synchronisationstechniken gab, war die billigste Methode, einen Film auf Französisch zu produzieren, einen englischen Film neu zu drehen, auf denselben Sets, mit denselben Aufnahmen, Extras, Stunts usw., aber mit französischen Schauspielern, die für die Stars einsprangen. Auf diese Weise hat Claude Autant-Lara tatsächlich seine Fähigkeiten als Regisseur erworben – er drehte französische Remakes von Buster-Keaton-Kurzfilmen, »vor Ort« in den Tonstudios von Hollywood.[58]

SIEBEN

Oscar, Roger und Rhum

Wir wissen nicht, wann genau Tati sein Elternhaus verlassen hat, um auf die Bühne zu gehen, aber es geschah mit Sicherheit, als er noch ein aktives Mitglied in Sauvys Fünfzehn war: Master ihrer Après-Rugby-Entertainments und Mittäter im feucht-fröhlichen Junggesellenverein. Es geschah auch zu einer Zeit, als das französische Cinéma versuchte, seine eigene Form des burlesken Kurzfilms zu entwickeln, der vor dem Hauptfilm gezeigt werden sollte, weil die Kinobesucher abendfüllende Unterhaltung erwarteten. So startete Robert Bresson seine Karriere: Für seinen ersten Film, *Les Affaires publiques* (Arc-Films, 1934), konnte er die »Girls« der Folies Bergères engagieren, daneben Zirkusclowns und Komödianten wie Marcel Dalio und Gilles Margaritis.[59] Und so versuchte auch Tati seinen Start: nicht auf der Bühne, sondern im Film.

Tatis erster Film, der trotz seiner späteren Bemühungen, ihn aufzutreiben, verlorengegangen ist (»Ich habe keinen einzigen Meter davon gefunden«, sagte er in einem Radio-Interview 1977),[60] entstand unter der Regie desselben Jack Forrester, der in *Bluff* mitgewirkt hatte: mit anderen Worten, unter der Regie eines Varieté-Künstlers auf der Suche nach einer neuen Laufbahn. Forrester hat diese tatsächlich gefunden: In den 1930er Jahren drehte er zahlreiche französische Versionen amerikanischer Tonfilme wie auch originale Thriller – alle veröffentlicht von Forrester-Parant-Productions. Aber alles, was wir gesichert über Tatis ersten Kurzfilm, *Oscar champion de tennis* (»Oscar der Tennismeister«), wissen, ist, dass der Film 1932 seine *visa de production* erhielt und von Jacques Tati geschrieben und dargestellt worden war oder werden sollte.[61]

Tatis erstes, klar dokumentiertes professionelles Live-Engagement kam erst 1935 bei einer halb privaten, halb öffentlichen Fei-

Abb. 18: *Georges-Emmanuel Tatischeff beim Tennisspiel*

er anlässlich der Verleihung des Blauen Bandes (für die schnellste Atlantiküberquerung) an den französischen Überseedampfer *Le Normandie*. Freilich mag Tati schon vorher weniger prestigeträchtige Engagements an weniger angesehenen Orten bekommen haben; es mag sein, dass er neben seinen Laien-Shows im Rugby-Club auch schon professionell in *Oscar champion de tennis* mitgewirkt hat; und der Pantomime-Sketch »Le Tennis en 1900«, der sowohl in seinem letzten Film *Parade* als auch in einem Kurzfilm von Nicolas Ribowski (*Cours du soir*, 1966) zu sehen ist, mag nichts anderes als der Kern jenes ersten, verlorengegangenen und vielleicht nie wirklich fertiggestellten »Oscar« sein.[62] Wie dem auch sei, es bleibt die auffallende Kontinuität, die sich von dem Foto des Tennis spielenden Georges-Emmanuel (einem der wenigen Fotos, die sein Sohn aufbewahrt hat) über den Titel von Tatis erstem geplanten Film bis hin zum Inhalt seines allerletzten Films zieht – eine Kontinuität, die durch die unvergessliche »Tennis-Nummer« in Tatis bestem Film *Les Vacances de M. Hulot* weiterhin an Profil und Bedeutung gewinnt.

Der erste der noch vorhandenen Kurzfilme wurde wahrscheinlich 1934 gedreht (obgleich die Datierung dieser frühen Werke bestenfalls hypothetisch ist). Nach Alfred Sauvys Aussage war *On demande une brute* der Titel eines Rugby-Sketches, den er geschrieben hatte. Es war Tatis Idee, diesen Sketch einem Kurzfilm zugrunde zu legen, den sie gemeinsam planten und in einem fast noch mittelalterlichen Dorf namens Sournia zu drehen begannen.[63] Sauvy zog sich von diesem Projekt zurück und verlor es komplett aus den Augen, als er 1934 den Vorsitz des *Institut de Conjoncture* (Institut für Wirtschaftsprognosen) übernahm; er machte gleichzeitig auch Schluss mit dem Laientheater, dem Rugby-Club und seinem Job bei Tristan Bernard. Das originale Szenario wurde drastisch verändert, und schließlich kam ein Film über das Boxen heraus: *Soigne ton gauche* (»Achte auf deine Linke«).

> Ich habe das Drehbuch für Tatis ersten Film aus einem Sketch entwickelt, den ich über die Welt des Rugby schrieb. Wir haben endlos daran gearbeitet, haben geschnitten, über Details debattiert, manchmal zwei Stunden lang über eine winzige Sequenz, um sie dann komplett herauszuschneiden. Als das Skript mehr oder weniger fertig war, hat Tati damit begonnen, den Film zu machen. Aber er geriet in die Hände von Produzenten, die keine Ahnung hatten ... und das Skript war am Ende nicht wiederzuerkennen, sie hatten ihm alles genommen, einschließlich seinen Titel. *Soigne ton gauche* handelt nicht einmal von Rugby, sondern von Boxen. Ich habe den Film nie gesehen, habe es auch nie versucht.[64]

Sauvys Bericht ist etwas verwirrend, denn es gibt einen Film mit dem Titel *On demande une brute*, und der handelt ebenso wenig von Rugby wie der Film *Soigne ton gauche,* den es auch gibt. Und obwohl letzterer nicht besonders gut ist, wurde er nicht von Amateuren gemacht, sondern von einem durchaus professionellen Team. Sauvys Gedächtnis mag ihm einen Streich gespielt haben; die Titel und das Sketch-Material sind zweifellos auch von einem mehr oder weniger kurzlebigen Filmprojekt zu einem anderen gewandert. Sauvy hat tatsächlich einen prophetischen Sketch geschrieben: »Le Rugby en 1940«, und Tati hat eine Kopie davon in seinen Akten aufbewahrt, aber auch die hat nichts mit irgendeinem seiner Filme zu tun.

Der Regisseur von *On demande une brute* war gewiss nicht ahnungslos in filmischen Dingen: Charles Barrois hatte für den großen Stummfilm-Regisseur Jacques Feyder gearbeitet und in der Folge eine Reihe eigener Spielfilme gedreht. *On demande une brute*, der Barrois' Übergang vom Assistenten und gelegentlichen Schauspieler zum eigenständigen Regisseur markiert, ist die Geschichte von Roger, einem einfältigen, arbeitslosen, abgebrannten Schauspieler, gespielt mit glotzäugiger Lethargie von dem langen Lulatsch Jacques Tati. Seine ehrgeizige Ehefrau (gespielt von Hélène Pépée) antwortet für ihren Mann auf eine Kleinanzeige einer gut bezahlten Rolle; Roger weiß nicht, bis es zu spät ist, dass er es in der »Rolle«, für die er sich verpflichtet hat, mit dem Champion im Wrestling-Ring zu tun hat. Und das ist ein wirklicher Wrestling-Champion, Kwariani, den er schlagen muss.

Tati spielt zusammen mit Enrico Sprocani in einer Art Laurel-and-Hardy-Doppelconférence: ein klapperdürrer Einfaltspinsel und ein kurzer, untersetzter Schlaumeier, der immer weiß, wie er für seinen glücklosen Kumpel alles wiedergutmachen kann. Tatsächlich waren Tati und Sprocani auch im echten Leben gute Freunde, und gemeinsam fanden sie schließlich eine Lösung für ihr permanentes Wohnungsproblem: eine Bretterbude im Hof von Nr. 30, Rue de Penthièvre, unweit der Rue du Faubourg Saint-Honoré. Dieser Hof beherbergte auch eine verwahrloste öffentliche Badeanstalt und ein buntes Gemisch merkwürdiger und mehr oder weniger heruntergekommener Künstlertypen. Das sollte für fast zwanzig Jahre Tatis Basis werden.

> Als ich das erste Mal in diesen Hof kam, sprang mir ein total eingefallener Schuppen ins Auge. Ich sagte dem Hausverwalter, dass ich genau da wohnen wollte. Der sah mich mit ungläubig aufgerissenen Augen an und brüllte los: »Sie sind ja total verrückt! Ich hab's hier mit einem Irren zu tun!« Aber ich bestand darauf, und schließlich nickte er mir mitleidig zu und ließ sich darauf ein, mir diese Bude für dreitausend Franken pro Jahr zu vermieten.[65]

Sprocani war von Beruf eigentlich Zirkusclown und hatte sich im Cirque Medrano als »Rhum« schon einen Namen gemacht. Der Film bot ihm, wie auch anderen Varieté-Künstlern in jenen Jahren, eine willkommene Nebenbeschäftigung. So ist er als Schauspieler, oder als er selbst, »der Clown Rhum«, in mehreren Dutzend Kurzfilmen der Vorkriegsjahre zu sehen.

In seinen späteren Erinnerungen an seine früheren Abenteuer als hungernder Unterhaltungskünstler sprach Tati mit warmen Worten über seine langjährige Freundschaft mit Rhum und ihre gemeinsamen Bemühungen, im kommerziellen Geschäft der Filmkomödie Fuß zu fassen. »Wir hatten große Probleme, die Produzenten für unsere Vorschläge zu gewinnen«, erklärte er seinem Interviewer und wollte damit wohl durchscheinen lassen, dass es ihnen nie gelang. »Ich muss zugeben, dass wir unsere besten Jahre damit vergeudet haben.«[66] Aber wenn auch die geringe Qualität von Tatis erstem Film in der Rückschau diese Bemühungen als verschwendete Zeit erscheinen lässt, so war das aus Zirkus und Music-Hall kommende Duo doch nicht total erfolglos auf der Suche nach Unterstützung für ihre Filme.

Tati behauptete, er habe sein damals schwer verdientes Geld aufgespart, um sich leeres Filmmaterial, Spule für Spule, zu kaufen, und habe seine ersten Filme Stück für Stück, je nach Finanzlage, gedreht. »1934 habe ich angefangen, mit dem Geld, das ich für meine Auftritte in der Music-Hall bekommen hatte, meinen ersten Film zu machen; ich habe das Material häppchenweise gekauft, mal zehn Meter hier, mal zehn Meter da ...«[67] Das lässt sich schwer mit den uns vorliegenden Beweisfragmenten in Einklang bringen. Das mag der Plan für *Oscar champion de tennis* gewesen sein, obwohl – wenn das überlieferte Erscheinungsjahr 1932 korrekt ist – Tati zu der Zeit keinerlei Einkommen vom Varieté-Theater hatte, um die Filmspulen zu kaufen. Wenn sich Tatis Aussage auf *On demande une brute* bezieht, dann konnten die Kosten für das Filmmaterial keinen bedeutenden Teil des Budgets ausgemacht haben: Barrois, der Regisseur, und die Schauspieler Rhum und Pépée (echter Name Hélène Pierre) waren keine Amateure und werden ihre Dienste nicht frei zur Verfügung gestellt haben;[68] außerdem hätte Tati, dessen Karriere noch kaum begonnen hatte, aus eigenen Ersparnissen keinen Profi-Wrestler heuern können, auch keinen normal großen Wrestling-Ring mieten und sich Hunderte (oder mehr) Extras leisten können. Tatsächlich ist im Abspann der uns zurzeit verfügbaren Kopien von *On demande une brute* zu lesen, dass dieser Film von »Les Films Fernand-Rivers« produziert und vertrieben wurde, dem Produktionsunternehmen, dessen Begründer und Besitzer der Schauspieler und Music-Hall-Künstler desselben Namens war, der vormals fast als ein Rivale von Max Linder galt. Als jedoch über zwanzig Jahre später ein Negativ des verlorengegangenen Films in der Cinémathèque auftauchte, erklärte Tati selbst (durch seinen Administrativen Assistenten Bernard Maurice), dass der Film von MM. Rigault und Dolbert produziert worden sei.[69] Wahrscheinlich wurde *On demande une brute* zu einem späteren Zeitpunkt – möglicherweise sogar in der Nachkriegszeit – von Les Filmes Fernand-Rivers käuflich erworben, die dann ihre eigene Titelsequenz hinzufügten.

On demande une brute, wie auch der spätere *Soigne ton gauche*, sind vielen anderen Filmen aus ihrer Zeit sehr ähnlich: Wenn es eine gemeinsame Linie gibt, die sich durch die 1.305 Exemplare der in den 1930er Jahren in Frankreich produzierten Filme zieht, dann ist das, wie Ginette Vincendeau es beschreibt, die Darstellung der Freizeit[70] – in welcher der Sport unausweichlich eine zentrale Rolle spielt. Ein ganzes Sub-Genre dieser in Frankreich produzierten Spielfilme zeigt sportliche Aktivitäten aus sehr unterschiedlichen Blickwinkeln, vom heroischen bis hin zum satirischen. Das klassische Beispiel der letzteren Art ist vielleicht *Les Rois du sport* (1937) mit den Komikern Raimu und Fernandel, die sich, wie Tati, ganz natürlich zwischen Music-Hall und Cinéma bewegten. Zeitgenössischen Résumés zufolge erzählt dieser Film die Geschichte zweier Barkeeper aus Marseille, die durch einen verrückten Plot, in dem sie mehr Opfer als Täter sind, Boxkampf-Manager und Boxkampf-Champion werden.[71]

On demande une brute ist ein ziemlich ungeschickt strukturierter Zweiakter, bestehend aus einer Reihe dramatischer Szenen und dem eigentlichen Wettkampf. Die vorangestellten Szenen wechseln zwischen dem Tati-Rhum-Duo (beim Einüben irgendeiner langweiligen Theaterrolle, bis sie schließlich erfahren, dass Roger seinen Job verloren hat) und dem Impresario im Büro, wo das Wrestling-Match festgelegt wird. Die Szenenfolge bildet jedoch keine strikt funktionale narrative Sequenz. In einer Art Zwischenspiel nehmen Roger und seine naseweise, mit scharfer Stimme kommunizierende Frau wortlos ihr karges Mahl von Suppe mit Sardinen ein. Völlig versunken in ihre Zeitungslektüre bei Tisch, schöpft sich die Frau nicht Suppe, sondern Wasser aus dem Goldfischglas – und einen lebenden Goldfisch – auf ihren Teller. Tati wechselt still die Teller aus und versucht, den Fisch herauszuangeln, der aber in die offene Sardinendose entwischt … Es folgt ein quälend peinliches Hin und Her der Teller, so als wäre Roger nicht imstande, seiner Frau irgendetwas zu sagen, als fühlte er sich (in vager Andeutung des Hulot-Charakters, den Tati später erschaffen sollte) schon für die Verwirrungen des Alltags schuldig … Und in einer komischen und gleichzeitig unendlich traurigen Schlussszene verschluckt er den Goldfisch selbst.

Die Sequenz im Wrestling-Ring, die mit einem Live-Publikum in einer dem Salle Wagram sehr ähnlichen Arena gedreht wurde, bietet Tati einen narrativen Rahmen für seine »sport-pantomimischen« Gaben. Doppelt so hoch und ein Viertel so breit wie »Grossof le Tartare«, sein total glatzköpfiger und horrend muskulöser Gegner, hat er nicht die geringste Ahnung, wie er das schaffen soll. Er wird umgestoßen, festgehalten, auf den Boden gepresst, mit dem Kopf gegen die Leinwand geschleudert, die Gliedmaßen werden ihm derart verdreht, dass es fürchterlich schmerzvoll aussieht. Die einzige Gelegenheit für mimische Eleganz kommt, als er vor seinem gewalttätigen Gegner wegrennt, im Ring herumläuft und dabei die Knie hochreißt wie ein Turnierpferd beim Springreiten. Der Gong verkündet das Ende der ersten Runde. Enrico der Listenreiche betritt den Ring und begutachtet die traurige Szenerie. Er spielt den Schlaukopf, den siegesgewissen Retter und Helfer, und in der zweiten Runde erlöst er seinen Kumpel mit zwei perfekten kriminellen Tricks. Erst schlägt er einen Nagel in den Boden des Rings – und ins Gesäß des Champions. Und dann, als Kwariani näher an die Außenseile kommt, gibt Rhum ihm mit einem in einen Damenregenschirm gewickelten Stück Bleirohr einen zünftigen Hieb über den großen glattrasierten Schädel. So gewinnt der junge Roger den Kampf, und damit auch ein Vermögen; und in der Schlussszene des Films fahren die beiden Kumpel in einem Taxi davon und lassen die Zuchtmeisterin von einer Ehefrau an der Bordkante stehen.

On demande une brute ist generisch verwandt mit tausend Kurzfilmen aus der Zeit des stummen Kinos: Ein liebenswerter Clown (oder ein Clownsduo) kämpft gegen unmögliche Hindernisse an; ein Vertreter der Armen nimmt es mit den Reichen (Impresario) und Mächtigen (Kwariani) auf; die Freundschaft unter Jungs zählt mehr als das Eheband (die vor einer lebenden Sardine bewahrte »Ehefrau« scheint eher eine dominante Mutter zu sein, und Tati spielt den »Ehemann«, als wäre er ein gescholtenes Kind). Dieser grob strukturierte und mittelmäßig gespielte Film unterscheidet sich kaum von beliebig vielen anderen, ebenfalls vergessenen Spulen aus Hollywood – mit Ausnahme der Possen von Jacques Tati im Wrestling-Ring: Weder exakt akrobatisch noch konsequent stilisiert, liegen sie auf halbem Weg zwischen Ballett und Pantomime.

So war Tatis Einstieg in die Welt der Bühne zwar kein sonderlich herausragender Start, aber doch bei weitem kein so dilettantischer, wie er ihn in seinen Erinnerungen und Interviews nach dem Krieg gern darstellte.[72] Sicher war der Anfang verbunden mit Freundschaften und Kontakten, die Tati im Umfeld von Varieté, Zirkus und Music-Hall knüpfen konnte; aber das war in keiner Weise außergewöhnlich in einer Zeit, als der Spielfilm es den Varieté-Künstlern sowohl möglich als auch notwendig machte, ihr Publikum über den Film zu finden.

Abb. 19: On demande une brute: *nach dem Wrestling-Match*

ACHT

Sport-Imitationen

Schweigen und Mimik bringen es manchmal zu einer Gefühlstiefe, die das ganze Arsenal der Rhetorik nicht erreichen kann.

DENIS DIDEROT

Neben seinen frühen filmischen Versuchen bemühte Tati sich auch um Engagements als Mime im Live-Varieté-Theater. Aber die Jahre 1929 bis 1933 waren ein Tiefpunkt im Geschick der französischen Music-Hall, und es boten sich nur wenig lukrative Möglichkeiten. Eine neue Welle des finanziellen Interesses an Live-Entertainment setzte 1932 ein: Den Anfang machte das »Lido«, ein luxuriöses Restaurant, das in einem ehemaligen Schwimmbecken und Türkischen Bad errichtet worden war und das zwei Varieté-Vorstellungen pro Abend anbot. 1934 wurde die alte Plaza auf dem Boulevard Poissonnière, die mehrere Jahre geschlossen war, von einem Konsortium unter der Leitung von Mitty Goldin aufgekauft, der sie renovierte und als A.B.C. wiedereröffnete (angeblich wählte er diesen neuen Namen, damit es in den alphabetischen Auflistungen der Theater und Kabaretts immer an erster Stelle stand). Es veranstaltete hochkarätiges Varieté und war bald eine der beliebtesten »Attraktionen« von Paris, und hier debütierten auch Stand-up-Comedians, Satiriker und *raconteurs* wie Pierre Dac, Fernandel und Raimu – neben gefeierten Cinéma-Promis (Arletty, Noël-Noël), Sängern wie Tino Rossi,[73] und mindestens einem Erscheinen des unglaublichen Borrah Minevich, des russisch-amerikanischen Erfinders der chromatischen Mundharmonika.[74] Und im folgenden Jahr nahm das neu errichtete Alhambra seine Rolle als »le music-hall de Paris« wieder auf und bot Borrah Minevich eine weitere Bühne, auf der ihm bald der junge Larry Adler folgte – wie auch 1936 eine neue Sängerin, die der Impresario Louis Leplée auf der Straße entdeckte und die er (nach dem ersten Lied, das er von ihr gehört hatte, *Les Moineaux de Paris* (»Die Spatzen von Paris«)), im Pariser Slang *la môme Piaf* – »das Vogelmädchen« nannte.⁷⁵

Tati – dessen Künstlername manchmal Tatti oder Taty geschrieben wurde – machte seine Probespielrunden in diesen und zweifellos vielen anderen weniger gefeierten Häusern, und viele endlos lange Monate hörte er nichts weiter als das konventionelle: »Rufen Sie uns nicht an, wir rufen Sie an.« Es gibt eine ganze Reihe unterschiedlicher Anekdoten darüber, wie Tati seinen »ersten Durchbruch« erlangte: Wie zu erwarten, sind nur wenige davon zuverlässig datiert. Einem Bericht zufolge (wiedergegeben von Dondey, S. 23) kam der Durchbruch bei einem Après-Rugby-Dîner im *Le Gerny's,* einem von Louis Leplée betriebenen Restaurant. Nach dem Essen borgte Tati sich ein weißes Jackett und eine Serviette und erfand (oder wiederholte) seine Pantomime des ungeschickten Kellners. Leplée war begeistert und bat den Rugbyspieler, wiederzukommen und die Nummer noch einmal vorzuführen – und heuerte ihn praktisch für eine inoffizielle Varieté-Show an. In Tatis Nummer bei *Le Gerny's* ging es darum, Gäste zu echauffieren: ihre Bestellungen durcheinanderzubringen, gelegentlich einen Teller fallen zu lassen, Suppe auf das Tischtuch zu kleckern und, ehe der Abend zu Ende war, sich vom Chef, Louis Leplée, ausschimpfen und auf der Stelle feuern zu lassen. Das war der Anlass für Tatis in anderem Kontext gegebene Erklärung, dass sein erster richtiger Job gewesen sei, gefeuert zu werden …

Nach den Aussagen von Tatis Schwester Nathalie, die zu der Zeit ihr eigenes Dessous-Geschäft in der Rue Saint-Honoré führte, war das eigentliche Bindeglied zwischen Tatis ersten Auftritten bei den Gala-Abenden des Racing-Club de France und der professionellen Entertainment-Szene ein anderer Impresario und Lebemann: Léon Bailby.⁷⁶ Möglicherweise war es Bailby, der Tati den Produzenten eines Sport-Dokumentarfilms (*Football quand tu nous tiens*) vorstellte, die ihn 1934 bei einer Sondervorstellung des Films für den Französischen Fußballverband (FFFA) vor Filmbeginn mit seiner »stummen Sport«-Nummer auf die Bühne stellten.[77] Und es mag wiederum durch diesen oder einen ähnlichen Kontakt geschehen sein, dass Tati von *Le Journal* für einen Gala-Abend zur Feier des französischen Siegs im Wettstreit um die schnellste Atlantiküberquerung angeheuert wurde. Unter den zahlreichen Prominenten, die an diesem Abend Tatis »Sport-Imitationen« sahen, war die Schriftstellerin und einflussreiche Kommentatorin in der Pariser Kunst- und Entertainment-Szene, Colette.[78]

Aber nach Tatis fast zeitgleichem eigenen Bericht kam seine große Chance in der Folge einer Wohltätigkeitsveranstaltung, des »Dîner des Trois-Cents«, wo er seine übliche Nummer vorführte. Seine Pantomime imponierte einem Impresario und Theaterregisseur, Max (Robert) Trébor, der ihm auf der Stelle einen »Auftritt« in der Pause einer Comedy-Revue anbot, die im Théatre-Michel laufen sollte. Aber noch ehe die Show auf die Bühne kam, wurde Tatis Nummer von der Pause in den Hauptteil verlegt – und war sehr bald die Star-Attraktion.[79] Auf jeden Fall sind die ersten Einträge, die Tati in sein Sammelalbum klebte, Rezensionen dieser Show – *Lavalisons!* von Dorin und Saint-Granier –, die Ende September 1935 eröffnet wurde.

Die Schauspieler Dorin und Saint-Granier spezialisierten sich auf die Nachahmung bestimmter Personen und brachten ihre eigenen Sujets auf die Bühne. In einem Sketch stellte Dorin zum Beispiel den Anführer der Sozialisten Léon Blum in der Gestalt des Mephisto dar, der dem als Goethes Gretchen auftretenden Premierminister Pierre Laval schlimme Gedanken ins Ohr flüstert; eine ihrer anderen Nummern war eine Satire der Nationalen Lotterie; oder ein aktueller Sketch über die Demilitarisierung von »Monte Carlo«, der durchzogen ist von Gesangseinlagen, Kunstradfahren und akrobatischem Ballett. In jenen Tagen akuter politischer Auseinandersetzungen – seit den Unruhen im Februar 1934 (als die Kommunisten und die rechtsextreme Croix de feu sich auf den Straßen von Paris bekämpften) bis zur Wahl der Front Populaire 1936 – hatte der politische Ton einer populären, aber immer noch bürgerlichen Unterhaltungskultur schmerzstillend zu sein:

> Die politische Satire eignet sich offensichtlich gut für Dorins bissigen Witz, aber Saint-Graniers warmer Humor nimmt ihm die Schärfe.[80]

Ein Großteil der Kommentare, die Tati ausschnitt und in sein Pressebuch klebte, erweckt den Eindruck, als habe er die Show gestohlen:

> Das Theater hat zwei kluge Geister, Dorin und Saint-Granier, damit beauftragt, seine Revue zu schreiben, und das war eine gute Idee. Aber die herausragende Leistung des Abends kam von einem wortlosen Anfänger, Jacques Tati. Was für eine Lektion! (Lucien Descaves, in *L'Intransigeant*, 22. September 1935)

> In der Show von Dorin und Saint-Granier gab es eine Nummer, die den größten Beifall erntete, und die war total stumm, deswegen aber nicht weniger komisch. Das waren Jacques Tatis »Sport-Imitationen«. (*Juvénal*, 28. September 1935)

> »Sport-Imitationen« ist etwas völlig Neues. Jacques Tati bietet eine persönliche und perfekt einstudierte Aufführung. Das ist eine Glanznummer, die in der Music-Hall Berühmtheit erlangen wird. (J. D., in *L'Avant-Scène de Paris*, no. 297, 21. September 1935)

Diese und andere Pressestimmen machen deutlich, dass Tatis Erfolg vom Publikum des Théâtre-Michel ausging. Hier war Tati zum ersten Mal außerhalb der privaten Sphäre von Racing-

Club-Shows, Galas, Diners und Wohltätigkeitsveranstaltungen aufgetreten, hier war er zum ersten Mal mit einem realen, völlig anonymen Publikum konfrontiert, das sein Geld für nichts anderes ausgab als für gute Unterhaltung. Trotz alledem rechnete Tati noch immer damit, sehr bald zur Arbeit im Bilderrahmengeschäft seines Vaters zurückkehren zu müssen, selbst wenn es sein sehnlichster Wunsch war, auf die Londoner Bühne zu kommen und sich den Anforderungen englischer Zuschauer zu stellen, »die Connaisseurs in Sachen der Music-Hall sind«.[81] Aber aus den uns überkommenen (nicht sehr verlässlich datierten) Dokumenten wird ersichtlich: Das Erste, was Tati nach dem Saisonschluss von *Lavalison!* tat, war ... einen weiteren Film zu machen.

NEUN

Ein Tag auf dem Land

Obwohl ihr erster gemeinsamer Film bestenfalls ein Flop war und wohl gar nicht erst veröffentlicht wurde, brachten Tati und sein Freund Rhum es fertig, einen anderen Produzenten für ihren zweiten Versuch zu finden, dessen Story sie selber geschrieben hatten. Die Titel-Credits von *Gai dimanche* verweisen auf eine heute vergessene Produktionsfirma namens Atlantic-Film, die von Micheline und Claude Fusée finanziell unterstützt wurde. Der Film stammt wahrscheinlich aus dem Jahr 1935 oder Anfang 1936. Wie *On demande une brute* ist auch dieser Film kein sehr glanzvolles Stück; aber er ist wesentlich interessanter und besser durchstrukturiert.

Der Film beginnt mit einer Szene, in der zwei Tramps am frühen Morgen, nachdem sie die Nacht auf dem Bahnsteig verbracht haben, aus einer Metro-Station geworfen werden. Sie bringen ihre Kleidung in Ordnung, gähnen, recken sich und erklären, dass sie gern einen Tag auf dem Land verbringen würden. Aber wie? Ich mach das schon, sagt der Schlaukopf.

Schnitt zur nächsten Szene: ein Parkplatz für Gebrauchtwagen, vollgepackt mit uralten Rostlauben. Die beiden beäugen gemächlich die eine oder andere Kiste und werden von einem »Brrrm ... brrrm ...« überrascht, das aus einer großen, viereckigen Limousine kommt. Rhum macht die Motorhaube auf und erblickt ein dreckiges Kerlchen, das da hockt, wo der Motor sein sollte, und Auto spielt. Dieser Gag wird nicht weiterentwickelt; er lässt nur andeutungsweise die Welt der Kindheit und der Phantasie aufleuchten, die sich wie ein nostalgischer Faden durch alle späteren Werke Tatis zieht.

Die zwei armen Schlucker mieten von dem Motor-Mann einen maroden offenen Kleinbus mit zwanzig Sitzen: Tati bezahlt mit Geldscheinen, die Rhum dem Mann aus der Hosentasche

Abb. 20: Gai dimanche: *unter der Motorhaube*

stibitzt hat. Dann versuchen sie, Touristen zu einem Tag auf dem Land anzulocken. Sehen Sie sich die Schlösser an! Sehen Sie, was das Land zu bieten hat! Mittagessen eingeschlossen, nur fünfunddreißig Franken!, rufen sie; aber nur ein einziger Kunde lässt sich anlocken. Indes füllen sich die anderen Touristenbusse, und Rhum kann sehen, warum: Die Gäste haben vorgebuchte Tickets. Also geht er über die Straße, sieht die Ausflügler, wie sie sich auf die viel moderneren Busse vor dem Hotel zubewegen, und ruft: Blaue Tickets hier lang! Und wie die Schafe trottet eine ganze Herde Menschen hin zum Kleinbus der Betrüger und steigt ein.

Der Aufbau von *Gai dimanche* ist viel weniger gezwungen als der von *On demande une brute* und enthält schon mindestens drei typisch Tati'sche Themen: das Thema der Freizeit (wenn auch hier im Kontext des wahnwitzigen Ehrgeizes zweier Desperados, einen »freien Tag« zu haben), das Thema der Phantasie (das Kind unter der Motorhaube) und das Thema der mechanischen Fortbewegung. Der Kleinbus ist tatsächlich ein Vorläufer einer

Abb. 21: Gai dimanche: *Tati und Rhum werben Kunden an*

erstaunlichen Vielzahl von Fahrzeugen, die in jedem einzelnen der späteren Filme von Tati humorvoll und passabel satirisch behandelt werden: Fahrräder in *Soigne ton gauche, L'École des facteurs, Jour de fête;* M. Hulots antiquierter Amilcar in *Les Vacances*, sein Vélosolex in *Mon Oncle* und sein Camping-Auto in *Trafic*. Es scheint, als könne Tati sich von jetzt ab nie der widersprüchlichen Leidenschaften erwehren, die dem gesamten zwanzigsten Jahrhundert die Privilegien wie auch Abhängigkeiten individueller Mobilität einbringen sollten.

Den Hauptteil von *Gai dimanche* füllt die Geschichte eines absolut katastrophalen Ausflugs. Zuerst weigern sich die Passagiere, die ihre Tickets schon bezahlt haben, auch nur noch einen Cent draufzulegen. Dann passieren mit dem Bus alle mechanischen Pannen, die den beiden nur mäßig erfinderischen Köpfen Tati und Rhum in den Sinn kamen (Türen, die nicht schließen, ein Steuerrad, das sich aus der Halterung löst). Dann kommt das Fahrzeug an eine Gabelung. Das Filmpublikum kann sehen, dass ein Arbeiter hinter dem Gebüsch am Straßenrand einen Pfahl

Abb. 22: Les Vancances de M. Hulot: *der Amilcar*

mit einem richtungsweisenden Pfeil anbringt und, um das Ding in die Erde zu bekommen, es seitlich hin und her rüttelt. Das Kleinbus-Duo aber sieht nur den Pfeil, der erst in diese, dann die andere Richtung zeigt, und natürlich biegen sie in den falschen Weg der Gabelung ein und geraten auf einen buschigen Pfad, wo herunterhängendes Laub den Bus und seine Passagiere mit quasi-militärischer Tarnung ausschmückt. Diesen Gag setzte Tati in seinen Filmen der Nachkriegszeit mindestens noch dreimal ein: in *L'École des facteurs* und *Jour de fête*, wo die Nachzügler eines Radrennteams von einem in gleicher Weise wackelnden Straßenschild in die falsche Richtung geleitet werden, und in *Les Vacances de M. Hulot* im Verlauf der Picknick-Episode, die tatsächlich eine stark verbesserte Version des Hauptthemas von *Gai dimanche* ist. Schließlich kommt der Bus zu einem Landgasthaus, das ein vollständiges Mittagsmahl für einen günstigen Preis anbietet. Der Gastwirt, ein Bauer, kann ihnen Hühnchen und Reis für noch weniger servieren, wenn Tati und Rhum die Bedienung übernehmen. Das hätte Tati die Möglichkeit geben können, seine Routine des ungeschickten Kellners zu spielen, aber in diesem Film laufen die Dinge anders. Tati serviert der einen Hälfte seiner Gäste eine winzige Portion Salami und dann führt Rhum, um sie abzulenken, einen Zaubertrick vor, während Tati still die traurigen kleinen Salamischeibchen auf die Teller der Gäste an der anderen Seite des Tisches verlegt.

Diese gängigen und schmerzhaft lahmen Gags sind der schwächste Teil des Films und werden erfreulicherweise von einer ebenfalls marktgängigen, aber wesentlich besser ausgeführten Comedy-Nummer unterbrochen: Der Koch und Besitzer des Gasthofs verkündet eine Katastrophe – das für das Mittagsmahl vorgesehene Huhn ist ausgerissen. Es folgt eine komische Verfolgungsjagd, die zwar schlecht gefilmt ist, aber Tatis eleganter Akrobatik freien Lauf gibt, während das Huhn immer nur gerade um ein kleines Stückchen weiter entwischt. Die Passagiere machen bei der Jagd mit und verwandeln sich ein paar geniale Augenblicke lang in eine Herde wilder, über die Felder und Hecken galoppierender Pferde.

Die Schlusssequenzen zeigen, wie die immer noch hungrigen Ausflügler auf ihrer fortgesetzten Landpartie schließlich an einem Bahnübergang steckenbleiben. Eine Archivaufnahme einer sich nähernden Lokomotive leitet den Ausgang des Dramas ein: Die Gruppe marschiert in beibehaltener Kleinbus-Formation, aber ohne Fahrzeug, zurück in Richtung Stadt, der Fahrer und sein Kumpel schreiten voran und machen unverdrossen weiter mit ihren unsinnigen Erklärungen zu den Sehenswürdigkeiten, an denen sie vorüberkommen.

Gai dimanche gibt also weniger Aufschluss über Tatis mimisches Können als über die frühe Entwicklung der Themen, die er später zu Filmen bester Qualität verarbeiten sollte. Im Unterschied zu seinem späteren Werk werden in *Gai dimanche* die Themen Freizeit, Mobilität und Phantasie in einem »malheurösen«

Kontext dargeboten, der für Chaplins Komödie wie auch im weiteren Sinn für die Hollywood-Burleske typisch ist; und wie *On demande une brute* versucht auch dieser Film, den Kontrast von Groß und Klein, Dumm und Klug auszuschlachten. Doch abgesehen von dem ziemlich ordinären Gag der »fetten Dame« und dem des aufmerksamen und böswilligen Kindes, das den Zaubertrick zunichtemacht, lässt der Film das Komik-Potenzial der Gruppe fast völlig außer Acht und konzentriert sich stattdessen auf die Komik der beiden Hauptfiguren und der von ihnen benutzten Maschinerie.

Gai dimanche markiert auch das Ende von Tatis Zusammenarbeit mit Rhum, aber nicht das Ende einer Freundschaft, die Tati sein Leben lang pflegte. Durch Rhum hatte Tati die Bekanntschaft vieler führender Persönlichkeiten in der Zirkuswelt gemacht, und er fühlte sich überaus wohl in der Gesellschaft von Clowns, Trapez-Artisten, Stunt-Reitern und Akrobaten. Es mag wie ein Klischee klingen, dass es nichts Traurigeres gibt als einen alternden Akrobaten oder einen Zirkusclown im Ruhestand, aber das war eine Trauer, die Tati kennen und respektieren lernen sollte. Als er reich und berühmt war, blieb er weiterhin in Kontakt mit alten Freunden wie Edmund und Renée Naudy, zwei Zirkusakrobaten, die in der Dordogne in einem Wohnwagen ihre »Ruhe genossen«;[82] 1959 verpflichtete er sich für zehn Jahre zur Zahlung der Pflegeheimkosten für André Bégaud, einen unter dem Künstlernamen Drena bekannten Zirkusclown der 1930er Jahre.[83] Aber wohl die berührendste diskrete Hommage an die Zirkusleute, die in jenen schweren Jahren vor dem Krieg seine Freunde waren, ist die komische Parkplatz-Sequenz in *Mon Oncle*. Obwohl der Zuschauer das nicht unbedingt wissen muss: Der uralte, schlurfende Ehrenamtliche, der versucht, M. Arpel in seiner übergroßen, zwei Tonnen schweren Limousine an die Bordkante zu lotsen, ist Georges Bazot, der seinen ersten Auftritt als Zirkusclown gehabt hatte, noch bevor Tati überhaupt geboren war. Als »Bowden« und »Loriot« hatte Bazot bereits an einem halben Jahrhundert

Zirkusgeschichte mitgewirkt; Tati holte ihn aus dem Ruhestand zurück, um ihm sein letztes, perfekt getimtes Erscheinen auf der Leinwand zu schenken.[84]

ZEHN

Der Zentaur

Ein Pantomimenkünstler überwindet die Sprachbarriere
JEAN COCTEAU

Tatis Künstlerkarriere nahm 1936 Fahrt auf. Aber er versuchte auch, etwas Respektableres zu tun – sich geschäftlich selbständig zu machen. Er gründete eine Firma mit beschränkter Haftung, »Les Cadres lumineux«, die seine eigene Erfindung, ein Bilderrahmen mit eingebautem Scheinwerfer, herstellen und vermarkten sollte. Damit scheint er keinerlei Erfolg gehabt zu haben;[85] das Unternehmen ruhte über viele Jahre, obgleich die Tatsache, dass der glasüberdachte Schuppen in der Rue de Penthièvre, den er 1936 als Standort der Firma gesetzlich registriert hatte, es ihm in den Nachkriegsjahren ermöglichte, Planungsbeschränkungen zu umgehen, als er sein damaliges Domizil (nach beträchtlichem Neu- und Umbau) zum zeitweilig registrierten Büro seiner Filmgesellschaft machen wollte.[86]

Nach seinem Erfolg im Théâtre-Michel beschloss er, sein Glück in London zu versuchen, und reiste im März 1936 ab. Das grobe und lärmende Publikum im Finsbury Park Empire blieb ihm fortan ins Gedächtnis eingebrannt, und in späteren Jahren erklärte er wiederholt, dass diese allabendlich einschüchternde Herausforderung seine eigentliche Ausbildung zum Bühnenkünstler gewesen sei; es kann in der Tat nicht einfach gewesen sein, eine ihn auspfeifende, ausbuhende Meute mit einer stummen Pantomime zu zähmen. Er bemühte sich auch um andere Engagements in England und trat im London Casino und im Mayfair Hotel auf;[87] aber Tatis Erinnerung an die erniedrigenden Londoner Begegnungen mit grobzüngigen Impresarios verstärkte sein mit anderen darstellenden Künstlern geteiltes Misstrauen gegenüber den Managern der Unterhaltungsbranche.

Er kehrte nach Paris zurück und hatte den besten Job in der Tasche, den er sich je hätte wünschen können: der große Star am A.B.C. mit täglich zwei Shows: 15 und 21 Uhr. Auf dem Revue-Programm der Sommersaison standen eine gute Anzahl knapp bekleideter Frauen (barbusige Tableaus waren damals, und sind noch heute, die übliche Attraktion der Pariser Music-Hall), ein komischer Akrobat (Raymond Dandy), der junge Michel Simon (ein sentimentaler Schlagersänger, ehe er zum Filmstar aufstieg), und das Wunderkind Gaby Triquet. Aber die Hauptattraktionen waren die Sängerin Marie Dubas – und Jacques Tati. Obwohl sie heute nicht annähernd so bekannt ist wie Edith Piaf, war Marie Dubas eine bemerkenswerte Sängerin mit einem Stimmumfang von Mezzo bis zu den höchsten Noten eines dramatischen Soprans. Sie hatte mit einem einzigen Lied, *Pedro*, landesweite Berühmtheit erlangt und trat dann als Star in der Show *Sex Appeal Paris 32* in den Folies-Bergères auf. Sie hat als Erste das französische Publikum mit dem Chanson *Mon Légionnaire* begeistert, das wir heute mit ihrer Konkurrentin Edith Piaf verbinden; als *diseuse* rezitierte sie ebenfalls Sprechgesang mit musikalischer Begleitung, wie zum Beispiel die rührselige Geschichte der reuigen Prostituierten *Quand la Charlotte prie Notre Dame la Nuit du Réveillon* (»Als ›Charlotte‹ am Heiligabend zu Unserer Lieben Frau betet«); in ihrem Repertoire hatte sie auch schlüpfrige und originelle Nummern wie *Mais qu'est-ce que j'ai?* (»Was ist nur in mich gefahren?«) – die Antwort ist natürlich: Sex. Seit den späten 1920er Jahren bis hin zur Katastrophe im Juni 1940 war sie eine viel gefragte Künstlerin und mindestens ebenso berühmt wie Piaf, Yvette Guilbert, Mistinguett, Rina Ketty und Maurice Chevalier. In einer Unterhaltungskultur, der es an begabten Entertainern nicht mangelte, lag ihre besondere Stärke in ihrer elektrifizierenden und ansteckenden Bühnenpräsenz. In ganz Frankreich engagierte man sie für Promi-Galas, und einen Großteil ihrer Zeit verbrachte sie unterwegs in einer prächtigen Hispano-Suiza-Limousine mit Chauffeur. Diese unermüdliche und freudestrahlende Künstlerin war bereits eine international anerkannte Größe, als Tati für die Rolle ihres wichtigsten Nebendarstellers engagiert wurde.

Tatis Nummer am A.B.C. wich kaum von dem ab, was er bisher bei den Abenden im Rugby-Club oder den Veranstaltungen des *Le Journal* zum Besten gegeben hatte: »Sport-Imitationen«, das heißt pantomimische Nachahmung des Torwarts, des Tennisspielers, des Anglers, des Boxers, des Radfahrers und – seine *tour de force* – des Reiters mit seinem Pferd, oder, um es genauer zu sagen: die *haute école*, die Hohe Schule der Wiener Manege, die Kunst der zum Rhythmus der Musik scheinbar tänzelnden Zirkuspferde. Das war weder Personendarstellung noch Slapstick, weder Ballett noch Akrobatik, obwohl es etwas von allem hatte. In einer enthusiastischen Rezension gab Colette in vager Anlehnung an Paul Valérys Essay über den Tanz ein denkwürdiges Bild dessen, was diese unglaublich ausgefeilte Pantomime zu etwas ganz Besonderem machte:

> Von jetzt an kann keine Festlichkeit, keine artistische oder akrobatische Show ohne diesen aufsehenerregenden Künstler auskommen, der etwas total Eigenes erfunden hat ... Seine Darbietung ist teils Ballett, teils Sport, teils Satire und teils Scharade. Er hat einen Stil gefunden, sowohl Spieler als auch Ball und Tennisschläger zugleich zu sein, der Fußball und der Torwart, der Boxer und sein Gegner, das Fahrrad und der Radfahrer. Ohne jegliche Requisiten zaubert er sein Zubehör und seine Partner hervor. Er besitzt die Suggestivkraft aller großen Künstler. Wie erfreulich war es doch, die warme Reaktion des Publikums zu sehen! Tatis Erfolg spricht Bände über den Kunstverstand der angeblich »ungehobelten« Öffentlichkeit, über ihren Appetit auf Neues und ihre Wertschätzung von Stil. Jacques Tati, in dem Pferd und Reiter zur Einheit werden, führt ganz Paris das lebende Abbild jener legendären Kreatur, des Zentauren, vor Augen.[88]

Von da an war Tati ein Star, fast ebenso gefragt wie Marie Dubas, mit der zusammen er zahlreiche Abende auf den Bühnen der Provinz füllte. Nach dem Ende ihrer Sommersaison am A.B.C. traten sie im Juli gemeinsam in Brides-les-bains auf, im August in Vittel, dann wieder in Paris im Européen (1.-8. Januar 1937); im Frühjahr wiederum gemeinsam als Entertainer an einer Art erweiterter Hochschule, der »l'Université des Annales«,[89] dann noch einmal am A.B.C. (5.-25. März), und irgendwann auch in Rouen.[90]

Abb. 23: *Jacques Tati, Studio-Porträt, 1936*

Mit seinem Charme und seiner Nonchalance schaffte er es gewöhnlich, in Marie Dubas' Limousine eine Mitfahrgelegenheit zu bekommen: den Vorgeschmack des luxuriösen Lebens eines Stars.[91] 1937, und dann noch einmal 1938, ging er nach Berlin, um mehrere Monate an der Scala aufzutreten, wie auch im berühmten KadeKo, dem »Kaffeehaus der Komiker«,[92] das in dem Musical *Cabaret* nachgebildet wurde. 1938 kehrte Tati nach Paris zur Frühjahrsshow im Bal Tabarin zurück, einem der legendärsten Pariser Restaurant-Nachtclubs aller Zeiten, auf dessen beweglicher Bühne spektakuläre Tableaus mitten in der Tanzfläche wie aus dem Nichts aufstiegen. Im Tabarin erlangte Tatis Pantomime genügend Bekanntheit, um in einen Dokumentarfilm aufgenommen zu werden, von dem ein winziger Ausschnitt noch erhalten ist: Tati in seinem Boxer-Sketch.[93] Gute zwei Jahrzehnte später gab Tati in einem ganz anderen Dokumentarfilm über das endgültige Ableben des Tabarin[94] diese Erklärung ab: »Es gibt keinen Bruch zwischen dem Tati des Tabarin und dem Tati heute.« Damit wollte er nicht sagen, seine Saison im Le Bal Tabarin wäre der Anfang seiner Karriere als richtiger Star gewesen; nein, damit wollte er seine Treue zur Disziplin der Live-Performance bekunden, zur Kunst mimischer Nachahmung auf der Grundlage genauer Beobachtung und Ausführung; seine Treue zu den populären, nicht intellektuellen Formen der Bühnenkunst.

In der Saison 1938/39 folgte Schlag auf Schlag ein Engagement auf das andere: in Cannes, im Lido de Paris, in Stockholm und San Remo,[95] und dann ein Engagement für den ganzen Monat September 1939 in der Radio City Music Hall in New York[96] ..., das genau zu dem Zeitpunkt aufgegeben werden musste, als mit dem Einmarsch Deutschlands in Polen der Krieg erklärt und Jacques Tati als Reservist der 16. Dragoner, wie alle Männer im wehrpflichtigen Alter, unverzüglich einberufen wurde.

Im gesamten Verlauf dieser schwindelerregenden Jahre waren Colettes Rezensionen Tatis Pass zum Ruhm, und er ließ Kopien auf Französisch und in englischer Übersetzung anfertigen und weltweit an Manager und Impresarios verteilen. Er nutzte auch das Bild des Zentauren, das Colette ihm auf den Leib geschrieben hatte, und ließ auch ein entsprechendes Werbefoto anfertigen:

Tatis Welt, die bis 1936 ausschließlich französisch gewesen war, hatte sich plötzlich in eine pan-europäische verwandelt, und er hatte geselligen Umgang – in kleineren Hotels, in Umkleideräumen und nach den Shows in Restaurants und Bars – mit internationalen Varieté-Künstlern erster und geringerer Klasse. Auf diesen Tourneen wird er wohl sein größtenteils vergessenes Schulenglisch aufgebessert und sich auch ein paar Brocken Schwedisch und Deutsch angeeignet haben. Er machte seine Einkäufe, wann und wo er konnte, und erstand einen bunt gemischten Vorrat an schwedischen Socken, italienischen Hemden und deutscher Unterwäsche – zugegebenermaßen eine lächerliche Kleinigkeit, aber eben eine jener Kleinigkeiten, dank derer sich ein ganzes Leben wenden kann.

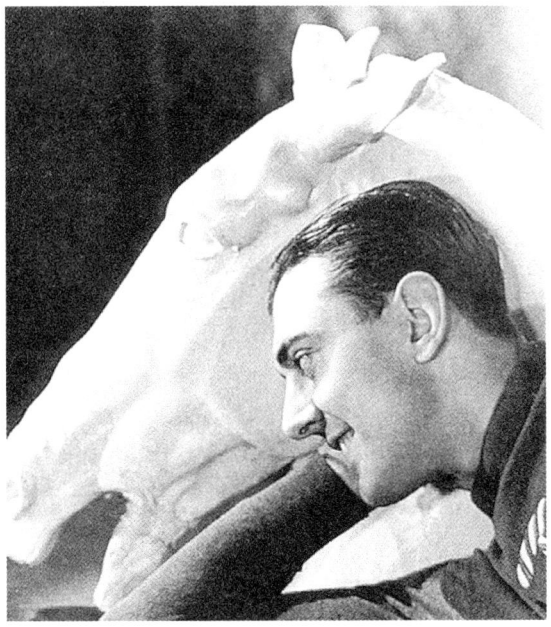

Abb. 24: *Tati-Zentaur, ca. 1937*

Das gesellschaftliche Umfeld, in dem Tati sich als junger Mann bewegte – vom Bilderrahmengeschäft zu Sportvereinen, von Bars und Klubs zur professionellen Szene der Music-Hall –, war weit entfernt von jedem intellektuellen Anspruch oder politischen Interesse. Mit seinen eigenen Worten: Tati betrieb keine Politik. Aber seine Pantomime basierte auf etwas, das für andere politisch hochgradig relevant war.

Sport, wie wir ihn heute kennen, ist keine grundlegend menschliche Aktivität, und er erwuchs aus ganz bestimmten historischen Konstellationen. Als Wort kam »Sport« erst 1878 in den allgemeinen französischen Sprachgebrauch; davor unterschied es sich kaum vom Glücksspiel und den aristokratischen Varianten des Zeitvertreibs (Pferderennen, Jagen, Schießen, Kartenspiel), wo Wetten abgeschlossen wurden.[97] Regelbasierte körperliche Wettkämpfe zwischen Einzelnen oder Teams – was wir

Abb. 25: *Tati beim Auftritt an der Scala, Berlin 1937 oder 1938*

heute unter dem Wort »Sport« verstehen – kamen im Umfeld und innerhalb der modernen Industriestädte und der Arbeiterklasse in der Zeitspanne von 1870 bis 1914 auf.

Die von Pierre de Coubertin 1898 gegründete Olympische Bewegung sieht ihre Wurzeln in den *Spielen* (nicht im Sport) der griechischen Antike, aber ihre Zielsetzung war grundsätzlich sozial und politisch – die körperliche Verfassung der urbanen Jugend zu verbessern und die nationalen Rivalitäten vom Schlachtfeld in eine weniger ruinöse Arena zu verlegen.[98]

Nach dem Ersten Weltkrieg kam der Sport richtig in Gang: Schon 1920 hatte er sich zu einem bedeutenden sozialen und kulturellen Phänomen entwickelt. Es kann kein reiner Zufall gewesen sein, dass Tatis erste belegte Sport-Pantomime, am Strand von Saint-Tropez, in dieselbe Zeit fiel wie die VIII. Olympischen Spiele in Paris (das Stadion in Colombes, wo Tati später Rugby spielte, wurde zu diesem Anlass erbaut);[99] auch nicht, dass sein Durchbruch als Sport-Mime im professionellen Varieté-Theater zur selben Zeit wie die berüchtigte Berliner Olympiade von 1936 erfolgte. In den dazwischenliegenden Jahren hatten sich Radfahren, Fußball, Boxen und Wrestling zu bedeutenden professionellen und kommerziellen Faktoren entwickelt. Unter diesen Umständen wurde das gesellschaftliche Phänomen Sport sehr bald zu einem Thema der politischen Debatte: Alle großen Parteien hatten etwas dazu zu sagen, und die meisten wussten ihn gut in ihrem Rezept für die Erneuerung Frankreichs zu nutzen. Die rechte PSF setzte die Neuorganisation des Volkssports ins Zentrum ihrer politischen Plattform; die der Kommunistischen Partei anhängenden Gewerkschaften und Zeitungen wetterten gegen die Kommerzialisierung des Sports. Die politische Vereinnahmung des Sports wurde Mainstream, als die Volksfront-Regierung des Léon Blum das weltweite erste Ministerium für Sport einrichtete und Léo Lagrange zum Ministerialdirektor für Sport und Freizeit ernannte.[100]

Auf den Gedanken, dass die Schlacht von Waterloo auf den Sportplätzen von Eton gewonnen worden war, ist zu der Zeit niemand gekommen. Der moralische Nutzwert kollektiver Disziplin im Rahmen des Teamsport-Wettkampfs, auch wenn er bereits von den Pädagogen der britischen Eliteschulen propagiert worden war, wurde bis in die frühen Jahrzehnte des zwanzigsten Jahrhunderts nicht allgemein wahrgenommen. Aber als diese Einsicht Fuß gefasst und sich verbreitet hatte, wurde sie zur Selbstverständlichkeit für jedes autoritäre Regime. Sowohl im Sowjetrussland als auch im Nazideutschland betrachtete und nutzte man den Sport als Mittel zur Heranbildung »neuer Menschen« heroischen wie gehorsamen Schlags nach den Erfordernissen der jeweiligen Ideologie. Als Tati 1936 mit seinen »Sport-

Imitationen« den künstlerischen Durchbruch erreichte, war Sport ein integraler Teil jeder politischen und sozialen Agenda in der westlichen Welt.

In diesen Jahren wurde die Darstellung von Sport und Sportlern zum gemeinsamen Thema aller figurativer Künste auf allen Ebenen darstellerischer Finesse. Die deutschen Maler der *Neuen Sachlichkeit* (zum Beispiel Piscator, Dix, Grosz) wie auch die italienischen Futuristen und ihre französischen Nachahmer (Marcel Gromaire, Robert Lallemant, Alfred Reth) feierten die Geschwindigkeit und Eleganz von Tennisspielern, Fußballern, Rugbyspielern, Schwimmern und Geräteturnern. Weniger avantgardistisch ausgerichtete Künstler der 1920er und 1930er Jahre – in den meisten Fällen Anhänger der rückblickend als »poetischer Realismus« bezeichneten Bewegung – entwickelten in Malerei, Plakatkunst, Skulptur und Zeitungskarikatur einen heroischen, pseudo-klassischen Stil der Darstellung von Sport und einzelnen Sportlern (wie zum Beispiel Georges Sabbaghs *Venus Anadyomede* (Musée des Années Trente, Boulogne-Billancourt): eine grobgliedrige, dennoch Botticelli'sche Venus, die in robuster Badebekleidung mit roter Badekappe und grünem Frottiertuch aus den Wogen steigt).[101] Tatis Karriere als Sport-Mime begann zu derselben Zeit wie die des Karikaturisten Pellos (des Erfinders der *Les Pieds Nickelés*), der in den frühen 1930er Jahren seine Zeichnungen von Radfahrern, Tischtennisspielern und dergleichen zu veröffentlichen begann, noch ehe er zum »offiziellen« Zeichner der Tour de France aufstieg.

Tatis Durchbruch ist also in einem größeren Zusammenhang zu sehen, der den Sport mit allen ihm jüngst zugeschriebenen nationalen, politischen und sozialen Bedeutungsvarianten zum Thema intensiver und sehr unterschiedlicher Darstellungen und Interpretationen machte. Tatis Pantomime muss von einigen seiner Zuschauer als Feier des Sports aufgenommen worden sein, als Bestätigung dieser oder jener aufgeblähten Tagesideologie, die den Sport als wichtige Stütze zu nutzen wusste. Doch andere mögen seine Darbietung sehr wohl als sanfte Verspottung des ganzen Zaubers verstanden haben. Tati hat sich nie darüber geäußert, welchen Sinn oder Zweck er darin sah oder damit verfolgte, wenn er den Torwart, den Boxer usw. mimte; aber das bedeutet nicht, dass sein begeistertes Publikum keine Bedeutung in den übertriebenen, doch eleganten Bewegungen des Mimen gefunden hätte.

Noch viel schwieriger ist es festzustellen, inwieweit Tati die im Frankreich der 1930er Jahre leider allgemein verbreiteten antisemitischen Ansichten wirklich teilte; oder auch zu wissen, wie er über das Nazideutschland vor dem Krieg wirklich dachte. Der Racing-Club hatte viele jüdische Mitglieder (mindestens zwei in Tatis Team – Broïdo und Schneider), und nach Sauvys wohl recht naivem Biografen wurden die dort oft geäußerten antisemitischen Bemerkungen gutmütig aufgenommen, »nicht anders als die Witzeleien über Leute aus der Normandie oder aus Marseille«.[102] In den engen Kreisen der Entertainment-Community herrschte ein *esprit de corps,* der sich wenig um nationale oder ethnische Herkunft kümmerte: Marie Dubas, Mitty Goldin, der Manager des A.B.C., der Dramatiker Tristan Bernard und viele andere waren Juden, und keiner von ihnen schien vor 1940 beruflich unter der aufsteigenden Welle der Fremdenfeindlichkeit gelitten zu haben. Welche oberflächlich antisemitischen Einstellungen Tati sich auch angeeignet haben mag, sie haben seine auf Rugbyfeld und Bühne geschlossenen Freundschaften und Loyalitäten nicht offenkundig beeinträchtigt.

Tatis antisemitische Einstellung machte sich überhaupt erst dann bemerkbar, als sie bereits veraltet war. Eines Tages im Jahr 1961 zum Studio zurückkehrt, wo ein junger Assistent an der Neufassung von *Jour de fête* arbeitete, ließ er seinen Körper in ganzer Länge in einen Sessel fallen, offensichtlich erschöpft und angeschlagen von einer gerade beendeten Sitzung mit zwei notorisch schwierigen (und offensichtlich kriminellen) Filmfinanciers, die, wie der Zufall es wollte, Juden waren. »Wirklich, die hätten die Gaskammern nicht abreißen sollen«, stöhnte Tati ungeachtet dessen, dass sein junger Assistent auch jüdisch war.[103] Aber nur wenige haben es ihm je zur Last gelegt, dass er ein Mann aus einer bestimmten Klasse und Generation war; tatsächlich begrüßte einer seiner engsten und längsten jüdischen Freunde ihn oft als »meinen Lieblingsantisemiten«.[104]

Im Jahr 1936 wurde Tatis Pantomimen-Nummer von Colette und anderen als original und noch nie dagewesen begrüßt. Doch das stumme Theater ist wohl so alt wie die Menschheit selber. Im Frankreich der Neuzeit hat es eine spezifische und recht gut recherchierte Entwicklung durchgemacht. Von 1815 bis 1848 war das stumme Theater auf nicht lizenzierten Bühnen der Pariser Boulevards eine äußerst populäre Form der Unterhaltung, und der unbestrittene Monarch des Funambules-Theaters, Jean-Gaspard Debureau, begründete eine Dynastie und eine Tradition, die sich bis in das zwanzigste Jahrhundert fortsetzten.[105] Debureau bildete seinen Sohn Charles aus, den späteren Lehrer von Louis Rouffe, aus dessen Truppe Georges Wague und Séverin stammten. Als direkter Erbe des von Marcel Carné in *Les Enfants du Paradis* wiederbelebten Pantomime-Theaters brachte Séverin die Pantomime in die Music-Hall, denn in den beiden ersten Dekaden des zwanzigsten Jahrhunderts war er einer der Stamm-Stars am Folies-Bergère. Und ans Folies-Bergère hatte auch der englische Impresario und Akrobat Fred Karno 1908 seine Pantomime-Show »The Mumming Birds« (»Die stumm summenden Kolibris«) gebracht. Unter den »Junioren« in Karnos Truppe war auch der gummigliedrige junge Charles Spenser, der in Frankreich bald als Charlot bekannt wurde – und in der restlichen Welt als Chaplin.

Tatis hochgelobte und zweifellos echte Originalität lag nicht darin, dass er Pantomime in Kabarett und Music-Hall aufführte. Auch war er nicht der Erfinder der mimischen Darstellung von Sport- und Freizeitaktivitäten. Harry Tate hatte schon seit der Jahrhundertwende Pantomimen von Anglern, Billardspielern,

Rennfahrern und anderen Sportlern auf die Bühnen von London und Paris gebracht.[106] Das Neue und noch nie Dagewesene in Tatis *Impressions sportives* kann nur die künstlerische Vollendung und Eleganz seiner Ausführung gewesen sein sowie die Genauigkeit der Beobachtung, worauf sie basierte. Solange die Pantomime keine markante Figur oder Erzählung erfindet (wie Debureaus Pierrot, Chaplins Figur des »Charlie«, oder Marceaus Charakter »Blip«), stehen ihr nicht sehr viele Möglichkeiten für Originalität im herkömmlichen, eigentlichen Wortsinn zur Verfügung.

Die Beliebtheit der Music-Hall-Pantomime in den 1920er und 1930er Jahren lief parallel zu einem neu erwachten Interesse an der Pantomime im Avantgardistischen Theater und auch in der Theaterforschung. Jacques Copeaus École du Vieux-Colombier, seit 1924 unter der Leitung von Louis Jouvet und Etienne Decroux, legte bei der Ausbildung ihrer Schauspieler großen Wert auf »körperliche Mimik«. In klarem Bruch mit einer jahrhundertealten Tradition wesentlich verbaler Theaterpraktik mussten Decrouxs Schüler die Körpersprache (beispielsweise) eines Mannes improvisieren, der versucht, eine Fliege zu verscheuchen; oder einer Frau, die einen Weissager erwürgt; oder auch die Funktionsabläufe einer Maschine.[107] Teilweise inspiriert vom japanischen Nō-Theater, ging es Decroux um eine grundlegende Erneuerung der Schauspielkunst durch die Erschaffung eines Stils, der wenig Worte, keine Kulissen und perfekte Kontrolle der Körpersprache einsetzt. Sein erster wirklicher Schüler (seit 1931) war Jean-Louis Barrault, der sich sehr schnell als Jacques Tatis Hauptrivale entpuppte – vom Tag seines Debuts in der Music-Hall bis in die frühen 1950er Jahre. Doch Decroux nahm auch Filmrollen an (er spielte in Dutzenden von Filmen aus den 1930er und 1940er Jahren, darunter auch *Les Enfants du Paradis*), und er verbreitete seine Ansichten und Trainingsübungen unter einer großen Anzahl angehender französischer Film- und Bühnenschauspieler.

Die Gruppe der avantgardistischen Mimen der 1930er Jahre – Decroux, Dullin, Barrault – verfolgte »fortschrittliche« Ideen auf der ganzen Linie: Die meisten waren Vegetarier, einige von ihnen Nudisten, einige hielten sich für Surrealisten, und alle waren intellektuelle Sozialisten. Tati hätte kaum unterschiedlicher sein können – ein sportbegeisterter, kettenrauchender, fleischessender, apolitischer Entertainer. Er kannte keine Schule außerhalb seiner selbst. Er kam aus keiner Schauspielerfamilie, war nie in der Lehre bei irgendeiner reisenden Künstlertruppe gewesen, war auch nie von einem Wague oder einem Karno engagiert worden, und schon gar nicht von einem Copeau, Dullin oder Decroux. So war es nur natürlich, dass er glaubte, jeden Aspekt und jedes Detail seiner Pantomime selber erfunden zu haben. Und aus seiner Sicht hatte er genau das getan, obwohl wir heute im historischen Rückblick sehen können, dass er nicht nur Teil einer langen Tradition war, sondern auch eine der vielen Manifestationen des Wiederauflebens der Pantomime als Kunstform in den 1930er Jahren. Daher bereitete es ihm große Schwierigkeiten einzusehen, dass irgendjemand das Recht habe, Pantomimen aufzuführen, wie er sie aufführte, war er doch, seiner Meinung nach, ihr alleiniger Urheber. Die Ironie des Ganzen war, dass der Erfolg seiner eigenen Pantomime die Impresarios veranlasste, sich nach anderen Pantomime-Künstlern umzusehen, so dass eine ganze Zeitlang viele andere begabte Künstler stummes Theater auf den Bühnen der Music-Hall spielten.[108] Und als der so gefeierte Jean-Louis Barrault damit begann, eine Pferd-und-Reiter-Pantomime aufzuführen, konnte Tati seine Empörung nicht länger zügeln:

> »Monsieur«, schrieb er so formal und hochtrabend er konnte, »seit 1931 habe ich auf der Basis eines beachtlichen Einsatzes geistiger Kreativität eine Music-Hall-Nummer erschaffen … Nun höre ich aber, dass M. J.-L. Barrault bei der letzten Gala des Artistes eine Nummer des Titels *Turnierpferd* aufgeführt hat und beabsichtigt, diese auf dem Bal des Petits Lits Blancs

zu wiederholen – eine Nummer, die in jeder Hinsicht identisch mit der ist, deren Autor ich bin.«[109]

Er wollte solch eklatanter Profitmacherei von dem, was er, Tati, entdeckt, erfunden, perfektioniert und berühmt gemacht hatte, Einhalt gebieten oder andernfalls finanzielle Entschädigung erhalten. Immer wieder griff er auf dieses Nörgelthema zurück:

> Ich bin derjenige, der das Pferd erfunden hat … Jawohl, das Pferd gehört mir. Vor Barrault und den anderen …[110]

Aber es gibt kein Urheberrecht für Ideen, und noch viel weniger für eine Pantomime, die selber eine Nachahmung ist. Obwohl nach französischem Recht »geistiges Eigentum« unveräußerlich ist (weswegen Tati den »geistigen« Gehalt seiner Nummer hervorhebt), beschränkt sich die Definition des geistigen Eigentums auf dokumentarisch reproduzierbares Material. Seine Klage gegen Barrault war von vornherein zum Scheitern verurteilt, weil sie auf einem grundlegend falschen Verständnis dessen beruht, was Eigentum zu nennen ist und was nicht. Aber das sollte nicht Tatis letzter illusionärer Versuch sein, sein »Eigentum«, das heißt seine »Ideen«, deren Substanz einzig und allein im Akt ihres Ausdrucks besteht, zu verteidigen. Dieses anfängliche Missverständnis, das ihm Zeit seines Lebens manch eine Irritation einbrachte, war die zumindest partielle Ursache für die hin und wieder kleinliche Haltung des Filmregisseurs Tati gegenüber den Beiträgen vieler seiner talentierteren Mitarbeiter, von denen er wahrscheinlich befürchtete, dass sie immer darauf aus waren, seine Ideen zu stehlen. Wie Colette es ausgedrückt hat, ist der Zentaur eine fabelhafte Kreatur, doch er besitzt kein Patent und kein Urheberrecht. Und trotz all seiner Ängste, die Kontrolle über seine Kreationen zu verlieren, konnte Tati es schließlich nicht verhindern, alle Rechte an seinem Filmwerk zu verlieren, das im Grunde viel besser geschützt ist als die Pantomime.

ELF

Spiel der Phantasie

Tati gab seinen Plan, Filmschauspieler zu werden, nicht auf, als seine Karriere auf der Bühne des Varietés in Gang kam, denn 1936 war auch das Jahr seines bis dahin erfolgreichsten Kurzfilms. Im Zentrum der Handlung steht eine Sportpantomime, die, wie *On demande une brute*, ihre Inspiration aus Tatis Music-Hall-Nummer bezog; aber der narrative Rahmen ist weitaus interessanter und der ganze Film wesentlich intelligenter konstruiert.

Soigne ton gauche (»Achte auf deine Linke«) mag oder mag auch nicht die finale Frucht von dem Sketch sein, den Tati von seinem alten Rugby-Kapitän Sauvy geborgt hatte, doch dieser Kurzfilm weist wesentlich deutlicher die letzte Spur der *bande de copains* auf, denn eine der Nebenrollen – die eines Trainingspartners – wird von Jacques Broïdo gespielt, der zum technischen Geschäftsführer in Bernard Nathans neu belebtem Pathé-Unternehmen aufgestiegen war.[111] Diesem Film kam auch das Talent seines Regisseurs zugute, eines jungen Mannes namens René Clément, der Charles Barrois bei der Produktion von *On demande une brute* als Assistent zur Seite gestanden hatte. Obwohl *Soigne ton gauche* mit einem äußerst bescheidenen Budget gemacht worden ist – der ganze Film wurde an einem einzigen Ort gedreht: einem sonnendurchfluteten Bauernhof mit einem Feld unmittelbar dahinter; ein zwischen Bleirohren rollender Kinderwagen dient als mobiler Untersatz für die wenigen Kamerafahrten –, sorgen die Bildqualität, die Auswahl und die Platzierung der Bildausschnitte dafür, dass dieser Film zu einem Werk wesentlich höheren Ranges wurde als irgendetwas, an dessen Produktion Tati vorher je beteiligt gewesen war.[112]

Das Grundszenario ist wohlbekannt – bekannt schon aus Tatis eigenem Werk, aber auch aus einem Dutzend Hollywood-Kurzfilmen und einer Unzahl späterer Zirkus- und Fernsehkomödien:

Abb. 26: Soigne ton gauche: *Tatis erstes Fahrrad-Bravourstück*

Ein ahnungsloser Bauernbursche wird zum Trainingspartner des Champions gemacht und geht schließlich nach einer Reihe von Pannen und Desastern und aller Wahrscheinlichkeit zum Trotz als Sieger aus dem Kampf hervor. *Soigne ton gauche* ist in fast jeder Hinsicht von Interesse – außer eben seiner Grundidee.

Der Champion trainiert, völlig unwahrscheinlich, in einem auf einem Bauernhof provisorisch errichteten Boxring. Den Bauernhof gibt es, mehr oder weniger wie er 1936 war, noch heute: La Croix-Saint-Jacques im Dorf La Ville-du-Bois, zwanzig Kilometer südöstlich von Paris.[113] Der Champion hat schon eine ganze Brut anderer Trainingspartner ausgeschaltet (einschließlich eines schwarzen Muskelpakets); die erste Einspielungsszene evoziert die Stimmung eines faulen, fliegenverpesteten Sommernachmittags.

Die zweite zeigt eine Gruppe von Kindern, die als Nachrichtenreporter bei der Endphase der Tour de France auftreten, und ein übergroßes Kind – Jacques Tati –, das den Endspurt mit dem Siegeszeichen der hochgeworfenen Arme und der atemlosen

Rede des Siegers in das Spielzeugmikrofon hinlegt: eine kleine Phantasiewelt sportlichen Erfolgs. Die Reporter wurden von lokalen Schulkindern gespielt; hier hat Tati wohl zum ersten Mal in seiner Filmarbeit nicht-professionelle Schauspieler eingesetzt.

Tati wird von einer kleinen, zylinderförmigen, schrill erbosten Bauernmutter zu seinen Pflichten als Landarbeiter zurückgerufen, und er macht sich wieder an seine Arbeit und lädt Heuballen aus der Scheune auf den Wagen – oder andersherum: Der Wechsel der Ballen von draußen ein paar Fuß weiter nach drinnen und dann wieder zurück ist das erste (und geradezu perfekt ausgeführte) Beispiel von Tatis Kunst, eine völlig ineffektive Handlung darzustellen. Die Straßenreinigungsszenen in der »alten Stadt« in *Mon Oncle* – mit einem Straßenkehrer, dessen Besen überhaupt nichts von der Straße wegfegt – ist vielleicht die bekannteste Version seiner Vision »gemächlicher« Arbeit.

Schnitt zum Boxring auf dem Bauernhof, wo der Postbote – gespielt von Max Martel – mit einem Telegramm angeradelt kommt: Der »große Kampf« wird eröffnet, die Karten sind ausverkauft, der Boxer hat in bester Kondition zu sein. Einer nach dem andern gehen die Trainingspartner in den Ring, versuchen ein paar Schläge und sind im Handumdrehen k. o. Der Manager hat ein Problem: Die Trainingspartner für seinen Champion sind ihm ausgegangen.

Schnitt zum Landarbeiter Roger, der an der Scheunenwand seine total durcheinandergekommene Summe der Heuballen ankreidet. (Wenn es stimmt, dass Tati mit dem Rechnen nicht richtig zurechtkam, wie Fred Orain später behauptete, dann machte es ihm jedenfalls nichts aus, sich öffentlich über diese seine Unfähigkeit lustig zu machen.) Dann fängt er an, nur für sich die Boxer im Ring nachzuahmen. Aber der Impresario sieht, wie er herumtänzelt, und kommt auf die brillante Idee, als Ersatz für die regulären Trainingspartner, die noch kalt am Boden liegen, diese dusselige Bohnenstange einzuspannen.

Abb. 27: Soigne ton gauche: *Theaterspiel auf dem Bauernhof*

Diese Einführung des ungleichen Boxkampfs ist wesentlich interessanter als die ungeschickte dramatische Szene in *On demande une brute*, denn sie präsentiert das nun folgende Boxer-Spielen als logische Folge des Spielens der Kinder. Es bedarf keines »Schlaukopfes«, der alles richtet, keiner »Story« außer der des von Tati gemimten Walter-Mitty-Typs. Und dieser Typ ist das ganze Gegenteil des Chaplin-Clowns, denn was ihn in den Boxkampf bringt, ist weder Findigkeit noch Ulk. Der Landarbeiter Tati ist das Opfer seiner eigenen Phantasie, das Opfer der Folgen seiner Pantomimik, und genau das muss er jetzt (als Schauspieler) darstellen.

Auch der Slapstick-Kampf wird zumindest mit einem Hauch von Originalität ausgeführt. Der Bauernbursche merkt, dass der Champion ein Handbuch für Boxer benutzt, das er mit der aufgeschlagenen Seite nach oben auf dem Hocker neben dem Ring abgelegt hat. Zwischen den Runden schaut der Bursche kurz hinein und versucht dann, die gerade eingesehenen Positionen so gut er kann anzuwenden – und erstellt damit eine weitere, eingebettete

Abb. 28: Soigne ton gauche: *Florett-Boxen*

Stufe der Imitation. Der radelnde Briefträger, der eine Weile geblieben ist, schaut ebenfalls in das Buch und legt es falsch zurück, nämlich mit der Rückseite nach oben, wo eine Reklame für einen Begleitband zur Kunst des Fechtens abgebildet ist. In der nächsten Pause schaut der zum Boxer geschlagene Bauernknecht kurz hin, kehrt in den Ring zurück und vollführt die Fuß- und Armposition eines Fechters. Der Champion weiß nicht so recht, wie er mit diesem neuen »Stil« umgehen soll und holt zum Schlag aus, der direkt auf dem schnurrbärtigen Mund des Briefträgers landet.

Schnitt zum Briefträger, der über ein Feld radelt, wo er auf eine Gruppe Erntearbeiter bei ihrer Verschnaufpause stößt und ihnen die Geschichte von dem brutalen Kerl erzählt, der ihn so übel zugerichtet hat. Für die Bauern ist die Beleidigung ihres Mannes von der Post eine Beleidigung ihrer selbst, und sie marschieren zurück zum Bauernhof, wo sie in den Ring klettern und geschlossen über den Champion herfallen. Nach wenigen Minuten wilder Schlägerei stürzt der provisorische Ring ein, der Champion wird

Abb. 29: *Schlussszene von* Soigne ton gauche

von einer losgekommenen Holzplanke umgehauen, und Tati geht als Sieger hervor.

Schnitt zu den Kindern auf dem Bauernhof, die die ganze »Show« mit einer auf einem Stativ montierten kastenförmigen Kaffeemühle und einem Setzling im Blumentopf als Mikrofonanlage »gefilmt« haben. Natürlich »interviewen« sie den neuen Champion in einer abschließenden Szene selbstdarstellenden, selbstspiegelnden Spiels. Der Postbote radelt durch das Tor des Bauernhofs davon, verfolgt von einem mit einigem Abstand hinterherrennenden kindlichen Kameramann, dessen letzte Aufnahme des Fahrradfahrers mit unserem letzten Bild von ihm identisch ist.

Obwohl *Soigne ton gauche* kaum mehr als zwölf Minuten lang ist, enthält dieser Kurzfilm viel mehr filmisch und theatralisch Neues als die beiden vorherigen Filme Tatis zusammengenommen. Er führt auch Themen ein, die Tati in vielen seiner darauffolgenden Filme neu ordnen, neu entwickeln, wiederholen und bereichern wird: die ländliche Szenerie (den radelnden Postboten in *L'École des facteurs* und *Jour de fête*); den Einsatz von Kindern als Betrachter des Bildes innerhalb des Bildes (*Les Vacances de M. Hulot*); und den Gag der »endlosen Arbeit« (*Mon Oncle* und auch *Playtime*). Gleichzeitig scheint die verträumte Art des von Tati gespielten Charakters einer individuellen Schöpfung – und plausiblerweise einem persönlichen Ausdrucksmodus – näher zu kommen als alles von Tati bislang Geschaffene, denn sie thematisiert das Spiel der Phantasie als Schlüssel und Quelle all dessen, was im Film geschieht.

Die Dialoge in *Soigne ton gauche* werden Jean-Marie Huard zugeschrieben, über den nicht viel mehr bekannt ist (er arbeitete als Journalist und Theaterkritiker für die Zeitschrift *Paris Midi*, die während der Besatzungszeit mit den Deutschen kollaborierte), und im Abspann der uns vorliegenden Kopie des Films wird kein Drehbuchautor angegeben.[114] Hat Tati das Drehbuch selber verfasst? Das scheint angesichts der engen Verbindung dieses Films mit Tatis späterem Werk durchaus der Fall zu sein; freilich aber ist es unmöglich zu beurteilen, wie viel von dem uns erhaltenen Werk den Talenten seines Regisseurs René Clément entspringt und wie viel denen seines Stars Jacques Tati.

Das Rätsel der ursprünglichen Produktion und Finanzierung dieses Films bleibt größtenteils ungelöst. *Soigne ton gauche* ist aller Wahrscheinlichkeit nach in Deutschland herausgekommen und verbreitet worden, wo Tati nach dem Zweiten Weltkrieg eine Kopie des Films ausfindig machen konnte: Aber wir haben keinerlei Aufzeichnung von Reaktionen auf das Werk, und auch keine verlässlichen Informationen darüber, wie es seinerzeit aufgenommen wurde. Der Film markiert den Höhepunkt von Tatis »Sport-Imitationen« und praktisch auch ihren Abgang. Obwohl im Zentrum der Handlung ein gemimter Boxkampf steht, konzentriert sich das Interesse des Films auf das, was dem komischen Kampf folgt – auf seinen bildlichen und narrativen Rahmen, seinen fiktiven Kontext, und besonders auf das Phantasiespiel der Kinder und des unfreiwilligen Trainingspartners.

Tati war an der Produktion eines weiteren Films beteiligt, ehe der Krieg alles zum Stillstand brachte, aber keine einzige Spur ist uns von diesem Film erhalten geblieben; es ist ungewiss, ob er je fertiggestellt oder auch nur gedreht wurde. Der Titel – *Retour à la terre* – lässt eine Weiterführung der ländlichen Szenerie von *Soigne ton gauche* vermuten, vielleicht auch das konservative Thema von *Jour de fête*. (Nachdem der Postbote versucht hatte, mit dem US-Post-Service zu konkurrieren, beschließt er am Ende tatsächlich seine »Rückkehr aufs Land«.) Wäre der Krieg nicht dazwischengekommen, hätte Tati zweifellos seine Kunst als Darsteller in Filmkomödien weiterentwickelt und hätte vielleicht – wer kann das wissen? – einen eigenen Film daraus gemacht. Denn die einzig verbliebene dokumentarische Spur von *Retour à la terre* verzeichnet Tatis Namen nicht als Schauspieler, sondern als Autor und Regisseur.

ZWÖLF

Tatis Krieg

Ich weiß nicht si vous vous rappelez
les Ardennes en temps de guerre?
LES VACANCES DE M. HULOT

»Waren Sie je einmal am Ende Ihrer Weisheit?«, fragte ihn 1936 ein Journalist.

> Ja, im Juli 1940. Ich war allein und habe absolut nichts erkannt. Ich hatte keine Ahnung, wo ich war. Ich war wirklich am Ende.[115]

Auf seinem Rückweg von einer Konferenz in Prag Ende 1938 musste Sauvy in Nürnberg umsteigen. Was er in wenigen Stunden in dieser von den Nazis beherrschten Stadt sah, nahm ihm jeden Zweifel über das kommende Desaster. Sobald er wieder zu Hause war, buchte er für lange Zeit ein ganzes Hotel in den französischen Alpen und rief alle seine Freunde zu einem letzten Ski-Urlaub vor dem unvermeidlichen Krieg zusammen. Tati konnte zu diesem Treffen des Teams nicht kommen, denn er war anderswo engagiert: in Berlin.[116]

Tati sprach nie viel über sein Leben in der Zeit zwischen 1939 und 1945. Wie alle Männer seines Alters wurde er im September 1939 einberufen. Während des Scheinkriegs, der bis zum nächsten Frühjahr anhielt, war er vermutlich in Cambrai im Nordosten Frankreichs nahe der belgischen Grenze stationiert.[117] Obwohl es keine feindlichen Handlungen gab, erlitt Tati in dieser Zeit den Schreck seines Lebens. Der Quartiermeister seiner Einheit hatte große Schwierigkeiten gehabt, eine Uniform aufzutreiben, die ihm passte. Was Tati am Ende bekam, war gerade mal passabel für die obere Hälfte, aber die Hosenbeine waren viel zu kurz.

Eines Abends wurde er von einem Militärpolizisten angehalten, dem dieser Hüne von einem Mann in seiner schlecht passenden, nagelneuen Uniform verdächtig vorkam.

Name?

Tatischeff.

Na aber, da höre ich doch einen ausländischen Namen! Und Sie sagen, Sie sind in der französischen Armee? Wo ist Ihr Wehrdienstausweis?

Tati hatte seinen Ausweis in der Kaserne vergessen. Das war eine gefährliche Situation: In der Militärzone herrschte

Abb. 30: *Tati in Uniform, vermutlich 1940 mit seiner Schwester Nathalie.*

allgemeine, von der Regierung mittels Panikmache über Radio und Presse aufgeheizte Paranoia über eine »fünfte Säule« innerhalb Frankreichs, deren Ziel es sei, die nationale Sicherheit zu sabotieren. Tatischeff wurde verhaftet und zum Kommandoposten zwecks weiteren Verhörs geführt. Er nannte seinen Dienstgrad und seine Kennnummer; aber die Militärpolizei kam über das Feldtelefon nicht zu Tatis Kommandanten durch, um bestätigt zu bekommen, dass dieser ausländisch klingende, seltsam gekleidete lange Kerl tatsächlich ein französischer Soldat war. Er musste sich ausziehen. Seine Unterwäsche lieferte geradezu zwingenden Beweis: Socken aus Stockholm, ein Unterhemd aus dem faschistischen Italien und, am allerschlimmsten, Unterhosen made in Berlin... Tati wurde für die Nacht in eine Zelle geworfen. Er rechnete fest damit, am nächsten Tag als Spion erschossen zu werden.[118] Das war die längste Nacht seines Lebens, sagte Tati in späterer Erinnerung. Doch als der Morgen kam, sagte man ihm, er sei frei und könne gehen: Die Bestätigung seiner Identität war in der Nacht gekommen. Tati zog sich an, wandte sich zum Spiegel, um sein rabenschwarzes Haar zu kämmen – aber das war nicht mehr schwarz, sondern ganz, ganz weiß.

Die Pointe dieser Geschichte, wie Tati sie des Öfteren erzählte, ist offensichtlich erfunden: Auf seinen Hochzeitsfotos aus dem Jahr 1944 ist sein Haar noch völlig schwarz, und die am Drehort von *Jour de fête* im Sommer 1947 aufgenommenen Fotos zeigen ihn mit schlimmstenfalls graumelierten Schläfen. Aber die Anekdote – die er oft privat und öffentlich zum Besten gab[119] – mag als metaphorische Erklärung seines eigenen Krieges gelten, der bedauerlicherweise auch ein Krieg unter Franzosen war.

In *Jour de fête,* dem Tatis Krieg zeitlich nächstliegenden Film, versucht der Postbote François, sich auf seinem Fahrrad den Weg durch die Buden eines Dorffests zu bahnen, fällt hin und landet in der offenen Hintertür eines Marktstands. Er rappelt sich auf und merkt, dass er direkt vor der Zielscheibe eines Luftgewehr-Schießstands steht. Für den Bruchteil einer Sekunde sehen wir Tati in seiner Postbotenuniform mit Käppi – die der Militäruniform so ähnlich ist –, der vor Schreck die Hände hochreißt und seiner befürchteten Hinrichtung ins Auge schaut. Es gibt eine Reihe von Fotos für diese Szene, die bei den Proben vor Ort aufgenommen wurden, die zeigen, wie Tati, halbnackt in der Sommerhitze, seine Hände-hoch-Schock-Nummer probt. Nicht jede Komik kann auf die Abreaktion von Angst reduziert werden, aber diese Episode ist mit Sicherheit als eine bewusste komödiantische Darstellung der schlimmsten Episode in Tatis Krieg zu verstehen.

Die Regimenter und Divisionen wurden im Winter 1939/40 mehrmals umgeordnet, und Tati kann in irgendeine der neu geformten Einheiten versetzt worden sein. Offiziell wurde Tatis altes Regiment der 16. Dragoner aufgelöst und der dritten *Division Légère de Cavalerie* (DLC) einverleibt, die im Mai 1940, als die deutsche Armee über die Ardennen in Nordfrankreich einmarschierte, an der Schlacht bei Sedan beteiligt war. Tati hat nie über irgendwelche Einzelheiten oder Daten gesprochen, hat aber hin und wieder angedeutet, dass er während des Blitzkrieges militärische Aktion erlebt habe. Die Erfahrung von Kriegshandlung wird dann auch unverkennbar in *Les Vacances de M. Hulot* eingeblendet: als die für das Feuerwerk des Abschlussabends vorgesehenen Feuerwerkskörper versehentlich *en masse* gezündet werden und der Tonträger das Getöse von Maschinengewehr- und Mörserfeuer abspielt.

Eine vage, vielleicht auch direkte Erinnerung an die deutsche Invasion findet sich in einem Drehbuch, das Tati in den frühen 1970er Jahren für das schwedische Fernsehen schrieb. (Das Englisch ist möglicherweise sein eigenes, möglicherweise das eines skandinavischen Übersetzers.) Es ist die einzige ausdrückliche Beschreibung von Krieg – auch die einzige formale Rückblende – in Tatis gesamtem Werk. Hulot befindet sich in einem Fernsehstudio, und auf dem Monitor erscheint ein Bild aus irgendeinem kriegsverwüsteten Teil der Welt.

Diese Kriegsszene erinnert den Regisseur an seine Erlebnisse in den Jahren 1939/40, als Hulot sich auf seine eigene Weise hervortat
AUSSEN. TAG RÜCKBLENDE
Kriegsfeld: Während der Bombardierung eines umkämpften Feldes findet Hulot sich von seiner Einheit praktisch verlassen wieder, unter Deckung in einem Erdloch. Die Bomben fallen heftig, während der Feind sich nähert. Hulot hält Ausschau nach einem Fluchtweg und sieht ein Fahrrad an einer Wand an einem Weg. Er springt blitzschnell aus dem Loch, rennt, hüpft, läuft im Zickzack durch die Explosionen, wirft sich unter dem Maschinengewehrfeuer kopfüber auf den Boden, kommt wieder auf die Beine und schnellt nach vorn, springt auf das Fahrrad und strampelt mit aller Kraft. Leider kommt er nicht voran, denn das Fahrrad ist stehen gelassen worden, weil es keine Kette hatte. Hulot springt vom Fahrrad ab und stürzt

sich gerade noch rechtzeitig in den Graben, als eine Granate in unmittelbarer Nähe explodiert.[120]

Die dritte DLC zog sich von der Maas quer durch Frankreich zurück und erreichte Mussidan in der Dordogne, unweit von Périgueux, als am 22. Juni 1940 der Waffenstillstand erklärt wurde.[121] Für fast alle französischen Soldaten an oder nahe den nordöstlichen Grenzen Frankreichs war der Krieg von Mai bis Juni 1940 eine verwirrende und völlig demoralisierende Niederlage:[122] Große Teile der Armee wurden umringt und gefangengenommen, andere Einheiten wurden schnell in Richtung Ärmelkanal zurückgedrängt, und andere zogen sich in Richtung Paris zurück, aber sie konnten – in der Tat durften – ihre seit Mitte Juni von der deutschen Armee besetzte Stadt nicht befreien. Tati kam nicht in Gefangenschaft und gehörte auch nicht zu der kleinen Truppe, die den schweren Rückzug in die Normandie ausfechten und dann nach England übersetzten musste, um dort weiterzukämpfen. Wie Hunderte und Tausende anderer machte Tati sich auf den Weg nach Süden, nur wenige Meilen vor den vorrückenden deutschen Kolonnen. Nach dem Erfolg von *Jour de fête*, wo er die Rolle eines radelnden Landbriefträgers spielte, wurde Tati gefragt, ob er jemals richtig, das heißt auf Zeit- oder Straßenrennen, Fahrrad gefahren sei. Seine Antwort war nicht genau das, was sein Interviewer erwartet hatte:

> 1940 habe ich Liège–Périgueux auf einem Fahrrad gemacht, mit den Deutschen im Rücken. Das war eine gute Leistung. Aber ich glaube, Anquetil oder Poulidor hätten eine bessere Durchschnittsgeschwindigkeit erreicht.[123]

Frankreich war von da an in zwei Zonen geteilt: die »Nicht besetzte Zone« südlich der Loire, regiert aus dem unbekannten Urlaubsort Vichy von einer Nationalregierung unter dem betagten Marschall Pétain; und die »Besetzte Zone« nördlich der Loire, einschließlich eines breiten Landstreifens entlang der atlantischen Küste bis hin zur spanischen Grenze. Périgueux – sollte Tati wirklich dort gelandet sein – lag in der nicht besetzten Zone, aber da er weder Jude noch Kommunist oder gar ein gewerkschaftlicher Organisator war, hatte er keinen zwingenden Grund, die »Zone nono« als Zufluchtsort zu betrachten. Wie Millionen anderer Pariser, die durch den Krieg vertrieben worden waren oder aus Furcht vor einem deutschen Angriff die Stadt verlassen hatten, einschließlich der meisten demobilisierten Mitglieder der französischen Streitkräfte, kehrte Tati in die Hauptstadt zurück, sobald der Staub der Waffenstillstandsvereinbarungen sich gelegt hatte. Und er kehrte zurück zu seinem Beruf als Music-Hall-Entertainer.

Ein Großteil der Pariser Entertainment-Szene hatte zugemacht. Die von Vichy bereits im Oktober 1940 erlassenen antisemitischen Gesetze trieben viele Eigentümer, Impresarios und Darsteller ins Exil oder in den Untergrund: Und es dauerte eine Weile, bis »arische« Manager eingesetzt werden konnten, um die legendäre Hauptstadt des Nachtlebens von Europa als Ort der Erholung und Freizeit für die deutschen Truppen wiederzubeleben. Doch trotz des Mangels an fast allem, von der Elektrizität bis zu den Pailletten, vom Personal bis zum Salz für die Kekse zum Champagner, kam das Pariser Nachtleben wieder in Schwung, und eine wenngleich reduzierte Anzahl von Music-Halls, Kabaretts und Theatern erfreute sich während der vier verbliebenen Kriegsjahre vollgepackter Häuser.

Im März 1941 trat Tati im Lido de Paris mit seinen »Sport-Imitationen« auf. Das Lido war von den Besatzern requiriert worden, und nur deutsches Militärpersonal hatte Eintritt.[124] Es gab nicht wenige, die einen Auftritt im Lido als Kollaboration mit dem Feind betrachteten. Das ist eine Episode, über die Tati nach dem Krieg beharrlich schwieg; aber es kam ihm auch nie in den Sinn, die Rezensionen, die er damals gesammelt hatte, aus seinem Pressebuch zu entfernen. Im Sommer 1943 hatte Tati eine

Saison auf seiner alten Bühne im A.B.C. (dessen Hausorchester von Jean Yatové geleitet wurde, der auch den Großteil der Begleitmusik komponierte).[125] Die wichtigste Rezension dieser Show erschien in der berüchtigt antisemitischen Zeitschrift *Je Suis Partout*; ein weiterer Rezensent verzierte seinen Kommentar mit einer fremdenfeindlichen Note: »eine ausgezeichnete Nummer, unverdorben durch fremde Formeln oder angelsächsischen Humor, auf halbem Weg zwischen Phantasie und Dichtung«.[126] Zwischen diesen dokumentierten Engagements (und vielleicht noch anderen, zu denen es keine Pressestimmen gibt) ging Tati nach Deutschland und trat in der Saison 1942/43 an der Seite eines anderen französischen Komikers und späteren Freundes auf Lebenszeit, Henri Marquet, in Berlin auf.

Der Hauptgrund dafür, dass Tati nach Berlin gegangen war, wurde jahrzehntelang auch nach dem Tod des Komikers geheim gehalten.

Am Lido de Paris wurde Tatis Pantomime von einer der Tänzerinnen des Hauses, Herta Schiel, auf Deutsch eingeführt. Als ausgebildete Balletttänzerin und ehemalige olympische Schwimmerin hatte Herta zusammen mit ihrer Schwester Molly Wien mit einer Kabarettnummer verlassen, die es ihnen ermöglichte, dem Anschluss Österreichs an Nazi-Deutschland zu entkommen und einem Freund und Nachbarn, dem Juden Heinz Lustig, Deckung zu geben. Heinz war dann von Marseille nach Nordafrika geflohen, aber Herta und Molly blieben in Frankreich zurück und wurden als Chorsängerinnen am Lido de Paris aufgenommen.[127] Jacques Tati und Herta Schiel fanden Gefallen aneinander, und es entspann sich eine Beziehung, die auf Bewunderung und Zuneigung beruhte. Das Paar war oft in Cafés zu sehen, wo die beiden den Lauf der Welt beobachteten und zweifellos die wunderbaren Details in sich aufnahmen, die Tatis Kunst der Imitation des realen Lebens speisten. Als Herta aber ihre Bestürzung darüber äußerte, was vor ihren Augen den Juden in Paris und im restlichen Europa angetan wurde, gab Tati ihr die ziemlich hartherzige

Antwort: »Du bist doch keine Jüdin, oder? Was hast du denn da zu befürchten?«[128]

In den ersten Wochen des Jahres 1942 erfuhr Tati, dass seine Geliebte schwanger war, mit seinem Kind. Das hätte ein Grund zur Freude sein können, aber der Pantomimekünstler reagierte anders. Im Alter von 35 war Tati kein unreifer Junge mehr, aber sein Junggesellenleben wollte er schlichtweg nicht aufgeben. Er hatte eine tolle Wohnung in der Rue de Penthièvre, direkt neben seinem Kumpel, dem Künstler Jacques Lagrange, er speiste regelmäßig in Restaurants und fuhr mit dem Taxi, wann immer er wollte. Aber für einen Kabarettkünstler ist der Lebensunterhalt in den besten Zeiten prekär, und Tati wollte sich auf keinen Fall mit einer Familie und einer Ehefrau belasten, die für ihren eigenen Lebensunterhalt nichts als ihren Job als Tänzerin mitbrachte. Tati hatte vor etwa zehn Jahren die Beziehung zu seinem Vater abgebrochen, als er von zu Hause wegging, um sich auf der Bühne zu verdingen, und er hatte sich daran gewöhnt, bei seiner älteren Schwester Nathalie Rat und Unterstützung einzuholen. Nathalie führte eine Dessous-Boutique der High Society in der Rue du Faubourg Saint-Honoré und war sehr auf standesgemäßes Ansehen bedacht. Sie entschied klar und deutlich, was zu tun war: Man musste das Kind loswerden, und ihr Bruder musste sich aus einer gesellschaftlich unangemessenen Liaison lösen. Nathalies Ansichten basierten wohl kaum auf irgendwelchen Vorurteilen über eine Heirat ihres Bruders mit einer »Deutschen«; ihre Hauptbedenken waren Geld und Gesellschaftsstand. Darüber hinaus fühlte sie sich dafür verantwortlich, Schande von ihrem törichten Bruder abzuhalten oder ihn vor Belastungen zu bewahren, denen er nicht gewachsen war.

Herta weigerte sich, eine Abtreibung vorzunehmen (und nicht einfach aus Angst vor dem derzeitigen Gesetz, nach dem Abtreibung ein schweres Verbrechen war). Tati seinerseits weigerte sich, die Verantwortung für das erwartete Kind zu übernehmen. Das wirklich Erstaunliche ist, dass der Pantomimekünstler wohl deshalb ausscherte, weil seine Schwester es so wollte: Jacques wird kein Mädchen ohne Mitgift heiraten, verfügte sie; er muss, wenn überhaupt, Geld heiraten. Tati, der in späteren Jahren ein herrischer *patron* und traditioneller Familienvater werden sollte, war zu der Zeit noch unter dem Einfluss seiner großen Schwester und gehorchte ihr mit fast komischer Rückgratlosigkeit. Unter diesen Umständen war es nur natürlich, dass seine Liebesaffäre mit Herta zerbrach. Molly war empört über Tatis Vertrauensbruch. »Wer braucht schon so einen Vater?«, erklärte sie. »Da ist es besser für das Kind, wenn es zwei Mütter hat!«[129]

Die Varieté-Künstler leben in eng verbundener Gemeinschaft, und sie kümmern sich umeinander in guten wie in schlechten Zeiten. In diesem warmen und geschwätzigen Milieu konnten Tatis Probleme mit Herta nicht geheim bleiben, und sie wurden auch nicht als eine rein private Angelegenheit behandelt. Der Mann benahm sich unanständig, und das führte zu einem Sturm hinter den Kulissen und in den Ankleideräumen des Lido de Paris. Alle stellten sich auf die Seite der jungen Frau und kehrten Tati den Rücken. Die Truppe legte Geld zusammen, um für die Tänzerin einen Kinderwagen und die ganze Babyausstattung zu kaufen, und als Ende Juli 1942 die Wehen einsetzten, wurde Herta in der Wohnung von Simone und Léon Volterra, dem Leiter des Klubs, versorgt.[130]

Helga Marie-Jeanne Schiel wurde am 1. August 1942 im Hôpital Tenon in Paris geboren. Auf ihrer Geburtsurkunde wird ihr Vater nicht erwähnt. Leider bekam sie nicht die zweite Mutter, die Molly ihr versprochen hatte. Nicht sehr lange nach Helgas Geburt erkrankte Molly an Tuberkulose, die damals, als es noch keine Antibiotika gab, unheilbar war. Molly wurde von einem bemerkenswerten Arzt behandelt, Jacques Weil, dem es gelang, sie für die letzten Monate ihres Lebens in ein Sanatorium in der Nähe von Annecy in den französischen Alpen zu bringen. Dr. Weil war Jude, aber er blieb während der Besatzungszeit in seiner Pariser Praxis und verdoppelte die Risiken, denen er ohnehin ausgesetzt war, indem er ebenfalls für die Untergrundbewegung arbeitete und Informationen an den Geheimdienst der Alliierten in London weiterleitete. Nach dem Krieg wurde er mit dem *Croix de guerre* ausgezeichnet.

Jeder weiß, wohin Tati sich mit eingezogenem Schwanz flüchtete, als er aus dem Lido de Paris herausgeworfen wurde: in die kleine Stadt Sainte-Sévère-sur-Indre im Herzen des ländlichen Frankreichs. Jeder weiß das, weil Tati im Sommer 1947 nach Sainte-Sévère zurückkehrte, um *Jour de fête* zu drehen – seinen ersten abendfüllenden Spielfilm und eine der lustigsten Filmkomödien, die je gemacht wurden. Es ist anzunehmen, dass er sich dort, finanziell unterstützt von seiner Schwester Nathalie, drei oder vier Monate lang aufhielt. Tati hat es nie verheimlicht, dass er dort Zuflucht gesucht hatte – aber nach dem Krieg erfand er eine phantastische Geschichte, die erklären sollte, warum er im besetzten Frankreich in den »Untergrund« gehen musste. Er behauptete, er sei nach Sainte-Sévère geflohen, nachdem er ein Engagement in Berlin abgebrochen hatte, zu dem er durch das Arbeitsprojekt des *Service du Travail obligatoire* (STO) gezwungen worden war. Doch jetzt wissen wir mit Sicherheit, dass diese Geschichte von ihm erfunden wurde und falsch ist. So klug und allgemein üblich es im Nachkriegs-Paris gewesen sein mag, kleinere Details der eigenen Biografie zu modifizieren (die Zahl der »ehemaligen Widerständler« wuchs exponentiell an und umfasste fast die ganze Bevölkerung Frankreichs), so ging Tati tatsächlich nach Berlin, um dort Arbeit zu finden. Er ist nicht aus Berlin nach Sainte-Sévère geflüchtet, sondern er kam *aus* Sainte-Sévère nach Berlin, als ihm das Geld ausging.

Auf dem Weg nach Berlin machte er einen Zwischenstopp in Paris. Mit seiner Tochter traf er sich nicht (er hat sie kein einziges Mal in seinem ganzen Leben gesehen), aber er rief ihre Mutter in seine Wohnung und bot ihr finanzielle Unterstützung an. Zur Verstärkung hatte er sich den ehemaligen Boxweltmeister im Halbschwergewicht und derzeitigen Barbesitzer und Lebemann,

Georges Carpentier, geholt. Tati bot Herta eine beträchtliche Summe Bargeld an. Sie wusste, was das bezwecken sollte: das Ende jeglichen Kontakts zwischen ihnen. »Ich weiß, was du von mir denkst«, soll Tati gesagt haben. Herta sah ihm in die Augen und erklärte: »Ja. Du bist ein Waschlappen und ein Feigling.«[131]

Dieser Diagnose kann man schwerlich widersprechen. Das Dokument, das Herta, ohne es zu lesen, unterschrieb, war keine Quittung, wie sie zuerst angenommen hatte, sondern ein formeller Vaterschaftsverzicht, der der Mutter jeglichen Rechtsweg gegen den Vater abschnitt. Dokumente dieser Art waren nach französischem Recht durchaus gültig und konnten bis zum zweiten Geburtstag des Kindes aufgesetzt werden. Der einzige Schutz, den das Gesetz diesen »aberkannten« Kindern gab, war das Recht, im Alter der Volljährigkeit die Anerkennung als leibliches Kind zu beantragen.

In der Besatzungszeit hat Tati, soweit wir wissen, keine Filme gemacht, und das ist nicht leicht zu erklären. Die Deutschen verboten alle Filmimporte, und in den französischen Kinos durften nur deutsche und französische Filme gezeigt werden. Trotz der gut finanzierten Aktivitäten der Continental Film, einer Handlangerfirma für deutsche und nationalsozialistische Interessen, stellte sich bald heraus, dass die Franzosen an deutschen Filmen nicht interessiert waren, und so kam es, dass die französische Filmproduktion einen raschen Aufstieg erlebte. Endlich hatte sie ein gesichertes Publikum: bedauerlicherweise, muss man sagen, und zwar in mehrfacher Hinsicht. Für alle in der Filmbranche Tätigen häuften sich die Gelegenheiten, denn während die Zahl der in Produktion befindlichen Filme anstieg, verschwanden mehr und mehr Techniker, Autoren und Darsteller von der Bühne. In dieser Zeit wäre es für Tati ein Leichtes gewesen, sich in der Filmindustrie einen Weg nach oben zu bahnen. Die Tatsache, dass er es nicht tat, legt nahe, dass ihm an einem leichten Aufstieg im Cinéma unter dem Besatzungsregime nicht gelegen war.

Abb. 31: *Tati im A.B.C., 1943*

In dieser Hinsicht verhielt er sich deutlich anders als fast alle Schauspieler, Drehbuchautoren und Regisseure, die später als führende Köpfe der Nachkriegsrenaissance des französischen Films hervortraten (Clément, Carné, Bresson, Autant-Lara, sie alle machten während des Krieges Filme). Und die meisten der Letztgenannten waren Ehrengäste bei einem Lunch am 23. April 1943 im Hôtel de Ville – in Gegenwart von Fernand de Brinon, Pétains »Botschafter« im besetzten Paris – anlässlich der Premiere eines Propagandafilms *Portrait de la France*. Alles, was im Pariser Rathaus, in der Propagandaabteilung und der Filmprüfstelle einen Namen hatte, war anwesend und stieß an mit Jean Giraudoux, Marcel Carné, Jules Berry, Abel Gance, Jean Grémillon, Sacha Guitry, Serge Lifar und Marcel L'Herbier. Tati stand nicht auf der Gästeliste; doch da war jemand – und wer konnte das gewesen sein? –, man nannte ihn François Hulot.[132]

Fast alle mehr oder weniger bekannten französischen Varieté-Stars sind während des Krieges auf Tour durch Deutschland gegangen, und viele von ihnen wurden nach der Befreiung zur Rechenschaft gezogen. Tati scheint den Verhören (sowohl in der Öffentlichkeit als auch vor einem Tribunal), wie sie etwa Maurice Chevalier und Edith Piaf unmittelbar nach dem Krieg über sich ergehen lassen mussten, entgangen zu sein. Aus diesem Grunde brauchte er auch nicht zu lügen, wie Chevalier es offensichtlich tat, als er behauptete, er sei nur nach Deutschland gegangen, um in den französischen Kriegsgefangenenlagern aufzutreten; und das mag auch ein Grund dafür gewesen sein, dass Tati überhaupt nicht viel darüber auszusagen brauchte.

Die Wahrheit aber ist, dass Tati im Sommer 1942 in Sainte-Sévère festsaß, weil er in Paris keine Anstellung finden konnte. In der eng verknüpften Welt der Theaterschauspieler wurde Tati als Schuft betrachtet, und es scheint in der Tat kein weniger beleidigendes Wort zu geben, den damaligen Jacques Tati zutreffend zu beschreiben. Am Ende seines Engagements am Lido wurde ihm gesagt, dass er nicht zurückkommen solle. Auf der Varieté-Bühne war er nicht mehr erwünscht. Sollte Tati es je versucht haben, sein Verhalten zu rechtfertigen, dann ist der Nachweis dieser Selbstverteidigung verloren gegangen. Tati machte sich auf den Weg und verschwand, zuerst aufs Land, dann nach Berlin.[133]

Wie Tati, so blieb auch Sauvy während der Besatzung in Paris und veröffentlichte in dieser Zeit seine wichtigsten Bücher: *La Population* (1943); *Richesse et Population* (1943); *La Prévision économique* (1944). Vor dem Krieg hatte Sauvy eine Immigrationspolitik der »offenen Türen« befürwortet; doch dieser Aspekt seines Denkens, wie auch die ganze aktuelle politische Situation im besetzten Frankreich, blieb in den Büchern, die er unter Vichy veröffentlichte, sorgsam verhüllt. Er lernte es auch, mit dem Warenmangel im besetzten Paris zurechtzukommen: Er besaß ein Ferienhaus auf dem Land und setzte Pétains Ruf nach einer »Rückkehr aufs Land« um, indem er sich vollständig von dem ernährte, was er auf seinem Stück Land pflanzte und züchtete: Gemüse, Kaninchen, Hühner und Enten.

Broïdo, der als Jude durch seinen Schweizer Pass (beschränkt) geschützt war, vergrub sich in den Laboren von Pathé in Joinville-le-pont, wo er an der »Ciné-mitrailleuse«, einer winzigen Filmkamera arbeitete, die an der Nase eines Kampfflugzeugs installiert werden konnte. (Sie wurde erstmals an den Flugzeugen des berühmten Normandie-Niémen-Geschwaders eingesetzt, das auf den Feldern der Royal Air Force in Kent stationiert war.) Schneider, ebenfalls ein Jude, aber eine Zeitlang geschützt durch seine US-Staatsangehörigkeit, wurde eines Nachts beinahe von der Gestapo geschnappt, als er mit Tati und Broïdo zusammen war: Er rettete sein Leben, indem er sich mit Händen und Füßen an die Unterseite eines straßenseitigen Balkons klammerte. Nach der Befreiung ging er zur US-Armee, beteiligte sich an der Endphase des Krieges und wurde sowohl von den USA als auch von Frankreich für seine Kriegsdienste mehrfach ausgezeichnet. Er war in der Einheit, die Dachau befreit hat, und er kehrte nach Paris zurück (um später in eine gehobene Position bei der UNESCO aufzusteigen) – mit einigen der allerersten Fotos von Szenen aus diesem Konzentrationslager.

Tatis Überlebensstrategie während des Krieges konnte von solchen Freunden nicht sonderlich gutgeheißen werden – und schon gar nicht von ihren Ehefrauen. Madame Broïdo zum Beispiel widersetzte sich dem Wunsch ihres Mannes, Tati als Paten ihres zweiten, 1945 geborenen Sohnes einzusetzen. Trotz ihrer ungebrochenen Freundschaft (Broïdo war einer von den wenigen Getreuen, die 1982 zu Tatis Beerdigung kamen) gab es Themen und Zeiten, über die die beiden nach dem Krieg nie sprachen.[134]

Der Arbeitskräftemangel in Berlin war leicht erklärlich – die Männer waren an der Front, und in der Stadt zurückgeblieben waren nur noch Kinder, Alte, Frauen und Beamte. Um Personal für die Restaurants, Theater, Friseursalons, Hotels, Geschäfte, Straßenbahnen und mehr oder weniger jede Einrichtung des normalen städtischen Lebens zu finden, mussten die Deutschen »ausländische Spezialisten« (den Ehrennamen »Gastarbeiter« gab es noch nicht) aus all den europäischen Ländern importieren, deren Armeen sie vernichtet oder demobilisiert hatten.[135] Die Franzosen, so hieß es, hatten die besten Köche, Kellner, Friseure und Entertainer in ganz Europa. Und so bewegte Tati sich im »besetzten Berlin« in einem fast ausschließlich französischsprechenden Umfeld, unter durchtriebenen Gesellen und *titis de Paris*, die für einen Landsmann immer ein paar Scheiben Knoblauchwurst auftreiben konnten, selbst wenn die deutschen Regale gänzlich leer waren. Einige Jahre später wollte er eine Filmkomödie über »Die Besetzung Berlins« machen, aber das Projekt (das er ungefähr zum Zeitpunkt des Starts von *Les Vacances de M. Hulot* ins Auge gefasst hatte) wurde von den Produzenten als durch und durch geschmacklos abgelehnt – was es zu der Zeit auch war. Doch ist es höchst bedauerlich, dass fast nichts von einem Projekt erhalten geblieben ist, das heute von beachtlichem historischen Interesse gewesen wäre.

In seinen autobiografischen Interviews beschrieb Tati seine Arbeit im Berlin der Kriegszeit als unerträglich: Er konnte es nicht ertragen, ständig versuchen zu müssen, Nazi-Offiziere zum Lachen zu bringen. So ließ er sein Engagement fallen, machte sich zusammen mit seinem Freund Henri Marquet auf und davon und landete in sicherem Versteck mitten im Herzen des ländlichen Frankreichs in der Nähe der kleinen Stadt Sainte-Sévère-sur-Indre. Diese Story wurde schließlich von Tati zum Ausgangspunkt seiner Nachkriegskarriere stilisiert. Wie er 1961 sagte:

> Jeder weiß, dass ich *Jour de fête* in dem Dorf gemacht habe, wo ich mich während des Krieges zusammen mit ein paar Freunden versteckt hielt, um den STO zu vermeiden.[136]

Oder noch einmal 1977:

Ich war 43 von den Deutschen requiriert worden und bin geflohen und habe mich in Le Marembert versteckt.[137]

Es ist zweifellos richtig, dass Tati und Henri Marquet eines Tages in Sainte-Sévère-sur-Indre aufgetaucht sind; doch wie wir jetzt wissen, kamen sie nicht von Berlin aus dorthin. André Delpierre, ein Varieté-Künstler, der während der Massenflucht und des Zusammenbruchs Unterschlupf im Landhaus seiner Großeltern in Le Marembert, zehn Kilometer südlich von Sainte-Sévère, gefunden hatte, erinnert sich, dass die beiden wandernden Clowns in *Militäruniform* ankamen, was nach dem Waffenstillstand vom 22. Juni 1940 und der Demobilisierung aller französischen Streitkräfte unter Pétains Kontrolle schlicht unmöglich gewesen wäre:

> Sie sind nach Le Marembert gekommen. Sie waren irgendwie »Deserteure«. Der große Zusammenbruch, nicht wahr? Er ist mit Riquet [Henri Marquet] gekommen, sie waren angezogen wie Soldaten. Sie haben eine Seitenstraße genommen, haben sich gesagt, sie würden hier schon was finden ...[138]

Delpierres Wortwahl (*désertage, débâcle, troufions*), wenn nicht seine Syntax, macht diese Erinnerung zu einer Beschuldigung: dass Tati und Marquet Zuflucht in Sainte-Sévère suchten, nicht weil sie vor dem Zwangsdienst im deutschen Kabarett weggelaufen waren, sondern weil sie im Sommer 1940 bei oder kurz nach dem Rückzug ihrer Einheit von der belgischen Grenze nach Mittel- und Südfrankreich »desertiert« waren. Delpierres Gedächtnis hatte 1994 wahrscheinlich schon nachgelassen (François Ede bemerkte in Delpierres Bericht der Dreharbeiten von *Jour de fête* mindestens einen rückblickenden Irrtum); aber seine Version der Ankunft Tatis in Sainte-Sévère kann nur als ein Element im Nebel der Approximationen gelten, den Tati und sein Team verbreiteten, um eine Tatsache ganz anderer Art zu verbergen.

In einigen Interviews vermittelte Tati den Eindruck, er habe aus Furcht vor einer Verhaftung als Deserteur aus dem Arbeitsdienst den größten Teil der Besatzungszeit in diesem ländlichen Versteck verbracht.[139] Jedoch konnte Tati unmöglich als *réfractaire* oder Arbeitsdienstdeserteur betrachtet werden: Er hatte das Alter, in dem dieses Programm ihn hätte betreffen können, längst überschritten, und es gab keinen Grund, ihn, einen demobilisierten Soldaten mit aktivem Wehrdienstnachweis, für ein Programm zu rekrutieren, das den Militärdienst für junge Franzosen ersetzen sollte.[140] Es ist schon erstaunlich, dass während Tatis Lebzeiten, als viele Menschen sich noch sehr genau an die Bedingungen des verhassten Arbeitsdienstes erinnerten, keiner seiner Leser es für angebracht hielt, darauf hinzuweisen, dass der Filmemacher ein Garn spann, das jeglicher Glaubwürdigkeit entbehrte.

In Wirklichkeit verbrachte er – nach der Aussage von Madame Vialette, der Dame, bei der er logierte – nicht mehr als vier Monate in der Gegend von Sainte-Sévère. Freilich mag es ihm wie vier Jahre erschienen sein: Zeitzeugen, die heute noch leben, erinnern sich daran, dass das verschlafene Leben auf dem Land für Tati so langweilig und frustrierend war, dass er freiwillig bei der Arbeit auf den Feldern mitgeholfen hat, nur um irgendetwas zu tun.[141] Auf jeden Fall war Tati den Bauern sehr dankbar dafür, dass sie ihm zu einer Zeit, als er mittellos und auf der Straße war, ein Dach über dem Kopf gegeben und Essen auf den Tisch gestellt haben – doch er blieb nicht sehr lange bei ihnen.

Zu Beginn des Krieges war Tati ein erfolgreich freischaffender junger Unterhaltungskünstler mit einer einzigen subtilen Pantomime und drei vergessenen Kurzfilmkomödien gewesen. Als der Krieg fünf Jahre später seinem Ende entgegenging, war Tati mit seiner Karriere nicht weitergekommen; er hatte, in beruflicher Hinsicht, Wasser getreten, hatte sich die ganze Zeit gerade mal über Wasser gehalten. Er hatte Erfolge und Niederlagen erlebt, er hatte Todesangst erlitten. Sein Haar war nicht weiß geworden,

Abb. 32: *Micheline Winter als junge Frau*

aber er war gealtert. Sein jugendlich gutes Aussehen war nicht mehr das eines übergroßen Kindes. Und er beschloss, sich niederzulassen.

Tati verdankte seine Braut seiner Schwester Nathalie, einer *lingère* der High Society, zu deren Vorkriegskunden Mitglieder des Königshauses gezählt hatten. Nathalie war die markante, stille Schönheit der Tochter einer geschäftlich Bekannten, Madame Oudin, aufgefallen, und auf einer eigens zu diesem Zweck organisierten Teegesellschaft stellte sie sicher, dass ihr jüngerer Bruder – ein jetzt nicht mehr so junger Junggeselle – die achtzehnjährige Micheline kennenlernte. Es lief alles viel besser als die Bemühungen der Madame Arpel in *Mon Oncle*, ihren Bruder Hulot mit einer heiratsfähigen Nachbarin zu verkuppeln. Micheline war verzaubert von diesem stillen, doch witzigen Riesen; und Tati war nicht weniger verzaubert von Micheline.

Micheline Winter – Tati nannte sie Michou oder (liebevoller und auch mysteriöser) »patounette« – war die Tochter eines etablierten HNO-Arztes (der Familienname, obwohl englisch ausgesprochen, kam aus dem Osten Frankreichs), der auch ein begeisterter Sportler und Fitness-Fanatiker war; Micheline war ebenfalls sehr sportlich und spielte viel Basketball. Obgleich Tati fast siebenunddreißig Jahre alt war, schien er nicht zu alt für seine junge Braut, und die Hochzeit wurde, etwas eilig, auf März 1944 festgelegt. Das größte Problem der ganzen Angelegenheit war die Zeremonie. Michelines Mutter, Germaine Oudin (die seit vielen Jahren von Winter geschieden war), bestand auf einer kirchlichen Trauung; Winter selber war ein Atheist der französisch antiklerikalen Variante und weigerte sich, eine Kirche zu betreten; er kam nicht zur Trauung. Tati seinerseits wollte eine wirklich einfache Zeremonie, ohne viele Menschen, ohne irgendwelchen metaphorischen und definitiv ohne verbalen Zierrat. Das ist der Grund dafür, dass er auf den Hochzeitsfotos übermäßig missgelaunt aussieht: Weit davon entfernt, ihr Wort zu halten, hatte »la tante Germaine«, Michelines Mutter, eine höchst aufwendige, vollumfängliche Hochzeit mit allem Drum und Dran ausgerichtet und an nichts gespart, was in jenen kargen Zeiten auffindbar war. Micheline muss es das Herz zerrissen haben; Tati kochte vor Wut und spielte es hoch, wie er nur konnte.

Tati gab seine Verachtung für Protz und Großtuerei kund, indem er wie ein Clown zum Altar watschelte und die Rolle des Bräutigams mit übertriebenen, wie im Ballett stilisierten Bewegungen spielte. Für die Freunde von Michou, deren Erinnerungen an diese Szene aufgezeichnet wurden, war das eine von Tatis größten und ausdrucksstärksten Pantomimen.[142] Sie wird – nach

Abb. 33: *Tati und Micheline auf ihrer Hochzeit, Eglise Saint-Augustin, März 1944*

den Fotos zu urteilen – einen ansonsten ungemütlichen Nachmittag mit einer Zugabe Humor etwas aufgelockert haben.

Auschwitz sollte erst nach dreizehn weiteren Monaten befreit werden; die Amerikaner, die sich durch den italienischen Stiefel nach Norden vorkämpften, waren an der Gustav-Linie festgefahren. Konnte irgendeiner von den Gästen dieser gutbürgerlichen Zusammenkunft in der Eglise Saint-Augustin ahnen, dass die Vorbereitungen für die Landung in der Normandie in vollem Gang waren, oder sich vorstellen, dass die deutsche Besetzung von Paris innerhalb der nächsten fünf Monate enden würde? Hatten sie sich damit abgefunden, in einem verarmten, von den Nazis verwalteten Halbstaat weiterzuleben? Wie viele von ihnen schlossen sich den ungeheuren Menschenmengen an, die nur vier Wochen später Pétain auf seinem Besuch in Paris begeistert begrüßten? Und wie viele von ihnen befanden sich unter den Massen, die kaum drei Monate danach Charles de Gaulle begeistert zuwinkten? Auf welcher Seite standen sie – falls irgendeiner von ihnen sich überhaupt als auf einer »Seite« stehend betrachtete? Vielleicht konnten nur die Weitsichtigsten sich einen Begriff davon machen, dass die Zukunft sehr bald eintreffen und viele von ihnen in Konflikt mit der Geschichte bringen würde. Ihr individuelles wie kollektives Hauptziel wird es wohl gewesen sein, einfach weiterzumachen.

Keiner aus Tatis eigenem Kreis scheint auf der Hochzeit anwesend gewesen zu sein. Die meisten von ihnen waren schließlich Zirkusclowns, Akrobaten, Sänger und Künstlervolk der nicht gerade respektablen Sorte – außer denen, die wirklich berühmt waren, wie Marie Dubas (aber sie war Jüdin und derzeit versteckt irgendwo im Süden des Landes). Auch wenn die Gästeliste nicht erhalten geblieben ist, so dürften die nicht darauf verzeichneten Namen gewiss ihre eigene Geschichte über die Haltung des französischen Bürgertums in den letzten Wochen des Vichy-Regimes erzählt haben.

Soweit wir feststellen können, war Jacques Tati weder ein Kriegsheld noch ein Widerstandskämpfer und auch kein aktiver Kollaborateur. Er hatte, insofern es möglich war, sein Bühnenhandwerk dort weitergeführt, wo er Engagements bekommen konnte; darüber hinaus hielt er sich, soweit wir wissen, bedeckt (und ist vorübergehend vielleicht sogar zur Arbeit im Bilderrahmengeschäft seines Vaters zurückgekehrt). Mit anderen Worten, er hat sich wie die meisten Franzosen und Französinnen verhalten. Nach der Befreiung konnten sich einige nicht schnell genug rückwirkend, und im Widerspruch zu den historischen Fakten, mit Ehre und Ruhm schmücken – oder sie haben ihre Spuren sorgfältig verwischt. Tati hat nie viel darüber gesprochen, wie er durch die Zeit von 1939 bis 1945 gekommen ist – abgesehen davon, dass er es für nützlich hielt, die Chronologie seines Aufenthalts in Sainte-Sévère durcheinanderzubringen und eine Geschichte darüber zu spinnen, wie sein Haar weiß wurde. Was er tat, war politisch und militärisch belanglos. Aber schön war es nicht.

Oberflächlich betrachtet scheint Tatis filmisches Hauptwerk ab 1945 in keiner Weise auf die Probleme oder Erfahrungen, die Traumen, Ängste und Verwirrungen der unmittelbar vorangegangenen Jahre einzugehen. Wie die in den 1950er Jahren geschriebene offizielle Geschichte Frankreichs, so scheint auch Tatis Werk die gesamte Zeit des Krieges und der Besetzung auszuklammern. Abgesehen von den weiter oben beschriebenen minimalen Spuren – in einer Sequenz in *Jour de fête*, in der Tonspur von *Les Vacances* und im Drehbuch eines aufgegebenen Filmprojekts –, spiegelt Tatis Oeuvre tatsächlich den historischen Gedächtnisschwund wider, der die ersten Jahrzehnte der Nachkriegszeit in Frankreich kennzeichnet. Unter anderen Umständen wäre es Tati wohl kaum möglich gewesen, das traurige Leben seiner unerwünschten Tochter so effektiv geheim zu halten – und das auf so lange Zeit.

DREIZEHN

Der Weg zurück

Tatis erste Familie – seine Eltern, seine Großmutter, seine Schwester – hat den Krieg überlebt, so auch die ganze verzweigte Sippe von Micheline; die meisten Rugby-Freunde von Tati – wenigstens Gorodiche, Broïdo und Schneider – sind auch gut durchgekommen. Sauvy traf es noch besser: Er wechselte von der Leitung des Amts für Wirtschaftsprognosen auf einen Juniorministerposten als Staatssekretär für Bevölkerungs- und Familienpolitik in de Gaulles erster provisorischer Regierung.

Sein relatives Glück gab Tati noch keine genaue Vorstellung davon, wie es für ihn weitergehen sollte. Er ging auf die vierzig zu und würde mit seiner anstrengenden Music-Hall-Nummer nicht mehr lange weitermachen können; auf jeden Fall würde es schwer werden, das Leben eines von Bühne zu Bühne reisenden Unterhaltungskünstlers mit der neuen Rolle als Ehemann und (sehr schnell) als Vater einer jungen Familie zu vereinbaren (eine Tochter, Sophie, wurde 1946 geboren, und ein zweites Kind, Pierre, folgte 1949). Tati fasste eine Cinéma-Karriere ins Auge; aber da er nicht, wie viele andere, die Gunst der Besatzungszeit wahrgenommen hatte, um die glitschige Leiter nach oben zu klettern, musste er (noch einmal) ganz unten anfangen – und das zu einer Zeit, als die Kinobranche wieder einmal eine massive Erschütterung erlebte.

Dennoch hatte er seinen zweiten Start ins Leben wohl doch seinen Varieté-Auftritten während des Krieges zu verdanken. 1943 plante der Regisseur Marcel Carné die Dreharbeiten für *Les Enfants du Paradis* – ein historisches Drama über das Leben von Debureau, dem legendären Vater der französischen Pantomime – in den Victorine-Studios in Nizza. Er hatte Jean-Louis Barrault für die Rolle des Baptiste engagiert, doch als er hörte, dass Barrault Verpflichtungen auch an der Comédie française hatte, kamen ihm Zweifel, ob sein avisierter junger Star sein Film-Engagement einhalten könnte. Carné fuhr nach Paris und ging bei der Gelegenheit auch ins A.B.C.

> Ein Schauspieler führte ein paar Sketches vor, in denen er mit großem Verstand und atemberaubender Feinheit der Beobachtung Sportler mimte – den Rugbyspieler, den Tennisspieler, den Boxer, den Torwart und so weiter. In meiner Befürchtung, Barrault nicht bekommen zu können, sah ich in diesem Mimen einen möglichen Ersatzmann für die Rolle. Und mehr noch, er war hochgewachsen und schlank … und seinem Aussehen nach kam er den zeitgenössischen Prints von Debureau näher als Barrault, der kleiner war. Aber in Anbetracht der Bedeutung dieser Rolle schien es doch ein großes Risiko zu sein …[143]

Tatsächlich wurde die »Tati-Option« für *Les Enfants du Paradis* fallen gelassen, nachdem Carné sie in Nizza mit seinem Produktionsleiter Fred Orain besprochen hatte; aber der Name des Music-Hall-Mimen muss sich in Orains Gedächtnis festgehakt haben: Als er in den allerletzten Kriegsmonaten ein weiteres Mal als Produktionsleiter eines historischen Dramas unter der Regie von Claude Autant-Lara arbeitete und einen Schauspieler mit Bühnenpräsenz für die stumme Rolle eines Geistes brauchte, setzte er sich mit Tati in Verbindung und forderte ihn auf, sich bei ihm einzufinden.

Fred Orain, dessen Rolle beim Start von Tatis Karriere kaum unterschätzt werden kann, hatte 1931 die Ingenieurhochschule für Elektrotechnik (Supelec) mit Bestnoten absolviert und arbeitete dann als Tonspezialist in den Paramount-Studios in Saint-Maurice. Nach einiger Zeit bei der Wochenschau-Produktion bot man ihm 1940 den Posten des technischen Leiters in den Saint-Maurice-Studios an. Der Produzent André Paulvé bot ihm unverzüglich das doppelte Gehalt, wenn er die Leitung des Victorine-Studios in Nizza übernehmen würde. So wurde der junge

Ingenieur Leiter der einzigen großen Film-Produktionsstätte in der nicht besetzten Zone Frankreichs, und damit ausführender Produzent einer der besten und größten Filme, die je dort gemacht wurden: *Les Enfants du Paradis*.[144]

Orain lernte Tati im Sommer 1945 bei den Dreharbeiten für Autant-Laras *Sylvie et le fantôme* in den Studios Saint-Maurice kennen.[145] Das Hauptinteresse an dieser Adaptation eines Stücks des Schauspielers und Autors Antoine Adam liegt an dem Einsatz einer komplizierten Vorrichtung, die das Bild eines durchsichtigen Geistes auf die Leinwand wirft. Autant-Lara, der derzeit schon als Abgeordneter im Europaparlament Jean-Marie Le Pens Front National vertrat, erklärte später mit typischer Übertreibung und pöbelhaftem Ton:

> Das ist der allereinzigste Special-Effects-Film in der Geschichte des französischen Cinéma! Das war eine Wahnsinnsidee! Hundertdrei Takes mit Spezialeffekten, und wir hatten absolut keinen Apparat dafür! Wir haben ein optisches Glas benutzt, so wie man im Fenster eines Eisenbahnabteils gleichzeitig die Landschaft auf der anderen Seite und das Spiegelbild der Menschen im Abteil sehen kann. Man schaut durch das optische Glas auf die Szene, und auf der linken Seite, genau im rechten Winkel, auf ebendieselbe Szene, aber verhüllt in schwarzem Velours. Stellen Sie sich das Ausmaß des Ganzen vor! Zwei Filmkulissen anstelle von nur einer! Und alles war verrammelt und zu, heiß wie im Backofen war es da drin! Die kleinsten Bewegungen des guten Tati mussten auf beiden Seiten aufgezeichnet werden ... vier Monate lang saßen wir fest in diesem Studio, mit ungefähr drei Stunden Schlaf pro Nacht, und der Produzent schreibt mir Briefe und sagt, ich wäre ein Schurke und Dieb![146]

Vier Monate Arbeit als stummes Spiegelbild mag die Miete an der Rue de Penthièvre bezahlt haben, aber in den ersten Jahren

Abb. 34: *Tati wird auf die Kulisse von* Sylvie et le fantôme *gespiegelt*

nach Kriegsende wird Tati wohl auch anderen Erwerbstätigkeiten nachgegangen sein. Vielleicht als Varieté-Künstler (obwohl es keine Pressestimmen oder Programme gibt, die das bestätigen könnten), vielleicht mit irgendwelchen »Graumarkt«-Geschäften, wie sie in der langen Zeit der Rationierung von allen betrieben wurden. Aber mit dem neuen Kontakt zur professionellen Welt des Films, den er durch Orain bekommen hatte, begann Tati sehr bald, Pläne für eine richtige Filmkarriere zu schmieden – und für eine neue Art der Filmkomödie.

Fred Orain, der in seiner Zeit bei Victorine alles gelernt hatte, was er über Produktion wissen musste, brannte darauf, sein eigenes Unternehmen zu gründen. Er fand Gefallen an Tatis Idee für eine neue Reihe von Kurzfilmkomödien; das war ein Genre, das in der Vergangenheit viel Geld eingebracht hatte (obwohl Méliès, Linder und Keaton dann auch alles wieder verloren hatten); das war als Startrampe gut genug.

Tatis Idee hatte einiges gemeinsam mit seinen eigenen Kurzfilmen aus der Vorkriegszeit: Der Film sollte in einem verschlafenen französischen Dorf spielen, wie schon *Soigne ton gauche*; Handlung und Komik würden sich aus der Ankunft irgendeines Elements der neuen urbanen Welt des Tempos und der Effizienz ergeben. Nicht viel ist uns von den frühen Gesprächen, Projekten und Plänen erhalten geblieben; aber was wir haben, deutet darauf hin, dass *L'École des facteurs*, der erste Film des Tati-Orain-Teams, von Anfang an als Probelauf für etwas wesentlich Anspruchsvolleres gedacht war.[147]

Cadi-Films, so benannt nach Orains Schoßhund (wie er sagt), wurde im Frühjahr 1946 gegründet, und die Aktien wurden geteilt zwischen Tati, der seine Dienste als Drehbuchautor und Schauspieler in den gemeinsamen Topf warf, und Orain, der ebenfalls seine Dienste und dazu ein beachtliches Anfangskapital einlegte. In der Zwischenzeit nahm Tati eine kleine Rolle in einem Film unter Autant-Laras Regie und Orains Produktionsleitung an: einer Adaption von Radiguets berühmtem Roman über jugendliche Leidenschaft *Diable au corps* mit Gérard Philippe; und er konnte seinen alten Freund René Clément als Regisseur für *L'École des facteurs* gewinnen.

Abgesehen vom formellen Datum der Registrierung des Unternehmens ist die Chronologie dieser Zeitspanne recht verwirrt. *Diable au corps* wurde im Sommer 1946 in der Nähe von Aix-en-Provence gedreht,[148] aber in seiner Korrespondenz mit Regierungsbehörden bezieht Orain sich auf *L'École des facteurs* als einen Film aus dem Jahr 1945. Außerdem gibt es Fotos von Tati gekleidet für die Rolle eines Bauern oder Bauernlümmels, datiert »Aix 1945«. Alles, was wir mit Sicherheit sagen können, ist, dass Tati zwischen dem Fall Berlins im Mai 1945 und dem Ende des folgenden Jahres zwei Filmrollen in Werken von Autant-Lara bekommen hatte, dass er zusammen mit Fred Orain ein Filmunternehmen gegründet und seinen ersten richtigen Kurzfilm gedreht hat. Offensichtlich hatte er jetzt eine klarere Vorstellung, wohin die Reise ging, und mehr finanzielle Mittel als je zuvor, den gewählten Weg zu gehen.

Abb. 35: *Jacques Tati, Aix-en-Provence, Oktober 1945*

L'École des facteurs ist zum Teil eine Weiterentwicklung der von Max Martel in *Soigne ton gauche* gespielten Rolle des »radelnden Postboten«.[149] Der Film beginnt mit einer Szene auf einem Postamt, wo ein Leuteschinder von einem Postmeister – gespielt von Paul Demange, der auch in *Sylvie et le fantôme* mitwirkt[150] –, in quasi-militärischer Uniform sein Team dreier radelnder Briefträger in neuen Methoden unterweist, wie sie das Fahrrad besteigen und fahren, und wie sie die Post aushändigen müssen, um ihre Runde von den bisher zwei Stunden und fünfzig Minuten auf zwei Stunden und fünfundzwanzig Minuten zu reduzieren und so die Verbindung zum nagelneuen Luftpostdienst am lokalen Flugfeld zu schaffen.

Zwei der Postboten sind kurz und dick, und der dritte in ihrer Mitte ist extrem und absurd lang: denn es ist Tati. Die Fahrräder sind auf Rollen montiert, so dass die verkürzten, von Grund auf idiotischen neuen Bewegungen eingeübt, wiederholt und perfektioniert werden können, ohne dass die Kamera sich überhaupt fortbewegen muss. Aber der lange Kerl macht immer einen Fehler. Wenn er in seinem vom Postmeister mit Falsettstimme dirigierten Effizienz-Ballett den Arm ausstreckt, um die imaginären Briefe zu übergeben, führt er die Hand nicht zurück zu seinem Postsack, sondern zum Mund, so als leere er das Glas Wein, das seine bäuerlichen Kunden ihm normalerweise reichen. Das ist eigentlich eine Pantomime-Nummer und wurde später auch als solche auf der Bühne des Olympia aufgeführt; aber in *L'École des facteurs* dient sie als Einführung in die Haupthandlung des Films: die verrückte Runde eines rasenden Postboten durch ein unberührt mittelalterliches französisches Dorf, wobei jeder Stopp den Rahmen für einen weiteren, einfachen und arglosen Gag bereithält.

Die Einfälle sind nicht schlecht: Ein Brief wird einem Pferd unter den Schwanz gesteckt, denn während der Schmied glaubt, der Briefträger würde eine Weile bleiben, kann dieser aber aufgrund seiner zeitlich gestutzten Runde nicht verweilen; ein Päckchen landet in der Eile auf dem Schneidebrett eines Metzgers, direkt unter seinem Messer, das ein neues Paar Schuhe säuberlich tranchiert (»wenigstens werden die jetzt deine Zehen nicht zwicken«, sagt Tati); ein Brief wird einem Pfarrer übergeben, der gerade die Glocke läutet und dem Postboten das Seil zum Halten gibt, das ihn prompt in den Glockenturm verschwinden lässt; das Fahrrad steht an ein Auto gelehnt, das dann losfährt und das Rad mitnimmt; ein schon fast zum Standard gewordener Gag an einem Bahnübergang; und so weiter. Am eindrucksvollsten und originellsten sind die Szenen, wo Tati die Lenkstange an die hintere Ladeklappe eines Lastwagens hängt und beim Mitfahren die Ladeklappe als Unterlage zum Sortieren und Frankieren der Briefe benutzt (ein Spezialeffekt mittels des bereits erprobten Verfahrens der Rückprojektion); und wo Tatis riesige Gestalt auf ihrem reifenlosen Drahtesel einen Trupp Radrennfahrer überholt. Er erreicht den Flugplatz gerade in dem Moment, als der Luftpost-Doppeldecker in Richtung Startbahn losrollt; er schafft es, seinen Postsack in letzter Sekunde zu verfrachten, indem er ihn, in leichter Parodie des Westerns, wie ein Lasso über die bewegliche Heckflosse schleudert.

Es gibt in *L'École des facteurs* keinen visuell langweiligen Augenblick, und die Qualität des Films beruht größtenteils auf der extrem sparsamen Verwendung von Requisiten. Aber ohne die ganz besondere Wirkung der Körpergröße Tatis und seiner veralteten halbmilitärischen Uniform, und ohne seine so wohlausgefeilte, eigenartig komisch-elegante Ungeschicklichkeit wäre der Film ziemlich belanglos. Er war von vornherein gedacht als Debüt der neuen Persönlichkeit Jacques Tati in der Welt der Filmkomödie. Der Film ist kein Meisterwerk; er ist ein vielversprechender Anfang, der alles, was Tati vor dem Krieg geleistet hatte, weit überragt.

Wie es sich schließlich ergab, wurde *L'École des facteurs* nicht unter der Regie von René Clément gedreht, der voll beschäftigt war mit der Regie und Redaktion seiner Hymne an den Widerstand der Arbeiterklasse *La Bataille du rail*.[151] Anstatt einen anderen Regisseur zu suchen, übernahm Tati die Regie gleich selber. Es war eine Rolle, die Tati seit über zehn Jahren angestrebt hatte; und sie passte ihm wie angegossen. Seine Kontrolle über den Film war, was nur selten der Fall ist, komplett: Er war einer der Leiter der Produktionsfirma (und bekam seinen Anteil am Gewinn), er war der Drehbuchautor (und bekam eine nominelle Gebühr), er war der Star und auch der Regisseur – fast eine ganze Industrie gebündelt in einem (allerdings großen) Mann. Kein einziges Mal, ehe er in den 1970er Jahren Bankrott erklären und Kompromisse schließen musste, hat Tati einen Film auf irgendeine andere Weise gemacht: als Alleininhaber aller Komponenten des kreativen Prozesses (Story, Bild, Ton und Performance). Nur wenige andere Filmemacher seit Chaplin haben es vermocht, alle diese Rollen in sich zu vereinen – und mit Sicherheit keiner von denen, die am lautstärksten für das *cinéma d'auteur* eintraten. Von *L'École des facteurs* bis hin zu *Playtime* verkörpert Tati den Inbegriff dessen, was ein *auteur* (in der Filmtheorie) ist: der bestimmende Geist hinter einer im Film dargestellten Sicht der Welt.

Die Welt-Sicht, an der wir in *L'École des facteurs* teilhaben, ist eine satirische: Durch Spott und Übertreibung vermittelt der Film eine negative Sicht der Dinge, die Tati missfielen – Arbeit, Effizienz, Eile, Organisation –, und lässt anklingen, dass Männer mit Schirmmützen vollkommene Narren sind. Das alles sind kaum originelle Zielscheiben der Satire: Dickens' Kritik der Bürokratie und des Kults der Effizienz ist sentimentaler, und auch mutiger; aber Tatis filmisches Vorbild dürfte zweifellos der Chaplin in *Modern Times* sein. Der Unterschied liegt darin, dass Tati einen Effizienz-Clown in einer Umgebung zeigt, die in keiner Weise modern ist, sondern das unverfälschte Abbild von *la France profonde*, dem vermeintlich unwandelbaren rustikalen Herzen des Landes. Ein Kleriker, ein Metzger, ein Schmied, ein Bauer und eine Bauersfrau – alle Pappcharaktere eines Modelldorfs stehen da als Zielscheiben der beschleunigten Runde des François. Heute, wo der Dorfplatz wahrscheinlich ein Parkplatz ist, die Kirche nur an jedem dritten Sonntag im Monat öffnet und der Sohn des Schmieds sich als Manager einer Kwikfit-Filiale abmüht, ist der menschliche Dekor von *L'École des facteurs* zu einem historischen Dokument geworden. In der unmittelbaren Nachkriegszeit und kurz nach dem Ende des Vichy-Staates – mit seiner Betonung der konservativen, ländlichen Werte und des Erhalts nationaler Traditionen – war Tatis Kurzfilm allerdings wesentlich mehrdeutiger. Sein Hauptanliegen ist es freilich, uns ein Schauspiel exzellent ausgeführter komischer Akrobatik eines Riesen mit einem Fahrrad zu bieten. Aber die Handlung an sich zeigt einen ländlichen Postboten, dem es *gelingt*, die ersten Schritte der Modernisierung Frankreichs zu tun, was oberflächlich ebenfalls Zielscheibe der Satire ist. Weit entfernt davon, ein Film des »Widerstands« oder auch nur milder Kritik zu sein, ist *L'École des facteurs* ein Film der Akzeptanz und Versöhnung. Es sei denn, das Ganze von Szenario und Ausführung ist, auf einer höheren Ebene sich selbst anzeigenden Schabernacks, als Karikatur sowohl der alten als auch der neuen Welt zu verstehen.

VIERZEHN

Mr Byrnes und M. Blum

Mit der Befreiung Frankreichs erklärte die provisorische Regierung Charles de Gaulles das Vichy-Regime für null und nichtig, und bis in die jüngste Vergangenheit wurde Pétains zu Kriegszeit ausgerufener *État français* nicht als Teil der Geschichte des legitimen französischen Staates anerkannt. Die Legitimität hatte sich während jener Jahre in der Person de Gaulles in London niedergelassen; und so galten ab August 1944 in Frankreich genau dieselben Gesetze, die bis Juni 1940 in Kraft gewesen waren. Nichts von der Gesetzgebung Vichys – einschließlich seiner berüchtigten Rassengesetze – musste aufgehoben werden, weder durch Erlass noch neues Gesetz: Sie existierte einfach nicht.

In dieser Hinsicht nahezu einzigartig, kehrte die Filmindustrie nicht zum *status quo ante* zurück: Das französische Cinéma der Nachkriegszeit wurde auf Basis der Strukturen und Systeme, des Personals und der Mitarbeiterschaft aufgebaut, die unter dem Vichy-Regime entstanden oder eingesetzt worden waren. Wie konnte das geschehen in einem Land, das offiziell alles auswischte, was in jenen vier dunklen Jahren geschehen war?

Die im Oktober 1940 eingeführten strukturellen Gesetze waren tatsächlich in den späten 1930er Jahren entworfen worden, um Ordnung in das chaotische Jeder-gegen-Jeden der frühen Jahre des Tonfilms zu bringen, das zu dem »skandalösen« Bankrott zweier großer französischer Filmproduktionsfirmen geführt hatte: Gaumont und Pathé (liquidiert 1934 bzw. 1936). Obwohl also die neuen Strukturen einem autoritären, paternalistischen und manipulativen Regime gedient hatten, waren sie auch Ausdruck eines schon länger bestehenden Wunsches, in einer Industrie aufzuräumen, die sich immer noch an einer Niederlage (der Tonrevolution unter amerikanischer Hegemonie) aufrieb, die man interner Desorganisation zuschrieb.

Die Filmgesetze vom Oktober 1940 machten es erforderlich, dass für die Produktion, Verteilung und Vorführung von Filmen eine vorherige Genehmigung von einer neuen Behörde, dem *Comité d'organisation de l'industrie cinématographique* (COIC), eingeholt werden musste. Diese Genehmigung konnte nur von Besitzern einer neuen »Berufskarte« beantragt werden, die das COIC im Auftrag einer neuen Regierungsabteilung, der *Direction générale du cinéma,* ausstellte. Die alten Gewerkschafts- und Arbeitgeberkartelle wurden aufgelöst; die neuen Körperschaftsstrukturen unterlagen natürlich auch den Rassengesetzen, die sie umsetzen mussten, um das französische Cinéma aus dem mythischen Würgegriff der Juden, Freimaurer und Bolschewiken zu befreien.[152]

Zur gleichen Zeit durften die französischen Kinos keine ausländischen Filme zeigen: Aufgrund der militärischen Situation gab es während des neuen COIC-Regimes keine britische oder amerikanische Konkurrenz um das Kinopublikum. Und so kam es, dass trotz des Mangels am Notwendigsten (Elektrizität, Filmzubehör und in der späteren Phase sogar Esswaren für den Tisch in einer Restaurantszene), trotz der ständigen Einmischung von Propaganda und Zensur und trotz der Verfolgung eines erheblichen Teils des Personals der französischen Filmindustrie, die Vichy-Jahre, zumindest in struktureller Hinsicht, das Goldene Zeitalter des französischen Films waren.

Nach der Befreiung wurde das COIC sehr schnell durch das *Centre National de la Cinématographie* (CNC) ersetzt, und die Rassengesetze verschwanden natürlich über Nacht; doch die Hauptstrukturen der vom Vichy-Regime durchgeführten Neuordnung der Industrie wurden beibehalten. Das CNC kontrollierte auch weiterhin die Einhaltung der Berufskartenpflicht und der vorherigen Genehmigung eines Filmprojekts. Das sorgte dafür, dass die Filme von qualifizierten Kräften hergestellt wurden, und dass in vielen Bereichen der Verwaltung nationale Normen erstellt und auferlegt werden konnten, von der Finanzierung bis zur Personalbesetzung, von der Sicherheit am Arbeitsplatz bis zu den

Überstundensätzen. Das Interesse des französischen Staates an der Filmindustrie wurde auch durch die Crédit National gewahrt, eine öffentlich-rechtliche Bank, die für Darlehen an Unternehmen im Bereich der Filmproduktion verantwortlich war.[153]

Aber das CNC war mit einer völlig anderen Situation konfrontiert, denn es gab kein Pauschalverbot für ausländische Filmimporte mehr: Das alte Gesetz von 1936, das eine Quote von 188 ausländischen Filmen pro Jahr festgelegt hatte, kam wieder in Kraft, aber in einem Kontext, für den es nicht entworfen worden war. Es gab einen Rückstau von über zweitausend amerikanischen Filmen, die seit 1939 produziert und nie gesehen worden waren; das befreite Frankreich hungerte nach neuen Filmen, und ganz besonders nach all den Hollywood-Filmen, die es verpasst hatte.

Zur gleichen Zeit war das Land praktisch bankrott. Es war von den Deutschen ausgeplündert worden, der Großteil seiner Industrieanlagen lag in Trümmern, und seine Goldreserven waren praktisch null. Der Warenmangel der Kriegszeit verschlimmerte sich in den ersten Jahren nach der Befreiung: Lebensmittel wurden rationiert, die Ernten waren schlecht, es herrschte akuter Fachkräftemangel, und riesige Kriegsschulden mussten getilgt werden. Erleichterung konnte allein von den USA kommen.

Léon Blum, der ehemalige sozialistische Premierminister, wurde zum Chefunterhändler ernannt und nach Washington geschickt, um amerikanische Hilfe zu organisieren. Die von ihm erreichte Vereinbarung (ein Vorläufer des breiter angelegten Marshall-Plans von 1948) war nicht übel: Alle Kriegsschulden Frankreichs wurden erlassen und großzügige Kredite gewährt für den Ankauf von Grundnahrungsmitteln und landwirtschaftlichem Gerät. Aber Mr. Byrnes, der amerikanische Unterhändler, bestand auf einer Reihe von Konzessionen, einschließlich der Aufhebung der Einfuhrbeschränkungen für amerikanische Filme. Das war ein höchst sensibles politisches Thema in Frankreich: Die Filmindustrie befürchtete die Übermacht des amerikanischen Films; die kommunistische Partei befürchtete sie ebenfalls: wegen möglicher ideologischer Auswirkung; die Filmindustrie und die KP erfreuten sich breiter Unterstützung in Frankreich.[154]

Blum, dem es viel mehr darum ging, die Franzosen vor dem Hungertod zu bewahren, als sie vor B-Filmen aus Hollywood zu schützen, einigte sich auf einen Kompromiss: Anstelle einer numerischen Quote für Importfilme wurde eine Mindestvorführzeit für französische Filme festgelegt. Die französischen Kinos wurden verpflichtet, von den dreizehn Wochen eines jeden Quartals vier Wochen lang einen französischen Film zu programmieren, während sie in den übrigen neun Wochen zeigen konnten, was sie wollten. Diese Vertragsklausel wurde einige Wochen geheim gehalten und erst dann veröffentlicht, als die ansonsten großzügigen Bedingungen der Vereinbarung ihre politische Wirkung getan hatten. Das Ergebnis des Ganzen war, dass die Filmklauseln des »Blum-Byrnes-Abkommens« vom April/Mai 1946 von der professionellen Filmpresse und dann von der nationalen Presse als Skandal behandelt wurden. Rückblickend scheint der Zorn fehl am Platz gewesen zu sein, nichts weiter als ein zynischer Schachzug interner Politik; aber zu der Zeit war die Befürchtung negativer Auswirkungen des Blum-Byrnes-Abkommens auf die Wiederbelebung des französischen Films ein Hauptthema der öffentlichen Diskussion, und die Filmindustrie war sich praktisch einig in ihrer Verurteilung des Pakts.

Nirgendwo dürfte die Konkurrenz des amerikanischen Films stärker gewesen sein als im Genre der Komödie. Chaplin, Sennet, Keaton und andere hatten seit langem die Maßstäbe für die Beurteilung filmischer Komik gesetzt. Was konnte Frankreich tun, um dem attraktiven Angebot der amerikanischen Filmkomödien, die unter den Bedingungen des Blum-Byrnes-Abkommens das Land überschwemmen würden, gleichzukommen oder es gar zu überbieten? Seit dem Tod von Max Linder hatte die französische Komödie vorwiegend mit Wortwitz gearbeitet, mit »gefilmtem

Theater«, mit der Kunst der Zweideutigkeit und raffinierten Geplänkels. Komödien dieser Art würden kaum gegen den Slapstick auf dem heimischen Markt ankommen und wohl noch weniger Chancen im Ausland haben.

»Haben wir die Fähigkeit zu lachen verloren?«, fragte Maurice Henry im Juli 1946 in einer Rezension zweier bedauernswert humorloser Kurzfilme (*Couple idéal* und *Leçon de conduite*). »Die Kunst, Menschen zum Lachen zu bringen, ist die schwerste aller Künste«, predigte er; und dann erklärte er, mit wohl nicht völlig unvermitteltem Weitblick:

> Aber es fehlt uns an Komödianten, die mit ein paar guten Filmen berühmt werden könnten. Im Augenblick spielen sie Statistenrollen oder verdienen ihren Lebensunterhalt in der Music-Hall.[155]

Dieser kleine Kommentar mag das Fazit aus Insiderwissen über verschiedene damals in Vorbereitung befindliche Filme gewesen sein – *Farrebique*, zum Beispiel, oder Préverts *Voyage-Surprise*. Aber er klingt so, als würde Maurice Henry – vielleicht dank Fred Orains rapide wachsendem Ehrgeiz für Cady-Films – die Tür offen halten für: Jacques Tati.

Zweiter Teil
Jahre des Erfolgs
1946–1960

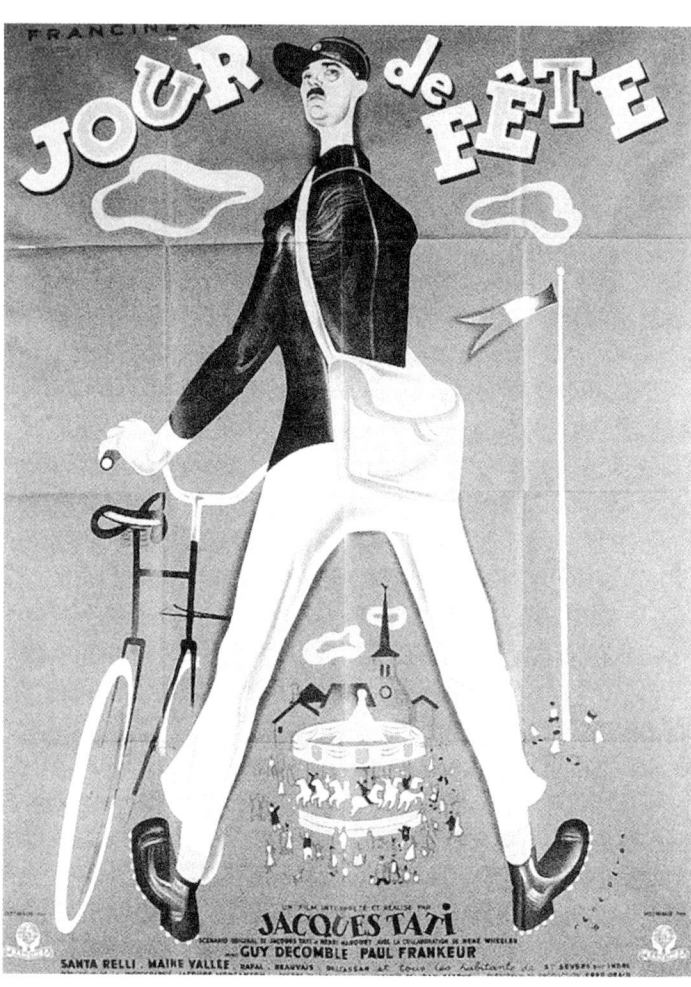

FÜNFZEHN

Lokale Farbe

*Estelle: Die Leute sprechen die ganze Zeit darüber ...
aber in Wirklichkeit sehen wir nie Farbfilme*

(LE CRIME DE MONSIEUR LANGE, 1936)

Thomsoncolor

Jour de fête, Tatis erster Spielfilm, wurde mehrmals geschrieben und umgeschrieben; das begann höchstwahrscheinlich schon 1945. Ob unter dem Titel *Fête au village* in einer Version, oder *Mon village* in einer anderen, alle uns erhaltenen Entwürfe setzen sich aus zwei separaten Erzählsträngen zusammen – der Beschreibung des Besuchs eines Wanderjahrmarkts in Follainville im Herzen Frankreichs und der Story der hektischen Fahrradrunde eines einfältigen Postboten, die schon in *L'École des facteurs* verwendet wurde.[156]

Es gibt mehrere reale Orte namens Follainville: Aber es ist höchst unwahrscheinlich, dass Tati irgendeinen davon im Sinn hatte. »Follainville« ist ein mehrdeutig komischer Name, denn »fol-« ist verwandt mit Worten wie *fou, folie, folichon* (»verrückt«, »Verrücktheit«, »närrisch«) und so weiter, und deshalb wurde dieser Name zweifellos gewählt.

Es ist durchaus möglich, dass das Thema des »Dorffests« ursprünglich von Henri Marquet kam, der in der veröffentlichten finalen Version des Films als Mitverfasser genannt wird; eine Reihe unterschiedlicher Entwürfe der Verknüpfung beider Erzählungen mag von René Wheeler eingebracht worden sein, einem professionellen Skript-Doktor, den man zur Hilfe herangezogen hatte; aber es scheint ziemlich sicher, dass die Fahrradmotive, die ganz offensichtlich Tatis mimisches Talent in den Vordergrund rücken sollten, von ihm selber ausgedacht und gestaltet worden sind. Nur ein geringer Teil davon ist in den schriftlichen Entwürfen enthalten, denn Tati hatte sie zweifellos alle im Kopf.

In allen erhaltenen Versionen entspringen die Fahrrad-Stunts dem Kopf eines einfältigen Postboten, nachdem dieser einen Dokumentarfilm über den US-Postdienst gesehen hat. In einer Version ist die rasante Runde ein Traum des Postboten; in einer anderen ist sie, wie letztendlich im Film, Realität – was es erst möglich macht, eine Lehre daraus zu ziehen.

Fred Orain hat sich stark für Tati eingesetzt und ihn in seinen Ambitionen ermutigt, diesen Film zu machen. Er half auch, die Finanzen dafür aufzubringen. Aus eigener Tasche steuerte er eine beachtliche Summe bei – zwei Millionen Franken, die zum Teil aus dem Verkauf seines Landguts kamen;[157] er gründete ein Unternehmen – Cady-Films –, um den Film herzustellen; und es war entweder er, oder vielleicht auch Tati, der eine Privatbank, Dubail, dazu überredete, die ersten fünf Millionen Franken in Cady-Films zu investieren, die abgesichert waren teils durch den noch unveröffentlichten Film *L'École des facteurs* (im Wert von zwei Millionen Franken) und teils durch Tatis exklusiven Servicevertrag mit dem Unternehmen (ebenfalls im Wert von zwei Millionen).[158]

Doch Orain tat noch viel mehr, um Tati, Cady-Films und *Jour de fête* auf die Beine zu bringen. 1945 hatte Jean Painlevé, der Leiter des CNC, Orain gebeten, einen Plan für den Wiederaufbau und die Modernisierung der französischen Filmproduktion auszuarbeiten. Orain berief einen ständigen Ausschuss von Experten aus allen technischen Zweigen der Filmindustrie ein, der schließlich als *Conseil supérieur technique* (CST) offiziell bestätigt wurde. Tatis einziger Geschäftspartner hatte auf diese Weise Zugang zu Informationen über alle Ressourcen der französischen Filmstudios, und er hatte seine eigenen Vorstellungen, wie die letzteren verbessert werden konnten. Als Orain von einer großen französischen Firma hörte, die dabei war, ein neues Farbverfahren zu entwickeln, nutzte er prompt die Gelegenheit, seine neue Karriere als unabhängiger Produzent in den Dienst der Wiederbelebung des Ansehens der französischen Industrie zu stellen.

Jour de fête sollte ein Farbfilm werden. Und mehr noch: Es sollte der erste im französischen Thomsoncolor gedrehte Film sein. »Ich, und ich allein trage die Verantwortung für das ganze Abenteuer«, erklärte Orain 1987,[159] und es gibt keinen Grund, ihm das nicht zu glauben.

Es ist geradezu ein Wunder, dass *Jour de fête* die Thomsoncolor-Episode, die mehr Betrug als gewagtes Unternehmen war, überlebt hat. Für Orain, für den CST und auch für Tati war das ein großes Risiko. Wie der Ton, so war auch die Farbe von Anbeginn ein selbstverständlicher Teil der technischen Agenda von Fotografie und Film gewesen; und wie der Ton, so hatte auch die Farbe zahlreiche frühere Realisierungen durchlaufen, die alle aus finanziellen oder praktischen Gründen aufgegeben werden mussten. Allein das Auflisten aller Namen der Patente für neue Errungenschaften in der Farbtechnologie, die die Filmgeschichte vom Ende des neunzehnten bis in die Mitte des zwanzigsten Jahrhunderts begleiten, ist, als würde man die Marken all jener unmöglichen Flugmaschinen aufzählen, deren kurzes Leben auf dem Schrotthaufen endete: Dufaycolor, Coloris (benutzt für die meisten Pathé-Filme aus den Jahren 1900 bis 1914), Francita, Chromacrome, Gevacolor, Rouxcolo … Keines dieser Produkte war sehr gut oder hielt sehr lange (der ganze Bestand von Gevacolor zum Beispiel verblasste innerhalb von zwei Jahrzehnten zu Schwarz-Weiß). In Deutschland jedoch entwickelte Agfa während des »Dritten Reichs« eine haltbare Farbe, während in Amerika die mühsame additive Methode von Technicolor derart schöne Resultate hervorbrachte – das klassische Beispiel ist die Filmversion von Margaret Mitchells *Gone with the Wind* (*Vom Winde verweht*) von 1939 –, dass Technicolor alles Vorherige verdrängte. Die Sowjetunion hatte offensichtlich ihre eigene Methode entwickelt, Sovcolor; doch später stellte sich heraus, dass das ganze benutzte Filmmaterial aus den Beständen der Agfa-Werke in Wolfen stammte (der Name »Orwocolor«, der in den 1940er Jahren in der Filmindustrie einiger osteuropäischer Länder benutzt wurde, ist eine offenkundige Abkürzung von »Original Wolfen«).[160]

1945 gab es kein in Frankreich hergestelltes Farbverfahren, und das war ein harter Schlag für den Stolz der Nation. Kurz nach der Befreiung wurden US-Farbfilme gezeigt, und noch viele weitere warteten darauf, in die Kinos zu kommen. Wenn nicht bald ein eigenes Farbverfahren entwickelt werden konnte, würde das Cinéma in seinem Kampf ums Überleben ein weiteres Handicap verkraften müssen.

Die französischen Filmemacher konnten kein Farbfilmmaterial aus den Laboren von Eastman-Kodak in Rochester, NY, ankaufen, auch nicht aus England; abgesehen davon brauchte man für Technicolor drei separate Spulen, extrem intensives Licht (und daher verlässlich starken Strom, den es vor Ort in Frankreich einfach nicht gab) sowie die ständige Anwesenheit eines Technicolor-Beraters – all das überstieg zu der Zeit haushoch die finanziellen Möglichkeiten jeder französischen Filmproduktionsfirma. Andererseits ermöglichte das Nachkriegsgesetz es den in Frankreich registrierten Unternehmen, deutsche Patente zu erwerben, die sie während der Besatzungszeit genutzt hatten. Auf ebendiese Weise wurde in den späteren 1940er Jahren die von Pagnol in seinen Marseilles-Studios benutzte Farbe von Agfa zurückgeholt.

Orain scheint zumindest etwas Erfahrung mit dem Farbfilm schon vor der Arbeit an *Jour de fête* gesammelt zu haben. Der Film *Couleurs de Venise*, der unter der Regie von Jean Faurez und Jacques Mercanton für André Paulvé, Orains ehemaligen Chef, gedreht wurde, kam 1946 heraus. In Chirat und Romers monumentalem Katalog französischer Kurzfilme wird dieses zwanzig Minuten lange Phantasiestück zusammenfassend beschrieben als die Geschichte eines Mädchens, das in einem grauen, eintönigen Pariser Winter von einer Reise nach Venedig träumt, wo der Geist des Casanova ihr die farbenfrohen Sehenswürdigkeiten der Stadt zeigt.[161] Obwohl kein Exemplar des Films erhalten geblieben zu sein scheint, mag *Couleurs de Venise* sehr wohl eine Rolle in der

Vorgeschichte von *Jour de fête* gespielt haben, denn Orain engagierte Mercanton als Kameramann in Jacques Tatis erstem Film.

Thomsoncolor war eigentlich kein neues Verfahren, sondern ein sehr altes, das auf Patenten basierte, die 1908 angemeldet und in den folgenden vierzig Jahren Schritt für Schritt weiterentwickelt worden waren. Die Grundidee war es, die Farben der Außenwelt auf einer geprägten Folie einzufangen, deren lichtempfindliche »Waben«-Oberfläche sich aus buchstäblich Tausenden kleiner Prismen pro Quadratzentimeter zusammensetzt. Das Negativ sieht schwarz-weiß aus; erst wenn das Licht im korrekten Winkel durch eine geprägte Folie projiziert wird, zeigt diese die eigentlichen Farben.[162] Als Orain 1946 den Vertrag mit Thomson-Houston unterzeichnete, schien das Verfahren schon fast perfekt entwickelt zu sein. Er hatte sich auf dem Bildschirm Musterbeispiele angesehen und war beeindruckt; er zweifelte nicht daran, dass die verbliebenen technischen Hürden, die Thomson in den Besprechungen wahrscheinlich als unerheblich abgetan hatte, rechtzeitig überwunden würden. »Der CST war überzeugt, dass das Thomsoncolor-System funktionieren würde«, sagte Orain in einem 1987 aufgezeichneten Interview.[163] Thomson hat in der Tat enorme Summen in das Verfahren investiert und baute eine nagelneue Fabrik direkt neben den Pathé-Laboren in Joinville-le-pont, wo Tatis alter Freund Jacques Broïdo jetzt *directeur-général des usines* war.[164]

Lokale Farbe

In der kleinen Stadt Sainte-Sévère hatte sich der Glaube verbreitet, Tatischeff (Jacques) habe den Bewohnern, als er sich 1943[165] verabschiedete und für die mitten im Krieg gewährte Unterkunft und Beköstigung bedankte, ein halb feierliches, halb scherzhaftes Versprechen gegeben: Eines Tages werde er zurückkommen und sie alle in einem Film berühmt machen. Als Tati also im Mai 1947 in seinem Jeep mit seinen Schauspielern, Kameras und Mitarbeitern im Schlepptau auftauchte, kam er, um sein Versprechen einzulösen. Es ist schwerlich glaubhaft, diese Version der Ortsgeschichte sei gänzlich erfunden, denn *Jour de fête* ist (unter anderem) ein humoristisches, doch warmherziges Porträt ebendieser Stadt und, in gewisser Hinsicht, ein ethnografisches Dokument des Lebens in *la France profonde*. Im Film selber wird der fiktive Name Follainville kein einziges Mal erwähnt (er hatte sich in einige Rezensionen eingeschlichen, die infolge der Pressemitteilungen von Cady-Films in einigen Zeitungen veröffentlicht wurden); aber »Sainte-Sévère« ist auf einem Straßenschild auf der rechten Seite des Bildes deutlich als Name dieser Stadt zu lesen, als die Kamera eine ortsfremde, schwarz glänzende Limousine in den Ort verfolgt.

Freilich entspricht die Ausführung nicht immer der Absicht, und die Leute von Sainte-Sévère mochten durchaus einer rückblickenden Illusion erlegen sein. Jacques Mercanton, der Kameramann, erzählt eine Geschichte, die die vermeintlich lokalen Wurzeln des Films nicht wirklich zu bestätigen scheint:

> *Jour de fête* ist die Weiterentwicklung eines Schwarz-Weiß-Kurzfilms, *L'École des facteurs*, den Tati 1946 als Regisseur und Schauspieler gedreht hat, und an dem auch ich beteiligt war.[166] Wir haben uns weit und breit nach Drehorten umgeschaut, nach Süden bis hin in die Provence, da wir für einen Film mit vielen Szenen im Freien einen sonnigen Ort brauchten. Aber weder die Atmosphäre noch die Landschaft des Midi gefielen Tati, und wir kamen auf eine Gegend zurück, die er schon kannte. Er hatte einmal in Le Marembert gewohnt, circa zehn Kilometer von Sainte-Sévère entfernt. Am Abend habe ich einen Spaziergang durch das Städtchen gemacht und war bezaubert von seinem malerischen Anblick. Ich habe Tati gesagt, wie begeistert ich von diesem Ort war ...[167]

Nach diesem Bericht scheint es Mercanton gewesen zu sein, der diesen Ort aufgrund seiner malerischen und für den Film geeigneten Qualitäten ausgewählt hat, und dass Tati den Ort durch reinen Zufall schon kannte und mochte. Aber Tati war nicht sehr gesprächig und durchaus fähig, stillschweigend zu manipulieren. Vielleicht wollte er seinem Kameramann das Gefühl geben, er habe sich für diesen Ort entschieden. Aus Mercantons Bericht geht nicht unbedingt hervor, dass Tati nicht die ganze Zeit schon die Absicht gehabt hatte, in Sainte-Sévère zu drehen; lokale Legende oder nicht, es gibt keinen konkreten Beweis dafür, dass Tati im Krieg ein Versprechen abgegeben und irgendwann einen festen Plan gefasst hat, diesen besonderen Dorfplatz für einen Film zu nutzen.

Farbentheorie
Tati hatte seine eigene Farbentheorie. Um sie zu testen, experimentierte er mit Freunden, die viel unterwegs waren und oft durch den Flughafen Orly kamen. »Was für eine Farbe haben die Sitzplätze in der Abflughalle?«, fragte er jeden einzeln; und er behauptete, dass er so viele unterschiedliche Antworten bekam, wie er Personen für seinen verdeckten Farbenblindheitstest befragt hatte. Seiner Meinung nach waren die unterschiedlichen Antworten Beweis dafür, dass der Mensch Farbe erst dann sieht, wenn sie eine Funktion oder Bedeutung für ihn hat. Wir behalten bedeutungsträchtige Farben im Gedächtnis, die meisten übrigen Erinnerungen seien monochrom.[168]

Tati betrachtete also dekorative Farbe im Film als irgendwie unwahr, inkongruent mit der Welt, wie sie uns wirklich erscheint. Er zog es vor, Farbtupfen einzusetzen, um bestimmte Objekte herauszuheben und ihnen Bedeutung zu verleihen. Hätte er zum Beispiel Farbe für *Les Vacances de M. Hulot* benutzen können, so hätte er die unterschiedlichen Tönungen der Sonnenbräune aufgezeigt, die die verschiedenen Urlauber in ihrer Woche am Meer sich zugelegt hatten, und er hätte mit komischen Farbkontrasten zwischen den horizontalen Streifen auf den Matrosenwesten und den vertikalen Streifen auf den Strandzelten und Windschutzschirmen gespielt. Aber er hätte den Hintergrund, die Gebäude, das Meer und den Sand, wenn nicht monochrom, so doch in matten und unauffälligen Farbtönen gehalten.

Mit ebendieser Zurückhaltung gegenüber der Farbe ging Tati schließlich an die Dreharbeit für seinen ersten Farbfilm *Mon Oncle*.

> Ich befürchte, dass allzu starke Farben die Aufmerksamkeit des Betrachters vom intendierten Gag oder von amüsanten Details ablenken ... Ich bin so weit gegangen, die braune Ladenfront eines kleinen Cafés grau anstreichen zu lassen. Nur die Sequenzen in der Villa von Hulots Schwager und in der Fabrik werde ich in Farbtönen aufnehmen, die – ein kleines bisschen– heller sind ...[169]

Ganz ähnlich sind viele Szenen in *Playtime* chromatisch einfach gehalten, oder sie sind von einem einzigen dominanten Farbton überzogen, der die gesamte dargestellte Kulisse verschwimmen lässt (Grün in der Snackbar der Drogerie, Blau für die Nachtansicht der »Fishbowl«-Appartements). Wahrnehmbare Farbe sagt in Tatis Filmen immer etwas aus: Wo es in einer bestimmten Sequenz nichts mit Farbe zu sagen gibt, ist sie so weit wie nur möglich auf monochrom heruntergefiltert.

Für *Jour de fête* hat Tati tiefgreifende Änderungen an den Farben seiner Ortskulisse vorgenommen. Einen Großteil des Hauptplatzes von Sainte-Sévère ließ er grau anstreichen; Vorhänge, Blumenkästen und Beschriftung der Geschäfte wurden beseitigt; dann wurden hier und da Farbtöne eingefügt, um wichtige Aspekte der Story, wie er sie erzählen wollte, hervorzuheben. Farbe sollte den Wanderjahrmarkt signalisieren und beschreiben, nicht das Leben des Dorfes:

> Die Bauern und besonders die Frauen mussten schwarze Kleidung tragen, damit der Dorfplatz an sich fast farblos bleiben konnte und erst die wandernden Schausteller mit ihrem Zubehör Farbe auf den Platz bringen würden ...[170]

Abb. 36: *Die »Drogerie« in* Playtime: *Das Bild ist mit einem grünlichen Schimmer überzogen, der vom Neonlicht der Apotheke ausgeht*

Das ist eine dramatische Farbentheorie: Farbe dient weder einer realitätsgetreuen Wiedergabe noch einer dekorativen Aufbesserung, sondern fungiert als Bedeutungsträger innerhalb der im Film dargestellten Welt. Tatis geplante Verwendung von Farbe in *Jour de fête* war auch naiv und eine Spur sentimental, sollte sie doch dem kurzlebigen Jahrmarktspaß erhöhten Wert verleihen. Die Eintönigkeit des Alltags in ländlicher Abgeschiedenheit würde durch seine monochrome Tönung angezeigt.

Diese Behandlung der Farbe zielt auf etwas grundsätzlich anderes als das, was man in den ersten Jahrzehnten der kommerziellen Nutzung der Farbtechnologie generell zu erreichen suchte. Die Handlung der meisten frühen Farbfilme dient dem neuen Medium: Städte wie Venedig oder Brügge, prachtvolle Gewänder, exotische Landschaften sollten zeigen, was die Technologie alles kann. In Stanley Donens und Gene Kellys Film *On the Town* zum Beispiel, der in Technicolor und gerade zu der Zeit gedreht wurde, als *Jour de fête* schließlich in Schwarz-Weiß herauskam, tritt eine der Hauptdarstellerinnen in einem üppig rosaroten, steifen Gazerock auf, eine andere in einem lila Satinkleid und die dritte gehüllt in einen lindgrünen Seidenumhang. Und das natürlich nicht, weil die New Yorker *office girls* sich tatsächlich so kleiden könnten, wenn sie abends mit ihren *sailor boys* in strahlendem Marineweiß ausgehen. Die vor dem Hintergrund der blaugrauen City-Skyline aufgenommenen Tanzszenen auf den Häuserdächern führen die technische Qualität des Mediums vor Augen, das die brillanten Farben durcheinanderwirbelt, während diese dabei nichts an Schärfe verlieren, selbst wenn Lila an Rosarot vorbeifliegt und Rosarot auf Lindgrün stößt. Der Film *On the Town* mit seiner Farbenpracht ist ein gutes Beispiel für den am Medium orientierten dekorativen Einsatz der Farben, den Tati beklagte – nicht nur dann, als ihm die Mittel fehlten mitzuhalten, sondern während des gesamten Verlaufs seiner Filmarbeit. Aber Tatis Absicht, Thomsoncolor auf seine Weise für *Jour de fête* zu nutzen, entsprach nicht dem industriellen und kommerziellen Zweck dieses Films: Tati huckepack auf dem neuen Farbverfahren und das Farbverfahren huckepack auf seinen Pantomimen in die Filmwelt einzubringen. Letzten Endes jedoch war das völlig egal: Thomsoncolor existierte nicht wirklich, und Tati und Orain mussten erfahren, dass sie hinters Licht geführt worden waren. Obwohl das negative Filmmaterial tatsächlich existierte und die Bilder ganz normal aufgenommen worden waren, hatte man keine Mittel gefunden, positive Kopien davon zu machen. Bereits während Tatis Dreharbeiten von *Jour de fête* beschloss Thomson-Houston, die Farblabore zu schließen und sich aus dem halbfertigen Fabrikgebäude in Joinville zurückzuziehen. In weiser Voraussicht war *Jour de fête* auch schwarz-weiß gedreht worden. Ohne diese glücklicherweise angefertigte Sicherungskopie wäre Tatis Karriere als Regisseur wahrscheinlich gleich hier am Anfang versandet.

SECHZEHN

Ton und Wort

Jeder, der irgendeinen Film von Tati gesehen hat, weiß, dass Tati mit dem Ton auf ganz besondere Art und Weise umgeht. Aber der Ton ist ohnehin eine ganz besondere Sache. Wenn man ein Mikrofon hochhält, die Klänge rundherum aufnimmt und dann das Tonband zurückspielt, wird man höchstwahrscheinlich nichts weiter als ein sinnloses Durcheinander von Geräuschen hören; wohingegen das, was man gehört hat, ganz und gar nicht sinnlos war, sondern ein Klangteppich aus deutlich identifizierbaren Fäden, wie (sagen wir zum Beispiel) Vogelsang, entfernte Automotoren, ein von einem Eichhörnchen verursachtes Rascheln von Herbstblättern oder das Surren des Computerlüfters. Um diese umgebenden Geräusche auf Tonband oder Film wiederzugeben, müssen sie Faden für Faden rekonstruiert und dann in einem Prozess, der Abmischung, neu verwoben werden. Um einen Schnappschuss aus dem Fenster zu machen, hält man einfach die Kamera hin und drückt auf den Auslöser. Das mag kein gutes Bild ergeben, aber wenigstens wird es dem, was man durch den Sucher gesehen hat, nicht unähnlich sein. Doch das Hören ist etwas ganz anderes als das Sehen, und ein paar technische Bezeichnungen und Begriffe sind erforderlich, um zu verstehen, wie Tati in seinem ersten Spielfilm mit dem Ton umgeht.

Geräusch kontra Ton
Das Ohr ist ein untaugliches Werkzeug, wenn man versucht, die je eigenen Klänge unterschiedlicher Objekte mit geschlossenen Augen herauszuhören. Das Ohr hat die Aufgabe, den Fluss der uns umgebenden Geräusche in separate, sinnvolle Rinnsale zu transformieren, und dazu benötigt es die Mithilfe des Auges. Um zum Beispiel zu entscheiden, ob ein Klang laut und entfernt ist, oder leise und viel näher; um zu wissen, ob Worte von einem uns

direkt zugewandten Mund gesprochen werden oder aus einem Gespräch zu uns herüberkommen, an dem wir nicht direkt beteiligt sind, verlassen sich unsere Ohren oft auf den Nachweis dessen, was wir sehen können. Auch andere Sinne sind uns dabei behilflich, Geräusch in Töne zu zerlegen: Wenn wir den Wind im Gesicht spüren oder das Abgas eines Autos riechen, bekommen wir unmittelbare Hilfe, ein Zischen oder Donnern richtig zu interpretieren. Aber das Ohr nimmt nicht nur Lautstärke, Timbre, Tonhöhe und andere akustische Komponenten des Klangs wahr: Von frühester Kindheit an besitzt es die lebenswichtige Fähigkeit der Richtungsorientierung. Generell können wir mit verbundenen Augen und ohne jegliche Beihilfe anderer Faktoren eher instinktiv und dabei genauer sagen, wo ein Klang herkommt, als was für ein Klang es ist.

Der Radio-Ton ist der reinste aller künstlichen Klangkontexte, denn er bekommt keinerlei Mithilfe durch andere Sinneswahrnehmungen; vor der Einführung der stereophonen Übertragung in den 1960er Jahren gab der Ton aus dem Radio auch keine Richtungsorientierung. Der Kino-Sound leitet sich teilweise von den Methoden der Radiotechnik ab, besitzt aber auch seine eigenen Konventionen und Regeln, um die Illusion von »realem Ton« in einem Medium zu erzeugen, das ohne die zusätzlichen Wahrnehmungsmöglichkeiten auskommen muss, die wir gewöhnlich nutzen, um die realen Geräusche der Welt zu verarbeiten.

Synchronität
Die Synchronisierung von Bild und Ton war der Heilige Gral der frühen Tonfilm-Technologie. Als er in der Form optischer Aufzeichnungsmittel endlich gefunden war, fanden die Filmemacher heraus, dass die Magie der Synchronität viele Sünden und Simulationen verdecken konnte, die man von der Radio-Praktik und sogar des Varieté-Theaters übernommen hatte.[171]

Wie wichtig es auch ist, Ton und Bild im Film zu synchronisieren, so hat es doch etwas Paradoxes an sich. Im realen Leben hört man weithin hörbare Ereignisse – wie etwa Vulkanausbrüche, kollabierende Gebäude, das Schießen von Kampfflugzeugen usw. – einen Bruchteil einer Sekunde oder sogar eine halbe Minute später, als man sie sieht, weil Licht und Schall sich mit unterschiedlicher Geschwindigkeit fortbewegen. Doch im klassischen Tonfilm sieht und hört man alles simultan. Die Erwartung der Gleichzeitigkeit ist so groß, dass akustisch akkurate Tonverzögerungen im Film unnatürlich wirken. (Freilich kann in bestimmten Fällen die empfundene Unnatürlichkeit des asynchronen Tons einem dramatischen Zweck dienen.)

Weil den Tonströmen des Films relativ wenig zusätzliche Information beigegeben ist (kein Geruch, nichts Tastbares, keine Richtung), ist Synchronität der einzige Anhaltspunkt, die Quelle des Tons zu identifizieren. Das reziproke Resultat ist, dass wir den Ton, solange er mit einer auf dem Bildschirm sichtbaren Handlung synchronisiert ist, spontan und unabhängig von seiner akustischen Qualität als den Ton dieser Handlung interpretieren. Das perfekt synchron mit dem Filmausschnitt eines fahrenden Zuges aufgezeichnete Geräusch eines laufenden Wasserhahns wird mit an Sicherheit grenzender Wahrscheinlichkeit gehört als das spezifische Geräusch dieses Zuges, nicht des laufenden Wasserhahns irgendwo außerhalb des Bildes. Daraus folgt, dass es großer Sorgfalt und Kunstfertigkeit bedarf, es dem Zuschauer zu ermöglichen, oder ihn dazu zu bringen, einen perfekt synchronisierten Ton als falsch oder lächerlich oder auch nur als komisch wahrzunehmen. Der bei einem Zusammenstoß zweier gewöhnlicher Objekte hörbare Schlag – eine Tür, die zuknallt, ein Briefkastendeckel, der zufällt, ein Fahrrad, das fallen gelassen wird – kann für den Tonfilm durch fast jedes beliebige Geräusch »abgebildet« werden, denn das Ohr wird das Geräusch für den Klang dessen halten, was auf der Leinwand gerade zu sehen ist. Nur geschulte und aufmerksame Zuhörer sind möglicherweise fähig zu unterscheiden, ob ein Tischtennisball auf einen Fliesenfußboden aufschlägt oder ein Lederschuh auf eine Holztreppe. Das heißt aber nicht, dass beim Film-Ton einfach alles erlaubt ist. Jean-Claude Carrière erinnert sich daran, wie er mit Tati in ein Tonstudio gegangen ist und »mit Erstaunen zugesehen ha[t], wie Tati Gläser zerschlug, eins nach dem andern, stundenlang, mit aller Ernsthaftigkeit, um den bestmöglichen Klang zu finden«.[172] Aber wenn es darum geht, die Illusion realen Tons ohne komischen Effekt zu erzeugen, ist es eigentlich nicht nötig, allzu präzise vorzugehen, denn das Unterscheidungsvermögen des Ohrs in Echtzeit ist nicht sehr groß. Die Synchronisierung ist so effektiv, dass wir einen Klang einem visuell wahrgenommenen Objekt zuschreiben und, wenn das einmal geschehen ist – wenn wir den Aufschlag als das Geräusch der Schuhe auf der Treppe »gehört« haben –, wir nicht mehr den Aufschlag (den akustisch spezifischen, aufgezeichneten Ton) hören, sondern den Fußauftritt. Etwas anderes – etwas ziemlich Raffiniertes – müsste getan werden, um uns zu zwingen, die Aufmerksamkeit auf den Ton an sich zu richten. Tati wurde zum absoluten Meister solcher Raffinessen. Und seine Arbeit an der Dekonstruktion des Filmtons begann in *Jour de fête*.

Perspektive
Im Monoton kommt jedes Geräusch von derselben unbeweglichen Quelle: dem Lautsprecher über oder neben der Leinwand. Da wir aber gewöhnt sind, zur Ortung von Klangquellen unsere Ohren zu benutzen, muss andere Orientierungshilfe eingesetzt werden. In Radio und Kino wird die Richtung des natürlichen Klangs durch die Steuerung der Lautstärke simuliert, und die dafür zuständigen Regeln werden Klangperspektive genannt. Um es einfach zu sagen: Klangperspektive bedeutet, dass ein im Vordergrund des Bildes Gesehenes lauter klingen muss als etwas, das wir als weiter entfernt wahrnehmen. In den meisten Fällen der Missachtung dieser Regel hören wir »schlechten Ton«, fehler- oder laienhafte Aufzeichnung. Und das ist der Grund dafür, dass der nicht-perspektivische Ton einiger der avantgardistischen Filme von Jean-Luc Godard von den einen als intellektuell erfri-

schend und den anderen als schlichtweg schrecklich empfunden wird.

Synchronität und Perspektive gelten für die auf der Leinwand gesehenen Objekte: Geräusche von nicht Gesehenem müssen beseitigt oder unverkennbar als »Hintergrundgeräusche« eingesetzt werden. Der klassische Tonfilm befolgt die Regel, dass wenn das Gackern eines Huhns zu hören ist, dieses Huhn mindestens einmal gezeigt werden muss, um den Zuschauer in die Lage zu versetzen, jedes weitere Gackern den Klängen des Bauernhofs zuzuordnen. Geräusche, denen keine sichtbare Quelle beigegeben ist, können nicht eingesetzt werden, abgesehen von einigen traditionell ungesehenen Klangquellen, wie zum Beispiel dem Nachtruf einer Eule, sofern der visuelle Kontext (Nacht, Außenansicht, Landschaft) eine solche Assoziation zulässt.

Tonströme und Tonspuren
Unser Ohr hat die Fähigkeit, das vernommene Bündel von Geräuschen in einzelne Tonströme zu zerlegen. Der Tonfilm simuliert diese instinktive Zergliederung, indem er drei separate Spuren aufzeichnet, die dann zu der menschlich angemessenen Bündelung gemixt werden. Die drei normalerweise getrennten Spuren sind die der musikalischen Begleitung, der Sound-Effekte (Hintergrundgeräusch) und des Dialogs.

Die musikalische Begleitung ist in Filmen aller Art ein eigenartiges Paradox, denn sie wirkt der illusionistischen Ästhetik der meisten Arten von Filmkunst entgegen. Außerhalb der amerikanischen Einkaufszentren und Hotellobbys hat der Klang des echten Lebens keine musikalische Untermalung. Laut traditionellen Berichten über diese merkwürdige Erfindung entsprang die Filmmusik, die in den frühen Tagen des Stummfilms von Live-Orchestern gespielt wurde, der schlichten Notwendigkeit, das störende Geräusch des Projektors zu übertönen,[173] und bei Veranstaltungen im Freien vom Zuschauerlärm, wie auch von entfernterer Lärmbelästigung (durch Eulen, Zikaden oder gar heulende Präriehunde), abzulenken. Aber Hintergrundmusik ist zweifellos auch ein Erbe diverser Traditionen der Volksbelustigung: Sie hat schon immer für Geselligkeit in Bars und Kneipen gesorgt und auch Pantomime, Akrobatik, Zirkusnummern und Ähnliches begleitet. Unter den Formen der Live-Kunst hat allein das Theater keine musikalische Untermalung. Die vor Beginn eines Films beim Abrollen des Personenregisters hörbare Musik lässt uns sofort wissen, dass wir keine klassische Tragödie von Racine erleben werden.[174] Wir sind hier, um uns angenehm unterhalten zu lassen.

Die Hintergrundmusik in Spielfilmen ist üblicherweise nichtdiegetisch, das heißt nicht Teil der auf der Leinwand abgebildeten Erzählung; sie ist gedacht, in lockerer Parallele zu der sich entfaltenden Story Atmosphäre und Ambiente zu schaffen, Spannung zu erhöhen oder zu vermindern.[175] Diegetische Musik findet sich auch in vielen Spielfilmen mit musikalischem Sujet, wie in der Mehrzahl der frühen Tonfilme; oder auch in Filmen, wo eine Band spielt, oder wo wir auf dem Rummelplatz einen Leierkasten zu sehen bekommen oder einem Burschen folgen, wie er pfeifend den Pfad hinabschlendert. Aber in solchen Fällen ist die Grenze zwischen nicht-diegetischer und diegetischer Musik deutlich genug kenntlich gemacht, um als solche verstanden zu werden. Die meisten Fälle, die von der Regel abweichen – wie zum Beispiel in Langs *M*, wo eine Melodie von Grieg gleichzeitig als Untermalung und verräterisches Indiz des pfeifenden Mörders dient –, sind in der Tat sorgfältig einkalkuliert.

Sprache ist akustisch komplexer als Musik, und die relativ geringe Qualität der frühen Tontechnologie erforderte eine besonders sorgfältige Behandlung des Dialogs. Um sicherzustellen, dass das, was gesagt wird, auch verstanden wird – von Zuschauern mit beschränkt muttersprachlicher Kenntnis des Englischen und selbst von den vielen, für die es eine Fremdsprache war –, wird das, was gesagt wird, immer von einer Person gesagt, die auf der Leinwand als eben dieses sagend gesehen werden kann. In der

Morphologie des klassischen Tons übermittelt die Sprachspur die Story und ist deshalb immer die lauteste, klarste Tonspur. Die Klangperspektive macht es erforderlich, dass die sprechenden Personen in Nah- oder Halbnahaufnahmen zu sehen sind, da die implizierte Entfernung einer Totalaufnahme die Worte zu schwach und daher schwerer verständlich machen würde. Ähnlich wie beim »Bühnenflüstern« der Schauspieler im Theater, hört man im Hollywood-Sound die Personen in der Nahaufnahme mit voller Lautstärke sprechen, selbst wenn sie sich nichtssagende Zärtlichkeiten in die Ohren flüstern.

Diese Konventionen mögen, so beschrieben, äußerst gekünstelt erscheinen, aber sie erbringen das, was jeder unverzüglich als »natürlichen Ton« erkennen und akzeptieren konnte. Im Gegensatz dazu ging es Tati darum, den Ton als ein Mittel der Komik zu nutzen; und zu diesem Zweck musste er die Regeln des natürlichen Tons zerlegen und auf den Kopf stellen.

Überlappung
Die Tonspuren für Sound-Effekt und Dialog (im Gegensatz zur Hintergrundmusik) werden im Standard-Tonfilm normalerweise genau dort geschnitten, wo auch das Bild geschnitten wird. Diese Regel scheint nichts weiter als eine natürliche Konsequenz des Grundprinzips der Synchronität zu sein. In der Praxis aber wird diese Ton/Bild-Bearbeitungsregel oft nicht eingehalten, meistens im Dienst der *Wahrnehmung* von Synchronität. Aufgrund der relativen Langsamkeit und auch Beschränktheit des Ohrs im Vergleich zur Funktionsfähigkeit des Auges ist es oft förderlich für das Verständnis, wenn der Ton der folgenden Sequenz eine oder zwei Sekunden vor dem Schnitt beginnt, so dass der neue Tonstrom in perfektem Einklang mit der neuen Szene wahrgenommen wird. Solche »Überlappung« ist gewöhnlich vorwärts orientiert und lenkt die Aufmerksamkeit des Zuschauers/Zuhörers auf die durch die Tonbrücke identifizierten Elemente der folgenden Sequenz. In *Jour de fête* zum Beispiel zeigt das Bild, wie Roger die

Karussell-Pferde von seinem Anhänger entlädt, während schon der Trommelwirbel des Ausrufers einsetzt und den Schnitt zum nächsten Bild überbrückt, in dem der Rufer die *grrrande séance de cinéma* ankündigt. Und während der Ausrufer noch im Bild ist, setzt der Ton des Dialogs aus dem Testlauf des Films *Les Riveaux de l'Arizona* ein und überbrückt den Schnitt zur nächsten Sequenz, wo wir sehen, wie Jeannette Wäsche zum Eingang des Kinozelts fährt. Solche Tonbrücken beschleunigen den Fortgang der Erzählung. Aber auch rückwärts orientierte Überlappungen haben ihren Nutzen, wie wenn ein Satz aus der vorangehenden Szene über den Bildschnitt hinweg in die neue Szene läuft und ihr den angemessenen narrativen Kontext gibt. Derartig umgekehrte Tonüberlappungen kommen in *Jour de fête* nicht vor: Mit seinem dürftigen narrativen Faden muss dieser Film die Aufmerksamkeit ständig vorantreiben, um die Erwartung aufrechtzuerhalten, dass jeden Moment etwas geschehen kann.

Tatis Grammatikunterricht
Entgegen einer allgemein verbreiteten, von vielen seiner freundlichsten Kommentatoren geschürten Vorstellung bricht Tati nicht immer und nicht in allen seinen Filmen alle Regeln des natürlichen Tons. *Jour de fête* erbringt den Beweis dafür, dass er die Regeln kannte – und auch, dass er lernte, mit ihnen zu spielen.

Tati hatte natürlich schon vorher mit Ton gearbeitet. In seiner Music-Hall-Pantomime hat er zweifellos die Unterstützung der Streicher und Schlagzeuger der Band des jeweiligen Hauses zu nutzen gewusst: Scheinschläge im Boxer-Sketch könnten zum Beispiel markiert worden sein durch einen Tusch der Zimbeln, die Fauster seines Fußballtorwarts durch einen gedämpften Trommelschlag, der Aufprall des Balls auf den Tennisschläger durch einen gezupften Ton einer heruntergestimmten Cellosaite. Für seine Pferd-und-Reiter-Nummer muss er die Unterstützung eines Orchesters gehabt haben, um vorführen zu können, wie das tänzelnde Tier den Takt halten kann (in Wirklichkeit folgt natürlich das Orchester dem Pferd, auch wenn seine Hufe in Gestalt der Füße von Jacques Tati tanzen). Selbst der Angler-Sketch wird nicht ohne Sound-Effekte ausgekommen sein – einen zischenden Pfeifton (Kazoo? Blechflöte?) für das Auswerfen der Angelschnur und ein weniger diskretes »Plumps« (von welchem Instrument?) für den Fisch, der entwischen konnte ... Diese Tricks des stummen Theaters – das kein *ton*-, sondern ein *sprach*-loses Medium ist – unterscheiden sich prinzipiell nicht von dem, was im Radiodrama praktiziert wird; aber sie erfordern absolut präzises Timing, genauso wie die Sound-Effekte im Film.

Comic-Sound-Effekte
Der gezupfte Ton des Cellos, der in der Music-Hall-Pantomime den Kontakt von Schläger und Ball signalisiert, soll nicht den Klang wiedergeben, wie die Zuhörer ihn wahrnehmen, wenn sie in ungefähr derselben Entfernung von einem realen Tennisspieler säßen: Der gezupfte Ton ahmt die Klangempfindung des Spielers nach. Tati nutzt den Sound in ebendieser Music-Hall-Manier in allen seinen reifen Filmen – wie zum Beispiel in *Playtime*, als der Büromanager Giffard in eine blitzblanke Glastür läuft: Das »Krach!« des Comicstrips, welches die Wucht des Aufpralls der Nase auf das Glas für das Ohr markiert, ähnelt nicht im Entferntesten dem Geräusch, das wir hören würden, wenn wir uns in derselben Entfernung von der Glastür wie die Kamera befänden. Es steht für das *Gefühl* einer auf eine Glastür stoßenden Nase. Wenngleich auf Synchronität angewiesen, dienen Comic-Sound-Effekte in den meisten Fällen der Darstellung nicht-realistischen, *subjektiven* Klangs.

Das komische Potenzial der klanglichen Synchronisierung wird in *Jour de fête* auf andere Weise genutzt, als François nach einer im Güterwagen verbrachten Nacht sich im Postamt zur Arbeit meldet und dann aus dem Bild verschwindet, um sich das Gesicht zu waschen.[176] Der Postmeister und sein Gehilfe bleiben an ihren Tischen sitzen und frankieren Briefe in dem empörend langsamen Regeltempo des Postamts. Sie halten inne und schauen auf; dann setzen sie das Frankieren fort. Sie halten ein zweites Mal inne und schauen auf und frankieren weiter. Ohne Ton wäre diese Sequenz unverständlich. Aber weil die mit den Kopfbewegungen der Postbeamten synchronisierten Geräusche wie Hammerschläge, laufendes Wasser, Rülpsen und Gurgeln klingen, hört man übertrieben dargestellte Fehlfunktionen im sanitären Rohrsystem – komisch für diejenigen, die mit historischen Rohrleitungen leben mussten, aber immer weniger verständlich für die Generationen, die geschlossene Heißwassersysteme nicht mehr kennen. Im Prinzip unterscheidet sich diese Tonsequenz nicht von manch einem Music-Hall-Gag. Sie ist direkter und derber als der Großteil des klanglichen Humors in Tatis späteren Filmen; aber sie zeigt uns, dass der Autor von *Jour de fête* die grundlegenden Regeln des Filmtons gelernt hatte.

In den Kurzfilmen der Vorkriegszeit, zumindest in ihrer uns heute vorliegenden Form,[177] hat Tati auf übliche Weise und ohne viel Kunst und Erfolg mit ziemlich primitivem Ton gearbeitet. Wohl aufgrund schlechter Ausrüstung und unzureichender Aufnahmezeit gibt es in *On demande une brute, Gai dimanche* und *Soigne ton gauche* praktisch keine Klangperspektive, und der Dialog ist nur schwer verständlich. Das ist besonders bedauerlich im ersten seiner Kurzfilme, wo die gesamte Exposition für das gemimte Wrestling-Match in theatralischer Manier durch Gespräche aufgebaut ist (mit Rhum, mit Rogers Ehefrau, mit dem Impresario, im Interview und am Telefon). Es fällt weniger ins Gewicht in *Gai dimanche*, wo die komische Handlung weitgehend ohne Worte nachvollziehbar ist; und am wenigsten in *Soigne ton gauche*, wo – wie in Tatis Filmen aus der Nachkriegszeit – das, was die Personen einander sagen, von untergeordneter Bedeutung ist. In *L'École des facteurs* ist die Grenze zwischen »Theater« und »Mimik« deutlich markiert: Die einleitende Szene, in der Paul Demange mit seinem komischen Falsett die Gründe für die beschleunigte Fahrradrunde erklärt, ist die einzige Stelle, wo

Sprache eine unmittelbar informative Rolle spielt. Dahingegen ist die Musikspur (dasselbe Yatové-Geklingel wie für das Radfahr-Thema in *Jour de fête*) wesentlich belangvoller, denn sie erschafft einen guten Teil der verrückten Atmosphäre des Radfahr-Szenarios. Daher gibt es hier auch fast keine Sound-Effekte: Die Musik ist allzu konstant und laut.

Den meisten Zuschauern bleibt *Jour de fête* als ein praktisch wortloser Film in Erinnerung. Das liegt teilweise daran, dass die Tonspuren der ursprünglichen Versionen (besonders der Version aus dem Jahr 1949, doch in gewissem Maß auch der Neuverfilmung von 1961) akustisch schlecht definiert sind und es daher äußerst schwer zu verstehen ist, was die Personen sagen. Aber wenn wir uns die restaurierte Farbfassung von 1995 anhören, die Sophie Tatischeff mit einer völlig neu aufgezeichneten Tonspur versah, um das umzusetzen, was sie plausiblerweise für die Absicht ihres Vaters für diesen Film hält, dann hören wir ziemlich viel Gesprochenes – und dennoch bekommen wir nicht wirklich alles mit, was gesagt wird. Die gesprochene Sprache erfüllt hier nicht die Funktionen, die normalerweise dem Sprechen in einem Spielfilm zufallen. Auf ganz eigene Weise behandelt Tati die Dialog-Spur so, als enthalte sie nur Hintergrundgeräusche, die er aber klangperspektivisch in den Vordergrund rückt, als spiele sich hier das eigentliche Geschehen ab.

Bauernhofsymphonie
Das Auffallendste an der Tonspur von *Jour de fête* ist die ständige Präsenz ländlicher Laute und Geräusche. Von Anfang an bis hin zum Schlussbild des Films hören wir tausend Hähne krähen, Hühner und Gänse gackern, Pferde wiehern, Hunde bellen (keine Katzen miauen), Kühe muhen (keine Schafe blöken); wir hören auch den Ruf einer Eule, das Gezirpe eines Schwarms von Zikaden und in drei voneinander getrennten Szenen das laute Summen einer Biene. Fast alle diese Tier- und Insektengeräusche sind in konstanter Lautstärke zu hören, ohne jegliche Variation

der Intensität, die auf Nähe oder Entfernung schließen ließe. Der am ehesten vergleichbare atmosphärische Soundtrack ist der aufreibend laute und ununterbrochene Straßenlärm in *Trafic*. In diesem letzteren Fall unterstreicht die von einem etablierten Meister des Mediums vorgenommene Aussparung der Klangperspektive zweifellos eine wichtige Bedeutungskomponente des Films. Dahingegen könnte man vermuten, dass dem unerfahrenen Regisseur von *Jour de fête* einer seiner (von Tati selbst so genannten) »Rechtschreibfehler« beim Schneiden und Abmischen unterlaufen sei. Um aber klarzustellen, dass die fehlende Klangperspektive in *Jour de fête* kein Fehler ist, sondern ein willentlich genutzter Effekt, hat Tati eine Standardübung zur Klangperspektive in den Film eingebaut.

Als Rogers Gehilfe die Drehorgel des Karussells startet, um die Eröffnung des Jahrmarkts anzukündigen, folgen zwei durch dieses Signal ausgelöste Szenen: ein Junge stürmt aus einer Haustür, ehe ein Elternteil ihn beim Schlafittchen schnappt; in einem anderen Hauseingang schaut ein Mitglied der Blaskapelle heraus und leert sein letztes Glas, bevor er sich zu seinen Mitbläsern gesellt. Während des Ablaufs dieser beiden »Folge«-Szenen bleibt die Lautstärke der Drehorgel konstant, denn wir sind immer noch in unmittelbarer Nähe des lärmenden Karussells auf dem Dorfplatz. Dann aber sehen wir den Blasmusiker, wie er eine Seitenstraße hinuntereilt. Dabei geht genau am Schnitt zwischen den Szenen die Lautstärke auf die Hälfte zurück und signalisiert, dass die Position auf der Leinwand weiter von der Geräuschquelle entfernt ist. Als wolle Tati sagen: So einfach ist die Klangperspektive.

Yatovés musikalisches Thema des »verrückten Radfahrers« hören wir zum ersten Mal simultan mit der Ansicht eines Briefkastens (in den Roger einen Brief eingeworfen hat), die als Nahaufnahme in Bildmitte einige Sekunden lang gehalten wird, um uns den metonymischen Sprung vom »Briefkasten« zum »Briefträger« zu erleichtern. Das abgehackte Blechflöten-Thema überlappt den Schnitt zu unserer ersten Begegnung mit François, wie er den Feldweg hinabradelt, während aus der Musik zwei Klänge hervortreten, die sich als zum Narrativ gehörig herausstellen werden (das wissen wir noch nicht) – das Schrillen einer Klingel und ein Summton. Von einer grasbewachsenen Anhöhe aus, die den Blick auf einen Feldweg freigibt, verfolgt die Kamera in Totalaufnahme den radelnden Briefträger; als der anfängt, mit den Armen um sich zu schlagen, so als versuche er, sich von einer imaginären Rolle klebrigen Papiers zu befreien, tritt die Musik in den Hintergrund, und das Summen und Klingeln verbleiben als dominante Klänge. Anders als die meisten Zuschauer diese Sequenz im Nachhinein erinnern werden, bleibt die Intensität des Summens über den Schnitt hinweg konstant bis in die folgende Halbnahaufnahme hinein, wo François, von vorn gesehen, vom Fahrrad springt und ein wildes Ballett mit einer lästigen Biene tanzt. (Wie nah kommt diese Pantomime an Decrouxs Trainingsübung des von einer Fliege belästigten Mannes? Wie nah an eine Parodie dessen, was Tati von vielen Schauspielern, die Decrouxs Schule durchlaufen hatten, erzählt, wenn nicht direkt vorgeführt bekommen haben mag?) Die Musik erreicht ihren letzten Takt genau in dem Moment, als François vom Fahrrad springt (und weist sich so als das Thema des François als Radfahrer, nicht des François zu Fuß aus). Von da an hören wir nur das unerbittliche Summen und Klingeln (das sich eher wie das Bimmeln einer Kuhglocke auf der Alm oder wie das Geklimper der von Shakespeares Narren an Stöcken herumgetragenen Glöckchen anhört als eine normale Fahrradklingel), das mit den abrupteren Abwehrmanövern des Briefträgers und seines Drahtesels synchronisiert ist. Es überbrückt den Schnitt zum nächsten Bild: der berühmten, von einem höher gelegenen Standort aus aufgenommenen Total-Ansicht, in der wir jetzt, von hinten, einen Bauern auf einem grasbewachsenen Abhang sehen, der mit seiner Sense Heu mäht und nach unten auf die Szene schaut, die wir von oben verfolgen. Obwohl die Tonspur jetzt durch das genüssliche Zischen und

Schneiden der Sense (mit großzügiger Verstärkung durch Hühner und Gänse) bereichert wird, verändert sich, als der Radfahrer dort unten sich beruhigt, die Intensität des Bienenlärms (Kazoo? Kamm und Papier?) kaum, und der Bauer fängt seinerseits an, mit den Armen um sich zu schlagen. Doch jeder, der *Jour de fête* gesehen hat, wird sich daran erinnern, wie die Biene von François zum Bauern *geflogen* ist: Das ist schließlich der ganze Witz der Sache. Technisch, akustisch, ist die Klangperspektive praktisch null. Was wir von dem Narrativ verstehen, wird allein durch unsere Augen erzeugt, wie in einer Music-Hall-Pantomime. Unser Verständnis einer *bildhaft* dargestellten Situation setzt die Wahrheit des Klangs außer Kraft, radiert sie aus. Selbst wenn Tati per Zufall auf diesen Gag gestoßen wäre, oder aufgrund technischen Unvermögens die Regeln des Filmtons nicht einhalten konnte, kündigen sich in diesem Gag grundlegende Faktoren der Entwicklung von Tatis filmischem Umgang mit dem Ton an. Die Regeln der Klangperspektive können gebrochen werden, wenn die Bilder eindrucksvoll genug sind, um selber Bedeutung zu vermitteln.

Mit einem Sound-Gag gleicher Art lädt Tati uns zu den akustischen Abenteuern von *Les Vacances de M. Hulot* ein. Spuckende Explosionen setzen ein, kurz bevor Hulots Amilcar auf der Leinwand erscheint; doch der Lärm wird weder größer noch geringer, während das Auto näher kommt oder sich entfernt, und die lauteste Fehlzündung ist zu hören, nachdem das Auto angehalten hat. Kein einziger Aspekt des Tons in *Les Vacances* kann Inkompetenz oder mangelhafter Ausrüstung zugeschrieben werden, wie es bei *Jour de fête* möglich wäre. Tati verfügte über alle Mittel, genau das zu tun, was er in diesem seinem zweiten Film tun wollte. Die Aussparung der Klangperspektive in der einleitenden »Amilcar«-Sequenz legt den »Klangstil« fest, der das Markenzeichen von Tatis gesamtem Filmwerk ist.

Im ersten Bild der »Bienen-Gag-Sequenz« in *Jour de fête* gibt Tati den Regeln, nach denen diegetische und nicht-diegetische

Abb. 37 & 38: Jour de fête: *Die summende Biene*

Musik auseinandergehalten werden, eine leichte Wendung, indem er das Summen und Klingeln schon einsetzt, als die Themenmelodie noch in vollem Gang ist, so dass diese Geräusche zunächst Teil dieser Musik zu sein scheinen. Tati leistet sich auf der Tonspur viele andere Tricks, und nicht alle sind gerade angenehm für das Ohr. Die schlimmste Kakophonie ertönt, als die Blaskapelle auf den Dorfplatz marschiert und lautstark mit der Drehorgel des Karussells einen Wettstreit um die akustische Vorherrschaft eingeht. Es wird unmöglich zu unterscheiden, was Hintergrundgeräusch und was diegetischer Lärm ist: Tatsächlich *ist* das ganze akustische Blutbad genau das, was hier »erzählt« wird. Nicht weniger schlau gestaltet ist der Übergang zum Pianola in der Bar, dessen Polka die Hintergrundmusik für Tatis Eintritt in die Bar zu sein scheint, sich aber in derselben Aufnahme in dem Moment als diegetisch erweist, als das Pianola plötzlich versagt und die Musik verstummt.

Ein weiteres Beispiel für das Spiel mit der Synchronisierung, Perspektive und Quelle von Klängen bekommen wir, als Roger und Jeannette sich vor dem Festzelt begegnen, wo der Filmvorführer einen Testlauf von *Les Riveaux de l'Arizona* für die Hauptshow des Dorfmarkts macht. Roger und Jeannette sagen kein Wort; aber ihre physischen Bewegungen (des Körpers, der Augen, des versuchten und zurückgenommenen Lächelns) sind eingespielt auf die synchron hörbaren Auszüge aus einer »Boy-meets-girl«-Episode des amerikanischen Films. In der Version von 1949 wird in dem US-Film ein erbärmlich formelles Französisch gesprochen, und der Sound ist karikaturhaft laut und klar (wir müssen uns die Szene als Nahaufnahme vorstellen); in der Neufassung von 1961, wie auch in der Version von 1995, hört man in dem US-Film ein gleichermaßen affektiertes und übermäßig lautes amerikanisches Englisch. Aber die Sprache ist nicht so wichtig, denn in dem erfundenen *Arizona*-Dialog geht es nicht darum, irgendetwas Bestimmtes zu sagen, sondern wie ein romantisches Intermezzo in Hollywood-Sound zu *klingen* – als wolle Tati hier mit einer kulturellen Anspielung, die ihm selber wahrscheinlich nicht so klar sein konnte, sagen, dass die Episode der Landwirtschaftsausstellung in *Madame Bovary* einer modernen, deutlicher komischen Fassung bedürfe. (In dem berühmten Kapitel des Romans von Flaubert wird eine Verführung auf einem Balkon dialogisch inszeniert, während unten auf dem Dorfplatz Reden geschwungen werden und die beiden »Sprachspuren« sich gegenseitig ironisch kommentieren.) Was wir in Tatis Version dieses vorgegebenen Stücks sehen, ist also eine Dekonstruktion des Prinzips der Synchronisation. Was immer Jeannette und Roger einander hätten sagen wollen, wird von jemand anderem gesagt.

Der vielleicht ungewöhnlichste Sound-Gag im ganzen Film *Jour de fête* ist die »*ciné-poste*«-Sequenz. Neben dem *Arizona*-Spielfilm soll (wie deutlich sichtbare Plakate vor dem Festzelt verkünden) auf dem Dorfmarkt auch ein Dokumentarfilm, *La Poste en Amérique,* gezeigt werden. François wird von den Dorfbewohnern angehalten, sich diesen Film anzusehen, weil er ihrer Meinung nach zur Bildung eines modernen Postboten gehört. Obwohl François noch damit beschäftigt ist, einen Platten in seinem Vorderreifen zu beheben, wird sein Kopf durch ein Loch in der Markise geschoben, damit er sich dieses Loblied auf die Courage, die Effizienz und Technologie des US Postal Service anschauen kann. Er sieht das alles in Fragmenten; die Klangperspektive wird sauber eingehalten, indem größere Veränderungen der Lautstärke mit den Schnitten zwischen den Bildern des Dokumentarfilms stattfinden; François' Kopf sehen wir in der unteren rechten Ecke der Leinwand, und den ganzen François in Halbnahaufnahmen von einem Standpunkt außerhalb des Zelts (wir sehen ihn von hinten und auch, wie er weggeht, um den platten Reifen zu flicken.) Klar zu hören sind daher nur unzusammenhängende Fragmente des im Dokumentarfilm Gesprochenen, kaum ein kohärenter Kommentar. Was wir von diesem Film zu sehen bekommen, sind auch unzusammenhängende Fragmente – Sortiermaschinen, Hubschrauberübungen, dann Motorrad-Stunts, und ein Filmausschnitt aus dem Mister-Universum-Wettbewerb.

Die Bedeutung der *ciné-poste*-Sequenz ergibt sich nicht aus irgendeinem ihrer Teilstücke, sondern aus dem Zusammenwirken aller Teile: Es ist ein Übungsstück in klassischer Montage, eine Parodie der berühmten Schnitte Eisensteins von strahlenden Bauern zu glänzenden Molkereimaschinen in *Das Alte und das Neue* (deutscher Verleihtitel: »Der Kampf um die Erde«). Die raue Musikspur ist auch eine Parodie überhitzter Nachrichtensendungen und etabliert generell den Ton des Dokumentarfilms. Die Sprach-Tonspur, die an den Schnitten abrupt von laut auf leise wechselt, hebt hörbar die Bedeutung einiger Schlüsselbegriffe hervor – »Postman Yankee«, »US Postal Service«, *rapidité, régularité, efficaté* (Geschwindigkeit, Regelmäßigkeit, Effizienz) – und übertönt den Rest mit Musik und hastiger Tremolo-Diktion. Diesen Tonelementen ist gerade genug narrativer Sinn zu entnehmen, um die visuellen Fragmente zusammenzufügen. François – dessen Aufmerksamkeit ohnehin geteilt ist – ist von der Montage total eingenommen; der Zuschauer des Films kann sehen, was François verleitet, dem amerikanischen Postboten Konkurrenz machen zu wollen, und er kann auch sehen, dass François sich hat täuschen lassen.

Tatis Parodie der Art und Weise, wie der Ton in Nachrichtensendungen eingesetzt wird, um Archivaufnahmen zu überdecken, ist nur ein Aspekt der Komik dieser Sequenz. Gleichermaßen auffallend ist es, dass Sprachgeräusche fast genauso wie Hintergrundgeräusche eingesetzt werden. Denn die tatsächlich gesprochenen Sätze werden weder von François noch vom Zuschauer richtig gehört: Was das Ohr registriert, ist ein Gesamteindruck von Sensation, Übertreibung, falschem Lob – genauso, wie das Glucken, Gackern, Muhen und Krähen der allgemeinern Hintergrundspur den Eindruck hinterlassen, das menschliche Leben sei unwiederbringlich in der Tierwelt untergegangen.

Sprache
Jour de fête nutzt keinerlei Dialog, um die Szenerie und die Geschichte einzuführen. Die Ankunft des wandernden Jahrmarkts wird gezeigt, nicht verkündet, und die ländliche Umgebung wird auf der Hintergrundspur akustisch durch das vielstimmige

Lärmen des Bauernhofs angezeigt. Die Kolonne windet sich gemächlich in den Ort Sainte-Sévère und hält auf dem Dorfplatz an; der Schausteller öffnet die Tür seines Wohnwagens, kommt heraus und geht weg; erst jetzt – fast fünf Minuten nach Beginn des Films – hören wir artikulierte Sprache, als die Ehefrau des Schaustellers ruft: »Roger, hol mir Wasser.« Im großen Rest des Films sind die meisten Gesprächsfetzen, die man hört, gleichermaßen irrelevant für das filmische Narrativ.

Natürlich manipulieren die neunmalklugen Schausteller den Postboten und bringen ihn dazu, den Maibaum aufzustellen. Sie überschütten ihn mit Lob bezüglich seiner Muskelkraft, seiner Führungsfähigkeit, seiner Intelligenz und so weiter; aber auch diese Gesprächsschnipsel sind eher *Geste* als konventioneller Dialog. Als François versucht, seinen Helfern verbale Befehle zu geben, bringt er es nur zu rituellen Tautologien: *Ceux qui tirent sur la gauche, sur la gauche; ceux qui tirent sur la droite, sur la droite* (»Die auf der linken Seite, links ziehen! Die auf der rechten Seite, rechts ziehen!«) Als er später den Menschen, denen er auf seiner Runde begegnet, erklärt, wie er es dennoch geschafft hat, die Flagge zu hissen, hören wir, perspektivisch distanziert, nichts als unkenntliches Gemurmel.

Ein frühes Beispiel für »Sprache als Geste« findet sich in *Soigne ton gauche*: Der von den Kindern gespielte Fernsehbericht der unvergleichlichen Bravourstücke des Radfahrers auf dem Bauernhof simuliert den Ton, die Diktion und das Tempo des Begleitkommentars realer Sportreporter (abgesehen von der noch ungebrochenen Knabenstimme, die diesen Kommentar herunterrattert), aber man muss ja nicht verstehen, was die Kinder tatsächlich sagen. Für das Narrativ des Films zählt vor allen Dingen die Art des Diskurses, seine soziale Ortung und der Ton des Ganzen. Was wir hören, ist kein eigentliches Sprechen, sondern der Klang des Sprechens.

In *Jour de fête* geben viele Personen solche »Sprach-Geräusche« von sich – Bondu, der Barmann; seine Ehefrau Marie; Roger und Jeannette in der Lucky-Dip-Bude; Dorfbewohner, die unbedingt wollen, dass François sich den Dokumentarfilm über den Post-Service ansieht; Schausteller; selbst die Gendarmen, die am Bauernhof vorbeigehen, wo François einen Kuchen abgeliefert hat. Aber keiner von ihnen sagt etwas, das der diegetischen (oder strikt narrativen) Dimension des Films zugeordnet werden könnte. Sprache ist in *Jour de fête* wirklich nur menschliches Hintergrundgeräusch, genauso wie das Gackern der Hühner und Krähen der Hähne tierische Hintergrundgeräusche sind.

Sprache der Tiere
Der Übergang von der Welt der Tiere zur Welt der Menschen in Sainte-Sévère wird durch die Tonspur einer weiter oben bereits besprochenen Sequenz verdeutlicht, wo François nach seiner ungemütlichen Nacht auf dem Güterbahnhof zum Postamt zurückkehrt. Die Schausteller, die ihn am Abend zuvor betrunken gemacht hatten, hatten ihn gezwungen, in eine Trickmuschel zu schauen, die einen schwarzen Tintenkreis über seinem Auge hinterlassen hatte. Als er dann sein Schließfach aufmacht und sich im Spiegel betrachtet, sieht er sein »oeil de lynx« und findet das einen Augenblick lang lustig. Wie ein Kind schaut er weg und dann wieder hin, um zu sehen, ob das schwarze Auge wirklich da ist. Die Kopfbewegungen sind abgehackt, wie die eines pickenden Huhns: Seine Versuche, das schwarze Auge loszuwerden, hat Tati mit Hühnerlauten synchronisiert. So wird die Sequenz zur mimischen Darstellung eines Mannes, der sich wie ein Huhn benimmt – und zur ausdrücklichsten Bekundung dessen, dass im ländlichen Frankreich das Leben von Mensch und Tier sich gleichen.

Tati war fasziniert von der Ähnlichkeit von Menschen und Tieren. In *Gai dimanche* verwandeln sich Touristen auf der Jagd nach einem Huhn für den Mittagstisch in heckenspringende Pferde. In *Soigne ton gauche* holt die Kamera zwei auf dem Bauernhof miteinander streitende Hähne heran; der Bauer Roget ahmt sie mit aufgeblähter Brust nach; dann schwenkt die Kamera zum Boxchampion, der den Reißverschluss seiner Jacke allein durch den Druck seines Brustkastens aufreißt und nicht merkt, dass er nur den Stil der Freilandgeflügelparade nachahmt. Auf der Bühne (als Pferd und Reiter) und auf der Leinwand in einem Dutzend unterschiedlicher Szenen hebt Tati in seinen Nachkriegsfilmen den Unterschied zwischen der Welt der Menschen und der Welt der Tiere völlig auf. Die Wiederholung und Intensität dieses Themas machen es zu mehr als nur einer Reihe von Witzen.

Sprache des Jaques Tati
Les Vacances de M. Hulot beginnt mit einem zu Recht berühmten Bild-und-Ton-Gag. Ein Bahnsteig wird in einer Kranaufnahme in der Totale sichtbar, die auch die Lautsprecheranlage in der oberen rechten Ecke des Bildes zeigt. Menschen rennen von Bahnsteig A die U-Bahn-Treppe hinunter, tauchen auf Bahnsteig B in dem Moment wieder auf, als der Zug vorbeifährt, ohne auf Gleis C anzuhalten. Die Menschen rennen zurück zur U-Bahn-Treppe und tauchen auf Bahnsteig C gerade in dem Moment wieder auf, als ein Zug auf Gleis B einfährt. Die Tonspur zu dieser Szene besteht aus unverständlichem Quietschen, ungefähr auf halbem Weg zwischen dem verzerrten Klang des Lautsprechers und einer gedämpften Trompete, mit leichtem Zusatz von Bauernhofgetön. Das ist natürlich eine satirische Darstellung der Schwierigkeiten, die wir alle damit haben, die Ansagen der Stationssprecher zu verstehen, eine Übertreibung eines realen Problems. Aber es ist mehr als nur ein mit Komik getünchtes Bild aufgeregter Urlauber am stressigsten Punkt ihrer Reise. Tati zeigt uns auch ein Bild der Menschheit, wie sie auf Geheiß unverständlicher Anordnungen hin und her rennt, als ob die Sprache in erster Linie dazu diene, die Menschen in die falsche Richtung zu schicken.

Tatis eigenwillige Behandlung der Sprache beginnt schon in *Jour de fête*, einem Film, der weit davon entfernt ist, eine stille Komödie mit hinzugefügten Geräuschen zu sein, wie viele Kritiker

Abb. 39: *Dreharbeit für* Jour de fête *mit zwei Kameras*

behaupten. Nicht nur, weil es eine Filmkomödie ist, wird hier die Sprache als Geste behandelt, als Sound-Effekt, als ein Element der akustischen Umgebung. In der Tat machen die meisten französischen Filmkomödien – wie zum Beispiel Préverts *Voyage Surprise* aus demselben Jahr – das genaue Gegenteil und beziehen die Lacher aus witzigem Dialog. Tatis zweifellos von Orain geschürter Ehrgeiz, den Weltruhm eines Mack Sennet und der klassischen Komödianten des Stummfilms zu erlangen, muss ebenfalls als Mit-Ursache für die Abwertung der kohärenten Sprache in *Jour de fête* in Betracht gezogen werden. Mit seiner überaus eigenwilligen Tonspur ist Tatis erster Film Ausdruck seines eigenen Verhältnisses zur Sprache. Tati war kein Sprachtalent; einige seiner Bekannten fanden ihn begriffsstutzig, ja beschränkt. Aber er besaß eine andere Art von Intelligenz. Die Sprach-Geräusche in *Jour de fête* sind nicht das, was wir gern hören würden, oder was wir uns gern einbilden zu hören, wenn wir die bereits interpretierten Szenen unseres Lebens in Erinnerung rufen. Aber diese Geräusche kommen dem sehr nahe, was wir *eigentlich* hören – abgebrochene Satzfragmente, fehlerhafte, aus ihrem Kontext gerissene Äußerungen, gängige Phrasen, das Treib- und Strandgut einer verwirrten und verwirrenden akustischen Umgebung. Das uns aufgegebene Rätsel ist, zu begreifen, wie jemand, der vermutlich die Welt auf diese Weise hörte, dessen Ohr wahrscheinlich nicht schnell genug war, die fehlenden Bindeglieder zu ersinnen, um die Sprachbrocken, die wir aufnehmen, kohärent zusammenzufügen – wie so ein Mensch dennoch das Genie besaß, genau diesen Umstand auf einer Tonspur wiederzugeben und damit eine neue Art von auralem Realismus in der Filmkomödie zu erfinden.

SIEBZEHN

BACK-UP

*Der Franzose, wie er sich fremde Worte mundrecht macht,
verfährt auch so mit den Gefühlen, Gedanken, ja, den Gegenständen,
er fordert durchaus für jede fremde Frucht ein Surrogat,
das auf seinem eignen Grund und Boden gewachsen sei.*

JOHANN WOLFGANG VON GOETHE, 1819

Tati hat *Jour de fête* nicht im Alleingang gemacht und kam im Mai 1947 auch nicht nur nach Sainte-Sévère-sur-Indre, um eine Filmkomödie zu drehen. Zusammen mit Orain und Mercanton führte er ein wichtiges industrielles Unternehmen – die erste Anwendung eines neuen französischen Farbverfahrens, das, sofern erfolgreich, die Aussichten des französischen Cinéma auf einen Schlag verändern würde.[178] Das hatte keine unmittelbare Auswirkung auf die Finanzierung des Films, da Thomson-Houston die zusätzliche Kamera, das Material für den Farbfilm und einen Techniker vor Ort frei zur Verfügung stellte. Dennoch lief die Dreharbeit langsamer und wurde auch teurer, als sie sonst gewesen wäre: Orain und Mercanton meinten, dass es sicherer wäre, eine »Back-up«-Version in Schwarz-Weiß zu erstellen; da aber das Material für den monochromen Film eine andere Lichtintensität erforderte als für den Farbfilm und auch nicht für jede Aufnahme in genau demselben Winkel eingesetzt werden konnte, musste für diesen Film fast alles zweimal gemacht werden – die unbrauchbaren Takes nicht mitgezählt. In Abbildung 39 sehen wir die beiden nebeneinander aufgestellten Kameras: Von ihrer jeweiligen Position aus konnten sie offensichtlich nicht genau dieselben Bildausschnitte festhalten. Da Tati die Farbnegative nie selber bearbeitet hat, können wir nicht wissen, welche Takes er genommen hätte; und auch nicht, ob die 1949 herausgebrachte Schwarz-Weiß-Version Aufnahme um Aufnahme das wiedergibt, was Tati beabsichtigte, als er den Film drehte. Als François Ede und Sophie Tatischeff in den frühen 1990er Jahren die Farbversion restaurierten, blieb ihnen nichts weiter übrig, als diejenigen Elemente auszuwählen, die dem 1949 veröffentlichten Film am ehesten entsprachen – ohne aber sicher zu sein, dass Tati ebendiese und keine anderen Takes ausgewählt hätte, wäre er in der Lage gewesen, die Farbversion selber zu bearbeiten.

Schon ohne die Komplikationen der doppelten Dreharbeit ging Cady-Films das Geld aus: Orain hatte nur achtzig Millionen Franken aufbringen können, ungefähr die Hälfte der derzeitigen Kosten eines »normalen« Spielfilms, und er und Tati mussten damit zurande kommen. So wurde *Jour de fête* weitgehend auf Pump finanziert. Tati, Orain, die Techniker und die meisten Mitglieder der Filmbesetzung nahmen kein Geld für ihre Arbeit; stattdessen bekamen sie prozentuale Anteile an den zukünftigen Einnahmen des Films.[179] Tati hat oft betont, dass sein erster Film von einem Arbeiterkollektiv gemacht worden sei; doch mit dieser Art der Finanzierung sollte kein politisches Zeichen gesetzt werden, sie wurde erforderlich aufgrund mangelnder Finanzen. Tati hätte es offensichtlich vorgezogen, allein über den ganzen Laden zu verfügen. Als das Geld anfing hereinzurollen, konnte er nicht schnell genug so viele kleinere Anteile zurückkaufen, wie er nur konnte. Einige seiner Mitarbeiter verkauften ihm alles und fühlten sich sehr bald ausgeraubt. In den 1950er Jahren machte Henri Marquet wiederholt seinem Unmut Luft, indem er fauchte, *er* habe in Wirklichkeit *Jour de fête* gemacht, und Tati habe ihn um seine Rechte geprellt.

Der Mythos des »Arbeiterkollektivs« geht Hand in Hand mit der Annahme, dass Tati seine Schauspieler und technischen Mitarbeiter hauptsächlich aus seinem Freundeskreis rekrutiert habe, und dass die joviale Stimmung des Films die geselligen Beziehungen zwischen dem Regisseur und seiner *bande de copains* wiedergebe. So war zum Beispiel Maine Vallée (Jeanette im Film) eine alte Freundin von Tatis Ehefrau Michou, die in der Rue de Penthièvre ein oft gesehener Gast war (und auch die Tochter eines bekannten Nebendarstellers, Marcel Vallée). Aber die Hauptrollen gingen ungeachtet des anhaltenden Mythos eines »Amateur-Films« an ganz normale Profis: Guy Decomble (Roger) war in *Le Crime de Monsieur Lange*, in *La Bête humaine* und anderen herausragenden Filmen von Renoir und Carné aufgetreten (später spielte er den Schulleiter in dem noch berühmteren Film, der 1959 die *Nouvelle Vague* startete: Truffauts *Quatre Cents Coups).* Die Rolle des Barbesitzers Bondu ging an Beauvais, der seit seinem Auftritt in *Forces Occultes,* einem NS-Propagandafilm gegen Juden, Freimaurer und ausländische Spione (Nova-Film, 1942), nicht davon abgelassen hatte, sich allenthalben als Charakterdarsteller zu verdingen.[180] Paul Frankeur (Rogers Partner Marcel auf dem Wanderjahrmarkt) war ebenfalls während der NS-Besatzung vom Varieté zu kleinen filmischen Nebenrollen avanciert und sollte später Jean Gabins ständigen Gegenpart in mehr als einem Dutzend Filmen spielen.[181] Auch Santa Relli (Rogers eifersüchtige und unaufhörlich nörgelnde Ehefrau) war eine professionelle Schauspielerin mit einer stolzen Liste von Engagements in der Kriegs- und Nachkriegszeit.

Keiner der Schauspieler war ein Star: Der Star sollte kein anderer als Tati selbst sein. Die herangezogenen Nebendarsteller waren ein recht gewöhnlicher Querschnitt zweiten Rangs der Unterhaltungsbranche: Es gab wirklich nichts Besonderes oder Verdächtiges an dieser Gruppe von Schauspielern, die während der Besatzungszeit weiter ihrer Arbeit nachgegangen waren.

Tati engagierte seine Freunde aus der Music-Hall der Kriegszeit nicht als Schauspieler, sondern als technische Mitarbeiter, als praktische Helfer und Unterstützer vor Ort. Besonders wertvoll war ihm wohl André Delpierre, der im nahegelegenen Städtchen Le Marembert lebte; doch Marquet, der einen guten Teil des Drehbuchs verfasst hatte und auch eigene Regieambitionen hatte, stand Tati zur Seite als Regieassistent und »technischer Berater«; und Jacques Cottin, der fast so groß war wie Tati und

Abb. 40: *Jacques Tati und Henri Marquet in Sainte-Sévère, 1947*

in späteren Jahren zu M. Hulots permanentem Double wurde, bekam die Verantwortung für Requisiten und Stunts. Es gab also einen echten Trupp von *copains* im »Unterstützer«-Team, wenn schon nicht in der schauspielerischen Besetzung. Und außerdem waren da auch ein paar Anhänger, wie Philippe Dubail, der Teenagersohn eines Geldgebers, der sich bei der Wartung und Bedienung der wenigen am Drehort eingesetzten Kraftfahrzeuge nützlich machte.

Der heikelste Teil für die Unterstützung von *Jour de fête* waren die Dorfbewohner. Es war alles andere als selbstverständlich, dass der Bürgermeister, die lokalen Honoratioren, die Bauern und ihre Ehefrauen eine Invasion der Pariser begrüßen würden; mehr noch, diese Fremdlinge wollten den Dorfplatz einnehmen – den meilenweit einzigen Marktplatz und Begegnungsort –, und das den ganzen Sommer lang. Es ist durchaus möglich, dass einige der dokumentarischen und ethnografischen Schätze in *Jour de fête* den von Tati mit großem Charme durchgeführten Verhandlungen zu verdanken sind. »Glauben Sie mir«, berichtete Orain seinem Korrespondenzpartner Wagner im Maison Dubail,

> das gute Einvernehmen, das zwischen unseren Leuten und den Einwohnern von Sainte-Sévère herrscht, hat sich nicht von allein eingestellt ... Das Wohlwollen der Ortsansässigen uns gegenüber ist das Ergebnis von sehr viel Taktgefühl und Diplomatie.[182]

Das »Taktgefühl« mag wohl in einem Versprechen bestanden haben, dass die Einwohnerschaft tatsächlich im Film auftreten und der Film gewissermaßen die Geschichte ihres Dorfes erzählen werde. Das mag der Grund dafür sein, dass das Ortseingangsschild von Sainte-Sévère aufgenommen und gezeigt wurde, obwohl das Drehbuch den Ort der Handlung als einen beliebigen Wohnort vorsieht, der gleicherweise »mein Dorf« ist wie »Follainville«. Auch ein paar amüsante Sequenzen mögen aus Gründen jenes »Taktgefühls« Eingang in den Film gefunden haben: Ein Bauer findet heraus, wie er auf den Bock seines Fuhrwagens zurücksteigen kann, ohne die Seidenbluse seiner Tochter zu beschmutzen; Familien auf dem Weg zum Jahrmarkt; junge Mädchen, die sich mit wunden Füßen vom Tanzboden nach Hause schleppen – Szenen, die man als irrelevant für den Comedy-Plot des Films betrachten könnte (und von einigen Rezensenten auch kritisiert wurden). Fast alle Einwohner von Sainte-Sévère treten in diesem Film auf,[183] jedenfalls alle Kinder unter zehn Jahren. Viele spielen schlicht sich selber. Der in der Maibaumszene hammerschwingende Mann mit dem Bowler-Hut zum Beispiel war ein Bauer, der tatsächlich stark schielte. Andere spielten Rollen, mit denen sie gut vertraut waren: Tati überredete seinen ehemaligen Vermieter in Le Marembert dazu, für den Bürgermeister einzuspringen, der mit der Darstellung seines Amts in einem Spielfilm nichts zu tun haben wollte. Die einzigen Mitglieder der Dorfgemeinschaft, die nachdrücklich gebeten werden mussten, sich herauszuhalten, waren die echten Postboten, zwölf insgesamt, die etwas weniger antike Fahrräder benutzten als François mit seinem Peugeot-Modell ohne Gangschaltung. Wie Tati es schaffte, die verletzten Gefühle der Postleute zu beschwichtigen, bleibt ein Rätsel, denn sie sind die einzigen Sévérois, denen er überhaupt keine Rolle im Film zugeteilt hatte; aber Tati baute eine ausgezeichnete Beziehung zu diesen ungesehenen »technischen Beratern« auf, die ihn während der Dreharbeiten zum »Ehrenpostmann« ernannten und sein eingerahmtes Porträt an der Wand des Postamts aufhängen ließen ...[184]

Die Requisiten zusammenzubringen war ebenfalls eine Herausforderung. Das größte Problem war der Jahrmarkt. Tati brauchte kein echtes Festzelt: Da es nie als Ganzes sichtbar wird, waren nur ein paar Teile einer Markise nötig. Aber er brauchte ein ganzes Karussell, und zwar eines, das wirklich funktionierte. Und er brauchte ebenfalls die Kolonne der Schausteller – einen Wohnwagen und einen offenen Lkw-Anhänger für die Holzpferde. All das konnte er vermutlich über seine Bekannten in der Zirkuswelt organisieren – was er aber nicht auf normalem Weg bekommen konnte, war eine Zugmaschine für den Transport des Ganzen. 1947 konnte man nicht einfach hingehen und ein Auto kaufen oder einen Lastwagen oder Traktor: Es gab Wartelisten von mehreren Jahren für alle Kraftfahrzeuge, und die Preise waren so, dass ein Kauf auf dem Schwarzmarkt alle anderen Kosten der Herstellung des Films unerschwinglich gemacht hätte. (Das einzige fahrende Auto, das im Film zu sehen ist, ist Fred Orains eigene Limousine.) Tati, oder doch wohl seine technischen Assistenten, durchkämmten die gesamte Umgebung, um etwas zu finden, das sie sich ausleihen konnten. Sie mussten feststellen, dass es meilenweit nur ein einziges Fahrzeug gab, das überhaupt infrage käme: ein nagelneuer Farmall-Traktor, der gerade in diesem Frühjahr im Rahmen des Leih-und-Leasing-Programms (einer der Früchte von Blooms Washington-Mission, und ein Vorbote des umfangreicheren Marshall-Plans) an einen Bauern vor Ort geliefert worden war. So ein kostbarer Fund war kein Spielzeug. Und nein, ungeschickte Schauspieler konnte man auch nicht darin herumkurven lassen. Außerdem war der Traktor fast jeden Tag im Arbeitseinsatz auf dem Feld. Wie viel Tati dem Bauern für die Nutzung dieses kostbaren Traktors auf den Tisch gelegt hat, ist nicht bekannt; aber er durfte ihn selber nicht fahren, und niemand außer dem ängstlichen Besitzer durfte den Motor anlassen. Aus diesem Grunde sieht man den fahrenden Traktor immer nur in Totalaufnahme aus der Entfernung, denn er wird nicht von Paul Frankeur gefahren, sondern von seinem Eigentümer. In den wenigen Szenen, wo wir Frankeur auf dem Fahrersitz sehen, ist der Traktor nicht in Bewegung, doch dank der gekonnten Bearbeitung von Bild und Ton wird das sehr effektiv verdeckt.

Angesichts der 1947 im ländlichen Frankreich herrschenden verheerenden Armut muss es zahlreiche Probleme dieser Art gegeben haben. Der vorangegangene Winter war im ganzen nördlichen Europa extrem hart gewesen, und die Lebensmittelvorräte waren fast aufgebraucht; in Deutschland herrschte echte Hungersnot, und in Frankreich lief es nicht viel besser. In Sainte-Sévère gab es nur zwei funktionierende Telefone (eins auf dem Postamt und eins in der Café-Bar, die sich nicht dort befand, wo wir Bondus Café sehen, das eigens für den Film als Kulisse aufgebaut wurde). Nur wenige Häuser hatten Elektrizität, und von Abwasseranlagen konnte man nicht einmal träumen. Die Szene mit einer Frau, die den Nachttopf in die Gosse ausleert, dürfen wir nicht als obszönen Witz betrachten, sondern als ein Dokument des Dorflebens, wie es wirklich war. Tatis »technische Berater« – Cottin, Marquet und Delpierre – haben zweifellos viel Zeit damit verbracht, dafür zu sorgen, dass sie genug Brennstoff, genug Elektrizität und genug zu essen hatten, um mit den Dreharbeiten weiterzumachen. Und dazu mussten sie sich wohl jeden Tag etwas Schlaues einfallen lassen.

Tatis warme Beziehungen zu den Sévérois waren am Drehort durchaus nicht jeden Tag offenkundig. Aus allen möglichen

Abb. 41: *(von links nach rechts) Lydie Noël, das Skriptgirl, Marcel Franchi, der Kameramann und Jacques Tati machen Pause in Sainte-Sévère, Sommer 1947*

Gründen, die er meistens für sich behielt, konnte Tati ganze Tage lang mit grimmiger Miene herumlaufen. »Die Stimmung war manchmal recht stürmisch«, bemerkte Maine Vallée Jahre später. »Tati konnte entsetzlich niedergeschlagen sein. Wenn er so war, verschloss er sich völlig.«[185] Aber beim gemeinsamen Abendessen nach vollendetem Tagwerk gelang es ihm meistens, die Stimmung wieder anzuheben – mit einer Gebärde, einer kleinen Posse, einem Witz. Und manchmal waren sie einfach ausgelassen und alberten herum.

Währenddessen setzte Orain, der jede zweite Woche die anstrengenden zweihundert Meilen nach Paris fuhr, seine Bemühungen fort, Tati und Cady-Films auf den Weg zu bringen. *L'École des facteurs* hatte schon einige Monate vor Beginn der Dreharbeiten für Cady-Films ersten Spielfilm ein sehr erfolgreiches

Probescreening im Colisée bekommen, doch *L'École* war gegen den Vorschuss von Dubail verpfändet und noch nicht für die kommerzielle Vorführung in Frankreich freigegeben worden (als unveröffentlichter Film war er von wesentlich höherem Wert). Ein Exemplar von *Soigne ton gauche* war aufgetrieben worden (in Deutschland, wie es scheint, obwohl diese Information aus nur einer, nicht unbedingt verlässlichen Quelle stammt). Orain ließ für diesen Film einen neuen Cady-Films-Abspann mit einer Tonspur desselben wilden Geklingels anfertigen, das Yatové für *L'École des facteurs* komponiert hatte, das auch wieder für *Jour de fête* benutzt werden sollte und so bereitstand als »Titelmelodie« des neuen Star-Komikers und der Filmreihe, die er zweifellos machen würde. Noch während Tati in Sainte-Sévère mit den Dreharbeiten an *Jour de fête* beschäftigt war, wurden die beiden Kurzfilme durch das neu gegründete und staatlich geförderte Unternehmen Unifrance-Film für den Exportmarkt freigegeben. Doch *L'École des facteurs* muss auch in Frankreich wieder gezeigt worden sein, noch ehe *Jour de fête* fertiggestellt war, denn er wurde 1947 als beste französische Kurzfilmkomödie des Jahres mit dem Max-Linder-Preis ausgezeichnet.[186] Bei dieser Gelegenheit lernte Tati Maud kennen, Linders Tochter und Sachverständige hinsichtlich der Karriere ihres Vaters. Linder war ebenfalls sowohl Sportler als auch der »König des Kinema« gewesen und hatte es, wie auch Tati, niemals geschafft, Klavier spielen zu lernen.[187] Das alles waren vernünftige Schritte, um Gelder in Cady-Films Kassen zu spülen und den Weg für einen Spielfilm zu bahnen, der im folgenden Frühjahr hätte herauskommen sollen. Unterdessen hatte Orain Informationen über das neue Projekt und seinen industriellen Anteil der Fachpresse zugespielt. »Ein Neues Französisches Farbverfahren«, verkündete *L'Écran français*. Thomsoncolor werde »eine feinere Auflösung, größere Farbintensität und mehr Farbdifferenzierung« bringen als Technicolor und Agfacolor. Aber der Produzent habe noch keine richtigen Kopien zu sehen bekommen: Nur manuell entwickelte »Teststreifen« seien bisher aus dem noch im Bau befindlichen Labor in Joinville-le-pont gekommen. Um sich gegen das Risiko eines noch unerprobten Systems abzusichern, berichtete die Zeitschrift, fertige Orain ebenfalls eine Schwarz-Weiß-Version des Films an.[188]

Diese Geschäfts- und PR-Manöver sollten sich als voreilig erweisen. Tati arbeitete nicht gerade schnell, und mit seinem schwerfälligen Gang und oftmals düsteren Gesicht konnte er niemanden dazu inspirieren, herumzurennen und sich für ihn abzurackern. Was nach drei Monaten fertig sein sollte, brauchte tatsächlich mehr als sechs Monate.

Der Zeitplan für *Jour de fête* konnte von Anfang an nicht eingehalten werden, da Tati die ersten zehn Tage im Mai auf Krankenurlaub war (die Art der Erkrankung kennen wir nicht). Nach Orains taktisch zugeschnittenen Briefen an seinen Geldgeber Wagner geriet die Arbeit aufgrund schlechten Wetters noch weiter in Verzug. Das dürfte nicht ganz der Wahrheit entsprechen: Der Sommer 1947 war in Frankreich der heißeste und trockenste seit Beginn der Aufzeichnungen und bot geradezu ideale Bedingungen für sonnendurchflutete Aufnahmen des Lebens auf den Feldern – selbst wenn die Trockenheit die Ernte zu vernichten drohte, an die sich so viele Hoffnungen klammerten.

Tatsächlich hinkte die Filmarbeit so weit hinter dem Zeitplan her, dass der Sommer in Sainte-Sévève zu Ende ging, noch ehe die wichtigsten Komikszenen gedreht worden waren – die Bravourstücke des François auf seinen im Wahnsinnstempo absolvierten Lieferrunden. Tati nahm leichtgläubige Journalisten auf die Schippe und erzählte ihnen, die Dorfkinder hätten für ihn die Blätter auf die Bäume zurückgeklebt, damit er die letzten Abschlussaufnahmen machen konnte. In Wirklichkeit wurden die Dreharbeiten weiter nach Süden verlegt (wo die Jahreszeit noch nicht so weit fortgeschritten war), um einige der Straßensequenzen an einem ländlichen Ort in der Nähe von Aix-en-Provence zu filmen, wo *L'École des facteurs* gemacht worden war. Daher gibt es zwischen dem kurzen und dem langen Film eine merkwürdige visuelle Überschneidung, die den Eindruck erweckt, einige Bilder in *Jour de fête* seien Ausschnitte aus dem ursprünglichen Kurzfilm *L'École des facteurs*. Aber die Farbfilm-Kamera ist nach Süden mitgereist, und da es die besagten Aufnahmen auch in den Farbnegativen gibt, muss Tati auf seinem Fahrrad auch die Ausweichmanöver und Wendungen, die ihrer Ausführung in *L'École des facteurs* aufs Haar zu gleichen scheinen, noch einmal neu inszeniert haben. Wie jeder gute Varieté-Künstler konnte Tati seine Nummer immer wieder und ohne Ende wiederholen. Aber das bedeutet nicht unbedingt, dass die Schwarz-Weiß-Version des Spielfilms *Jour de fête* – ein Back-up und, als Tati im Winter 1947/48 mit der Bearbeitung begann, eine enttäuscht verzweifelte letzte Lösung – nicht doch einige der älteren Materialien nutzt.

ACHTZEHN

»US Go Home!«

Die Hochgeschwindigkeitsrunde des gutgläubigen Postboten bildet die Kadenz von *Jour de fête*, füllt aber fast den ganzen Film *L'École des facteurs*. In diesem Kurzfilm ist der Anlass für das Radfahr-Szenario die Entscheidung der französischen Post, die Effizienz ihrer Briefträger zu steigern; der Anlass im Spielfilm *Jour de fête* ist François' naiver Ehrgeiz, es dem US Postal Service zumindest gleichzutun. In Anbetracht der 1947 gegebenen Umstände – auf halber Strecke zwischen dem Blum-Byrnes-Abkommen und dem Einsatz des Marshall-Plans – kann das kaum als belanglose Umänderung betrachtet werden. *Jour de fête* ist kein wirklich antiamerikanischer Film; doch die Art und Weise, wie er die Vorstellung von Amerika einbringt, ist zweifellos Teil seiner historischen Bedeutung als Film-made-in-France. Ein näherer Vergleich mit *L'École des facteurs* bringt eine Reihe faszinierender Variationen zutage.

Der Großteil des zuerst dem Kurzfilm zugedachten Materials wird in *Jour de fête* wieder benutzt. In beiden Filmen hängt François sein Fahrrad ans Heck eines Lastwagens und benutzt die Ladefläche zum Sortieren und Frankieren seiner Ware; er liefert ein Paar Schuhe an einen Metzger, der sie glatt zerteilt; er betritt eine Kirche, in der der Pfarrer am Glockenseil nach oben fliegt; er verursacht einen Autounfall, indem er an einer Kreuzung ein Handsignal gibt und in die entgegengesetzte Richtung einbiegt; und am Ende überholt er ein Radrennteam. Angesichts des kargen Erzählmaterials von *Jour de fête* konnte Tati wirklich nicht viel auslassen. Allerdings gibt es in dem längeren Film einige zusätzliche Fahrrad-Gags; von größerem Gewicht aber sind die Teile von *L'École des facteurs*, die er ausgespart hat.

Die bedeutendste Weglassung ist die der ganzen Eröffnungsszene auf dem Postamt, wo Paul Demange erklärt, warum die radelnden Postboten lernen müssen, ihren Dienst schneller zu verrichten. Diese einleitende Sequenz wird in dem längeren Film ersetzt durch den Pseudo-Dokumentarfilm *La Poste en Amérique*. Aufgrund derselben Erwägungen mussten die Abschlussszenen von *L'École des facteurs* – François' atemlose Ankunft am Flugplatz und seine erfolgreiche Befestigung des Postsacks an der Heckflosse des Luftpostflugzeugs – ebenfalls gestrichen werden. Der erste François erfüllt die Herausforderung der Modernisierung in Frankreich; dem zweiten François gelingt es nicht, sich in einen amerikanischen Klon zu verwandeln.

In beiden Versionen dieses Szenarios lässt François sein Fahrrad auf der Straße los, und es scheint sich ganz allein zum gewohnten Parkplatz zu steuern: nicht zum Postamt, sondern zur Bar. Im Kurzfilm holt François sein Fahrrad ein und geht in die Bar, um sich ein Gläschen zu genehmigen. Der Innenraum des Cafés ist kaum möbliert, aber im Hinterzimmer tanzen einige Paare zu Musik aus einem Automaten. Tati schließt sich dem Jitterbug an und legt einen richtigen Comic-Swing aufs Parkett. Zu dieser Tanzszene gibt es ein Pendant in *Jour de fête*, das jedoch anders eingeführt wird und sich viel länger hinauszieht – dem Regisseur Tati steht eine größere Gruppe von Partygängern zur Verfügung (er hat ein ganzes Dorf), und es ist auch nur logisch, mehr Leute auf dem Tanzboden zu haben, denn es ist Jahrmarkt-Abend.

Der wirkliche Unterschied liegt jedoch darin, dass in *L'École des facteurs* die männlichen Tänzer amerikanische GIs sind. (Übrigens ist eine der Frauen Micheline Tati.) 1945/46 konnte ein Kurzfilm ruhig Amerikaner in geselliger französischer Runde zeigen, denn man konnte nichts gegen die Streitmacht haben, die Frankreich gerade befreit hatte. Ganz anders ist in *Jour de fête* Amerika überall und ständig präsent, aber man sieht keine geselligen Amerikaner – weder in der Bar noch auf dem Jahrmarkt, auch nicht im Dorf. Das ist eigentlich ziemlich unrealistisch: Sainte-Sévère ist ungefähr zwanzig Meilen von dem riesigen

Abb. 42: L'École des facteurs: *GIs in der Bar im ursprünglichen Follainville*

amerikanischen Flugplatz und Armeestützpunkt bei Châteauroux entfernt, und 1947 waren die amerikanischen Soldaten bestimmt nicht auf ihr Militärquartier beschränkt. Wie die echten Briefträger in Sainte-Sévère, so wurden auch die lokal stationierten GIs von den Dreharbeiten ferngehalten, obwohl der berühmte Jeep, mit dem Tati und Marquet sich bequem von Ort zu Ort bewegen konnten (Abb. 40), nur aus einem US-Überschusslager kommen konnte.

Ebendiesen Jeep sehen wir auch im Film, herausgeputzt mit weißem Anstrich und aufgeklebter »MP«-Markierung. François hat von dem erbosten Bondu den Befehl bekommen, das kaputte Telefon aufs Postamt zur Reparatur zurückzubringen.[189] Mit dem Mahagoni-Kurbelapparat auf dem vorderen Gepäckträger radelt er davon, und als der Jeep der Militärpolizei in Sicht kommt, spielt er sich – ähnlich wie wir es aus *Soigne ton gauche* kennen – etwas vor und tut so, als habe er ein Walkie-Talkie-Radiotelefon.

Zwei US-Soldaten mit weißen Helmen fläzen auf der Motorhaube herum und geben damit ein Bild von Faulenzerei und

Abb. 43: Jour de fête: *Die Hässlichen Amerikaner*

Dummheit ab. Verblüfft, einen einfachen französischen Postboten mit einem mobilen Kommunikationsgerät zu sehen, starren sie wie gebannt auf diese Erscheinung. François macht sich einen Jux daraus und ruft im Vorbeifahren laut hörbar: »*Allo, Paris?*«, und »*Passez-moi New York!*« Die Soldaten klettern zurück in ihren Jeep (und prallen in üblicher Slapstick-Manier aufeinander, als sie versuchen, um das Heck des Fahrzeugs herumzukommen) und machen sich dann auf die Verfolgungsjagd. Den übergroßen Radfahrer fixierend, kommen sie von der Fahrbahn ab und landen im Straßengraben. »Alles okay? Alles okay!«, ruft der fröhliche Postbote und radelt aus dem Bild.

Dieser neu eingefügte Gag, zusammengenommen mit den herausgeschnittenen Szenen, verändert die Bedeutung, die wir dem Radfahr-Motiv in *L'École des facteurs* beimessen mögen. *Jour de fête* übt Kritik am Stil amerikanischer Filme (die Parodie des Hollywood-Sounds in der wortlosen Begegnung von Roger und Jeannette im Gegensatz zu dem zusammengeschluderten Dialog in *Les Riveaux de l'Arizone*) und parodiert ebenfalls den Propagandastil der amerikanischen Nachrichtenerstattung. Die abschließende Moral des Spielfilms, ausgesprochen von der alten Frau, die im ganzen Film die Rolle von Kommentator und Chor zugleich ausübt, ist die: Schnellere Post lässt das Getreide nicht schneller wachsen; und: Gute Nachricht wird nicht schlecht, wenn sie etwas später kommt. Um diese tröstliche Botschaft wirkungsvoll zu unterstreichen, zeigt der Film zwei hässliche Amerikaner, die sich von einem simplen Trick täuschen lassen. Tati mag behauptet haben, er wolle keine politische Aussage machen; doch ob gewollt oder nicht, hat er in *Jour de fête* sehr wohl einige historisch signifikante Sticheleien ausgeteilt.[190]

Das Amerikabild, das sich aus *Jour de fête* ergibt, dürfen wir als Nebenprodukt oder Konsequenz der ursprünglichen Intention des Films betrachten: die US-Farbtechnologie aus dem Feld zu schlagen und Eastman-Kodak ein Stückchen Land für Thomson-Houston abzugewinnen. Es bekundet ebenfalls die eigenartig sauertöpfische Haltung der französischen Filmindustrie (und vieler anderer Bereiche des kulturellen Lebens in Frankreich zu jener Zeit) gegenüber ihren Befreiern, deren pure Macht und Wohlhabenheit, anders als die diebische Brutalität der Deutschen, das Überleben einer spezifisch französischen Lebensart zu bedrohen schien. Doch ein Film spiegelt nicht nur Vorstellungen und Denkweisen wider, er beeinflusst sie auch, besonders wenn er möglichst vielen Menschen Freude und Genuss bereitet. Kraft seiner Komik leistet *Jour de fête* einen nicht unwesentlichen Beitrag zu vielen Themen der antiamerikanischen Propaganda in den späten 1940er Jahren. Damit warf dieser Film das ihm eigene Gewicht in die Waagschale der bizarren französischen Kulturpolitik der Nachkriegszeit, als die Menschenmassen sich drängten, Hollywood-Filme zu sehen, und zur gleichen Zeit auf die Straßen gingen und »*US go home!*« skandierten.

Tati hat sich nie von seinem Misstrauen gegenüber Amerika befreit, obwohl er seine Besuche in New York schätzen lernte und mehr als zufrieden war, als er 1958 den Oscar für den besten ausländischen Film gewann. Die Beweggründe dafür, dass er es wiederholt ablehnte, in Hollywood oder auch im Fernsehen zu arbeiten, und dass er scheinbar anti-moderne Ansichten vertrat, sind äußerst komplex und werden später im geeigneten Kontext erörtert. Doch *Jour de fête* ist trotz allem ein markantes Beispiel für politisches Wegsehen: Kaum zwei Jahre nach dem Sieg über das größte Übel, das Frankreich und Europa je erlebt hatten, macht sich dieser Film über Amerika lustig. Wer würde vom bloßen Betrachten des Films darauf kommen, dass weniger als drei Jahre vor Beginn der Dreharbeiten die Gestapo noch ein Büro am Hauptplatz von Sainte-Sévère hatte?

NEUNZEHN

Im tiefsten Frankreich

Der Charakter, den Tati sich für seine Rolle in *Jour de fête* ausgedacht hat, ist ein brummelnder Träumer, eine arglose Zielscheibe der Schlauköpfe, die ihm begegnen, und fast schon der berühmtberüchtigte Dorftrottel. Der Name Roger, den Tati in den Kurzfilmen der Vorkriegszeit seinen Dummköpfen gegeben hatte, geht auf den Schausteller mit seinem wachen Auge für Mädchen über; seine Ehefrau schimpft und knurrt, wie schon Rogers herrschsüchtige Gemahlin in *On demande une brute*. Der François in *Jour de fête* hat keine Frau, keinen Nachnamen und, soweit erkennbar, kein eigenes Zuhause. Er wird von Kindern gehänselt, die einen Fake-Brief in den Postkasten werfen, gerade bevor er ihn leert. Er weiß, dass er von den Gören beobachtet wird, setzt ein strenges Gesicht auf und radelt mit gespielter Würde davon. Aber die Rolle der Autorität ist offensichtlich fehl am Platz: Die Kinder kommen aus der Deckung und rufen ihm Spötteleien nach.

Sobald François auf dem Dorfplatz erscheint, stürzen sich die Schausteller auf ihr Opfer. Bondu hat Roger bereits zu verstehen gegeben, dass der Postmann etwas eigenartig ist, und sein Anblick, kerzengerade auf seinem primitiven Fahrrad, bestätigt ihre Erwartung, leichte Beute vor sich zu haben. François ist beglückt über ihr herablassendes Lob über seine Körpergröße, seine Muskelkraft, seine Führungsfähigkeit und tappt blindlings in die Falle. Ehe er sich versieht, ist er für das Aufstellen des Maibaums verantwortlich – und muss, als seine Helfer sich verdrücken, den massiven, hin und her schwankenden Mast allein hochhalten.

Tati macht François durch die Eigenart seines Gesichts (runde Babybäckchen und Dreitagebart) und seiner Sprechweise als dummen August vom Land erkenntlich: ein sabberndes Brummeln mit übertriebenem ländlichen Akzent (so etwas wie eine französische Version des Mummerset, der gekünstelten Sprech-

Abb. 44: *Der Dorftrottel*

weise der Schauspieler für die Dorftrottel im englischen Theater.). In Bondus Bar wird François von einheimischen Zechern in einen Trinkwettkampf verwickelt: Statt des *petit vin blanc*, den François sich genehmigen wollte, schenken sie ihm Cognac ein und machen ihn richtig betrunken. Am Ende des Abends zwingen sie ihn, in eine Muschel zu schauen, die einen schwarzen Ring über seinem rechten Auge hinterlässt. Die Bar schließt und der einsame, betrunkene Schwachkopf macht sich auf seinen Weg in die Nacht. Im Straßengraben gelandet und ein wenig unsicher, versucht er, auf sein Rad zu steigen, indem er es fest gegen einen Holzzaun drückt, dann aber mit seinem Bein im Zaun hängen bleibt. Wie die meisten körperlichen Gags von Tati wird auch dieser zweimal durchgeführt: François schiebt sein Rad weiter, bis er eine Öffnung findet, durch die er auf die andere Seite des Zauns kommt, und versucht es noch einmal – aber er steigt in denselben Zaun, nur von der anderen Seite. Sobald er es dann doch auf sein Fahrrad geschafft hat, fährt er los und direkt gegen den Stamm eines Apfelbaums, der das Obst auf ihn niederhageln lässt (der Apfelhagel klingt eher wie das Prasseln von zwölf Dutzend Kricketbällen). Die Kollision hat seine Lenkstange verbogen: Als er sie wieder geradebiegt, um aufsteigen zu können, sieht er, dass das Vorderrad seitwärts verbogen ist. Nach dreimaligem Versuch, das Problem in den Griff zu bekommen, vollführt er eine spektakulär elegante Umdrehung des ganzen Gestells unter sich, was wie durch Magie die Lenkstange in ihre richtige Position und den Fahrer auf den Sattel befördert. Sodann strampelt François schnurstracks in eine hohe Hecke, die wie Ilex aussieht und klingt.

Einen Betrunkenen zu spielen, ist wohl die banalste Form der Pantomime, und es ist eine Nummer, die Tati seit seinen lustigen Tagen im Rugby-Club zum Besten gegeben hatte. Die Sequenz des Betrunkenen-in-der-Nacht in *Jour de fête* ist allerdings nur so lange komisch, als der Zuschauer die Schmerzen nicht sieht. Auf einem hölzernen Zaun zu radeln, muss für den Schritt ziemlich schmerzhaft sein, und mit dem Kopf tief in einer stacheligen Hecke zu stecken, auch nicht gerade angenehm. Keaton hatte sich tatsächlich noch gefährlichere Pannen für seine Rolle als komisches Opfer ausgedacht; seine und die Hollywood-Burlesken anderer hatten den Zuschauern weltweit beigebracht, über die Schmerz-und-Strafe-Nummern zu lachen, die wir heute ziemlich abstoßend finden. Wenn es Tati wirklich darum ging, mit irgendeinem Teil von *Jour de fête* einem Mack Sennet den Rang streitig zu machen – ein »völlig ungehöriges Unterfangen«, wie die *New York Times* meinte[191] –, dann ist es die nächtliche Fahrrad-Sequenz: ein schauriges Solostück ohne Erbarmen oder Ende (wir bekommen nie zu sehen, wie der Postmann sich aus der Hecke befreit), das den Slapstick bis an den Rand einer Opferhandlung treibt. Tatis Einfaltspinsel vom Land ist vielleicht kein Heiliger; aber was er in dieser Episode erleidet, ist nicht viel weniger als ein Martyrium. Wir sollten nicht vergessen, dass François' trunkener Zustand ausdrücklich die Schuld anderer ist.

In der Mehrzahl der Sequenzen, in denen der radelnde Postbote auftritt, ist er eine Mischung aus Dorftrottel und Lokalheld. In seiner Uniform mit Schirmmütze, mit seinen langen Beinen und dem kleinen Schnurrbart, ähnelt er aufs Erstaunlichste dem Führer von Free France, Charles de Gaulle, der im Januar 1946 das Amt als Präsident der Provisorischen Regierung verärgert niedergelegt und sich nach Colombey-les-deux-églises zurückgezogen hatte. Im privaten Kreis konnte Tati *le général* verblüffend lebensecht nachahmen, und es gibt auch ein Beispiel dafür, dass er diese

Abb. 45: *Aufstellen des Maibaums*

Nummer auch auf die Bühne gebracht hat. (Diese Aufzeichnung wird nicht in Frankreich, sondern im British Film Institute in London aufbewahrt.) Im stark polarisierten politischen Kontext Frankreichs im Jahr 1947 kann es kein Leichtes gewesen sein herauszufinden, wie man am besten mit einer Ähnlichkeit umgeht, von der man wusste, dass sie kaum unbemerkt bleiben konnte.

Wie de Gaulle, so übernimmt auch François die Verantwortung für das Hissen der Flagge: Am Maibaum soll die Trikolore über dem Dorfjahrmarkt wehen. Seine verbalen Anweisungen an das bunt zusammengewürfelte Team seiner Helfer sind natürlich purer Unsinn – aber auch Doktrin der Gaullisten, einer nationalen Bewegung, die vorgibt, überparteilich zu sein und die Interessen sowohl der Linken als auch der Rechten zu vertreten: »Die auf der Linken: links ziehen! Die auf der Rechten: rechts ziehen!«

Als François später auf seinem Fahrrad zum Dorfplatz kommt und hört, was er für das Knarren des Maibaums hält (der Zu-

Abb. 46: *François nimmt den Salut entgegen*

schauer weiß aus der vorherigen Szene und ihres Sound-Effekts, dass das nicht der Fall ist), steuert er sofort auf Bondus Bar zu, verschwindet hinter der Tür und erscheint, wie schon einmal (nach seinem ersten Auftritt auf dem Dorfplatz, als er von dem fallenden Mast fast zerschmettert worden wäre), auf dem Balkon der ersten Etage. Dann folgt eine sehr eigenartige Sequenz. In einer Hochwinkelaufnahme des Platzes, die zeigt, wie François ihn vom Balkon aus sieht, füllt sein breiter Rücken die rechte Hälfte des Bildes aus. Es ist der Moment, als der akustische Wettkampf zwischen Drehorgel und Blaskapelle entschieden ist, da die letztere auf dem Platz ankommt und anhält. Weit hinten im Bild macht der Kapellmeister der Bläser (man kann ihn nur sehen, weil er sich in François' impliziter Sichtlinie befindet) eine o-beinige Verbeugung, fast einen Knicks, und bietet zum letzten Schlag des letzten Taktes einen militärischen Salut. Reflexartig erwidert der trottelige Postmann selbigen Gruß – realisiert dann aber, dass er nicht auf Staatsbesuch ist, und tut so, als wolle er ein Kitzeln im Nacken wegkratzen.

Jérôme Deschamps sieht allein schon im Aufstellen des Maibaums mit seiner Trikolor-Flagge ein Symbol für das nach seiner Kriegsniederlage wiederaufstehende Frankreich.[192] Dieser Denkweise folgend, könnte man die Balkonszene als eine Hommage an die Inkarnation des Freien Frankreich interpretieren. Aber es wäre widersinnig, de Gaulle vor den Menschen lächerlich zu machen – dazu noch quasi hinterrücks –, wenn Gaullismus die intendierte Grund-»Farbe« des Films wäre. Und in *Jour de fête* gibt es noch vieles mehr, was auf eine völlig andere politische Einstellung hinweist, auch wenn diese nicht offen ausgesprochen werden konnte.

Kehren wir zur Eröffnungssequenz zurück: In verschiedenen Total- und Halbtotalaufnahmen sehen wir, wie ein Jahrmarktwagen, gezogen von einem Traktor, auf einer kurvenreichen Landstraße Felder durchquert, wo Pferde grasen, wo fröhliche Landarbeiter das Heu mähen. *Labourage et pâturage sont les deux mamelles de la France.* (»Ackerland und Weide sind die beiden Brüste Frankreichs«), sagte Sully im sechzehnten Jahrhundert zu Henri IV., und Pétains Propagandisten nahmen dieses Bonmot wieder auf und machten es zu einem Slogan der »Nationalen Revolution« von 1940 bis 1944. Das Kind, das den Abhang hinunter dem Wanderjahrmarkt entgegenrennt und begeistert hinter dem Kirmeswagen herläuft, die Pferde auf dem Acker, die Gänse auf der Straße, die Hühner im Verschlag, der Hund am Tor, die herzlichen Willkommensrufe der Landmänner – all dies, synchronisiert mit der hellen, lyrischen Musik der Tonspur, verkündet so deutlich, wie man sich nur denken kann, dass das landwirtschaftliche Herz Frankreichs ein glückliches und zufriedenes ist.[193]

Schauen wir jetzt auf das Ende: Der übergroße Postbote überholt die Tour de France (im Sommer 1947 wurde sie zum ersten Mal seit Kriegsbeginn veranstaltet), nimmt eine Kurve kurz vor einer gewölbten Brücke zu schnell, gerät ins Schleudern, kommt von der Straße ab und stürzt in den Fluss. Durchnässt und zerknirscht fährt er per Anhalter mit der buckligen Bauersfrau, die das Ganze in der Rolle des Chors und Kommentators begleitet hat, zurück ins Dorf. »Die Amerikaner werden es nicht fertigbringen, dass das alles schneller wächst«, sagt sie, um den patschnassen Dorftrottel zu trösten. »Und was die guten Nachrichten angeht, die werden nicht schlecht, wenn man eine Weile wartet.« Sie kommen an den Heuarbeitern vorbei, die wir am Anfang gesehen haben. François springt vom Wagen, um bei der Arbeit auf der Wiese mitzumachen; der kleine Gaston setzt sich die Briefträgermütze auf und läuft hinter der wegfahrenden Jahrmarktkolonne her, um dem Postboten den Rest seiner Lieferrunde abzunehmen.

Dieses bukolische Ende bringt François zurück in den Schoß des traditionellen Landlebens seiner Dorfgemeinde, wo dieser Film gesunden Menschenverstand und nationale Werte eindeutig verortet. Es ist ein komisches Ende im konventionellen Verständnis – ein »Happy End« des Konflikts zwischen den Werten des realen Sainte-Sévère und des imaginären US-Postdienstes. Aber es ist kein belustigendes Ende. Es kann nur als moralisches Ende bezeichnet werden, vielleicht sogar als ein explizit politisches. Wenn wir das erzählerische Umfeld unreflektiert als das

Abb. 47: *François kehrt aufs Land zurück*

betrachten, was uns vor Augen geführt wird, dann sagt uns *Jour de fête*, dass Frankreich den gemächlichen und geselligen Schlag seines ländlichen Herzens beibehalten und es vor verderblichen und unangemessenen ausländischen Idealvorstellungen von Tempo und Effizienz usw. bewahren sollte. Während eine Anzahl kontextueller Elemente es uns nicht gestattet zu glauben, *Jour de fête* könnte unter dem Vichy-Regime gedreht worden sein (während des Krieges hätten in Frankreich keine *Arizona Rivals* und auch nicht der *ciné-poste*-Dokumentarfilm gezeigt werden können), vertritt dieser Film in jeder anderen Hinsicht aber doch – wenngleich in spielerischer, komödiantischer Manier – einige der wichtigsten Grundsätze des Vichy-Regimes.

Das soll nicht heißen, dass wir den Spielfilm *Jour de fête* für bare Münze nehmen und ihn als Propaganda im Namen des diskreditierten und schändlichen Regimes einschätzen sollten. Der Film gibt gleichermaßen zu bedenken, dass nostalgische, retrospektive und fremdenfeindliche Stränge der politischen Plattform von Vichy tatsächlich einem Gedankengut entsprachen, das unreflektiert noch immer von einer breiten Öffentlichkeit geteilt wurde und nicht über Nacht verschwunden war, als das Regime, das diese Ideen auf desaströse Weise ausgenutzt hatte, sein verdientes Ende fand. In *Jour de fête* stellt Tati diese im Frankreich des zwanzigsten Jahrhunderts noch immer präsente Gegenströmung, die die Welt am liebsten zum Stillstand bringen würde, auf seine Weise filmisch dar. Dieses alte und ewige Frankreich ist ein Land, wo man sich Zeit nimmt, um das Gras wachsen zu sehen, wo der Briefträger hin und wieder auf ein Gläschen anhalten kann, und wo der Kreislauf der Jahreszeiten durch die regelmäßige Rückkehr des Jahrmarkts markiert wird. Es hebt sich nicht wesentlich von einigen der »lässigen«, ökologischen Tendenzen ab, die nach dem Mai von 1968 aufkamen, wie sie beispielsweise in Jacques Doillons erstem Film *An 01: Tout s'arrête* dargestellt werden. Diese Themen fanden im Jahr 1947 keinerlei links-orientiertes, anarchistisches oder subversives Echo. Vichy mit seinem Aufruf zu heimischen Werten war noch viel zu nah.

Komik ist immer ein zweischneidiges Schwert. Anders als die von Georges Rouquier wiedererschaffene traditionell ländliche Gesellschaft in *Farrebique* (ebenfalls 1947), kann Tatis ständig muhendes, wieherndes, krähendes und gackerndes Sainte-Sévère auch als eine Reihe von Witzen verstanden werden, mit denen Stadtbewohner sich über das Landleben lustig machen. Mit Hühnern beim Friseur und einer Ziege in der Lounge, einem Leichnam im Vorderzimmer und einem im Brunnen verloren gegangenen Mann, mit einer Jauchengrube, deren Deckel das Gewicht eines Mannes nicht tragen kann, und mit Frauen, die die nächtlichen Absonderungen ihrer Ehemänner auf der Straße ausschütten müssen, stellt *Jour de fête* das »tiefe Frankreich« als einen höchst unhygienischen und beißend in die Nase steigenden Ort dar – und auch als ein beklagenswertes Durcheinander: Telegramme werden an die falsche Adresse geliefert, oder wegen ihrer schlechten Nachricht zurückgehalten, oder von einem hungrigen Ziegenbock aufgefressen. Tatis einziger Spielfilm über das Landleben ist ein heikler Balanceakt zwischen der Feier seiner unbeschwerten Gesälligkeit und dem Spott über seine stinkende Schrecklichkeit.

Die Sévérois selber sahen in Tatis Darstellung ihres Lebens nichts als Anerkennung und Lob, und im Laufe der letzten fünfzig Jahre haben sie es sich angewöhnt, ihr Dorf fast ausschließlich als die Heimat von *Jour de fête* zu definieren. Dieser Prozess wurde von Tati selber angestoßen. Sobald der Film in Paris kommerziell freigegeben war, arrangierte er zusammen mit dem Bürgermeister – der ein guter Freund geworden war und es auf viele Jahre blieb – eine Gala-Vorführung des Films auf dem Dorfplatz von Sainte-Sévère, genau da, wo die meisten Aufnahmen gemacht worden waren. Die ganze Besetzung, das Mitarbeiter-Team, der Produzent und viele Familien und Kinder, die mitgewirkt hatten, versammelten sich am 19. Juni 1949 außerhalb des Ortes und zogen wie der Wanderjahrmarkt zurück ins Dorf, in einem Jeep (für Tati), einem Auto (Orain) und einem Bus für alle anderen, alles geschmückt mit Wimpeln und ausgeputzt in hellen Farben. Eine lokale Blaskapelle – L'Harmonie de La Châtre – spielte den *Marsch der Roten Teufel*, als die Prozession den Dorfplatz erreichte, wo eine Kamera aufgestellt worden war, die die triumphale Rückkehr des Filmemachers für die Wochenschau aufnehmen sollte.[194] Der kurze Film ohne Ton zeigt, wie der Bürgermeister eine große Rede schwingt und Tati den Schlüssel von Sainte-Sévère überreicht, ehe er die ausgemacht hässliche, doppelt lebensgroße Gipsbüste von *François le facteur* enthüllt – das erste Stück Tati-Kitsch in der inzwischen umfangreichen Sammlung im Besitz von Sainte-Sévère.

Seitdem wird Sainte-Sévère ernsthaft von Tati-Manie geplagt. *Jour de fête* ist der lokale Gründungsmythos, der Beweis dafür, dass so ein kleiner und unscheinbarer Ort tatsächlich existiert. Zu runden Jubiläen des Drehs schmückt sich das Dorf mit Wimpeln, die Schaufenster werden mit Bildern des radelnden Postboten verziert, und die Souvenirläden decken sich ein mit Modellen, Schlüsselringen, Postkarten, Musikspielzeugen und dem Film nachgebildeten flauschigen Puppen. Doch hinter diesem Nebengeschäft von Sainte-Sévère steht keine einflussreiche Marketing-Organisation: Die Themenpark-Mentalität scheint allein von den Ortsbewohnern auszugehen und geschürt zu werden. Ansonsten gibt es seit dem Niedergang der kleinbäuerlichen Landwirtschaft in Sainte-Sévère nichts Erwähnenswertes. Aber als größte Ironie von *Jour de fête* als einer Satire des Einflusses der amerikanischen Kultur auf das Leben in Frankreich bleibt die »Disneyfizierung« eben dieser Sévérois. Im Film ist François ein liebenswerter, leichtgläubiger Dummkopf; doch in der umfänglicheren Geschichte des Films ist es gar nicht so klar, wer hier angeführt worden ist.

ZWANZIG

Fenster und Rahmen

In den meisten Spielfilmen entsteht die Illusion der »realen Präsenz« dadurch, dass der Zuschauer mitten in die Szene hineinversetzt wird. Dank einer uns nicht mehr bewussten visuellen Konvention interpretieren wir das ungerahmte Bild auf der Leinwand als das, was wir sehen würden, wenn wir *dort* wären, wie im Traum. In *Jour de fête* verwehrt Tati dem Zuschauer diese simple Aussparung des inneren Auges mit dem sichtbaren Rahmen des Suchers. So zeigt er uns gleich am Anfang und immer wieder, dass wir *Bilder* von Sainte-Sévère sehen, wie in der Galerie seines Großvaters, nicht wie in einem Spielberg'schen Traum.

In der eigentlichen Eröffnungsszene des Films, noch vor den meisterinnerten Szenen des Wanderjahrmarkts, flattert ein verblassender Gazevorhang über den aufgemalten Lettern des Vorspanns und gibt ein Flügelfenster frei, in dem ein Junge mit einem Marmeladenbrot erscheint. Vom Innern des Raums her sehen wir, wie er hinausschaut. Die folgenden Aufnahmen – den Traktor, die Wohnwagen und die idyllische Szene der Heuernte – erkennen wir daher als das, was Gaston gesehen hat und wohin er jetzt, in anderen zwischengeschalteten Aufnahmen, über das Feld und das Flüsschen eilt.

Tati ist kaum der erste Filmemacher, der ein offenes Fenster benutzt, um die Welt zu eröffnen, die auf der Leinwand zu sehen sein wird. Renoir zum Beispiel benutzte es recht ungeschickt in seiner Adaptation von Flauberts *Madame Bovary* (wo es unter anderem einem wiederholt thematisierten Motiv der Klaustrophobie dient). Aber in *Jour de fête* ist der Junge am Fenster nur eine von vielen anderen Aufnahmen, in denen eine Person betrachtet, was der Zuschauer sehen kann oder bald sehen wird: den Bauern mit der Sense in der Bienen-Gag-Sequenz zum Beispiel, oder François als Zuschauer des *ciné-poste*-Dokumentarfilms, und

Abb. 48: *Tati gibt Alexandre Wirtz Anweisungen zu den Nachaufnahmen für
Jour de fête, Sainte-Sévère, September 1961*

noch einmal auf dem Balkon, von wo aus er den salutierenden Kapellmeister der Bläser sieht; und noch viel öfter tritt eine bucklige Bauersfrau mit Geiß und Krückstock auf, die im Berrichon-Patois bauernschlaue Kommentare über das herauskrächzt, was in der Szene zu sehen ist.

Die Präsenz eines sehenden Auges innerhalb zahlreicher Bilder ist ein markantes Merkmal des frühen Tati'schen Filmstils. Zum ersten Mal begegnet es uns in *Soigne ton gauche*, wo die Phantasiefilmemacher den Postboten aufnehmen, als er aus der letzten Szene hinausradelt. In *Jour de fête* breitet es sich massiv aus, und es hätte, wenn Tati nicht doch Zweifel gekommen wären, die ganze Erzählung von *Les Vacances de M. Hulot* (1953) strukturiert. Im Originalskript kommt ein Maler im Seebad an und sucht sich am Verkaufsstand wiederholt Ansichtskarten aus: Alle diese Fotos von Urlaubsszenen sollten in Hulots nächste Eskapade eingearbeitet werden. Die Idee einer von einem »Maler-Auge« geführten Tour wurde für den ersten Hulot-Film fallengelassen, aber acht Jahre später für die Neuverfilmung von *Jour de fête* wieder aufgenommen und verwertet. Für diese zweite Version, der er zumindest Andeutungen der ursprünglich avisierten Farben geben konnte (siehe S. 343, 348), kehrte er nach Sainte-Sévère zurück und machte Aufnahmen, die den Film um eine völlig neue Dimension bereicherten: Ein holländischer Maler (gespielt von Alexandre Wirtz, einem echten holländischen Künstler, der sich in Paris aufhielt) besucht ein verschlafenes Dorf, um idyllische Bilder zu malen; wir sehen, wie er die Markthalle skizziert, den Maibaum, das Café, wobei jede Skizze in die entsprechenden, jetzt kolorierten Sequenzen des Originalfilms einschmilzt.

Der Maler-Guide im Remake von *Jour de fête* (einer Version, die in den Filmlisten gewöhnlich als »Original«-Film gekennzeichnet wird, um sie von der wiedergefundenen und neu bearbeiteten, 1995 herausgegebenen Version zu unterscheiden) macht den Chor-cum-Kommentar der buckligen Bäuerin überflüssig, und es ist vielleicht bedauerlich, dass Tati die Szenen, in denen sie auftritt, nicht herauseditiert hat. (Das zog auch peinliche Anachronismen nach sich – Wirtz trägt Jeans, deren Schnitt 1947 noch gar nicht existierte,[195] während François mit einem Telefon herumspielt, das 1961 schon längst, auch im ländlichen Frankreich, verschwunden war, wie auch die Dampflok auf dem Bahnhofsgelände, und vieles andere mehr.) Aber die Frage wird interessanter, wenn man sie umgekehrt formuliert: Angesichts der Tatsache, dass es in der Originalversion von *Jour de fête* bereits eine Kommentator-Figur gibt, die uns herumführt – warum hielt Tati es für nötig, eine weitere hinzuzufügen?

Ein in einem Bildausschnitt sichtbarer Betrachter, aus dessen Sicht (ganz wörtlich genommen) die Szene zu sehen ist, macht es dem Zuschauer des Films sehr deutlich, dass er/sie an dieser Szene nicht beteiligt ist, sondern sie betrachtet. Kurz gesagt, es handelt sich um einen Kunstgriff der Distanzierung, der ziemlich genau das bewirkt, was Brecht im Theater mit Verfremdung meinte. Dank dieses Verfremdungseffekts nehmen wir die Fiktion als Fiktion wahr und nicht als vorgetäuschte Wahrheit. So eigenartig es zunächst erscheinen mag: Der Kamerastil in Tatis erster, leicht zugänglicher Komödie *Jour de fête* ist hochgradig intellektuell, denn er fordert uns auf, die Rolle des *Beobachters* einzunehmen und uns nicht allzu stark mit den Charakteren und Handlungen auf der Leinwand zu identifizieren.

Tatis Vorliebe für die Totalaufnahme entspricht bestens seiner Vorstellung des Auges als Instrument des Geistes. Totalaufnahmen zeigen uns zuallererst den weiteren Kontext und zwingen uns gewissermaßen dazu, näher hinzuschauen, um das, was gerade geschieht, einzuordnen und zu interpretieren. Und das entscheidende Detail ist sehr oft nicht das »große Ding« in der Mitte, sondern eine Nebenhandlung in irgendeinem nicht zentrierten Teil der Gesamtaufnahme. In der Maibaum-Episode gibt es zum Beispiel eine Halbtotalaufnahme von Bondu, der beim Anbringen der Wimpelkette an der Markise seiner Café-Terrasse von einem Stuhl auf den anderen steigt, um die Girlande ordentlich aufzuhängen. François kommt von rechts ins Bild, er sieht, dass einer der Stühle nicht richtig in der Reihe steht und Bondu in die Lücke stürzen kann, und schiebt den Stuhl schnell in die Reihe zurück. Aber wir bemerken das kaum, weil die Aufnahme sich auf François konzentriert, wie er herumrennt, um seine Maibaum-Helfer unter Kontrolle zu halten; dann folgt (per Schnitt) eine andere Einstellung auf François, der jetzt das Aufstellen des Masts dirigiert; dann wiederum Schnitt zurück zu François, wie er wegrennt und einen Stuhl aus der Reihe zieht, um Platz für den fallenden Mast zu schaffen. Erst in der folgenden Sequenz tritt Bondu in die neu entstandene Lücke und kracht mit dem ganzen Wimpelzeug zu Boden. Dieser Gag wurde mit doppelter Sorgfalt erstellt, aber nur die Zuschauer, die alles, was in all diesen Aufnahmen geschieht, genau beobachten, werden mitbekommen, warum das nicht nur ein schmerzhafter Sturz ist, sondern auch ein komischer.

Tatis Kamera fordert uns auf, die Welt als Komödie zu betrachten, aber die Voraussetzung dafür ist, dass wir sie aus einer gewissen Entfernung sehen, nicht als Nahaufnahme. Im ganzen Film gibt es nur drei Nahaufnahmen: die schielenden Augen des Bauern, deren Anblick fast genauso schmerzhaft ist wie der des Auges in Buñuels *Chien Andalou*; der Postkasten – ein Moment der Ruhe und ein bildlicher Übergang vom Thema Jahrmarkt zum Thema Postamt; und François, der im Spiegel seiner Umkleidekabine im Postamt sein schwarz umrandetes Auge betrachtet. Halbnahaufnahmen (die die Franzosen als *le plan américain* bezeichnen) kommen zu bestimmten humoristischen Zwecken zum Einsatz: zum Beispiel für die Parodie der Schuss-Gegenschuss-Technik Hollywoods, wie etwa in der Szene, wo Roger und Jeannette sich vor dem Jahrmarktzelt gegenseitig schöne Augen machen; oder für einige Gags – François frankiert seine Post auf der Ladefläche des fahrenden Lastwagens, oder er unterhält sich mit der buckligen Bäuerin, die ihn auf ihrem Wagen mitnimmt; oder auch für eine Anzahl von Szenen im Innenraum (z. B. beim Friseur). Doch der Großteil des Films ist in Totalaufnahme mit manchmal ungewöhnlich weiter Fernsicht gemacht (den Wanderjahrmarkt sieht man schon von weither über die sich windende Straße näher kommen, auch die marschierende Blaskapelle auf ihrem Weg zum Dorfplatz); und manchmal ist die Totalaufnahme gerade eben angemessen für Tatis ungewöhnliche Körpergröße.

In der Tradition des Zirkus und des Varieté-Theaters hat das Publikum immer einen Vertreter auf der Bühne, einen Direktor oder *compère*, der jede einzelne Nummer einführt und eine Art durchlaufendes Programm erstellt. Die bucklige Kommentatorin in *Jour de fête* (gespielt von einem männlichen Varieté-Künstler, Delcassan) übernimmt diese Rolle, die man ja auch vom Stil der Kindergeschichten her kennt. Doch der Kunstgriff des Maler-Guides, der von *Les Vacances* auf die Neuverfilmung von *Jour de fête* übertragen wurde, scheint mir von anderswoher zu kommen:

möglicherweise von Tatis Freundschaft mit dem Maler Lagrange, der tatsächlich Ansichtskarten von Seebädern sammelte, die er auf seiner Suche nach angemessenen Drehorten für den ersten Hulot-Film besuchte; aber vielleicht kommt diese Idee von noch viel weiter her: aus der Zeit, als Tati in der Werkstatt von Cadres Van Hoof Stillleben und Landschaftsgemälde einrahmte. Als wollte er auf seine zurückhaltende und indirekte Weise sagen, dass auch er, selbst wenn er nicht mit dem Pinsel zu malen verstand, die Welt doch mit den Augen eines Malers sehen konnte.

EINUNDZWANZIG

Eine schleppende Freigabe

Jour de fête war gegen Ende des Jahres 1947 fertig und wurde dem Vertrieb vorgestellt, aber niemand wollte diesen Film haben. War er mit seinen verhaltenen, doch erkennbaren Anspielungen auf de Gaulle politisch ein allzu heißes Eisen? Oder wegen seiner potenziell Vichyistischen Schlussmoral? Oder lag es einfach daran, dass die Leute im Vertrieb ihn nicht gerade lustig fanden? Jedenfalls fielen die ersten Vorführungen des Films glatt durch, und Tati war drauf und dran aufzugeben. Cady-Films jedoch dachte nicht daran dichtzumachen: Orain finanzierte und produzierte auch weiterhin Kurzfilme anderer Filmemacher, einschließlich Tatis enger Freunde Henri Marquet[196] und Borrah Minevich.[197] Um sich irgendwie seinen Lebensunterhalt zu verdienen (er musste jetzt für seine Tochter wie auch Micheline sorgen), packte Tati seinen Koffer und ging zurück auf Tour als Varieté-Mime.

Viele seiner Bekannten – Edith Piaf und Billy Bourbon zum Beispiel – hatten lukrative Engagements an dem alteingesessenen China-Varieté-Theater in Stockholm, das jedes Jahr von April bis Oktober zwei Abendvorstellungen gab. Im Juli 1948 bekam Tati ein Engagement für einen Monat, um dort sechs Abende pro Woche (19.15 Uhr und 21.30 Uhr) wiederum seine *Impressions sportives* vorzuführen. Es war noch nicht dunkel, wenn er das Theater verließ, um durch die Straßen dieser schönen, derzeit fast einzigartig wohlhabenden Stadt in die winzige, ihm vom Manager des China, Eskil Eckert-Lundin, zur Verfügung gestellte Wohnung zurückzuschlendern. In einem Varieté-Programm, das mit barbusigen Tänzerinnen (»Die Glockenblumen-Girls«), Jongleuren, Akrobaten, Stand-Up-Comedians und Sängern aufwartete, hatte man Jacques Tati – dem »*fransk imitatör*« – relativ bescheidene Reklame eingeräumt:[198] ein halbseitiges Studio-Harcourt-Foto, das ihn in Tennisweiß und Tweed zeigt.[199]

Während dieses Aufenthalts in Stockholm lernte er den schwedischen Tischtennismeister Bengt Grive kennen, der seine sportlichen Talente in eine Komiknummer umgewandelt hatte. Die beiden verstanden sich bestens, und einmal gingen sie am Nachmittag ins Stadion, um Schwedens Star-Mittelstürmer, Hasse Jeppsson, in einem Heimspiel für das Djurgården-Team zu sehen. Und Tati hatte eine brillante Geschäftsidee: Er würde einen Transfer des schwedischen Amateurspielers zu der französischen Profi-Mannschaft von Le Stade Français arrangieren, wofür Jeppsson eine gute Summe zu erwarten hätte. War das im Scherz gemeint? Wahrscheinlich nicht: Seit seinen Tagen bei Le Cadre Lumineux im Jahr 1936 bis hin zu seinem kurzen Versuch als Kinomanager in den 1960er Jahren hatte Tati sich des Öfteren an dieser oder jener Geschäftsidee versucht. In Anbetracht seines Talents für Finanzmanagement, das er in seiner späteren Filmkarriere an den Tag legen sollte, können wir nur sagen, dass es klug von Jeppsson war, den Vorschlag dieses improvisierten Sportmanagers nicht anzunehmen.

Eines Abends verlor Tati seine Brieftasche auf der Straße. Am nächsten Abend kam während einer Show eine junge Dame mit blauen Augen und gab sie ihm zurück. Tati war überwältigt von dem, was er für schwedische Ehrlichkeit hielt, und am Ende seiner Vorführung schwang er eine Rede, erst auf Französisch, dann auf Englisch, um der jungen Frau zu danken, die, wie er sagte, den wahren Geist Schwedens verkörpere. Blaue Augen, sagte er, seien wie ein aufgeschlagenes Buch: in ihnen könne man sehen, dass alle Schweden ehrliche Seelen seien. Da stand die junge Dame auf und erklärte in einer Sprache, die Tati nicht verstehen konnte, dass sie als Touristin aus Oslo nach Schweden gekommen war. Erst zwanzig Jahre später, als Tati sich wieder einmal in Stockholm aufhielt, offenbarte Bengt ihm die Wahrheit.

Bengt Grive betont in seinen Memoiren, dass das schwedische Varieté-Theater Tati genügend Geld eingebracht habe, um die Dreharbeiten an *Jour de fête* zu Ende zu bringen, doch das ist mit

Sicherheit ein Irrtum. Star-Nummern im China wurden, gemessen an den französischen Maßstäben jener Zeit, wahrscheinlich sehr gut bezahlt, aber ein Engagement für nur einen Monat kann kaum die für die Filmproduktion notwendigen Summen erbracht haben. Außerdem war *Jour de fête* bereits fertig. Obwohl der Film in Frankreich bis dahin keinen Abnehmer gefunden hatte und auf seine Veröffentlichung noch warten musste, waren Exportverträge fast schon abgeschlossen, und die Vorschusszahlungen der belgischen, schweizerischen und argentinischen Agenturen würden sehr bald ungefähr die Hälfte der bereits ausgegebenen Herstellungskosten zurückbringen.

Bengt Grive, der sich etwas später in diesem Sommer anlässlich eines Tischtennis-Turniers in der Salle Wagram in Paris aufhielt, erinnert sich daran, wie ihm beim Betreten der Wohnung der Tatis ein starker Kaffeegeruch entgegenschlug. Die Wohnung war vollgepackt mit Säcken voller Kaffeebohnen;[200] daher konnten Tati und Michou es nicht über sich bringen, etwas anderes als Tee zu trinken. Grive vermutete, dass Tati wieder einmal in ein Teilzeitgeschäft verwickelt war (und eines, das dem Schweden als »grau«, wenn nicht gar »schwarz« erschien), oder einfach diesem oder jenem Freund seine Wohnung als Lagerraum zur Verfügung gestellt hatte. Wie dem auch sei, Tati verschaffte seinem Freund Bengt Grive ein weiteres Sport-Engagement in Le Havre. Die Zahlungsvereinbarungen geben Einblick in die Art des Schwarzhandels, wie er vor dem Beginn des Marshall-Hilfsplans gang und gäbe war: fünfzig schwedische Kronen in Banknoten plus fünf Kartons geschmuggelte Camel-Zigaretten. Auf dem Schwarzmarkt, dem allein funktionierenden Markt, waren die Kartons ungefähr dreimal so viel wert wie die deklarierte Honorarzahlung.[201]

Tati mochte Schweden sehr und flog oft nach Stockholm zurück. Nie ließ er es sich nehmen, schwedische Premieren persönlich zu besuchen, und während eines Aufenthalts in Stockholm fasste er die Gebäude des nagelneuen Arlanda-Flughafens näher ins Auge als möglichen Drehort für *Playtime*.²⁰² Schweden zahlte ihm seine treue Verbundenheit hundertfach zurück. Seine Filme waren dort sehr beliebt, und die schwedischen Kritiker behandelten seine Arbeit mit großem Respekt (es muss für sie eine angenehme Abwechslung gewesen sein, mal nicht über den jüngsten Bergman zu schreiben); und, vor allem dank des großen Ansehens, das er in diesem Land genoss, retteten schwedisches Geld, schwedische Techniker und sogar per Luftfracht aus Stockholm transportiertes Filmmaterial Tatis letzten Spielfilm *Trafic*, als dieser auf einem Dock außerhalb von Amsterdam in einem schrecklichen Schlamassel gestrandet war.

Tatis Saison in Stockholm sollte nicht seine letzte Rückkehr zum Varieté-Theater sein: Im August 1949 trat er in Biarritz auf, dann in Lausanne, und 1951 wieder als Star der »Gala du feu« in Lyon.²⁰³ Doch es war auch ein sehr trauriger Beruf für einen Mann mittleren Alters, und das Pathos von Niedergang und Misserfolg prägt dann auch ein langes Film-Skript, das Tati in den frühen 1950er Jahren unter dem Titel »*L'Illusionniste*« (»Der Zauberkünstler«) verfasste.²⁰⁴ Von schmuddeligen Londoner Varietés bis hin zu Cafés in Berlin schlittert der Zauberer die Leiter internationaler Engagements hinab, um letztendlich ruritanische Bauern in ihren Kneipen irgendwo jenseits des Hinterlands zu amüsieren. Dort findet er dann doch einen Menschen, der seine verschwindenden Kaninchen bewundert, seine Tauben, seine seidenen Tücher, die sich verknoten und auflösen – ein Mädchen, das mit großen Augen den Zauber, den sie auf der Bühne sieht, wirklich glaubt. Sie folgt dem Entertainer, als seine Karriere wieder Fahrt aufzunehmen scheint, und zieht mit ihm in die Große Stadt (daher der alternative Titel des Drehbuchs *La Grande Ville*, der anfänglich auch ganz anderen Themen zugedacht war, aus denen dann *Playtime* wurde). Dort verliebt sie sich in einen Studenten – einen Intellektuellen, der ihr erklärt, dass der Zauberer über keine besonderen Kräfte verfügt, nur über eine blitzschnelle Handbewegung – und läuft mit ihm weg. Der betrübte Zauberer nimmt sein Schicksal hin – und verliert Koffer und Zauberwerkzeug beim Einsteigen in den Zug zu seinem nächsten Auftritt an einem anderen, nicht identifizierten Ort.[205]

Es ist wohl kaum zu bedauern, dass Tati diesen Film mit seinem verschlungenen, sentimentalen und offensichtlich autobiografischen Plot letzten Endes nicht gedreht hat.[206] Der Textentwurf formuliert Gedanken und Gefühle über das Metier des Varieté-Künstlers, die kaum lustig oder positiv sind. In seiner Filmarbeit, die er über den Entwurf hinaus weiterverfolgte, war Tati immer bemüht, so wenig filmische Illusionen und Tricks einfließen zu lassen wie nur möglich; sein größer angelegtes Ziel war es, einen neuen Realismus der Komik auf die Leinwand zu bringen.

Doch egal, zu welchem Notbehelf Tati in den späten 1940er Jahren griff, um die Rechnungen in der Rue de Penthièvre zu bezahlen – durch Förderung des Sports, Schwarzmarktgeschäfte und zweifellos verlässlicher: Pantomime – so muss seine Frustration über die Kinobranche von Tag zu Tag zugenommen haben. Er hatte einen Film, einen Film, den er gut fand und der das Publikum mindestens ebenso gut unterhalten würde wie seine Varieté-Nummer – wenn diesem nur die Möglichkeit gegeben würde, den Film zu sehen. Um aus der verfahrenen Situation herauszukommen, überredeten Tati und Orain (der Cady-Films jetzt allein führte) den Manager von Le Régent in Neuilly, *Jour de fête* anstelle des angekündigten Films zu zeigen.[207] Und Tati sorgte dafür, dass sich andere Manager wie auch Kritiker und Freunde unter den Zuschauern befanden, von denen die meisten nicht wussten, was auf sie zukam. Das war ein Risiko; es war nicht gerade rechtens, wenn auch nicht strikt illegal; aber es war wirklich der letzte Versuch. Bis der radelnde Postbote zum ersten Mal auf der Leinwand erschien, mussten Tatis Nerven in einem fürchterlichen Zustand gewesen sein, denn im realen Leben war er schüchtern und oft ängstlich. Aber die Zuschauer lachten schon über den ersten Gag und lachten bis zum Ende des Films, und auch danach, als sie im Foyer darüber sprachen. Es war ein totaler Triumph, der auch die

Zurückhaltung der Herren vom Vertrieb überwand (eine Zurückhaltung, die sich in der Rückschau als schwer verständlich darstellt). *Jour de fête* wurde nun endlich für eine Saison, beginnend Anfang Mai 1949, von einer kleinen Kette Pariser Lichtspielhäuser übernommen: Balzac, Helder, Scala und Vivienne.

Der Großteil dieser Geschichte, die von Tati oft erzählt und von Orain bestätigt wurde, ist wohl wahr, aber einige Aspekte der öffentlichen Geschichte von *Jour de fête* passen nicht so recht ins Bild. Der in den Archiven des Crédit national aufbewahrten Korrespondenz ist zu entnehmen, dass ausländische Rechte – für Argentinien, Belgien, die Schweiz und Französisch-Afrika – 1948 zu einem guten Preis verkauft worden waren und damit ungefähr die Hälfte der totalen Kosten des Films zurückerbracht hatten; in diesem Jahr hatte Tati genug Geld, um eine Tonspur für die englischsprachige Welt aufzuzeichnen – keine synchronisierte Version, sondern eine Version mit »leichterem« Französisch (*bécane* und *vélo* werden zum Beispiel durch *bicyclette* ersetzt) und speziell »französischen Umgebungsgeräuschen«, die im Ausland leichter erkennbar sein sollten. Diese internationale Version von *Jour de fête* wurde im März 1949 in London gezeigt, bekam gute Kritiken und wurde allgemein im Vereinten Königreich veröffentlicht. Tati reiste zur Premiere nach London und vollführte, ehe der Vorhang aufging, eine Bühnen-Nummer (die Sicherheitsnadel, die die schlecht passende Hose des geliehenen Smoking festhalten sollte, ging auf, und er musste mimische Gesten improvisieren, die es ihm ermöglichten, die Hose mit einer Hand in der Tasche hochzuhalten).[208] Der französische Verleih muss Wind von einem Low-Budget-Film bekommen haben, der im Ausland Geld einbrachte (nur sehr wenige französische Filme haben das je wirklich geschafft); nur ein paar Wochen später kam *Jour de fête* in Frankreich heraus, und selbst wenn seine hinterlistige Vorführung in Neuilly den gordischen Geschäftsknoten zerschlagen hatte, muss die Nachricht aus London sehr bald danach eingetroffen sein.

Der Erfolg oder Misserfolg aller darauffolgenden Filme Tatis wurde im Ausland entschieden; und der eigenartige Umweg, über den *Jour de fête* schließlich sein französisches Publikum erreichte, erklärt zweifellos die deutlich internationale Wendung, die Tati seinen späteren Textvorlagen und Projekten gab. Andererseits jedoch hat Tati nie ernsthaft daran gedacht, im Ausland zu arbeiten; er hielt an seiner Heimbasis fest – nicht einfach an seinem wirklichen Zuhause in der Rue de Penthièvre und später in Saint-Germain, sondern an seinem »Zuhause« unter Pariser Freunden, Mitstreitern und technischen Einrichtungen – als fest verwurzelter französischer Filmemacher, der eben im Ausland Geld verdiente. Bis es zur Veröffentlichung von *Playtime* kam. Das ganze Projekt, das von 1964 bis 1967 mit monumentalen Kosten durchgeführt wurde, basierte auf der Erwartung guter Erträge aus dem amerikanischen Markt, und als kein einziger amerikanischer Vertrieb Interesse daran zeigte, fiel Tatis Kartenhaus in sich zusammen.

Der Spielfilm *Jour de fête* hätte es in Frankreich bestimmt leichter gehabt, wenn er planmäßig im Herbst 1947 oder Frühjahr 1948 herausgekommen wäre. Im Mai 1949 war er sozusagen schon überholt worden von Filmen wie Préverts *Voyage-Surprise* und Rouquiers *Farrebique,* denn trotz aller Unterschiede hatten diese komischen und quasi-ethnografischen Darstellungen des französischen Landlebens schon einen Teil des Terrains von *Jour de fête* besetzt. Mehr noch, *Jour de fête* erschien fast dilettantisch im Vergleich mit diesen und anderen routinierteren französischen Filmen. Art Buchwald, der von Paris aus für die *New York Herald Tribune* schrieb, gab die generell lauwarme Reaktion des französischen kritischen Establishments wieder, wie auch die sehr enge Definition des Genres dieses Films, als er ihn »eine recht gute Slapstick-Komödie« nannte.[209] Selbst bekanntlich wohlwollende Zeitungsrezensenten – Louis Chauvet,[210] Jean-Pierre Vivet und der einflussreiche »Jeander« in *Libération*[211] – vermissten den angemessenen Rhythmus einer Filmkomödie.

Auch André Lang äußerte Missfallen über die sich zu lang hinziehende Einführung des Besuchs des Wanderjahrmarkts;[212] für ihn, wie auch für die meisten anderen Rezensenten, waren die Radfahr-Stunts zu lange hinausgeschoben, machten aber den Film im Großen und Ganzen sehenswert. Die meisten Kritiker waren sich darin einig, dass Tati eine lustige neue Comedy-Nummer geschaffen und sich selber als Pantomime-Künstler von Weltklasse erwiesen habe. Aber ein großer Regisseur sei er eben nicht – so die allgemeine Einschätzung im Jahr 1949. Tati solle sich einen kompetenten Dialogschreiber suchen und Basisunterricht in Filmstruktur nehmen, wenn ihm daran läge, mehr als eine aufgebauschte Kurzfilmkomödie zu produzieren, predigte *Le Monde*. *L'Aurore* ging noch weiter: »*Jour de fête* soll eine Filmkomödie sein. Unserer Meinung nach verdient er es nicht, als *Komödie* und auch nicht, als *Film* bezeichnet zu werden.«[213]

Jour de fête ist in gewisser Hinsicht tatsächlich eine »aufgebauschte Kurzfilmkomödie«, und was seine ersten professionellen Zuschauer enttäuschte, war, dass er nicht mit noch mehr desgleichen aufgebauscht worden war: »Alle fünfzehn Minuten oder so zeigt Tati uns seinen unbestreitbaren feinen Humor; aber warum hat er nicht mehr Gags in den Film gestopft?«, fragte Henry Magnan;[214] und Vivet meinte, dass das, was den Film so unbefriedigend mache, »ein struktureller Fehler [ist], der unsere Aufmerksamkeit zerteilt zwischen dem Jahrmarkt in Sainte-Sévère und den Radfahr-Stunts des Postboten«. Schlimmer noch Chauvets in mehrheitlichem Konsens intonierte Kritik: »Karikatur wird durch Beobachtung verdrängt, manchmal sogar durch bloße poetische Aufzeichnungen.« Alles, was nicht Schrulle, Slapstick, Nachahmung oder Karikatur war, schien in der neuen Filmkomödie fehl am Platz zu sein. *Jour de fête* entsprach nicht den Grenzen seines Genres und war deshalb nur eine halbwegs erfolgreiche Filmkomödie.

»Jeander« äußerte sich trotz allem positiv über die Aussichten des Films und seines Stars, vielleicht weil er um deren zunehmende Anerkennung im Ausland wusste. Anders als jeder französische Komödiant vor ihm nutzte Tati weder Wortwitz noch spezifisch französische Anspielungen, um seine komischen Effekte zu erzielen; *Jour de fête* beweist, dass es möglich ist, eine »authentisch universale Sprache der Komik« zu sprechen, wie Chaplin und Keaton es vor Jahren getan hatten. Aber was Tatis Talent als Regisseur anbelangt, war »Jeander« nicht weniger kritisch als *Le Monde*.

Einzig und allein die satirische Wochenzeitschrift *Le Canard enchaîné* begrüßte *Jour de fête* mit eindeutigem Lob.[215] Ihr anonymer Rezensent, wahrscheinlich Jean Queval, ein guter Freund von Queneau und Vian, fand Gefallen an dem Film, weil er frei von jedem intellektuellen Anspruch und schlicht darauf bedacht sei, den Zuschauer ohne unnötige Worte zu amüsieren. Wäre es möglich, dass das erste wirkliche Verständnis von Tatis neuer Kunst der Filmkomödie von einem Schriftsteller kam, einem der späteren zwölf Gründungsbrüder der OuLiPo, dieser respektlosen literarischen Gruppe, die Georges Perec eine geistige und kreative Heimat gab? Das wäre vollkommen logisch. Denn die halb ernsten und zutiefst originellen Spiele, die die Oulipianer mit Worten betreiben, sind ihrem Wesen nach der formalen Disziplin und dem jovialen Humor von Tatis Filmkunst sehr ähnlich.

ZWEIUNDZWANZIG

Unabhängigkeitserklärungen

Die lauwarme Rezeption des Films durch die Pariser Presse ließ die Kinobesucher ziemlich unberührt, denn sie liebten *Jour de fête*. Dennoch konnte Tati nur verletzt und frustriert sein von der Blindheit des Filmkunst-Establishments gegenüber dem, was er zu tun versucht hatte. Später gab er zu, dass er in seinem Debüt als Regisseur, fast wie bei einer Trainingsübung, »Rechtschreibfehler« gemacht habe – so unwichtig, meinte er, wie die Rechtschreibfehler, die er immer macht, wenn er versucht, etwas aufzuschreiben. Was aber die Kritiker bemängelt hatten, waren keine oberflächlichen Schnitzer – es war die Grundstruktur des Films. Tati nahm sich diese Kritik auf ganz besondere Art zu Herzen: Sein nächster Film sollte noch weniger narrative Spannung haben und noch viel weniger konventionellen Rhythmus, womit er beweisen wollte, dass das, was er gemacht hatte, kein Fehler war, sondern seine eigene Vorstellung davon, wie Filme gemacht werden sollten.

Jour de fête machte Karriere, deckte die Kosten und fing an, ein richtiges Einkommen für Cady-Films einzubringen,[216] und Jacques Tati reiste dem Film um die ganze Welt nach und erschien bei nationalen und manchmal regionalen Premieren höchstpersönlich, um eine Pantomime vorzuführen, ehe der Vorhang aufging. Auch in Frankreich erlangte der Film allmählich Anerkennung. 1949 gewann er bei den Filmfestspielen von Venedig den Preis für das beste Drehbuch, und im Mai 1950 gewann Tatis erster Spielfilm den *Grand Prix du cinéma français* – einen Preis, der weniger großartig ist, als sein Name vermuten lässt,[217] aber dennoch eine erfreuliche Anerkennung. Doch Tati schlug alle Vorschläge aus, Fortsetzungen unter dem Titel *Der verliebte François, François zieht gen Westen*, oder *François und das Luftpostflugzeug* zu machen. Alle seine Freunde meinten, er solle mehr François-Filme drehen; aber der Regisseur gab nicht nach und bestand darauf, dass er nur seine eigenen Filme mache und nicht solche, die andere sich von ihm für sich selber wünschten.

Tati war entschlossen, sein eigener Herr zu bleiben, und dazu gab es für ihn nur einen Weg. Er wollte nicht, dass Klugschwätzer in den Studios um ihn herumtanzten wie die Schausteller um François in *Jour de fête*. Auch sein familiärer Hintergrund spielte hierbei eine Rolle. Tati kam aus einer Kultur der Kleinunternehmer, nicht aus einer Dynastie körperschaftlicher Manager und Organisatoren. Sein Ziel war Unabhängigkeit, und das vielleicht mehr als alles andere. *Jour de fête* brachte ihm das erste richtige Geld, das er je gehabt hatte, und es gab noch viele andere Dinge, mit denen er sein Leben gestalten konnte. Tati musste nicht arbeiten, nur um des Arbeitens willen. Er konnte es sich durchaus gefallen lassen, eine Weile mal nichts Besonderes zu tun.

Tati war stolzer Vater zweier Kinder: Sophie, geboren 1946, und Pierre, geboren 1949; die Wohnung in der Rue de Penthièvre musste erweitert und umgebaut werden, um Raum für sie und für Tatis eigenes Büro und Arbeitszimmer zu schaffen. In diesem Raum hielt er sich stundenlang mit seinem Maler-Freund Jacques Lagrange auf, wo sie plauderten, Gedanken austauschten und Ideen für zukünftige Filme aushecken.

Tatis Bekanntschaft mit Lagrange geht wahrscheinlich bis zur Zeit der NS-Besatzung zurück, vielleicht sogar bis in die Vorkriegstage (nach Aussagen von Lagrange war Tati zur Zeit ihrer ersten Begegnung noch im Bilderrahmengeschäft tätig). Im schneidigen Anzug und mit der Schirmmütze eines Straßenbahnfahrers beeindruckte Lagrange den Bühnenkünstler augenblicklich und auf Dauer. Als die beiden sich 1946 wieder trafen, nachdem der Maler aus mehrjährigem Aufenthalt in einem Kriegsgefangenenlager entlassen worden war, half Tati seinem alten Freund nur allzu gern, ein Atelier aufzutreiben und ihn in Richtung eines idealen Ortes im eigenen Hinterhof auf der Rue de Penthièvre zu steuern. Für die folgenden zehn Jahre waren die beiden Jacques Nachbarn und wurden beste Freunde.

Abb. 49: *Jacques Lagrange in Saint-Marc-sur-mer, 1952*

Lagrange, ein Lebemann und *bon-vivant*, war der Sohn des Stammarchitekten der Firma Citroën und der Schwiegersohn von Gustave Perret, einem Architekten und Angehörigen jener Firma, die viele der in den 1920er und 1930er Jahren errichteten großen öffentlichen Gebäude gebaut hatte – das Musée de Travaux Publics, das Mobilier National, das Théâtre des Champs-Élysées und noch viele andere.[218] In seinem persönlichen Leben war Lagrange so unkonventionell, wie es nur ging. Tati war fasziniert von dieser Kombination, die seine eigene halb bürgerliche, halb künstlerische Existenz widerspiegelte und ins Extrem steigerte. Wie andere Maler der École de Paris war Lagrange in den ersten zehn Jahren nach dem Krieg, als die zeitgenössische französische Kunst sich gut verkaufte, recht erfolgreich; und Tati war beeindruckt – neidisch wäre wohl nicht zu viel gesagt –, wenn er sah, wie sein mit guten Beziehungen gesegneter, anarchischer Kumpel mit Air-France-Tickets erster Klasse zu seinen *vernissages* flog.

Um diese Zeit kehrte auch Borrah Minevich nach Frankreich zurück und ließ sich mit seiner zweiten Ehefrau Lucile in einer malerischen Mühle in Méréville in der Nähe von Etampes nieder. Am Wochenende fuhr Tati meistens aus der Rue de Penthièvre nach Le Pecq, um dort mit seinen Eltern, die noch im selben Haus in der Rue de L'Ermitage wohnten, zu Mittag zu speisen; dann fuhr er weiter nach Etampes, um den Rest des Tages (und oft den längsten Teil der Nacht) mit seinem amerikanisch-russischen Kumpel zu verbummeln. Mit den Millionen Dollar, die Minevich von Hohner für die Rechte an seiner chromatischen Mundharmonika bekommen hatte, als er gerade mal einundzwanzig Jahre alt war, hatte er eine Mitzwa getan – er ließ in Boston, MA, eine Synagoge für seine Mutter erbauen –, doch den Rest des Geldes investierte er in seinen eigentlichen Lebenszweck: das Leben zu genießen. Er war ein unwiderstehlicher Taifun von einem Mann geworden, der nicht mehr als vier Stunden Schlaf brauchte und seine unerschöpflichen Energien auf eine Unzahl von Tätigkeiten verteilte. Aktiv als Music-Hall-Performer, Comedy-Filmstar, Impresario, Verleiher und Finanzier, hatte er einen einfachen Plan ausgeheckt, wie man überall zur gleichen Zeit anwesend sein kann: Er verlieh die Rechte an seinem Namen an mehrere andere Mundharmonika spielende Comedians, die zu »Borrah-Minevich«-Konzessionsbetreibern wurden. Er versuchte, Tati zu überreden, seine Nummer des radelnden Postboten auf ebendiese Weise zu vervielfältigen; die Idee des Hulot war seiner Meinung nach zu riskant – und warum sich abrackern, wo man doch schon eine Goldmine hatte? Minevich, der von Jugend an gewöhnt war, Millionär zu sein, hatte sich einen spendablen Lebensstil zugelegt und bezahlte in Bars und Restaurants die Rechnungen, genauso wie der dicke amerikanische *bon-vivant* in der Royal-Garden-Sequenz in *Playtime*. Und er kannte jeden, den man kennen musste. Charlie Chaplin? Ein alter Freund! Und den Papst? Ja, eine Privataudienz! In Méréville war Tati nur einer von vielen berühmten Hausgästen – Marlon Brando, Daniel Gelin,

Boris Vian und vielleicht auch, ein- oder zweimal, Raymond Queneau –, aber Tati war trotzdem ein besonderer russischer Freund des Juden aus Boston.

Einmal fuhr Minevich zusammen mit Tati in seinem offenen Ford die Champs-Élysées entlang (die beiden Ehefrauen Micheline und Lucile saßen hinter ihnen). »Würdest du mit einem echten *képi* eine gute Figur abgeben?«, fragte Borrah Tati. »Na klar. Du musst wissen, dass mein Großvater ein Militärattaché war und in Uniform blendend ausgesehen hat.« – »Dein Wort ist mir Befehl«, sagte Borrah. Als sie an einem Verkehrspolizisten vorbeikamen, streckte er den Arm aus, schnappte dessen Käppi, setzte es mit Raubvogelstoß auf Tatis windzerzausten Kopf, jagte davon und machte dann eine *tour de piste* die Champs-Élysées auf und ab – neben ihm kerzengerade sitzend wie eine Eins ein sehr langer »Polizist«. Die Damen, besonders Micheline, waren empört und sagten Borrah und Jacques ordentlich Bescheid, sich nicht wie zwei dumme Jungs zu benehmen. »Schon gut, schon gut«, lenkte Borrah ein, machte eine Kehrtwendung und fuhr langsam auf den inzwischen zum Platzen rot gewordenen Polizisten zu. »Vielen Dank für die Leihgabe, mein Freund. Kann ich Ihnen im Gegenzug einen Gefallen tun? Haben Sie eine Ehefrau? Ja? Und auch Kinder? Na, das ist aber nett! Hätten Sie gern ein Auto, um Ihre Familie mal auszuführen, ein bisschen spazieren zu fahren? Das hätten Sie gern, ja? Na gut, das geht in Ordnung!« So bekamen Minevich und Tati keine Anzeige wegen Beleidigung eines Polizisten, mussten aber ein paar Tage ohne den Ford auskommen.[219]

Minevich tat Tati einen wirklich echten Gefallen, als er 1952 die Vorführung einer synchronisierten Version von *Jour de fête* unter dem Titel *The Big Day* (»Der große Tag«) im 55th-Street-Play-house in New York in die Wege leitete. Der Editor von *Variety*, auch ein Freund von Borrah (mit ihm zusammen hatte er die Audienz beim Papst bekommen), gab diesem fröhlichen Halunken dafür ein großzügiges, kaum verdientes Lob:[220]

> Der Film hat uns einiges gelehrt. Es bedurfte eines amerikanischen Showmans, um den Franzosen auf ihrem eigenen Parkett zu zeigen, dass ein Film hier mit einem 30.000-Doller-Budget gemacht werden und in der ersten Woche gleichzeitiger Erstaufführung in vier kleinen Pariser Lichtspieltheatern unter der Leitung des Balzac der Champs-Elysées gleich 12.000 Dollar einbringen konnte. Das ist eine konstruktive Antwort auf die Beschwerden der Produzenten, dass die Konkurrenz aus Hollywood ihre Industrie kaputtmache. Borrah Minevich, der seit ein paar Jahren in Paris lebt, hat das Geld, die Story, den Star und vor allem das Knowhow zusammengebracht.[221]

Natürlich hatte Borrah nichts dergleichen getan; aber es war wahrscheinlich von Vorteil für Tati, ein »amerikanisches Alibi« für einen Film zu haben, den man in New York leicht für einen weiteren Beweis der paradoxen und irritierenden Undankbarkeit der Franzosen gegenüber ihren Hauptverbündeten hätte halten können.

Wie es mit Broïdo zu einer Zeit und mit Rhum zu einer anderen gewesen war, spielten Tati und Minevich sich aneinander hoch – Minevich als der Mann mit den tollsten Ideen, Tati als der eifrige Komplize. Abends in Méréville und auch in Pariser Bars und Restaurants haben Tati und Minevich oft die Nummer des ungeschickten Kellners wiederbelebt, die zwanzig Jahre zuvor Tatis professionelle Karriere auf den Weg gebracht hatte. Offensichtlich waren die beiden über mehrere Jahre eng miteinander verbunden, und Michou sollte bald in Borrah den besten Freund ihres Mannes erkennen – und einen Menschen, der sich auch ihre Seite anhören konnte, wenn sie eine Vertrauensperson brauchte. Aber eines Tages im Jahre 1956, als er in seiner offenen Limousine die Avenue Foch entlangfuhr und Lincolns Gettysburg-Rede mit voller Stimme und in seiner eigenen jüdischen Übersetzung rezitierte, erlitt Borrah Minevich einen Schlaganfall. Im Krankenhaus kam er wieder zu sich und versicherte der Krankenschwester, dass alles nicht so schlimm sei, weil er ja nur den rechten Arm nicht bewegen konnte. Um es zu beweisen, trommelte er mit der linken Faust einen Cha-Cha-Cha auf den Bettpfosten, drehte sich um und starb.

Es geschah in der Zeit seiner Freundschaft mit Borrah, dass Tati in dem Restaurant, das sich unweit seiner Wohnung an der Rue de Penthièvre befand, einen Pianisten spielen hörte. Alain Romains war im Krieg von den Deutschen exekutiert worden, doch die Kugel hatte

Abb. 50: *Borrah Minevich*

seine lebenswichtigen Organe verfehlt; scheinbar tot liegen gelassen wie Balzacs Colonel Chabert, hatte Romains überlebt und sein Leben wieder aufgebaut. Tati fragte ihn, ob er komponieren könne. Ja, das konnte er.

Tati war immer auf Ausschau nach darstellenden wie kreativen Künstlern und Technikern, die er für seine zukünftigen Filme gebrauchen könnte. Oft besuchte er Kabaretts und Nachtklubs und schrieb sich Auftritte, die ihm gefielen, ins Gedächtnis ein; auch kamen Menschen auf ihn zu und baten um seine Unterstützung und Hilfe, und manchmal gab er diese auch ganz gern: zum Beispiel an Michèle Brabo, die im Le Boeuf sur le Toit auftrat. Aber wie er Marguerite Duras kennenlernte – lange bevor sie zum Film gekommen und noch immer ein führendes Mitglied der kurz davor von der Kommunistischen Partei ausgeschlossenen linken Gruppe war –, bleibt unbekannt. Jedenfalls hielt Marguerite sich ebenso oft wie Edith Piaf in der Rue de Panthièvre auf und schaukelte die beiden Tatischeff-Kinder auf ihren Knien.

Das müssen relativ, vielleicht vollkommen glückliche Tage gewesen sein. Tati liebte seine Kinder über alles. Michou durfte sie katholisch erziehen, obwohl er selber für die Kirche überhaupt nichts übrig hatte; es war ihm wichtiger, dafür zu sorgen, dass Sophie und Pierre ordentliche Ferien bekamen, und die meisten Sommer verbrachte er mit ihnen in La Baule an der Südküste der Bretagne. Meistens wohnten sie bei der einen oder anderen alten Schulfreundin von Michou: bei Ira Bergeron und ihrem Ehemann, einem leitenden Angestellten Senior-Manager bei Shell; und bei Nicole Arène, oder ihrem Ehemann, einem Kunsthändler und Auktionator, der, wie auch sie, ein Sommerhaus in La Baule besaß. Tati fühlte sich durchaus wohl in den Kreisen der professionellen Bourgeoisie, zu der er in gewissem Sinne jetzt gehörte; aber er war ebenso in seinem Element bei seinen Kumpeln aus der Boheme, der Music-Hall und dem Zirkus. Lagrange stand ihm wohl deshalb am nächsten, weil er gleichzeitig zu beiden Welten gehörte.

Michou war eine schüchterne, zurückhaltende Frau. Eine Zeitlang spielte Tati mit dem Gedanken, dass sie seine Öffentlichkeitsarbeit übernehmen könnte, aber Michou traute sich nicht einmal an den Apparat (Tati musste oft die Nummer für sie wählen, auch wenn sie mit engen Freunden sprechen wollte). Doch irgendwann, um 1950, ließ Michou sich überreden, zusammen mit ihrer Freundin Ira ein Unternehmen zu starten, das eine alte Idee von Tati auf den Markt bringen sollte – »cadres lumineux«, Bilderrahmen mit eingebauter Beleuchtung; doch was sie dann wirklich verkauften, waren rahmenlose Bilder hinter Plexiglas, einem zu der Zeit brandneuen Material. Die Firma Néodaim, ein Hersteller von synthetischem Wildleder, bestellte fünfhundert dieser neuen Bilder, und das war das einzige Geschäft, das diese Partnerschaft jemals abgeschlossen hat. Danach war Michou durchaus zufrieden damit, unbemerkt und ganz privat ihrem Ehemann schlicht als Madame Tati zur Seite zu stehen. Obwohl sie ihn auf vielen seiner größeren Touren ins Ausland begleitete, ging sie, so gut sie konnte, den Medienfotografen aus dem Weg. Und nur bei außergewöhnlichen Anlässen gestatte Tati es den Fotografen, Michou an seiner Seite aufzunehmen. Im Gegensatz zu so vielen Film-Promis gelang es Tati, sein Privatleben aus der Öffentlichkeit herauszuhalten.

So vollzog sich das gesellschaftliche Leben der Familie Tatischeff abgetrennt vom Berufsleben des Regisseurs einerseits, wie auch von Tatis fortgesetztem Umgang mit seinen alten Rugby-Club-Copains und seinen Freunden von der Bühne des Varieté-Theaters andererseits. Durch seine Eltern, seine Ehefrau und deren Freunde, wie auch durch Lagrange, hatte Tati einen weit gefächerten Bekanntenkreis in Handel, Industrie und den freien Berufen, und einige seiner eher bohemischen Freunde fanden seinen Umgang mit Bankiers, Kunsthändlern, Architekten und medizinischen Beratern ziemlich eigenartig. Durch seine Vorkriegskarriere hatte er Verbindung zu Akrobaten, Clowns und verschiedentlich heruntergekommenen Varieté-Künstlern, was seine bürgerlichen Bekannten recht kurios fanden. Durch seine eigenen Abenteuer und den Strom des Pariser Lebens hatte er Kontakt zu überraschend vielen Intellektuellen der Hochkultur, was nicht weniger eigenartig war für einen Mann, der überhaupt nicht viel las, und ganz bestimmt kein Wort von Queneau, Duras oder Vian. Aber der vielleicht wichtigste Aspekt des facettenreichen gesellschaftlichen Lebens des Jacques Tati der 1950er Jahre ist das, was darin keinen Platz gefunden hatte. Er verkehrte nicht mit Filmschauspielern. Er war nie ein persönlicher Freund seines eigenen Produzenten Orain oder irgendeines Geldgebers hinter der Leinwand. Und er machte einen großen Bogen um alle anderen Filmregisseure. Kurz gesagt, Tati gehörte nicht zur Szene des französischen Cinéma. Eine solche Unabhängigkeit fordert immer ihren Preis.

DREIUNDZWANZIG

Warten auf Hulot

Das wirklich revolutionäre Thema ist das Problem der Muße.

GUY DEBORD, 1954

Wie der erste Entwurf von *Jour de fête*, so hat auch das anfänglich nur »Film Tati Nr. 2« betitelte Drehbuch einen kargen, um nicht zu sagen banalen narrativen Rahmen: ein Wochenurlaub in einem Hotel am Meer, von Ankunft bis Abfahrt. In der Literatur gibt es zahllose Beispiele für Erzählungen aus einem Ferienort (zum Beispiel Tschechows *Die Dame mit dem Hündchen*). In der Malerei geht das Thema »Ferien am Meer« mit den Gemälden von Eugène Boudin bis in die Zeit zurück, als General Tatischeff nach Frankreich kam. Aber als neues Phänomen und modischer Zeitvertreib lieferte der Urlaub am Meer in der Zeit von 1870 bis 1900 vielen Zeitungskarikaturisten ein halb belustigendes, halb beneidenswertes Sujet (siehe zum Beispiel die langjährige Serie »Le Long des Plages« von »Mars«, in *Le Journal Amusant*).[222] Doch die Vorgeschichte des Kinos selbst gibt uns den vielleicht berühmtesten Vorläufer des Themas *Les Vacances de M. Hulot*: eine einzige, von Emile Reynaud für sein »Praxinoskop« erfundene fünfzehnminütige Animation unter dem Titel *Autour d'une cabine* (»Um eine Strandkabine herum«), die um die Jahrhundertwende von vielen Millionen Parisern gesehen wurde – und wieder im Jahr 1946, als Tati sich sehr wahrscheinlich das Spiel von Reynauds animierten Figuren angesehen hat.

Das Praxinoskop wirft ein Bild von einem rotierenden Filmstreifen auf einen Bildschirm; einige der Bilder – Hintergrund, unbewegliche Requisiten – können Fotografien entnommen werden, aber die beweglichen Figuren sind handgemalt, ihre Bewegungen werden durch die Intuition des Künstlers erstellt, nicht durch Fotografie in schneller Folge. Der Erfinder des Praxinoskops, Emile Reynaud, der auch als Einziger je damit gearbeitet hat, war ein Angestellter des Wachsfigurenkabinetts Musée Grévin, das alle Rechte an diesem Gerät besaß und es als Sonderattraktion nutzte. Daher bekam man das Praxinoskop nie außerhalb von Paris zu sehen. Aber sein Ruhm verbreitete sich im ganzen Land, und die Menschen kamen aus den entferntesten Ecken Frankreichs, um es zu bewundern – bis nur wenige Jahre später der *cinématographe* der Lumière-Brüder in Umlauf kam. Lange vergessen, wurde das Praxinoskop 1946 aus der Lagerkiste ausgepackt und bei den französischen Feierlichkeiten anlässlich des fünfzigjährigen Jubiläums der Erfindung des Films (die aus offensichtlich praktischen Gründen um ein Jahr von 1945 auf 1946 verschoben werden mussten) als eine der Hauptattraktionen präsentiert.[223] So müssen wir davon ausgehen, dass Tati *Autour d'une cabine* unmittelbar vor Beginn seiner Dreharbeiten an *Jour de fête* gesehen hat; und auch, dass die Bilder und Episoden aus diesem weltweit ersten Badestrand-Film ihm einige Jahre später wieder in Erinnerung kamen, als er sich daran machte, »Tati Nr. 2« zu entwerfen.

Die veröffentlichte Zusammenfassung dieser fünfzehnminütigen, handgemalten Animation ist es wert, in vollem Umfang zitiert zu werden:

> Hintergrund: Strand, Meer, Klippen, ein Sprungbrett. Vordergrund: eine Strandkabine.
> Dram. Pers.: Drei Badegäste. Ein Badegast mit Glatze und Bauch. Ein junger Badegast. Möwen. Der Pariser und die Pariserin. Ein kleiner Hund. Ein Bootsmann. Dandy.
> Ein Badegast steigt auf das Sprungbrett und springt ins Wasser. Ein weiterer folgt ihm und springt ebenfalls. Der dritte Badegast macht einen Salto. Ein glatzköpfiger und dickbäuchiger Herr zögert. Ein junger Mann springt ihm auf die Schultern und schubst ihn ins Wasser. Im Wasser bespritzen sie sich gegenseitig und schwimmen dann davon, der eine im Kraulstil, der andere auf dem Rücken.

Möwen kommen in Sicht, laufen graziös über den Strand und fliegen davon.

Ein Pariser Paar tritt auf. Beide elegant gekleidet, die junge Frau trägt auch ein Hündchen auf dem Arm. Die beiden Neuankömmlinge einigen sich über ihre Strandkabinen, der Ehemann geht zu seiner Kabine, die nicht im Bild ist.

Dandy, geschniegelt und gebügelt und mit Monokel, macht vor der Ehefrau halt und betrachtet sie mit Interesse. Der Hund springt aus den Armen seiner Herrin und läuft dem Dandy zwischen die Beine. Der strauchelt, fällt fast hin und schubst die Frau dabei zu Boden. Er hilft ihr auf, zieht seinen Hut vor ihr, entschuldigt sich überschwänglich, währenddessen sie irritiert zu Boden schaut.

Dandy macht ihr einen Vorschlag, den die Pariserin ablehnt und sich dann in ihrer Kabine einschließt. Sie schlägt ihm die Tür vor der Nase zu. Er legt ein Auge an das Schlüsselloch und ist offensichtlich davon entzückt, was er sehen kann.

Der Ehemann der Dame kommt, in Badeanzug, wird wütend und tritt Dandy in seinen Du-weißt-schon-was. Dandy ist verblüfft, doch angesichts der Wut des Ehemanns geht er augenscheinlich niedergeschlagen weg.

Die Dame, in Bademantel, tritt aus ihrer Kabine. Sie legt den Mantel ab und zeigt sich in ihrem Badekostüm. Die beiden gehen zimperlich ins Wasser, benetzen sich und schwimmen dann davon.

Dandy kommt zurück, sieht die offene Tür der Kabine, geht hinein und versteckt sich. Er zieht das Rollo am Bullauge zu. Kurz danach kommt der Hund zurück, läuft um die Kabine, schnüffelt und merkt, dass jemand da ist, fängt an zu bellen und an der Wand hochzuspringen. Dandy macht das Bullauge auf, streckt den Arm heraus und versucht, den Hund zu verscheuchen. Dann versucht er, den Hund mit seinem Hut zu schlagen, aber der Hund schnappt zu und läuft mit dem Hut zwischen den Zähnen weg.

Der Ehemann und seine Frau kommen schwimmend wieder in Sicht, steigen aus dem Wasser, während Dandy sich wieder in der Kabine versteckt. Die Dame macht die Tür auf, schlägt sie sofort wieder zu und sagt ihrem Mann, dass jemand da drin ist. Der erboste Ehemann stürmt hinein und kommt, den frechen Kerl am Ohr schleifend, wieder heraus. Er schüttelt ihn kräftig durch und wirft ihn dann ins Wasser. Dandy kommt mühsam wieder auf die Beine und verschwindet mit triefend nasser Kleidung. Der Hund kommt zurückgelaufen, jagt hinter Dandy her und beißt ihn in den Fußknöchel.

Ein Boot kommt in Sicht, darin ein kräftig rudernder Bootsmann. Er hält an und hisst ein Segel, worauf geschrieben steht: Ende der Vorstellung.[224]

Obwohl die komische Kontrastfigur Dandy (auf Französisch *Copurchic*) ein völlig anderer Typ ist als M. Hulot, sind doch alle von Reynaud erfundenen oder beobachteten Situationen, die er 1892 an der Küste bei Trouville aufgezeichnet hatte, von Tati in dieser oder jener Form wieder aufgegriffen worden: der Voyeur, der einen Tritt ins Hinterteil bekommt, als er durch das Guckloch der Umkleidekabine späht (oder zu spähen scheint), sein unglücklicher Sturz ins Wasser, sein Problem mit Tieren, selbst die Einlage der Möwen am Himmel. Das alles sind Dinge, die an jedem Strand passieren können, so dass wir nicht unbedingt auf eine direkte Verbindung zwischen dem Material des weltweit ersten Animationsfilms und seiner Wiederverarbeitung in einer hintergründigen und rätselhaften Filmkomödie schließen müssen. Aber das wäre meines Erachtens übertriebene Skepsis. Der Film *Les Vacances de M. Hulot* ist wesentlich gehaltvoller und subtiler als *Autour d'une cabine*, doch ist er zweifellos auch eine Hommage an Emile Reynaud, eine Feier der malerischsten Ausprägung der frühen Bewegtbildtechnik und damit eine Rückgewinnung des bewegten Bildes als einer spezifisch französischen Kunstform.

Les Vacances de M. Hulot ist ebenfalls grundlegend anders als *Jour de fête,* obwohl er sich auf merkwürdige Weise mit dem älteren Film überschneidet. Der Sommer, in dem *Jour de fête* gedreht wurde, war der erste Sommer, in dem Ferien überhaupt erst wieder möglich waren: Selbst die seriöse *Le Monde* brachte einen Leitartikel über die Wiederkehr der »Ferienpanik«: über die Probleme, eine Unterkunft in einem Seebad zu finden, über den endlosen Ärger und das Chaos des Reisens in einem Land, das mit dem Wiederaufbau seiner Straßen und Schienen noch kaum begonnen hatte – so dass Ferien wirklich vonnöten waren, damit die Reisenden sich von den anstrengenden Vorbereitungsarbeiten erholen konnten.[225] Doch abgesehen von der Tatsache, dass die beiden Filme unterschiedliche Arten der Erholung behandeln, ist der als Mitautor beider Drehbücher genannte Henri Marquet das Bindeglied zwischen beiden. Marquet war keine intellektuelle Stütze für Jacques Tati, denn er hatte noch weniger Bildung genossen und bekannte sich zu einer ausschließlich in Music-Hall und Zirkus verwurzelten Kultur. Jedenfalls war sein Humor, wie auch sein »Parigot«-Akzent, wesentlich grober als Tatis. Er mag sich einige der Bild- und Ton-Gags ausgedacht haben, die im Drehbuch für *Les Vacances* zu finden sind (das Drehbuch enthält viel mehr Material als der Film), aber es ist schwer vorstellbar, dass die Figur des Hulot, die ganze Grundidee dieses Charakters, von irgendjemand anders als Jacques Tati stammte.

Als Tati seinen Hulot schuf, schrieb Samuel Beckett sein Stück *Waiting for Godot* (*Warten auf Godot*), dessen Pariser Premiere zwei Monate vor Tatis Film stattfand. Beide Werke verzichten auf alles, was einem konventionellen Plot vergleichbar wäre; und wenn wir nie erfahren, worauf in *Godot* eigentlich gewartet wird, so erfahren wir in *Les Vacances* nie sehr viel über M. Hulot.

Der offizielle Abspann der fertigen Fassung des Films verzeichnet die Mitarbeit von Pierre Aubert und Jacques Lagrange – doch nicht so das 1951 beim CNC registrierte Drehbuch. Pierre Aubert war ein junger Absolvent der IDHEC, der von Marcel L'Herbier gegründeten Filmhochschule. Seinen allerersten Job bekam Aubert von Tati als dessen Regieassistent, und seine Erwähnung resultierte vermutlich aus Änderungen, die während der Dreharbeiten vorgenommen wurden. Dagegen war Lagranges Rolle wesentlich tiefgreifender. Während des ganzen Schaffensprozesses von *Les Vacances* besprach Tati seine Ideen zuallererst mit diesem Freund und Nachbarn, und der Maler hatte beim Entwurf der Kulissen und Requisiten zweifellos Entscheidendes zu sagen; aus diesem Grund schrieb Tati mit seiner eigenen, festen Handschrift unter seine Roneo-Kopie des Drehbuchs: »avec la collaboration de Jacques Lagrange«.[226]

Lagrange war nicht nur ein erfolgreicher Maler (und später ein angesehener Designer von Wandteppichen und Mosaiken), sondern auch ein begabter Zeichner und Karikaturist: Er konnte, noch während sie ausgesprochen wurde, eine Idee in eine Zeichnung umsetzen. Tati ärgerte sich nicht wenig über seine eigene zeichnerische Unfähigkeit und seine Abhängigkeit von Lagrange und anderen wie ihm. Viele Jahre später, als seiner Filmkarriere die Luft ausgegangen war, sah Tati seinem Freund Sampé, einem Karikaturisten, oft bei der Arbeit am Reißbrett zu. Man konnte hören, wie er mit charakteristisch vorgehaltener Hand vor sich hin brummelte: »Ich wünschte, ich hätte gelernt, so zu zeichnen.«[227]

Wie dem auch sei, mit oder ohne Lagrange, Aubert und Marquet: Um sein Material für »Film Tati Nr. 2« zusammenfügen und rechtfertigen zu können, schuf Tati eine ganz und gar originale Filmfigur. Wir können uns kaum vorstellen, was *Les Vacances* ohne Hulot wäre. Der aber ist nicht so leicht zu beschreiben oder näher zu verstehen oder gar festzulegen wie fast jede andere gleichermaßen berühmte Filmfigur. Eher eine Idee als eine Person – und hierin Becketts Godot sehr ähnlich –, ist Hulot eine enigmatische Montage von Zeichen.

Im Film wird die Idee, die Hulot inszeniert, zuallererst durch eine Körperhaltung vermittelt: kerzengerade, doch von den Fußgelenken her nach vorn geneigt, so als gäbe es keine Schwerkraft;

Abb. 51: *Lagranges vorbereitende Skizzen von Strandmobiliar für Les Vacances de M. Hulot*

der Kopf, eingezogen wie der eines Vogels, beugt sich vom Nacken aus nach unten und verstärkt den Eindruck unmittelbar drohender Gewichtsverlagerung; eine lang herausragende Pfeife unterstreicht die ganze vorwärts gerichtete Schrägstellung; die Ellenbogen, nach hinten gespreizt, geben eine schlaksige, ausdrucksstarke und komisch verlängerte Silhouette ab: eine Art »Körperskulptur«, die vage an Giacomettis spinnenartige Linien erinnert und etwas auszudrücken scheint, das wir aber nicht so recht bestimmen können – abgesehen von einem schüchternen Bemühen, stets gefällig zu sein.

Diese Körperhaltung prägt weitgehend die Art und Weise, wie Hulot sich bewegt: fast, doch nicht ganz auf Zehenspitzen, so als wolle er die Erdoberfläche nicht mit allzu viel Gewicht belasten. Sein elastisch federnder Schritt scheint darauf bedacht, dem Fußboden, dem Strand oder der Straße nicht seine ganze Präsenz fühlbar zu machen. Ein Kritiker hat diesen Schritt als *la discrétion absolue* bezeichnet, als »perfektionierte Diskretion«. Und doch ... ist er auch eine Komiknummer.

Abb. 52: *Hulot an der Eingangstür des Hôtel de la Plage*

Hulots Gesichtsausdruck ist schlicht unergründlich oder, mit Michel Chions Worten, »undefinierbar, irgendwo zwischen Besorgnis, Dummheit oder höflicher Zurückhaltung«.[221] Oft ist das Gesicht mehr als zur Hälfte verdeckt – durch den Hut, die Pfeife, oder die Miene ist nicht erkennbar aufgrund der Entfernung von der Kamera, wie auch dank Tatis ständigem Hin und Her quer über das Bild. Doch könnte sich dieses Gesicht kaum mehr von der beschränkten Bäuerlichkeit des Postboten François unterscheiden. Hulot ist eindeutig eine Art von Gentleman, und er wird immer als *Monsieur* Hulot angeredet.

Die Fähigkeit, die es braucht, die Figur des Hulot zu verkörpern, geht auf Tatis langjährige Arbeitserfahrung mit der Pantomime zurück; doch die Rolle des Hulot ist keine Pantomime im gewöhnlichen Verständnis, denn er ahmt kein bestimmtes Vorbild, keine bestimmte Tätigkeit oder Rolle nach. Tati betonte immer wieder, dass seine ganze Kunst auf Beobachtung beruhe, und zur Verteidigung dieser Ästhetik erklärte er, dass er tatsächlich Menschen beobachtet habe, die mit Hulots eigenartigem Gang umherliefen (wie er auch einen Mann namens Hulot kannte, mit dessen Genehmigung er den Namen benutzte).[229] Wie dem auch sei, die Kombination von Körperhaltung und Gangart in seiner Rolle als Hulot gibt es nur bei Tati, und niemand hat je daran gedacht, sie nachzuahmen – nicht einmal John Cleese.

Hulot kann auch als *negatives* Konstrukt betrachtet werden: als eine in der Vorstellungskraft entworfene Figur, die darauf abzielt, zahlreiche in Film- und Bühnenkomik etablierte körperliche Signale umzukehren. Hulots vorwärts geneigte Körperhaltung ist die Umkehr von Chaplins ironischer Pose – der schlaue kleine Kerl schaukelt *rückwärts* auf seinen Fersen, und in der für ihn charakteristischen Irisblende[230] am Ende seiner Kurzfilme stolziert er davon, wobei seine Knie und Fußgelenke, nicht seine Ellenbogen, seitwärts ausholen; das ruckartige, marionettenhafte Gebaren des Charlot ist eindeutig das genaue Gegenteil von Hulots federndem Gleiten.

Auch Hulots Kleidung ist eine mit größter Sorgfalt filmgerecht entworfene und zusammengestellte Komposition. Er ist in mehreren Outfits zu sehen (im Kostüm, Tennisweiß, Tweed-Jackett …), aber die Sachen, die ausgewählt wurden, um die Ikone Hulot für Poster und andere Öffentlichkeitsmaterialien zu konstruieren, waren diese: ein Schlapphut, eine Pfeife, eine um mehrere Zentimeter zu kurze Hose und Ringelsocken. Hulots kanonische Bekleidung hatte etwas vage Englisches und definitiv Bürgerliches an sich; sie nimmt der Figur die politische Dimension, die dem Postboten François anhaftete. Und wiederum könnte man die Einzelteile der Kleidung, die sich zur Hulot-Chiffre zusammensetzen, Stück für Stück als negative Anspielung auf Chaplin verstehen: ein Homburg statt einer Melone, ein Sakko statt eines Fracks, zu kurze Hose statt einer zu langen und zu weiten, und statt eines Spazierstocks eine bunte Ansammlung ähnlich stockartiger, doch funktional unterschiedlicher Accessoires – Regenschirm, Angelrute, ein Schmetterlingskescher. Die Ringelsocken kommen jedoch anderswoher: Marc Dondey berichtet, dass sie von Keaton in *Parlor, Bedroom and Bath* abgeguckt worden waren – einem Film, den Autant-Lara bei seinem ersten Hollywood-Auftrag fünfzehn Jahre vor *Sylvie* auf Französisch neu verfilmt hatte.

Es gibt wohl kein einziges Detail der Hulot-Figur – von der Stellung seiner Füße bis hin zum Winkel seiner Pfeife, von den Kleidungsstücken, die er auf einem Maskenball trägt, bis hin zum präzisen Timing seiner Beine, wenn er sich zum Strand aufmacht –, das nicht im Vorhinein im Zeichen des Hulot-Konzepts durchdacht und beschlossen worden war – eines Konzepts, das schriftlich vielleicht nie vollständig festgehalten werden kann.

Im Drehbuch, wo die visuell körperliche Charakterisierung des Hulot kaum vermerkt ist, bekommt man den Eindruck von einem ungeschickten Einzelgänger, der überall auf die Nerven zu fallen scheint: Er stört andere Gäste, weil er das Grammophon zu laut spielt (Aufnahmen 135–137, S. 71–72); beim Bridge bringt er die beiden Hände durcheinander, weil er die Tische fast umwirft, als er auf dem Fußboden herumkriecht, um einen verlorengegangenen Tischtennisball zu schnappen (Aufnahme 143); er lässt die Meeresbrise in die Lobby strömen, die die Korrespondenz des Geschäftsmanns durcheinanderwirbelt (Aufnahme 152); am Strand unterbricht er versehentlich die Gesundheits- und Schönheitsgymnastik einiger Badegäste (Aufnahme 156) und verursacht beinahe einen Unfall im Wasser, als er einem Schwimmlehrer die Hand schüttelt, während der gerade einen Schüler über Wasser hält (Aufnahme 211, weggeschnitten aus den erhältlichen Fassungen des Films). Der schwedische Titel des Films – *Semestersabotören*, »Der Urlaubsverderber« – verkündet das sogar als das Hauptthema des Films; auch die Romanversion (von Jean-Claude Carrière) fokussiert auf den Ärger, den der ungeschickte, doch liebenswerte Hulot aus Versehen verursacht.

Das Drehbuch ist auch hinsichtlich des romantischen Plots viel eindeutiger als der Film. Hulot ist einer unter vielen Verehrern von Martine, der Strandschönheit von Saint-Marc: Pierre, der narzisstische Fitnessfanatiker, der Intellektuelle,[231] die namenlosen jungen Männer, die auf den Straßen herumbummeln, sie alle suchen Martines Aufmerksamkeit und Anerkennung. Hulot scheint seinem Ziel näher zu kommen als sie alle, denn er schafft es tatsächlich, mit dem Mädchen zu tanzen. Aber in der Schlusssequenz (Nr. 393), die jedoch herausgeschnitten wurde, sehen wir Martine und die anderen auf der Heimfahrt in einem Eisenbahnwagen, wo sie sich ihre Ferienbilder anschauen:

> Auf jedem Schnappschuss steht Pierres starres Standardlächeln in deutlichem Kontrast zu Hulot, der ständig in Bewegung ist, weswegen mal ein Arm, mal ein Bein nicht mehr auf dem Bild ist.
> Das letzte [Foto zeigt] Hulot ganz allein, mit einem weißen Pflaster auf der Nase.

Welche Stimmung Martines Gesicht in dieser Aufnahme angezeigt haben mag – Spott, Zuneigung, Abscheu oder Bedauern –, wird nicht gesagt; wir können nur ahnen, dass diese Sequenz eine »Affäre« abschließen sollte, die niemals begonnen hatte.

Obwohl Tati sich immer weigerte, eine »Hulot-Fortsetzung« zu machen und er Titelvorschläge wie *Hulot zieht gen Westen* oder *Der verliebte Hulot* spöttisch verlachte, gibt es doch einen romantischen Faden, der die vier Hulot-Filme verbindet: eine rein ideelle Affäre, die Hulots Schwester sich in *Mon Oncle* ausgedacht hat, ein paar verträumte Blicke zwischen Hulot und Barbara in *Playtime,* und in *Trafic* – endlich – eine Art Umarmung in der Schlusssequenz, wo Hulot aus der U-Bahn zurückkommt, um Maria Kimberly zu ihrem Auto zu begleiten, wobei er mit einer Hand den Regenschirm hält und die andere auf die Schulter des Mädchens legt. Hulot ist keine geschlechtslose Figur – selbst nicht, oder vielleicht ganz besonders nicht, in seiner ersten Inkarnation im Drehbuch für *Les Vacances;* er ist ein schüchternes und selbstloses Geschöpf, das es nicht schafft, dem ziemlich bescheidenen Ziel seiner Wünsche näher zu kommen.

Mit seiner Hulot-Figur ging es Tati wohl auch um die Darstellung einer Art universeller Verlegenheit. Am ersten Tag seiner Ferienwoche[232] ist Hulot am Strand, als die Winde, die ein Fischerboot festhält, aus der Ratsche rutscht. Das Boot, das gerade noch gestrichen wird, gleitet ins Wasser zurück; die Anstreicher toben vor Wut und halten Ausschau nach dem Übeltäter. Den kleinen Jungen (Denis), der das wohl nur zum Spaß getan haben mag, sieht man (Aufnahme 88) bei einer Dame, der er beim Aufwickeln ihrer Wolle hilft,[233] der kann es also nicht gewesen sein; Henry (*le Promeneur*), auf den sich jetzt die Blicke richten, ist zu weit weg; also schwenkt der Verdacht hinüber zu Hulot, der sich gerade mit einem um einen Pfosten geschlungenen Badetuch abtrocknet. Weder das Drehbuch noch der Film verraten, wer die Winde aus der Ratsche gelöst hat (vielleicht niemand …) – aber Hulot verhält sich prompt so, als wäre er der Schuldige. Sobald er kann, rennt er weg wie ein ungezogenes Kind, obwohl ein Fehlverhalten seinerseits in keiner Weise feststeht.

In anderen Episoden nimmt Hulot die Schuld auf sich, die nicht oder eigentlich nicht seine Schuld ist. Als es ihm nicht gelingt, eine vertrauensvolle Beziehung zu einem Pferd zu entwickeln, um es für einen Spazierritt gemeinsam mit Martine fertig zu machen, wird das störrische Vieh auf einmal wild, tritt eine Holztür ein, schlägt aus gegen die Notsitzklappe eines Autos und enthauptet, wie es scheint, einen Passagier mit Panamahut. Hulot läuft weg, als wäre die Gewalttätigkeit des Pferdes allein seine Schuld, und er versteckt sich hinter der Tür einer Strandkabine, um ungesehen zu beobachten, wie das alles ausläuft.

Hulots Schuldgefühl ist die Kehrseite seines Bemühens, gefällig zu sein, wie seine Körperhaltung, sein Betragen und Handeln es nahelegen. Es scheint, als ob der Charakter, den Tati als Medium einer neuen Art beobachtungsbasierter Komödie schuf, etwas mit sich herumtrage, für das er geradestehen muss. Obwohl die meisten seiner Versuche fehlschlagen, verkörpert Hulot die abstrakte Intention der Wiedergutmachung, unabhängig vom Kontext. Aber er tut nichts dafür – etwa dadurch, dass er einmal die Initiative ergreifen würde oder sich auf eine wirkliche Beziehung mit der anderen Person in der Lobby, im Speisesaal oder am Strand einließe. Hulot existiert im Abseits. Eine Idee, ein Gefühl, eine wesenlose Präsenz. Hulot steht dem Geist in *Sylvie* viel näher als dem brummelnden Postboten in *Jour de fête*.

VIERUNDZWANZIG

Gags, Witze und Kameratricks

> *Nur wenige Vergnügen sind nützlicher*
> *als eine gute Komödie.*[234]
> KÖNIGIN CHRISTINA VON SCHWEDEN

Reduziert auf seine einfachste Struktur, setzt sich der Film *Les Vacances de M. Hulot* aus einer Reihe von Gags folgender Art zusammen: X (oder jemand) hält Y (oder etwas) für Z (oder etwas anderes). Was Noel Carroll als »*switch image*« und »*switch movement*« in visuellen Film-Gags[235] bezeichnet, besitzt zwangsläufig diese Grundstruktur; doch um mit der Anwendung dieser Formel die Menschen zum Lachen zu bringen, muss X's Irrtum, Y für Z zu halten, irgendwann jemandem aufgedeckt werden, sei es der Person X (Typ A), einer anderen Person im Drama (Typ B) oder nur dem Zuschauer (Typ C). *Les Vacances* ist der erste von Tatis Filmen, der regelmäßig auf die Struktur der dramatischen Ironie als Instrument der Komik zurückgreift, doch einfache Beispiele sind in fast allen seinen späteren Filmen zu finden.

Nachdem Hulot in *Mon Oncle* festgestellt hat, dass einige von Madame Arpels Küchenutensilien aus unzerbrechlichem Plastik sind, lässt er einen anderen Topf auf den Fliesenfußboden fallen, nur um seine Entdeckung zu testen. Der Topf zerbricht. X hat Y für Z gehalten (einen Glastopf für einen Plastiktopf) und erkennt sofort seinen Irrtum. In diesem einfachen Gag des Typs A ist der »Held« sowohl der Täter als auch das Opfer eines Irrtums. Er verdient und erhält wohlwollendes Lachen, je nachdem, wie weit der Zuschauer sich vorstellen kann, denselben Fehler zu machen. Da es für niemanden leicht ist, auf den ersten Blick Plastik und Glas voneinander zu unterscheiden, kann dieser einfache Gag als eine elementare Form mitfühlender Ironie verstanden werden –

eine Form, die in komplexeren Ausprägungen mit vielerlei Bedeutung bereichert werden kann.

In Gags vom Typ B versteht der »Schlaukopf« den von X in Bezug auf Y gemachten Fehler (und lacht vielleicht darüber und nutzt ihn aus). Dieser Typ-B-Gag kommt sehr oft in der Hollywood-Burleske vor (in den Laurel-und-Hardy-Kurzfilmen fast ausschließlich), ist aber in Tatis gesamtem Werk kaum zu finden. Diese Art Gag setzt eine Person über die andere, auch wenn nur vorübergehend, und auch, wenn die Rollen vertauschbar sind; darüber hinaus erfordert oder impliziert der Typ-B-Gag, dass die Charaktere auf irgendeine Weise interagieren. Doch in Tatis Welt haben die Charaktere nichts miteinander zu tun, sie gehen auf Abstand aneinander vorbei. Rivalität wird nie ausgetragen, nur angedeutet; alles, was zu einer dramatischen Interaktion führen könnte, bleibt ungesagt.

Typisch für Tatis Komikstil sind die Gags vom Typ C, wo allein der Zuschauer – sofern er oder sie genau hinschaut – die Täuschung, das heißt den Witz der Sache erkennt. Hier ein Auszug aus dem Drehbuch für *Les Vacances*:

> 242. S.L.S.[236] Vor der Villa. – Tag
> Martine wünscht Hulot eine Gute Nacht; ihn immer noch anschauend, schiebt sie mit dem Fuß die Tür auf und hebt dabei das Knie auf eine Art, die als Anmachsignal verstanden werden kann.
>
> In der Annahme, diese Geste gelte ihm, setzt Hulot erfreut seinen Hut verwegen schief auf und geht weg.
> 243. – M.C.S. – Vor der Villa. – Tag
> In der Halbnahaufnahme können wir sehen, dass das Mädchen diese Bewegung ihres Beins wiederholt, um den Kies wegzukratzen, wegen dem die Tür klemmte.

Hulot hat Martines Geste als Einladung verstanden, aber dem Zuschauer wird daraufhin gezeigt, dass er sich geirrt hat. Das ist genau das, was Carroll mit »Switch Movement« meint. Im Film selber aber gibt es wesentlich komplexere »Umschaltungen« von Bild, Bewegung und Bedeutung. Zum Beispiel: Martine und ihre Tante sitzen auf dem Hintersitz von Hulots defektem Amilcar, der sich auf einer leicht abschüssigen Landstraße in Bewegung setzt und ohne Fahrer hinunterrollt. Die Straße biegt nach links ab, aber das Auto rollt geradeaus weiter durch ein Tor in eine Einfahrt. Die am Reserverad befestigte Autohupe hat sich jetzt auch aus der Halterung gelöst, wird vom gemächlich rollenden Auto mitgeschleift und plärrt alle zwei Sekunden los. Der eher quakende Ton der Hupe überlappt den Schnitt zum nächsten Bild auf dem Balkon des Schlosses am Ende der Auffahrt, wo ein Gutsherr vom Rollstuhl aus versucht, Enten zu schießen. Der lässt sich von seinem Diener zur Auffahrt hin umdrehen, denn der Herr (X) hält die Autohupe (Y) für eine Ente (Z).

Der Ton dient bei Tati sehr oft als Medium irrtümlicher Wahrnehmung. Im Hôtel de la Plage hat der mürrische Ober das Restaurant für die Nacht geschlossen. Er zieht seinen Mantel an, und die Kamera verfolgt ihn die Treppe hinunter zur Lounge, wo die meisten Gäste sich jetzt befinden. Während der Kellner sich mit grimmiger Miene nach unten begibt, werden seine Schritte immer schärfer, so als trampele er mit stahlbeschlagenen Absätzen wütend auf die Stufen ein. Doch als er quer durch die Lounge geht und aus dem Bild verschwindet, gehen die Staccato-Geräusche weiter. Sofort korrigieren wir unser akustisches Gedächtnis und lösen das bis dahin gehörte Stampfen von der Vorstellung »übelgelaunter Schritte« ab. Erst dann sehen wir Hulot, der aus dem Tischtennisraum rückwärts in die Lounge tänzelt, um einen lang geschmetterten Ball zurückzuschlagen. In diesem Ton-Gag ist X der Zuschauer: Er wurde dazu gebracht, Y (den Aufprall des Tischtennisballs auf die Schläger) für Z (die Schritte) zu halten – und kann nur darüber lachen, dass er sich zu diesem Irrtum hat verleiten lassen.

Eine visuelle Variante dieser Art von Gag findet sich im Drehbuch, ist aber entweder nie gedreht oder später aus den heute in Umlauf befindlichen Fassungen herausgenommen worden. Die erste (herausgeschnittene) Tennis-Sequenz endet mit Hulots Niederlage, als der Ball über den Tennisplatz hinaus in den Pfarrgarten fliegt. Die englische Lady, die in der Hecke herumstochert, gibt den Blick auf einen Priester frei, der in einiger Entfernung in seinem Liegestuhl auf dem Rasen sein Nickerchen macht. Hulot sieht seinen Ball mehr oder weniger zu Füßen des Priesters liegen, und als er näher kommt, wacht der Priester erschrocken auf und beginnt unversehens, eine Litanei zu zitieren. Hulot nimmt den Hut ab, beugt sich, um den Ball aufzuheben, richtet sich auf, setzt den Hut wieder auf und geht (Aufnahmen 127–130, S. 66–67). Der intendierte Witz ist wahrscheinlich der, dass die Szene so aussehen soll, als erhalte ein Mann den Segen eines Priesters: eine visuelle »Umschaltung«, in der nur der Zuschauer getäuscht und enttäuscht wird, und das auch nur rein symbolisch, ideell.

Ein ungewöhnlich komplex ausgearbeiteter Gag dieser Art mit Täuschungen durch Ton, Bildausschnitt und Kamerawinkel geht Hulots erster Ankunft im Hôtel de la Plage unmittelbar voraus:

> Die Fehlzündung von Hulots Automobil wird rückwärts überlappt von der ersten Aufnahme der [Hotel-]Lobby ... Während das Spucken abklingt, geht der Kellner von Tisch zu Tisch, und mit jedem neuen Bild bekommen wir eine neue Klangstruktur zu hören; dann ertönt das Schimpfen eines Menschen, der versucht, ein Funksignal zu stoppen. Wir erwarten, dass wir die Quelle dieses neuen Klangs zu sehen bekommen, aber anstatt auf den Funker zu schneiden, gibt Tati uns mit einer Hochwinkel-Totalaufnahme den Blick auf die ganze Lobby, und der Funker ist ganz unten im Bild zu sehen.[237]

Die aus dieser ansonsten korrekten Beschreibung ausgelassene Pointe ist der Umstand, dass das scheußliche Quietschen des Funkgeräts vom Zuschauer zunächst nur als eine Art Panne in der Projektion des Films *Les Vacances de M. Hulot* verstanden werden kann. Bis das erklärende Bild erscheint – nicht in der Mitte, sondern am unteren Rand des Bildes, wo der Zuschauer erstmal danach suchen muss –, spielt der Film auf gewagte und ins Grundsätzliche reichende Weise mit seinem Zuschauer, indem er auf seine eigene fragile Struktur aufmerksam macht: auf sich, den Film, als eine Projektion, die auf fehlbares Equipment angewiesen ist.

So nutzt der typische Tati-Gag dieselbe ironische Struktur, die vielen ernsteren Formen des Theaters zugrunde liegt. Ödipus hält seinen Vater für einen fremden Mann, und die Tragödie folgt auf dem Fuß; Orgon hält Tartuffe für einen Heiligen, und auf der Basis dieses Missverständnisses baut Molière eine komplexe Sitten- und Glaubenskomödie auf. Sowohl die Tragödie als auch die Komödie arbeiten mit irrtümlicher Wahrnehmung und ihrer Enthüllung, einem Kunstgriff, der seit den Griechen als Anagnorisis bekannt ist. Doch bei Tati – wenn der Gutsherr das Hupen für ein Quaken hält, wenn wir ein Aufklatschen für einen Fußauftritt halten, oder die Suche nach einem Tennisball dank identischer Gestik für eine Segnung – passiert nichts. Tatis Gags in *Les Vacances* geben uns keine säuberlich abschließenden Lösungen, keine Pointen, keine Schlüsse. Wenngleich strukturell perfekt, treiben Tatis Gags keine Handlung voran, bauen keine Erzählung auf. Sie sind nur dies: Absonderlichkeiten einer Welt, die *einfach so ist.*

Les Vacances wartet mit einer beträchtlich komplizierteren XYZ-Struktur in der Sequenz auf, wo Hulot das breite, in weißer Hose präsentierte Hinterteil des Mr Smutte am Strand dicht vor Marines Umkleidekabine sieht und von seinem Blickwinkel aus vermutet, dass der dicke Bankier sich am Anblick einer unbekleideten Dame verlustiert. Hulot nähert sich mit wohlberechtigter Empörung, landet einen kräftigen, langbeinigen Tritt in Smuttes Gesäß und sieht im selben Moment, was die Kamera uns dann auch zu sehen gibt: Mr Smutte, gebeugt über eine Stativkamera, nimmt ein Familienfoto auf. X hat Y's Körperhaltung für die eines Voyeurs gehalten, während diese in Wirklichkeit etwas anderes

Abb. 53: *Hulot und der Voyeur (Dieses Bild ist kaum eine Sekunde lang auf der Leinwand zu sehen)*

anzeigt. Schuld an dem »Switch Image«, das Hulots ritterlichen Irrtum auslöst, sind (wir begreifen es sofort) der Bildausschnitt und die Perspektive; aber wir teilen Hulots Anagnorisis, da die Kamera uns keinen anderen Blickwinkel gegeben hatte, von dem aus wir seinen Irrtum gesehen hätten, bevor er selbst ihn sehen konnte.

Die Vielfalt der Personen und Gegenstände, die in Tatis Filmwerk jeweils als Gag-Agens (X) und Gag-Medium (Y) fungieren, ist nicht unendlich. X ist fast immer der formale Protagonist (François in *Jour de fête*, Hulot in den folgenden Filmen) oder der Zuschauer. Situationen, in denen die irrtümliche Wahrnehmung einer anderen auf der Leinwand sichtbaren Figur unterläuft, gibt es äußerst selten. Wie zum Beispiel in der Eröffnungssequenz der originalen Fassung von *Jour de fête*, wo die Karussellpferde, die sich über die Ladefläche des Anhängers hinauszulehnen scheinen, im Vordergrund nach links rücken und die dadurch auf der Weide sichtbar gewordenen echten Pferde, von der Kamera verfolgt, nach rechts weggaloppieren. Wenn die Dorfpferde X (von der Weide aus) ihre hölzernen Imitationen für Y halten (eine Herde von Rivalen? oder neue Freunde?) und entsprechend reagieren, dann ist Follainville in der Tat ein Paradies für Kinder, in dem Wirklichkeit und Phantasie miteinander kommunizieren; und das ist zweifellos die Botschaft, die Tati mit dieser Sequenz geben wollte, um damit die Stimmung und den Ton des Films zu etablieren.

Ein weiteres harmloses Beispiel für ein alternatives Gag-Agens kommt in *Mon Oncle* vor: In dem Moment, als Madame Arpel bereit ist, ihre Gartenparty-Gäste zu empfangen, muss sie versuchen, einen Teppichverkäufer davon abzuhalten, in die Einfahrt zu kommen. Was sie zuerst sieht, und was wir ein paar Augenblicke länger sehen, ist ein hinter dem halboffenen Eingangstor hervorgestreckter, mit reichem Teppichmuster geschmückter Arm. Die Person, die trotz des anfänglichen Protests der Madame Arpel eintritt, ist ihre Nachbarin von nebenan (die Braut, von der sie hofft, dass ihr Bruder sie heiraten wird), gekleidet in einem locker hängenden Kaftan.[238] An dieser Stelle ist Madame Arpel (für einen kurzen Moment) das Agens X eines Gags, aber nur für einen geringfügig kürzeren Moment als der Zuschauer; und das Medium Y des Gags – die extravagante Kleidung – ist wesentlich harmloser als die meisten Medien, für die Hulot selber das Agens, die treibende Kraft ist.

Einer der lustigsten und närrischsten Gags in *Trafic* ist die Szene, wo junge holländische post-68er Spaßvögel mit der Hauptfigur, Maria Kimberley, ihren Schabernack treiben, indem sie einen zotteligen Lammfell-Körperwärmer mit einer daran befestigten Hundeleine unter ein Rad ihres winzigen Stadtautos legen. Sie fällt darauf herein und trauert über den Tod ihres geliebten Terriers. Hier, vielleicht das einzige Mal in Tatis Filmwerk, wird eine Figur von anderen Figuren mithilfe eines »Switch Images«, verkohlt – durch eine visuelle Täuschung, die normalerweise dem Zuschauer vorbehalten ist. Denn fast alle Gags in Tatis Filmen sind Beispiele für den Humor der Welt selber.

Der Gag, den Tati regelmäßig als Beispiel heranzog, um den Unterschied zwischen Chaplins Komikstil und seinem eigenen zu demonstrieren, ist die »Friedhofsszene« in Les Vacances. Hulot und Fred sind mit dem Amilcar auf den Friedhof gefahren, wo gerade ein Begräbnis abgehalten wird. Sie müssen das Stoffverdeck des Autos in Ordnung bringen, aber zuerst sucht Hulot sich im Kofferraum die Werkzeuge zusammen und legt dabei einen Ersatzschlauch auf den Kies, der mit Blättern übersät ist. Die Blätter sind nass und klebrig; in wohlbedachter Vorbereitung des Gags zeigt Tati, wie Hulot sich über die Blätter ärgert, die an seinen Schuhsohlen kleben.[239] Als dann der Schlauch umgedreht wird, wissen wir, warum er mit Blättern bedeckt ist.[240] Als der Bestatter vorbeikommt, hält er den blattübersäten Schlauch für einen Kranz; er hebt ihn auf und hängt ihn an die Gedenktafel. Der Gag wird nun recht kompliziert, denn der sachliche Irrtum (der Schlauch sei ein Kranz) führt zu einem menschlichen Irrtum – die beiden Autofahrer werden für normal hier Trauernde gehalten. Fred kann sich verlegen aus dem Staub machen, aber Hulot wird nicht nur vom Bestatter so behandelt, als gehöre er zur Familie, sondern von einem ganzen Haufen fremder Leute, die sich anstellen, um ihm der Reihe nach ihr Beileid auszusprechen.

X ist hier keine einzelne Figur, sondern eine ganze Gemeinde, deren feierliches Begängnis komplett schiefläuft. Und in dem Moment entweicht die Luft aus dem Schlauch am Haken; mit einem Geräusch, das die dort Versammelten jetzt für Hulots schmerzbewegten Stoßseufzer halten, verwandelt der Schlauch sich in ein traurig schlaffes kleines Etwas.

Wäre dies ein Chaplin-Gag gewesen, behauptete Tati, dann hätte der Schlaukopf die Verwandlung des Gummischlauchs in einen Trauerkranz herbeigeführt und damit dem Zuschauer Gelegenheit gegeben, seinen Einfallsreichtum zu bewundern und zusammen mit ihm über die Leichtgläubigkeit der Welt zu lachen. Wohingegen er, Tati, immer darauf achte, dass die Komik nicht vom Komiker ausgehe, sondern von der Situation; und das, sagte er, sei ein viel respektvolleres und realistischeres Verständnis des Lebens.

Die Fortsetzung dieses Gags treibt die heikle Situation noch weiter. Der Reihe nach Hände schüttelnd mit todernst unter ihren Hüten hervorblickenden »Freunden der Familie«, beginnt Hulot zu lächeln, vielleicht sogar zu kichern. Michel Chion meint, dass Hulot hier untypischerweise die Komik des irrtümlichen Beileids nicht mit den Figuren auf der Leinwand teilt, sondern mit uns, den Zuschauern des Films (und wir daher einen Gag des Typs B vor uns haben, bei dem der Protagonist sich des Irrtums bewusst ist und dieses Wissen mit uns teilt). Tatsächlich wird Hulots Kichern durch einen anderen sachbedingten Gag ausgelöst: von einer Straußenfeder am Hut einer sehr kleinen Dame, die unter seinem Kinn herumwedelt.[241]

Natürlich gibt es in *Les Vacances* auch andere Arten komischer Episoden, nicht-intellektuelle, rein körperliche Lachnummern, die nichts mit irrtümlicher Auslegung zu tun haben. Wie der Akrobat auf seinem Fahrrad in *Jour de fête* ist Hulot in seiner ersten Inkarnation auf der Leinwand ein agiler und energiegeladener Mann: Er stolpert über ein Abschleppseil und fällt in ein Dock; mit Koffern bepackt, stolpert er auf der Vordertreppe, halb fällt er hoch, halb läuft er durch das ganze Haus und auf der anderen Seite wieder hinaus; mit einem schweren Rucksack auf dem Rücken erklimmt er einen steilen Berghang, erreicht die Pfadfinderhütte, richtet sich aus Freude, dass er es geschafft hat, auf und vergisst dabei, dass er mit dem Gewicht auf seinem Rücken die Balance verlieren muss und den ganzen Abhang bis unten hin wieder zurückgeworfen wird. In einer anderen Szene am Strand gelingt es ihm nicht, ein Pferd zu besteigen, er verheddert sich mit dem Fuß in den Zügeln und wird von dem Vieh rückwärts über den Sand geschleift. Diese Stunts gehören zur Tradition des Slapstick, doch nicht zur konfliktgeladenen »Sahnetorten«-Variante. Tatis körperliche Komik in *Les Vacances,* wie schon davor, ist eher der Kunst des Akrobaten und Mimen der Music-Hall-

Abb. 54: *Vorbereitungen für die Aufnahme des Notsitz-Gags. Der Hut wird zerquetscht, als das Pferd gegen die Heckklappe des Autos tritt.*

Bühne verpflichtet. Sie besteht aus Solonummern, aus allerlei Verbiegungen, Kapriolen, Stürzen und Purzelbäumen, die Hulot lächerlich machen, aber nicht viel mehr als den Stolz beschädigen oder verletzen – von dem er eigenartigerweise keine Spur zu besitzen scheint.

In zahlreichen anderen Gags spielen konkrete und mechanische Objekte, ganz besonders Fortbewegungsmittel, eine zentrale Rolle. Lange bevor Hulot auf der Leinwand erscheint,[242] kündigt sein »lebendes Symbol«, der antiquierte Amilcar, in komischer Manier seine Ankunft an. Deutlich kleiner und langsamer als die anderen Autos auf der Straße, scheint das Fahrzeug mit seinem Stoffverdeck wie ein lahmes Entlein daherzuwatscheln und sowohl an der natürlichen als auch der mechanischen Welt teilzuhaben. Tatsächlich reagieren andere Tiere nicht so, wie sie normalerweise auf ein Fahrzeug reagieren: Ein Hund taucht aus einer Dorfveranda auf, um sich in der Sonne direkt vor dem Amilcar zu strecken, als wäre das Auto nicht gefährlicher als eine Spielzeugmaus. (Die Sequenz nutzt einen Standardtrick: Die kurze Halbnahaufnahme des Hundes, wie er sich auf dem ansonsten leeren Stück Asphalt hinlegt, ist tatsächlich eine leicht zu machende Aufnahme eines Hundes, der aufsteht – wobei das umgekehrte Abspielen die Illusion erweckt, der Hund lasse sich gemächlich nieder.) Doch *Les Vacances* enthält auch mehr oder weniger ansprechende Gags mit Radfahrern, Zügen, Bussen, Pferden, Straßenschildern (einer direkt aus *Gai dimanche* kopierten Nummer), einem Kajak, einem Leichenwagen und einem Ersatzschlauch – den überall in der dargestellten Welt präsenten Formen und Requisiten des Verkehrs, die dem Film die Basis für sein komisches Potenzial liefern. Kraftfahrzeuge sind in der Tat ein obsessives Thema in Tatis Werk, das Hand in Hand mit der europaweiten Automobil-Besessenheit während der ganzen Nachkriegsperiode einhergeht.

Doch gibt es noch eine andere Art von Gag, die diesen Namen kaum verdient, in der weder akrobatische Nachahmung noch die Besonderheiten beweglicher Maschinen im Mittelpunkt stehen. In *Jour de fête* gibt es nur eine solche Szene: als der Bauer am frühen Morgen des »großen Tags« die frisch gereinigte Spitzenbluse seiner Tochter abholt, sie mit aller Vorsicht am Kleiderbügel hochhält, um sie ja nicht zu beschmutzen, und so versucht, auf den Führersitz seines Pferdewagens zurückzuklettern.[243] Erst versucht er, auf normale Weise über das Wagenrad aufzusteigen, aber weil er nur eine Hand frei hat, kommt er nicht hoch; so geht er nach hinten und versucht, dort hochzuklettern, kann aber die Bluse nicht hoch genug über den Boden des Wagens halten; schließlich findet er eine Methode, sich mit den Knien nach oben zu hebeln. Die Szene ist mit einer feststehenden, man könnte fast meinen, versteckten Kamera aufgenommen. In *Les Vacances* gibt es eine ähnlich charmante Einlage, als ein sehr kleines Kind langsam, vorsichtig und hochkonzentriert mit einer schmelzenden Eiswaffel in jeder Hand vom Strand kommend die Stufen erklimmt (Aufnahme 290 im Drehbuch). Diese charmanten Vignetten sind wohl gedacht, die konventionell gefertigten Teile beider Filme glaubwürdiger zu machen – die ganze Komposition eher wie ein Fenster erscheinen zu lassen, das den Blick auf die Welt freigibt, wie sie wirklich ist.

Im Hotelrestaurant wird die Komödie des Alltags am eindrücklichsten aufgespielt. Henry und eine Frau stellen sich früh zu den Mahlzeiten ein, denn sie haben nichts weiter zu tun und sind offensichtlich zu Tode gelangweilt. Ihre ausdruckslos lächelnden Gesichter verleihen dem, was in Wirklichkeit der erschreckende Anblick eines sinnlosen Lebens ist, eine komische Fassade. Der mürrische Kellner hingegen demonstriert mit außerordentlicher Prägnanz, wie die soziale Ordnung funktioniert: Er bemisst die Dicke der Scheiben, die er vom Braten abschneidet, nach dem Bauchumfang eines jeden Gasts, wie er oder sie ihm beim Eintritt in den Speisesaal erscheint. Dem, der da hat ...

Hulot hat nichts. Keine Frau. Keine Worte, keine Anstellung oder Wohnung, von der man wüsste. Am Strand, im Restaurant, in seinem Auto ist er ungeschickt, er kommt zu spät und ist oft völlig durcheinander. Immer darauf bedacht, gefällig zu sein, was ihm nie so recht gelingt, verkörpert er einen apologetischen Außenseiter, dessen einziger Wunsch es ist, dazuzugehören. Wie zu erwarten, schlägt ihm im Restaurant mit seiner simplen und derben Methode des sozialen Rankings die größte Verachtung entgegen. Die einzigen Orte, wo er sich über sein Schicksal erheben kann, sind der Tennisplatz und der Tanzsaal. Aus all diesen Gründen ist es wirklich sehr schwer, Hulot von den Gefühlen und Eigenschaften seines Schöpfers zu trennen. Hulot mag keine autobiografische Figur sein, wie Tati oft betonte, aber er ist mit dem Mann, der ihn imaginierte und darstellte, wie durch eine Nabelschnur aufs Engste verbunden.

FÜNFUNDZWANZIG

Am Strand

Den Drehort für *Les Vacances de M. Hulot* hatte man 1951 nach fast einem ganzen Jahr intensiver Suche an französischen und belgischen Seebädern gefunden. Lagrange begleitete Tati auf diesen Erkundungstrips, unternahm einige auch allein und fertigte Skizzen besichtigter Orte und besonders unterschiedlicher Arten von Strandmobiliar an. Saint-Marc-sur-mer, ein paar Meilen östlich von La Baule an der Südküste der Bretagne, war Tati schon recht gut bekannt und wurde aus ästhetischen und praktischen Gründen ausgewählt, deren wichtigster die Tatsache war, dass seine von Bomben zerstörte Strandpromenade noch nicht wieder aufgebaut worden war und es in Strandnähe noch leere Flächen gab, wo man das Filmset kostengünstig aufstellen konnte. Aber die Strandkabinen und Windschutzvorrichtungen, selbst die »Villa de Martine«, sind stilistisch bunt gemischt nach Vorgabe dessen, was Lagrange überall an der Küste gesehen hatte.

Saint-Marc hat auch einen Strand aus festem Sand, der sich zwischen zwei Felsvorsprüngen bis hin ins Wasser erstreckt. Der Sand erwies sich als ein Problem. Der kam in die Schuhe, in die Geräte, und er zerkratzte den Film in vielen der anfänglichen Takes.[244] Aber vom westlichen Arm des Felsens aus sieht der Strand vor dem Hotel wie ein sorgsam geharktes Amphitheater aus, wie eine speziell angefertigte Kulisse – beinahe zu gut, um wahr zu sein.

In Saint-Marc bauten Tati und Lagrange an der Seite des Hotels einen falschen Eingang an, da der Haupteingang während der Dreharbeiten in Gebrauch blieb; und sie ließen aus Sperrholz eine Plattform errichten, die als Martines Balkon diente, wie auch als Gerüst für einige der Weitwinkel-Totalaufnahmen des Hoteleingangs und des Strands. Doch alles andere, was wir in *Les*

Abb. 55: *Einige von Lagranges vorbereitenden Skizzen für die Villa*

Vacances vom Strand und von der Umgebung sehen, ist das unveränderte Gesicht von Saint-Marc im Sommer 1952.[245]

Mit Tati zu arbeiten, war nicht leicht, und er machte sich nichts daraus, seine Crew das auch wissen zu lassen. »Ich warne Sie im Voraus«, sagte er zu seinem frisch von der Filmhochschule angeheuerten Skriptgirl Sylvette Baudrot, »Ich brauche keine Übergänge. Ich habe alle Aufnahmen und Überleitungen im Kopf.«[246] Auch Schauspieler brauchte er nicht, und schon gar keine Stars. Jaqueline Schillio, die er einlud, die Rolle der Martine zu spielen, war eine Bekannte einer/s Bekannten (sie nahm für diese Rolle den Künstlernamen Nathalie Pascaud an, trat aber nie wieder auf). Sie war die Ehefrau eines Fabrikbesitzers in Lille und nicht gewillt, auf so lange Zeit von zu Hause weg zu sein; also engagierte Tati auch ihren Ehemann: Er spielt Smutte, den Mann, der ständig ans Telefon gerufen wird – wie er auch während der Dreharbeiten wirklich zum Telefon gerufen wurde. Tati engagierte auch Music-Hall-Künstler, wie Michèle Brabo, und weniger bekannte Nebendarsteller für andere Rollen; was Fred anbelangt, nun ja, der sollte der nächste große Komikstar werden. Tati hatte Louis Perrault 1951 bei der »Gala du feu« in Lyon getroffen, wo er mit seinen *Impressions sportives* aufgetreten war. Perrault, ein angesehener Geschäftsmann, hatte unter dem Namen Bob Rochard schon einige Jahre als Amateur bei lokalen Operettenaufführungen in Villeurbanne und Lyon gesungen.[247] Tati gab ihm einen Probeauftritt, war sehr zufrieden damit und erklärte, dass ein neuer Star geboren sei. Aber trotz des Enthusiasmus seines Regisseurs bekam Perrault in *Les Vacances* nicht genügend Entfaltungsmöglichkeit, sich zu profilieren. Wie ausnahmslos alle Schauspieler, die Tati als Hauptdarsteller eingesetzt hatte, und viele seiner Nebendarsteller, ist Louis Perrault nie wieder aufgetreten; stattdessen kehrte er zu seiner Geschäftskarriere zurück.

Dagegen gab es im technischen Team neue Mitarbeiter, die auf viele Jahre bei der Stange blieben und Tati die Treue hielten: die Filmeditorin Suzanne Baron, der Tati mit Respekt begegnete und deren Autorität in Sachen technischer Einzelheiten er nie infrage stellte; Sylvette Baudrot, wenngleich als »unnötig« abgekanzelt, lernte es, sich mit diesem Mann zu arrangieren und kehrte gern zur Mitarbeit an fast allen seinen folgenden Filmen zurück; Cady-Films stellte auch einen neuen administrativen Assistenten ein, Bernard Maurice, der sich bis 1968 als Tatis rechte Hand und »Bürofeger« bewährte.

Viele dieser jungen Leute waren die ersten Absolventen der IDHEC, der von Marcel L'Herbier 1944 gegründeten Filmhochschule, und wohnten anfangs nur ein paar Häuser entfernt von Tatis Wohnung in der Rue de Penthièvre. Tati traute niemandem, der sein Handwerk nicht durch praktische Arbeit erlernt hatte, aber die Regeln des CNC zwangen ihn, ordnungsgemäß qualifiziertes technisches Personal anzustellen. Die Tage des Kinos als einer Kunst der Amateure waren gezählt.

Mit einem Budget von circa 105 Millionen Franken (*Jour de fête* war für einen Bruchteil dieser Summe, circa achtzehn Millionen gemacht worden)[248] und einer Crew, die im Schnitt halb so jung war wie er, verfügte Tati bei der Produktion von *Les Vacances de M. Hulot* über völlig andere Möglichkeiten als bei der Herstellung seines ersten Spielfilms. Als Direktor von Cady-Films, als größter

Abb. 56: *Vorbereitung auf die Dreharbeit am Strand von Saint-Marc*

individueller Unterstützer, als Regisseur, Mitautor und Hauptdarsteller betrachtete Tati sich nicht nur als den Mann, der das Sagen hat, sondern auch als den Eigentümer von allem, was sich bewegt.[249] Mit Ausnahme der »historischen Freunde« aus seiner eigenen Generation (Lagrange, Pierdel, Marquet) wurde Tati von allen Mitarbeitern am Set als »Monsieur Tati« angeredet;[250] keinem der Techniker und Schauspieler wäre es je im Traum eingefallen, diesem herrischen Chef gegenüber das familiäre Du zu wagen.

Das ganze Team wohnte während der sich lang hinziehenden Dreharbeiten neben anderen regulär zahlenden Gästen im Hôtel de la Plage, dessen Betrieb normal weiterlief. Das Restaurant und die Lounge, die wir im Film sehen, wie auch die Hütte des Pfadfinderlagers und ein oder zwei andere Innenräume, wurden später in den LTC-Studios in Boulogne-Billancourt nachgebaut (die Pfadfinder sind Extras, die Langrange von der École des Beaux-

Abb. 57: *Vorbereitung zum Filmen von Martine auf ihrem Balkon*

Arts, wo er unterrichtete, geholt hatte).[251] Natürlich gab es Tage, an denen echte Feriengäste in Saint-Marc gebeten werden mussten, sich vom Strand fernzuhalten; aber die meiste Zeit liefen die Dreharbeiten, ohne das normale Sommerleben des Seebads zu stören.

Wie Sainte-Sévère, doch in viel geringerem Ausmaß, ist Saint-Marc mitsamt seinem Hotel zu einem »Ort der Erinnerung« geworden: Der Marktplatz wurde zu »Place Jaques-Tati« umbenannt, und vor der damals aufgebauten Fassade von Martines Haus verläuft jetzt eine betonierte Promenade, geschmückt mit einer lebensgroßen Statue des M. Hulot, der auf das Meer hinausschaut (wobei seine abgebrochene Pfeife den Eindruck erweckt, er habe einen Zigarrenstummel zwischen den Zähnen). Besonders englische Touristen buchen oft »M. Hulots Zimmer«, das überhaupt nicht existiert (das Dachfenster, Hulots scheinbar einziger Zugang zur Welt, war für den Film eingebaut worden:

dahinter hat es nie einen Raum gegeben).²⁵² Zweifellos ist das geringere Ausmaß der Tatimania am Meer der Tatsache geschuldet, dass wenig Ortsansässige an den Dreharbeiten beteiligt waren; außerdem hat Saint-Marc sich im Laufe der letzten fünfzig Jahre zu einem wohlhabenderen und betriebsameren Ort als Sainte-Sévère entwickelt. Und obendrein ist der Film *Les Vacances* natürlich nicht so leicht als Feier von Saint-Marc zu verstehen, auch wenn der Name des Ortes zur Zeit der Herausgabe des Films weithin bekannt war und seither wohlbekannt geblieben ist. Das Thema des Films ist nicht dieser besondere Badeort, sondern die allgemeine Idee von Urlaub am Meer.

Den ideellen Tenor dieses zweiten Spielfilms von Tati etabliert bereits der Vorspann: Wellen, die sanft ans Ufer rollen. Die Beschriftung endet: *irrésistible attrait du bain possible* (etwa: »unwiderstehlicher Zauber des Badens im Meer hier zu erleben«). Wie die sehr ähnliche Titelsequenz von *Playtime* (»Wolken von rechts nach links«) verheißt diese Einleitung eine Stimmung, keinen Ort, und noch viel weniger eine Story.

Die im Hôtel de la Plage auftretenden Figuren bewegen sich auf eine eigenartige Weise, die an die großen Gesten der Oper oder des japanischen Nō-Dramas oder des Brecht'schen Theaters erinnern. Viele ihrer Bewegungen sind merklich verlangsamt und holen weiter aus als im echten Leben: Vom offenen Auto aus weist der Kommandant mit horizontal ausgestrecktem Arm die Richtung der abseits der Straße verlaufenden Route zum Picknickplatz, und er tut es so überbetont lange, dass die Geste deutlich als Karikatur militärischer Manieren erkennbar wird; als Pierre auf dem Tennisplatz das Spiel gegen Hulot verliert, übertreibt seine Darstellung des erschöpften Verlierers ganz offensichtlich die Atemlosigkeit, die sein tatsächliches Tennisspiel hätte verursachen können; und der Beifall der alles andere als neutralen englischen Schiedsrichterin sieht aus, als wolle sie vorführen, wie man klatscht. Diese und viele andere gekünstelte Körperbewegungen (die unter Anweisung des Regisseurs am

Strand eingeübt wurden) bereichern den Film um eine Art Pantomime, die sich selber als Pantomime mimt. Gleichzeitig sind es Körperskulpturen, die auf Beobachtung dessen basieren, wie die Menschen sich tatsächlich bewegen: Tati betonte immer wieder, dass die von ihm geschaffenen körperlichen Karikaturen es uns ermöglichen, besser zu sehen, was wir wirklich sehen, wenn wir uns umschauen. In gewisser Weise hat die Geschichte ihm recht gegeben. Tatis Regie seiner »zweiten Rollen« in *Les Vacances* hat eine neue Kategorie unserer Wahrnehmung von Menschen geschaffen, eine neue Art, wie wir die Menschen sehen, sei es auf der Straße oder am Strand. Es gibt Posen, Verhaltensweisen und Gesten, die wir heute als »in Tati'scher Manier« bezeichnen. Einen vergleichbaren, von »Hulot« abgeleiteten Begriff gibt es meines Wissens weder im Englischen (etwa »Hulotion«) noch im Französischen, und wenn es ihn gäbe, würde er etwas völlig anderes als »in Tati'scher Manier« bedeuten: Hulots Possen sind von einer Geschmeidigkeit und Eleganz, die allen anderen Charakteren auf der Leinwand abgeht. Tati mag, wie er später in einem Brief an einen seiner Kritiker schrieb,[253] seine Urlauber »ohne Bitterkeit« dargestellt haben, doch ist der Film *Les Vacances* dem Rest der Welt gegenüber weniger freundlich, als viele seiner Zuschauer behaupten.

Die Charaktere, denen wir in *Jour de fête* begegnen, sind die Rollenträger des sozialen Gefüges einer Kleinstadt: der Barmann, der Frisör, der Postmann und der Priester, die Witwe, der Metzger und die Bauersfrau; der Bürgermeister, der Kapellmeister, der Stadtschreier und ein paar Gendarmen, Mütter mit Kindern und Mädchen mit schmerzenden Füßen. *Les Vacances de M. Hulot* ist ebenfalls eine Gesellschaftskomödie, aber die gesellschaftliche Realität im Strandhotel ist völlig anders als die einer ländlichen Kleinstadt im tiefen Frankreich. Die im Hotel dargestellte Welt gibt uns zum einen eine persönliche Sicht der menschlichen Komödie, aber auch einen realistischen Querschnitt des internationalen bürgerlichen Lebens. Abgesehen vom Hotelbesitzer, von der Dame, die Hulots Tennisschläger repariert, und dem auf Enten schießenden Gutsherrn mit seinem Sohn, sind die Charaktere in *Les Vacances* frei von jedem Lokalkolorit. Was Tati uns hier anbietet, ist eine Galerie von Typen, die in jeder Hotellobby in der westlichen Welt anzutreffen sind: der Geschäftsmann, der Kommandant im Ruhestand, der englische Tourist, das alte Ehepaar, der ernste junge Intellektuelle, das hübsche junge Mädchen, der mürrische Kellner, der dunkle Spielertyp. Alle neben dem mysteriösen M. Hulot, der natürlich einzigartig ist.

Maupassant hat eine kleinere Version ebendieser bürgerlichen Welt in die Postkutsche von *Boule de suif* gepackt, wo die Interaktion der Charaktere unangenehme Wahrheiten über das Wesen der Bourgeoisie enthüllt. Doch obgleich es ein winziges Maß an Interaktion unter den Gästen des Hôtel de la Plage gibt, verebbt diese sehr bald. Der Intellektuelle kommt nicht an das hübsche Mädchen heran, der Geschäftsmann macht keine Geschäfte, und der Kommandant wird nicht als Betrüger entlarvt ... Wie Flauberts Traum eines Buches über nichts weist Tatis Film *Les Vacances* den ganzen Apparat narrativer Kunst auf, aber er erzählt keine Geschichte; was ihn zusammenhält, ist Stil allein.

SECHSUNDZWANZIG

Ferienstimmung

Die »Atmosphäre« von *Les Vacances de M. Hulot* ist kein bloßes Nebenprodukt der Kunst Tatis, sondern ein feingliedrig konstruiertes, gründlich durchdachtes soziales und ethisches Anliegen. Einflussreiche Kritiker – André Bazin, Noel Burch, Kirstin Thompson – haben an der Zeitstruktur des Films herumgerätselt – einer zeitlosen Zeit, in der die Ereignisse und Episoden (»Zellulareinheiten« in Burchs Terminologie) keiner natürlichen Ordnung folgen und leicht in einer anderen Sequenz hätten geschehen können. Aber dieses eigenartige Nichtvorhandensein eines linearen, zielgerichteten Zeitflusses ist durchaus nicht eigenartig in einem Film, dem es darum geht, uns ein Urlaubsgefühl zu vermitteln. Denn wir dürfen nicht vergessen, dass eine Woche am Meer für die große Mehrheit der ersten Zuschauer des Films im Jahr 1953 eine Hoffnung war, keine Realität; auch nicht, dass in *Les Vacances,* wie auch in *Jour de fête,* eine gewisse dokumentarische, ja sogar pädagogische Absicht mitspielte: zu zeigen, wie das Meer (oder der Jahrmarkt) tatsächlich aussieht. Ferientage sind *per definitionem* Tage der aufgehobenen Zeit, wobei der tägliche Hotelrhythmus von Frühstück, Mittagessen, Abendessen und *soirée,* deutlich markiert durch Gong und Innenraumgestaltung, die völlig zusammenhangslosen Aktivitäten des Tages strukturiert.

Les Vacances ist unverkennbar auch ein Abbild der Langeweile: Kirstin Thomson sieht hierin die »Dominante« des Films, die es uns ermöglicht, ihn als ein einheitliches Ganzes zu interpretieren. Der Hauptvermittler dieses Effekts der Langeweile ist Henry, auch genannt *Le Promeneur,* der pensionierte, immer perfekt gekleidete Gentleman, der zusammen mit seiner unsäglichen Ehefrau stets überpünktlich zu den Mahlzeiten erscheint, der die von seiner Frau in völlig trivialer Routine gesammelten

Muscheln wegwirft, und der in Szenen, wo es um andere Personen, einschließlich Hulot, geht, oft als das »beobachtende Auge« fungiert. Die Meisterszenen in der Hotellobby sind visuelle Konstruktionen kollektiver Langeweile und zivilisierter Verzweiflung – so großartig und deprimierend wie jeder russische Landhausroman.

Ein Großteil der eigentümlichen Atmosphäre von *Les Vacances* geht von zwei unterschiedlichen Aspekten der Form aus: dem fast regelmäßigen Wechsel von Gags und Szenen, in denen eigentlich nichts passiert; und der Überschneidung visueller Details, und besonders des Tons, zwischen diesen beiden Arten von Sequenz. Doch ist es überaus bedauerlich, dass keine der gegenwärtig im Video-Format erhältlichen Fassungen die von Alain Romains komponierte und auf dem Klavier gespielte Originalmusik wiedergeben: Tati hat die Tonspur fast völlig umgestaltet, als er den Film 1961 neu herausgab; und in einer zweiten Überarbeitung im Jahr 1978 hat er noch mehr an Bild und Ton geändert und weggeschnitten. Das musikalische Thema ist wunderschön und emotional bewegend, auch in den späteren Orchestrierungen, aber für diejenigen, die das Original gehört haben, vermittelt diese Musik einfach nicht die Magie der von Romains berührten Tasten.

Die Tonspuren der vorhandenen Fassungen arbeiten mit Überlappungen von Fahrzeuggeräuschen, Möwen und Kinderstimmen am Strand, die die unterschiedlichen Sequenzen verbinden, wobei das Rauschen des Meeres als übergreifend gemeinsames akustisches Hintergrundgeräusch zu hören ist. Aber es gibt auch mehrere Stellen, wo die Musik von nicht-diegetischer zu diegetischer Funktion umschaltet: Zum Beispiel überbrückt die Themenmelodie, die Martine auf ihrem portablen Grammophon spielt, den Schnitt von einer Aufnahme ihres Zimmers auf eine Weitwinkel-Totale des Strandes, wo dann das Meeresrauschen im Hintergrund als Thema diegetisch in den Vordergrund tritt. Etwas anders im Detail gestaltet sich ein ebensolcher Szenenwechsel, wo die von Hulot (und später von

Denis) gespielte Jazzmusik zuerst als irgendeine unmotivierte Hintergrundmusik zu hören ist, bis sie als diegetische Tonspur erkennbar wird.

Und es geschieht in *Les Vacances*, dass Tati die Sprache als kommunikatives Mittel praktisch abschafft und im Vergleich mit allen anderen seiner Werke die geringsten Zugeständnisse an die herkömmliche Funktion des Dialogs macht. Hulot sagt im ganzen Film nichts Hörbares, außer in der Szene, wo er sich bei der Hotelrezeption mit der Pfeife im Mund anmeldet. Aufgrund dieses störenden Dings zwischen den Zähnen kann er den mittleren Konsonanten seines Namens nicht artikulieren und bringt etwas wie »Ü-O« heraus, was er wiederholen muss. Der Hotelbesitzer hilft ihm, die Pfeife zu entfernen (Hulots Hände sind mit seinen Koffern und Gerätschaften beschäftigt), und so hören wir dieses einzige Mal, wie M. Hulot seinen Namen ausspricht. Und das ist es auch schon. Unser leichtfüßiges, flüchtiges und apologetisches Rätsel sagt nie wieder ein Wort.

Die anderen Charaktere geben diverse Sprachgesten von verblüffender Banalität von sich: Rufe her ans Telefon, Rufe hin zu den Kindern, Bemerkungen über den schönen Blick. In diesem Film gibt es kein richtiges Gespräch, nur Andeutung und Vortäuschung dieses Aspekts des Ferienlebens. Unseren Ohren und unseren Augen werden Fragmente einer Welt vorgeführt, in der es weder Handlung noch Bedeutung zu geben scheint.

Allerdings muss inzwischen klar geworden sein, dass die Bauelemente, aus denen *Les Vacances* zusammengesetzt wurde, in Tatis eigenem Leben und Erfahrungsbereich verwurzelt sind. Selbst das Ping-Pong-Spiel wird einer Erinnerung an Bengt Grive entsprungen sein; das Tennis-Match geht (noch deutlicher) auf die Erinnerung an das Spiel seines eigenen Vaters zurück; das Picknick greift Teile des Motivs von *Gai dimanche* wieder auf. Derart parzelliert, scheint das Material von *Les Vacances* fast autobiografisch zu sein, oder wenigstens in überraschendem Maß rückbezüglich auf Tati selbst. Und diese Argumentation führt

Abb. 58: *Tatis Krieg? Der Kommandant führt die Ausflügler*

unausweichlich zu der Vermutung, dass das von Hulot verkörperte Schuld- und Schamgefühl ebenfalls eine tiefe und persönliche Ursache hat.

Es wird oft nicht bedacht, dass *Les Vacances* in Tatis abgeschlossenem Werk der einzige Ort ist, wo er in einer von den Narben jüngster Luftangriffe gezeichneten Umgebung die Erfahrung des Krieges darstellt. Hulot sucht Zuflucht in einer Hütte, in der die Feuerwerkskörper gelagert sind, mit denen das Ende der Ferienwoche gefeiert werden soll; es ist dunkel, er zündet ein Streichholz an, und das Offensichtliche passiert. In dieser recht langen Sequenz mischt die Tonspur Aufzeichnungen des Getöses von Mörsergranaten und Maschinengewehrfeuer: Die Feuerwerk-Parodie des Artilleriebeschusses (einschließlich eines direkten Einschlags durch das offene Fenster in Henrys Zimmer) ist keine leichthin erdachte Phantasie, sondern Tatis feste Absicht. (Das war auch eine der wenigen physisch gefährlichen Sequenzen: Tati erlitt ziemlich schwere Verbrennungen, und das Pflaster auf Hulots Nase in der Am-Morgen-danach-Sequenz entspricht nicht den wirklichen Verletzungen, die der schauspielende Regisseur sich zugezogen hatte.)

So ist der Film *Les Vacances de M. Hulot* ein außergewöhnlich paradoxer Film. Sein leicht verständlicher Humor machte ihn fast sofort zu einem Klassiker für Kinder; und entwickelte sich bald zu einem vergnüglichen, bis heute anhaltenden Dauerbrenner für Französischlernende im Ausland (eine beachtliche Ironie, wenn man bedenkt, welchen Stellenwert die Sprache in diesem Film hat). Doch ein Großteil des Films lebt nicht von komödiantischen Gags, sondern von Atmosphäre, die dank hervorragender Feinarbeit und mit subtilen Bild- und Ton-Bearbeitungstechniken konstruiert wurde. Der Film hat fast keine Handlung, und obwohl er Langeweile vor Augen führt, scheint er seine Zuschauer durchaus nicht zu langweilen. Während er die Ferientage am Meer zu feiern scheint, gibt er uns zu verstehen, wie trivial, sinnlos und deprimierend sie sind. Und er stellt uns einen Charakter vor, den zu beschreiben, oder gar kennenzulernen und zu verstehen, völlig unmöglich ist, dessen Name und Silhouette sich jedoch auf Anhieb als ein nahezu universelles Faszinosum erwiesen.

SIEBENUNDZWANZIG

Unfall

Tatis Spielfilm *Les Vacances de M. Hulot* wurde, als er im März 1953 herauskam, sowohl von den Kritikern als auch vom Publikum enthusiastisch gefeiert. Tati war jetzt ein Star auf der Weltbühne, und wo immer er auftrat, was immer er tat, alles wurde zum Thema kleinerer oder größerer Pressebeiträge weltweit. Doch genau dieser Erfolg wurde zur Quelle des Konflikts mit seinem Produzenten Fred Orain und damit zum Ausgangspunkt einer sich lang hinziehenden Reihe geschäftlicher Katastrophen. Ab dem Jahr 1953 verfing Tati sich immer mehr im Dickicht juristischer Schlammschlachten, und seine Arbeit wurde ernsthaft beeinträchtigt durch ein zerrüttetes Geschäftsmodell, das allein besitzen zu wollen er nie aufgab. Sein Ziel war es, unabhängig zu bleiben, immer sein eigener Herr sein zu können. Auch wenn das bedeutete, sich Geld von Freunden zu leihen.

Tati und Orain waren nie eng miteinander befreundet, und durch ihre Zusammenarbeit an *Jour de fête* und *Les Vacances* hatten sie gelernt, sich gegenseitig nicht weiter zu trauen, als sie spucken konnten. Der Streit darüber, ob Cady-Films Tati den ihm zustehenden Anteil an den überaus beachtlichen Einnahmen von *Les Vacances* auszahlte, wurde so heftig, dass er vor Gericht landete. Es stand fest, dass Tati nie wieder einen Film für Orain machen würde, egal, was sein »Exklusiv-Vertrag« mit der Firma bedeutete. Orain seinerseits hatte keine Absicht, noch einmal mit Tati zu arbeiten, oder auch je wieder einen Spielfilm anzurühren.[254]

Was würde Tati nun als Nächstes machen? »Ich habe viele Ideen«, sagte er zur Zeit des Filmstarts von *Les Vacances*, »und wenn es mit dem Film einigermaßen klappt, werde ich einen dritten machen. Aber ich werde mich nicht ändern ... Ehe ich mich anpassen muss, packe ich meine Varietésachen in den Koffer und gehe mit meiner Nummer auf Tour.«[255]

Ungefähr von diesem Zeitpunkt an gehört die Story von Tatis Karriere als Regisseur nicht mehr wirklich zur Geschichte des französischen Cinéma, wie sie gewöhnlich erzählt und verstanden wird. Er marschierte zum Taktschlag seiner eigenen Trommel. Der Erfolg von *Les Vacances* ermöglichte es ihm, in der Folgezeit das zu tun, was er wollte, sich vom Wohl und Wehe der französischen Filmindustrie möglichst unabhängig zu machen, sich nicht auf ihre Debatten und hochgelobten »Bewegungen« einzulassen, und noch viel weniger auf zeitgenössische Filmtheorien. Tati erstrebte und genoss es, einsame Spitze zu sein, die manchmal auch zu furchterregender Einsamkeit wurde. Aber wenn auch sein Talent und Geschmack sich im Laufe von vierzig Jahren der praktischen Erfahrung und Beobachtung herausgebildet hatten, blieb er nach *Les Vacances* nicht einfach stehen. Wie wir sehen werden, tat er genau das Gegenteil. Doch ist es nicht mehr gut möglich, Tatis Werk ab 1953 als Teil der französischen Filmkultur zu betrachten: In den 1950er und 1960er Jahren veränderte und entwickelte es sich weiter – und wurde einfach *le cinéma de Tati*.

Doch muss die aufreibende Belastung durch die Querelen mit engen Arbeitskollegen in den 1950er Jahren, als Tati selber in jeder anderen Hinsicht in den besten Jahren war, als besonderes Missgeschick gewertet werden. Schon zu der Zeit, und noch deutlicher in der historischen Rückschau, hatte Tati sich mit *Les Vacances* als Meister seines Metiers bewiesen und jeden Grund dafür erbracht, ohne große Verzögerung zur Produktion von »Film Nr. 3« voranzuschreiten. Doch da er darauf bestand, es unter seinen eigenen Bedingungen zu machen, und jetzt auch ohne die Hilfe eines erfahrenen Produzenten, sollte es fünf Jahre dauern, bis es dazu kam.

Unter den »vielen Ideen«, die Tati 1953 im Kopf hatte, muss auch noch *L'Illusioniste* gewesen sein, die weiter oben beschriebene Geschichte eines Zauberers (siehe S. 229)[256] – ein ungeschriebener Sketch über »Die Besetzung von Berlin«, der gezeigt hätte, wie eine Gruppe französischer Gastarbeiter sich mit tausend Notbehelfen durchschlug und ihren deutschen Beherrschern eine Nase drehte, indem sie alle besser aßen als die Deutschen und viel mehr Spaß am Leben hatten. Freilich war es unmöglich, so einen Film in den 1950er Jahren zu machen, als der Mythos von *La France Résistante* hoch im Kurs stand. Die »dritte Idee« war eine »Familienkomödie«, ein Projekt, das im Frühjahr 1954 den Titel *Mon Oncle* bekommen hatte und schon auf dem besten Wege gewesen sein musste, ein brauchbares Drehbuch zu werden. Wenn es vier weitere Jahre dauerte, um diese Geschichte aus dem Drehbuch auf die Leinwand zu bringen, dann lag es zum Teil an Tatis unbeholfener Streiterei mit Orain. Mit seinem jungen administrativen Assistenten Bernard Maurice fädelte er eine »Säuberungsaktion« ein, um zu reinigen, was er als den Augiasstall der Konten seines Produzenten betrachtete.[257] Tati begann ebenfalls, Marquets Zweiprozentanteil an *Les Vacances* aufzukaufen, wie auch die drei Prozent, die seinem eigenen Anwalt Kohlheim zugestanden worden waren; so benötigte er einen regelmäßigen Nachschub von Bargeld, um die Ratenzahlungen leisten zu können.[258] Da aber die Frage der Quittungen bei den Gerichten anhängig war, wurde sein angeblicher Anteil von dem *tribunal commerce* treuhänderisch verwahrt. So hatte er für die Dauer des Gerichtsverfahrens kein Geld parat, um ein neues Filmprojekt zu starten. Ein Ausweg aus dieser von Tati selbst gebauten Sackgasse musste her, aber er konnte ihn auf geraume Zeit nicht finden.

Was immer Orains buchhalterische Sünden gewesen sein mochten, er blieb Präsident des zunehmend nützlichen und aktiven technischen Ausschusses (CST) des CNC und war eine angesehene wie auch einflussreiche Figur in Filmkreisen. Im Großen und Ganzen hatten die Produzenten und Geldgeber auf lange Sicht ein größeres Interesse an Orains Gunst, als sie an Jacques Tatis Genie hätten haben können. So wurde Tatis Isolation immer größer. Sie hatte damit begonnen, dass er sich weigerte,

Fortsetzungen des Postboten François zu liefern; sie wuchs dank der Art und Weise, wie er Vorschläge für *Der verliebte M. Hulot, M. Hulot in London* usw. von sich wies; sie wurde immer extremer, selbst als er weltweit auf der Höhe seines Ruhmes stand.

Hinzu kamen Sorgen mehr persönlicher Art. Sein Vater Georges-Emmanuel, dessen Geisteskräfte schon seit einigen Jahren nachgelassen hatten, ließ sich endlich dazu überreden, in den Ruhestand zu gehen und das alte Geschäft von Cadres Van Hoof zu schließen. Die Räumlichkeiten der Adresse 8 Rue de Castellane wurden zu einem »Haushalt-Service«, einem Geschäft, das die neuesten Haushaltsgeräte verkaufte – Staubsauger, Waschmaschinen und andere Küchenutensilien, die in den 1950er Jahren sich nur wohlhabende Käufer leisten konnten, die es gewohnt waren, einen Stadtbummel durch die Straßen zwischen der Madeleine und dem Place Vendôme zu machen. Die Aufgabe, das Geschäft seines Vaters aufzulösen, fiel Jacques zu. Er musste den Bestand von über siebenhundert echt und nachgebildet antiken Bilderrahmen veräußern und kontaktierte Galerien in vielen Teilen der Welt – in London, in New York, an der Riviera –, um die besten Preise einzufahren.[259] Aber einige der besten Stücke hielt er für sich selber zurück, wie auch eine Anzahl wertvoller Gemälde, die letztendlich sein eigenes Haus schmücken sollten.

Tatis zunehmende Besorgnis um seine Eltern hat deutliche Spuren im Drehbuch für *Mon Oncle* hinterlassen, und sie erklärt zum Teil auch, warum Tati diese Familienkomödie zum Thema seines dritten Spielfilms machte. Da aber die Produktionsfirma, die er mitgegründet hatte und zu der er theoretisch noch gehörte, jetzt eine gegnerische Partei war, musste er sich geschäftlich völlig neu aufstellen, ehe er auch nur daran denken konnte, einen Weg zurück zur Leinwand zu suchen.

Als *Les Vacances* herauskam, war die Rue de Panthièvre noch der registrierte Standort von Cady-Films. Im November 1953 war die Firma in die Rue Pierre-Charron umgezogen, so dass die Tatischeffs mehr Wohnraum bekamen, womit aber auch eine Trennung der beiden Parteien besiegelt war. Für sich selber mietete Tati Büroräume anderswo – zuerst in der Rue de la Baume (an der Avenue Friedland nahe des Etoile), dann in der Rue Dumont d'Urville in derselben teuren Gegend im Zentrum von Paris. Und dort erhielt er im Februar 1954 aus heiterem Himmel einen Brief von einem jungen Mann aus Roanne:

Mein Herr,
als Schauspieler, Regisseur und Set-Designer bitte ich dringend darum, Ihre Bekanntschaft zu machen.[260]

Tati muss nach M. Hulots Riesenerfolg Hunderte mehr oder weniger ähnlicher Briefe bekommen haben; aber diesen einen Brief ließ er nach etwa einem Monat durch Bernard Maurice beantworten:

Da M. Tati noch keine Entscheidung über Zeit und Ort für die Dreharbeit seines nächsten Films getroffen hat, kann er Rollenbesetzungen nicht in Betracht ziehen ... Dennoch gibt er Ihnen die Erlaubnis, ihn telefonisch zu kontaktieren.[261]

Pierre Etaix, der viele andere Talente als die oben genannten besaß, war über die distanzierte Förmlichkeit dieser Antwort etwas verwundert, dabei aber doch überglücklich, überhaupt eine Antwort bekommen zu haben. Er hatte beschlossen, an Tati zu schreiben, nachdem er gehört hatte, wie Tati in einem Radio-Interview von seiner Bewunderung für Menschen sprach, die zeichnen können: Und Etaix, ursprünglich ausgebildet als Hersteller von Buntglasfenstern, war auch ein origineller und geschickter Zeichner und Karikaturist. Er traf eine Entscheidung, die man vielleicht nur einmal im Leben trifft: Er lud seine ganze Habe auf einen geliehenen 20-Tonner und fuhr direkt nach Paris, wo er den »erlaubten« Anruf tätigte und dann einige Monate herumlungerte, bis der große Mann ihn schließlich kommen ließ.[262] »Wollen Sie Schauspieler werden?«, fragte Tati ihn rundweg bei diesem historischen Vorstellungsgespräch am 8. August 1954. »Nein, überhaupt nicht«, erwiderte Etaix. »Gut«, sagte der Regisseur. »Schauspielern ist nämlich das Allerletzte.« Seine genauen Worte auf Französisch waren: *le dernier des métiers,* eine gängige Formulierung, die sein Freund Boris Vian als Titel für seine kleine Parodie über das Elend des Schauspielerberufs benutzt hatte.[263]

Tati stellte Etaix ein – als Bürohelfer, Laufbursche, Handlanger, Karikaturist, Assistent, Testperson, Vertrauensmann und Mitglied einer »Familie«, »deren souveräner und absoluter Patriarch Jacques Tati war«.[264] Klein, beweglich, sensibel und außergewöhnlich talentiert, beschwerte der bescheidene Etaix sich nicht über das bisschen Taschengeld, das ihm gezahlt wurde, und er warf sich enthusiastisch auf jeden Aspekt der Vorbereitung der nächsten Manifestation des M. Hulot. Er sah sich auch in Paris, das er kaum kannte, gut um und kam mit dem Skizzenblock voller Zeichnungen von eigenartigen und malerischen Pariser Ecken ins Büro zurück. Der Effekt des steilen Abhangs von Montmartre auf die Anordnung der darauf gebauten Häuser beschäftigte ihn für eine gute Weile. Wie zum Beispiel die bizarren Treppen, die je nachdem, auf welcher Seite des Hauses man steht, nach oben oder unten führen. Tati sah sich die Zeichnungen, die Etaix angefertigt hatte, genau an.

Einer der Gründe dafür, dass Tati Etaix in sein Team aufnahm, war die Aussicht auf dessen Beitrag zu seinem Plan, eine ganze Hulot-Spin-off-Industrie auf die Beine zu bringen. Gallimard hatte Tati bereits eine Zahlung von 100.000 Franken für eine Romanversion von *Les Vacances* vorgeschossen, doch das Geld musste zurückerstattet werden, als der damit beauftragte Ghostwriter keinen Text lieferte. Ein anderer unter Vertrag genommener Schriftsteller – Henri Colombet – kam ebenfalls kaum mit dem Schreiben einer Storybook-Version des Films voran. Von

Etaix erhoffte Tati sich einen Hulot-Comicstrip, möglicherweise sogar Entwürfe für einen Hulot-Zeichentrickfilm (eine Amsterdamer Zeitung berichtete sogar, dass eine Serie dieser Art bald erscheinen würde).[265] Am Ende aber verfertigte Etaix charmante Illustrationen für die Romanversionen von *Les Vacances* und *Mon Oncle,* die Jean-Claude Carrière, ein damals sehr junger Mann, in seiner ersten Auftragsarbeit dann schließlich schrieb.[266]

Tatis Versuche, Hulot-Ableger als Zweige seiner eigenen Geschäftstätigkeit auf den Markt zu bringen, stehen in krassem Widerspruch zu seiner Haltung bezüglich anderer Arten der Vermarktung. Als er gebeten wurde, in einer Reihe von Werbespots in Italien aufzutreten, antwortete er in pompösem und arrogantem Ton:

> Darf ich lediglich darauf hinweisen, dass ich einen Beruf habe, den ich sehr schätze. Ich habe ihn nie ausgeübt, um Lobeshymnen auf eine Automobilmarke zu singen und werde ihn auch nicht missbrauchen, um die Qualität Ihrer Spaghetti zu loben ... Sie sollten wissen, dass ich das Angebot eines amerikanischen Fernsehsenders abgelehnt habe, für zehn Millionen [Franken?] mit den Freuden und dem Komfort von TWA zu prahlen.[267]

Erst als er tatsächlich bankrott war, ließ Tati sich dazu herab, in Werbespots aufzutreten oder diese zu machen (für Lloyd Banks, für den Molkereibetrieb Danone, für Simca Automobile). Das bedeutete aber nicht, dass er nicht immer an parallelen Geschäften unter eigener Kontrolle interessiert war, bei denen seine vielfachen Talente, die eigenen Erfindungen bis ins Letzte auszunützen, ihm sehr wohl zustattenkamen.

Sicher ist, dass Tati nach *Les Vacances* als immens reicher Mann galt, so dass mehrere Leute namens Hulot versuchten, Entschädigung für die »unrechtmäßige« Nutzung ihres Namens zu erpressen.[268] Einer dieser Fälle kam tatsächlich vor Gericht

(Tati nannte ihn den »Sahnetortenfall«) und wurde vom Richter abgewiesen.²⁶⁹ Ein anderer Hulot in Enghien-les-bains ging die Sache freundlicher an und lud Tati zum Tee bei sich zu Hause ein: Der Regisseur nutzte die Gelegenheit für ein schönes Foto und stellte sicher, dass die Presse dabei war und sah, wie die beiden Hulots sich anlächelten.

Als öffentliche Figur musste Tati jetzt auch Zeit darauf verwenden, Gerüchte zu entkräften: dass er plane, in England zu filmen (obwohl er das sehr wohl getan haben mag: siehe S. 291), in Hollywood, in Rom … Eines dieser Gerüchte, das zuerst in Klatschspalten erschien, war sicher nicht aus der Luft gegriffen: Der italienische Regisseur Frederico Fellini hatte Tati die Rolle des Don Quixote angetragen, und der Franzose war durchaus geneigt, das Angebot anzunehmen.²⁷⁰ So eigenartig es in Anbetracht des sehr unterschiedlichen Charakters ihrer Filme erscheinen mag, brachte Tati seinem Kollegen uneingeschränkte Hochachtung entgegen und betrachtete sich als dessen treuen Freund. Ein paar Jahre später schrieb er an France Roche:

> Was die Streitigkeiten über Don Quixote anbelangt, hatte ich Fellinis Angebot angenommen, weil mir alles, was er tut, gefällt, und weil er Riesenprobleme damit hat, seine Unabhängigkeit zu bewahren, und dann eben, weil er mich gebeten hatte, ihm zu helfen. Um seinetwillen hoffe ich, dass alle Cineramas, Cinepanoramas und Cinetadeos in der Welt ihn nicht davon abhalten werden, uns zu zeigen, was er uns mit seinem Don Quixote zu sagen hat. Er kann sich immer auf mich verlassen, auch wenn er mit 16 mm arbeiten muss.²⁷¹

Um seinen neuen Film 1955/56 zu finanzieren, wandte Tati sich zuerst nicht an die Filmwelt, wo er schon so etwas wie ein schwarzes Schaf war, sondern an alte Freunde. Er schrieb an Jacques Broïdo mit vollständigen Kostenvoranschlägen für eine Farb- und eine Schwarz-Weiß-Version;²⁷² aber Broïdo, der jetzt an großen Industrieunternehmen in Belgien und Holland beteiligt war, wollte seine Freundschaft nicht durch Finanzgeschäfte gefährden. Auch Borrah Minevich lehnte es ab, sich zu beteiligen, denn er meinte, Tati solle einfach die Aufführungsrechte an seiner Hulot-Nummer verleihen und von den Einkünften leben (tatsächlich war Borrah nicht annähernd so reich, wie er sich gerne gab: Seine Ablehnung war wohl mehr dem Stand seines Bankkotos geschuldet als den vorgegebenen Gründen). Dann wandte Tati sich an seine ausländischen Vertriebspartner, oder wenigstens an ihre Pariser Vertreter, die ja gutes Geld an seinen Filmen verdienten. In der Rue de la Baume teilte er eine Etage mit Morey Getz, dem derzeitigen Vertreter von »GBD«, einer amerikanischen Vertriebsgesellschaft.[273] Er überredete Getz, den ersten Einsatz an seinem nächsten Film vorzuschießen: 6,5 Millionen (alte) Franken, das heißt vielleicht zwei oder drei Prozent dessen, was *Mon Oncle* tatsächlich kosten würde – im Gegenzug für Vertriebsrechte *aller* Filme Tatis in ganz Amerika (es ist nicht absolut sicher, ob Tati diese Rechte noch besaß und verkaufen konnte; jedenfalls verkaufte GBD die lateinamerikanischen Rechte für *Les Vacances* sofort an Columbia Pictures). Kraft dieser Vereinbarung schloss Tati im Sommer 1954 in eigener Verantwortung Verträge ab: mit einem jungen Schriftsteller namens Jean L'Hôte als Co-Autor des Drehbuchs für *Mon Oncle*, und mit Jacques Lagrange als künstlerischem Berater. Er testete auch Farbfilmmaterial und mietete zu diesem Zweck das Haus seiner Eltern in Le Pecq (und leitete auf diese Weise 80.000 Franken des von Getz eingesetzten Geldes in das Familienbudget ab). Aber innerhalb eines Jahres hatte sich Getz' Einschätzung der Partnerschaft mit Tati geändert, und er forderte die Rückzahlung seiner gesamten Investition.[274] Aber der Filmemacher hatte keine 6,5 Millionen Franken mehr. Einem anderen Vertriebsagenten und Produzenten, Jules Buck, den er hoffte überreden zu können, Morey Getz' Rolle zu übernehmen, berichtete er im Klartext:

> Wir haben vereinbart, dass [Getz] sechzig Prozent meines eigenen Anteils an *Hulots Ferien* bekommt, und das bis zu kompletter Rückerstattung. Ich war verpflichtet, ihm eine Million Franken sofort auszuzahlen ...[275]

So war Tati am Ende des Jahres, trotz vorübergehenden Waffenstillstands mit Orain im vorangegangenen Mai, der Produktion von *Mon Oncle* nicht näher gekommen, als er es am Anfang gewesen war, und außerdem hatte er es fertiggebracht, sein Haupteinkommen auf geraume Zeit zu beschneiden.[276] So entstand das Projekt, »Tati Nr. 3« in England zu drehen – mit britischem Geld (höchstwahrscheinlich von Kenwood Films: Briefe vom November und Dezember 1955 an Kenwood und an Jan Sorley in Manchester lassen vermuten, dass der Plan schon recht detailliert vorlag). Tati verfolgte ebenfalls noch eine belgische Spur und reichte bei dem Brüsseler Produktionsunternehmen SIBI detaillierte Kalkulationen für *Mon Oncle* ein. Der Antrag zeigt Tatis eigene, ganz besondere Rechenkunst: Die geschätzten Kosten für die Gesamtproduktion sind festgelegt auf 150 Millionen Franken für den Schwarz-Weiß-Film und 200 Millionen Franken für eine Farbversion. Tati versicherte, er könne, bis auf 25 Millionen Franken, die gesamte Summe bestreiten. Und so rechnete er vor, wie er 125 Millionen Franken »eigenen« Geldes beisteuern würde: für das Drehbuch: 10 Millionen; Dienstleistungen als Regisseur und Schauspieler: 30 Millionen; zu erwartende Zahlungen des *Aide du Cinéma*-Förderprogramms (im Verhältnis zu den für die Vorführungen von *Les Vacances* in Frankreich verkauften Tickets): 20 Millionen Franken; persönlicher Vorschuss von dem UK-Vertrieb von *Mon Oncle*: 50 Millionen Franken; Kreditkonten bei Verarbeitungslabors: 15 Millionen Franken. Das ergibt tatsächlich 125 Millionen Franken, aber darin steckt kein einziger Pfennig von Tatis eigenem Geld! Es überrascht nicht, dass SIBI einen Antrag ablehnte, der Tati 83 Prozent von *Mon Oncle* eingebracht hätte – im Gegenzug für einen Einsatz von null Prozent, außer eben seinen Ideen, seiner Zeit und seinem Genie.

Und im Jahr 1955 passierte etwas noch Schlimmeres, ohne dass Tati es zu der Zeit wusste. Im Zuge einer seiner regelmäßigen Überprüfungen des Bestands alter Filme in seinen Lagerregalen wandte sich das Filmverarbeitungslabor Eclair mit der schriftlichen Anfrage an Cady-Films, ob Sicherheitskopien und unbearbeitetes Material von *Les Vacances* weiterhin aufzubewahren seien. Vermutlich aufgrund des zu dieser Zeit zwischen der Produktionsfirma und dem Regisseur herrschenden Kleinkriegs hat niemand sich die Mühe gemacht, den Brief zu beantworten. Eclair hielt das Schweigen für Zustimmung und entsorgte alle Filmreste, alle Doppelnegative und alle Doppelpositive mit optischem Ton und alle Spulen der magnetischen Tonbänder, von denen *Les Vacances* gemacht worden war – »da Cady-Films es unterlassen hat, unser Schreiben zu beantworten«. Es war ein herber Schlag für Tati, als ihm klar wurde, was gerade geschehen war. Und dieser versehentliche Verlust der Grundbausteine des Großteils seines besten Werks ist einer der Hauptgründe dafür, dass Tati in den folgenden Jahren zu *Les Vacances* und seinen anderen frühen Filmen zurückkehrte, um sie immer wieder zu bearbeiten und neu zu gestalten.[277]

Eine rechtlich-finanzielle Waffenruhe mit Orain kam im Sommer 1955[278] zustande, doch nicht aufgrund dieses Malheurs, sondern wegen einer anderen, potenziell noch schlimmeren Katastrophe. Als er spät an einem Abend im Mai über eine Kreuzung fuhr, während Borrah Minevich hinter ihm saß und herumwitzelte, übersah Tati den Bus, der dort war, wo er nicht hätte sein sollen, und mit der Wucht seines Schwergewichts gegen die Fahrertür von Tatis viel leichterem Peugeot Frégate krachte. Die Autos waren damals noch nicht mit Airbag, Seitenaufprallschutz oder auch nur Sicherheitsgurten ausgerüstet, und Tati erlitt schwere Verletzungen: Doppelfraktur des linken Arms, gebrochenes linkes Knie, starke Prellung der Brust und des linken Auges. Bis in den November hinein war er im Gipsverband und wurde im Laufe des Herbsts mehrfach operiert, um die Stifte in den Knochen zu justieren und später wieder zu entfernen. Anfang Juli kam er aus dem Krankenhaus in Rueil-Malmaison und erholte sich in Berck-Plage, nicht allzu weit entfernt von seiner medizinischen Betreuung, während Michou und die Kinder (jetzt neun und sechs Jahre alt) den ganzen Sommer an der Riviera verbrachten. Seine Genesung verlief schmerzhaft und langsam, mit langen physiotherapeutischen Behandlungen und vielen Krankenhausaufenthalten bis zum Ende des Jahres. Sein linkes Handgelenk hat seine normale Beweglichkeit nie wiedererlangt, weswegen er sich daran gewöhnte, seine Uhr rechts zu tragen. Die Linke schmückte jetzt oft ein Armband oder eine kleine Kette.

Im darauffolgenden Schriftverkehr mit seiner Versicherungsgesellschaft behauptete er, dass die Dreharbeiten für *Mon Oncle* gerade beginnen sollten, als der Unfall passierte.[279] In Wahrheit war Tati im Sommer 1955 noch längst nicht in der Lage gewesen, einen Film zu drehen: Er hatte noch nicht einmal damit angefangen, die Finanzen zu organisieren, und es gibt keinen Grund zu glauben, das Drehbuch hätte zu der Zeit fertig geschrieben vorgelegen (*Mon Oncle* wurde 1956 beim CNC zwecks Copyright registriert). Doch wenn der Film *Mon Oncle* geistig und kreativ wirklich den frühen 1950er Jahren angehört, dann ist er mit seinem offiziellen Datum 1958 und dem Aufgebot von Ausstattung und Dekor, das uns heute noch als archetypisch ultra-modern erscheint, in weit größerem Maß visionär, als wir ihm gemeinhin zugestehen.

Der schwere Unfall vom Mai 1955 war nicht Tatis erste Kollision, auch nicht seine letzte: Das Unglück auf der Straße scheint ihn ständig verfolgt zu haben und bescherte ihm sogar in Manhattan, als er vom Hotel aus in einem Yellow Cab unterwegs war, einen laut krachenden Zusammenstoß. Obwohl er sich nie wieder so schwer verletzte wie im Mai 1955, waren er und Micheline immer wieder in kleinere Karambolagen und Verkehrsdelikte verwickelt, was in den Akten seiner Filmgesellschaft nachzulesen ist: in der umfangreichen Korrespondenz mit Autoversicherungen und der nicht geringen Anzahl von Entschuldigungsschreiben an den Polizeipräsidenten.[280] Der Unfall vom Mai 1955 aber war ein Wendepunkt. Er ließ ihn erheblich altern, und sein Haar wurde jetzt völlig weiß. M. Hulot konnte nie wieder über Stufen stolpern oder kopfüber ins Wasser fallen, nie wieder in der Dunkelheit mit einer Gießkanne um einen kreisenden Sprinkler herumrennen, nie wieder mit physikalisch fast unmöglich geneigtem Körper einen eleganten Fußtritt verpassen. Der tiefgreifend andersartige Stil der Körpersprache Tatis in *Mon Oncle* ist den Folgen des Unfalls geschuldet. Und das Eindringen des Automobils in Tatis Filmwerk, von *Mon Oncle* bis hin zu *Trafic*, ist ein direktes Spiegelbild dessen, was in ganz Frankreich geschah und wofür Tatis Unfall als ein recht triviales, doch persönlich belangvolles Symbol dient.

Die Verbreitung des Autobesitzes im Frankreich der 1950er Jahre rief eine der vermeidbarsten Hekatomben der Neuzeit hervor, denn sie vollzog sich ohne eine Modernisierung der Vorstellungen von Rechten, von sozialen Rollen und (meist männlichen) Verhaltensweisen. Abstrakte Dogmen unveräußerlicher Rechte (die im französischen Recht unverändert geblieben waren, seit der Code Napoléon das philosophische Denken des 18. Jahrhunderts in gesetzliche Form gebracht hatte) führten zu einer desaströsen Regelung des französischen Straßenverkehrs. Das Fahrverhalten richtete sich nicht nach dem, was sicher und vernünftig war, sondern nach dem, was durchzuführen man das »Recht« hatte. Das führte zu einer weitaus höheren Sterblichkeit als in vielen ähnlich industrialisierten Ländern mit gleicher oder höherer Zahl der Autobesitzer. Denkweisen, die man von einem aristokratischen Weltbild geerbt hatte, verbunden mit einem allgemeinen Konsens, Strafverfolgung entgehen zu müssen, legitimierten ein oft selbstmörderisches Verhalten.[281] Das schnitt eine Schneise durch die französische Mittelschicht, da viele führende Figuren des kulturellen und geistigen Lebens in Frankreich getötet oder verstümmelt wurden – Françoise Sagan (verkrüppelt 1954), Roger Nimier (getötet 1955), Albert Camus (getötet 1960), Johnny Hallyday (schwer entstellt) waren unter den bekanntesten der Hunderttausenden von Verkehrsopfern im Frankreich der 1950er Jahre. Selbst die Philosophin und Romanschriftstellerin Simone de Beauvoir tötete einen Fußgänger mit ihrem Simca Aronde.

Die Zunahme des Automobilverkehrs im Frankreich der Nachkriegszeit wird verschiedentlich als sichtbarster Aspekt der Modernisierung des Landes gewertet. Doch das tatsächliche Verhalten der französischen Autofahrer war weit deutlicher eine Form des Widerstands gegen das Neue. Sie fuhren, als wären sie d'Artagnans auf einem bockenden Ross und nicht sie selber in einem schwerfälligen Metallkasten unter ihrer fragwürdigen Kontrolle. Auch entspräche es nicht ganz der Wahrheit, zu denken, die französische Autobesessenheit der 1950er Jahre wäre von amerikanischen Vorbildern beeinflusst worden.[282] Die Kultsymbole – die von den Reichen und Berühmten bevorzugten Fahrzeuge – waren keine amerikanischen Autos, es waren britische und italienische Modelle, die zu dieser Zeit allein die »handgefertigte« Qualität lieferten, die in den Vorkriegsjahren das Monopol der in Frankreich ansässigen Automobil-*couturiers* wie Panhard, Levassor, Salmon und Hotchkiss gewesen war.

In *Mon Oncle* schenkt M. Arpel seiner Frau zu ihrem Hochzeitstag eine neue amerikanische Limousine, die den alten französischen Simca ersetzen soll. Amerikanische Autos hatten im Frankreich der 1950er Jahre einen eigenartigen Sonderstatus. Sie waren entweder von Belgiern gekauft worden (was sie in den »großstädtischen« Augen der Franzosen etwas lächerlich machte),[283] oder es waren Gebrauchtwagen, die die mehreren Hunderttausend in Frankreich stationierten US-Soldaten importiert hatten. Ihre Größe, ihre dekorative Ausführung (Kotflügel, Chrombesatz) und ihr enormer Benzinverbrauch machten sie schlichtweg absurd. Genau darum geht es in Robert Dhérys charmanter, leichter und nicht ganz un-Tati'scher Komödie *La Belle Américaine*, der Geschichte eines eher nutzlosen als wünschenswerten Schmuckstücks. M. Arpels Wahl eines Chryslers unterstreicht seine Großtuerei und altmodische Dummheit, nicht irgendeinen technokratischen Modernismus, der viel anschaulicher durch den einer fliegenden Untertasse ähnlichen Citroën DS dargestellt worden wäre (der ab Februar 1956 erhältlich war), oder durch eine beliebige Auswahl stromlinienförmiger europäischer Autodesigns, die zu der Zeit in Produktion gegangen waren.

Die Modernisierung Frankreichs durch das Automobil sollte vielmehr als eine Übertragung der säkularen Rivalität mit Deutschland auf die industrielle Ebene betrachtet werden. Die großen Symbole der französischen industriellen Renaissance der 1950er Jahre – der Renault 4CV und der Citroën 2CV – waren gallische Volkswagen, keine französische Antwort auf Town Car oder Mustang. Und sie wurden ganz speziell entwickelt, um das französische Kolonialreich in Afrika und Asien zurückzuerobern: mit der denkbar einfachsten und stabilsten Mechanik und sehr wenig Wetterschutz. Diese »kleinen Monster« kommen in Tatis komischem Realismus der Straßen fast überhaupt nicht vor. Fahrzeuge sind in allen Filmen Tatis im wörtlichen wie auch metaphorischen Sinn nostalgisch. In *Gai dimanche* benutzte er einen antiken Charabanc für den Ausflug aufs Land; 1947 gab er dem Postboten François ein Fahrrad aus dem Jahr 1911; 1953 bekam M. Hulot einen Amilcar des Baujahrs 1924; 1956/57 war es ein Moped (ein *vélosolex*); und in dem chromverzierten Chrysler fand Tati ein regressives Symbol der Großtuerei. In *Playtime* benutzte er eine Vielzahl sehr gewöhnlicher Limousinen wie auch einen Pariser Bus der Bauart, die in den 1930er Jahren auf den Markt kam. Und in *Trafic* (1971) ist das Hauptfahrzeug, neben einer ganzen Automobilausstellung, ein unzuverlässiger veralteter Lastkraftwagen, circa 1955.

Doch als Tati sich im Sommer und Herbst 1955 von seinem eigenen Autounfall erholte, als sein Drehbuch so gut wie fertig war, als Lagrange die Sets mehr oder weniger vollständig entworfen hatte, als das Team seiner jungen Assistenten für ihn arbeitete und der Frieden mit Orain anhielt, hatte Tati immer noch keine finanzielle Grundlage, um seinen nächsten Film zu drehen.

ACHTUNDZWANZIG

Mein Onkel

Tati war über die Rezeption von *Les Vacances de M. Hulot* höchst erfreut, wusste er doch, dass er einen Film gemacht hatte, auf den er stolz sein konnte. Doch es verwirrte ihn auch nicht wenig, denn nun wurde er von Intellektuellen ernst genommen. Hochrangige Vertreter der Filmkunst schrieben detaillierte Essays über Hulot: André Bazin, der Mentor von François Truffaut, stellte ausführliche Überlegungen über die Behandlung der Zeit in *Les Vacances* an;[284] ein Filmhistoriker grub Tatis Vorkriegskurzfilme aus, um zu erklären, wie sein Genie sich entwickelt hatte;[285] Geneviève Agel, die Tochter des katholischen Kritikers Henri Agel, feierte in einem überschwänglich sich ausbreitenden Buch Tatis ganze Karriere, vom Anfang in der Music-Hall bis hin zum gegenwärtigen Stand seiner Arbeit;[286] und die bereits tonangebenden *Cahiers du cinéma* wie auch die liberal katholische Zeitschrift *Esprit* druckten Interviews mit Tati ab.[287] Auch die öffentliche Resonanz war überwältigend, doch leichter zu verstehen: *Les Vacances* brachte in den ersten drei Jahren nicht weniger als 384 Millionen Franken ein, ungefähr dreimal so viel, wie es gekostet hatte, den Film zu machen. Zu Tatis Publikum zählten jetzt viele Millionen einfacher Menschen, Jung und Alt, in der ganzen Welt.

Die Auswirkung des Ruhms auf Tatis eigensinnige und zugleich zögerliche Natur ist schwer vorzustellen, auch wenn er durch das ganze Abenteuer des Filmemachens in gewisser Weise darauf vorbereitet war; die Beförderung zu hohem Rang in einem kulturellen Universum, von dem er größtenteils nicht mehr als eine vage Vorstellung hatte, muss ihn überrascht haben. Die von einigen Kritikern herangezogenen Vergleiche seiner ländlichen Szenen in *Jour de fête* mit Raoul Dufys hellfarbigen Landschaften, seiner Küstenansichten in *Les Vacances* mit den Promenadenszenen von Eugène Boudin und des karikaturhaften

Verhaltens seiner Charaktere mit den menschlichen Figuren von Toulouse-Lautrec, werden dem Gemälderahmenmacher, der er gewesen war, eingeleuchtet haben; er wird ebenfalls von Sartre und Saint-Exupéry gehört haben, die von Agel angeführt wurden, um zu erklären, was Tati mit *Les Vacances* sagen wollte.[288] Aber er hätte kaum die Angemessenheit – oder Anmaßung – der Vergleiche mit Rilke, Cervantes, Cocteau, La Bruyère, Desnos, Eluard, Gogol, Beckett, Kafka und dem heiligen Franziskus ermessen können, die Agel anstellte, um seinen Stil und seine Intention zu erläutern. Nicht, dass dies unangemessene oder irreführende Bezugspunkte für einen ernsthaften Erklärungsversuch von Ort und Bedeutung des M. Hulot wären; nur hatte Tati selber diese Großen nie gelesen und würde es nie tun. Dennoch waren sie, im Verein mit Chaplin, Sennett und Keaton, die Vertreter der Landschaft, in die Tati durch den kulturellen Diskurs seiner Tage versetzt worden war. Ein unaufgefordertes Gutachten von Harpo Marx (das Tati auf Englisch beantwortete: »Ich freue mich sehr, dass *M. Hulots Ferien* Ihnen so gut gefallen hat«) kam aus vertrauterem Terrain.[289]

Im Frühjahr 1955 veröffentlichte François Truffaut, ein junger Kritiker, der seinen ersten Film noch nicht gemacht hatte, ein weißglühendes Pamphlet, in dem er fast das ganze Establishment der französischen Filmemacher an den Pranger stellte. Er teilte achtundachtzig repräsentative Namen in fünf Klassen auf: die »absichtlich kommerzielle« (vertreten durch neunundzwanzig Namen), die »kommerziellen, dennoch anständigen« (weitere fünfundzwanzig waren damit abgeschossen), eine Gruppe von fünfzehn, die »sich mehr anstrengen sollten«, und dann eine Gruppe von zehn sehr bekannten Namen, für die er seinen größten Zorn aufgehoben hatte, da sie die Idee der *la qualité française* verkörperten – die Produzenten von historischen Kostümdramen, von Adaptationen literarischer Klassiker und von »verfilmtem Theater«, wie zum Beispiel René Clair, Claude Autant-Lara und Tatis Freund und Gefährte früherer Jahre, René Clément.

Nicht viel von der großen Tradition der französischen Filmkunst blieb nach so einer energischen Entrümpelung übrig: gerade mal neun echte »auteurs« namens Alexandre Astruc, Jacques Becker, Robert Bresson, Jean Cocteau, Abel Gance, Roger Leenhardt, Max Ophüls, Jean Renoir – und Jacques Tati.[290] Truffauts gleichzeitig unreifes, pedantisches, doch nicht unintelligentes Ranking entfesselte in der französischen Filmwelt eine Welle intensiver Polemik und heftiger Anschuldigungen, woraus innerhalb weniger Jahre die *nouvelle vague* hervorging. Tati muss über das von Truffaut ausgesprochene Lob sowohl erfreut als auch überrascht gewesen sein, aber er schloss sich nie der »neuen Welle« an und beteiligte sich auch nicht an den Diskussionen über Film-Stil, die Truffaut angestoßen hatte. Es ist kaum möglich, sich jemanden vorzustellen, der noch weniger als Tati geneigt war, in den aggressiven Wortkanonaden, den selbstironisierenden Methoden und »subversiven« Filmpraktiken eines Godard, Rivette oder jungen Truffaut zu schwelgen. Dennoch wird die Hochachtung, die ihm jetzt von der aufstrebenden Generation der Filmkunst-Gurus entgegengebracht wurde, sich positiv auf Tatis Einschätzung seiner Stellung in der Welt und des Wertes seines Filmwerks ausgewirkt haben.

In einem Jahrzehnt intensiver intellektueller Auseinandersetzungen, in einem Land, das zerrissen war durch sein koloniales Erbe, durch seine Rivalität mit den USA und durch eine stark linksgerichtete politische Kultur, passte Tati in keine exponiert öffentliche Rolle oder Position, und er ließ sich meistenteils nicht auf die Probleme ein, die in der Filmwelt und um sie herum heiß diskutiert wurden. Er unterschrieb einige von den zahlreichen Petitionen, Protesten und Manifesten, die in jenen Jahren im öffentlichen Raum kursierten (zur Unterstützung von Ophüls verbotenem Film *Lola Montès,*[291] zur Unterstützung belgischer Filmtechniker und zur Verteidigung von Henri Langlois in dem späteren Debakel über die Cinémathèque[292]), und er betrachtete sich gern als einen Mann, der »auf der Seite der Jugend« steht.

Aber es kamen viele Arten von Innovation auf, die er mit äußerster Zurückhaltung betrachtete, denn er wusste, dass er neben den Einkünften von *Les Vacances* ein symbolisches und kulturelles »Kapital« erarbeitet hatte, das ebenso kompetent verwaltet werden wollte; und um das zu erreichen, musste er es vermeiden, ein Publikum zu enttäuschen, das weit kultivierter, intellektueller und politisch engagierter war als er selber. Das muss sich angefühlt haben wie ein Seiltanz ohne Sicherheitsnetz (denn in diesen Regionen war Tati sich nicht allzu sicher, wie groß der Abstand zum festen Boden war) – der aber mit Sicherheit viel weniger Spaß machte, als eine echte Zirkusnummer.

Tatis erste dokumentierte Reise in die Vereinigten Staaten (ein kurzer Besuch im Februar 1952 zum Start von *Jour de fête* in New York) wurde in Frankreich nicht bekanntgegeben. Aber als er im Juni 1954 zum Start von *Les Vacances* in die Staaten fuhr, behandelte die französische Presse seine Abreise als ein Ereignis von nationaler Bedeutung: Tati war jetzt ein Botschafter des französischen Films, die Vorhut einer nie wirklich beendeten Schlacht zwischen der zersplitterten Industrie von Victorine, Saint-Maurice, Boulogne-Ballancourt und Joinville-le-pont – und den übermächtigen Giganten von Hollywood. Noch mehr Aufhebens wurde um seinen einwöchigen Aufenthalt in New York und Chicago gemacht, als er im November 1954 in der Varieté-Show »Fanfare« zur Hauptsendezeit im Fernsehen (NBC) auftrat.

Das Fernsehen kam unter besonders unglücklichen Umständen nach Frankreich. Während der Besatzung installierte das deutsche Propagandaministerium einen Fernsehsender in der Rue Cognacq-Jay. 1945 übernahm die Provisorische Regierung den nach wie vor versuchsweise betriebenen Sender und unterstellte ihn dem Ministerium für Information, wo er zwanzig Jahre lang blieb. Das französische Fernsehen begann also als ein staatlicher Dienst und stand lange unter dem Verdacht, ein Propagandawerkzeug der Regierung zu sein. Die Kommunistische Partei war gegen die Nutzung und Verbreitung des Fernsehens, wie sie anfänglich auch gegen die Einführung von Taschenbüchern war; aber Familien aus einem viel breiteren Spektrum politischer Ausrichtung teilten das Misstrauen der Linken gegenüber dem neuen Medium, und viele verboten ihren Kindern, es sich je anzusehen. Das Fernsehen verbreitete sich daher in Frankreich langsamer als in Großbritannien oder den USA und blieb noch viele Jahre ein »verdächtiges« Medium, das sich mit einem auffallend geringen Maß an kultureller Legitimität abfinden musste.

Unter solchen Umständen war ein Auftritt im amerikanischen Fernsehen potenziell schädlich für Tatis neu gefundenen kulturellen Status in Frankreich. Nach seiner Rückkehr aus New York erzählte der Regisseur Geschichten, mit denen er seine Auffassung von Leben und Kunst klar von der in Amerika vorherrschenden abzugrenzen gedachte. Er erzählte, wie er zu einem Mittagessen mit einer Gruppe von Filmfinanziers eingeladen wurde, die alle Steaks von einer Größe bestellten, die man außerhalb eines französischen Schlachthauses nicht zu sehen bekam. Nachdem sie eine gute Stunde lang gekaut und getrunken hatten, sagten sie: Und jetzt reden wir übers Geschäft. – Erst, wenn Sie aufgegessen haben, was auf Ihrem Teller ist!, erwiderte Tati. Und so endeten die »Geschäftsverhandlungen«, noch ehe sie begonnen hatten. Tati ließ das so klingen, als hätte er in einem Auswärtsspiel gegen das amerikanische Geld einen Eins-zu-null-Sieg der französischen Manieren errungen.

In der NBC-Show führte Tati seine »Sport-Imitationen« auf, wie er es schon früher im selben Jahr in London im *Café Continental* (BBC-TV) getan hatte,[293] und auch in Rom im Rahmen einer ähnlichen Serie unter dem Titel *Canzonissima*.[294] Tati war überrascht, als man ihn aufforderte, seinen Auftritt zu proben, denn das machte er nie. Der Produzent sagte: »Zu lang, Mr. Tati. Zweiundzwanzig Sekunden müssen weg.« Tati antwortete mit der Arroganz einer Primadonna: »Es dauert so lange, wie es dauert, und keine einzige Sekunde kann weg.« Offenbar ließ man

Tati gewähren, und er führte seine Nummer so aus, wie er es wollte – in der Gesellschaft noch bekannterer Stars, einschließlich Judy Holliday und Frank Sinatra. Ob wahr oder erfunden, mit diesen den Reportern auf seine Weise aufgetischten Anekdoten ließ Tati die Fans zu Hause wissen, dass er, der Künstler, sich gegen zwei Tyrannen behauptet hatte: das Fernsehen und die USA.[295]

Tati glitt langsam in die Rolle einer öffentlichen Persönlichkeit, nicht eines real lebenden Hulot, sondern eines überzeugten Gegners all dessen, was modern und amerikanisch war. Nein, er würde keinen Film in den Vereinigten Staaten machen: Unabhängigkeit war sein höchstes Gut. Nein, er würde keine Fernsehprogramme machen: Das entsprach nicht seinem Arbeitsstil.

Mon Oncle hatte sich 1955 definitiv als Thema von »Film Nr. 3« herausgeschält; um den Film zu drehen, gründete Tati ein völlig neues Produktionsunternehmen und nannte es Specta-Films. Die Finanzierung für den Film kam aus mehreren sich ergänzenden Quellen: ein beträchtlicher Vorschuss von einer italienischen Vertriebsagentur; Bargeld von Alter-Films, eigentlich von Alain Terouanne, den Tati bei einem Empfang anlässlich des 24-Stunden-Autorennens in Le Man getroffen hatte; eine nominelle Beteiligung von Orain und Cady (Freigabe der von *Les Vacances* generierten Subventionen, die natürlich noch im Besitz von Cady waren); und Kapitalanlagen von *L'Écran français* und von Dollivet (Gray-Films), der *de facto* einen Großteil der Arbeit eines Produzenten übernahm. Aber es war ein Film von Specta-Films, das heißt: Tatis Film; und er hoffte, zumindest am Anfang, dass Specta der exklusive Verleiher des Films in Frankreich sein würde. Die Struktur an sich war nicht komplizierter als die vieler anderer Modelle der Filmfinanzierung. Aber die Arbeit, der sie dienen sollte, war weitaus komplexer als alles, was Tati je zuvor unternommen hatte.

Der ursprüngliche Entwurf vom August 1954 handelt von der Beziehung zwischen dem Kind Daniel (der Name wurde später durch Gérard ersetzt) und seinen zwei Vaterfiguren – dem geschäftigen, effizienten Geschäftsmann, seinem richtigen Vater, und seinem unverbesserlich desorganisierten und verspielten Onkel Hulot. Dem Titel nach wird die Handlung des Films aus Daniels Perspektive dargestellt, denn nur er kann Hulot *meinen* Onkel nennen. Wir könnten Daniel aber auch schlicht als Stellvertreter für Tati betrachten, der somit den (imaginierten) Mentor seiner eigenen Kindheit scherzhaft darstellt. Doch den meisten Zuschauern wird diese Möglichkeit gar nicht erst in den Sinn kommen, und sie werden das »mein« auf sich selber beziehen und Hulot als eine universelle Onkelfigur betrachten, als einen Engel auf Besuch, den jedes Kind über alles lieben würde.

Als *Mon Oncle* konzipiert, geschrieben und gedreht wurde, steckte Tati selber mitten in zwei recht schwierigen Vater-Sohn-Beziehungen. Auf der einen Seite war er besorgt über die Wirkung, die seine Berühmtheit auf seine Kinder haben würde, ganz speziell darüber, dass sie verzogen und verwöhnt aufwachsen würden. Auf der Suche nach einem Umfeld, das mehr Schutz bot und mehr auf Disziplin achtete, als ein weltberühmter Filmstar im Zentrum von Paris es tun konnte, schickte er seinen Sohn Pierre von Schule zu Schule. Auf der anderen Seite wusste er, dass ihm selber nicht mehr viel Zeit geblieben war, um mit seinem eigenen Vater Frieden zu schließen; vielleicht war es dafür schon zu spät. Im ursprünglichen Entwurf liegt der Schwerpunkt deutlich auf dem Wunsch, dass Väter und Söhne einen Weg finden mögen, gemeinsam Kind zu sein. Trotz Tatis oft wiederholter Behauptung, er habe in seinen Filmen »nichts zu sagen«, übermittelt er in seinem ersten Entwurf von *Mon Oncle* zweifellos eine klare Botschaft über den Wert der Familie.

Im Französischen gibt es einen Ausdruck für einen reichen Verwandten, der aus heiterem Himmel hereinschneit und großzügig Geschenke verteilt, oder als wohlwollender Geldgeber erscheint, wenn Not am Mann ist: *un oncle d'Amérique,* »ein Onkel aus Amerika«. Die Hulot-Figur in *Mon Oncle* ist unverkennbar dessen Umkehrung: ein »französischer Onkel«, der nichts besitzt – kein Geld, keine Arbeit, kein Geschick für irgendetwas – nur Wärme, ein geselliges Wesen, Toleranz und Freude am (recht milden) Spaß.

Der Hulot des ursprünglichen Entwurfs ist nicht sehr viel anders als der Hulot des Films, aber es gibt einige Details, die den letzteren enger an Tatis eigene Vergangenheit binden. Der ursprüngliche Hulot verbreitet mit seinem Klavierspiel gute Stimmung (und kompensiert damit Tatis eigenes Versagen, dem Unterricht von Mademoiselle Saulx irgendetwas abzugewinnen), und es geschieht durch Musik, nicht durch irgendeinen Straßenjungen-Gag, dass am Ende eine emotionale Verbindung von Vater und Sohn zustande kommt. Hulot ist ins Ausland verfrachtet worden (im Film in die Provinz), und Arpel kehrt vom Bahnhof (im Film vom Flughafen) nach Hause zurück:

> Sein Sohn, er fühlt es, braucht ihn. So setzt er seine Aktentasche beiseite und schaut sich zum ersten Mal die Spiele seines Sohnes an, und er spielt mit.
>
> Als Anfänger ist er nicht sehr gut, aber er zeigt guten Willen, so dass Daniel Mut fasst und seinen Vater bittet, weiter mit ihm zu spielen.
>
> Der Junge ist jetzt wesentlich entspannter, und er flüstert seinem Vater etwas ins Ohr. Der letztere stimmt zu, macht das Klavier im Wohnzimmer auf und spielt eine alte Melodie, um die er gebeten worden war, vom Blatt ab: Es ist die Melodie, die Hulot für seinen Neffen nach ihren wundervollen Eskapaden gespielt hatte und die er als ein Andenken an etwas Phantastisches zurückgelassen hat.
>
> Durch diese Handlung wird M. Arpel, ohne es zu wissen, für seinen Sohn zum möglichen Stellvertreter seines Onkels Hulot.
>
> Ende –[296]

Abb. 59: *Ein früher Entwurf von Jacques Lagrange für das Maison Arpel in* Mon Oncle

Auch der originale Arpel ist etwas anders als seine Verkörperung im Film – weniger eine lächerliche als eine einschüchternde Figur, die sowohl in der Fabrik als auch zu Hause absolut alles fest im Griff hat, »sein riesiges Schlüsselbund führt dies deutlich vor Augen« (S. 7). Als »perfektes Abbild eines Bürgers« (S. 2) dient die Figur des Arpel ganz offensichtlich als Vehikel für Tatis Unmut über die strenge Art seines eigenen Vaters; wie auch die obsessiv auf wohlanständige Haushaltsführung bedachte Madame Arpel etwas (doch wahrscheinlich nicht sehr viel) über Tatis Haltung zu seiner Mutter aussagt, die er sehr liebte.

Das Szenario ist auch so strukturiert, dass der Unterschied zwischen den beiden im Film dargestellten Formen des Stadtlebens deutlich sichtbar wird: die moderne Vorstadtvilla hier und ein traditionelles, enges und verwinkeltes »Altes Viertel« von Paris dort. Allein die Gegenüberstellung der beiden Wohngegenden macht *Mon Oncle* zu einem wesentlich komplexeren – und kostspieligeren – Film als die beiden vorangegangenen Spielfilme. Es ist durchaus möglich, dass die Idee, den Wiederaufbau-Boom der

Nachkriegszeit in einem Drama und einer Komödie zu behandeln, aus den Gesprächen Tatis mit Jacques Lagrange hervorging; aber Tati kann ebenso leicht auch dadurch auf diese Idee gekommen sein, dass er sich einfach umschaute.

In den ersten Jahrzehnten nach dem Krieg war das Wohnungsproblem in allen europäischen Städten das gravierendste aller anstehenden Probleme. Vielerorts – vor allem in Mailand, in Teilen von London, Frankfurt und Marseille – fand man eine Lösung in der Errichtung von Hochhäusern mit Stahlbeton und modularen Baumethoden. In *Mon Oncle* sind derart hässliche Wohnblöcke und Türme im Hintergrund der Aufnahmen von dem »Loch in der Wand« zu sehen, durch das Hulot, streunende Hunde und Schulbuben schlüpfen, wenn sie sich zwischen den beiden Welten hin und her bewegen. Doch das im Film wichtigste Symbol der Modernität ist nicht typisch für die Pariser Wohnkultur der Nachkriegszeit. Das *Maison Arpel,* entworfen von Lagrange, war als Pastiche des Internationalen Stils gedacht, der auf die Zeit nach dem Ersten, nicht dem Zweiten Weltkrieg zurückgeht. Es setzt durchaus unzeitgemäße ästhetische Ideen um, und das ist der oft missverstandene Aspekt von Lagranges künstlerischem Beitrag für den Film. Le Corbusiers *Maison Jeanneret* aus dem Jahr 1923, wie auch andere in derselben Wohnzeile befindliche Häuser von Robert Mallet-Stevens, sind die klassischen Vorbilder, nach denen Lagrange seinen »Arpel-Stil« entwickelt hat.[297]

> Ich habe mit Schere und Kleister eine Collage von Illustrationen aus Architekturzeitschriften gemacht. Ich habe mal was von hier, mal was von dort genommen – Bullaugenfenster, alberne Pergolen, sich dahinschlängelnde Gartenwege, um das Grundstück größer erscheinen zu lassen ... Es ist ein architektonisches Potpourri.[298]

Aber der Pastiche dessen, was vor dreißig Jahren tatsächlich neu war, war nach Ansicht von Lagrange auch eine akkurate Darstellung eines Aspekts des Baubooms der Nachkriegszeit. *Mon Oncle*, erklärte Lagrange, beschreibe gut, was in den Nachkriegsjahren vor sich ging, »als junge Architekten, die zur Avantgarde gehören wollten ... dieselben Fehler machten wie schon ihre Großväter«. Oder mit den gewichtigeren Worten eines Architekturhistorikers: »Mit scharfer Ironie enthüllte Tati die Transformation der Bedeutung der Formen der klassischen Moderne von avantgardistischer Aussage in kleinbürgerliches Modestück.«[299] Die Ironie wurde nicht von allen *Kleinbürgern*, die den Film sahen, wahrgenommen: Einer Dame unter ihnen gefiel das Design so gut, dass sie ihren Architekten anwies, ihr ein identisches Wohnhaus zu bauen. »Maison Arpel *bis*« ist bis heute bewohnt und steht in einer Vorstadtstraße in Massy-Palaiseau.[300]

Alles, was Tati in seinem Drehbuch verlangt, ist ein protziges, makellos sauberes Haus, das mit allen neuesten arbeitssparenden elektrischen Geräten ausgestattet ist. Er gibt keine weiteren Details der äußeren Erscheinung oder inneren Ausgestaltung, spricht lediglich von einer »prachtvollen Fabrik der Reinlichkeit«. Lagrange entwarf das Maison Arpel schrittweise, indem er von seiner Collage erst zu Aquarellen und dann zu richtigen Architekturzeichnungen überging. Es mag ein Indiz der Langsamkeit des Wandels der Architektur im zwanzigsten Jahrhundert sein, dass die daraus resultierende Konstruktion noch immer sehr modern wirkt. Das Maison Arpel ist heute ein fast klassisches Design und bleibt dennoch fest verbunden mit der Idee der Avantgarde.

Tatis Drehbuch von 1954 enthält wesentlich mehr Einzelheiten zur Gartengestaltung, die er sich deutlich anders vorgestellt hatte als das, was in den Victorine-Studios dann tatsächlich errichtet wurde:

> Ein großer Teich mit Brunnen anstelle eines Goldfischglases, und um den Anschein von Realität zu erwecken, fließt ein kleiner Bach über neu gekauftes Gestein in den Teich.

Abb. 60: *Le Corbusier – Villen La Roche/Jeanneret (1923)* © FLC

Eine Keramik-Katze überwacht den Garten, in dem man sich eigentlich gar nicht gut bewegen kann, weil man ständig befürchten muss, etwas umzustoßen oder zu beschmutzen oder die Dekorationen kaputtzumachen. (S. 1)

Die Idee, die Katze durch den Fischbrunnen zu ersetzen, scheint von Lagrange gekommen zu sein: In zahlreichen Skizzen hat er offensichtlich nach alternativen Möglichkeiten gesucht, eine Dekoration zu schaffen, deren Anmaßung jede ästhetische Dimension aus dem Feld schlägt. Das Haus selber ist durchaus nicht hässlich; der formvollendete Garten scheint die französischen Gartentraditionen nur leicht zu übertreiben; aber der Fischbrunnen ist wundervoll absurd, eine sich selbst entblößende, ordinäre und idiotische Dekoration. Er allein zeigt schon den satirischen Charakter der ganzen Komposition an. Ohne den Fisch hätten wir uns vielleicht täuschen lassen können.

Es wurde zum Alptraum, den wasserspeienden Seebarsch, der senkrecht aus dem viel zu kleinen Bassin aufsteigt, zu ins-

Abb 61: *Eine spätere Version von Lagranges Ideen für das Maison Arpel*

tallieren, zu bedienen und zu filmen. Um das ausgespiene Wasser sichtbar zu machen, musste es dunkelblau gefärbt werden; und damit es überhaupt gurgelte, musste eine ganze Anlage von Rohren und Pumpen zum Laufen gebracht werden, was, wenn die Kameras liefen, selten richtig funktionierte. Einmal platzte der Vorratsbehälter, ein anderes Mal leckten die Rohre an allen möglichen Stellen. Im Hinblick auf die praktische Arbeit des Filmens war der Fisch-Gag in keiner Weise effizient; aber man konnte nicht darauf verzichten, da das Fisch-Thema fest in den »Text« der Aufnahmen des »Alten Viertels« eingewoben war, die vor den Hauptdreharbeiten in den Victorine-Studios in Nizza in der Nähe von Paris geschossen worden waren.

Der dritte im originalen Drehbuch von *Mon Oncle* vorgesehene Ort ist Arpels Fabrik: »Sein Geschäft besteht darin, eine ganze Reihe von Materialien (Lumpen und Knochen, alte Schuhe, altes Eisen) zu zerkleinern und daraus wundervolle Dinge aus neuem Material zu machen ...« (S. 3). Die Begeisterung für Kunststoffe, Polystyrol und Recycling-Materialien bildet den Kern des Heldenmythos der industriellen Wiedergeburt in der Nachkriegszeit. Es will schon etwas sagen, dass der leicht betrunkene Onkel in dem amerikanischen Film *The Graduate* dem frischen Universitätsabsolventen rät, in die Kunststoffindustrie zu gehen; und in Frankreich schrieb ein nicht weniger als Raymond Queneau angesehener Dichter den Kommentar zu einem hochgelobten Dokumentarfilm über die Herstellung von Kunststoffen, *Le Chant du Styrène* (ein Wortspiel mit dem »Lied der Sirene«, *Le Chant du Sirène*). Es ist durchaus nicht nachgewiesen, dass Kunststoffprodukte wie die Schläuche der »Plastac«-Fabrik in *Mon Oncle* aus Abfallstoffen hergestellt werden konnten; aber das Recycling bietet einen Kommunikationskanal zwischen der »alten Welt« und der »neuen« und ist ein wichtiges thematisches und formales Element des Films.

Der Filmemacher Tati recycelt ebenfalls eigenes Material in *Mon Oncle* – dem ersten seiner Filme, in denen sich die Art von Anspielung und Selbstbezug findet, die sein halbes Dutzend eigenständiger Filme zu einem Oeuvre vereint.

Eine winzige Sequenz erinnert an den radelnden Postboten von *Jour de fête*: Pierre Etaix – in Uniform und auf einem Pedalfahrrad – sucht die Wohnung des Hulot in der Altstadt auf; die Hausmeisterin sitzt vor der Tür und rupft ein Huhn; Etaix gibt laut und überzeugend Gluckentöne von sich, und für den Bruchteil einer Sekunde befürchtet die Frau (und vielleicht auch der eine oder andere Zuschauer), dass sie womöglich einem lebenden Huhn die Federn rupft. Hier also haben wir eine winzige, aber deutlich erkennbare Anspielung auf die täuschenden Bauernhofgeräusche in Tatis erstem Spielfilm.

Auch M. Hulots permanent aufgerollter Regenschirm in *Mon Oncle* kann als Wiederverwertung eines Details von *Les Vacances* verstanden werden: Ein langer, dünner Gegenstand, der in einem unmöglichen Winkel von dreißig Grad aus den hinteren Packtaschen seines Mopeds herausragt, erinnert an den Schmetterlingskescher, der auf gleiche Weise aus dem Amilcar des früheren Hulot herausragt. Beide Beispiele dienen derselben visuellen Funktion, Hulots schlaksige Größe und geneigte Körperhaltung zu imitieren (eine ironische Funktion, die in der Plakatgestaltung für beide Filme genutzt und hervorgehoben wird). Aber Regenschirme gab es auch in einer der kürzesten, gedrängtesten und mehr als alle anderen anthropomorphen Gag-Sequenzen in *Les Vacances*. Der stotternde Amilcar fährt auf den Dorfplatz und hält vor einem *café-tabac* an. In diesem Moment stürmen zwei Männer aus der Bar, umrunden elegant die Motorhaube, überqueren die Straße und kommen auf uns zu (einer von ihnen ist Tati, aber das ist nur zu erkennen, wenn der Film verlangsamt oder das Bild eingefroren wird). Jeder trägt eine Aktentasche, und an jeder Aktentasche hängt festgeschnürt ein Regenschirm mit dem traditionellen gebogenen Griff. Die nächste Aufnahme zeigt die beiden an der Bushaltestelle in einer Menge drängelnder Passagiere, die sich einen Platz im Bus sichern wollen, der sie, wie wir vermuten, ans Meer bringen wird. Der Bus hat zwei Einstiege, einen am vorderen und einen am hinteren Ende. Die beiden Männer stellen sich in der je anderen Schlange an, und weil sie in diesem hektischen Gedränge nicht vorankommen, entscheiden sie sich um und gehen zur je anderen Schlange. Als die beiden zur gleichen Zeit kehrtmachen und aneinander vorbeistreichen, verhaken sich ihre Regenschirme und werden aus ihren Halteriemen gerissen. Wir bekommen eine kurze, aber deutliche Nahaufnahme der beiden auf dem Boden liegenden ineinander verhakten Regenschirme, als der Bus abfährt und sich auf die Reise zum Seebad begibt, wo es (während dieses der Zeit enthobenen Urlaubs) überhaupt nicht regnet. In *Mon Oncle* regnet es auch nicht, und es wird auch niemals auf den glänzenden Sets von *Playtime* regnen, wo der Regenschirm von *Mon Oncle* wieder dabei ist: als noch deutlicheres Symbol der altmodischen Manier des M. Hulot. Erst in den Schlussbildern von *Trafic* – Tatis Abschied vom erzählenden Film – öffnet sich der Regenschirm im Verein mit tausend anderen durcheinanderwimmelnden Farbtupfen auf einem

Abb. 62: *Lagranges Skizzen der Bekleidung für »Die Nachbarin« in* Mon Oncle

Parkplatz im Regen von Amsterdam. Die beiden in *Les Vacances* sich auf dem Boden quasi umarmenden Regenschirme deuten auf einen nach zwanzig Jahren und vier Filmen letztendlich freigegebenen Sinn: Auf einem verregneten holländischen Parkplatz legt Hulot zu guter Letzt seinen Arm um eine junge Frau und scheint ein, wenn nicht gerade erotisches, so doch seiner Art gemäßes Happy End zu finden.

Ein drittes wichtiges »eingewobenes«, in *Mon Oncle* erstmals eingeführtes Element ist das flackernde Licht des Fernsehbildschirms. Nach ihrem hygienischen Abendessen auf der Terrasse tragen M. und Madame Arpel ihre spinnenartigen metallischen Schalensessel in den Salon und schalten das abendliche Fernsehprogramm ein (1956–58 gab es nur einen Kanal, so dass die Frage der Auswahl nicht aufkommt). Wir sehen sie von hinten und wissen, dass sie fernsehen, weil das unschöne, instabile blaue Glühen der Kathodenstrahlröhre das ganze Bild beleuchtet. Auf ähnliche Weise ist die lange, in Totalaufnahme ausschließlich durch Spiegelglasfenster sichtbare Sequenz, in der Hulot Schneider in dessen »Fishbowl«-Appartement besucht, beleuchtet von dem flackernden blauen Licht des Fernsehers in der eigenen Wohnung, wie auch der des Nachbarn Giffard. In einer kurzen Aufnahme bekommen wir aber zu sehen, was gesendet wird – ein Boxkampf! Das hier projizierte Bild ist möglicherweise (obwohl wir aufgrund der Dimension des Bildes nicht sicher sein können) der einzig erhaltene Clip der »Boxer-Imitation«, die Tati 1938 im Bal Tabarin vorgeführt hatte. Nur in *Trafic* gibt Tati uns eine Frontalansicht eines Fernsehbildschirms – im Hinterraum des Grenzpostens, wo niemand zuschaut, obwohl eines der phantastischsten Bilder unseres Jahrhunderts gezeigt wird: das Bild des ersten (und bislang noch einzigen) Menschen auf dem Mond.

NEUNUNDZWANZIG

Die Alte und die Neue Welt

*Zeitungsberichten zufolge haben nur elf Prozent
der Pariser Wohnungen ein Badezimmer.*
RAYMOND QUENEAU, ZAZIE DANS LE MÉTRO (1959)

Drehorte
Mon Oncle wurde zwischen dem 10. September 1956 und dem 25. Februar 1957 an drei unterschiedlichen Orten gedreht – in Saint-Maur die Szenen auf dem Marktplatz in der »Altstadt«; in Créteil, damals kaum mehr als ein unattraktives Entwicklungsgelände am südlichen Rand von Paris, die Sequenzen der »Müllhalde«, Schule und Plastac-Fabrik; und in den Victorine-Studios in Nizza, wo das Set des Arpel-Hauses aufgebaut wurde.

Mehr als die Hälfte der Sequenzen des endgültigen Films spielen im Arpel-Haus, kaum ein Fünftel in Saint-Maur – ein Verhältnis, das überraschend erscheint, aber den jeweiligen Anteil und die Gegenüberstellung der alten Stadt und des neuen Hauses gut verdeutlicht. Die weit überwiegende Mehrzahl der Szenen des Maison Arpel sind Außenaufnahmen: Wie schon in *Jour de fête* und *Les Vacances de M. Hulot* geht Tati mit der Kamera nur selten in den Innenraum. So bleibt das Maison Arpel – obwohl wir zwei Hauptsequenzen in der Küche haben (die Episode, in der Hulot den Topf fallen lässt, und Gérards antiseptisches Abendessen), eine weitere in Gérards Schlafzimmer und zwei wichtige Besuche im Wohnzimmer – im Großen und Ganzen ein Ort im Freien, oder wohl eher ein für sich selbst sprechendes Objekt, gewissermaßen ein »Ding-an-sich«. Das Schlüsselwort für die Innenraumgestaltung, das Madame Arpel dreimal wiederholt, ist: *tout communique*, »alles sagt etwas aus«. Mit seinem offenen Treppenhaus und seinen Glasschiebetüren ist der Innenraum des Maison Arpel tatsächlich konturlos. Da

Abb. 63: *Eine frühe Zeichnung von Hulots Haus in* Mon Oncle

optisch und räumlich »alles etwas aussagt«, muss das ganze Haus ständig aufgeräumt und gereinigt werden, da sich nichts verstecken lässt. Daher hat Lagrange ein Design geschaffen, das Madame Arpels fixe Idee, immer Ordnung im Haus halten zu müssen, durchaus plausibel macht – was ja die grundsätzliche Einschränkung war, die Tati ihm im ursprünglichen Drehbuch auferlegt hatte.

Familiäre Beziehungen
Tati ist mit seiner Darstellung von Ehefrauen, Müttern und Wirtschafterinnen in seinem gesamten Werk ziemlich konsequent – und gar nicht freundlich. In seinen Kurzfilmen der Vorkriegszeit schuf er in der Ehefrau des einfältigen Roger eine ehrgeizige Schinderin von einer Ehefrau (*On demande une brute*) und eine Bauersfrau mit derber Stimme als Mutter des anderen Roger in *Soigne ton gauche*. In *Jour de fête* ist die Ehefrau des

Abb. 64: *Das in den Marktplatz von Saint-Maur eingebaute Set von Hulots Haus*

Schaustellers Roger eine verkrampfte, misstrauische und dominante Figur. In *Les Vacances* mit seiner größeren Besetzung und dem Thema des Familienurlaubs gibt es eine größere Variationsbreite für die Rolle der Ehefrau und der Wirtschafterin: Henrys Frau, die so gern flaniert und die mit ihrer Art zu reden wohl die komisch-banalste aller Tati-Figuren ist; Mütter, die am Strand sitzen und stricken und ihren diversen Kindern Befehle zukreischen; und die prüde Tante von Martine – sie alle geben uns ein Bild ehefraulichen und mütterlichen Verhaltens, das wohl nicht nur Ausdruck einer komischen Sicht des Familienlebens ist, sondern auch eines gewissen Maßes an Ressentiment. Doch *Mon Oncle* ist der erste und einzige Film von Tati, in dem die Beziehungen innerhalb der Familie – zwischen Ehefrau, Ehemann, Bruder und Kind – das Hauptthema sind.

Der Hulot in *Mon Oncle* ist ein augenscheinlich mittelloser Verwandter einer erfolgreichen Familie der Mittelschicht, lässt sich aber auch keiner anderen Klasse zuordnen. Er ist immer ein Gentleman, und er ist immer *Monsieur* Hulot. Selbst seine

Schwester, die ihren Mann »Charles« nennt, redet Hulot nie mit einem Vornamen an, den er ja nicht hat. Im Dialog des Films wird er stets durch seine Beziehungen zu anderen definiert – »dein Bruder«, wenn Charles mit seiner Frau spricht, »dein Onkel«, wenn er mit seinem Sohn spricht. Diese eigenartige Förmlichkeit entspringt vermutlich Tatis Absicht, seinen »weltfremden Pierrot« nicht allzu sehr zu vermenschlichen; aber das hinterlässt in der französischen Version des Films einen überaus seltsamen Eindruck, und noch viel mehr in der englischen.

Das von Tati gezeichnete Bild einer problematischen Familie hat sicherlich mehr mit seinen Erfahrungen im Elternhaus in Le Pecq zu tun als mit seinem Leben als Ehemann und Vater in der Rue de la Penthièvre. Wenn aber Michel Chion meint, die beiden Bullaugenfenster des Maison Arpel stünden für die beiden Vokale – »o - o« – im Geburtsnamen von Tatis Mutter, Van Hoof,[301] so gibt er uns nur ein Beispiel überschlauer Spitzfindigkeit. Madame Arpel durchläuft trotz ihrer echten Besorgnis um das Wohlergehen ihres Sohnes und ihres Bruders keine emotionale oder dramatische Entwicklung. Nur der Vater wird am Ende durch Hulots Abreise von der Eifersucht befreit, die sich zwischen ihm und seinem Sohn eingeschlichen hatte, und er schafft es schließlich, wenigstens ein Quäntchen väterlicher Wärme zu geben. *Mon Oncle* ist noch kein frauenfeindlicher Film, doch sein Fokus liegt auf dem emotionalen Verhältnis zwischen Männern und Knaben, und die Frauen sind, ähnlich wie in Zeichentrickfilmen, nichts weiter als komische Karikaturen ihrer selbst. Madame Arpel ist die Vorläuferin der dicken Damen in Tatis späteren TV-Werbefilmen für Danone, und Repräsentantin der leicht albernen älteren Damen mit blaugespültem Haar, die im Paris von *Playtime* ein- und ausfliegen. Hingegen scheint ihr Ehemann persönlich tiefere Wurzeln zu treiben und im Film nicht die Aufgabe zu haben, ein karikatives Bild des Vaterseins abzugeben, sondern einige damit verbundene Probleme und Betrübnisse aufs Tapet zu bringen.

Die englische Version
Eine überraschende und überaus erfreuliche Nachricht kam gerade zu dem Zeitpunkt, als Tati sich zusammen mit Michou, Sophie und Pierre (der wieder einmal die Schule wechseln musste) in Nizza eingerichtet hatte. Selbst wenn GBD ihn um seinen Anteil an den Einkünften des Vertriebs von *Les Vacances* in den USA betrogen hatten, hatten sie doch gute Arbeit geleistet und den Film effizient den Kritikern zugespielt: Tati wurde (gemeinsam mit Henri Marquet) für den Preis »Bestes Originaldrehbuch« des Jahres 1956 nominiert – eine der von der American Academy of Motion Pictures vergebenen Auszeichnungen, die allgemein als »Oscars« bekannt sind. Ob diese Nachricht der Anlass dafür war, dass Tati *Mon Oncle* zweimal drehte – einmal als englischsprachigen und einmal als französischsprachigen Film –, ist nicht bekannt. Wenn aber diese Verdopplung schon vorher geplant war, muss die Nachricht aus Hollywood Tatis Entschlossenheit gestärkt haben, denn der amerikanische Markt war der Schlüssel zu seinem kommerziellen Erfolg und würde, wie viele französische Schriftsteller und Filmemacher wussten, auch sein kulturelles Ansehen in Frankreich entscheidend vorantreiben. Die oberflächlich anti-amerikanische Haltung der französischen Meinungsmacher der Nachkriegszeit maskierte einen tiefer greifenden und komplexeren kulturellen Dialog, dessen Wurzeln in das achtzehnte Jahrhundert zurückreichen: Ernst genommen zu werden von dem einzigen anderen Land, das eine erfolgreiche Revolution absolviert hat, verlieh dem eigenen Ansehen innerhalb Frankreichs enormes Gewicht.

Der amerikanische Markt konnte sich nie so recht für Filme mit Untertiteln erwärmen, und Tati – inzwischen ein Meister der Synchrontechnik, da er ja immer den Ton im Nachhinein synchronisierte – konnte eine englischsprachige Version des neuen Films leichter und billiger herstellen als ein amerikanisches Synchronstudio, dachte er jedenfalls. Der englische Film *My Uncle* ist nicht einfach derselbe Film mit einer anderen Tonspur: Er ist ein eigenartiger Versuch, eine visuelle und sprachliche Mischung aus Amerika und Frankreich zu schaffen. Alle Aufnahmen, wo das geschriebene Wort eine für die Story relevante Rolle spielt – im Vorspann, wo der Filmtitel *Mon Oncle* auf eine Mauer gekritzelt zu lesen ist; oder außerhalb der Schule, wo wir auf einem Schild ÉCOLE sehen; oder auf dem Parkplatz der Fabrik, wo SORTIE mit Farbe auf dem Betonboden aufgetragen ist – alle diese Aufnahmen wurden noch einmal mit englischen Aufschriften gedreht. Auch für viele Szenen, wo nichts zu übersetzen war, wurden neue Takes gemacht, und insgesamt wurde überhaupt sehr viel neu bearbeitet und verändert. Demzufolge ist der englische *My Uncle* zehn Minuten kürzer als der französische, obwohl er Material enthält, das man in Frankreich nie zu sehen bekam – zum Beispiel den ominösen, quasi-chirurgischen Desinfektionsmittelzerstäuber, den Madame Arpel für Gérards Toast und sein gekochtes Frühstücksei verwendet.[302]

My Uncle (umbenannt in *My Uncle Mr Hulot* für die spätere Neuausgabe in den USA) ist, tiefer greifend als *Mon Oncle,* ein auf die Gunst des Publikums zugeschnittener Film. Er versucht, die bizarre Fiktion einer französischen Gesellschaft zu erstellen, in der die Mittelschicht ein gestelztes, vermessen königlich britisches Englisch spricht, während das einfache Volk – einschließlich Georgette, das ansonsten spanische Dienstmädchen der Arpels – auf Französisch daherschwatzt. In dieser Hinsicht inszeniert der Film einen französischen Standard-Alptraum, dessen Wurzeln bis zum Omaha Beach zurückreichen, weiter noch bis Waterloo (wenn nicht sogar bis zur Schlacht von Hastings, die zum umgekehrten Ergebnis führte): die Horror-Vision eines Landes, das von modernisierenden, wirtschaftlich mächtigen, englischsprachigen Herrschern überrannt wird. Aber dieser Alptraum verstärkte auch Tatis Vorstellung dessen, wie das Nachkriegsfrankreich in den Augen eines englischsprachigen Menschen aussehen mochte: ein malerisch rückständiges Touristenparadies, wo man sehr gut auf Englisch durchkommt, außer wenn man es mit Bauern zu tun hat. So spricht Gérard Englisch, doch seine Bubenstreich-Kumpane (die Passanten gegen Laternenpfähle laufen lassen oder Autofahrer mit Mülltonnendeckeln irremachen) reden unter sich Französisch. Chauffeure in Lederjacken, die fälschlich glauben, sie wären von hinten gerammt worden, beschimpfen die anderen Fahrer auf Französisch; wohingegen ein Herr mit Lederhandschuhen, der auf dieselbe Weise getäuscht wurde, der Dame am Steuer des Autos hinter ihm seinen Unmut in wohlgeschliffenem britischen Upper-Class-Englisch zu verstehen gibt.

Das britische Englisch klingt in den Ohren der Amerikaner und der Franzosen arrogant, und von einer Komödie sollten wir vielleicht nicht allzu viel sprachliche Echtheit erwarten. Dennoch scheint mir das Sprachphantasieland von *My Uncle* eine rein französische Kreation zu sein. Der Film setzt das Englische genau so ein, wie die französische Kultur es befürchtete: als Zeichen von Vornehmheit, Überlegenheit und Reichtum. Der Film bringt ein bestimmtes Momentum der kulturellen Ängste Frankreichs ins Bild, das aber abgelöst werden sollte durch das weit überzeugendere Szenario der Vermischung der Sprachen in den echt anglo-französischen Dialogen von *Playtime*.

Tati nutzte die Gelegenheit der Nachsynchronisierung, um einen Aspekt der »charmanten und authentischen« Marktszene in Saint-Maur ziemlich stark zu verändern. Während in der französischen Version eine Dame, die bei einem italienischen Obst-, Gemüse- und Fischhändler Grapefruit kauft, sich entrüstet, weil sie meint, er habe ihr zu viel berechnet, ist es in *My Uncle* eine englische Touristin aus den Home Counties, die mit einem französischen Obst- und Gemüsehändler hadert. »Vous avez any grapefruit, s'il vous plaît?«, sagt sie, doch dann: »Vous avez cheated me, my good man!« Mit diesem wirklich schrecklichen Franglais öffnet Tati ein weiteres seiner verschleierten Fenster auf die Welt und gibt uns einen distanzierten Blick auf kuriose Vorgänge in einer archaischen und (aus dieser Sicht) karikaturartigen französischen Kleinstadt.

Mai 1958
Nach dem Abschluss der Dreharbeiten dauerte es mehr als ein Jahr, bis Tati die beiden Versionen von *Mon Oncle* herausgab. Das lag zum einen an der doppelten Synchronisierung, zum anderen aber auch daran, dass Tati es vorzog, langsam zu arbeiten und mit seinem Zelluloidmaterial gemächlich herumzuexperimentieren. Als *Mon Oncle* Mitte Mai 1958 herauskam, hätte es ein katastrophaler Misserfolg werden können, denn die Herausgabe fiel genau auf den Zeitpunkt des Zusammenbruchs der Vierten Republik, eines gerade noch verhinderten Ausbruchs eines Bürgerkriegs und der dramatischen Rückkehr an die Macht von Charles de Gaulle. Aber die potenzielle Katastrophe sollte sich zu seinem Vorteil wenden. Seine laut angekündigte Komödie hatte nichts mit Algerien zu tun, nichts mit der Armee, der Politik oder auch Charles de Gaulle, und aus ebendiesem Grund bot sie Erleichterung und Befreiung von der angespannten und brisanten Situation auf den Straßen. Diese Begleitumstände der ersten Rezeption des Films führten auch dazu, dass Kritiker und Zuschauer in *Mon Oncle* nur eine Filmkomödie sahen, oder – ebenso irrtümlich – ein militant satirisches Porträt des modernen Lebens, eine Kampfansage an die Bourgeoisie und einen direkten Angriff auf die Moderne in Architektur und Design.

Müßiggang
Der Hulot in *Mon Oncle* ist offensichtlich dem Müßiggang mehr zugeneigt als seine vorhergehende Verkörperung in *Les Vacances,* denn er ist hier nicht auf Urlaub, und auch nicht gerade auf Arbeit. Und was ist Arbeit in Tatis Welt? Sie wird eher als Ritual dargestellt, nicht als produktive Tätigkeit. Die Sekretärinnen in Arpels Fabrik füllen ihre Zeit mit Plaudern und Nagelpflege, bis »Dackie« vor seinem Herrchen, ihrem Chef, auf dem Korridor vorbeiläuft; erst dann unterbrechen sie ihre gesellige und natürliche Beschäftigung und begeben sich an ihre Schreibmaschinen, um das Geklapper der Sekretärinnenarbeit zu erzeugen. Die Ar-

beit, die Hulot während seiner kurzfristigen Anstellung bei Plastac verrichtet, besteht darin, dass er auf eine Maschine aufpassen muss, die die ganze Arbeit allein macht. Gérard sitzt vorgeblich an seinen Hausaufgaben, spielt aber mit einem Spielzeugbuch, das den Fischbrunnen im Garten vor seinem Haus imitiert und verspottet. Madame Arpel arbeitet offensichtlich in ihrem häuslichen Bereich, aber ihre übertriebenen Gesten beim Staubwischen und Polieren stellen keine produktive Arbeit dar, sondern klar und deutlich häusliches Ritual.

Nicht, dass Hulot nichts macht. Er spielt mit Gérard, passt auf ihn auf und bereitet ihm schöne Stunden; er tut alles, worum seine Verwandten ihn bitten (auf eine Gartenparty zu gehen, sich nach einem Job umzuschauen, und am Ende Paris zu verlassen und sich in eine entfernte Provinz zu begeben); vor allem aber pflegt er gutnachbarliche Beziehungen mit allen Bewohnern der alten Stadt, von den Lumpensammlern bis zum Portier. Sein Müßiggang ist kein Nicht-Arbeiten, sondern eine positive Form des geselligen Umgangs und, in diesem Film, ein klarer Wertmaßstab. Natürlich wird der Müßiggang schon seit langem mit Kultur verbunden, mit der Kultivierung von höheren Werten, die Produktivität und materielle Bereicherung weit übersteigen. Tati wusste ganz bestimmt nichts von Gontscharows außergewöhnlich untätigem *Oblomow* oder von Samuel Becketts *Molloy*. Tatis Anregung kommt mit größerer Wahrscheinlichkeit von dem Dichter und Romanschriftsteller Raymond Queneau, einem langjährigen Freund, der sich nicht weniger als Tati für Müßiggänger und Müßiggang interessierte. Auch er betrachtete das Recht auf Nichtstun als einen grundsätzlichen Aspekt der Freiheit des Menschen (siehe z. B. *Pierrot, mon ami* und *The Sunday of Life*). Eine noch deutlichere Verteidigung des Rechts auf Müßiggang findet sich in René Fallets extrem komischem Roman *Le Beaujolais nouveau est arrivé*, in dem der Selbstausschluss aus der Arbeitsökonomie als die absolut edelste Form des Widerstands gefeiert wird.

Abb. 65: *Jacques Lagrange in Paris, um 1960*

Bei den Proben der Altstadt-Szenen für *Mon Oncle* in Saint-Maur erteilte Tati seinem Set-Fotografen André Dino, der den Straßenfeger spielt, ausführlichen Anschauungsunterricht: Das Wichtige dabei ist, erklärte er, dass das Fegen immer wieder durch etwas total Plausibles unterbrochen wird – von einem Passanten, einem Hund, einem in die falsche Richtung davonfliegenden Blatt –, so dass der Feger, ohne je seinen Besen ruhen zu lassen, absolut nichts wegfegt. Ein solches Pantomimenspiel bleibt belanglos, wenn es nur einmal ausgeführt wird; wie viele der Gags von Tati, die etwas aussagen sollen, gewinnt die Pantomime des nicht-fegenden Fegers erst dann Bedeutung, wenn sie zwei-, drei- oder viermal an unterschiedlichen Stellen im Film gesehen wird. Und die Bedeutung erschließt sich nur dann dem Zuschauer, wenn er die Szenen nicht nur individuell betrachtet,

Abb. 66: *Tati unterweist André Dino im Nicht-Fegen der Straßen*

sondern auch ihr Verhältnis zueinander verfolgt, ihren Zusammenhang im Ganzen des Films begreift. Offensichtlich erwartet Tati von seinen Zuschauern, dass sie seine Filme »lesen«, wie sie ein Buch lesen würden. Die genaue Beobachtung des Müßiggangs ist eine Art Arbeit – die Arbeit, sagte Tati, die in allen seinen filmischen Ideen steckt, und die zu verrichten seine Zuschauer lernen müssen.

Arbeit
Einen Film zu drehen, der den Müßiggang preist, war schwere Arbeit für alle Beteiligten, und Tati kam nahe daran, die ganze Besetzung und Crew völlig zu erschöpfen. Etaix war dafür verantwortlich, dass die Marktbuden in der »alten Stadt« jeden Drehtag in Saint Maur genauso aussahen wie an jedem anderen. Er musste früh am Morgen aufstehen, um frisches Gemüse, frischen Fisch und frisches Grünzeug zu kaufen und dann auszulegen, damit die Dreharbeiten des Tages beginnen konnten. Warum wurden

die Verkaufsstände nicht mit Fisch und Grünem aus Plastik dekoriert, was eine echte Plastac-Firma für ein paar Pfennige hätte tun können? Ach ja, das wäre nicht »realistisch« gewesen, und Tati bestand Tag für Tag auf perfekt gestaltetem Realismus für seine Art der Filmkomödie. Im Studio von Nizza mussten viele der Hausgeräte für Madame Arpel in mühevoller Handarbeit simuliert werden. Weil man keine benutzbare Bratpfanne zum Wenden von Steaks auftreiben konnte, musste der Schlankste unter den Mitarbeitern (wieder einmal Etaix) sich in eine Aushöhlung in der Wand am hinteren Ende der Küchenkulisse quetschen und für jeden Take der Küchenszene im exakt richtigen Moment an einem primitiven Hebel ziehen. Auch gab es keinen richtigen fotoelektrischen Kontrollmechanismus für das Garagentor, das daher von unsichtbarer Hand hochgeschoben und runtergezogen wurde. Was Tati von Etaix, Cottin und Marquet alles verlangte, brachte diese »*Gadget*-Männer« an ihre Grenzen. Sie konstruierten für ihren Chef einen pedalgetriebenen Rasenmäher, hatten aber endlose Probleme, das Ding in Gang zu bringen. Tati war gnadenlos mit seinen Forderungen an sein Team und schien sein Gefallen daran zu finden, sie alle herumzuscheuchen. In einem nicht untypischen Ausbruch von Frust und Wut sagte Marquet einmal über seinen alten Freund und Boss: »Am liebsten würde ich dem die Hosen runterziehen, ihn nackt an einen Pfahl binden und von oben bis unten mit Scheiße beschmieren.«[303]

Hunde spielen in allen Filmen von Tati eine wichtige Rolle, doch nirgendwo mehr als in *Mon Oncle*. Das Rudel wurde nicht gekauft, sondern vom Hundezwinger des SPA (des französischen Tierschutzvereins) adoptiert. Tati, der zu Hause immer einen Hund hatte – und jedem den Namen Azor gab – , brauchte für die Rolle, die er den Hunden im Film zugedacht hatte, ein bunt zusammengewürfeltes, verwildert aussehendes Rudel. Neben Hulot und den Lumpensammlern sind die Hunde der wichtigste Kommunikationskanal zwischen der alten und der neuen Stadt. Sie spielen mit »Dackie« und geben damit eine Parallele zu Gérards Umgang mit seinen Spielkameraden aus der alten Stadt ab. Tati konnte gut mit Tieren umgehen und brachte die Hunde mühelos dazu, ihm zu gehorchen. Aber es war das Stunt-Team, das die Hunde dazu bringen musste, zur richtigen Zeit das Richtige zu tun, denn Tati war für die meisten Hunde-Episoden entweder vor oder hinter der Kamera. Die Leute mussten es einfach lernen – von ihm.

Tati war besonders zufrieden mit der Art und Weise, wie er nach Abschluss der Dreharbeiten die Hunde veräußert hatte. Anstatt sie der SPA zurückzugeben, suchte er mittels eines Inserats in seiner Tageszeitung *Le Figaro* ein Zuhause für Hunde, die, wie er in der Annonce verkündete, bald Filmstars sein würden. Natürlich bekam er massive Resonanz und konnte allen seinen Hunden ein komfortables Leben-danach sichern. Allen, außer »Dackie«, dem Dackel der Arpels: Er hatte dem armen Borrah Minevich gehört, der kurz nach Drehbeginn verstorben war. Dackie wurde von Jacques Broïdo übernommen, der ihn in der Familie behielt, als sie nach de Gaulles Machtantritt 1958 nach Genf übersiedelte. Ein direkter Nachkomme Dackies lebt noch heute im Haushalt der Broïdos.

Man könnte beinahe vermuten, dass einige der Gags in *Mon Oncle* eigens darauf angelegt waren, die Möglichkeiten des Bühnenmanagements weit über die Grenzen aller Vernunft hinaus zu testen. So musste man Dackie dazu bringen, *mit erhobenem Schwanz* an der Magic-Eye-Türschließvorrichtung vorbeizuwackeln. Das wurde nur nötig, weil er ein Dackel war und daher nicht an die Höhe reichte, in der man das magische Auge angebracht hatte. Freilich ist es enorm zeitraubend und frustrierend, einem untrainierten Haushund beizubringen, *mit erhobenem Schwanz* genau da vorbeizulaufen, wo man selber es will. Und das war in diesem Fall völlig unnötig, weil man genau diesen Gag mit genau demselben Effekt hätte ausführen können, wenn man einen etwas größeren Hund gewählt oder den elektronischen Strahl auf geeignete Höhe eingestellt hätte. Tati scheint seinem

Abb. 67: *Tati und Pierre Etaix am Set von* Mon Oncle

Team bewusst und absichtlich willkürliche und zermürbende Schwierigkeiten auferlegt zu haben – so als wolle er beweisen, wie gut er war –, in diesem Fall im Umgang mit Hunden, aber auch mit vielem anderen.

Die Geschichte des »ersten Fabrik-Gags« ist ein typisches Beispiel dafür. Arpel hat für den arbeitsunfähigen Hulot eine Arbeit in der Fabrik eines Freundes gefunden. Tati brauchte einen Trick, der zeigte, wie Hulot es am ersten Tag am Arbeitsplatz schaffte, innerhalb von ein oder zwei Minuten (auf der Leinwand) entlassen zu werden. Er bat Etaix darum, sich etwas einfallen zu lassen. Der junge Mann legte ihm eine Idee vor: Nein, das geht nicht, sagte der Regisseur. So dachte Etaix sich etwas anderes aus, um Hulot seiner Arbeit zu entheben: Nein, das wäre ja fast ein Puddingkuchen-Trick, sagte der Regisseur. Und so ging es weiter, bis Etaix in seiner Verzweiflung erklärte, dass die Aufgabe logisch unmöglich war – und Tati eine richtige Story erfinden müsse, wie Hulot seinen Job verlieren könnte, noch ehe er ihn angetreten hatte; oder Tati müsse die ganze Sequenz auslassen. *Ich will dir mal was sagen*, sagte Tati langsam und mit vorgehaltener Hand, wie er es oft tat. *Du denkst zu viel.* Den Gag, der für diese Episode letzten Endes im Film eingesetzt wurde, fand Etaix komplizierter und unwahrscheinlicher als alles, was er vorgeschlagen hatte. Hulot steigt die Treppe nach oben zur Hintertür der Fabrik und tritt dabei in losen, trockenen Putz, so dass seine Schuhe weiße Abdrücke auf den Fliesen hinterlassen; während er darauf wartet, sich bei der Sekretärin anzumelden, versucht er, seine Schuhsohlen zu säubern und stellt sie zu diesem Zweck auf den Schreibtisch, wo sie so etwas wie Fußabdrücke hinterlassen; als die Sekretärin endlich hereinkommt, schließt sie von den Spuren auf ihrem Schreibtisch, dass Hulot hochgeklettert war, um über die Trennwand in den Aufenthaltsraum der Damen zu gucken; und so wird er als Spanner entlassen.

Das ist eine der wenigen, recht seltsamen sexuellen Anspielungen in *Mon Oncle,* dessen Hulot gar nicht so schüchtern und beschränkt ist wie sein Vorgänger im Badeort am Meer. Auf dem Gartenfest bei seiner Schwester – die ihn bei dieser Gelegenheit auch verkuppeln wollte – flüstert Hulot allem Anschein nach einen derben Witz ins Ohr der Frau im Kaftan. In seiner eigenen Unterkunft mit ihrem verrückten Treppensystem begegnet Hulot der Tochter der Hausmeisterin, die auf dem Weg von der Dusche zu ihrem eigenen Zimmer mit nichts weiter als einem Handtuch bekleidet ist. In anderen Szenen scheint dieses Mädchen ein Auge auf Hulot geworfen zu haben, der sehr freundlich zu ihr ist, sie aber am Ende der Geschichte anstandslos verlässt. In *Mon Oncle* gibt es sogar ein geradezu traditionell romantisches Zwischenspiel, in dem zwei Liebende sich im Mondschein am Kanalufer süße Worte zuflüstern. Diese Sequenz geht sehr schnell in eine andere, gleichermaßen herkömmliche Szene über, als nämlich der junge Mann zum Beweis seiner Courage und Geschicklichkeit ins Wasser springt, um einen Ertrinkenden zu retten – außer dass es sich um einen Haufen nutzloser Plastikschläuche handelt, die über die Brüstung in den Kanal geworfen worden waren. Es wäre übertrieben zu sagen, Hulot habe in *Mon Oncle* endlich eine sexuelle Identität bekommen, denn er bleibt in diesem Bereich, wie auch in vielen anderen, im Wesentlichen undefiniert. Dennoch ist zu vermuten, dass Tati absichtlich wenigstens ein paar kleine Prisen gängiger Spielfilmzutaten beigemischt hat. *Mon Oncle* sollte schließlich seine Eingabe für die Oscars sein, und zu diesem Zweck musste er den amerikanischen Zuschauern Anlass geben, sich den Film anzuschauen, ihn zu verstehen und darüber zu lachen.

Von Cannes nach Hollywood
Mon Oncle wurde kurz vor seiner kommerziellen Freigabe im Mai 1958 in Paris bei den Filmfestspielen von Cannes gezeigt – und gewann den Sonderpreis (*Prix Spécial du jury*) für Filme, die nicht offiziell um die Goldene Palme konkurrierten (die in dem Jahr an das sowjetische Meisterwerk *Letjat Žurawli*, *Die Kraniche ziehen* ging). Vertriebsvereinbarungen für Belgien, Holland, Skandinavien und Italien, wie auch für die spanischsprachige Version für Argentinien und Mexiko, waren schon getroffen worden. *Mon Oncle* war ganz offensichtlich auf dem Weg zu einer überaus lukrativen internationalen Karriere, und mit den sehr beträchtlichen Vorschüssen war Tati jetzt in der Lage, sich nach eigenen Wünschen und Zielen einzurichten. Er musste sich auch um seine Pflichten in der Familie kümmern. Sein Vater Georges-Emmanuel war am 23. Dezember 1957 verstorben, und seine verwitwete Mutter Claire bewohnte jetzt allein die halbleere »Ermitage« in Le Pecq. So verkaufte Tati seine malerische Wohnung in der Rue Penthièvre, zog mit seiner ganzen Familie zu seiner Mutter ins Haus seiner Kindheit und hielt Ausschau nach einem angemessen geräumigen Haus in den westlichen Vororten. Diese häuslichen Veränderungen zeichnen in merkwürdiger Parallele die in *Mon Oncle* dargestellte Entwicklung vor, die – leider einige Monate zu spät – die Versöhnung zwischen einem zugeknöpften Vater und

Abb. 68: *Nr. 9, Rue Voltaire, Saint-Germain-en-Laye*

einem lebenslustigen Sohn feiert. Als *Mon Oncle* schließlich seine siegreiche Weltkarriere antrat, hatte die französische Familie Tatischeff ein prachtvolles altes Haus in Saint-Germain-en-Laye erworben, das, wenn auch nicht ganz so prunkvoll wie das Herrenhaus seiner Urgroßväter in Moskau, doch ein überaus reales Zeichen großen Reichtums war. Monsieur und Madame machten sich daran, das Haus in der Rue Voltaire zu modernisieren und mit dem ganzen Arsenal neuester Gerätschaften auszustatten. Aber anders als die Arpels ließen sie ihre Küche – Schubladen, Schränke, Kühlschrank und Tiefkühltruhe – mit altmodischem, dunkel gebeiztem Eichenholz täfeln.

Dank der ihm in Cannes zuteilgewordenen Anerkennung war Tati ein begehrtes Objekt der Medien geworden, fast ebenso umworben wie Brigitte Bardot, deren jüngste Rolle in *En Cas de malheur* (*Mit den Waffen einer Frau*) unter der Regie von Claude Autant-Lara[304] selbst ihren Co-Star Jean Gabin überzeugte, dass sie nicht nur ein Sexsymbol, sondern auch eine talentierte Schauspielerin war. Eine amerikanische Nachrichtenagentur lud Tati und »BB« zu einer Fernsehreportage ein. Doch Mitte Mai 1958 war es durchaus nicht klar, ob ein amerikanisches Kamerateam sicher nach Paris geschickt und von dort wieder herausgebracht werden konnte: Es kursierten wohlbegründete Gerüchte, dass Fallschirmregimenter – in Korsika, Toulouse und Algerien – bereitstanden und nur darauf warteten, Paris einzunehmen und eine Militärherrschaft zu errichten. Weswegen Ed Sullivan am 9. Mai 1958 sein Fernsehinterview mit den beiden Stars im relativ ruhigen Brüssel führte. Ein heute weithin als Postkarte erhältliches Pressefoto dokumentiert dieses Ereignis, das dazu beitrug, Tatis Image als Symbol der französischen Filmkunst in Amerika wiederzubeleben.

Wenige Wochen später war Tati zurück in Brüssel zu einem Interview auf der Weltausstellung »Expo 58«, die dort zur Feier der jüngst (am 25.3.1957) unterzeichneten Römischen Verträge ausgerichtet wurde. Und dann, nach einem durchaus nicht privat gehaltenen Urlaub im hochklassigen Alpenresort Mégève (unweit von Sauvys Stammresort in der Nähe von Chamonix), begab Tati sich auf die anstrengende Vorstellungsrunde seines neuen Films: Amsterdam, Den Haag und Rotterdam im August; New York im September (wo er in der Steve-Allen-Show auch seine Pantomime vorführte); Rom, dann Mailand im Oktober; und im November schließlich zwei Wochen in Amerika zur allgemeinen Herausgabe von *My Uncle* in seinem englischsprachigen Gewand.

In Rom wurde ihm, zusammen mit einer Reihe anderer Persönlichkeiten aus der Filmwelt, eine Audienz bei Papst Pius XII. gewährt. Aber die Gruppe scheint zur falschen Zeit zum Audienzsaal im Vatikan gegangen zu sein, oder dem Hohepriester war die falsche Stichwortkarte ausgehändigt worden, denn in seiner Rede feierte er ausführlich das Gas-, Sanitär- und Elektrohandwerk. Als Tati von Journalisten gefragt wurde, worüber der Papst während der Audienz denn gesprochen habe, antwortete Tati schlicht und korrekt: »Über Gas und Elektrizität.« Alle glaubten, er wolle sie zum Narren halten. Und genau das tat er, als er bemerkte, dass ein Priester mit Aktenkoffer gerade durch die Hotellobby ging: »Wussten Sie denn nicht, dass die Kirche ein großes Interesse an der Energieversorgung hat? Sehen Sie denn nicht (auf den Monsignore weisend), dass sie schon angefangen hat, die Zähler abzulesen?« Diese Bemerkung verbreitete sich wie ein Lauffeuer und wurde als antiklerikaler Witz ausgelegt. Laut sicherlich übertriebener Aussage des lokalen Vertriebspartners von *Mon Oncle* hat Tati deswegen ungefähr vierzig Prozent seines italienischen Publikums verloren.[305]

Während Tatis US-Tour im November 1958 nahm der französisch-amerikanische Fotograf Philippe Halsman im Auftrag der *Sports Illustrated* eine Reihe von Porträts des Mannes und des Mimen auf.[306] Die originellen und einprägsamen Studiofotos sind vielleicht die besten Aufzeichnungen von Tati als Komiker und Pantomime, die wir je haben werden. Die Aufnahmen in der City, die zeigen, wie Tati die Aufzüge in den Hallen der Wolkenkratzer und die riesigen Baugelände Manhattans verwundert und nachdenklich betrachtet, erweitern unser Verständnis von *My Uncle* als einer in Komik gekleideten Klage über die moderne Architektur. Aber diese Bilder sind auch vorwärtsgerichtet und deuten auf die Themen des Films *Playtime,* dessen Plan vielleicht schon im Kopf des Regisseurs zu keimen begann.

Die englische Version *My Uncle* kam im November 1958 in New York und Los Angeles in die Kinos. Der Film wurde von der Presse gut aufgenommen, er zog ein großes Publikum an und gewann den New Yorker Film-Critics' Award für den »Besten Ausländischen Film 1958«.[307] Es verbreiteten sich Gerüchte, dass der Film im kommenden Frühjahr für die Academy Awards nominiert werden würde.

Tati kehrte im November 1958 nach Frankreich zurück; er war auf der Höhe seiner Karriere und beflügelt von der Hoffnung, bald auch den höchsten aller Preise zu gewinnen. Bis dahin musste er allerdings viele andere Reisen für *Mon Oncle* unternehmen: einen weiteren Besuch in seinem geliebten Stockholm (28. Januar

Abb. 69: *Tati mit Buster Keaton und Harold Lloyd, Hollywood, 1959*

bis 4. Februar 1959), dann Kopenhagen (14. März), darauf folgte ein langer Flug nach Argentinien zur ersten Vorführung von *Mon Oncle* im Mar de Plata. Dann kam die frohe Botschaft: *Mon Oncle* sollte den Oscar für den »Besten Ausländischen Film 1958« bekommen. Diese Nachricht wurde in Frankreich als nationaler Triumph gefeiert. Menschenmassen strömten zum Flughafen Le Bourget, um Tati und Micheline auf ihren Flug nach Hollywood zu verabschieden; und noch größere Massen begrüßten sie bei ihrer Rückkehr. Tati hielt die goldene Statuette vor aller Augen hoch, als er die Flugzeugtreppe herunterkam und den für ihn ausgelegten roten Teppich betrat.

Der im April 1959 an Tati verliehene Oscar für den besten ausländischen Film macht *Mon Oncle* nicht bedeutender als er ist. Nobelpreise, Goncourts und Oscars sind für viele Werke vergeben worden, die man getrost vergessen kann. Aber für Tati, und damit für die ganze französische Filmindustrie, war diese Auszeichnung von großer Bedeutung. Nicht weniger signifikant war die Art und Weise, wie Tati sich als prominenter Künstler während seines vierzehntägigen Aufenthalts in Kalifornien verhielt. Alles, was die Academy ihm, dem Preisträger, an Sonderwünschen bieten konnte, bot sie ihm an. Doch Tati fragte nur, ob er die Pflegeheime besuchen könne, wo Stan Laurel, Mack Sennet und Buster Keaton derzeit lebten. Die Academy war überrascht, aber arrangierte den Besuch trotzdem. Tati stellte ein paar Fragen. Sennett starrte ihn an und fragte, warum er sich überhaupt die Mühe gemacht habe, Englisch zu lernen. »Ich verstehe Sie viel besser, wenn Sie nichts sagen.«[308]

Dieser Besuch war eine Hommage an die Meister der Filmkomödie – genauer gesagt, an die Meister des *Stumm*films. Keaton soll bemerkt haben, dass Tatis Arbeit mit dem Ton die echte Tradition des Stummfilms fortführe. Dieser Einschätzung entsprang Tatis Idee, alte kurze Stummfilmkomödien mit Tonspuren zu versehen und sie über sein eigenes Unternehmen (Specta), das er um einen Distributions- und einen Produktionszweig erweitern wollte, neu herauszubringen.

Tati kam aus Hollywood voller Geschichten über Amerika zurück, mit denen er sich gleichsam als Nationalheld darzustellen suchte. Warner Brothers, sagte er, hatten ihm uneingeschränkte Finanzierung angeboten, vorausgesetzt, er drehe seinen nächsten Film in den USA, mit Sophia Loren und unter dem Titel *Hulot Goes West* (»Hulot zieht gen Westen«). »*No, Sir! Mr. Tati Goes East!*« (»Nein, Sir! Mr. Tati zieht gen Osten!«), war die in den Medien kursierende Antwort des Regisseurs. Zur Zeit des Kalten Krieges konnten diese Worte leicht missverstanden werden. Tati hatte damit sagen wollen, dass er seine Filme weiterhin in Frankreich machen werde. Aber in den amerikanischen Ohren klang es so, als hätte er gesagt, er zöge den Osten dem Westen vor, als stünde er politisch eher links als rechts, als wäre er, wie es de Gaulle nachgesagt wurde, »*soft on the Reds*« (»zu weich den Roten gegenüber«). Dies ist eine der Quellen einer hartnäckigen Fehldeutung des Tati'schen Werks als Gesellschaftskritik aus spezifisch links-orientierter Perspektive; und die scheinbar politische

Dimension seiner Ablehnung des Angebots von Warner Brothers führte dazu, dass Tati nie wieder ein Angebot aus Hollywood bekam. Tatis potenzielle amerikanische Karriere hatte ihren Höhepunkt mit *My Uncle* erreicht; dann erstarb sie urplötzlich.

In der Zeit zwischen dem Tod seines Vaters im Dezember 1957 und seiner Reise nach Los Angeles im April 1959 veränderte sich Tatis Leben tiefgreifend. Er war reich geworden, er war in sein eigenes Haus gezogen, er war jetzt das Familienoberhaupt (seine Mutter war mit ihnen in die Rue Voltaire gezogen), und er war der Chef seines eigenen Unternehmens, Specta-Films. Er hatte sich völlig von Orain und Cady getrennt, wie er sich ebenfalls des Großteils der alten Bilderrahmen seines Vaters entledigt hatte. Aber nicht alles war so rosig, wie es schien. Pierre Etaix war eines Tages ins Büro gekommen, um Tati mitzuteilen, dass er gehen werde. Er wisse jetzt, was er in seinem Leben wirklich tun wolle – sich als Clown verdingen. Er müsse sowieso anfangen, an seinen Lebensunterhalt zu denken, und mit dem Lohn, den Specta zahlte, konnte er nicht einmal sich selbst, geschweige denn eine Familie ernähren.

Tati schien nicht zu hören, was der junge Mann sagte. Wie Balzacs Alter Grandet stellte er sich taub und breitete seine neuen Pläne aus, die er für den talentierten Etaix hatte. »Hast du das kapiert?«, fragte er, »Du arbeitest an meinem nächsten Film mit! Du bist mein Helfer Nummer eins. Das hier ist dein Schreibtisch – direkt neben mir. Abgemacht?« Etaix musste seine Kündigung mehr als einmal wiederholen. »Ich muss gehen«, sagte er. »Ich muss meinen eigenen Weg gehen.« Letzten Endes hörte Tati dann doch. Und von diesem Zeitpunkt an sagte er kein Wort mehr zu dem jungen Mann.

Für Tati war der auf die eigene Karriere bedachte Schritt von Etaix nichts weniger als ein Verrat; er gab Etaix zu verstehen, dass diese Trennung für ihn schlimmer als eine Scheidung war. Da wollte sich jemand seiner Kontrolle entziehen. Das böse Blut wurde nie gereinigt, und nie kam es zu einer Versöhnung zwi-

Abb. 70: *Jacques Tati und Charles de Gaulle*

schen zwei Männern, deren Interessen und Talente so eng beieinander lagen.

De Gaulles neues Regime war gut etabliert, als Tati von seinem amerikanischen Triumphzug zurückkehrte, und als einziger französischer Oscar-Preisträger war er ein obligatorischer Gast beim Gartenfest zum Tag der Bastille im Élysée-Palast. Tati war kein Freund von Prunk und Zeremoniell und nahm offizielle Ehrungen grundsätzlich nur ungern an. Im vorangegangenen Sommer hatte er, unmittelbar nach der Veröffentlichung von *Mon Oncle*, die Beförderung zum *Ordre national des art et des lettres* mit einem gut formulierten, wenngleich durch und durch selbstgefälligen Brief abgelehnt:

> Ich bitte Sie, in Betracht zu ziehen, dass die Art und Weise, wie ich meine Arbeit verrichte und mein Leben führe, es mir

gestattet, pfeifend mit den Händen in den Hosentaschen und nicht gerade formal bekleidet die Straße entlangzuschlendern, und dass, wenn ich diese Auszeichnung mit angemessener Würde trüge, ich mich genötigt sähe, die Angewohnheiten zu ändern, welche allein die Unabhängigkeit meiner Kunst und meines Denkens garantieren.[309]

Doch mit dem Oscar auf seinem Regal in Saint-Germain fühlte Tati sich verpflichtet, die Einladung des Präsidenten anzunehmen, und so ging er zu dem traditionell grandiosen Gartenfest des 14. Juli 1959.[310] De Gaulle stand am oberen Ende des *grand salon*, um Hunderte von Prominenten und Staatsbeamten zu begrüßen, neben ihm stand der Generalsekretär des Palasts, der ihm Namen, Rang und Würde des nächsten vor ihn tretenden Gasts zuflüsterte. Tati und Micheline kamen schließlich an der Spitze der Schlange an. »Jacques Tati«, flüsterte der Sekretär. De Gaulle sah nach unten, als benötige er mehr Information. »*Mon Oncle*«, half ihm der Generalsekretär nach. Es gibt zwei Versionen dessen, was der Präsident daraufhin sagte. In Version eins soll er versichert haben, dass das bereits sein Lieblingsfilm sei. In der anderen, wohl wahrscheinlicheren Version sprach der Präsident dem Oscar-Preisträger Tati seine aufrichtigen Glückwünsche zum Erfolg seines charmanten und recht brillanten Neffen aus.[311]

DREISSIG

Tati-Total

Nach *Mon Oncle* hat Tati fast zehn Jahre lang keinen weiteren Film veröffentlicht. Außerdem war er sich nicht sicher, ob *Mon Oncle* wirklich der Film war, den er hatte machen wollen, und wiederholt gab er zu verstehen, dass er sich irgendwie untreu geworden sei: Im Unterschied zu *Les Vacances de M. Hulot* erzählt *Mon Oncle* eine richtige Geschichte, besitzt eine feste Erzählstruktur und hat auch eine Botschaft – zwar weniger Botschaften, als man dem Film nachsagt, aber immerhin eine Botschaft über Väter und Söhne, über Befangenheit und ihre Lockerung – kurzum: über Liebe. So wandte Tati sich in den folgenden Jahren wieder mehr seinen früheren, für ihn reineren, den eigenen Vorstellungen besser entsprechenden Kreationen zu. Doch wird er wohl schon die ersten Anflüge der bedrückenden Befürchtung verspürt haben, die die Menschen auf dem Höhepunkt ihrer Karriere überkommen kann – die Befürchtung, sie hätten nichts mehr zu sagen. Einem Journalisten verriet Tati im Juni 1959 einmal Folgendes:

> Ich hatte ein wirklich gutes Thema gefunden und damit ein wohlgeformtes Stück geschrieben. Da hab ich mir gedacht: »Jetzt krieg' ich endlich was Richtiges hin.« Aber als ich mir das viel zu gut gemachte Stück dann ansah, fühlte ich mich auf einmal alt: Um wieder jung zu werden, habe ich das Thema gewechselt, habe es anders angepackt, mit einem Stoff, dem jede Konstruktion abgeht. Das gefällt mir, das macht mich glücklich.[312]

Ängste vor dem Altern werden wohl die meiste Zeit von der komfortablen Größe und Zusammensetzung des jetzt von Tati geführten Unternehmens übertönt worden sein. 1962 fand Specta-Films sich in Besitz weitläufiger Räumlichkeiten in La Garenne-Colombe nahe der LTC-Filmverarbeitungslabors im Industriegelände am nordwestlichen Rand von Paris, wohin man von Saint-Germain aus viel leichter kam als zum eleganteren Filmbüroviertel um den Etoile. Den Eingang des Gebäudes bildete eine Glastür mit einem scheibenförmigen Messingknauf, den Tati ohne irgendwelche Verfeinerung für die Eingangstür des Royal-Garden-Restaurants in *Playtime* verwenden sollte. Die Büros waren mit modernen schwarzen Kunstledersesseln ausgestattet, die, wenn man darin saß, wohltuend knisterten.[313] Um sich unerwünschte Besucher vom Leibe zu halten, hatte Tati seinen Verwaltungsassistenten, den sorgfältigen und kompetenten Bernard Maurice, sowie seine Sekretärin Juiliette Wuidart und seine sonstigen Assistenten und Gefolge. Er sah in dem Ganzen gern eine Familie gesellige, doch traditionellen, im Grunde patriarchalischen Gepräges. Oder man könnte es als ein Miniatur-MGM betrachten – ein Filmstudio, geleitet von einem Regisseur-Schriftsteller-Akteur, dem es darum ging, nicht nur seine eigenen, sondern auch Filme anderer zu finanzieren, zu drehen und zu vertreiben.

Jacques Tati und Robert Bresson sind sich mit Sicherheit hin und wieder in den LTC-Studios begegnet, und es gab ebenfalls eine ganze Reihe von Leuten, die zu diesem oder jenem Zeitpunkt beiden »Teams« angehörten – wie zum Beispiel Etaix, der den zweiten Dieb in Bressons *Pickpocket* (1959) spielte und dessen Zauberkünste für die Ausbildung anderer Akteure unabdingbar gewesen waren. Kritiker wie Bazin hatten schon darauf hingewiesen, wie ähnlich die beiden Regisseure sich eigentlich waren – in ihrer Liebe zu ihrem Metier, in ihrer Unabhängigkeit, in ihrer Ablehnung simpler Effekthascherei und in ihrer Vorliebe für die bedachtsame Totalaufnahme. Vielleicht war es aufgrund dieser von der Kritik angestellten Vergleiche, vielleicht aber auch aufgrund einer echten gegenseitigen Bewunderung, dass Tati mit dem Gedanken spielte, Bressons historisches Drama *Lancelot du lac* mit dem Gewinn aus *Mon Oncle* zu finanzieren.[314] Möglicherweise war er sogar bei den unterfinanzierten Dreharbeiten zu diesem mittelalterlichen Epos zugegen gewesen und hatte die Amateurbesetzung erlebt, die Bresson aus seinem kultivierten Freundeskreis gewinnen konnte (zum Beispiel den Maler Luc Simon und Laure Condominas, die Tochter des amerikanischen Dichters und Romanciers Harry Mathews, beide für Hauptrollen). Fast zwanzig Jahre später verfasste Tati eine liebenswürdige Parodie eines historischen Dramas, in dem eine Guinevere ihren lang verlorenen Liebsten beklagt. Gekleidet in Kettenhemd, Helm mit Visier sowie dem ganzen metallischen Zubehör eines Comicheft-Ritters, kehrt der ersehnte Prinz auf weißem Ross zurück, schwingt beim Absteigen das Bein über den Sattel und fällt mit dem vollen Gewicht seiner Rüstung auf die Knie in den Sand ...[315]

Da Cady jetzt nicht mehr existierte, versuchte Tati als Erstes, die Kontrolle über seine Filme *Jour de fête* und *Les Vacances* zurückzuerlangen, die er dann, im September 1959, aus dem Verkehr zog. Für ersteren stand ihm eine umfänglich überarbeitete Neuausgabe vor Augen; für den zweiten eine völlig neue Tonspur und ein neuer Schnitt, ungeachtet dessen, dass ihm nach der Katastrophe in den Verarbeitungslaboren (siehe S. 292) sehr wenig originales Material zur Verfügung stand. Auch träumte er von neuen Themen, was er Paul Carrière im Frühsommer 1960 wie folgt anvertraute:

> Den Schlüssel zu der »Story« habe ich an einem Sonntagmorgen gefunden, am Straßenrand. Tausende von Autos habe ich vorbeifahren sehen ... [die Autofahrer] haben das Lachen verlernt, weil sie eingeschlossen in ihre mobilen Käfige keinen Kontakt zur Natur oder zu ihren Mitmenschen mehr haben.[316]

Dieser Gedanke sollte schließlich in seinem Film *Trafic* Gestalt annehmen, den er erst in den 1970er Jahren drehte. Aber Tatis Betrachtungen um die Jahrzehntwende lassen schon anklingen, was er später in *Playtime* kreativ umsetzen sollte, hatte er doch von einem Plot gesprochen, in dem eine »große Anzahl von Hulots« vorkommen, ein »Ballett von Charakteren, die verschiedene Eigenschaften mit Hulot teilen.« Diese Träumereien wurden jedoch beiseitegeschoben, als Tati sehr bald seine alte Idee eines narrativen Films über einen heruntergekommenen Zauberer exhumierte und ein komplettes Drehbuch daraus machte, das entweder den Titel *La Grande Ville* oder *L'Illusioniste*[317] bekommen sollte. Die Hauptrolle schien einem Mann wie Etaix direkt auf den Leib geschrieben zu sein: Aber das Typoskript wurde beim CNC hinterlegt, nachdem die beiden Männer längst jegliche Beziehung miteinander abgebrochen hatten. Obwohl Tati noch einige Zeit nach der »Scheidung« Verhandlungen mit dem tschechoslowakischen Filmbüro führte (und mit dem CNC zwecks Erlaubnis, den Film in der Slowakei zu drehen),[318] hat er das Drehbuch möglicherweise nur hinterlegt, um es vor »Diebstahl« durch Etaix zu schützen. Seine langjährige Angst vor Plagiaten und die grundsätzliche Befürchtung, seine Rechte an Betrüger verlieren zu können, hatten sich nicht im Geringsten vermindert.

In den Jahren nach der Herausgabe von *Mon Oncle* hat Tati keine neuen Filme gedreht und sich vielmehr damit befasst, Filme, die ihm am Herzen lagen, neu zu bearbeiten – einschließlich eines von Educational Pictures gekauften »Restpostens« burlesker Kurzstummfilme, die er mit einer Tonspur ohne Sprache versehen wollte, um es Keaton, Sennett und anderen zu ermöglichen, neue Zuschauergenerationen zu erreichen. Und weil, wie wir annehmen dürfen, Tati nicht so recht wusste, was er als Nächstes tun sollte, kam ihm der Anruf seines alten Kumpans Bruno Coquatrix, der jetzt Inhaber und Geschäftsführer des riesigen Varieté-Theaters Olympia war, nur zu recht. Edith Piaf war erkrankt: aller Wahrscheinlichkeit nach könne sie sich nicht rechtzeitig erholen, um ihr Engagement für die in wenigen Wochen beginnende Saison einzuhalten: Würdest du, Jacques, nicht gern ein letztes Mal eine Live-Performance machen und mit einer One-Man-Show die Lücke füllen?

Es ist schon erstaunlich, dass ein Mann in seinen Fünfzigern, der es überhaupt nicht nötig hatte, sich auf die Schnelle etwas Geld zu verdienen, alles stehen und liegen ließ und zusagte: Ja, natürlich mache ich das. Vielleicht dachte Tati dabei an seinen großen Vorgänger in der französischen Filmkomödie Max Linder, der vor dem Ersten Weltkrieg eine Live-Varieté-Show in ebenderselben Halle gegeben hatte.[319] Wahrscheinlicher aber ist es, dass die Aussicht, selbst einen Charlie Chaplin übertrumpfen zu können, sehr reizvoll für Tati gewesen sein musste. *Limelight,* Chaplins Schwanengesang-Film, der 1952 herausgekommen war, erzählt die rührende Geschichte der letzten Rückkehr eines alten Schauspielers zur Bühne der Music-Hall. Tatis Olympia-Show könnte Chaplin mit Chaplin'schen Mitteln noch übertreffen, indem sie dessen Phantasie Wirklichkeit werden ließ.

Als *Jour de fête à l'Olympia* konzipiert, geprobt und aufgeführt wurde, war Frankreich wieder einmal in Aufruhr. Der Algerien-Konflikt war in Paris eingezogen. Unabhängigkeitskämpfer der FLN verteilten Kofferbomben in Gepäckaufbewahrungsstellen und Cafés, während eingefleischte Verfechter eines französischen Algerien einen Mordanschlag auf Charles de Gaulle verübten und die Hauptstadt mit Terror und willkürlichen Gewalttaten verunsicherten. Der Winter 1960/61 war eine trübe und brutale Zeit. Fast jeden Tag gab es Alarm in der Metro, in den Kinos und Bahnhöfen. Die Wirtschaft boomte, ein neuer Flughafen wurde in Orly eröffnet, und die ersten Ausläufer der Autobahn schlängelten sich bereits über Saint-Germain hinaus in Richtung Westen. Doch der Alltag in der Hauptstadt war erbarmungslos, voller Ängste und dunkelblauer Busse der Polizei- und Bereitschaftstruppen, die in geschlossenen Reihen die Boulevards entlangjagten oder auf den wichtigsten Plätzen der Stadt bedrohlich geparkt standen.

Die Show, die Tati sich sehr schnell einfallen ließ, zeigt deutlich, mit welcher Selbstverständlichkeit er zu den frühesten Quellen seiner Kunst zurückkehrte; die Show war aber auch ein interessanter Innovationsversuch innerhalb des Rahmens der traditionellen Formen des Varieté-Theaters. Das übergreifende Thema war das Dorffest: nicht nach strikt historischem Konzept, dafür aber geprägt von weit größerer Nostalgie als dessen erste Inkarnation in *Jour de fête*. Freilich kam das Material aus Tatis erstem Film, doch es gab einen Unterschied. Der Regisseur hatte jüngst herausgefunden, wie mit einem Verfahren namens Scopachrome dem originalen Schwarz-Weiß-Film Farbakzente aufgetragen werden konnten, und die Olympia-Show bot sich als Startrampe für die Neuauflage seines alten Films in diesem neuen polychromen Gewand an. Aber die Vorführung des neuen alten Films füllte nur die zweite Hälfte des Abends im Olympia. In der ersten Hälfte gab es Live-Varieté-Theater: ein »Dorffest« auf der Pariser Bühne – mit Jongleuren, Fahrradartisten, einem Trompetensolo (Michèle Brabo) und der Blaskapelle von der École des Beaux-Arts, und auch mit einem Zaubertrick (des verbannten, vorübergehend begnadigten Pierre Etaix), mit einigen Songs und, allen anderen voran, mit einer Nummer, die Tati im Film, aber noch nie auf der Bühne vorgeführt hatte: die »originale« Szene der Unterweisung im Fahrradfahren aus *L'École des facteurs*.[320]

Die für dieses halb gefilmte, halb live aufgeführte Spektakel zusammengebastelte Präsentationsform war ein Schelmenstreich der Irreführung:

> Das fängt mit einem Sketch auf der Leinwand an, der den gefeierten M. Hulot auf dem Weg zum Olympia zeigt. Doch plötzlich merkt das Publikum, dass Hulot schon da ist, nämlich im Zuschauerraum. Und als der Balladensänger auf der Bühne anhält, weil der Kontrabassist sich verspätet hat, sehen wir auf der diskret heruntergelassenen Leinwand ebendiesen Kontrabassisten, eingekeilt in einem typischen Pariser Stau – aber der Polizist, der den Verkehrsfluss regelt, erscheint lebendigen Leibes auf der Bühne und marschiert dort hin und her.

Und als auf der Leinwand Sequenzen aus *Jour de fête* gezeigt werden, steigen die Charaktere aus dem Film heraus und auf die Bühne ... selbst die Dorfziege ist echt und lebendig. Die Gags sind in ziemlich unvorhersehbarer Folge aneinandergereiht. »Live« und »gefilmt« wechseln laufend ab, und das Proszenium sprengt ständig die Grenzen der drei Wände des Theaters und der vier Ränder der Kinoleinwand.[321]

Auf diese Weise wurden Film, Bühne, Darsteller und Zuschauer miteinander vermischt und die Trennungen des Kinos überwunden – Tati sollte das bald als »Verfremdung« bezeichnen. Aber das war keine völlig neue Idee. Wie Tati sich nach dem Erfolg von *L'École des facteurs* von Maud Linder sagen lassen musste, hatte schon Max Linder mit einer derartigen Vermischung von Film und Live-Varieté experimentiert.[322] Und auf einer seiner jüngsten Stippvisiten in Prag hatte Tati die *Laterna Magica*-Truppe gesehen, die auf eine vielleicht noch verblüffendere und einfallsreichere Weise Filmmaterial im Kabarett einsetzte.[323] Wie dem auch sei, *Jour de fête à l'Olympia* war das Vehikel für Tatis Intention, das Publikum in die Show und sich selbst in das Publikum einzubeziehen. Er hatte »falsche Hulots« auf den Zuschauerraum verteilt, deren Rolle darin bestand, ein paar Sekunden vor Tatis eigenem Erscheinen auf der Bühne den Raum zu verlassen. In vager und populärer Nachfolge Wagner'scher ästhetischer Ambitionen wollte Tati ein *Total-Spektakel* schaffen, in welchem Dorffest, Film und Varieté eine untrennbare Einheit bildeten.

Der originale *Jour de fête* führt uns eine bestimmte Etappe der Sozialgeschichte des Films vor Augen – den Film als die zentrale und ganz besondere Attraktion auf einem traditionellen Dorffest. In den 1960er Jahren war es Tatis wiederholter Wunsch, das Dorffest (oder wenigstens symbolische und atmosphärische Zeichen ländlicher Unterhaltung im Freien) für das Kino zurückzugewinnen. So wurden viele Wiederveröffentlichungen seiner Filme, besonders in Holland und Deutschland, von Blaskapellen begleitet, die vor dem Lichtspielhaus aufmarschierten, von Außendekorationen, Wimpelketten und Luftballons, von Pantomimen auf der Bühne unmittelbar vor der Filmvorführung und weiteren diversen Formen der Publikumsbelustigung. (Die am Valentinstag 1962 veranstaltete Wiederveröffentlichung von *Les Vacances* im Kino »Monte-Carlo« in Paris wurde mit Tausenden von roten Blumen verziert, die auf Kosten des Fürstentums von Monte Carlo eingeflogen worden waren ...) Anlässlich der exklusiven Veröffentlichung von *Playtime* im Dezember 1967 bestand Tati darauf, mitten im Lichtspieltheater eine Kinderkrippe zu organisieren; und nach dem ursprünglichen Plan für dieses Meisterwerk sollten die Schlusssequenzen die Silhouetten der Charaktere des Films auf die Wände des Zuschauerraums projizieren, um auf diese Weise das Imaginäre mit dem Realen zu vermischen und die Welt der Zuschauer mit der Welt des Films miteinander zu verschmelzen. All diese unterschiedlichen, nicht ganz kohärenten Ideen sind Ausdruck einer nostalgischen Vorstellung von Kino als »Total-Spektakel« – und es kann kein Zufall sein, dass eine Gala-Vorführung von *Jour de fête* in Amsterdam auf holländischen Werbetafeln als *Tati-Total* angekündigt wurde. Doch das zugrundeliegende Bestreben, die Trennung von Darstellern und Zuschauern im Medium des Films zu überwinden, war die reinste Donquichotterie, denn das Kino ist keine Live-Performance und kann es nie sein. Dennoch war die 1961 im Olympia veranstaltete Show viel mehr als eine gesellig-lustige Aufmachung eines filmischen Events und kam vielleicht näher als jemals alles andere an eine Wagner'sche Synthese aller Arten der Volkskunst heran, welch letztere Tati schuf und schätzte. »Außen« und »innen«, Darsteller und Teilnehmender, Leinwand und Bühne sollten zu einem Ganzen verschmolzen werden, nicht aufgrund irgendeiner subversiven Absicht, sondern allein mit dem Ziel, eine eigentümlich Tati'sche Vorstellung von geselliger Wirklichkeit zu inszenieren.

Das erste Anzeichen der Idee eines »Total-Spektakels« in Tatis durchaus nicht umfangreichen schriftlichen Dokumenten ist ein Vertrag zwischen ihm und seinem Unternehmen Specta über einen Film mit dem geplanten Titel *Récréation*, der gemeinhin als ursprünglicher Arbeitstitel von *Playtime* gilt. Dieser Vertrag vom 17. November 1959 deckt allerdings klar und deutlich etwas völlig anderes ab. Hier geht es um vorbereitende Schritte für ein »*spectacle cinématique*«, die zusammenfassend so spezifiziert werden:

- lange exklusive Erstaufführung, Sitze sind zu reservieren
- Hinzufügung einer Live-Bühnenshow, die Teil des Films ist
- mehrere Leinwände für die simultane Projektion von zusätzlichen Filmsequenzen, ohne die der Hauptfilm unverständlich bliebe
- Installation spezieller Tontechnik zur Steuerung der Tonspur während der Projektion[324]

Wenn das tatsächlich das Samenkorn ist, aus dem letztendlich *Playtime* entsprang, dann müssen wir vermutlich *Jour de fête à l'Olympia* als den Zweig betrachten, aus dem die meisten dieser Ideen ihre erste Blüte trieben. Zwei Jahre vor der Olympia-Show machte Tati sich also Gedanken darüber, wie er ein komplexeres und abwechslungsreicheres Kino-Spektakel erstellen konnte, und er suchte nach neuen Medien, oder wenigstens nach derzeit noch nicht erfundener Technik, um seine Zuschauer in weit größerem Maß einzubeziehen und zu fesseln, als eine gewöhnliche Filmvorführung es vermochte. Auch wenn Coquatrix nicht der unmittelbare Initiator der formalen Erfindungen von *Jour de fête à l'Olympia* war, so hat er doch Tati eine willkommene Gelegenheit gegeben, Ideen zu testen, die er schon seit einiger Zeit mit sich herumgetragen hatte.

Die Proben für diese Show mussten innerhalb sehr kurzer Zeit vonstattengehen, da die Show ja eine Notlösung war, die nur aufgrund eines unerwarteten Programmausfalls auf die Bühne kam. Tati rackerte sich bis zu zwanzig Stunden am Tag im Olympia ab, und oft schlief er, anstatt nach Hause zu fahren, in einem Umkleideraum. Überanstrengung und obendrein seine unbezähmbare Angewohnheit, den anderen immer vorzuführen, wie sie ihre Nummer zu machen hatten, endeten in einem folgenschweren Unfall. Unzufrieden mit dem Auftritt eines seiner radelnden Postboten, schwang Tati sich auf das Bühnenfahrrad, um zu demonstrieren, wie man richtig komisch in die Pedale tritt. Doch die Vorrichtung war in diesem Moment nicht an den Walzen befestigt – und Tatis kräftiger Tritt in die Pedale schleuderte ihn über die Bühne hinaus in den Orchestergraben.[325] Er erlitt keinen Knochenbruch, wohl aber schwere Prellungen und verrenkte sich den Rücken. Mehrere Wochen lang musste er sich intensiver Physiotherapie unterziehen, was den Eröffnungsabend um ebendiese Zeitspanne hinausschob; und auch als die Show schließlich eröffnet wurde, hatte Tati immer noch mit großen Schmerzen zu kämpfen.[326]

Zu dem Zeitpunkt schien sich alles gegen Coquatrix zu verschwören. Eine Krankheit hatte ihm die Piaf entwendet, ein Unfall beinahe auch den Tati, und am Eröffnungsabend, gerade als der Vorhang aufgehen sollte, stürmte die Bereitschafts- und Sicherheitspolizei in den Saal und räumte ihn komplett. Die Polizei hatte eine Warnung vor einem geplanten Terroranschlag erhalten, der das Haus in die Luft jagen sollte.[327] Das stellte sich als Falschmeldung heraus, aber die Premiere musste um eine weitere Woche verschoben werden.

Als es dann am 24. April 1961 endlich losging, füllte die Show *Jour de fête à l'Olympia* jeden Abend den Saal, und es hätte noch viele Monate so weitergehen können. Doch Tati war erschöpft: Schon am ersten Abend, als der Vorhang gerade eben gefallen war, fiel er hinter den Kulissen in Ohnmacht.[328] Und die tägliche Routine war für ihn nicht weniger ermüdend; besonders beschwerlich waren die Matineen, da er nur selten vor dem Morgengrauen ins Bett kam. Die Sommerferien standen vor der Tür, und er wollte nicht auf seinen gewohnten Familienurlaub am

Meer verzichten (obwohl für die sechzehnjährige Sophie in diesem Jahr der *séjour linguistique* in Haslemere anstand, wo sie ihr Englisch verbessern sollte). Und so fand *Jour de fête à l'Olympia* ein baldiges Ende – zur großen Enttäuschung vieler Mitglieder seiner Truppe, die wohl nie wieder eine solch vorzügliche Gelegenheit für ihre Varieté-Darbietungen finden würden.[329] Einige von ihnen hegten den Verdacht, dass Coquatrix von Tati gedrängt worden sei, die Laufzeit der Show zu verkürzen – nicht weil der Maestro erschöpft war, sondern weil er sich über den Erfolg ihrer Auftritte ärgerte, die zumindest an einigen Abenden seine eigene Darbietung in den Schatten gestellt hatten. Sicher ist, dass Tati sich in seinem Stolz verletzt fühlte, weil die falschen Hulots im Publikum nicht sofort erkannt wurden; und es betrübte ihn auch, feststellen zu müssen, dass die von ihm geschaffene Show nicht das perfekt integrierte Total-Spektakel war, das ihm vor Augen stand. Aber höchstwahrscheinlich war es doch so gewesen, dass der eigentliche Star der Show, der jeden Abend noch unter den Schmerzen litt, die er sich vor einiger Zeit bei einem Autounfall und in jüngster Vergangenheit durch eine Rückenverletzung zugezogen hatte, mit der angestauten Erschöpfung nicht mehr zurechtkam und eine lange Erholungspause brauchte. Wie dem auch sei, er war hocherfreut, wieder einmal ein Live-Publikum zu haben, und im Sommer 1961 teilte er einem seiner alten Freunde mit, dass die Olympia-Show im Herbst wieder auf die Bühne kommen werde (was nicht geschah);[330] und anderen alten Freunden eröffnete er, dass er sein Music-Hall-Ensemble wieder zusammenbringen und mit der Show Europa und das ganze Showbusiness im Sturm erobern werde (was er nie tat).[331]

Nachdem *Jour de fête à l'Olympia* ausgelaufen war, machte Tati mit seinen Neubearbeitungen von *Jour de fête* weiter und drehte etwas später im Sommer 1961 zusätzliche Szenen mit dem holländischen Maler (siehe S. 222). Und er ließ nicht davon ab, nach einer Struktur zu suchen, die eine Filmvorführung zu einer Feier machen würde, zu einem Fest, einem kurzweiligen und geselligen Abend: Zu diesem Zweck pachtete er schließlich ein leerstehendes Kino in der Rue de Rennes, das Lux mit seinen 500 Plätzen. Lange vor ihm hatte auch Max Linder sein eigenes Kino in Paris besessen, das er der Einfachheit halber Le Max-Linder nannte, da es ausschließlich ihn, den »König des Kinema«, auf der Leinwand präsentieren sollte. Tati trat bescheidener auf und nannte sein Unternehmen L'Arlequin und ließ den Innenraum von dem renommierten Architekten Georges Peynet umgestalten und neu dekorieren.[332] Im L'Arlequin sollte *Jour de fête* natürlich in seiner neuen Farbversion gezeigt werden, aber doch in ganz besonderem Rahmen: als Erstes eine Kurzkomödie, dann die Werbung, dann eine kurze Pause – wobei im Foyer die Blaskapelle Bagnolet aufspielt, im Kinosaal Luftballons hochgehen und eine Reihe von Gags vorgeführt wird, um so den ganzen Spaß eines Volksfests auferstehen zu lassen. Wie Tati in einem Interview für eine Lokalzeitung erklärte, wollte er eine neue Filmerfahrung ermöglichen und die »Verfremdung« durch den verdunkelten Raum überwinden:

> Eine andere Art von Kino, ein Kino, bei dem der Zuschauer, einmal hereingekommen, er selber bleiben kann … Ich möchte dem Zuschauer das Gefühl geben, dass er in gewisser Weise Teil der Show ist, dass zwischen ihm und dem Regisseur ein Gespräch stattfinden muss; kurz gesagt: Es geht mir um den Austausch von Mensch zu Mensch.[333]

Grundsätzlich sollten im L'Arlequin nicht nur Tatis Filme gezeigt werden, sondern auch Kurzfilmkomödien anderer Autoren sowie Filme, die Tati bewunderte und in einigen Fällen erworben hatte. Im L'Arlequin bekam zum Beispiel der niederländische Dokumentarfilmer Bert Haanstra sein erstes französisches Publikum: Tati fand so großes Gefallen an dessen *Zoo* (1962), dass er, wann immer möglich, darauf bestand oder darum bat, dass dieser Film weltweit zusammen mit *Jour de fête* gezeigt werde.

(In London wurde die Farbversion von *Jour de fête* tatsächlich in diesem Format gezeigt, wobei *Zoo* sozusagen als einstimmender Vorfilm diente.)[334]

Zoo ist ein Film über Menschen: Aufgenommen mit einer im Schimpansengehege des Amsterdamer Zoos versteckten Kamera, ist er eine Montage verschiedener, durch die Gitterstäbe eines Käfigs wahrgenommener menschlicher Gesichter, die Grimassen schneiden, die lächeln, die finster oder gelangweilt dreinschauen – eine Galerie natürlicher und unbewusster Komikszenen. Die enge Verwandtschaft mit der Tati'schen Komik beruht auf dem zugrundeliegenden Prinzip unbeirrter Beobachtung und dem Verzicht auf ein direktes Eingreifen in das, was der Zuschauer sehen soll; doch die Wiedergabe der Welt geschieht hier ohne Tatis kreative Absicht ihrer mimischen Neuerschaffung. Haanstra, der *Les Vacances de M. Hulot* zum ersten Mal bei den Filmfestspielen von Cannes gesehen hatte und total hingerissen war, zeigte sich überwältigt und freudig ergriffen von Tatis Ansichten über ihn und sein Werk. In seiner nachgiebigen und unprätentiösen Wesensart konnte Haanstra nicht anders, als den Willen des Tati sich zum Befehl zu machen.[335]

Ein *cinéma du quartier* aufzumachen war ein untypischer Schritt für Tati; doch wie er Reportern gegenüber erklärte (zweifellos mit einem Seitenhieb auf andere Regisseure, die ihre Einkünfte in Landgüter investierten), »macht das genauso viel Spaß wie Kühe zu kaufen«.[336] Außerdem war es nicht so langfristig wie das Betreiben einer Farm: Der Pachtvertrag galt nur für sechs Monate, und als er auslief, war Tati nicht daran interessiert, ihn zu verlängern. Dem Textilmagnaten aus Troyes, der dieses Unternehmen finanziell unterstützt hatte, dankte Tati mit einer von ihm selber erfundenen »aufblasbaren Tuchvorrichtung«, einem Strand- oder Bademantel mit eingearbeitetem aufblasbarem Kissen, das beim Lesen am Strand als Kopfstütze oder Kissen benutzt werden konnte. Ein paar Hundert dieser Strandhelfer fanden sich letzten Endes in einem der Resorts des Club Med ein und sind mit dem Etikett »Brevet Jaque Tati« vielleicht noch bis heute in Gebrauch.

Tati behielt auch ein wachsames Auge auf kompatible Talente – eine Angewohnheit, die manchmal daran grenzte, potenzielle Rivalen zu umgarnen und unter Kontrolle zu bringen. Im Frühjahr 1964 fuhr er nach Holland, um sich Bert Haanstras jüngsten Film *Alleman* (1963; *Zwölf Millionen*, 1964) anzusehen; er war begeistert und versuchte, die Rechte für Frankreich zu erwerben, um den Film nach seinem Dafürhalten zu bearbeiten. Das musste in aller Eile geschehen, damit Specta den französischen *Alleman* noch 1964 in die Filmfestspiele von Cannes bekommen konnte; doch wie der niederländische Drehbuchautor Simon Carmiggelt an anderer Stelle berichtete, stellte sich bald heraus, dass schnelles Arbeiten mit Jaques Tati ein Ding der Unmöglichkeit war.[337] In der Zwischenzeit fand *Alleman* begeisterte Aufnahme in London; Haanstra meinte, dass die »internationale« Version, die dort gezeigt wurde, gut genug für den Rest der Welt sei; die im Mai synchronisierte deutsche Fassung war weitgehend identisch. Und immer noch zögerte und bummelte Tati mit seinen eigenen Änderungen für Frankreich. Und tat nichts. Den ganzen Sommer lang, während Haanstras Film weltweit große Erfolge feierte, trudelten ausweichende und spitzfindige Briefe von Bernard Maurice und René Silvéra ein, bis Specta-Films sich schließlich im Herbst bequemte, den niederländischen Regisseur zu informieren, dass kein Interesse mehr am Vertrieb von *Alleman* in Frankreich vorhanden sei, da der Film nur »einen kleinen Teil des Publikums erreichen könnte«.[338]

Tatis Verhalten gegenüber seinem alten Gefährten Pierre Etaix war in diesen Jahren noch viel rätselhafter. In Zusammenarbeit mit Jean-Claude Carrière, der die Romanversionen von *Les Vacances* und *Mon Oncle* verfasst hatte, verfolgte Etaix eine Filmkarriere, die Tatis eigenen Weg nachzuahmen oder zu ehren schien: Am Anfang kamen Kurzfilmkomödien (*Rupture*, 1961; *Heureux anniversaire*, 1962, der 1963 einen Oscar gewann), dann eine überaus erfolgreiche Spielfilmkomödie *Le Soupirant* (*Auf Freiersfüßen*, 1962), die, wie zehn Jahre davor *Les Vacances*, den Prix Louis Delluc gewann. Tati organisierte private Vorführungen aller dieser Filme und ließ sich in Gegenwart seiner Assistenten und der ganzen Belegschaft von Specta-Films mal schadenfroh, mal wütend über Details, Ideen, Gags und ganze Szenen aus und behauptete, Etaix hätte sie direkt von ihm gestohlen, oder von den Buster-Keaton- und Mack-Sennet-Filmen, die Specta mit den von Tati entworfenen Soundtracks neu herausgeben sollte.[339] *Yoyo* (1965) brachte Tati richtig zur Weißglut: Mit seiner Zirkus-Szenerie und der sentimentalen Handlung hat dieser Film tatsächlich einiges gemeinsam mit seinem *L'Illusioniste*; auch ist *Yoyo* ein überaus komischer, berührender und schöner Film, und Tati – der sich zu der Zeit schwer abmühen musste, um die Dreharbeiten für *Playtime* in Gang zu halten – wird sich wohl schon Sorgen um seine eigenen Lorbeeren gemacht haben. Aber *Yoyo* wurde vom Großteil der Presse auf geradezu verleumderische Weise verrissen. Etaix hatte den Verdacht, dass die schärfste dieser Kritiken von Tati stammte, oder dass Tati zumindest hörige Journalisten angestachelt habe, derartiges zu schreiben. Jetzt gibt er bereitwillig zu, dass er, als es wirklich schlimm wurde, einem Verfolgungswahn zum Opfer fiel und Tati verdächtigte, nicht nur die Pariser Presse maßgeblich manipuliert zu haben, sondern auch die Zufälligkeiten des täglichen Lebens, die eine Zeitlang ganz und gar nicht zufällig schienen.[340] Etaix' zwanghafte Vorstellung von Tatis böswilliger Macht mag durchaus die Grenzen der Vernunft überschritten haben, aber sie war keineswegs unbegründet. Von dem Moment an, als Etaix seine Anstellung bei Specta-Films aufgekündigt hatte, war Tati gar nicht mehr gut auf den jungen Mann zu sprechen und tat in der Folgezeit absolut nichts, was diesen seinen ehemaligen Schützling ermutigen oder gar fördern würde. In diesem Zwist, der den ganzen Groll und die Unvernunft einer lang sich hinziehenden Scheidung an sich hatte, stellten einige Kritiker und Kommentatoren sich schließlich auf

Etaix' Seite. Als *Playtime* dann endlich herauskam, hieß es hier und da, dass der Mangel an echter Komik in diesem Film leicht zu erklären sei: Tati hatte seinen Gag-Mann verloren und konnte dessen Niveau einfach nicht erreichen.

Von 1958 bis 1963 machte Tati sich daran, sein Schaffen zu diversifizieren, doch gereichte das ihm nicht immer zu Vorteil oder gar Profit. Die Pläne für *L'Illusioniste* wurden letztendlich aufgegeben. Seine Rückkehr zum Varieté-Theater wurde abgebrochen. Seine Karriere als Kinobesitzer währte nicht lange. Er kaufte Optionen auf Drehbücher anderer Autoren, brachte es aber nie dazu, daraus einen Film zu drehen oder herauszugeben.[341] Specta-Films schaffte es nie, sich im Filmvertrieb richtig zu etablieren, und die Soundtracks für die Kurzfilme von Keaton, Sennet und Harold Lloyd kamen nie zustande. Tati steckte Unmengen von Geld in die Neufassung des Soundtracks für *Les Vacances*, doch viele, die sich noch an das Original erinnerten, meinten, er habe den Film schlichtweg verdorben. Ein noch größeres Vermögen steckte er in neue Dreharbeiten, in die Kolorisierung und Neufassung des Soundtracks für *Jour de fête*, ohne viele Kritiker überzeugen zu können, dass er den Film damit wesentlich verbessert hätte.[342] All das, wie auch die Reisen ins Ausland, die er immer wieder unternahm, um den Premieren der verschiedenen Versionen seiner drei Filme beizuwohnen, hielt ihn freilich auf Trab. Auch seinen Mitarbeitern – Bernard Maurice, Juliette Wuidart, Jean Reznikov und einigen anderen – sicherte er auf diese Weise gute, produktive Arbeit. Tati, nunmehr Mitte fünfzig, in Besitz eines komfortablen Vermögens und hoch angesehen, hätte sein Doppelleben als Künstler mit seinem Trupp ergebener Gehilfen am Rand der Boheme und als *grand bourgeois* von Saint-Germain im geselligen Umgang mit Kunstsammlern, Finanzdirektoren, Ärzten und Industriellen ruhig weiter genießen können. Doch obwohl es ihn viel Zeit kostete, herauszufinden, was es war, und noch viel mehr Zeit, dem eine Form zu geben, war da irgendetwas anderes, das Tati noch zu sagen hatte.

Dritter Teil
Playtime
1960–1970

*Die Geschichte des Films als Kunstwerk
ist in erster Linie eine Geschichte der Filme,
die Geld verlieren*

CHARLES EIDSVIK
Cineliteracy. Film Among the Arts
(New York: Random House, 1978), S. 177

EINUNDDREISSIG

Edifice Complex

Als Balzac 1846 mit der Arbeit an seinen letzten großen Romanen *Cousine Bette* und *Cousin Pons* begann, erklärte er in einem Brief an seine ferne russische Geliebte: »Unter den gegebenen Umständen ist es mir auferlegt, zwei oder drei große Werke zu schreiben ... die beweisen, dass ich jünger, frischer und größer bin denn je!« Tati hat sich nicht in solch heroische Töne verstiegen, aber was er sagte, als er mit der Arbeit an seinem vierten und größten Spielfilm begann, läuft auf dasselbe hinaus:

> *Playtime* ist der große Sprung, der große Film. Ich setze mich selbst aufs Spiel. Entweder gelingt er mir, oder er gelingt mir nicht. Es gibt kein Sicherheitsnetz.[343]

Playtime ist mit Abstand Tatis anspruchsvollster und großartigster Film. Er war ebenfalls eine monumentale Katastrophe; jede Stufe seines Werdegangs, seiner Herstellung und Herausgabe war überschattet von ominösen Anzeichen eines glücklosen Endes. Es scheint, als habe Tati damit für sich selber einen Abgang von der Weltbühne nach dem Muster des Abgangs seines M. Hulot von der Leinwand am Ende von *Les Vacances de M. Hulot* und auch von *Mon Oncle* entworfen: den Exit eines einsamen, ungelösten Rätsels.

Alles musste groß sein. »Film Tati Nr. 4«, wie er Ende 1964 auf den zum Drehbeginn aufgestellten Besetzungslisten verzeichnet war, sollte von Anfang an eine Breitwandfilm-Superproduktion werden, die die Schönheit von Sonne und Wolken über einer realen modernen Szenerie feiert – aber auch zeigt, wie M. Hulot, von weitem gesehen, sich in Menschenmengen, in riesigen Flughäfen und endlos langen Glaskorridoren schlicht auflöst, wie er sich in labyrinthischen und gleichzeitig offenen Bürokabinen verirrt. Wo war eine solche Szenerie zu finden? Auf einer Reise nach Deutschland anlässlich der Neuauflage von *Jour de fête* im Jahr 1964 sah Tati sich die Ford-Werke in Köln an, legte eine Reise nach München ein, und dann weiter nach Belgrad, um möglichst weiträumige Baustellen zu besichtigen. Er flog zum nagelneuen Flughafen Arlanda in der Nähe von Stockholm, um zu erkunden, ob dieser vielleicht in Betracht käme,[344] und er kontaktierte Unternehmen in und um Paris, um sich eventuell infrage kommende gigantische Gebäudeblöcke anzusehen, deren Bau gerade beendet oder auch noch im Gang war. Doch gab es ein grundlegendes Problem – ein Problem, das er für vorherige Dreharbeiten mit Festigkeit und Fingerspitzengefühl hatte lösen können, das aber für »Film Nr. 4« unüberwindlich schien. Der Dorfplatz in Sainte-Sévère, das Hôtel de la Plage in Saint-Marc und das Zentrum von Saint-Maur waren bewohnte Orte, die täglich genutzt wurden, wo filmische Dreharbeiten nur stören konnten. Für *Jour de fête* hatte Tati die Dorfbewohner dafür gewinnen können, an der Filmproduktion teilzunehmen; für *Les Vacances* gelang es ihm, die Hotelgäste dazu zu bewegen, sich, wenn erforderlich, zu entfernen; und in Saint-Maur war es nicht allzu schwer gewesen, den Ortsansässigen Stolz darüber einzuflößen, dass ihr Marktplatz in einem Film gezeigt werde. Aber so leicht konnte Tati keine Autofabrik, keine Bank, keine Konzernzentrale dazu überreden, die Werkzeuge niederzulegen oder die Telefone ruhen zu lassen – für einen Monat, oder ein Jahr, oder noch länger, während ihr Gebäude von Schauspielern, Lichttechnikern, Horden von Statisten, Frisören, Elektrikern, Tischlern und Gastronomen überrannt wurde. Alle nur denkbaren großen Stahl-Glas-Konstruktionen, die die Welt von morgen zeigten, waren eingebunden ins tägliche Geschäftsleben. Die Kosten für die »Übernahme« des Flughafens Orly zum Beispiel, selbst wenn ein bereits anerkannter Meister des französischen Films die Genehmigung dafür erhalten hätte, wären unerschwinglich gewesen – auch für ein Projekt, das darauf abzielte, die Architektur des Kinos an ihre Grenzen zu bringen. Und Tatis Aufnahmeleiter, der gefeierte französisch-ungarische Kameramann Jean Badal, war nicht zu bewegen: Wenn Sie Spiegelbilder von Wolken aufnehmen wollen, die über die Glasscheiben eines Wolkenkratzers dahinziehen, müssen Sie den Wolkenkratzer ganz für sich allein haben.[345]

Lagrange hatte, wie es heute immer noch aussieht, die beste Idee, die gigantische Ambition von Tatis Drehbuch in ein finanziell tragfähiges Projekt umzusetzen. Er schlug vor, eine reguläre Baugesellschaft zu gründen, ein Stahl-und-Glas-Gebäude zu errichten, den Film darin zu drehen und das Haus, entsprechend umgebaut, dann als Wohn- und Bürogebäude zu verkaufen.[347] »Tati hätte das gleiche Set statt einer Attrappe auch echt bauen können. Das hätte genauso viel gekostet.«[347] Schließlich war es eine Zeit des manischen Bauens in ganz Paris, und die durchschnittlichsten Architekten und Immobilienmakler verdienten sich eine goldene Nase. Wenn das Gebäude wohl durchdacht errichtet werde, würde es keine Probleme geben, es am Ende der Dreharbeiten profitabel zu verkaufen.

Tati nahm den Rat an, ging aber einen verhängnisvollen Schritt weiter. Er wollte sein Set nicht für einen späteren Verkauf als Wohngebäude bauen, sondern für die zukünftige Nutzung als *cinecittà*: Er wollte der französischen Filmindustrie eine zweckdienlich gebaute, voll ausgerüstete Studio-Anlage vermachen. Im Grunde genommen war das ein großartiger, sogar großmütiger, doch zweifellos größenwahnsinniger Plan. Er hätte möglicherweise sogar aufgehen können. Der Pariser Stadtrat willigte ein, der Firma Specta-Films ein großes Stück Brachland im südöstlichen Zipfel der Hauptstadt zu verpachten, ganz in der Nähe des gerade fertiggestellten Boulevard Périphérique. Dort sollte sich Tatis Studio-Set erheben, nur eine kurze Autostrecke entfernt vom alten Herzen des Pathé-Imperiums in Joinville-le-pont. Doch es gab einen fatalen Haken. Das Land war seit langem schon vorgesehen für eine Kleeblatt-Kreuzung der Ringstraße und einer der radialen Autobahnen, die bald gebaut werden und Paris mit dem Osten Frankreichs verbinden sollte.

Es bestand nicht die geringste Chance, dass der französische Staat seine straßenbaulichen Pläne fallenlassen würde, auch nicht, wenn eine Goldmine oder ein römischer Palast unter dem Stück Land gefunden worden wäre, das Tati kurzfristig pachtete. 1961 hatte Paul Delouvrier, einer der herausragenden Technokraten des Wiederaufbaus von Frankreich, den Präsidenten Charles de Gaulle auf einem Hubschrauberflug begleitet, um das Verkehrsnetz und die »Kreislaufprobleme« im Großraum von Paris zu inspizieren. Als der Präsident das verworrene und erstickende Durcheinander der Pariser Vorstädte sah, erklärte er: »Diese Tripperstation muss aufgeräumt werden!« Delouvrier bekam uneingeschränkte Vollmacht, den Verkehrsfluss nach den Richtlinien des jüngst erstellten PADOG (*Plan d'aménagement et d'organisation général*) in vernünftige Bahnen zu bringen.[348] Premierminister Georges Pompidou, ein notorischer Autofanatiker, erklärte den Parisern ohne jegliche Umschweife oder Scham, dass ihre Stadt jetzt dem Auto angepasst werden müsse.[349] Er zog die Schnellstraße am rechten Flussufer mitten durch das historische Herz der Stadt, entlang des malerischen Kais der Seine und direkt unter den Louvre; nicht einmal die frenetischen Proteste des Finanzministeriums (das seine Büros im Louvre hatte) oder der wohlhabenden, gut verbundenen Bewohner der Appartements entlang des Flusses konnten in jenen straßenseligen Tagen den Vormarsch der Bulldozer stoppen. Wie konnte Tati da glauben, dass die Zoneneinteilung für Tativille geändert werden würde, nur weil er ein wundervolles Studio-Set auf diesem Stück Land gebaut hatte? Vielleicht hatte er die ganze Zeit schon akzeptiert, dass sein Projekt zum Scheitern verurteilt war; und wenn er das nicht von Anfang an gesehen hatte, dann musste er auf seltsame Weise blind für das reale Geschehen gewesen sein, das er dennoch in seinen Filmen darstellte und das er implizit im Vorspann und explizit in einer der letzten Sequenzen von *Mon Oncle* vorge-

Abb. 71: *Tativille. Beginn der Bauarbeiten*

führt hatte: wie Gebäude in der »alten Stadt« abgerissen wurden, um Platz zu schaffen für neue Straßen.

Das Budget für »Film Nr. 4« muss vom allerersten Tag an ungeheuer hoch gewesen sein. Fünf Millionen,[350] sechs Millionen,[351] zehn Millionen,[352] zwölf Millionen[353] – die Journalisten warfen mit allen möglichen Zahlen um sich. Es lässt sich nicht mit Sicherheit feststellen, wie viel Tati wirklich ausgegeben hat, schon deshalb nicht, weil viele wichtige Rechnungen am Ende nicht bezahlt wurden. Aber er behauptete, wohl sachlich zutreffend, dass die totalen Baukosten des Sets nicht höher waren, als es gekostet hätte, Sophia Loren oder Elizabeth Taylor für die Hauptrolle zu engagieren. Aber jede Gleichung hat zwei Seiten. Selbst wenn es Tati erspart geblieben wäre, den Großteil des Sets zweimal bauen zu müssen, hätte Sophia Loren, anders als Tativille, eine US-Veröffentlichung des Films sichergestellt.

Die erste wirkliche Katastrophe kam im Herbst 1964 in Form eines heftigen Windstoßes. Tativille war seit September im Bau gewesen, der jetzt kurz vor seinem Abschluss stand. Der Wind riss große Teile des fast fertigen Gebäudes wieder ab. Und Tati musste erfahren, dass die Versicherung gegen »höhere Gewalt« eine Woche vorher gekündigt worden war, weil seine Geldgeber »vergessen« hatten, die Raten zu bezahlen. Nach Tatis eigenen Aussagen musste er für die Reparaturen 1,4 Millionen Franken auf den Tisch legen.[354] Und das war nur der Anfang einer langen Reihe von Verzögerungen und Kostenüberschreitungen, die den Film *Playtime* für den Rest seiner (viel zu vielen) Tage plagen sollten.

Drei Jahre lagen zwischen dem fatalen Windstoß und der ersten Vorführung von *Playtime* im Empire an der Avenue Wagram. Das Set wurde erst im Mai 1964 richtig fertig. Die Dreharbeiten gingen ordnungsgemäß im April, Mai und Juni voran. Im Juli wurden sie aufgrund ungewöhnlicher Regenfälle für mehrere Wochen unterbrochen, und im September war Tati das Geld ausgegangen. Dann bekam er neue Vorschüsse von Crédit Lyonnais und nahm die Dreharbeiten im November wieder auf ... und machte sporadisch weiter bis Oktober 1966. Ein Dreh von insgesamt dreihundertfünfundsechzig Tagen für einen kommerziellen Spielfilm muss einem Weltrekord schon recht nahekommen.[355] Es folgten nicht weniger als neun ganze Monate für die Bearbeitung, bis der Film im Dezember 1967 endlich gezeigt werden konnte. Selbst dann aber war er noch nicht ganz fertig; die öffentliche Reaktion veranlasste Tati, den Film Nacht für Nacht im Vorführraum des Kinos zu schneiden, so dass die dem jeweiligen Publikum erstmals vorgeführten Versionen immer wieder etwas anders ausfielen. In jenen sechsunddreißig Monaten gab es Tage, ganze Wochen, einmal sogar einen Zeitraum von mehreren Monaten, als absolut nichts auf dem Brachland von Saint-Maurice geschah. Das Licht war unpassend. Oder die Wolken zogen in die falsche Richtung. Oder, was noch öfter geschah, das Geld war ausgegangen und Tati musste sich erst um weitere Unterstützung kümmern, ehe er die Besetzung einberufen und die Dreharbeiten wieder aufnehmen konnte. Und bei jeder Unter-

Abb. 72: *Tativille. Die Stadt wächst in die Höhe*

brechung dreht sich die Welt weiter, und neue Sequenzen, neue Requisiten mussten erfunden, neue Beobachtungen eingearbeitet werden, damit der Film seinem Ziel treu blieb: den absolut gegenwärtigen Zustand der Welt auf der Leinwand vorzuführen.

Da Tati sein eigener Produzent war, und da er so lange wie nur möglich darauf bestand, auch die Vertriebsrechte für sich zu behalten, nahm er riesige Kredite bei der staatlich geförderten Filmfinanzierungsgesellschaft UFIC und auch bei anderen Banken auf; diese Darlehen waren anfangs mit dem Kapital seines Unternehmens besichert, aber dann, und immer mehr, mit Tatis persönlichem Vermögen. Die normalen Finanziers waren vorsichtig geworden, Geld in ein von Tati geführtes Unternehmen zu investieren, zumal Tati ohnehin schon von Orain wegen Kostenüberschreitungen bei der Neufassung von *Les Vacances* und *Jour de fête* verklagt wurde. Als alle Nebensicherheiten ausgelaufen waren, wandte Tati sich hilfesuchend an Verwandte und Freunde, und sehr bald hatte er Schulden bei fast jedem, den er kannte. Madame Tatischeff *mère*, die im Haus der Familie in der Rue Voltaire Nr. 9 lebte, verfügte über ein gutes Vermögen, das sie der langjährigen Geschäftskarriere ihres Mannes Georges-Emmanuel verdankte. Bei ihrem Tod konnte Jacques damit rechnen, diese Gelder mit seiner älteren Schwester Nathalie, die sich bereits dem Rentenalter näherte, zu teilen. Aber Jacques, der seine Mutter von Herzen liebte, hatte ein überzeugendes Argument, und das gesamte Erbe der Familie Van Hoof-Tatischeff wurde in Specta-Films investiert. Für diejenigen, die darum wussten, war Tatis Lage durchaus alarmierend: Er war das Abbild eines Ertrinkenden. Jean Badal brachte ihn in Kontakt mit Darryl F. Zanuck, der sich willig zeigte, die gesamte Produktion zu übernehmen, und der auch über die dafür notwendigen finanziellen Ressourcen verfügte; aber daraus wurde nichts.[356] Der Kommunist und Millionär Doumeng leistete einen wohltätigen Beitrag, als ihm Tatis Finanzfiasko zu Ohren kam.[357] Norbert Terry, ein Berater für Produktplatzierung im Film, versuchte ebenfalls, vom anderen Ende des politischen Spektrums her zu helfen. Er sprach mit seinem Nachbarn auf der Ile Saint-Louis, Georges Pompidou, und der Premierminister sagte zu, Tativille zu besuchen, um sich den Betrieb anzuschauen. Er und seine Gattin Claude waren persönlich an Tatis künstlerischem Werk interessiert, und darüber hinaus war er als Politiker der Ansicht, dass das Überleben des berühmtesten »Oscar« Frankreichs im nationalen Interesse liege.[358] Folglich gab er seinem *chef de cabinet* Michel Jobert mit einem Kopfnicken grünes Licht, die Staatsbank Crédit Lyonnais anzuweisen, das Kreditlimit für Specta-Films zu erhöhen.[359] So musste

Tati sein großartiges Haus in Saint-Germain mit einer Riesenhypothek belasten. Selbst zu diesem Zeitpunkt wussten nur wenige, dass Tati alles andere, was er besaß, bereits verpfändet hatte – selbst die Rechte an *Les Vacances* und *Mon Oncle* –, um ein einziges Filmset zu finanzieren. Doch genau das hatte er getan.

Sie haben wirklich Ihr ganzes Vermögen investiert?
Ich hatte keine Wahl. Die haben gesagt: Sie wollen den Film zu Ende drehen? Na gut, dann müssen Sie hier unterschreiben. So hab ich unterschrieben. *Jour de fête*, *Les Vacances*, mein Haus, alles weg.[360]

Außerdem hatte er es auf recht komplizierte Weise getan, indem er nämlich nie für sich selber abgezogen hat, was ihm als sein prozentualer Anteil am Einkommen des Unternehmens aus all seinen vorherigen Filmen zustand. Aber der Steuerbehörde war es völlig egal, ob Tati seinen Anteil bekommen hatte oder nicht: Einkommen war Einkommen, und er schuldete dem Staat Unsummen an Steuergeldern. Seine persönlichen Überziehungskredite stiegen an, und lange bevor *Playtime* fertig war, stand er hochverschuldet vor dem unnachsichtigsten aller Gläubiger, dem Steuereintreiber.

Doch das Set war wirklich großartig. Es hatte sein eigenes Elektrizitätswerk und seine eigene Zugangsstraße. Es bestand aus zwei Hauptgebäuden aus Stahl und Beton: das eine für die Ausstellungshalle, die Flughafen-Lounge, das Bürogebäude und für Restaurant-Szenen; das andere für die Szenen in Supermarkt und Drugstore. Das größere von beiden war komplett wetterfest, es verfügte über Standard-Industriebeleuchtung, Heizung und Elektrizität; die Rolltreppe, die wir in den Hotel- und Büro-Sequenzen sehen, ist echt und betriebsfähig und wurde einzig und allein für die dort gefilmten Szenen angeschafft. In Anbetracht der Größe des Sets mussten die »Trick«-Effekte entsprechend überdimensional gestaltet werden: Die Flugzeugflosse, die im

Abb. 73: *Tativille. Die Stadt funktioniert*

Hintergrund quer durch das Panoramafenster der Flughafen-Lounge gleitet, ist zwar keine echte Caravelle, doch aber ein im Maßstab 1:3 gefertigtes Modell – ein sehr großes Stück Sperrholz auf Rädern.

Der restliche Teil des Sets war unüberbietbar genial. Riesige, auf Eisenbahnschienen übereinander montierte Platten aus Holz und Plastik ermöglichten es, in variabler Anordnung Straßenzüge von Wolkenkratzern zu bauen und so das Bild einer ganzen Stadt aus Glas und Stahl vorzutäuschen. Jedes mit diesen Platten angezeigte »Stockwerk« ist etwas kleiner als das darunterliegende, so dass die direkte Vorderansicht die Illusion erweckt, man schaue hoch zum oberen Rand eines riesigen Hochhauses. Doch die Straßen zwischen diesen simulierten Häuserblöcken waren echt – mit richtiger Fahrbahndecke auf korrekt aufgeschütteten Tragschichten und mit voll funktionsfähigen allgemein üblichen Verkehrsampeln.

Tati erklärte, dass er sich gefreut hätte, wenn dieses wundervolle Spielzeug noch für vieles andere genutzt worden wäre;

nichtsdestotrotz tat er sich sehr schwer, Fremde an sein Set heranzulassen. Seinem zeitweiligen Assistenten Nicolas Ribowski gestattete er, seinen ersten Kurzfilm dort zu drehen (*Cours du soir* mit dem Star Jacques Tati in einem seiner schwächsten Auftritte); an den Accessoire-Designer Jacques Esterel vermietete er das Gebäude für eine waschechte 1960er Modeschau;[361] Jean Badal begann damit, seinen eigenen Film über den Bau und die Magie von Tativille zu drehen. René Clément zog das Set für einige Sequenzen seines Films *Paris brûle-t-il?* in Betracht; und der britische Produzent Ken Harper erwog, dort ein Musical zu machen.[362] Aber die meisten dieser Ideen für eine Nutzung von Tativille zerschlugen sich; und keine davon verbesserte Spectas Umsatz, keine konnte die Bulldozer aufhalten, die nur darauf warteten, Tativille dem Erdboden gleichzumachen – womit sie im November 1966 schon begannen, als noch die letzten Szenen für *Playtime* gedreht wurden. Dabei konnte Tati es gar nicht ausstehen, während der Dreharbeiten gestört zu werden. Sein Ruf als ein launischer und überaus schwieriger Mensch machte die Dinge nicht leichter; niemand wollte dem großen Regisseur in die Quere kommen.

Die finanzielle Torheit von Tativille, die in der Geschichte der Entstehung von *Playtime* nicht ausgelassen werden darf, sollte auf keinen Fall die Großartigkeit des Konzepts und seine ästhetische und soziale Intention überdecken. Der Wiederaufbau von Paris war in vollem Gang: selbst in Saint-Germain wurden in der Rue Voltaire ältere Häuser abgerissen, um sie durch siebenstöckige Blöcke zu ersetzen – »im Mailänder Stil«, wie Tati es in einem Protestschreiben an die entsprechende Behörde formulierte.[363] Aber das neue Paris aus Stahl und Glas war auf den Baustellen noch nicht wirklich erstanden. Die großen Türme von Maine-Montparnasse und das Geschäftsviertel Défense gab es noch nicht. Tativille war eine Stadtkonstruktion der *Zukunft* – einer Zukunft, die heute angekommen ist, die Tati aber nicht real gegeben vorfand, als er den Film konzipierte und drehte.

Den Druck, die Stadt nach »amerikanischem« Vorbild neu aufzubauen, hatte es freilich in diesem Jahrhundert schon längst gegeben, namentlich in den gut publizierten und dankenswert imaginären Projekten von Le Corbusier, der einen weitläufigen Boulevard freistehender Chrysler-Gebäude von Paris bis Saint-Germain gebaut hätte, und dessen »Plan Voisin« aus dem Jahr 1925 den totalen Abriss des Stadtzentrums von Paris und die Errichtung von achtzehn in geometrischen Abständen platzierten Türmen vorsah. Aber die Weltwirtschaftskrise, die Niederlage, die deutsche Besatzung und die Kolonialkriege haben alle derartigen Pläne für mehr als dreißig Jahre auf Eis gelegt: die urbane Struktur des Zentrums von Paris hatte sich seit Tatis Jugendjahren erstaunlich wenig verändert. Selbst jene Symbole der Nachkriegszeit, die von den derzeitigen Planungsbeschränkungen ausgenommen waren, wie der Hauptsitz der UNESCO und das Maison de la Radio, wurden erst 1962 richtig fertiggestellt. Da ein Großteil der Stadtstruktur in der Zwischenzeit immer mehr zerfiel, wurde der Druck, die Stadt zu modernisieren und zu erweitern, umso größer, als der Wohlstand Frankreichs von Tag zu Tag zunahm.

Erst im Jahre 1961 wurden die Bauvorschriften geändert, um in der Stadt selber den Bau von Hochhäusern zu ermöglichen, und es dauerte noch mehrere Jahre, bis große Gebäude, die mit denen im Set von *Playtime* vergleichbar waren, tatsächlich am Horizont aufstiegen: Der Bau der naturwissenschaftlichen Fakultät am Jussieu auf dem Gelände der alten Halle aux Vins (für die Jacques Lagrange die Fußbodenmosaiken entwarf) wurde 1965 begonnen (als Tativille bereits fertig dastand) und 1967 abgeschlossen – mehr oder weniger gleichzeitig mit der Herausgabe von Tatis Film. Die Baupläne für das Geschäftsviertel rund um La Défense wurden 1964 genehmigt, aber oberirdisch war bis etwa 1970 nichts zu sehen, und die Größe und Unansehnlichkeit des Geländes kamen erst 1972 in den Fokus der öffentlichen Aufmerksamkeit. Doch in der heftigen Debatte, die daraufhin

Abb. 74: Playtime, *1967: Der Eiffelturm im Spiegelbild sichtbar gemacht*

entstand, erhob mindestens ein Architekt seine Stimme, der von Tativille, das zu der Zeit längst abgerissen war, inspiriert worden zu sein schien: Emile Alliaud schlug vor, dem Viertel um La Défense abschließend mittels zweier gefällig gerundeter, mit Spiegelglas verkleideter Gebäude ein menschenfreundliches Erscheinungsbild zu geben – und damit den Pariser Passanten die Freude des Anblicks der weithin bekannten Wahrzeichen ihrer Stadt. Genau das ist es, was Tati uns und seinen amerikanischen Touristen in *Playtime* zu sehen gibt: Sacré-Coeur, den Eiffelturm und den Arc de Triomphe im Spiegelbild auf den Glastüren des Reisebüros.

Als architektonische Konstruktion besaß Tativille auch eine ganz besondere Art von Schönheit. Anders als das Arpel-Haus in *Mon Oncle*, das mit etwas Übertreibung eine ziemlich veraltete Vorstellung von Modernität verkörpert, ist das Strand Building ein normales Hochhaus, das dank Tatis genialer Vision, dank Lagranges kluger Beratung und Badals technischer Geschicklichkeit beinahe einem abstrakten Gemälde gleichkommt. Die blinkenden Lichter hoch oben, zu denen Hulot aufschaut, als er aus dem alten Pariser Bus steigt, erinnern ein wenig an die Licht-an/Licht-aus-Nummer in Martines Villa in *Les Vacances* und auch an die Bullaugenfenster in *Mon Oncle*; aber sie feiern auch die furchteinflößende, erhebende Schönheit einer Wolkenkratzer-Stadt, die Tati in Manhattan zu sehen bekommen hatte, die hier aber nichts weiter war als der Traum eines Künstlers auf dem Ödland von Saint-Maurice. Der Film *Playtime* ist weder im Grunde noch im Kern eine Satire auf die Hochhausarchitektur: Er ist eher zu verstehen als Feier der Schönheit großer Bauten und als Ausdruck des Staunens über die schöpferischen Kräfte des Menschen.

ZWEIUNDDREISSIG

Le Gadget

Die unverhüllt satirische Intention des Filmwerks von Tati konzentriert sich größtenteils auf das Zubehör des modernen Lebens: jene albernen Modeartikel, Spielzeuge und Schmuckwaren, für die die Franzosen das englische Wort *le gadget* entlehnt haben.[364] Wie wir schon sehen konnten, dient das Haus der Arpels in *Mon Oncle* als ein leicht übertriebenes Beispiel modernistischen Designs, wohingegen ihre Lebensweise von übermäßigem und oft sinnlosem Gebrauch von *gadgets* bestimmt ist. Aber *le design* und *le gadget* schließen sich nicht gegenseitig aus, und Tati weiß uns wiederholt zu überraschen, indem er, wechselweise mal so und mal so, das eine als das andere ausweist.

Das eigenartige geschwungene Sofa in Madame Arpels Salon scheint auf den ersten Blick völlig unnütz zu sein. Doch am Abend des Hochzeitstags der Arpels, den sie im Restaurant feiern, während M. Hulot zu Hause auf Gérard aufpasst, kippt Hulot das Sofa auf die Seite und benutzt es als Bett. Doch als wir ihn am nächsten Morgen immer noch dort schlafend zu sehen bekommen, wird uns nicht nur ein subversiv komisch genutztes Haushalt-*Gadget* vorgeführt, sondern eine gezielte Satire auf *Design*: Das umfunktionierte Sofa gleicht exakt der berühmten Chaiselongue, die die notorisch modernistische Innenarchitektin Charlotte Perriand entworfen hatte, deren Karriere viele Jahre zeitgleich mit der von Le Corbusier verlief.

Durchaus nicht alle der von Tati filmisch eingesetzten *gadgets* dienen kunsthistorischen Sticheleien dieser Art. Einige davon, wie zum Beispiel M. Hulots Amilcar in *Les Vacances de M. Hulot*, leiten ihre komische Wirkung von visuellen Analogien ab (das kleine Auto sieht aus und bewegt sich eher wie eine Ente als ein Fahrzeug mit Rädern). Andere sind allein aufgrund der Art ihrer Verwendung richtig komisch, wie zum Beispiel der pedalbetriebene Rasenmäher in *Mon Oncle*, den die snobistische und übertrieben aufgeputzte Nachbarin der Arpels in extrem langsamem Tempo und mit daher komisch wirkendem hektischem Gestrampel fährt. Wiederum andere *gadgets* werden erst aufgrund der Folgen ihres Gebrauchs ins Absurde gezogen, wie zum Beispiel die (jetzt ganz gewöhnliche) fotoelektrische Türöffnungsvorrichtung, oder aufgrund einer durch nachsynchronisierten Ton überlagerten Fehlfunktion (wie das unverständliche Geplapper der Lautsprecheranlage des Bahnhofs in *Les Vacances*, oder der Wechselsprechanlage im Foyer des Strand Building in *Playtime*). Und es gibt auch andere, wie zum Beispiel (ebenfalls *in Playtime*) die in der Ausstellung »Ideales Heim« angebotenen und vorgeführten Dinge, die kaum etwas Komisches an sich haben.

Mindestens eines dieser *gadgets* ist nicht für den Film erfunden worden, sondern der Show entlehnt, die Esterel 1966 am Set veranstaltet hatte: eine Brille mit einzeln hochklappbaren Gläsern, die es kurzsichtigen Frauen ermöglichen, sich die Augen eines nach dem anderen anzumalen.[365] Diese praktische Brille wird jedoch fortschreitend entrealisiert durch eine ganze Reihe von mimischen Narreteien – angefangen mit dem deutschen Geschäftsmann, der, erbost über den falschen Hulot, sich bei dem echten Hulot mit kräftigem Handschlag entschuldigt und dabei vergisst, dass er seine Brille mit dem schwarzen Rand noch in der Faust hat. Die Tonspur macht das Knacken des Gestells deutlich hörbar, und als Reinhard Kolldehoff (ein deutscher Schauspieler, den man für diese Szene gewinnen konnte) seine Brille wieder aufsetzt, sehen wir ein verbogenes Gestell, das genauso aussieht wie die einseitig hochgeklappte Schminkbrille der Damen. Es bedarf keiner besonders großen Vorstellungskraft, zu akzeptieren, dass der Geschäftsmann – dessen eines Auge vielleicht weniger kurzsichtig ist als das andere – nicht weiß, dass er nur noch ein Glas in seiner Brille hat.

Wahrscheinlich war auch der Leuchtbesen, mit dessen eingebauten, batteriebetriebenen Lampen dunkle Ecken gut ausge-

Abb. 75: *Le Corbusier – Pierre Jeanneret – Charlotte Perriand, Chaiselongue (1928)* © FLC

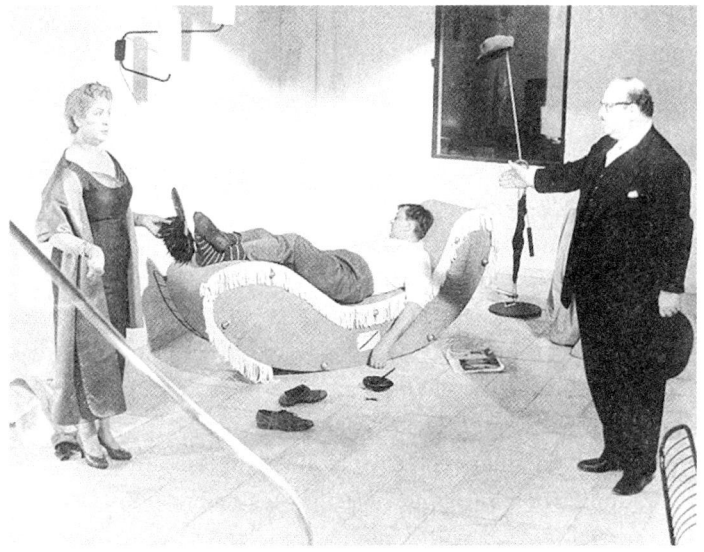

Abb. 76: *Der auf dem umgekippten Sofa schlafende Hulot* (Mon Oncle, 1958)

fegt werden konnten, eine Zeitlang ein marktfähiges Hausgerät; und wir dürfen ebenfalls davon ausgehen, dass der »griechische« Mülleimer mit Schwingdeckel, wie aus einer geriffelten Säule geschnitten, einmal in echten Design-Läden erhältlich war (und vielleicht immer noch ist). Nur die kerzengerade, puppenähnliche Haltung der Vorführer, ihre langsamen, sich wiederholenden mechanischen Gesten, wie auch ihr starres Lächeln, zeigen an, dass es sich hier um komische Gesten handelt, die die angebotenen Geräte ins Lächerliche ziehen. Ähnlich ist auch die wahrscheinlich fiktive geräuschlose Tür, die unter dem Werbeslogan »Knalle die Türen in Goldener Stille« verkauft wird, das Vehikel eines beziehungsreichen Gags und nicht das Objekt subversiver Komik oder satirischer Übertreibung. Der auf den Menschen zielende Witz dieser unhörbar sich schließenden Tür (die nicht einmal ihr Erfinder zum Krachen bringen kann, wenn er sie wutentbrannt zuschlägt) ist eine indirekte filmische Selbstreferenz: Da der Ton des ganzen Films nachsynchronisiert ist, schlagen alle Türen so lange »in goldener Stille« zu, bis Tati sie mit einem bestimmten Geräusch überspielt.

Das Neue lächerlich zu machen, ist ein riskantes Unterfangen, kann man doch nicht mit Sicherheit voraussehen, welche Innovation tatsächlich »ankommen« und zum Gegenstand anhaltender Beliebtheit und Nachfrage wird, und welche letztendlich der Vergessenheit anheimfällt. Aber das ist natürlich eine Standardtaktik des konservativen Widerstands gegen Modernisierung: Eisenbahnzüge, Fahrräder, Autos, Flugzeuge und fast alle kleineren Ausstattungsgegenstände des industrialisierten Lebens wurden bei ihrem ersten Erscheinen in Cartoons, Erzählungen, Romanen und Filmen durch den Kakao gezogen, und einige dieser Satiren (wie zum Beispiel Villiers de l'Isle Adams *Contes cruel* oder Chaplins Vorstellung der Fließbandfabrik in *Modern Times*) gehören zum Mainstream der künstlerischen Tradition. Doch Tatis filmische Behandlung von Gadgets und Innovationen hebt sich dank ihrer Ambivalenz deutlich davon ab: Besonders in *Playtime*, aber

Abb. 77: *Das Labyrinth der Einsamkeit. Die Arbeitswelt aus der Sicht von* Playtime.

gelegentlich auch schon in seinen früheren Filmen, macht Tati sich fast gleichermaßen sowohl das komische Potenzial als auch das ästhetische Vergnügen des Neuen zunutze.

In Tatis filmischem Gesamtwerk gibt es vielleicht keine fröhlich unterhaltsamere und gleichzeitig schöne Sequenz als die Szene in *Playtime*, die das Einsetzen einer riesigen Glasscheibe in ein im Bau befindliches Gebäude geradezu zelebriert. Angestarrt von einer Menschenmenge, die sich auf der Straße angesammelt hat, halten fünf Männer auf einer der oberen Etagen mit gebeugten Knien und ausgestreckten Armen die riesige Scheibe aufrecht und schieben sie mit vorsichtigen, doch tänzerisch koordinierten Schritten in den vorgesehenen Rahmen. Der aus der vorherigen Sequenz überlappende Soundtrack leitet den gewagten Tanz der Glaser ein; als die Musik verstummt, stimmen unten in der Menge zwei Jungs mit Stoffmützen – Beispiele für Tatis wiederholte Einbeziehung von Zuschauern in den Bildausschnitt – auf Plastikkämmen oder Kazoos einen triumphalen Jahrmarktsmarsch an (»Auf einem persischen Markt«). Die Hinterleuchtung der imaginären Scheibe macht aus diesem tänzerisch eingepassten Gegenstand ein magisch schimmerndes transparentes Etwas –

das tatsächlich eine rein pantomimische Schöpfung und keine reale Glasscheibe ist. So verwandelt Körpersprache eine banale industriell-bauliche Verrichtung in ein Ballett und gibt uns einen kunstvoll gestalteten Einblick in die zufällige Schönheit des modernen Lebens. Weit davon entfernt, ein glasbasiertes Design lächerlich zu machen, transformiert und erhöht der synkopierte Zweischritt-Tanz der Glaser die Freude am Neuen.

In *Playtime* gelingt es ebenso, einen Verkehrsstau in eine Epiphanie der Versöhnung zu verwandeln. Die vorletzte Sequenz des Films bringt eine Gruppe abreisender Touristen zu einem Kreisverkehr, der vollgestopft ist mit allen menschlichen und mechanischen Repräsentanten der Bevölkerung einer modernen Stadt: Lieferwagen, Motorräder und motorisierte Fahrräder, Eltern mit ihren Kindern, regelmäßig fahrende Busse, Bauverkehr, Damen mit Koffern, Limousinen, Taxis und ein offener Sunbeam-Talbot Alpine. (Da Tati, als er diese Sequenz drehte, praktisch kein Geld mehr hatte, wird dieser Verkehr teilweise von Menschen aus Tatis eigenem Bekanntenkreis erstellt: Alle seine verbliebenen Freunde und Verwandten mussten in ihren eigenen Autos Runde um Runde drehen, und der Alpine gehörte tatsächlich seiner Frau – Micheline ist gerade noch hinter dem Steuerrad zu erkennen, zum zweiten und letzten Mal in Tatis gesamtem Oeuvre.) Doch diese großartig choreografierte Szene ist weit mehr als nur ein geselliger Verkehrsstau. Auf dem Sozius eines Motorrads wippt ein Mädchen hinter ihrem Beau voller Anmut auf und ab. Der Vorderflügel eines »hässlichen Entleins«, des Citroën 2CV mit seiner außergewöhnlichen Federung, wippt im selben Rhythmus auf und ab. Die ganze im Kreisel aufgestaute Fahrzeugflotte stoppt und startet in dem durch Augenkontakt gegebenen Rhythmus, und vom Soundtrack her synchronisiert ein dröhnender Leierkasten alle Bewegung zu einer unerwarteten, hinreißend schönen und fröhlichen Karussellrunde. Die zentrale Requisite von *Jour de fête* – modifiziert, doch leicht erkennbar – feiert ihre Rückkehr, um zu zeigen, dass auch im modernen Leben das Vergnügen, einfach seine Runden zu drehen, immer noch zu haben ist.

In einem aus dem Touristenbus der Amerikaner aufgenommenen Bild sehen wir an einer Tankstelle zwei hydraulische Autoheber, die sich im Rhythmus der Musik heben und senken. Die magischste aller Sequenzen aber beginnt mit einer Aufnahme aus dem Inneren eines Gebäudes am Kreisverkehr heraus: Ein Fensterputzer klettert auf seine Trittleiter und macht sich daran, die bereits blitzblank saubere Scheibe eines breiten wie auch hohen Kippfensters zu putzen. Er zieht die Glasscheibe zu sich nach innen, und der unmittelbar folgende Schnitt zeigt uns dieselbe Scheibe aus dem Inneren des Touristenbusses heraus. Durch das Busfenster sehen wir die Spiegelung des Busses wie auch des Himmels und sehen gleichzeitig hinter der Fensterscheibe des Hauses den Fensterputzer – wie man in einem Zug oft sowohl die Landschaft draußen als auch das eigene Spiegelbild oder das der Mitreisenden im Abteil sehen kann. Als aber der Fensterputzer die Glasscheibe nach außen hochschiebt, bekommen die Passagiere im Bus den Eindruck, hinauf in den Himmel geschwungen zu werden, und als die Scheibe wieder nach unten gezogen wird, landen wir, wie auf einer Luftschaukel, mit einem Schwung wieder unten. Die *Oohs!* und *Aahs! d*er Tonspur geben vermutlich die Reaktionen der Damen auf die ganze Szenerie wieder, doch sind diese Ausrufe mit der simulierten Luftschaukelerfahrung unserer Zuschauer im Bus synchronisiert. Das wird im Film generell nicht als »Spezialeffekt« bezeichnet. Vielleicht ist es am besten als eine Art »poetischer Realismus« zu verstehen, der ein real auftretendes Phänomen – die prismatischen Möglichkeiten optischen Glases – wahrnimmt und nutzt, um einem Gefühl von Frohsinn und Vergnügen Ausdruck und Leben zu verleihen.

Tatis erster Auftritt im professionellen Film – als der Geist in *Sylvie et le fantôme* – war auf dieselbe Weise gefilmt worden: mit einem in bestimmtem Winkel angebrachten Spiegel, der den Eindruck erweckt, der Geist schwebe durch die dargestellte Welt, ohne mit ihr in Berührung zu kommen.[366] Der Zuschauer mag wissen, oder auch nicht, dass Tati eine Methode übernimmt, die er 1946 bei Claude Autant-Lara gelernt hatte. Doch die in *Playtime* belegte »Neu-Einschreibung« von Elementen seiner bis dahin gesamten Filmerfahrung bekräftigt uns den unabweisbaren Eindruck des Reichtums der Schlusssequenzen dieses Films. Der Geist des Tati'schen Geists ist durch und durch gütig.

Einen offensichtlicheren Bezug auf Tatis früheres Werk gibt uns eine direkt von der Straße aus gefilmte Aufnahme des Kreisverkehrs. Die Musik wird leiser und verstummt; ein Mann geht auf eine Parkuhr zu, wirft eine Münze ein, und auf Anhieb ertönt Leierkastenmusik und verwandelt den Straßenautomaten in eine Musikbox – oder den Kreisverkehr in ein erkennbares »Schaltbild« einer Karussellrunde auf dem Jahrmarkt. Das ist beinahe eine Neuauflage einer Sequenz in *Jour de fête*, wo der Postbote François Bondus Café betritt: Die aus der vorhergehenden Szene noch hörbare Hintergrundmusik verstummt mitten im Takt, dann gibt der Postmann dem Pianola einen kräftigen Tritt, und die Tanzmelodie ist sofort wieder da – nicht mehr als Hintergrundgeräusch, sondern »umgeschaltet« in eine diegetische Musikspur.

Die *gadgets* in *Playtime,* von Spezialbrillen bis zu Parkuhren, von selbstleuchtenden Besen bis hin zu hydraulischen Autohebern, sind in keiner Weise verstörend und werden generell auch nicht zu satirischen Zwecken eingesetzt. Es mag sehr wohl sein, dass M. Hulot sich in der weitläufigen, kostspieligen Feier der Zukunft der Stadt gewissermaßen auflöst, aber damit verbreitet er eine Haltung freundlicher Subversion, so als sollten die brutalsten und schmutzigsten Aspekte geheilt und zu Orten geselliger, einfacher und kindlicher Freuden umgestaltet werden.

DREIUNDDREISSIG

Die breite Leinwand

Das Fallen einer Stecknadel
Alle Filme von Tati sind mit Ausnahme von *Playtime* auf 35 mm breitem Zelluloidfilm gemacht, dem seit 1920 fast universalen Standard für den professionellen Film. Doch die auf dem Zelluloid für die fotografische Abbildung verfügbare Breite ist aufgrund der Perforationen auf beiden Seiten des Streifens weniger als 35 mm; und nach der Ankunft des optischen und dann magnetischen Tons gehen weitere 3 mm an den Tonstreifen verloren. Seit etwa 1930 ist die Standardgröße des fotografischen Bildes auf einem 35-mm-Film 15,6 mm hoch und 20,8 mm breit, ein Verhältnis von ungefähr vier zu drei. Dasselbe Verhältnis von Höhe und Breite (das *Seitenverhältnis*) kann auf der Leinwand durch die Projektion eines solchen Bildes erzielt werden, und diese Bildgröße (im Verhältnis 1:1,33) wurde dann »Akademie-Standard« (»*Academy ratio*«) genannt. Doch beträchtliche Variationen sind möglich, auch auf dem herkömmlichen 35-mm-Film. Vorsatzscheiben oder Zwischenspeicher können die Höhe jedes Bildausschnitts verringern und so das Seitenverhältnis des projizierten Bildes vergrößern; alternativ können spezielle Objektive verwendet werden, um (mit einem »Anamorphose« genannten Verfahren, das die Renaissance-Maler oft anwandten) ein breiteres Bild auf den Film zu »komprimieren«, das bei der Projektion des Films wieder »dekomprimiert« wird. Ein französischer Optiker namens Chrétien hatte in den 1920er Jahren die anamorphotische Linse und ihre Anwendung für den Film erfunden; Autant-Lara experimentierte damit in einer Filmversion von Jack Londons *To Build a Fire* (»Ein Feuer machen«), aber das Hypergonar, wie Chrétien seine Erfindung nannte, konnte sich nicht durchsetzen, und die Arbeit an seiner Weiterentwicklung wurde eingestellt.[367]

Das Cinemascope war eine amerikanische Fortsetzung der Idee des Hypergonars. Eingeführt im Jahr 1953, war es das erste weit verbreitete anamorphotische Verfahren, mit dem 35-mm-Filme Bilder im Seitenverhältnis von 1:1,66, 1:1,85 und sogar 1:2,35 projizieren konnten. Es war enorm beliebt. Aber warum sollten die Zuschauer überhaupt Panoramabilder im Breitwandformat sehen wollen? Das menschliche Auge hat einen Blickwinkel von ungefähr 64 Grad zu beiden Seiten der Senkrechten; wenn wir etwas ansehen, sehen wir, auch ohne dahin zu schauen, im peripheren Gesichtsfeld das, was sich auf beiden Seiten befindet, in einem Bogen von etwa 128 Grad von Rand zu Rand. Daher gilt für das Kino: Je breiter das Bild auf der Leinwand (oder je größer das Seitenverhältnis), desto größer die Illusion, auf etwas Reales, Wirkliches zu schauen – da mehr peripheres Sehen aktiviert wird. Bei den allerbreitesten Formaten muss man sogar den Kopf seitlich wenden, um alles zu sehen, was es zu sehen gibt, wie in der realen Welt. In den frühen Tagen der Filmkunst wagte Abel Gance den berühmten Versuch, für seinen Film *Napoleon* eine solche »Rundsicht« zu simulieren: auf einer Triptychon-Leinwand (die drei Filme und drei Projektoren erforderlich machte), mit einem Seitenverhältnis von eins zu vier.

Das Cinemascope war ein durchschlagender Publikumserfolg, und das zog eine Welle von Imitationen und unterlizenzierten Adaptionen nach sich – »Dyaliscope«, »Franscope«, »Totalvision« usw. mit unterschiedlichen Varianten des Breitwand-Seitenverhältnisses. Auf ihrem Stockholmer Kongress 1955 versuchte die Filmindustrie, bestimmte Standards festzulegen, und schaffte es dann ein paar Jahre später in Harrowgate, ein standardgemäßes Seitenverhältnis von 1:1,65, dicht am Goldenen Schnitt, durchzusetzen. Doch in den Augen einiger führte das technische Komprimieren und Dekomprimieren, das notwendig war, um mit einem 35-mm-Film ein Breitbild auf die Leinwand zu projizieren, zu einem Verlust an Bildqualität (zu einem beträchtlichen Verlust bei dem hohen Vergrößerungsverhältnis, mit dem man in jenen Tagen arbeitete, als Filme regelmäßig auf riesigen Leinwänden in Lichtspieltheatern mit zwei- oder sogar dreitausend Sitzplätzen gezeigt wurden). Eine clevere Idee, 35 mm seitlich ohne Anamorphose zu verwenden (Technirama), konnte sich nicht durchsetzen. So war jetzt, da das Kinopublikum sich an große Bilder gewöhnt hatte, das Feld weit offen für den Rolls-Royce der Zelluloid-Technologien, den 70-mm-Panorama-Farbfilm.

Auf einem derart breiten Filmstreifen sind die einzelnen Bildausschnitte 22 mm hoch und 48,5 mm breit und haben ein Seitenverhältnis von 1:2,2 ohne Anamorphose. In den USA wurde ein 70-mm-Film mit einem Anamorphose-Koeffizienten von 1,25 verwendet, was ein riesiges Bildverhältnis von 1:2,7 ergibt. Selbst in der Mitte des Kinosaals mussten die Zuschauer ihre Köpfe verdrehen, um losstürmende Kavallerie oder abstürzende Flugzeuge zu verfolgen, oder wie Moses mit seinem Volk das Rote Meer durchschreitet.

Weil die Breitwand die vom menschlichen Auge wahrgenommene Realität etwas mehr ausfüllt, wird es möglich, dass die Kameraführung den Blick des Zuschauers etwas weniger einschränkt, als es traditionell bei den älteren, eher quadratischen Formaten der Fall war. Anstatt Aufnahme und Gegenaufnahme machen zu müssen, um zum Beispiel zu zeigen, wie zwei Cowboys auf der staubigen Straße eines gottverlassenen Nests in der Wüste aufeinander zugehen, kann man mit dem sehr breiten Bild beide Männer in einer einzigen Aufnahme zeigen. Aus demselben Grund können die Einstellungen auch länger dauern, da es mehr Information und mehr Handlung gibt, die der Zuschauer erkennen und aufnehmen muss. Ein solcher von Totalaufnahmen geprägter Stil mit langen Einstellungen und mehreren gleichzeitig ablaufenden Vorgängen war, wie wir wissen, von Anfang an ein Charakteristikum des Tati'schen Filmwerks. Die Breitwand-Technologie scheint eigens für ihn erfunden worden zu sein. Der Siebzig-Millimeter-Film war ein in Erfüllung gegangener Traum.

In Anbetracht seiner erheblich höheren Kosten wurde der 70-mm-Film generell nur für Mega-Produktionen mit berühmten Stars in visuell grandiosen Locations oder Kulissen verwendet. Tati aber wollte ihn für einen ganz anderen Zweck verwenden:

> Was mir am Breitwandfilm gefällt, sind keine Kavalkaden, Schießereien, Massenszenen und so weiter; was mich daran so fasziniert, ist, dass diese Erfindung es dem Zuschauer ermöglicht, in einem großen leeren Raum gut zu hören, wenn auch nur eine Stecknadel auf den Boden fällt …[368]

In *Playtime* gibt es keine einzige derart herausfordernde Szene, dafür aber viele Szenen, in denen völlig gewöhnliche Dinge (wie etwa der Verkehr zum und vom Flughafen oder die Menschenschlange vor einem Bus) in verwaschener Farbe auf Breitwandfilmmaterial gefilmt sind. Aber die meisten Aufnahmen sind vollgestopft mit unterschiedlichstem Simultanangebot – Menschenbewegung im Vorder- wie im Hintergrund, Geräusche von Handlungen am Rand des Bildausschnitts, kleine Scherze und Gags, die sich in einer Ecke oder anderswo halb verdeckt abspielen. Jean Reznikov gab diesbezüglich zu bedenken, dass die »Herausforderung«, die Tati sich mit der Panoramaleinwand selber gestellt hatte, auf einem »schockierend schlichten Fehler« hinsichtlich der visuellen Wahrnehmung des Menschen basierte: Wie groß auch immer die Leinwand und deren Seitenverhältnis sein mögen, das Auge kann mit einem Mal immer nur so viel und nicht mehr aufnehmen, und das stets aus demselben natürlichen Blickwinkel. Tati versuchte, die Breitwand ganz auszufüllen und ging dabei so weit, dass es letztendlich unmöglich ist, alles, was dort passiert, beim einmaligen Anschauen des Films zu verfolgen. Das ist völlig in Ordnung für Filmfans, die sich den Film dreimal hintereinander anschauen; aber es ist allzu verwirrend für das breite Publikum, das sich den Film nur einmal ansieht.[369]

Verlorene Illusionen
Tati war sich durchaus der Probleme bewusst, die durch variable Seitenverhältnisse für die ästhetische Qualität des Bildes entstehen können. Als er 1956 *Mon Oncle* auf standardgemäßem 35-mm-Farbfilm drehte, ließ er am oberen und unteren Rand jedes Bildausschnitts etwas Platz frei (das heißt einen sichtbaren Streifen ohne darauf abgebildete Handlung oder bedeutsames Detail), damit, wenn der Film durch eine anamorphotische Linse auf eine Leinwand vom Typ des Cinemascope projiziert wird, dem Zuschauer nichts Wesentliches entgeht.

> Ich halte mich an das Standardformat, versuche aber gleichzeitig, oben und unten auf dem Bildausschnitt einen Sicherheitsrand zu lassen: für die Barbaren, die sich nicht scheuen, in Standardformat gedrehte Filme auf einer Panoramaleinwand zu zeigen und so das Bild oben und unten zu beschneiden.[370]

Tati glaubte auch, dass die Breitwand neue Möglichkeiten eröffne, das Publikum weg vom Fernseher und zurück ins Kino zu locken. Einfache Szenen, professionell perfekt auf 70 mm gefilmt und mit Mehrspur-Stereoton projiziert, halten ein überaus reiches visuelles und akustisches Erlebnis bereit, das wesentlich fesselnder und unvergleichlich hinreißender ist als das, was ein 35-mm-Film oder die Schauseite einer Braunschen Röhre bieten kann. Tati hoffte, dass allein die Fülle seines neuen Films die Zuschauer ins Kino zurückbringen und dem stetigen Vormarsch des Fernsehens eine weitere Hürde in den Weg stellen würde. Aber ebendiesem Vormarsch gelang es, Tatis großartigsten Film in die Ecke zu drängen: Als *Playtime* im Fernsehen mit seinem fast quadratischen Seitenverhältnis von 1 : 1,33 gezeigt wurde, machte der Verlust von Bildinhalten (die linke und die rechte Seite waren gänzlich abgeschnitten) diesen Film zu einem kläglichen Schatten dessen, was sein Schöpfer ihm zugedacht hatte – und kaum wert, aus irgendeiner Videothek herausgenommen zu werden.

Dank neuerlicher Verbesserungen in der »Scope«-Technologie ist es jetzt möglich, mit einem 35-mm-Film eine ebenso gute Breitwand-Wirkung zu erreichen, wobei auch das Drehen und Projizieren wesentlich einfacher ist. Infolgedessen sind die Projektoren für 70-mm-Filme heute weltweit fast verschwunden, und es ist kaum noch möglich, den Film zu sehen, den Tati tatsächlich gemacht hat. Das originale Kunstwerk *Playtime,* in das er alles ihm Verfügbare investiert hatte, um im Medium des Films ein bleibendes Denkmal zu setzen, ist so gut wie verschwunden.

Selbst die heute im 35 mm anamorphotischen Format gezeigten Exemplare von *Playtime* sind keine Kopien des von Tati ursprünglich geschaffenen Films. Angesichts der bereits nach der ersten Veröffentlichung lautgewordenen Kritik, der Film sei zu lang, begann Tati – nunmehr völlig zahlungsunfähig und ohne jede Hilfskraft auf sich selbst gestellt –, seinen Film von 140 auf knapp 120 Minuten zu kürzen: zuerst schnitt er Stücke aus der Version weg, die im Empire-Kino gezeigt worden war, und dann auch aus weiteren Versionen, einer nach der anderen. Die schließlich für die generelle Freigabe von *Playtime* erstellte Version war daher ein deutlich kürzerer Film als der von Tati ursprünglich intendierte. Nach der UK-Premiere des Films schrieb ein gewisser Mr Lofthouse aus London, um Protest dagegen einzulegen, dass ihm die Möglichkeit vorenthalten worden war, alles zu sehen, was Tati gemacht hatte. »Ich versichere Ihnen«, schrieb Tati zurück, »dass ich, da das Negativ von *Playtime* in meinem Besitz ist, die Gelegenheit haben werde, den Film jedes Jahr um zwei Minuten zu verlängern, was unbemerkt bleiben und Ihnen ermöglichen wird, in fünf oder sechs Jahren den Film so zu sehen, wie ich ihn konzipiert hatte.«[371] Trotz dieser Zusicherung sind in der 1977 erneut veröffentlichten Version die zehn Jahre vorher durchgeführten Kürzungen nicht wieder eingefügt worden; auch nicht in der anamorphotischen 35-mm-Version, die in den frühen 1990er Jahren neu herauskam. Ungefähr zwanzig Minuten des Originalfilms scheinen verschwunden zu sein.[372]

Der Film und das Gemälde
Tatis Nutzung des Breitbilds und der breiten Leinwand ist eine Herausforderung für den Zuschauer, denn sie untergräbt und attackiert bequeme Gewohnheiten der »Filmsprache«. Die Kamera führt das Auge nicht zielgerichtet auf eine Haupthandlung. Im Gegenteil. Auf der Leinwand gibt es viel zu viel zu sehen; die Handlung vollzieht sich nicht in einem einzigen narrativen Ereignis, sondern in einer Vielfalt von Details und Szenen, deren Bedeutung nicht immer sofort erkennbar ist. Tati meinte, dass das Breitwandformat ihm diese Freiheit gewähre; und Badal hat sich nicht die Mühe gemacht zu erklären, dass diese radikal neue Form der Filmkunst auf nichts weiter als dem Seitenverhältnis des Bildausschnitts und vor allem auf der *mise-en-scène,* der Inszenierung, basierte. Es ist nun endlich und nur angemessen und höchste Zeit, über Tatis filmische Bilder genauso zu sprechen, wie man über Gemälde spricht: Er hat die Leinwand des Films ganz bewusst wie die Leinwand eines Malers behandelt, über die das Auge wandern kann – anstatt mit simuliertem Blick in jeder Einstellung eine einzige Sichtlinie zu konstruieren.

Die frühe Szene in der Flughafen-Lounge ist ein großartiges Beispiel dafür. Die Aufnahme wird von einem Kran aus gefilmt und zeigt die ganze Länge und Breite einer riesigen Halle. Im Vordergrund auf einer Plastikbank ein Mann und eine Frau, die dank des Aufnahmewinkels geduckt und krumm aussehen. Zur Rechten eine Reihe anonymer Trennwände, hinter denen verschiedene Charaktere hervorkommen. In der Mitte ein Mann mit Besen, der den Müll vom Fußboden wegfegt. Weiter hinten stehen oder sitzen andere Charaktere; und ganz weit hinten Männer und Frauen in Uniform – erst auf den zweiten oder dritten Blick kann man erkennen, dass es lebensgroße Pappfiguren sind, keine lebendigen Gestalten – und hinter ihnen ist durch ein Glasfenster die Heckflosse eines großen Passagierflugzeugs zu sehen. Nichts ist unmittelbar verständlich in diesem riesigen Panoramabild. Es könnte ein Wartesaal im Krankenhaus sein: Das verhaltene Gespräch des Paars im Vordergrund könnte bedeuten, dass sie das Resultat von irgendeinem Test erwarten, oder dass der Mann auf dem Weg zum Operationstisch ist. Eine uniformierte Frau, die kerzengerade von rechts unten her stolziert und hinter einer der Trennwände verschwindet, könnte eine Krankenschwester sein: Das weiße Bündel oder Päckchen auf dem Arm (das können wir nicht genau ausmachen) könnte ein neugeborenes Baby sein. (Irgendwo schreit tatsächlich ein Kind, aber der Stereosound gibt nicht zu erkennen, ob innerhalb oder außerhalb der Szene.) Der Gerätewagen des Mannes mit dem Besen sieht auch nach Krankenhaus aus; und, wenn wir Franzosen sind, hat uns der Eröffnungsschwenk des Films mit seinen zwei Nonnen in Habit dazu verführt anzunehmen, es handle sich um ein ultra-modernes Kloster, oder doch wohl eher um ein Krankenhaus. Erst wenn wir uns auf die Details im Hintergrund konzentrieren – und wir bekommen keinen visuellen oder akustischen Hinweis, das zu tun –, können wir erkennen, dass es die Wartehalle eines Flughafens ist, und diese Unsicherheit hält viel länger an, als die meisten Zuschauer willig ertragen. Nach einigen Sequenzen, die die Ankunft eines Promis und dann einer Gruppe amerikanischer Touristen zeigen, erfolgt ein Schnitt und wir sind wieder in der großen, jetzt etwas volleren Wartehalle und sehen, wie Hulot im mittleren Feld von rechts hereinkommt, wo er dank der Perspektive nicht einmal ein Hundertstel des Gesamtbilds ausfüllt. Er lässt seinen Regenschirm fallen, hebt ihn auf und verschwindet wieder. Das Seitenverhältnis des Panoramas wird hier kombiniert mit der perspektivischen Tiefe, so dass eine gute Anzahl der Handlungsabläufe im Hintergrund oder an den Rändern des Gesamtbilds stattfindet.

Doch warum kommt M. Hulot in seinem dritten filmischen Auftritt in die Eingangshalle eines Flughafens? *Mon Oncle* hatte mit Hulots Verbannung in die Provinz geendet, und obwohl das Drehbuch eine Schlusssequenz an einem Bahnhof vorgibt, endet der Film mit einer Flughafen-Szene. Hier haben wir also Hulots Rückkehr nach Paris: Und wie er damals bei seinem Abflug mit einer Busladung abfahrender Touristen ins Gehege gekommen war, trifft er jetzt bei seiner Rückkehr auf einen Schwarm amerikanischer Ladies, die gackernd durch die Halle ziehen. Diese »Kontinuität« ist minimal, aber sie ist real; und für Zuschauer mit gutem akustischem Gedächtnis wird sie hervorgehoben durch die Ähnlichkeit zwischen dem Jazz-Sound in der Abgangsszene von *Mon Oncle* und der »afrikanischen Melodie« in der Titelsequenz von *Playtime*.

Während der Dreharbeiten an *Playtime*, und auch in Gesprächen nach der Veröffentlichung des Films, griff Tati immer mehr zu Metaphern und Anekdoten aus dem Bereich der Malerei, um seine Absichten, seine Herangehensweise und seine Kunst überhaupt zu erklären. »Ich liebe meine Filme genauso, wie ein Maler seine Gemälde liebt«, sagte er, um Anspielungen von sich zu weisen, die ihn dazu bringen sollten, Bedauern über sein eigenes Werk auszudrücken. In einem Interview mit den *Cahiers du cinéma* verglich Tati 1968 sein früheres Werk (namentlich *Jour de fête*) mit dem, was Godard und andere zehn Jahre später gemacht und »Neue Welle« genannt hatten; und mit *Playtime*, sagte er, habe er das Cinéma abermals mit etwas ganz Neuem bereichert; er fühle sich der jüngeren Generation der Filmemacher enger verbunden als seinen gleichaltrigen Kollegen.[373] Zehn Jahre später verglich er sich in seinem letzten langen Interview mit Kritikern der *Cahiers* noch deutlicher mit einem Maler – »Ich versetze mich in die Lage eines Malers, der sein Bild malt« (*je me place sur le plan d'un peintre qui fait sa toile*), und *Playtime* ordnete er der modernen abstrakten Kunst zu.[374] Abstrakte Kunst sieht von bildhafter Darstellung ab und ersetzt sie durch ästhetische Strukturierung von Farbe und Linie. *Playtime* strukturiert Farbe, Form und Licht ohne das bildlich darstellende Rückgrat eines Narrativs, und in diesem Sinn kann der Film als »abstrakt« bezeichnet werden. Doch in anderer Hinsicht ist er gleichermaßen von Bedeutung als ein Werk realistischer Kunst – als ein auf die Leinwand projiziertes Gemälde des modernen Lebens.

VIERUNDDREISSIG

Economic Airlines

Wenn der Film *Playtime* auch keine richtige Geschichte erzählt, so besitzt er zumindest einen narrativen Rahmen, der dem von *Jour de fête* (der nicht viel mehr als vierundzwanzig Stunden umfasst) überaus ähnlich ist; und wie in *Les Vacances de M. Hulot* vollzieht sich die Handlung von *Playtime* zwischen Ankunft und Abfahrt: Eine Gruppe amerikanischer Urlauber kommt auf ihrer großen Europa-Tour für einen vierundzwanzigstündigen Stadtaufenthalt nach Paris. Sie laufen durch den Flughafen, fahren in ihr Hotel und dann in eine Ausstellung zum Thema »Ideales Wohnen« und verbringen den Abend in einem nagelneuen vornehmen Restaurant. Sie sehen die Sehenswürdigkeiten, allerdings nur durch eine Glastür, doch hell beleuchtet; und sie scheinen keine Minute Schlaf zu bekommen.

»Film Nr. 4« hatte anfänglich den Titel *Récréation,* der eine Spielpause auf dem Schulhof anzeigen sollte. Dieser Titel, wie auch der endgültige, international-englische Titel *Playtime*, mutet auf den ersten Blick nicht so natürlich an, nicht so wichtig oder hinweisend wie *Jour de fête, Les Vacances* oder *Mon Oncle.* »Playtime« verrät uns im Grunde nicht, worum es in diesem Film geht. Was dieser Titel artikuliert, ist kein Thema, sondern eher eine Haltung, die das moderne Leben nicht als Arbeit oder Tätigkeit begreift, nicht definiert durch Beziehungen und Ereignisse, sondern als Erholung. Tatischeffs einziges wirkliches Talent in der Schule konnte sich nur in den Pausen entfalten, und sein Leben als Rugby-Spieler blühte erst im Unterhaltungsteil nach dem Sport auf; und obwohl Tati als Mime und Filmemacher die Fähigkeit zu intensiver Bemühung und akribischer Arbeit erworben hatte, feiert sein größtes Werk das, was er im Leben am meisten schätzte: das Spiel.

Tatis Widerstreben, professionelle Schauspieler anzuheuern, hatte nicht im Geringsten nachgelassen, und er bestand darauf, dass in seinem Film echte Amerikanerinnen sich selber spielen sollten. Als de Gaulle die französischen Truppen noch nicht aus der NATO abgezogen hatte, also vor 1967, befand sich das Oberste Hauptquartier der Alliierten Mächte in Europa (SHAPE) in Saint-Germain-en-Laye, und eine große Anzahl hochrangiger Militärangehöriger wohnte mitsamt Familien in oder nahe der Stadt. Tati wusste also, dass es das »Talent«, das er brauchte, direkt vor seiner Haustür gab. Aber er wusste nicht so recht, wie er herankommen sollte.

Eines Tages erschien in der Cafeteria des Atelierkomplexes in La Garenne-Colombe, wo sich auch Spectas prächtiges Hauptquartier befand, eine junge Frau und stellte sich flott und mit amerikanischem Akzent dem großen Mann vor. Sie wolle unbedingt zum Film, sagte sie. Tati führte sie in sein Büro, setzte sie auf sein riesiges U-förmiges Sofa und gab ihr Onkel Jacques' guten Rat: »Versuchen Sie bloß nicht, in dieses Geschäft zu kommen«, sagte er. »Machen Sie Ihren ersten Kurzfilm ganz allein, wie ich es gemacht habe.« Und dann: »Übrigens – kennen Sie irgendwelche Amerikaner hier in Paris, die ich für eine Touristengruppe gebrauchen könnte?«

Marie-France Siegler übernahm nur allzu gern die Aufgabe, eine passende Gruppe für Tatis nächsten Film zusammenzutrommeln – eine Aufgabe, die alles haushoch übertraf, was sie sich von ihrem ersten Besuch im Filmatelier erhofft hatte. Sie ging direkt zum US-Militärladen in der Rue Marbeuf und sah sich die Kleinanzeigen der Gemeinde am Schwarzen Brett an. Der Klub der Offiziersfrauen sollte in zwei Tagen einen Kuchenbackwettbewerb abhalten. Sie ging hin und traf auf einen ganzen Schwarm von Hausfrauen. Sie rief Tati sofort an und sagte, er solle so schnell wie möglich herüberkommen. Und so geschah es, dass ein Trupp echt-falscher amerikanischer Touristen für *Playtime* rekrutiert wurde. »*For-mi-dable*«, sagte Tati in seiner typischen, jede Silbe betonenden Sprechweise; und er gab Marie-France auf der Stelle ihren ersten richtigen Job mit der Bezeichnung »Garderobenassistentin«. Sie wurde bald so etwas wie eine persönliche Assistentin; die beiden blieben Kollegen und Freunde für den Rest seines Lebens.[375]

Es dauerte etwas länger, bis Tati seine Hauptdarstellerin fand – oder bis er schließlich eine Entscheidung, die er schon vor einigen Jahren im Kopf, eher aber im Herzen getroffen hatte, in die Tat umsetzte. 1961 hatte er ein deutsches Au-Pair-Mädchen kennengelernt, das bei seinen Nachbarn in der Rue Voltaire beschäftigt war: eine Brünette mit langen Beinen, einem angenehmen Gesicht und einer natürlichen Bescheidenheit, die er attraktiv fand. Wenn er sie am Nachmittag auf ihrem Weg zum Französischunterricht bei der Alliance française an der Bushaltestelle sah, nahm er sie des Öfteren mit und fuhr sie in die Stadt. Auf einer dieser Fahrten fragte er sie, ob sie vielleicht in seinem nächsten Film mitwirken wolle. Barbara Denneke hatte nie an eine Schauspielkarriere gedacht. Ihre bayerischen Eltern würden sicher entsetzt sein zu hören, dass sie ihren Plan, Stewardess, oder wenn's denn sein musste, zweisprachige Sekretärin zu werden, an den Nagel hängen wollte. Aber dann packte sie der Abenteuergeist. »Warum nicht?«, sagte sie, ohne zu wissen, ob das Angebot wirklich ernst gemeint war.[376]

Barbara kehrte im Sommer nach Deutschland zurück, fand keine Arbeit bei der Lufthansa und nahm in Frankfurt einen Job als Sekretärin an. Sie blieb weiterhin mit Tati in Kontakt – Neujahrsgrüße, eine gelegentliche Karte mit neuer Adresse –, doch das Filmprojekt verblieb im Ungewissen. In der Zwischenzeit war Specta-Films in ganz Europa auf der Suche nach einer Nicht-Schauspielerin unterwegs, die die weibliche Hauptrolle in »Tati Nr. 4« spielen konnte. Die Anforderungen waren wohl schwer zu erfüllen:

> Ein junges Mädchen von ungefähr 20–25 Jahren, schüchtern, ein wenig unbeholfen, doch mit intelligenten Augen, einem hübschen Lächeln & angenehmen Gesicht. Sie muss eher groß

sein (mindestens 1,68 m), Frische und Einfachheit ausstrahlen und sehr feminin wirken, auf keinen Fall athletisch.

Ein wichtiger Punkt: Sie darf keine Schauspielerin sein.

Ob blond oder dunkelhaarig, das Wichtigste ist das durch gute Bildung erlernte distanzierte Auftreten ...[377]

Tati hat sich mit Sicherheit eine Reihe aufstrebender Nicht-Schauspielerinnen angesehen, aber er kam immer wieder auf das Au-Pair-Mädchen zurück: »Ich habe mich noch nicht für das ausländische Mädchen entschieden, das die Rolle spielen wird, die, wie Sie wissen, mir sehr wichtig ist. Den Kandidatinnen, die ich bisher kontaktiert habe, fehlen, wenn sie Ihre Schwächen nicht besitzen, Ihre Qualitäten«, schrieb er ihr im Mai. Doch im Juni 1964, als das *Playtime*-Projekt bald in Gang kommen sollte, erneuerte Tati seine Bekanntschaft mit Barbara Denneke, als er bei seinem Besuch in Düsseldorf und Köln einen Dolmetscher brauchte. Er fragte sie noch einmal, ob sie für eine Rolle in einem Film vorsprechen möchte, den er definitiv sehr bald machen werde. Da ihre gegenwärtige Arbeit (bei Findus, einem Lieferanten tiefgekühlter Lebensmittel) nicht gerade aufregend war, sagte sie zu und wurde auf der Stelle mit einem Zehnmonatevertrag ab August 1964 engagiert. Tati bot ihr kein Eldorado an: Die Gage von 3.000 Franken im Monat war nicht viel mehr als das, was sie bisher verdient hatte, aber dazu kam eine kostenfreie Wohnung in Saint-Maurice, nicht weit von Tativille, und die Nutzung eines nagelneuen Volkswagens.

Tatis Affäre mit Barbara mag oder mag auch nicht sein erster Seitensprung gewesen sein, aber es war derjenige, den er nicht ganz auf den privaten Bereich begrenzen konnte. Die Dreharbeiten dauerten nicht, wie ursprünglich geplant, zehn Monate, sondern fast vierundzwanzig – viel länger als die Affäre, deren Auflösung merklich zu der Spannung und düsteren Stimmung beitrug, die den unter einem unglücklichen Stern endlos sich hinziehenden Dreh überschatteten. Anfangs blieb Tati an Wochentagen über Nacht in Saint-Maurice und kam erst am Wochenende zu seiner Familie. Nach außen hin schien er gut mit seinem zweigeteilten Leben klarzukommen,[378] denn es kam ihm nie in den Sinn, Micheline zu verlassen; er blieb seiner schüchternen, ihn stets fraglos unterstützenden Ehefrau innig verbunden.

Neben seiner Suche nach einer Hauptdarstellerin und einer Touristengruppe begann Tati in den ersten Monaten des Jahres 1964 auch damit, sein technisches Team zusammenzustellen. Als die Entscheidung gefallen war, keine vorhandenen, sondern eigens für das Set gebaute Gebäude zu verwenden, beauftragte er den Architekten Eugène Roman, Tativille unter Benutzung längst vorliegender Design-Ideen von Lagrange zu entwerfen und zu errichten. Er stellte Claude Clément (den jüngeren Bruder des berühmteren René) als seinen ersten Assistenten ein. Er engagierte Jean Bourgoin als Kameramann und ließ ihn eine Reihe von Proben sowohl in Farbe als auch Schwarz-Weiß machen. Aber es zeigte sich sehr bald, dass Tati andere Vorstellungen hatte; er entließ Bourgoin und ersetzte ihn durch den gefeierten Verfechter der »dramatischen Farbe« – den ungarischen Kameramann Jean Badal.

Eine andere für das Abenteuer von *Playtime* wichtige Person trat ebenfalls im Sommer 1964 in Tatis Leben. Norbert Terry, UN-Dolmetscher in New York, hatte sich in den frühen 1960er Jahren in Paris niedergelassen, um die in Amerika längst verbreitete Praktik der Produktplatzierung nach Frankreich zu bringen, wo so etwas noch unbekannt war. Das ist eine Form sowohl von Werbung als auch kommerzieller Subvention: Produktplatzierung ermittelt und kontaktiert Hersteller bzw. Ersteller von Ausrüstung, Requisiten und Dienstleistungen, die in der Filmindustrie benötigt werden (von Autos bis zu Büromöbeln, von Versicherung bis zu Tankstellenketten) und arrangiert die kostenfreie oder kostenreduzierte Bereitstellung der Objekte für die im Gegenzug geleistete Sichtbarmachung des Namens des jeweiligen Produkts im Film. Den Filmemacher und den Produktlieferanten verbindet ein gemeinsames Interesse an einer solchen »Produktplatzierung«: Ersterem reduziert sie die Herstellungskosten des Films und Letzterem bietet sie effektive Reklame für sein Produkt oder dessen Namen.

Tati hatte sich schon so oft gegen den Missbrauch seines Talents für Werbung verwahrt, dass er anfangs stark zögerte, *Playtime* mit derart »platzierten Produkten« zu finanzieren. Aber er kam glänzend mit Norbert Terry aus und musste zugeben, dass dem Argument des jungen Mannes nichts entgegenzuhalten war: *Playtime* würde Autos, Tankstellen, eine Ausstellung von Konsumgütern, ein Hotel, ein Restaurant, einen Flughafen und praktisch den ganzen Rest des modernen Lebens vorführen und könne unmöglich mit namenlosen oder nicht erkennbaren Autos, Apparaten, Geräten usw. aufwarten; und da nun einmal Namen gezeigt werden müssten, könnten es doch genauso gut die Namen von den Firmen sein, die anständig genug waren, ihre Produkte frei zur Verfügung zu stellen.

Es gab auch einen weiter und tiefer reichenden Grund dafür, dass Tati Terrys Dienste schließlich in Anspruch nahm. Werbung war ein nicht wegzudenkender integraler Bestandteil der modernen Welt, die *Playtime* darstellen und untergraben sollte – ein typisches Symbol des Neuen, nicht weniger als die Stahl-Glas-Gebäude oder Straßenlampen und Verkehrsstaus, die mit solch enormem Kostenaufwand gebaut und veranstaltet werden sollten. Nicht nur, dass es weit realistischer war, an Bussen, Hotelwänden, auf den Schreibtischen der Reisebüros usw. Werbung zu zeigen, sondern der Film selber musste von dem »spektakulären« Ethos der Produktanpreisung und Image-Prahlerei durchdrungen sein.[379]

In dieser Hinsicht gelang Terry nur ein halber Erfolg. Ungefähr zwanzig Unternehmen beteiligten sich an »Tati Nr. 4«: BP baute und rüstete die Reparaturwerkstatt aus, die in der vorletzten Sequenz am Kreisverkehr zu sehen ist; Simca stellte fast alle Limousinen zur Verfügung, die in den früheren Teilen des Films zu sehen sind;[380] Béhin steuerte einiges Mobiliar bei. Doch sehr wenig Werbung wird im Film als *Werbung* sichtbar: Der Name von Avis (Autovermietung) erscheint nur für ein paar Sekunden auf der Leinwand, desgleichen Phillips, Remington, San Pellegrino, SNC, Thomas Cook, Viros, 3M, Groupe Drouot (eine Versicherungsgesellschaft) und Trigano (Campingausrüstung);[381] wir hören, wie *The New York Herald Tribune* auf der Straße und »Quick Cleaner« im Radio in Barbaras Schlafzimmer angepriesen werden. In der Szene im Supermarkt erscheinen ein paar weitere Produkte – »Ideal Cheese«, »Cheese Delight«, »Miss Marvell«, »Pullover Parade«, »Silver Match« und Pirelli, aber diese Namen bringen in keiner Weise die Vielzahl der Produkte zusammen, die den Kunden beim realen Besuch eines solchen Ladens in wenigen Sekunden überfallen. Überraschend und auffallend ist es doch, dass die meisten Wände in Tativille kahl sind: keine Werbung an den vorüberfahrenden Bussen, auch keine Werbetafeln an den Straßen. Die Dichte der kommerziellen Embleme, Firmenlogos und Produktplakate in *Playtime* entspricht bei weitem nicht der Realität der heutigen Welt, oder der Welt, wie sie vor dreißig Jahren aussah. Wahrscheinlich ist das weniger auf Tatis Ästhetik zurückzuführen als auf Norbert Terrys Versagen, zahlreiche Werbekunden davon zu überzeugen, dass *Playtime* in großen und vollen Häusern gezeigt werden würde. Denn das Gerücht von der Katastrophe des Films Nr. 4 war seiner Fertigstellung und Veröffentlichung um mehrere Jahre vorausgeeilt.

Die von den zwanzig Firmen beigesteuerten Requisiten und Dienste haben vielleicht zehn Prozent der gesamten Herstellungskosten des Films gedeckt, wie Terry meinte, und damit Tatis finanzielles Problem beträchtlich gelindert. Doch Terry konnte schlichtweg keine Fluggesellschaft dazu bewegen, einen angemessenen Preis dafür zu bezahlen, dass ihr Name auf den Gepäcketiketten eines deutschen Au-Pair-Mädchens oder einer Gruppe von Ehefrauen amerikanischer Militärs gezeigt wurde. Die Touristen in *Playtime* fliegen nicht mit Air France, sondern mit einer fiktiven Fluggesellschaft des in der Rückschau ironischen Namens »Economic Airlines«. Für den Produzenten und seine zahlreichen Gläubiger wäre ein Flug mit TWA weit »ökonomischer«, das heißt kostengünstiger gewesen.

FÜNFUNDDREISSIG

Situationen

Der erste Abend für *Playtime* (im Dezember 1967) im Empire Cinema an der Avenue Wagram fiel mit dem Erscheinen von Guy Debords *La Société du spectacle* zusammen, einem Buch, das Tati bestimmt nie gelesen hat, das aber auf merkwürdige Weise mit seinem Film verbunden ist.

Debord war der *Gauleiter* einer heftig zerstrittenen linken Splittergruppe, die sich Situationistische Internationale (S. I.) nannte. In ihren sehr unterschiedlichen Richtungen, die allerdings in einer gemeinsamen Orientierung am frühen Marx wurzelten, versammelten sich surrealistische Rebellen, abstrakte Künstler der COBRA-Bewegung (vornehmlich Asger Jorn) und Möchtegern-Stadtplaner und Architekten wie Raoul Vaneigem. Obwohl die Gruppe winzige und unverhältnismäßig lautstarke Ableger in London, Kopenhagen, München, Mailand und New York hatte, war Paris das Zentrum der S. I., von woher sie ihre Zeitschrift *Potlatch* und ungefähr ab 1957 *L'Internationale situationniste* verbreitete. Die S. I. hat sich nie klar darüber geäußert, was sie tun würde, sollte die Revolution tatsächlich kommen. Ihr Hauptanliegen war es, auf oft brutal aggressive Art das Unechte, die Entfremdung und Leere der »spektakulären Gesellschaft« zu analysieren, zu beschreiben und zu denunzieren.

Auf ihre unangenehme und provokative Weise fungierte Debords streitsüchtige Fraktion als ein wesentlicher Faktor in der Hinwendung zum Alltag, die eines der bedeutendsten intellektuellen Abenteuer im Frankreich der Nachkriegszeit darstellte. Henri Lefebvres *Critique de la vie quotidienne* war die philosophische »Bibel« für das nicht-kommunistische marxistische Denken der 1950er und 1960er Jahre; aber höchstwahrscheinlich waren es situationistische Traktate, die dazu führten, dass Ideen und Gedanken darüber, wie alternative, »nicht entfremdete« Lebensformen zu konstruieren oder wenigstens zu imaginieren seien, ihren Weg in die Köpfe unzähliger Menschen fanden, die selber in keiner Weise ihr Augenmerk auf die nächste Revolution gerichtet hatten.

Für Debord war die moderne Gesellschaft gekennzeichnet durch eine Unmenge verlockender Mittel und Wege, authentisches Leben zum Spektakel zu entfremden und die Bürger, die von Rechts wegen Akteure in ihrem eigenen Leben sein sollten, zu passiven Zuschauern zu machen. Die situationistischen Rezepte dafür, dieser Katastrophe Herr zu werden, zielten sowohl auf die physische Umgebung als auch auf mentale Disziplin. In einem frühen Traktat forderte zum Beispiel ein deutsches Mitglied dieses Netzwerks, Günther Feuerstein, dass Zweckbauten durch »Zufallsarchitektur« ersetzt werden sollten, bei der das Gefühl, nicht das rationale Denken ausschlaggebend sei. Der Autor zeichnete eine völlig verrückte Blaupause für die »unpraktische Wohnung«, die den Menschen mit seiner Umgebung in Einklang bringen und sein Leben unermesslich gesellige und authentischer machen würde:

> Wir müssen daher die unpraktische Wohnung bauen und verbreiten. Ein paar scharfe Kanten, an denen man sich stößt, einen längeren Weg zwischen Bett und Schrank, um so die Wohnung vollständiger zu bewohnen, eine knarrende Tür, ein Türschloss, das nicht funktioniert, einen wackligen Tisch, einen unbequemen Sessel ...
>
> Zufallsarchitektur ermöglicht Wandel und strebt nach Geschichtlichkeit. Das Alter eines Hauses sollte nicht nur an seinem Baustil erkenntlich sein. Es sollte sichtbar werden im Fortschreiten von Rost, im Verfall des Betons, im Abplatzen des Putzes. Die klassisch modernistischen Häuser werden mit zunehmendem Alter schäbig. Zufallsbauten bekommen Patina, wie mittelalterliche Gebäude ...[382]

Doch die Revolution konnte ebenso wie mit Ziegel und Putz auch im Kopf veranstaltet werden. Um die Stadtlandschaft neu erlebbar zu machen, praktizierten die Situationisten das »Treibenlassen« oder *dérive*: einen planlosen Spaziergang, bei dem die Stadt den Weg selber bestimmen und das schaffen kann, was sie als »psycho-geografische Situationen« bezeichneten. Seiner revolutionären Rhetorik entkleidet ist »*dérive*« nichts weiter als ein müßiger Spaziergang mit weit offenen Augen und erhöhter Sensibilität für die Realität (nicht nur für die Symbole) der Stadt.

Um die falsche Oberfläche des modernen Lebens zu unterhöhlen, empfahlen und praktizierten die Situationisten die doppeldeutige und faszinierende Technik des *détournement*: Das französische Wort beinhaltet eine ganze Reihe von Bedeutungen – Entwendung, Unterschlagung, Kidnapping und sittliche Korrumpierung von Minderjährigen sind die gebräuchlichsten Varianten –, aber im situationistischen Verständnis des Wortes, das sich weit verbreitete und heute seine primäre Bedeutung trägt, besagt es: die Dinge so verdrehen, dass sie Formen und Gestaltungen annehmen, die ihnen von Haus aus nicht zugedacht sind; und dazu gehören Späße, die Schuljungen sich machen, wenn sie etwa absichtlich falsch zitieren, aber auch andere, kaum weniger erwachsene Streiche, wie das Aufmalen gelber Doppellinien am Bordstein, um doppelte Parkmöglichkeit anzuzeigen. Als Georges Perec in einem seiner kleineren Texte fragte, warum man in einer Apotheke keine Zigaretten kaufen kann, oder warum die U-Bahn-Tunnel nicht für Fahrradfahrer reserviert werden,[383] erlaubte er sich einen harmlosen, aber erkennbar situationistischen Scherz. Und wenn Tati in *Mon Oncle* an seinem Schreibtisch in der Plastac-Fabrik inmitten des regelmäßigen Seufzens und Atmens der Maschinen einschläft, verwandelt auch er, wahrscheinlich ohne sich dessen bewusst zu sein, *détournement* in einen Gag, der von Zuschauern revolutionärer Denkweise als ein implizit subversiver Akt verstanden werden kann.

Die Schriften der Situationisten sind überhaupt nicht komisch gemeint, und nur wer an der verbalen Gewalttätigkeit, die einer aussichtslosen Sache dienen soll, Gefallen findet, kann lächeln, wenn er Guy Debord liest. Nichtsdestoweniger sind die von der S. I. verkündeten, angeblich revolutionären Methoden leicht erkennbar als ebendie Werkzeuge, die Tati für seine subtilen, auf genauer Beobachtung basierenden Komödien benutzt. Es überrascht nicht zu hören, dass Debord Tatis Filmen große Bewunderung zollte;[384] aber es ist viel schwerer zu erklären, wie ein sechzigjähriger Bürger aus Saint-Germain-en-Laye mit der literarischen und politischen Bildung eines durchschnittlichen Buchhalters einen Film erfinden konnte, der zahlreiche Ideen eines kompromisslosen Underground-Gurus der permanenten Revolution wiedergibt und umsetzt.

Mon Oncle konkretisiert eine ganze Reihe der Thesen des situationistischen Denkens – Hulots Haus in der Altstadt mit seinen unsinnig langen Treppen und Gängen ist eine virtuelle Darstellung der »Zufallsarchitektur« nach Feuerstein; und da Hulot seinen Haustürschlüssel in der Dachrinne aufbewahrt, was in einer Totalaufnahme von der Mitte des Dorfplatzes her deutlich zu sehen ist, spiegelt sein »Unsicherheitssystem« einige der eher politischen Ideen der S. I. wider. Doch ist *Playtime* auf eine fundamentalere und durchgängigere Weise geprägt von Dubords Kritik an der modernen Gesellschaft. Der gesamte erste Teil – von Hulots Ankunft auf dem Flughafen am Morgen bis zum Einbruch der Dunkelheit bei seinem Besuch in Schneiders Wohnung – hat die genaue Form eines *dérive*; und der gesamte zweite Teil, in dem ein Nobelrestaurant im Chaos versinkt und einen ganzen Abend authentischer Unterhaltung liefert, ist eine kunstvoll gefertigte Ausführung eines *détournement.* Dabei kann hier nicht die Rede von direkter Beeinflussung oder Inspiration sein; eine Begegnung von Debord und Tati in den frühen 1960er Jahren war ungefähr so wahrscheinlich wie das Gespräch zwischen Lenin, Tristan Tzara und James Joyce in einer Züricher Bar, das Tom Stoppard sich in

Travesties ausgedacht hat. Aber die auffallende Konfluenz des situationistischen Verständnisses und der Tati'schen Beobachtung der gesellschaftlichen Wirklichkeit legt nahe, dass sie beide seismografisch die tieferen Strömungen der französischen nationalen Ängste wahrnahmen. *La Société du spectacle* wird allgemein als Vorbote des Ausbruchs der jugendlichen Wut und Ausgelassenheit betrachtet, der sechs Monate später, im Mai 1968, die Aufmerksamkeit der Welt auf sich zog. Wie die meisten Menschen seiner Generation sah Tati in diesen »Ereignissen« wahrscheinlich den Beinahe-Zusammenbruch der französischen Gesellschaft; und einigen schien es, als versuche Tati nur, auf den fahrenden Zug aufzuspringen, als er erklärte, dass er in *Playtime* auch auf die Barrikaden gegangen sei. Doch er hatte damit durchaus nicht unrecht. Sein Meisterwerk übt in der Tat Kritik am modernen Leben hinsichtlich seiner mangelnden Authentizität und allgegenwärtigen Entfremdung; aber es ist eine effektivere und menschlichere Kritik, als sie in den sybillinischen Äußerungen Guy Debords zu finden ist.

Der für Tatis eigene fröhliche Revolution auserwählte Ort ist das »Royal-Garden«-Restaurant, das er offensichtlich für spezifisch französisch hielt:

> Das übergreifende Thema von *Playtime* kann folgendermaßen zusammengefasst werden:
> In der durchgeplanten und durchorganisierten Welt, die uns zubereitet wird, in der sich alles darauf richtet, die Arbeitsbedingungen und die Infrastruktur zu verbessern, bleibt dennoch Raum für Individuen, solange diese sich genug von ihrer Individualität und Persönlichkeit bewahren, und das zeichnet die Franzosen aus, die alles, was auf sie zukommt, den eigenen Bedürfnissen und der eigenen Natur anpassen können ...[385]

Die eigenartig »nationale« Ambition des ganzen Projekts hatte Tati bereits in Interviews betont, die vor Beginn der Dreharbeiten stattfanden:

[Unsere Rolle] ist es, die Menschen zum Lachen zu bringen und auch zu zeigen, dass, egal welche Architektur und egal, ob eine Stadt wie die andere aussieht, *l'esprit français* immer überleben wird![386]

Le dîner dansant im Royal Garden – von der Ankunft der ersten hohen Gäste in einem silbernen Rolls-Royce bis hin zum Abgang des Dicken Amerikaners nach beendigtem Frühstück im Drugstore – währt die ganze Nacht und füllt auch fast die Hälfte des gesamten Films. Die Wahl des Restaurants ist zweifelsfrei mitbestimmt von Tatis Erinnerung an sein erstes professionelles Engagement als Mime in den frühen 1930er Jahren, als er in Louis Leplées gleichermaßen anspruchsvollem Etablissement die Nummer des »ungeschickten Kellners« vorführte; und diese Wahl bietet auch eine Möglichkeit für eine in grandioser Szenerie dargebotene Neuauflage der erschreckenden Mahlzeit, die das Herzstück von *Gai dimanche* bildet. Obendrein bedient Tati sich mit dieser Wahl auf clevere Weise einer Plattform für seinen Kommentar zur *société de consommation*, einer Bezeichnung, die deutlicher und vielsagender auf das Essen und Trinken zielt als ihr englisches Pendant »consumer society«.

Die ersten herausgeputzten Gäste bestellen das Spezialgericht des Tages, *Turbot à la Royale*. Der Fisch wird zu ihnen gebracht, aber er muss auf dem seitlich ihres Tisches platzierten mobilen Grill aufgewärmt, mit seiner Soße begossen und gewürzt werden. In einer Reihe extrem komplexer Gags wird der Fisch für seine *consommation* zubereitet – nicht einmal, nicht zweimal, sondern dreimal immer wieder neu, weil die Kellner nicht miteinander klarkommen und die Gäste die Tische wechseln. Der Steinbutt sieht richtig lecker aus. *Vous allez vous ré-ga-ler,* lädt der Maître d'Hôtel dreimal mit tiefkehliger Sabberstimme zum Mahl, aber niemand tut sich gütlich daran. Die dreifache Wiederholung der Zubereitung, des Servierens und Anpreisens einer schmackhaften Speise, die nie auch nur in die Nähe eines hungrigen Mundes kommt, ist ein lang sich hinziehender, geradezu quälend komischer Kommentar zur Nichtigkeit dessen, was die Konsumgesellschaft sich erwünscht: Was man essen möchte, und was angeboten wird, ist nur der Anschein eines Leckerbissens – ein Schaufensterfisch –, ein hohles *Spektakel* des Lebens.

Hulot kommt in das Royal-Garden-Restaurant, nicht weil er zu der Touristengruppe gehört, auch nicht, weil er einen Tisch reserviert hat, sondern einfach deshalb, weil sein alter Kamerad aus der Armeezeit, der jetzt als Portier arbeitet, ihn wiedererkannt und hereingeholt hat. Tony Andall, der diese Rolle spielt, war tatsächlich ein alter Freund von Tati, wenn auch nicht aus den Tagen der Armee: Er wohnte auf einem Flussboot, das an der Ile de la Jatte in der Seine festlag, und der innere Kreis der Senior-Player am Set von Tativille verbrachte dort sehr oft die Abendstunden und hatte *chez Andall* mindestens ebenso viel Spaß wie am Tag beim Dreh der Episoden im Royal Garden.[387]

Das Restaurant ist kaum fertig für den Eröffnungsabend, und der bedrängte Hilfsarchitekt wird für alles verantwortlich gemacht, was nur schiefgehen kann. Eine Fußbodenfliese mitten auf der Tanzfläche bleibt am Schuh eines Kellners kleben; das Servierfenster von der Küche ist zu schmal für die Fischplatte; der Heizungsregler ist überempfindlich und nur schwer zu bedienen; und zum guten Schluss bricht (mit etwas Nachhilfe von Hulot) das Gitterdekor zusammen. Doch die größten Fehler im Design des Restaurants beruhen weder auf schlampiger Arbeit noch auf funktionalen Fehlkalkulationen. Die kreisend blinkende Neonröhre unter der Überdachung zur Straße hin – eine wie ein etwas verbogenes Fragezeichen leuchtende, in einen Pfeil auslaufende Spirale – soll Kunden ins Lokal hereinlocken. Was dieses Ding tatsächlich bewirkt, ist, dass die aus dem Restaurant geworfenen Betrunkenen der Richtung dieses hellleuchtenden Pfeils folgen und mir nichts, dir nichts direkt wieder auf das Restaurant zusteuern.

Abb. 78: *Der Neon-Pfeil*

Der andere große Fehler ist das zentrale Design-Element des Restaurants: eine vierzackige, in die schmiedeeiserne Rückenlehne der Stühle eingearbeitete »royale« Krone. Dieses Emblem drückt sich in die Herrenjacken ein, wie auch in die dekolletierte Rückenhaut der Damen in Abendkleid. Als das Restaurant einstürzt, gestattet der Dicke Amerikaner, der den Abend weiterführt, nur denen Eintritt in seine improvisierte *guinguette*, die dieses Markenzeichen tragen. Das zufällige Nebenprodukt schlecht durchdachten und prätentiösen Designs wird zur Eintrittskarte in eine geselligere Welt.

Niemand, am allerwenigsten Hulot, ist darauf bedacht, den Abend im Royal Garden zu verderben, denn das Haus fällt von ganz allein in sich zusammen. Dieser Kollaps der physischen Umgebung führt allerdings dazu, dass das gestelzte, prätentiöse und aggressive Verhalten einer ruhigeren, wärmeren und beliebteren Art der Volksbelustigung weicht: einer alten Melodie – *Nini peau de chien* – auf dem Klavier, Witze und Gelächter an einem Tisch mit rotkarierter Tischdecke ... *Sous les pavés, la plage!* schrieben

Abb. 79: *Langranges Skizzen der Stühle für das Royal-Garden-Restaurant*

Studenten einige Monate später an die Wände in Paris; unter dem schicken Restaurant befindet sich ein *vrai petit bistrot*, scheint die Botschaft der Royal-Garden-Episode in Tatis *Playtime* zu sein.

Das größte Paradox des Films ist wohl der Umstand, dass er sowohl ein revolutionäres Bewusstsein als auch ein recht nostalgisches, um nicht zu sagen reaktionäres Weltbild suggeriert. Gleichermaßen paradox ist auch der durchweg globalisierte Dialog (die Charaktere sprechen neben Französisch auch Englisch und Deutsch, und viele Sätze sind eine unbestimmbare Mischung von zwei, wenn nicht sogar drei Sprachen) und die fast explizite Beteuerung einer spezifisch französischen Fähig-

Abb. 80: *Das Royal-Garden-Restaurant, unmittelbar vor dem Zusammenbruch des Dekors*

keit, sich mittels Subversion unter dem vielfältigen Druck des modernen Lebens zu behaupten. Wie schon *Jour de fête*, doch in weit größerem Ausmaß, fordert *Playtime* politische und historische Interpretationen heraus, ohne auch nur eine einzige schlicht zu bestätigen.

Der vielleicht mysteriöseste aller Gags in der überaus reichen Bildergalerie von *Playtime* ist die Geschichte des »Wäscheklammermanns« – des Kellners, dessen Hose das erste Opfer der spitzen Ecken und Enden von Mobiliar und Dekor im Royal Garden ist. Der Manager des Restaurants schickt ihn nach draußen auf den Balkon, damit die Gäste seine peinlich zerrissene Hose nicht zu Gesicht bekommen. Doch auch anderen Kellnern passieren, etwa im Fünfminutentakt, peinliche Pannen. Einer zerreißt sich das Jackett an einem Stuhl und kommt nach draußen, um es mit dem des auf den Balkon verbannten Kollegen zu tauschen. Dann reißt sich ein anderer Kellner auf einer schlecht beleuchteten Stufe des Zwischengeschosses im Restaurant einen Schuh auf, und er geht hinaus, um sich bei dem Sündenbock auf dem Bal-

Abb. 81: *Die* guinguette *im Royal Garden (am Klavier: Barbara Denneke; mit Mütze: der Zimmermann des Sets; sitzend in der Mitte: Michèle Brabo)*

kon einen unbeschädigten Schuh zu holen. So kommt der verbannte Kellner zu einer Krawatte, die in die Soße gefallen war, zu einer beschmutzten Serviette und so weiter – und das in einem sich lang hinziehenden, typisch Tati'schen Gag, dessen Komik auf Wiederholung und schrittweise zunehmender Übertreibung beruht. Doch wer oder was ist eigentlich dieses bizarre praktische Aufhänge-Utensil für schmutzige Wäsche? Tati mag darin nur einen Witz über ein Restaurant gesehen haben. Was wir sehen, ist jedoch die Schlag auf Schlag wachsende Notlage des Opfers, die Konstruktion eines Sündenbocks – oder die komische Darstellung einer ganz und gar nicht komischen Wahrheit: Von dem, der nicht hat, wird genommen werden ... Die Figur des Kellners auf dem Balkon ist letzten Endes eine subtile und überraschende Variation zu den Themen der Marginalisierung und sozialen Ausgrenzung, die den zentralen Erzählstrang und das tragikomische Ende von *Mon Oncle* bestimmen. In *Playtime* fällt Hulots Rolle einem anderen zu: so, wie Tati es wollte.

Abb. 82: Playtime: *Der ausgestoßene Kellner*

Playtime ist der einzige Film Tatis, in dem fast ausnahmslos nur Menschen vorkommen (oder Pappausschnitte menschlicher Figuren): Das Fehlen der Hunde, Katzen, Pferde, Hühner, Gänse und Ziegen, die in allen anderen Werken von Tati eine wichtige und oft zentrale Rolle spielen, weist auf das hin, was mit der hier dargestellten Welt zutiefst verkehrt ist. Der Verlust der natürlichen Tierwelt wird durch das wunderbar unwahrscheinliche Krähen eines Hahnes hervorgehoben, das den »Schwer betrunkenen jungen Mann« begrüßt, als er im grauen Dämmerlicht des Sommers aus dem Royal Garden herauskommt. Bildet er sich das in seinem Rausch nur ein? Gibt es wirklich einen Hühnerstall im Hinterhof irgendeiner Bruchbude, die durch die glänzenden Hochhäuser von Tativille verdeckt wird? Oder ist es eine weitere winzige Reminiszenz aus Tatis Frühwerk, aus der Tonspur des Bauernhofs in *Jour de fête*? Die komische Ironie des Hahnenschreis ist aber auch ein Aufschrei der Trauer, ein Hinweis darauf, was der Welt von *Playtime* verloren gegangen ist.

Es gibt eine kleine, doch wohl nicht unbedeutende Ausnahme von dem allgemeinen Fehlen der Tierwelt in *Playtime*. Während Hulot sich an Schneiders Vorführung häuslichen Plunders und der Beschreibung seines Winterurlaubs erbaut, kommt Giffard, das Büro-Faktotum im Strand Building, nach Hause in die Wohnung nebenan – mit einem Pflaster auf der Nase, das genauso aussieht wie das Pflaster auf Hulots Nase am Ende von *Les Vacances*. Er wird von seiner Frau und vermutlich auch seiner Schwiegermutter versorgt, zieht sich seine Freizeitsachen an und geht mit dem Hund spazieren. Der Hund – und das ist seine einzige Rolle im Film – macht es möglich, dass Giffard und Hulot sich auf der Straße begegnen und auf eine Weise miteinander ins Gespräch kommen, die das Strand Building selbst verhindert hatte. Das ist eine plausible Abfolge von Ereignissen, aber auch eine sentimentale Episode, die Tati sich an dieser Stelle genehmigt. Wie in einem Tim-und-Struppi-Comic oder in vielen Zeichentrickfilmen für Kinder bietet der vierbeinige Freund die Gelegenheit und den Vorwand für einen Ausbruch menschlicher Interaktion und Wärme.

SECHSUNDDREISSIG

Fisch im Wasser

Nachdem er ihn erschaffen hatte, legte Tati den Postboten François *ad acta*, und er hätte das gern auch mit Hulot getan. Im Gegensatz zu Chaplins Charakter mit seiner Melone auf dem Kopf war Hulot nicht einfach eine Komik-Nummer, die auch in anderer Umgebung wiederholt werden konnte; und er war auch kein Charakter, der sich im Laufe der Zeit irgendwie hätte entwickeln können. Hulot war eher ein Prinzip oder eine Idee, und Tati hätte sich sehr gewünscht, dass er auch in die Werke anderer eingegangen wäre. Doch nur Truffaut hat diesen Vorschlag aufgegriffen und dem regulären Double von Tati, Jacques Cottin, eine Cameo-Hulot-Rolle in *Domicile conjugal* (*Tisch und Bett*, 1970) gegeben. Die kommerzielle Logik aber schrieb vor, dass Hulot auch in *Playtime* auftreten musste, und das umso mehr, als Tati kein anderes menschliches Medium für seine Sicht der modernen Stadt erschaffen hatte. Doch um sich für eine Obliegenheit, auf die er lieber verzichtet hätte, zu entschädigen, suchte er nach Wegen, Hulot im Film verloren gehen zu lassen. Die für dieses paradoxe Projekt gewählte Methode bestand darin, Hulot in eine Reihe episodischer Charaktere zu *vervielfältigen*, die in unterschiedlichen Szenen immer nur ein paar Sekunden lang zu sehen sind.

Eine erste Besetzungsliste für einen geplanten 178-Tage-Dreh führt neben dem realen Hulot drei »alternative« Hulots an – einen englischen Hulot, einen schwedischen Hulot und einen »falschen Hulot«, von denen jeder vier oder fünf Tage am Set für den Dreh anwesend sein müsse, wohingegen Tati-Hulot für insgesamt hundert Tage gebraucht würde. Laut Drehbuchentwurf beginnt die Geschichte in der Flughafenhalle mit einer »hübschen Ausländerin«, die glaubt, M. Hulot zu erkennen – und erfahren muss, dass das nur dessen englischer Doppelgänger ist. Fast alles von dem ist im fertigen Film verschwunden;[388] auch die

Dreharbeiten dauerten viel länger als 178 Tage, und letzten Endes kommen viele Charaktere und Drehorte ins Spiel, die weder auf den Besetzungslisten noch im Drehbuch vorgesehen waren. Was von den multiplen Hulots übrig bleibt, ist ein junger Mann mit Schal, der auf der Ausstellung Verwirrung stiftet, weil er mit seinem Hut, seinem Mantel und seiner Pfeife von hinten gesehen vage dem Leinwand-Image von Tati ähnelt; des Weiteren ein »falscher Hulot«, der aus dem Strand Building kommt und von Giffard gesehen wird (der hinter ihm her läuft und in eine Glastür rennt); und noch ein falscher Hulot (später wiederum erblickt von Giffard außerhalb des Strand Buildings), der sich als Schwarzer entpuppt.

Hulot wird in *Playtime* nicht nur durch seine Vervielfältigung aus dem Zentrum gerückt, sondern auch dadurch, dass er keinen einzigen der großen Komikmomente erhalten hatte. Der Tanz der Glaser, die Hacke-Spitze-Fußakrobatik des Reisevermittlers, der Rückwärtsgang der Journalisten und die Ballettpose des Pressefotografen, Schneiders Ski-Pantomime und Claude Schurrs unerhörte Tanzschritte, Billy Bourbons Betrunkenen-Nummer und die Tänzerin, deren hoher Absatz abknickt, als sie das Royal-Garden-Restaurant durchquert – all diese pantomimischen Gags, die die traumhafte Atmosphäre des Films intensivieren, werden von anderen gespielt, nicht von Tati. Hulot ist in *Playtime* nicht viel mehr als eine Präsenz und eine Haltung, und fast nie befindet er sich im Zentrum der großen Leinwand. Eine der gewagtesten Umkehrungen »normaler« Komödienpraktik ist die Sequenz, die auf Hulots Ankunft am Strand Building folgt. In der Mitte des Bildes sehen wir den Pförtner, wie er vor seiner riesigen Gegensprechanlage blinkender Lampen und Buzzer versucht, Hulots Geschäftspartner zu kontaktieren. Hulot selber sitzt hinter dem Pförtner und ist unserer Sicht praktisch verstellt, außer, dass er seinen Hals zur Seite reckt, um zu sehen, was der Pförtner tut, und es uns dadurch ermöglicht, ihn zu sehen. Diese Komposition grenzt an Ungeschick und Unvermögen; und doch funktioniert sie bestens, indem sie sowohl den verwirrten Pförtner als auch den zögerlichen, gehorsamen, aber neugierigen Hulot alternativ zum Fokus visuellen und komischen Effekts macht.

Tati hat oft erklärt, dass er den Komödien-Gag »demokratischer« machen wolle: Schalkhaftigkeit und Witz, sagte er, sollten nicht das Monopol des Komödienstars sein, sondern auf alle Akteure verteilt werden, wie es im Leben ja ist.[389] Tati meinte das sicher nicht so, als wolle er sich in *Playtime* über jeden und alle lustig machen, und auch nicht, als wolle er seine Zuschauer einfach nur dazu bringen, sich die Komödie des Lebens anzuschauen. Keiner der Gags in *Playtime* ist bloße Beobachtung, und noch weniger das zufällige Ergebnis von Techniken mit versteckter Kamera. Was Tati in *Playtime* Stück für Stück austeilt, ist nicht Komik an sich, sondern der Komödien-*Gag*, der vielmehr eine konstruierte Sache ist.

Nur wenige der Gags in *Playtime* sind von der der akustischen, visuellen oder mentalen Machart, bei der man zweimal hinschauen muss, und die den Humor von *Les Vacances* und *Mon Oncle* ausmachen; einige davon sind in der Tat so unscheinbar, dass sie kaum komisch wirken. In der Kreisverkehr-Sequenz gegen Ende des Films hält ein Milchwagen nahe der Bordsteinkante an, ein Lieferjunge springt heraus, stellt Flaschen aufs Pflaster und springt wie eine Gazelle zurück in seinen Lieferwagen. Für diese Aufnahme war ein echter Lieferbote vorgesehen: Doch Tati zerbrach sich vor dem Dreh die ganze Nacht lang den Kopf. Würde der das richtig machen können?, fragte er Badal. Würde ein echter Lieferjunge sich selbst perfekt imitieren können? So sagte Tati dann den Dreh ab und sah sich nach einem Balletttänzer um, was ihn mehrere Tage kostete. Der Gag, wenn es einer ist, musste den federnden Schritt des Jungen mit der Anmut und dem Timing eines Balletttänzers wiedergeben, um eine komische, durch mimische Darstellung erhöhte Vision des gewöhnlichen Lebens zu schaffen.

Tati selber führt in dem Film einige der komischen Pantomimen vor. Auf der Straße angehalten von seinem neureichen Armeekumpel (dessen Aussehen und Verhalten fast wie eine Kopie des M. Arpel in *Mon Oncle* wirken) und in die Lobby des »Fishbowl«-Apartmentblocks abgeführt, säubert Hulot seine Schuhsohlen, wie Schneider es tut, auf dem Vorleger. Diese Aktion geht während des (wie wir glauben) lebhaften Gesprächs weiter, und es geht weiter, und weiter, und weiter. Die langen Beine des Tati, gepaart mit seiner eigenartigen Körperhaltung, machen diese Szene zur *Imitation* eines Mannes, der seine Schuhe säubert – und auch, ziemlich überraschend, zum Bild eines Mannes, der das Scharren eines Hundes mit seinen Hinterbeinen mimt.

Der Hulot von *Playtime* verliert ein paarmal auch das Gleichgewicht, wobei diese Szenen sich im Film gegenseitig zu spiegeln scheinen. Vom Pförtner des Strand Buildings in den von Glaswänden eingefassten Warteraum geführt, testet Hulot (wie ein Mann, der mit seiner Zeit nichts anzufangen weiß) sein Gewicht auf dem Fußboden; da die thermoplastischen Fliesen besser poliert sind als erwartet, rutscht er aus und fällt mit ausgestreckten Armen und Regenschirm vornüber. Später, als Schneider ihn mit Anekdoten aus seinem Winterurlaub unterhält und ihm vorführt, wie viel Spaß es macht, die Hänge hinabzuschießen, will Hulot die Demonstration des Hobbyskifahrers auch ausführen, schlägt aber, ehe er sich versieht, auf den Boden. Der Hulot von *Playtime*, der, um Giffard zu folgen, durch das Wirrwarr der Großraumbüros irrt, der nichts vermutend einen Aufzug betritt und prompt eingeschlossen und abtransportiert wird, der in vielen anderen winzigen Sequenzen von seiner Umgebung sozusagen überrascht und überrumpelt wird – dieser Hulot ist in der physischen Welt noch weniger zu Hause als seine frühere Inkarnation in *Mon Oncle* und *Les Vacances*.

Einige der leichter verständlichen komischen Szenen werden von Laien gespielt, die sich selber darstellen. Der Pförtner hatte kaum Anweisung bekommen, wie er die blinkende und summende Tafel im Foyer des Strand Buildings bedienen sollte. Die meisten Aufnahmen zeigen »echte« Reaktionen eines im Ruhestand befindlichen Pariser Pförtners auf die ihm vorgesetzte Anlage.[390] Ganz ähnlich ist der Zimmermann, der herbeigeholt wird, um sich für die ungenügende Breite der Durchreiche in der Küche des Royal Garden zu verantworten, der regulär für das Set zuständige Zimmermann, der anfangs nicht wusste, dass er für eine komische Szene herhalten musste. Und die Klempner in der Drugstore-Szene, die ihre Siphons und Rohre benutzen, um sich Weinvorräte abzuzapfen, sind echte Handwerker – keine Schauspieler, die vorgeben, einer guten Sache habhaft zu werden.

Die Mehrzahl der nachahmenden Gags wurde sorgfältig und intensiv geprobt. Der Flughafenreiniger, die Beamten, die Journalisten und der Reiseleiter in den Eröffnungsszenen am Flughafen, die wie auf Knopfdruck sich umwendende Sekretärin im labyrinthischen Großraumbüro, die auf der Ausstellung des Idealen Wohnens ihre diversen Geräte vorführenden jungen Damen, der auf seinem Rollhocker sitzend mit den Füßen hin und her tänzelnde Reisebürokaufmann, der amerikanische Geschäftsmann mit Nasenspray, Mundfrischdragee, Aktentasche und perfekter Bügelfalte – sie alle bekamen Pantomime-Unterricht vom Regisseur, der lange Stunden damit verbrachte, ihnen zu zeigen, wie sie sich aufzuführen hatten. (In den Restaurant-Szenen wurden ein paar professionelle Mimiker eingesetzt, besonders der Clown Billy Bourbon, der seine bereits berühmte Betrunkenen-Nummer wiederholt.) Der physische Stil des Pantomime-Künstlers Tati ist in *Playtime* auf eine große Anzahl von Darstellern verteilt, und das bewirkt tatsächlich, dass M. Hulot sich in eine ganze Welt auflöst und sein Geist diese durchstreift wie ein Fisch das Wasser.

Die einzige Person, die in diesem Film keine offensichtlich mimische Handlung ausführt und der jede komische Dimension abgeht, ist die Hauptdarstellerin Barbara, die diesbezüglich die Rolle der Martine in *Les Vacances de M. Hulot* wiederholt. Ihr einzig wirkliches Handeln besteht darin, Hulot an den Rand zu verdrängen, denn die meiste Zeit steht sie im Mittelpunkt des

Bildes. Attraktiv und charmant, wie sie ist, kann man von Barbara nicht sagen, sie trage wesentlich zum Ganzen des Films bei; ihre Schlichtheit und Aufrichtigkeit werden total überschattet von der konstruierten Wirklichkeit der fast unzählbar vielen mimischen Szenen und Sequenzen.

Doch sind es nicht nur die Charaktere, die sich in Tatis grandiosestem Film selber imitieren: Auch die unbelebte Welt scheint geneigt, sich als etwas anderes darzustellen. Die deutlichsten Beispiele dafür sind der Kreisverkehr, der sich in ein Karussell verwandelt, und die Parkuhr, die eine Musikbox mit Münzeinwurf imitiert; freilich gibt es auch wichtigere Anlagen, wie die Flughafenhalle, die sich als Wartezimmer eines Krankenhauses auszugeben scheint, und auch geringere Requisiten, wie der Lampenständer in einem alten Pariser Bus, der für einen vertikalen Handlauf gehalten wird. In *Playtime* gibt oder *spielt* – in gewissem Sinne – jeder und alles vor, jemand oder etwas anderes zu sein. Und dieser subtile Humor täuschender Nachahmung macht den Film *Playtime* – trotz des Fehlens einer durchkomponierten Handlung und jeglicher eklatant komischer Bravourstücke – zu einer Filmkomödie. Er springt einem nicht ins Auge. Für Zuschauer, die eine Fortsetzung von *Les Vacances* und *Mon Oncle* erwartet hatten, war er eine allzu lange, oft ermüdende Enttäuschung. Das Publikum im Empire hat gelächelt, doch nur wenige haben laut gelacht.

SIEBENUNDDREISSIG

Babylonische Türme

Tati hätte gern wie ein wohlmeinender Despot über sein Set und seine Crew geherrscht: »Ich finde Teamarbeit gut, solange ich die Leitung des Teams allein in der Hand habe ... Und dann führe ich lieber Regie, anstatt zu schauspielern ...«[391] Doch nach einiger Zeit stellte sich heraus, dass er die Grundvoraussetzung für den Führungsanspruch nicht ganz erfüllte – die regelmäßige Bezahlung. Das technische Personal reagierte entsprechend und nahm es mit der regelmäßigen Arbeit nicht immer genau und schob so den Film jeden Tag ein bisschen weiter nach hinten. Die Leute bestanden darauf, jede reguläre Pause einzuhalten und auf die Minute genau pünktlich um sechs Schluss zu machen, egal, wie es mit dem Dreh stand. Und wenn Tati knapp bei Kasse war und Ausrüstung, Filmmaterial und Requisiten nicht beschaffen konnte, kamen sie trotzdem und saßen herum oder nutzten das Set und seine Einrichtungen für eigene Arbeiten. Barbara Denneke zum Beispiel füllte ihre vielen freien Stunden damit, dass sie auf der Nähmaschine der Garderobenabteilung nähen lernte.[392] Sylvette Baudrot machte ihre Strickarbeiten. Einer der Handwerker entwickelte eine interessante Nebenarbeit in abstrakter schmiedeeiserner Dekoration. Im gesamten Verlauf zweier langer Drehjahre, von Anfang 1965 bis Ende 1966, wurde in Tativille ohne viel Disziplin gearbeitet und gewirtschaftet.

Einige der wichtigen technischen Mitarbeiter konnten es sich nicht leisten, herumzusitzen und auf Tatis nächsten Kredit oder Vorschuss zu warten. Die Schnittmeisterin Sylvette Baudrot hatte sich für 1966 anderweitig verdingt, desgleichen Jean Badal: Beide brauchten Jobs, die anständig bezahlt wurden. Andreas Winding sprang für einen Großteil der Dreharbeiten im Royal Garden für Badal ein, und Marie-France Siegler ersetzte eine Zeitlang Sylvette. Diese Diskontinuitäten sind im endgültigen Schnitt kaum sichtbar. Leichter erkennbar sind die Ergänzungen, die hinzugefügt wurden, um den Film aktuell zu halten; wie zum Beispiel die langhaarigen Rowdys mit dem Ghettoblaster, die einem amerikanischen Soldaten dazwischenfunken, als er versucht, eine ordentliche Aufnahme von Barbara und der »typisch französischen« Straßenblumenverkäuferin zu machen. Doch die Geschichte bleibt nicht stehen, auch nicht für Tati: Als *Playtime* im Dezember 1967 endlich herauskam, hatte de Gaulle Frankreich aus der NATO gezogen, und uniformierte US-Soldaten wurden nie wieder auf den Straßen von Paris gesehen.[393]

Tati verbrauchte auch eine ganze Reihe von Regieassistenten, die es sich wirklich nicht leisten konnten, jahrelang für einen Hungerlohn an einem einzigen Film zu arbeiten. Claude Clément, René Cléments jüngerer Bruder, verließ das Set kochend vor Wut über Tatis diktatorische Allüren; Nicolas Ribowski hielt es nur wenige Monate aus; und Marie-France Siegler, die in diesem Metier keine richtige Erfahrung hatte und sich jetzt den Spitznamen »CinéSiegler« zulegen konnte, stieg zur Regieassistentin und Schnittmeisterin auf, um die entstandene Lücke zu füllen.

Henri Marquet und Jacques Lagrange hielten ihrem alten Freund bis zum Ende die Treue, auch wenn sie ihn nicht aus der Grube herausholen konnten, die er sich selber gegraben hatte. Je schlimmer es wurde, desto langsamer wurde Tati, desto mehr bestand er darauf, nicht die beste, sondern die perfekte Aufnahme zu machen. Er konnte es einfach nicht glauben, dass alle ihn im Stich lassen würden; eine Zeitlang baute er auf einen beiläufigen Kommentar des Kulturministers André Malraux, dass etwas unternommen werde, um Tativille zu retten; er muss aber doch gewusst haben, wenn auch nur vage im Hinterkopf, dass daraus nichts werden würde. Die erste Räumungsanordnung kam Anfang 1965. Kein einziges Studio in Paris ließ ihn ein, um den Dreh zu Ende zu bringen.[394] Nur sehr viel Hartnäckigkeit und Glück ermöglichten es ihm, den Film fertigzustellen; nur die enorme

Begeisterung der Öffentlichkeit weltweit konnte ihn vor der Katastrophe bewahren.

Ursprünglich sollte der Film eine ganz besondere Art der filmischen Unterhaltung bieten – eine Show, die in nur einem Haus mit vorgebuchten Sitzplätzen und mit Beteiligung des Publikums laufen sollte – mehr Live-Theater als normales Kino (zu den Bedingungen des ursprünglichen Vertrags siehe S. 346). Specta-Films behielt sich die Vertriebsrechte für Erstaufführungen in Paris vor, auch nachdem die allgemeinen Veröffentlichungsrechte verkauft worden waren. Und was von Tatis ursprünglichem Plan übrig blieb, war, dass *Playtime* in einem sehr teuren Lichtspielhaus gezeigt wurde und kein populäres, sondern ein elitäres Klientel bediente. Nicht das Pariser Publikum entschied über Erfolg oder Scheitern von Specta-Films: Das geschah in den USA.

Hulot sagt in dem ganzen Film kein Wort, und fast nichts vom »Narrativ« wird durch Dialog vermittelt, was jedoch nicht bedeutet, dass nicht gesprochen wird. Im Gegenteil, in *Playtime* wird immer und überall gesprochen. »Der Dialog ist Hintergrundgeräusch, wie man es auf der Straße hört, in Paris oder New York«, erklärte Tati im Gespräch mit Jonathan Rosenbaum.[395] Er setzt sich zusammen aus Fragmenten formeller und informeller Begrüßungen (*Hulot! L'armée! L'armée!*), aus funktionalen und wegweisenden Angaben (»Hier lang, meine Damen!«), aus Telefongesprächen, Lautsprecherankündigungen, Ausrufen, Anfragen, Reservierungen im Reisebüro, Radiowerbung, Zeitungshändlergeschrei und so weiter – ein wundervolles Mosaik kommunikativer Funktionen, die die menschliche Sprache ausüben kann, ohne je einen einzigen vollständigen Satz zu bemühen. Doch Sprachschnipsel genau dieser Art sind mehr als gewöhnlich dialektal und müssen exakt der sozialen und regionalen Situation des Sprechers angepasst werden. Tati konnte seine *titis parisiens* richtig hinbekommen, weil er wusste, was ein Portier oder ein Klempner sagt. Aber all die anderen? Er brauchte Hilfe. Und er wandte sich – sehr spät und in großer Eile – an den wohl berühmtesten Amerikaner in Paris, den Kolumnisten Art Buchwald, der seit langem für die *New York Herald Tribune* über französische Themen geschrieben hatte. Aber Buchwald war zu der Zeit schon wieder in die Staaten zurückgekehrt. So nahm Tati mit unbearbeiteten Rollen von *Playtime* im Gepäck das nächste Flugzeug nach Washington und verbrachte dort eine Woche intensiver Arbeit an den englischsprachigen Gesten seines noch unsynchronisierten Films.

Buchwald behauptet, überrascht gewesen zu sein über seine exponierte Erwähnung im Vorspann – *Dialogues anglais: Art Buchwald,* in riesigen Buchstaben über die ganze Leinwand; er meinte, sein Beitrag sei nicht viel mehr als die normale Arbeit eines Redakteurs gewesen. Höchstwahrscheinlich aber dachte Tati, dass Buchwald in den Staaten richtig berühmt war und sein Name auf der Leinwand ihm, wenn es so weit war, eine Art Garantie für den Vertrieb des Films in Amerika gäbe. Wenn das so war, dann muss gesagt werden, dass es nicht geklappt hat.

Was jedoch sowohl in der französischen als auch in der »internationalen« Version auf spektakuläre Weise geklappt hat, ist die Darstellung einer Welt, in der die Sprachen sich vermischen, bis zu einem gewissen Grad sogar verschmelzen. Tati hatte die Komik der Semi-Polyglotterie in *Les Vacances* genutzt, als der Kommandant seine Sätze englisch beginnt und französisch beendet; aber im gaullistischen Frankreich der 1960er Jahre wurde das Problem der »Sprachreinheit« allgemein nicht mehr als ein Thema für Komiker betrachtet. René Etiemble hatte ungeachtet seines scharfen Intellekts und umfänglichen Wissens das *Franglais* – die fortschreitende Einverleibung englischer Wörter und sogar Redewendungen ins Französische – zu einem Thema für die Politik und auch die Sprachwissenschaft gemacht.[396] Sprachpuristen, die in Frankreich schon immer durch viele herausragende Namen vertreten waren – und das nie mehr als in den späten 1960er Jahren –, konnten in *Playtime* leicht eine filmische Polemik gegen das sehen, was sie als Bastardisierung oder Promenadenvermischung oder gar Kreolisierung der französischen Sprache betrachteten. Aber die Sprachspiele in Tatis Film und in Buchwalds Dialog rechtfertigen eine solche Ansicht nicht wirklich. Die meisten Charaktere sprechen eine Sprache muttersprachlich fließend und eine zweite – entweder Englisch oder Französisch – gebrochen; wenn sie sich in ihrer zweiten Sprache äußern, kommen sie oft nicht weiter und fallen in ihre Muttersprache zurück – wie zum Beispiel Reinhard Kolldehoff, der »Erfinder« der lautlos zuschlagenden Tür, der seiner Wut auf Deutsch Luft macht; oder der Dicke Amerikaner in der Party-Szene im Royal-Garden-Restaurant, der in seiner übergroßen Aufregung ins Englische zurückrutscht. Niemand – nicht Schneider, nicht Giffard, nicht Barbara – äußert ganze Sätze auf Franglais. Tatis Porträt einer internationalen und vielsprachigen Welt ist von Grund auf realistisch, weit weniger polemisch – und komisch nur insofern, als es eigenartige Kollisionen und Missverständnisse aufzeigt, die zustande kommen, wenn mehrere Sprachen zugleich gesprochen werden. Die Sprachwelt von *Playtime* ist *de facto* die, der man auf jedem europäischen Flughafen, in jeder Hotellobby begegnet; sie ist in kleinerem Umfang eine Neufassung der Sprachwelt, in der Tati sich in den späteren 1930er Jahren als international tourender Filmkünstler bewegte.

ACHTUNDDREISSIG

Das Ende des Wegs

Den Kritikern ist die Schönheit von *Playtime* durchaus nicht entgangen, doch in ihren Rezensionen behandelten die meisten von ihnen den Film als die Bestätigung einer vorhergesagten Katastrophe. Es hatte schon allzu viele Presse-Trailer für Tatis »*film-tortue, film-monstre, film-mystère*« gegeben, wie *Paris-Jour* das nannte.[397] Der Regisseur hatte Journalisten gegenüber schon gestöhnt, dass er am Rand des Bankrotts stehe, dass er aufgeben und weggehen würde, dass er lieber auf einer Safari wütenden Tigern begegnen würde als den Kritikern seines größten Films, weil der sowieso missverstanden werden würde.[398] Im Sommer 1967 erklärte er:

> Ich habe es satt, Don Quixote zu spielen. In diesem Abenteuer habe ich meine Gesundheit ruiniert und jeden und alle richtig gegen mich aufgebracht. Nach *Playtime* möchte ich wirklich gern aufhören.[399]

Tati machte sich auch sehr unbeliebt bei den Filmjournalisten, indem er sie so weit wie er nur konnte vom Set und von den Schnittstudios fernhielt und in der Endphase vor der Herausgabe des Films nur sehr wenige Interviews gewährte. Er musste es sich mit vielen von ihnen verdorben haben, denn bei den jährlichen »Auszeichnungen« bedachten sie Tati (*ex aequo* Marlon Brando) 1968 mit der »Zitrone«, dem Spottpreis für das am wenigsten fügsame, um nicht zu sagen das unflätigste Subjekt, mit dem sie es zu tun gehabt hatten.[400] Hochnäsig, abwehrend und oft wortkarg verschlossen, war Tati kein guter Gesprächspartner. Er erwartete, wie das Genie behandelt zu werden, das er zweifellos war. Doch angesichts der misslichen Lage, in der er sich befand, hat sein unkluger Umgang mit nicht unbedingt kompetenten oder bewundernswerten Publizisten diesem *Enfant terrible* nicht geholfen, das Publikum zu erreichen, das Specta-Films unbedingt brauchte.

Einen Monat vor dem Eröffnungsabend servierte *Minute* die Schlagzeile: *Tati au bout du Hulot*, ein cleveres Wortspiel, das sagt: »Tati am Ende seiner Kraft«. Auch Tatis Einspruch gegen das Gerichtsurteil zugunsten Orains kam am 30. Oktober 1967 zur falschen Zeit und wurde Anfang November in der Presse weithin breitgetreten.[401] Es war durchaus nicht förderlich für *Playtime*, dass Tatis schmutzige Wäsche (in Sachen Finanzen) kurz vor dem Start in den Zeitungen ausgehängt wurde. Mehr noch, *Playtime* konnte nicht sofort allgemein veröffentlicht werden und war mehrere Wochen lang nur im Empire zu sehen, das mit einer Krippe für Kleinkinder ausgestattet war (worauf Tati – mit finanzieller Unterstützung einer Designer-Firma für Kinderkleidung – bestanden hatte),[402] und das höhere Preise verlangte als andere Kinos in Paris. Die Geldgeber, die Tati gegenüber bisher noch nicht misstrauisch oder seiner müde geworden waren, konnten jetzt klar und deutlich sehen, was auf sie zukam.

Die Rechte für den Film wurden im Vereinigten Königreich und auch in Skandinavien verkauft, wo der Film auf bessere Resonanz stieß. In England füllten sich die Häuser für *Playtime*, zumindest in den ersten Wochen, zu achtzig Prozent. Ein britischer Produzent, Dmitri de Grunwald, der Tati während seines Urlaubs in La Baule kennengelernt hatte, schien daran interessiert, Finanzierung für einen weiteren Hulot-Film zu beschaffen. Die Reaktion der Presse in Mexiko, Uruguay, Argentinien und Ekuador war mehr als befriedigend. Aber das französische Publikum, und vor allem die US-Verleiher waren nicht überzeugt:

> Es gibt einen guten Grund: Von zehn befragten Zuschauern sagte einer, der Film habe ihm gefallen; drei gaben zu, dass er sie zum Lächeln gebracht habe; die übrigen sechs hatten, als sie mit Gesichtern trüb wie das Grab aus der zweieinhalb

Stunden langen Vorführung herauskamen, ein und denselben Refrain: *Tati c'est fini!* (Alles vorbei mit Tati!)[403]

Für Deutschland plante Tati, eine speziell deutsche Version zu fertigen, und er arbeitete wochenlang mit einem deutschen Übersetzer im April, Mai und Juni 1968 in Paris, als Paris sich gerade in einer Art Belagerungszustand befand. Für diese Version wurde die Tonspur für Barbara, Reinhard Kolldehoff und den Manager des Royal Garden von deutschsprachigen Personen überspielt (in den beiden ersten Fällen mit denselben Darstellern, die ja Deutsche waren). Für alle anderen Rollen mussten die *ursprünglichen* Darsteller die deutsche Übersetzung lesen, das heißt, sie mussten eine Sprache sprechen, die sie nicht verstanden. Das war ein gewagtes Experiment der Sprachvermischung, das Tati sich vermutlich im Dienst seiner Konzeption des komischen Realismus erlaubte.[404]

Es ist nicht ungewöhnlich, dass es sechs Monate oder länger dauert, bis ein neuer ausländischer Film einen amerikanischen Verleih findet (weit üblicher ist es, dass ausländische Filme überhaupt nicht in amerikanische Kinos kommen). Aber sechs Monate nach der Pariser Premiere von *Playtime* mutierten die Studentendemonstrationen im Quartier Latin zu Krawallen, und urplötzlich schien Frankreich wieder einmal am Rand einer Revolution zu stehen. Die »Ereignisse« vom Mai 1968 machten weltweit Schlagzeilen und verdrängten alle anderen Nachrichten aus Frankreich. *Playtime* – wie auch Georges Perecs Roman *Die Dinge* und eine ganze Reihe anderer französischer Kulturexporte – war in Amerika völlig uninteressant geworden, denn das alles kam von »vorher«. Die Verbindung zwischen Tatis Vorstellung des Neuen und dem, was sich aktuell auf den Straßen abspielte, lag weniger als klar auf der Hand: Im Kontext dessen, was zu der Zeit einen massiven Umbruch in der europäischen Geschichte anzukündigen schien, besaß der Film *Playtime* keine erkennbare Relevanz, und die US-Verleiher ignorierten ihn einfach. In einem

Schreiben an seine Bankiers erklärte Tati am Anfang des folgenden Jahres, dass die Ereignisse vom Mai 1968 der Hauptgrund für die Verspätung der Zahlungen seitens der transatlantischen Verleiher von *Playtime* seien, wie gleichermaßen auch für die zunehmende Verschuldung von Specta-Films.[405] Doch der Hauptgrund war nicht die verspätete Zahlung, sondern die Tatsache, dass überhaupt keine Zahlungen aus den USA fällig waren, da kein Verleih irgendein Interesse an dem Film gehabt hatte oder je haben würde. Nur amerikanisches Geld hätte Specta-Films vor der Zahlungsunfähigkeit bewahren können, und dazu ist es nie gekommen. Erst spät im Jahr 1970 fand eine Kopie von *Playtime* den Weg in die Vereinigten Staaten und wurde in einer »Vorschau« in einem Kino eines Randbezirks von New York (dem Continental Theater in Queens) gezeigt. Tati war enttäuscht, dass er nicht eingeladen wurde, um den Zuschauern »die Qualitäten und Schwächen dieses schwierigen Kindes [zu erklären], dem Gewalttätigkeit und auch Sex-Appeal fehlen, das aber eine gewisse Sanftheit zum Ausdruck bringt«, wie er (in seinem kuriosen Englisch) an seine Kontaktperson in der Walter Reade Organisation schrieb.[406] Aber es hätte ihm auch nichts genützt. *Playtime* hat nie eine uneingeschränkte kommerzielle Veröffentlichung in den USA erlebt, bis heute (1999) nicht.[407]

Konkurs ist kein freudiges Ereignis, und der Zusammenbruch von Tatis Imperium hinterließ viele verletzte Gefühle. Nicht nur die französischen Rechte, sondern auch die Abzüge und Negative aller Filme von Tati wurden konfisziert und von den Gerichten treuhänderisch aufbewahrt: Ab Ende 1967 wurden *Jour de fête, Les Vacances de M. Hulot, Mon Oncle* und sogar *Soigne ton gauche* aus dem Verkehr gezogen und konnten fast zehn Jahre lang nicht legal gezeigt werden. Wohl keiner fühlte sich durch diese Katastrophe mehr verraten und verletzt als Bernard Maurice, der über fünfzehn Jahre die geschäftlichen Angelegenheiten des Tati'schen Unternehmens betreut hatte. Er war Teilhaber von Specta-Films geworden und war als Geschäftsführer des Unternehmens haftbar für dessen ausstehende Schulden gegenüber wichtigen Segmenten des Sozialversicherungssystems (URSSAF).[408] Er und Tati trennten sich Ende 1968 in bösem Zerwürfnis, und viele andere Personen, denen Specta Geld schuldete, fanden Anlass, Tati als Gauner und Betrüger zu betrachten.

Tati schluckte seinen Stolz herunter und bat jeden, bei dem er ein offenes Ohr finden konnte, um Hilfe – genauer gesagt um Geld, denn er hatte jetzt nichts mehr, um auch nur zu leben. Sein alter Rugby-Kapitän Alfred Sauvy sprang ihm gern zur Seite. Er hatte vor langer Zeit einen Fonds für mittellose Gelehrte (Association Etudes et Recherches) eingerichtet und mag sehr wohl daraus geschöpft haben, um seinen alten Freund über Wasser zu halten. Aber er tat noch mehr. Er verschickte eine Bittschrift an alle noch lebenden Mitglieder der Sauvy-Fünfzehn und brachte sie dazu, (recht beträchtliche) Summen zu einer Stiftung für Micheline beizutragen.[409] Jacques wurde vorsichtshalber nicht miteinbezogen (denn jedes ihm zur Verfügung gestellte Geld wäre sofort zur Crédit Lyonnais, der UFIC und anderen Gläubigern geflossen). So hatte die Familie Tati wenigstens genug Geld für Lebensmittel. Viele andere Wohlgesonnene schickten Tati anonym Geld zu: Es kamen Postanweisungen von Schulkindern aus allen Ecken Frankreichs und auch von weiter her. Aber die Spenden von Fans und Bewunderern waren nur Tropfen ins Meer der Schulden. Sie konnten unmöglich das schöne Wohnhaus der Tatischeffs in Saint-Germain retten.

Nr. 9, Rue Voltaire wurde von Gläubigern in Besitz genommen und 1969, kurz nach dem Tod von Tatis Mutter, Claire Van Hoof, versteigert. Seine jetzt fünfundsechzigjährige Schwester Nathalie, die ein paar Jahre vorher ihr Dessousgeschäft verkauft hatte und in die Rue Voltaire eingezogen war, hatte damit ebenso wie Jacques und Micheline ihr Zuhause verloren. Ihr Lebenspartner Fernande Plé hatte genügend Geld für eine Mietwohnung in Saint-Germain, so dass sie wenigstens eine Unterkunft hatte. Jedoch war alles, was ihr eigentlich als Anteil am Familienerbe zustand, in Specta-Films investiert worden – das Unternehmen ihres Bruders, das jetzt insolvent war. So blieb Nathalie nichts, womit sie sich einen angenehmen Ruhestand und Lebensabend hätte machen können.

Tati und Micheline zogen zurück in die Rue de Penthièvre, wo sie eine kleine Wohnung nur wenige Meter entfernt von ihrem alten Daheim mieteten. Sophie und Pierre, die jetzt Anfang zwanzig waren, konnten sich selber durchschlagen. Das war eine schlimme Niederlage. Tati wollte völlig aufgeben. Raus aus Paris, irgendwohin auf eine Safari, einfach weg von allem. Es kann nicht überraschen, dass er in eine lange und tiefe Depression versank.

Das wirkliche Ende kam 1974. Nach lang sich hinziehenden Gerichtsverfahren wurde Specta-Films aufgelöst und der verbliebene kleine Rest des Besitzes auf einer Auktion verkauft. Potenzielle Käufer waren durch die folgende Anzeige in der Rubrik »Sonstiges« der wöchentlichen Fachzeitschrift der Filmbranche informiert worden:

```
Adj. AU TRIBUNAL DE COMMERCE PARIS, le 25 AVRIL 1974 à 14 h 15 - FONDS
En un    L'ENSEMBLE DES DROITS    pouvant appartenir à :
seul lot                          sarl • SPECTA FILMS •
   sur les films de long & court métrage, parlant, Noir & Blanc, Couleur
ci-après : PLAYTIME - MON ONCLE - LES VACANCES DE M. HULOT - JOUR DE FETE
   et SOIGNE TON GAUCHE - L'ECOLE DES FACTEURS - COURS DU SOIR.
      Mise à prix : 120 000 F (NE pouvant être baissée). Consign 50 000 F.
S'ad. Me DEMORTREUX, Not. 67, bd St-Germain - M. PINON. Synd. 16, r. Abbé-Epée.
```

Abb. 83: *Offizielle Ankündigung des Verkaufs von Tatis Werk*
(*Aus: Le Film français, Nr. 1528, April 1974*)

Der Anfangspreis von 120.000 Franken war kaum mehr, als es gekostet hätte, das blanke Zelluloid für die in der Annonce angeführten Filme zu kaufen. Zu diesem Preis war es wenigstens ein Startangebot. Aber die traditionelle Auktionskerze war niedergebrannt, noch ehe ein zweites Angebot kam, und Tatis Gesamtwerk – die Filmspulen und alle Nutzungsrechte – ging an Nino Molossena del Monaco, einen italienischen Immobilienspekulanten ohne jegliche Erfahrung in der Filmbranche und bis dahin ohne ein besonderes Interesse am Film. Das Filmmaterial ging direkt in die Banktresore. Es gab keinen besonderen Grund zu hoffen, dass es je wieder aufgerollt werden würde. Schwer vorzustellen, wie selbst Jacques Tati einen Witz oder Gag aus so einer brutalen Wendung hätte machen können. Das war ein sehr, sehr bitteres Ende.

Vierter Teil
Confusion
1970–1982

NEUNUNDDREISSIG

Tati-TV

Angesichts des *Playtime*-Fiaskos suchte Tati die Ursache für die Misere, die ihn eingeholt hatte, nicht in seinem Film. Er hatte den Film, den er machen wollte, gemacht, und zwar so, wie er ihn hatte machen wollen. Das war ein Privileg, das nur wenigen zuteilwird – ein Privileg, für das es nur recht und billig war, alles herzugeben, was er hatte.

Er fühlte sich verletzt von der mangelnden Bereitwilligkeit des Publikums, den Film so zu lieben, wie er ihn liebte; verletzt auch von der Blindheit der meisten Kritiker, die die »romantische« Form, die er dem Film gegeben hatte, nicht sahen. Als die amerikanischen Touristen in Paris ankommen, fällt einem von ihnen auf, dass die Lampen an der Autostraße eine ähnliche Form wie Maiglöckchen haben; und am Ende des Films findet Barbara ein kleines Maiglöckchen aus Plastik in dem Geschenkpäckchen, das ihr zukommen zu lassen Hulot schließlich geschafft hat. Unmittelbar darauf folgt eine Außenaufnahme aus der Sicht vom Inneren des Busses, der zum Abflug-Terminal des Flughafens zurückfährt: Wir sehen, wie in der hereinbrechenden Dämmerung ebendiese Straßenlampen aufleuchten wie ebenso viele Blumen, die sich des Nachts öffnen. Für Tati war diese visuelle Thematisierung positiver Beweis dafür, dass er dem modernen Leben nicht kritisch reaktionär gegenüberstand, sondern dessen Potenzial für Schönheit und Freude auf gefühlsmäßiger Ebene feierte.

Noch viel verletzender aber war es für ihn, wie ein Aussätziger behandelt zu werden, nur weil er insolvent war. Alte Geschäftspartner, selbst Nachbarn aus Saint-Germain, wechselten die Straßenseite, um ihn nicht fragen zu müssen, wie es ihm ginge. Selbstverständlich hatten die Mitarbeiter Specta-Films verlassen, doch gab es noch viele mehr, die ihn gleicherweise im Stich ließen. »Ich war allein und verlassen inmitten der Probleme, die das *Enfant terrible Playtime* geschaffen hatte«, schrieb er einem Bekannten, der wahrscheinlich auch einer seiner Gläubiger war. »Ich will nicht verbergen, dass ich kurz davor war, den Kampf aufzugeben.[410]

Aber die Familie stand zu ihm. Micheline war sein Trost und seine Stütze. »Ohne Madame Tati hätte ich nie irgendetwas erreichen können«, erklärte Tati einem Journalisten. Sie kam ohne neue Kleider aus, ohne großen Urlaub, selbst ohne ihr schickes Cabriolet:[411] Ihr eleganter Sunbeam Talbot (der in der Kreisverkehr-Sequenz gegen Ende des Films zu sehen ist) wurde tatsächlich gegen einen bescheidenen Citroën-Flitzer eingetauscht.[412] Sophie, die an der Seite ihres Vaters das Handwerk und die Finessen der Ton- und Bildbearbeitung erlernt hatte, begann ihre eigene Karriere aufzubauen, und Pierre machte sich daran, seine eigene Nische im Produktionszweig der Filmbranche zu finden.

Vereinsamt und niedergeschlagen in dem Missgeschick, das ihn ereilt hatte, machte Tati dennoch seine Drohung, »alles aufzugeben«, nicht wahr – und war auch klug genug, nicht auf Safari zu gehen. Alfred Sauvy, in dieser Zeit der Bedrängnis immer noch Tatis »Kapitän«, riet seinem alten Rugby-Freund, zur Music Hall zurückzukehren: »Du hast so viele Ressourcen, so viele Reichtümer!«, schrieb Sauvy.[413] Aber Tatis Gesundheit war nicht mehr die beste. Bereits in früheren Jahren musste er Warnzeichen bekommen haben. Während der Dreharbeiten für *Playtime*, zum Beispiel, hatte er für eine Weile das Rauchen aufgegeben, und die Art und Weise, wie er darüber sprach, lässt ärztliche Mahnung vermuten. Im Frühjahr 1969 musste er zur Beobachtung ins Krankenhaus; den Journalisten erklärte er damals, dass es sich um eine Nierenkolik handle.[414] Doch 1970, wenn nicht schon früher, wusste er, dass es eine Art Krebs war. Eine Rückkehr zu Live-Auftritten, wie immer Sauvy die sich vorgestellt hatte, würde ihm eine tägliche Routine abverlangen, die er sich einfach nicht mehr zumuten konnte. Die Zukunft war nicht rosig. Aber es gab Hoffnung.

In den 1970er Jahren machte Tati tatsächlich mehr Filme als in den 1960ern, obwohl keiner davon das Ausmaß von *Playtime* oder die Perfektion seiner früheren Werke besaß. Er drehte einen lustigen Werbekurzfilm für Lloyds Bank in London, den die Bank nicht freigab: Nach Aussage eines der daran beteiligten Darsteller, Jonathan Cecil, kam in dem Film eine verrückte Erfindung vor, die sehr ähnlich aussah wie die ATMs und die Geldautomaten in der Wand, die ein paar Jahre später eingeführt wurden, zu der Zeit aber den Banken noch nicht in den Sinn gekommen waren.[415] In Frankreich machte Tati für die Milchproduktefirma Danone eine Reihe von Kinowerbespots, die die schlank machende Wirkung des fettarmen Joghurts der Firma anpriesen. (Das sind deutlich erkennbare Tati'sche Filme, deren Komik jedoch krasser und kruder ist als in irgendeinem seiner Spielfilme. Sie machen sich über korpulente Damen auf eine Weise lustig, die heute inakzeptabel ist, und operieren mit weitgehend überholten sexistischen Annahmen und Äußerungen.) Jedoch schon vor der Herausgabe von *Playtime* hatte Tati Pläne für ein völlig neues Abenteuer ausgeheckt, für ein Projekt – nun endlich – außerhalb Frankreichs.[416]

Trotz des enttäuschenden Ergebnisses der Beteiligung von Specta-Films an *Alleman* (*Zwölf Millionen*, siehe S. 351) brach Bert Haanstra den Kontakt mit Tati nicht ab und blieb in seiner eigenen bescheidenen Sichtweise ein Freund, der ihn nach wie vor bewunderte. Er hatte sich für Tati in Amsterdam nach möglichen Drehorten für *Playtime* umgesehen und war zutiefst berührt, als er zu einer Gala-Vorführung des Films im Dezember 1967 nach Paris eingeladen wurde.

Bei dieser Gelegenheit – vielleicht sogar beim Abendessen nach der Vorführung im *chez Moustache* – muss Tati auf eine merkwürdige Idee gekommen sein: eine TV-Serie von zwanzig je ungefähr zwanzig Minuten langen Filmen mit Hulot in unterschiedlichen komischen Situationen zu machen. Haanstra war überrascht. Tati hatte das Fernsehen so oft zu seinem »Feind

Nummer eins« erklärt, hatte sich in aller Öffentlichkeit auf die Seite der Filmkunst geschlagen und die visuelle und kreative Armut des kleinen Bildschirms so nachdrücklich von sich gewiesen, dass sein Vorschlag eines »Tati-TV« geradezu schockierend war. Mehr noch, *Playtime* sollte ja das »Verschwinden« von Hulot darstellen, das Ende der Rolle der Komödien-Figur als solcher, den Anfang einer neuen, »demokratischen« Form der Filmkomödie, mit der ein als Hauptfigur seiner eigenen TV-Serie wiederauferstandener Hulot einfach nicht in Einklang zu bringen war.

Als Antwort auf einen Brief, in dem Tati seinen Plan etwas genauer ausführte, griff Bert Haanstra zum Telefon und sagte dem großen Regisseur, wie er darüber dachte.

»Jacques, du willst diese Episoden schnell fertig kriegen«, sagte er, »aber das kannst du nicht. Du bist konstitutionell unfähig, irgendetwas schnell zu machen.«

»Nein, nein«, erwiderte Tati. »Ich werde diese Filme nicht machen. Du wirst das tun.«

»Okay«, erwiderte Bert. »Vielleicht. Aber ich will dir einen Rat geben. Du solltest noch einen Hulot-Spielfilm machen, keine Fernsehserie. Lass dir eine Geschichte einfallen, in der Hulot ganz natürlich wieder aufersteht. Und nicht mit so einem riesigen Budget wie für *Playtime*. Deine anderen Filme sind genauso groß.«[417]

Anfang 1968 hatte auch Haanstra berufliche Enttäuschungen erlebt. Er hatte viel Geld und Zeit in einen Dokumentarfilm über Profifußball investiert, einen Film, der das niederländische Ajax-Team im Europapokal der Landesmeister 1967 bis zum erwarteten Sieg im Endspiel begleiten sollte. Aber wie die Politik, so ist auch der Fußball ein unberechenbares Spiel. Ajax wurde schon in der ersten Runde von Real Madrid geschlagen und aus dem Wettbewerb geworfen, und damit war auch Haanstras Film ins Wasser gefallen.[418] Zur gleichen Zeit musste auch ein von UNICEF gefördertes großes Filmprojekt über »Die Kinder der Welt« (*Kinderen in de wereld*) aufgrund mangelnder finanzieller Unterstützung aufgegeben werden. So kam es, dass Haanstra, wenn nicht gerade arbeitslos, doch zumindest für neue Projekte offen war. Die Gespräche mit Paris über ein möglicherweise gemeinsames Projekt mit Tati wurden fortgeführt – soweit wir wissen, meistenfalls per Telefon. Es ging darum, gemeinsam eine Struktur zu schaffen, die Anspruch auf Filmförderung aus dem niederländischen nationalen Produktionsfonds erheben könne: mit Haanstra als Regisseur (mit seiner eigenen Crew und in seinen Schnittstudios) und Tati als Autor und Hauptdarsteller. Aus dieser strukturellen Grundidee ergab sich das Thema wie von selbst – Kommunikationswege zwischen Frankreich und Holland, genauer definiert: die unlängst eröffnete Autobahn A1 in Richtung Norden bis zur belgischen Grenze. Über einen Film zum Thema Autoverkehr hatte Tati sich ohnehin schon seit einiger Zeit Gedanken gemacht (siehe S. 340).

Ohne Haanstra davon wissen zu lassen, führte Tati gleichzeitig Gespräche mit Svensk Filmindustri in Stockholm, denn er hoffte, auch hier Subventionen für sein nächstes Projekt zu erwirken. Doch Haanstra und Tati kamen im Juni 1968 in Saint-Germain zusammen und setzten einen Vertrag für die Vorbereitung einer abendfüllenden Filmkomödie in Farbe auf, die nicht, wie zu erwarten wäre, den Titel »Tati No. 5« bekam, sondern »Hulot Production No. 5«. Der Vertrag sieht vor, dass der Großteil des Films in Holland mit holländischer Besetzung gedreht wird. Einige Wochen später schlossen die Tatischeffs sich den Haanstras an und machten mit ihnen gemeinsam auf deren Schiff eine gemächliche Kreuzfahrt durch die Kanäle und entlang der Meeresküste Hollands. Das war ein wesentlich bescheidenerer Urlaub, als Tati ihn sich in vergangenen Zeiten in La Baule oder an der Riviera hatte leisten können; und in vieler Hinsicht auch weniger amüsant. Doch Jacques und Bert arbeiteten an ihren Plänen für den gemeinsamen Film weiter, für den Tati zu dieser Zeit noch bereit war, auf seine Rolle als Regisseur zu verzichten. Gab es doch ohne Bert keine niederländische Filmförderung. In einem Dankesbrief aus Paris schrieb Tati: »Die Tatsache, dass vier Menschen zehn Tage lang in einem Raum leben konnten, scheint mir Beweis dafür zu sein, dass unsere Zusammenarbeit aufs Freundlichste fortgesetzt werden kann.«[419]

Aber es gab noch kein Drehbuch, denn Nr. 5 war bislang nur visuell konzipiert worden. Haanstra hatte einen Karikaturisten gefunden (eine seiner Zeichnungen hatte ihm imponiert und auch Tati überaus gefallen) und Zeichnungen von Autos und Verkehr generell zum Thema des modernen Reisens in Auftrag gegeben. Die gesamte Serie – dreiundvierzig Autoskizzen und achtundzwanzig Comic-Zeichnungen von Reisebegebenheiten – wurde Ende August 1968 geliefert und sollte als »Rohmaterial« für den ganzen Film dienen. Es war ebenfalls bereits beschlossen worden, dass die im Film dargestellte Reise von Paris nach Amsterdam im Ausstellungsraum RAI der großen Amsterdamer Automobilmesse enden würde. Haanstra hatte die Genehmigung eingeholt, die Halle zu nutzen: vor und nach abgeschlossener Einrichtung der Ausstellung sowie vor ihrer offiziellen Eröffnung und auch während der allgemein geltenden Öffnungszeiten. Das Management der Halle schien nur allzu angetan von der Aussicht, dass der Haanstra-Tati-Film auf ihrem Gelände gedreht werden würde.

Trotz dieser positiven Schritte war das Projekt Ende 1968 noch nicht richtig auf den Weg gekommen, als Tati seine schwedischen Karten auf den Tisch legte und vorschlug, das Projekt zu einer dreiseitigen Koproduktion umzustrukturieren, wobei Svensk Filmindustri die ersten 200.000 Dollar übernimmt, der niederländische Film-Fonds die nächsten 150.000 Dollar und »Frankreich« (das heißt Tatis theoretische Unterstützer) 100.000 Dollar beisteuert und Tati angesichts seines persönlichen Beitrags als Darsteller und Autor fünfzig Prozent der Rechte behält. Aber Svensk Filmindustri zahlte, solange kein Drehbuch vorlag, nichts aus; und Bert konnte seinen Antrag auf Filmförderung ohne klaren Plan und ohne Drehbuch nicht einreichen. So machte Tati sich schließlich daran, ein Szenario aufzusetzen. Er brachte einen Umriss von sechs Seiten zustande, ohne Titel, ohne Namen – offen gestanden: eine Schluderarbeit ohne Hand und Fuß.

Dennoch drehte Haanstra schließlich im Mai und April 1969 nach der Vorlage dieses vagen Bruchstücks die in der leeren Halle aufgenommenen Sequenzen von *Trafic* (in einem Hangar des Flughafens Amsterdam Schiphol) sowie die Eröffnungsszenen der Automobilmesse und einige andere Sequenzen (insbesondere die mit versteckter Kamera eingefangenen Schnappschüsse von Autofahrern, die im Stau stecken und sich in der Nase bohren). Haanstra tat das, weil er Tati für einen ehrlichen Mann hielt und glaubte, dass die finanziellen und rechtlichen Details letzten Endes ordentlich geregelt werden würden. Und aus ebendiesem Grund, vermutlich aber schweren Herzens, begann er mit diesen Dreharbeiten in eigener Verantwortung und mit eigenen Mitteln.

Tati schien nicht sehr beglückt darüber zu sein. Tatsächlich schien er überhaupt nichts zu sein: Am Telefon war er die meiste Zeit nicht zu erreichen, und Haanstras Briefe blieben oft unbeantwortet. Die einzige Nachricht, die Mitte 1969 aus Paris kam, war die, dass Tati endlich einen Unterstützer gefunden hatte: Robert Dorfman, der sich scheinbar willig zeigte, sein Geld herzugeben und es Tati zu überlassen, alles Übrige selber zu gestalten. Aber nichts von diesem Geld war nach Holland gekommen, wo die Dreharbeiten doch schon im Gang waren. Tati schickte Haanstra einen formalen Vertrag für den Film – doch Haanstras Anwälte ließen ihn dieses Dokument nicht unterschreiben, denn es hätte ihn für den Großteil der Risiken haftbar gemacht. Dennoch drehte Haanstra weiter im DAF-Werk und hielt Ausschau nach anderen Drehorten in Antwerpen und anderswo. Er hatte eine gute Vorstellung davon, worum es in dem Film gehen sollte, aber abgesehen von der sechsseitigen »Zusammenfassung« gab es noch kein Drehbuch, obwohl der Film jetzt einen neuen Titel hatte: *Yes, Mr Hulot!*

Mitte Juli, als Haanstra kaum noch zwei Monate hatte, in denen es sinnvoll war, Dreharbeiten im Freien einzuplanen, riss ihm der Geduldsfaden. Er war empört, als ihm zugetragen wurde, dass Tati, der vermeintlich Tag und Nacht am Drehbuch arbeitete, zum Moskauer Filmfestival geflogen war, ohne ihn wissen zu lassen, dass er zwei Wochen nicht erreichbar sein würde. So umging er Tati, schrieb direkt an den Geldgeber Dorfman und legte ihm ein klares Ultimatum vor: Sollte es nicht bald wirklichen Fortschritt geben, dann werde er, Haanstra, aus dem Projekt aussteigen müssen. Was er gegen Ende August 1969 dann auch tat. Von da an war »Hulot Production No. 5« Jacques Tatis Film.

Freilich kann man Tatis saumseliges und ungehobeltes Verhalten mit der emotionalen Anspannung erklären, die seine finanziellen Probleme ihm verpassten. In den Jahren nach *Playtime* war er sehr anfällig für depressive Attacken, und wie wir schon gesehen haben, hatte ihm sein Gesundheitszustand in der ersten Hälfte des Jahres 1969 einen gewaltigen Schrecken eingejagt. Auch muss er sich wohl gefragt haben, ob er wirklich noch irgendetwas zu sagen habe. Er hatte keinen Broïdo mehr und keinen Etaix, der seinen kreativen Geist anregte und entfachte, und auch Bernard Maurice war nicht mehr da, um die geschäftlichen Angelegenheiten im Griff zu behalten. Marie-France Siegler, seine Assistentin und Begleiterin, sowie Juliette Wuidart, seine Bürokraft, waren alles, was ihm von dem alten »Familien«-Team geblieben war. Tati war ein sehr einsamer alter Mann.

Am Drehort jedoch erwachte der alte Mann wieder zum Leben – und zwar mehr, als Haanstra es gutheißen konnte. Im März 1969 hatte Tati bei den Dreharbeiten für die Automobilshow in Amsterdam wie immer darauf bestanden, Laiendarsteller für die Statistenrollen einzusetzen, und hatte, wie immer, darauf bestanden, ihnen zu zeigen, wie sie sie selber zu sein hatten. Bei seinen mimischen Vorführungen, wie die Statisten gehen sollten, konnten sich Crew und Besetzung nicht halten vor Lachen. Und dann waren die Statisten an der Reihe: und nicht einer konnte

Abb. 84: *Tati und Crew beim Dreh von* Trafic. *Amsterdam, März oder April 1969*

lachen. Haanstra fand das äußerst peinlich diesen Leuten gegenüber, die erst durch Tatis bombastische Übertreibung ihrer Körperhaltung und ihrer Gesten lächerlich gemacht wurden und dann doppelt so dumm dastanden, weil es ihnen nicht gelang, sich selber komisch darzustellen. Dies also ist die ungesehene Grausamkeit von Filmen, in deren endgültiger Form es nichts als Freundlichkeit und Anmut zu geben scheint. *Les Vacances* und *Mon Oncle* müssen auf ebendiese Weise gemacht worden sein, dachte Haanstra. Tati muss eine Unzahl ahnungsloser Menschen manipuliert und erniedrigt haben, die er vorgeblich angeheuert hatte, nur sich selber zu spielen, nur sie selber zu sein. Diese Erkenntnis machte es Haanstra leichter, sich von einem Mann zu distanzieren, den er allzu sehr bewundert hatte. Es wurde ihm klar, dass Tatis Art der Regieführung mit seiner eigenen Vorstellung von Zusammenarbeit nicht vereinbar war. Zwar hatte er schon eigenes Geld für das Projekt ausgegeben, aber er hatte keinen Vertrag unterschrieben; er hatte jedes Recht, sich von dem Projekt zurückzuziehen.

Als Haanstra Tati seine Entscheidung mitteilte, gab der Maestro erstmal vor, nicht gehört zu haben – wie er auch 1958 Taubheit vorgetäuscht hatte, als Etaix seine Kündigung einreichte. Dann verhielt er sich – erst direkt und dann in formal abgefassten Briefen an Dorfman – so, als hätte er in den vergangenen Wochen nicht die geringste Ahnung davon gehabt, was Bert versucht hatte, ihm zu sagen. Tati hatte schon seit Jahrzehnten um seinen Ruf, ein »schwieriger Mensch« zu sein, gewusst und war manchmal auch stolz darauf (siehe S. 270). Aber die Höhen und Tiefen seiner langen Karriere hatten in ihm keinerlei Verständnis dafür aufkommen lassen, warum die meisten Menschen sich früher oder später von ihm abwandten. Daher ging er nach wie vor mit beruflichen Trennungen um, als handele es sich um Scheidungen oder Verrat oder Schlimmeres.

Svensk Filmindustri hatte sich im Juni 1969 vom Tati-Haanstra-Projekt zurückgezogen. Im Dezember wurde Tatis seit langem zahlungsunfähiges Unternehmen Spectra-Films formell unter Konkursverwaltung gestellt. Der halb gedrehte Film *Yes, Mr Hulot!,* jetzt mit dem Codenamen *Trafic*, wurde Ende des Jahres aufgegeben. Als eines der kreativsten und revolutionärsten Jahrzehnte des Jahrhunderts zu Ende ging, lag Tatis Karriere am Boden.

VIERZIG

Rettung aus dem Norden

In Stockholm, gerade am Anfang der dunklen Monate des Jahres 1970, stand Karl Haskel, der praktisch seit dessen Gründung für das schwedische Fernsehen gearbeitet hatte, vor einem eigenartigen Problem. Er brauchte ein Programmkonzept, das den Einsatz eines Leichtflugzeugs rechtfertigen würde: Ein Freund von ihm, ein Tontechniker, benötigte Flugstunden, um sich für seinen Pilotenschein zu qualifizieren. Da Not die Mutter der Erfindung ist, kamen Haskel und der talentierte junge Lasse Hallström, damals noch Kameramann,[420] auf die Idee von »Frühling in Europa«, einer Showbusiness-Zeitschrift mit Interviews von Künstlern und Prominenten aus ganz Europa zum Thema Frühling und was dieser für sie bedeutete. (Für die Schweden bedeutet der Frühling natürlich mehr oder weniger alles.) Der Vorschlag wurde vom Verwaltungsleiter des schwedischen Fernsehsenders Kanal 2, dem Finanzgenie Gustaf Douglas, angenommen, und so machte sich ein Dreierteam auf den Weg nach Malmö, Kopenhagen, Amsterdam und schließlich Paris, wo sie Interviews mit zwei internationalen Stars bekamen: Mireille Mathieu und Jacques Tati. Warum Tati? »Weil Schweden das Land war, das Tati am meisten liebte«, sagt Karl Haskel. Seine Filme – einschließlich *Playtime* – waren dort überaus beliebt, und es war allgemein bekannt, dass er Schweden liebte.

Lasse Hallström erkrankte bei seiner Ankunft in Paris an einem Magen-Darm-Virus und musste im Hotel das Bett hüten. So wurde das Interview von Haskel geführt, wobei der Tontechniker die Kamera bediente. »Warum«, fragte Tati, »habt ihr jungen Leute euch die Mühe gemacht, so weit zu reisen, um mich über den Frühling zu befragen?« Haskel erklärte den geheimen Grund – die für den Tontechniker einzutreibenden Flugstunden – und Tati lachte laut auf. Doch er schickte Marie-France

Siegler, nunmehr seine ständige Assistentin und Begleiterin, zu Hallström ins Hotel, nicht mit Hühnersuppe oder Aspirin, sondern mit Blumen, Trauben und Wein.

Die Dreharbeiten für *Trafic* sollten demnächst wieder aufgenommen werden, und Haskel fragte Tati, ob er am Set einen TV-Dokumentarfilm machen dürfe, ein »Making-of« von Tatis fünftem Spielfilm. Tatis Abscheu gegenüber dem Fernsehen war kein Geheimnis, auch nicht sein Missfallen, Fremde an seinem Set zu haben. Aber er erwärmte sich für die jungen Schweden, auch für den noch ungesehenen Kameramann. Haskel hatte keine Ahnung, dass Tati insgeheim schon seit ein paar Jahren den Gedanken ans Fernsehen gehegt hatte; auch nicht, dass Tati erst vor ein paar Monaten mit Svensk Filmindustri im Gespräch gewesen war. Daher war er mehr überrascht, als er es andernfalls gewesen wäre, als Tati dem Vorschlag uneingeschränkt zustimmte. Das war ein echter Coup für den jungen Produzenten. Es würde der erste und wahrscheinlich einzige Dokumentarfilm über einen Live-Dreh eines Tati-Films werden.

Gustaf Douglas, der mit Tatis Filmen aufgewachsen war und sich als absoluten »Tati-Fan« bezeichnete, war von Haskels Plan begeistert und gab ihm seine volle Unterstützung. So kamen Haskel, Hallström und ein Tati-Bewunderer, der Komikautor Lars »Brasse« Brännström, im Januar 1971 mit einer 16-mm-Filmkamera nach La Garenne-Colombes, um mit den Interviews von Tati und seinem *Trafic*-Team zu beginnen. Diese sollten in den Büroräumen stattfinden, die CEPEC, das neu gegründete, für Tatis TV- und Filmarbeit zuständige Unternehmen, gemietet hatte. Und abermals erkrankte Lasse Hallström bei der Ankunft und musste ins Bett. Diesmal schickte Tati seine »CinéSiegler« auf die Suche nach einem Arzt für den kranken Schweden.

Haskel nahm lange Gespräche auf, die er mit fast jedem führte, den er im Büro antraf: Michel Chauvin, den Finanzverwalter von CEPEC; Sophie Tatischeff, jetzt eine richtige Schnittmeisterin, die für ihren Vater arbeitete; Marie-France Siegler; für *Trafic* engagierte Schauspieler und natürlich Tati höchstpersönlich. In diesen Gesprächen, die teils auf Englisch, teils auf Französisch abgehalten und durch das Sprachgewirr oft schwer verständlich wurden, sagte Tati, dass er selber gern etwas fürs Fernsehen machen würde; oder wohl eher, dass er gern einen Weg fände, das Fernsehen zu *nutzen*, um seinen Hader mit der neuen Welt weiter zu verfolgen. Das sei im Augenblick nur eine Idee, sagte er, mit dem Codenamen »Tati-TV« oder TTV, die man für die Zukunft in Betracht ziehen könne, nach *Trafic* ...[421]

Diese Pariser Interviews waren natürlich nur die grundlegende Vorbereitung auf das eigentliche Projekt: die Dokumentation eines Filmdrehs. *Trafic* war seit dem Frühjahr 1969 in Arbeit gewesen: und war immer noch nicht fertig. Mit Dorfmans nachsichtiger Unterstützung und mit der Beteiligung zweier anderer Produktionsfirmen war Tati durch den Sommer 1970 gekommen, hatte die Straßen-Sequenzen direkt auf der Autobahn und die langen Episoden in der Werkstatt in Belgien gedreht. Das fing an, sich zu einem richtigen Film zu summieren, doch da er von Anfang an ohne ein ordentliches Drehbuch gemacht wurde – geradezu »unterwegs« improvisiert, wie die Regieassistentin Marie-France Siegler zugab –, war es schwer zu sagen, wann der Film fertig sein würde. Aber die wenigen, für den März in Amsterdam geplanten Drehtage sollten die letzten sein. Das Budget war bereits überzogen.

Haskel und Hallström kehrten nach Stockholm zurück und trafen sich, wie geplant, im März 1971 mit Tati und seiner Crew am Drehort in Holland. Als sie ankamen, nahm Tati sie beiseite und erklärte ihnen die Lage. Das Geld für den Film war ihm ausgegangen. Und der Kameramann war gerade von den Produzenten nach Paris zurückzitiert worden. Man konnte also nicht drehen, und die Schweden konnten Tatis Dreharbeiten auch nicht filmen. Es sei denn ... Oh, ja, na klar, natürlich konnte Lasse mit einer 35-mm-Filmkamera umgehen, und diesmal musste er auch nicht mit so einem Virus ins Bett. »Wunderbar!«, sagte der Regisseur. »Dann können wir ja morgen anfangen ... aber es gibt da noch ein Problem. Hm. Er ... sehen Sie, der Kameramann hat seine Ausrüstung mit nach Paris genommen, als er zurückmusste. Sie hätten nicht vielleicht, na ja, das wäre ja möglich, in Ihrer Ausrüstung eine ...«

Eine unglaubliche Situation: Ein weltberühmter Filmemacher, ein Oscar-Preisträger, eine nationale Ikone, die im Alter von fünfundsechzig Jahren einen Schnorrer nicht nur spielen musste. Für junge Männer wie Hallström und Haskel war die Gelegenheit – nein, die Verpflichtung –, einem gefallenen Giganten aus der Patsche zu helfen, geradezu überwältigend. Sie mussten es tun. Im Rückblick aber hat diese Szene, diese ganze Situation etwas Erbärmliches an sich. Wie hatte ein Mann mit Tatis Erfahrung, mit seinem Können, mit seinem Einfluss und Ansehen es dahin kommen lassen können, so tief zu sinken? Möglicherweise hat er seine Notlage übertrieben dramatisiert; vielleicht war es auch ein Schachzug, um den Dreh des Dokumentarfilms zu verhindern; höchstwahrscheinlich aber war das, was er den Schweden sagte, die ungeschminkte Wahrheit.

Haskel war mit einer 16-mm-Kamera und mit Schwarz-Weiß-Filmmaterial gekommen, um einen Film für die geplante Fernsehsendung zu drehen: Es gab noch keine tragbaren Videokameras, und alle Standortarbeiten für das Fernsehen wurden auf 16 mm gedreht und direkt ausgestrahlt. Da *Trafic* auf 35 mm in Farbe gedreht wurde, konnte Haskel nur helfen, wenn das schwedische Fernsehen willens und in der Lage war, die erforderliche Ausrüstung bereitzustellen; das aber musste sofort geschehen, weil Tati kein Geld hatte, um die Dreharbeiten zu verlängern. Haskel telefonierte mit Douglas und erklärte ihm das Problem. Innerhalb weniger Stunden befanden sich eine 35-mm-Kamera und das dazugehörige Filmmaterial in einem Flugzeug und wurden am nächsten Tag per Kurier am Set in Amsterdam zugestellt. Das war eine außergewöhnlich großzügige Hilfsaktion, aber keine unüberlegte: Gustaf Douglas konnte sich keinen besseren

Deal wünschen, als Teil von Tatis Produktionsteam zu werden und vielleicht sogar das schwedische Fernsehen in Tatis zukünftige Arbeit fester einzubinden. Freilich war zu bedenken, dass die Arbeit am eigenen Dokumentarfilm bereits begonnen hatte und nicht einfach fallengelassen werden durfte; und um dieses Projekt weiterzuführen, musste *Trafic* wieder in Gang gebracht werden. Aber dieses durchaus reale Eigeninteresse mindert in keiner Weise die spektakuläre Großzügigkeit und konkrete Effektivität der Reaktion der Schweden.

Als Gegenleistung für diese unverhoffte Hilfsaktion gab Tati seinem Retter Karl Haskel die Erlaubnis zu filmen, was immer er wollte, während Lasse Hallström die Kameras für die letzten drei Tage des Drehs von *Trafic* bediente. Mit seinem strähnigen langen Haar, seinem alten Katzenpelzmantel und seinen Post-68er-Ansichten entsprach Hallström ganz und gar nicht Tatis Vorstellungen von professionellem Stil und Benehmen. Bei dem nach zwei Drehtagen für die ganze Crew gegebenen Abendessen besaß Hallström die Dreistigkeit, oder den revolutionären Eifer, dem Großen Regisseur zu widersprechen. Alles am Tisch hielt den Atem an. Für die meistenteils jungen und meistenteils französischen Tafelgäste des Tati war es eine Sache, anderer Meinung zu sein; es ihm aber direkt ins Gesicht zu sagen, war etwas ganz anderes. Da war Sturm angesagt, und der kam. Von Wut gepackt sprang Tati auf und stürmte aus dem Restaurant und überließ den Schweden die Rechnung. Auch Lasse Hallström war wütend und verkündete, dass er keine einzige Minute mehr für so ein dickschädeliges Monster arbeiten werde.

Doch es gab noch einen weiteren Drehtag, der über die Bühne laufen musste. So bekam Karl Haskel noch am selben Abend im Hotel einen Schnellkurs in der Bedienung von 35-mm-Kameras, und am nächsten Morgen erschien er am Set übernächtigt, aber bereit für die Arbeit. Tati war zuerst überrascht, doch dann ganz der Profi: »Gut«, sagte er. »Machen wir weiter.« Das Zerwürfnis mit Hallström wurde nie geheilt, und alle Aufnahmen, die er gefilmt hatte, wurden verworfen, wohingegen zwei oder drei der von Haskel gefilmten Aufnahmen in der Endfassung von *Trafic* belassen wurden.

Während der Drehzeit in Amsterdam wurde die Idee einer Koproduktion mit dem schwedischen Fernsehen wieder aufgegriffen, und in den Wochen danach blieben Haskel und Tati per Brief und Telefon in Kontakt, um das Projekt zu präzisieren. Tati hatte seinen Entwurf »TV-Szenario« ins Englische übersetzen lassen und schickte ihn unter dem Titel *TTV* nach Stockholm, wo er mit großem Interesse gelesen wurde.

Das englischsprachige Szenario scheint absolut nichts mit der ursprünglichen Idee für eine Fernsehserie gemein zu haben, die Tati 1967/68 Bert Haanstra vorgelegt hatte. Andererseits hat es sehr viel gemein mit dem Projekt, das später den Titel *Confusion* bekam, wovon es der früheste uns erhaltene Entwurf zu sein scheint. Aber die Idee einer »Serie« war eine Phantasie, der Tati in jenen Jahren immer wieder nachhing, und die im Sommer 1971 im Zuge seiner Verhandlungen mit seinen Gesprächspartnern in Stockholm neu auflebte. Einmal schien Tati kurz davor zu stehen, der Herstellung einer Serie von zwölf, möglicherweise fünfzehn kurzen Fernsehfilmen zuzustimmen, die geeignet waren, in einen Spielfilm von neunzig Minuten zusammengefügt zu werden. Ein anderes Mal sollte es genau umgekehrt laufen: Ein neunzig Minuten langer Spielfilm sollte so konstruiert werden, dass er in ungefähr zwölf kurze Fernsehfilme aufgeteilt werden konnte. Doch *Trafic* war noch nicht ganz fertig. Zusammen mit Maurice Laumain und Tochter Sophie war Tati immer noch in den Schnittstudios beschäftigt.

Noch niemand hatte versucht, etwas herzustellen, das gleichzeitig eine Fernsehserie und ein Kinospielfilm sein konnte – und das aus gutem Grund: Fernsehbildschirme hatten und haben immer noch ein Seitenverhältnis von 1:1,33, die Kinoleinwand aber 1:1,65 – wenn sie nicht die durch Anamorphose und/oder 70-mm-Film ermöglichten breiteren Formate nutzt (siehe

S. 379–382). In seinen ersten Diskussionen mit dem schwedischen Fernsehen ging es Tati um das ästhetische und technische Problem, gleichzeitig mit zwei unterschiedlichen Medien zu arbeiten. Der rührige, geschäftstüchtige Gustaf Douglas kam 1971 zu einem dieser anfänglichen Gespräche nach Paris und hatte ebenfalls das Vergnügen, mit Tati zu speisen. Nach dem Dessert erhob sich Tati und imitierte einen jungen Mann bei seinem Aufstieg in der Welt: Obwohl er Gustaf Douglas kaum ein paar Stunden gesehen hatte, stellte er diesen Mann so perfekt und elegant dar, dass selbst das Wunderkind des schwedischen Fernsehens geschmeichelt, vorzüglich unterhalten und amüsiert war.

Die Fernsehkameras der frühen 1970er Jahre waren große und schwere Geräte, die von drei Personen bedient werden mussten und daher nur für die Arbeit im Studio geeignet waren. Tati wollte wissen, ob es möglich sei, einen 16-mm-Film (die Norm für Fernsehsendungen) zu benutzen und ihn dann auf 35 mm zu vergrößern, damit er in gewohnter Weise einen Kinofilm schneiden könne. Als er zu der beträchtlich verspäteten Premiere von *Trafic* nach Stockholm kam, bat er das schwedische Fernsehen, diese Prozedur zu testen, und besprach sich mit Technikern und Administratoren über ihre Praktikabilität und ästhetischen Konsequenzen.

Es war klar, dass das eine sehr teure Angelegenheit werden würde. Douglas war ein aufrichtiger Bewunderer des Künstlers Tati, und er war nicht einmal halb so alt: Aber er musste öffentliches Geld verwalten und konnte nicht zulassen, dass ein alter Mann es verschwendet. So wurde es bei einem dieser technischen »TV-Kino«-Gespräche sehr laut. Tati und Douglas beruhigten sich und schlossen einen Pakt: Jeder durfte Beleidigungen und Flüche in der Sprache herausbrüllen, die er am besten beherrschte, in der er am effektivsten kränken und verletzen konnte. Douglas beschimpfte Tati auf Englisch, und der Regisseur schimpfte auf Französisch zurück. Er wusste, dass er im Grunde genommen einen echten Freund im Norden hatte. Und dass er einen Weg finden würde, seinen nächsten Film in der königlichen Stadt zu machen, die ihm schon einmal (1948) zu Hilfe gekommen war, als es unvermeidbar schien, dass sein erster Spielfilm, *Jour de fête,* in der Versenkung verschwinden würde.

EINUNDVIERZIG

Spiegel der Mobilität

Während der sich bruchstückhaft in die Länge ziehenden Dreharbeiten für *Trafic* festigte sich unter Intellektuellen und ernsthaften Filmkritikern immer mehr Tatis Ruf als Filmemacher, der seiner Zeit zehn Jahre voraus war. *Les Cahiers du cinéma* widmete den größten Teil der Ausgabe 199 (März 1968) dem Spielfilm *Playtime* – mit Beiträgen von weithin respektierten Filmkritikern und Theoretikern, wie zum Beispiel Noel Burch. Diese Würdigung war kein Trostpflaster für Tatis finanzielles Fiasko; sie wurde mehr und mehr als das wahrgenommen, was ihm gebührte.

Für die Erstvorführung von *Trafic* im April 1971 im nagelneuen Gaumont-Kino am Champs-Élysées hatte Tati – vielleicht auf Anregung durch Lagrange – eine geniale Idee: Der Titel des Films wurde nicht, wie üblich, in Neonlichtern über der Theatermarkise angebracht, sondern war in lang gestreckten Lettern wie eine Aufzeichnung städtischer Verkehrsadern auf einem großen Spiegel zu lesen. So konnte der Flaneur auf dem prachtvollen Vergnügungsboulevard durch das Wort »Trafic« hindurch die Spiegelung ... tatsächlichen Verkehrs sehen.[422] Das war ein Kunstgriff, der in seiner Einfachheit und ironischen Wirkung weit über die rein kommerzielle Funktion der Eigenwerbung hinausging. Auf durchaus tiefsinnige Weise *war* das Kinoschild das Sinnbild des Films.

Die Premiere war ein großartiges Event, an dem viele öffentliche Persönlichkeiten teilnahmen, einschließlich des Verkehrsministers Raymond Marcellin. Es ist unwahrscheinlich, dass er in dem Film, den er sah, viel Inspiration für das Straßenbauprogramm gefunden hat.

Für *Trafic* hatte Tati seinen Hulot aus einer ehemals arbeitsunfähigen Randfigur von Christus-ähnlicher Bescheidenheit in einen technischen Zeichner verwandelt, in einen Mitarbeiter bei

Altra, einer Firma, die Autos nach Kundenwunsch individuell anpasst. Das einzige Modell der Firma war ein winziger Campingwagen, ein entfernter Nachfahr des Amilcar in *Les Vacances de M. Hulot*: ein aufs Komischste mit Kinkerlitzchen ausgestattetes, Nur-raus-und-weg-von-allem-Phantasiefahrzeug, das die Vorstellung persönlicher Unabhängigkeit und sparsamer Urlaubsgestaltung scherzhaft ad absurdum führt. Gebaut auf dem Chassis und der Karosserie eines Renault (Standardmodell 4L), wurde der Altra tatsächlich während der ersten paar Wochen der Vorführung von *Trafic* in den Ausstellungsräumen von Renault gegenüber dem Lichtspieltheater ausgestellt – was beträchtlich zur Verwirrung des Realen und Imaginären auf dem Champs-Elysées beitrug.

Doch im Film sehen wir relativ wenig von dem kleinen Wunder auf Rädern, und nie sehen wir es auf der Straße. Von Anfang bis Ende des Films bleibt es die Idee eines Autos, ein vager Traum von einer in sich geschlossenen Welt, die dennoch unverkennbar französisch ist – der hinter der Stoßstange versteckte Elektrogrill ist maßgefertigt für *steak frites* (»mit einer Beilage von losen Erdapfelspänen«, wie ein Rezensent witzelte), und die gestreifte Markise sieht genauso aus wie die der Strandkabine in *Les Vacances*, die ihrerseits auf Designs aus den Animationsfilmen von Emile Reynaud zurückgeht wie auch auf Meeresgemälde von Eugène Boudin.

Der Film erzählt die Geschichte der Fahrt von der Altra-Fabrik irgendwo in der Nähe von Paris zur Automobilmesse in Amsterdam. Hulot begleitet den Lastwagen, der sein Modell transportiert, und die Komik des Films ist die knarrend uralte Komik einer Reise, auf der alles schiefgeht. Der Lkw kommt zu spät zum Aufladen. Dem Lkw geht das Benzin aus. Der Lkw wird von belgischen Grenzbeamten von oben bis unten durchsucht. Und natürlich hat der Lkw in gottverlassenster Gegend eine Panne und muss auf dem Schrottplatz einer Autowerkstatt am bukolischen Ufer eines flämischen Kanals endlos auf alle möglichen Reparaturen warten. Die Tage vergehen, und bei den Handelsvertretern von Altra wächst der Frust, bis sie sich schließlich gezwungen sehen, ihren leeren Stand zu verlassen. Als das Fahrzeug endlich an der Halle ankommt, ist die Ausstellung bereits geschlossen. Hulot aber zahlt für seine Verspätung keinen wirklichen Preis: Das kokette und aufreizend modische PR-Girl, das in ihrem winzigen, knallgelben Cabrio-Flitzer auf der Autobahn hin und her gerast ist, lässt es schließlich zu, dass Hulot ihr ein bisschen ganz normale Wärme entgegenbringt, und in den Schlussbildern des Films sehen wir, wie Hulot seinen langen Arm um ihre Schulter legt und sie durch den Regen zurück zu ihrem Auto begleitet.

Für einen im Lauf der Dreharbeiten fast improvisierten Film besitzt *Trafic* eine ziemlich klar umrissene Handlung – eine Handlung, die klar erkennbar die eigenartige Entstehung des Films wie auch die fundamentale Schwäche seines Schöpfers offenlegt: Tatis Unfähigkeit, irgendetwas pünktlich zu absolvieren. Aufgenommen von mehreren sehr unterschiedlichen Kameraleuten – Haanstra, Paul Rodier, Hallström und (für eine Sequenz) Haskel –, ist die endgültig bearbeitete Version des Films dennoch kein allzu offensichtlicher Flickenteppich von Stilen, selbst wenn die Sequenzen mit versteckter Kamera recht neu sind für das, was man als Tatis Kunst betrachtete. Aber was tausend Makel wert ist, was die mit der ganzen Produktion verbundenen traurigen Zerwürfnisse und das Durcheinander rechtfertigt und aufwiegt, sind die außergewöhnlichen Sequenzen in *Trafic*, in denen Tati die Personen, die Autos und Regenschirme sich mit der expressiven Anmut eines perfekt einstudierten Balletts bewegen lässt.

In dem riesigen Hangar, wo die Ausstellung stattfinden soll (eine Sequenz, die am Flughafen Schiphol, nicht im RAI selber aufgenommen wurde), vermessen Beamte in dunklen Anzügen mit Aktentaschen die Stellflächen der einzelnen Stände. Wir sehen sie in einer sehr langen Kranaufnahme auf einer Fläche, die mehrere Hundert Fuß tief unten liegt. Die Stellflächen sind

Abb. 85: Trafic: *Der Unfall*

durch eine Art Strick oder Draht gekennzeichnet, über den die Beamten auf Schritt und Tritt steigen müssen. Und so sehen wir diese Männchen da unten, wie sie mit fast militärischem, geschäftsmäßigem Tritt ein paar Schritte nach links marschieren, dann ein Knie anheben, um über den Draht zu steigen, sich dann in gewohnter Weise fortbewegen. So schreiten sie hierhin und dorthin – denn sie überprüfen den gesamten Grundriss für die große Show – und an für sie logischen, für uns aber nicht vorhersehbaren Stellen heben sie das Knie und steigen über Drähte, die wir nicht sehen können. Das ist ein Gag, der John Cleeses zeitgleicher Erfindung des Ministeriums für alberne Gangarten völlig entgegengesetzt ist. Was Tatis Beamte tun, ist total vernünftig und realistisch; es wirkt nur deshalb surreal, weil wir noch nie zuvor so etwas mit Tatis sorgfältiger, distanzierter Aufmerksamkeit betrachtet haben.

Das visuelle Herzstück der zum Scheitern verurteilten Reise auf überfüllten Autobahnen zur Amsterdamer Ausstellung ist der Große Crash. Er passiert an einer Kreuzung, die von einem

Polizisten kontrolliert wird. Der erste Unfall zwischen dem Altra-Lastwagen und einem Auto wird verursacht durch eine Kombination von schlechtem Fahren des PR-Girls Maria in ihrem Flitzer und widersprüchlichen Anweisungen des nervösen Verkehrspolizisten. Dieser erste Zusammenstoß ist der Auslöser für eine Kettenreaktion auf der überfüllten Straße, und mindestens ein Dutzend Fahrzeuge »schlittern« ineinander oder in den Straßengraben. Ein Citroën DS, der aussieht wie eine fliegende Untertasse, bremst so scharf, dass die Hinterräder abheben und er auf den Vorderrädern im Winkel von fünfundvierzig Grad zur Straße wie auf Zehenspitzen vorwärtsschwebt. Der Ablauf dieser Massenkollision hat in dieser Aufnahme etwas Unplausibles, ja Unmögliches an sich. Wie in der Auto/Hund-Sequenz in *Les Vacances* wurde das Schlüsselelement dieses Stunts rückwärts durchgeführt: Offensichtlich ist es leichter, das Heck eines Citroëns in der Luft zu halten, wenn er rückwärtsfährt.[423] Hier aber ist der Kunstgriff des umgekehrten Films wesentlich deutlicher erkennbar als in *Les Vacances*, da wir nicht nur den tänzelnden Citroën sehen, sondern auch ein anderes Auto, das auf der linken Seite der Leinwand mit hoher Geschwindigkeit *rückwärts* rast; ein anderes Auto verliert ein Rad, das dann endlos wegrollt; ein VW »Käfer« gerät außer Kontrolle und fährt hinterher, wobei seine losgekommene und beschädigte Motorhaube auf und ab schlägt, und er plötzlich ein Raubtier zu sein scheint – vielleicht ein Krokodil –, das träge einem großen auf der Kante rollenden Bagel nachsetzt. Als alle Autos zum Stillstand gekommen sind, klettern die Passagiere und Fahrer auf die Fahrbahn, dehnen sich, tasten sich ab nach Knochenbrüchen, Prellungen und Muskelrissen – und führen, durchaus realistisch und gleichzeitig auf wundersame Weise, Gymnastikübungen auf dem mit Schrott übersäten Asphalt auf. Tati bringt hier die Erinnerung an seinen eigenen Unfall ins Spiel und reagiert so seine Emotionen ab, die sich für ihn immer noch mit jener schmerzhaften Unterbrechung seines Lebens verbanden. Dies ist mehr als nur eine ko-

Abb. 86: Trafic: *Nach dem Unfall*

Abb. 87: Trafic: *Regenschirme im Regen*

mische Überhöhung eines nur allzu häufigen Autounfalls. Etwas an dieser Szene – ihre komplexe Choreografie, ihre bedachtsame Eleganz – macht sie auch zu einem ganz persönlichen Denkmal. Sie war Tatis Medium, endlich mit seinem eigenen Großen Crash fertigzuwerden.

Mit der Schlusssequenz von *Trafic* scheint Jacques Tati bildhaft anschaulich Abschied zu nehmen von seinem gesamten Oeuvre: Das Altra-Team ist aufgrund seiner verspäteten Ankunft von der Ausstellung ausgeschlossen, Hulot ein allerletztes Mal von seinem Chef gefeuert worden. Er entfernt sich mit seinem federnden, straußenartigen Schritt in Richtung U-Bahn-Eingang und verabschiedet sich von Maria, dem PR-Girl, ehe er die Treppe hinuntergeht. Sie dreht sich um, bleibt aber stehen, denn es hat angefangen zu regnen – das erste und einzige Mal, dass es in irgendeinem Film von Tati regnet. Menschen strömen herein ins Trockene des Bahnhofs, und so muss Hulot, der es sich anders überlegt hat und die Treppe hoch nach draußen zurückkommt, sich durch eine immer größere Menschenmenge hindurchkämpfen. Er findet Maria, die auf ihn gewartet hat; und nun endlich spannt er seinen Regenschirm auf, der zwanzig Jahre lang zusammengerollt als Hulots Stütze und Symbol gedient hat. In dem Moment, als er den Schirm über Marias Kopf hält und seine freie Hand auf ihre Schulter legt, bekommen wir eine Kranaufnahme des ganzen riesigen Parkplatzes im Regen zu sehen, der sich unvermittelt in ein Blumenfeld verwandelt, da sich hier und dort und dann überall rote, blaue, schwarze und rosafarbene Regenschirme zwischen endlos langen Autoreihen öffnen. Hulot geht in der Menschenmenge unter, aber im Gegensatz zu seinem Abgang in *Les Vacances, Mon Oncle* und *Playtime* ist er nicht allein. Es hätte kaum deutlicher gesagt werden können, dass dies in der Tat das letzte Lebenszeichen des M. Hulot ist.

ZWEIUNDVIERZIG

Auf Tour, im Fernsehen, auf der Bühne

Die letzten Aufnahmen von *Trafic* wurden dank der Großzügigkeit des schwedischen Fernsehens im März 1971 gemacht, und der Film kam kaum einen Monat später in Paris heraus – ungewöhnlich schnelle Arbeit für einen Mann wie Tati. Doch in den vorangegangenen zwei Jahren hatte er sich mit seiner Rückkehr zu Hulot jedenfalls Zeit genommen und dabei nicht nur Haanstra aus dem Projekt vertrieben, sondern auch den nicht unterzukriegenden Gustaf Douglas fast bis zur Raserei getrieben. In der endlos langen Sequenz an der belgischen Zollstelle hatte Tati sich für das Leben auf dem Zollamt fast familiäre Szenen ausgedacht, darunter einen Witz altbewährter Art: X hält Y für Z. Wir sehen eine wohlbeleibte Frau mit auffallend riesigen Brüsten, und als sie sich bewegt und damit ihren Winkel zur Kamera ändert, sehen wir, dass sie tatsächlich ein nacktes Baby stillt. Für diese Aufnahme benötigte Tati einen Baby-Popo, dessen Rundungen dem Körperbau und der Hautstruktur des Busens der Schauspielerin entsprachen. Und keine Frage: die beiden mussten *genau* zusammenpassen. Tati musste die Dreharbeiten unterbrechen, um zusammen mit dem inneren Kreis seines Teams Kindergärten und Kinderkrippen im ganzen Land zu durchsuchen: Es dauerte eine ganze Woche, bis das geeignete Baby gefunden war. »Ein holländischer Popo!«, gibt Gustaf Douglas zur Antwort auf die Frage, warum Tati so lange brauchte, um seine Filme zu machen.

Auch die Musik in *Trafic* hat eine merkwürdige, doch für Tati charakteristische Geschichte. Sein Sohn Pierre war mit einer gewissen Maxi Walberg befreundet, und Walbergs Vater war zufällig ein Freund des Komponisten Charles Dumont, der vor allem als Autor von Edith Piafs berühmtestem Lied *Je ne regrette rien* bekannt ist. So wurde irgendwann im Jahr 1970, als die Dreharbeiten für *Trafic* noch ihren langen langsamen Gang gingen, ein gesellschaftliches Event arrangiert, um Tati und Dumont zusammenzuführen. Nachdem Tati dem Songschreiber vorgestellt worden war, sagte er fast nebenbei: »Wenn Sie wollen, können Sie die Musik für meinen Film schreiben.« Dumont war erstaunt, packte aber die Gelegenheit beim Schopf und versprach Tati, dass ihm schon etwas einfallen werde, sobald er die Bilder gesehen habe.

> Aber nein, doch nicht so, mein guter Freund. Sie denken sich ein paar Themen aus und spielen sie mir dann vor. Wenn Sie was haben, das mir gefällt, nehme ich es für meinen Film ...[424]

Tati versicherte Dumont, dass das Thema seines Films völlig unwichtig für den Komponisten sei, obwohl er ihm zu verstehen gab, dass es sich darin um Autos drehe. Dumont brachte ihm diese und jene Melodie, und jedes Mal befand Tati: Na ja, ganz ordentlich, aber vielleicht doch etwas zu fröhlich ... oder: Ja, das ist gut, aber ich glaube nicht, dass es fröhlich genug ist ... Bis Dumont eines Tages mit einer Melodie kam, bei der er überhaupt nicht an den Film gedacht hatte, und Tati ausrief: »Das ist es! Genau das, was ich haben will! Woher wussten Sie das?«

Tati hatte sich seinen Unterstellten gegenüber immer sehr ähnlich verhalten, hatte ihnen nie direkte Anweisungen gegeben und immer gewartet, bis sie ihm etwas vorlegten, von dem er meinte, dass er damit arbeiten könnte. Das schuf in den Büros und Studios von Cady, Specta und CEPEC eine Atmosphäre großer Freiheit, gleichzeitig aber auch kafkaesken Autoritarismus. Tatis Mitarbeiter konnten nie ganz ermessen, in welchem Ausmaß ihr Chef sie zwanglos in die richtige Richtung manipulierte, aber auch nicht, inwieweit der Maestro selber wirklich keine Ahnung hatte.

Dumonts Musik spielt in *Trafic* eine wichtige Rolle, wird aber auch über lange Sequenzen des Films hinweg von dem unangenehmen, quälend lauten Verkehrslärm übertönt. Tatsächlich ist der nachhaltigste Eindruck des ganzen Films vielleicht die

Anstrengung, zwei Stunden lang am Rand einer Autobahn verbracht zu haben. Noch merkwürdiger an der Tonspur des Films ist es, dass die Soundeffekte leicht, aber konsequent asynchron sind. Die winzigen Abweichungen von Ton und Bild waren schon von aufmerksamen Betrachtern von *Playtime* bemerkt worden; doch in *Trafic* ist dieser Effekt deutlicher wahrnehmbar, was zum Teil wohl darauf zurückzuführen ist, dass die Geräusche selber unangenehmer und viel lauter sind. Der Grund dafür liegt nicht in mangelnden Schnittfähigkeiten seitens Tatis oder seiner Assistenten Maurice Laumain und Sophie Tatischeff. Diejenigen, die Tati am nächsten stehen, glauben, dass der asynchrone Ton nicht als Verfremdungseffekt intendiert war, sondern daher rührte, dass Tati in seinen Sechzigern tatsächlich alles mit leichter Verzögerung hörte. Es ist durchaus möglich, dass Tatis Gehör sich mit fortschreitendem Alter, verbunden mit seiner generell trägen Art, verlangsamt hatte, obwohl seine Herangehensweise an Klang und Geräusch nicht weniger subtil und kreativ war.

Tati nutzte auch *Trafic*, wie alle seine Filme, um Stunts und Gags, die er aus den endgültigen Fassungen früherer Arbeiten weggeschnitten hatte, »wiederzuverwerten«. Einer dieser erkennbaren Rückgriffe verbindet das Maison Arpel aus *Mon Oncle* mit einem ansonsten irrelevanten kleinen belgischen Haus auf dem Land in *Trafic*. Im früheren Film hebt Hulot das Metalltor zur Straße an, damit es nicht scharrt oder knarrt. Aber er hebt es etwas zu hoch, das Tor kommt aus den Angeln und Hulot muss es mit seinen Armen hochhalten. In der Endfassung von *Mon Oncle* endet die Sequenz hier.

Im Drehbuch aber versucht Hulot, den Schaden zu beheben, indem er auf einen Baum klettert und das Tor wieder einzuhängen versucht. Aber er verliert den Halt, rutscht aus, fällt, wird am Fußgelenk von einer Astgabel festgehalten und bleibt kopfüber in der Luft hängen. In *Trafic* gelingt es Hulot nicht, die Hausbewohner aus ihrem Schlaf zu wecken, und so klettert er an der Hauswand hoch, findet im dichten Efeugewirr einen Halt für die

Abb. 88: *Hulot kämpft mit einem Tor in* Mon Oncle

Füße, hält sich mit einer Hand fest und klopft mit der anderen an das Schlafzimmerfenster. Die Efeuranken können sein Gewicht nicht vollständig tragen, sie lösen sich von der Wand und lassen ihn, wiederum kopfüber, in der Luft hängen. Diese Sequenz gibt die aus *Mon Oncle* herausgeschnittene Episode unverändert wieder, und es ist anzunehmen, dass Tati – in Anbetracht seines Alters und seines Gesundheitszustands – der Welt ein Bild von der bizarren und schmerzhaften Lage geben wollte, in der er sich selber befand: Hulot, der wunderliche Pierrot, hängt in der Luft wie ein komischer Engel, der herabsteigt, es aber nicht ganz auf die Erde schafft.

Bei den Dreharbeiten von *Trafic* wurde nicht Französisch gesprochen, sondern ein Sprachgewirr von Filmcrew-Englisch. Die Hauptdarstellerin Maria Kimberley, ein in Paris lebendes amerikanisches Model, sprach ihre Zeilen auf Englisch; die holländischen und belgischen Nebendarsteller sprachen Flämisch oder Holländisch. Wie so viele jüngere französische Filme kann die französischsprachige Version nicht wirklich als »original« betrachtet werden, und *Trafic* ist nicht weniger als »Euromovie« intendiert, als *Playtime* es war. Doch während sich in allen Fassungen von *Playtime* ein paar vorzügliche interlinguale Witze finden (»Comment dit-on *drugstore* en anglais?« anstatt: »Wie sagt man *Drugstore* auf Französisch?«), gibt es in *Trafic* nicht sehr viel an nennenswertem Dialog: tatsächlich und überhaupt sehr wenig Dialog; und dessen Herkunft aus einer Reihe von Auftragskarikaturen bleibt im finalen Produkt deutlich erkennbar. In diesem seinem letzten Spielfilm gibt Tati uns eine Reihe fast karikaturistischer Bilder des realen Straßenverkehrs – und seines allgegenwärtigen, unerträglichen Lärms.

In Paris wurde *Trafic* eher gemischt aufgenommen. »Es wurde gelacht, aber man war auch verwundert«,[425] »... Eindruck gewissenhafter und angestrengter Arbeit«,[426] »es ist nicht schwer für Tatis neuen Film, besser zu sein als dieser nicht enden wollende Film *Playtime*«.[427] Dem vage linken *Nouvel Observateur* war der Film ideologisch verdächtig: Die Kritik der Autokultur war nicht scharf genug, hieß es, und die sanfte Komik war eher geeignet, die Menschen mit dem Auto zu versöhnen, als sie dazu zu bewegen, das Autofahren aufzugeben. Wir müssen hinzufügen, dass Tatis Gesamtwerk auf Versöhnung ausgerichtet war, nicht auf Revolte. Tati ging es nicht darum, die Welt zu verändern, sondern darum, uns zu helfen, sie mit weniger Entsetzen zu betrachten.

Nichtsdestoweniger waren die Umstände der Herausgabe von *Trafic* völlig anders als bei seinen vorherigen Filmstarts. Die Produzenten hatten die Vertriebsrechte an Gaumont vergeben, wodurch sichergestellt war, dass der Film unverzüglich im In- und Ausland gezeigt wurde; im Verlauf der nächsten zwölf Monate war Tati weltweit im Fernsehen, auf Tour und auf der Bühne zu sehen. Nach der Pariser Premiere kam Bordeaux, dann Tel-Aviv, dann Rom. Im Juli war Tati der Ehrengast des Berliner Filmfestivals, und über seinen Besuch – wie auch seinen neuen Film unter dem deutschen Titel *Stoßverkehr* – wurde in den Medien ausgiebig berichtet und kommentiert. Er wurde auf Fotos zusam-

Abb. 89: Jacques *Tati in London zur Premiere von* Traffic, *1974*

men mit Shirley MacLaine und Anna Karina gezeigt und bekam einen ganzen Beitrag für sich in der Boulevardzeitung *BZ*, deren Fotograf die Gelegenheit nutzte, sich über Paternoster lustig zu machen. Das war wohl eine Art Sommerpause für ihn, aber im Oktober war er zurück auf Tour zu einem spektakulären Auftritt in Stockholm, wo er – da *Tempo* ja das Thema von *Trafic*, wenn nicht schon von *Jour de fête* war – eine Abenddemonstration der Radfahrer gegen neuen Straßenbau in der Stadt anführte. Dann ging's weiter nach London zur Premiere von *Trafic* (hier umgetauft zu *Traffic*) im National Film Theatre, wo Tati einen kurzen Vortrag hielt und zum ersten und einzigen Mal in der Öffentlichkeit seine berühmte Nachahmung von Charles des Gaulle zum Besten gab. Der ehemalige Präsident war weniger als ein Jahr zuvor verstorben.

Trafic ist kein umwälzender Film wie *Playtime*, auch kein liebenswerter Film wie *Mon Oncle* und schon gar kein verträumt schöner Film wie *Les Vacances*. Das erklärt zweifellos die ziemlich lauwarme Reaktion der französischen Kritiker, wie auch die heute gängige Einschätzung des Films als eines »Rückschritts« in Tatis Kunst. Er selbst gab zu, dass er *Trafic* mit dessen Methoden und Materialien vor *Playtime* hätte machen können, denn letzterer würde auf immer sein »letzter« Film sein, der Gipfel all dessen, was er im Cinéma schaffen wollte. Doch wenn man *Trafic* so platziert – sagen wir, als einen Film, der in der Geschichte des Hulot direkt nach *Mon Oncle* kommt, doch erst dann gedreht wurde, als die ersten französischen Autobahnen fertig gebaut waren –, dann ist dieser Film keinesfalls als unbedeutende Satire des modernen Lebens abzutun. Es geht hier nicht um »schnelle Autos und geschniegelte Körper«, die für Kirstin Ross das zentrale Thema der Alltagskultur der 1950er und 1960er Jahre sind, sondern um den weniger als perfekten Zustand der modernen Kommunikation (nicht für umsonst lautet in *Mon Oncle* Madame Arpels Motto: *tout communique*) – und um das weit größere Vergnügen, eine Pause einzulegen.

DREIUNDVIERZIG

Zwei französische Wochen

De Gaulle trat 1969 zurück, nachdem er ein Referendum über Regionalisierung verloren hatte, und unter der Präsidentschaft von Georges Pompidou erwärmten sich in den frühen 1970er Jahren die französisch-amerikanischen Beziehungen. Eines der Nebenprodukte dieses Klimawechsels waren die im Herbst 1972 landesweit in den USA ausgerufenen »Zwei großen französischen Wochen« (*A great French fortnight*) – eine Reihe von Events, die Jacques Tati die Gelegenheit gaben, als umtriebiger Botschafter der französischen Filmkultur in die USA zu reisen. Tati meinte tatsächlich, dass es ihm zustand, wie ein richtiger Botschafter gewürdigt zu werden und eine staatliche Pension zu erhalten, die seinen für die Nation erbrachten Verdiensten entsprach. Wäre ihm doch dieses Glück zuteilgeworden! Aber die zwei französischen Wochen spielten ihm wenigstens einen kleinen Teil des amerikanischen Publikums zu, das ihm bislang so sehr gefehlt hatte.

Im November flog er nach New York und nahm am Flughafen ein Taxi, um zu seinem Hotel zu kommen. Auf der Fifth Avenue fuhr ein Auto über die rote Ampel und direkt in die Seite seines Taxis. Micheline erlitt eine Schnittwunde am Arm, Jacques eine blutende Stirn. Die Polizei rief einen Krankenwagen, und die Tatischeffs wurden von einem korpulenten Fahrer mittleren Alters umgehend ins Krankenhaus gebracht. Dieser Mann drehte sich um und sagte: »Hey, Sie sind Mister Hulot, nicht wahr?« Tati war beglückt.[428] In Frankreich erbot man ihm längst nicht mehr diese Art spontaner öffentlicher Anerkennung. (Einmal geriet er in Wut über einen Polizisten, der es ihm nicht gestattete, auf gelben Linien zu parken, obwohl er doch M. Hulot war.) Nun endlich gab Tati bekannt, dass er Amerika wirklich liebte. Und ja, er werde sehr gern einen Film in den Staaten machen …

Der Besuch in Amerika entpuppte sich nicht gerade als Urlaubsreise. Nach einem Nachmittag im Krankenhaus hatten Jacques und Micheline durch einen Einbruch in ihrem New Yorker Hotelzimmer ihr ganzes Reisegeld verloren. Der französische Konsul half ihnen mit einem Vorschuss aus, aber Tati war nicht versichert und verlor über 1.000 Dollar.[429] In New York wurde *Trafic* in seiner »originalen« Version mit Maria Kimberleys Stimme auf Englisch und den holländischen Stimmen auf Holländisch gezeigt. Der Film wurde wesentlich enthusiastischer aufgenommen als in Frankreich. »Die Welt, wie Tati sie sieht, ist leicht verrückt«, schrieb Vincent Canby in der *New York Times*, »voller mimetischer Rhythmen, die weniger über die Enthumanisierung der Gesellschaft aussagen als über die Widerstandsfähigkeit ihrer Mitglieder.«[430] Das ist genau der Punkt, den Tati hatte machen wollen, in *Playtime* wie in *Trafic*.

Die Premiere in New York war im Rahmen eines dem Filmwerk Tatis eigens gewidmeten Festivals in der französischsten aller amerikanischen Städte, in New Orleans, vorbesichtigt und vorbereitet worden. Alle fünf Spielfilme wurden eine Woche lang im Repertoire gezeigt, einschließlich der 70-mm-Version von *Playtime* (allerdings gekürzt). Von New Orleans flog Tati nach Dallas, wo das gigantische Nieman-Marcus-Kaufhaus seine eigene große »French Fortnight« veranstaltete und *Playtime* noch einmal zeigen konnte. Tati musste an Abendessen teilnehmen und bei Events erscheinen, denn seine Rolle war es, zum größeren Vorteil der Parfumeure, der Champagnerproduzenten und anderer hochwertiger Exportindustrien »das Französische zu verkörpern« – und er war nicht immer der geselligste Gast. Marie-Claude de Brunhoff, eine französische Verlagsvertreterin, erinnert sich daran, bei einem dieser Events neben ihm gesessen und kein einziges Wort aus seinem Mund gehört zu haben.

Als er schließlich in New York ankam, war Tati von mindestens einem Studio, vielleicht sogar mehreren, kontaktiert worden, und in Gedanken war er schon mit einem echten Projekt für die USA beschäftigt. Und er legte sich ins Zeug, seinen Gastgebern nach Kräften zu schmeicheln:

> Die Stadt, in der ich mich dem Weltgeschehen am nächsten fühle, ist New York. Ich habe hier schon Ideen (er zeigt auf seine Stirn): ein amerikanisches Szenario, das irgendwo in der Welt geschehen könnte. Wie in *Trafic*. Ein aktuelles Thema, das an keine Nationalität gebunden ist.[431]

Doch was für ein Projekt war das? Es konnte doch nur dieselbe Satire der TV-Sitten des Fernsehens sein, die er 1969 bei Svensk Filmindustri eingereicht hatte und für die er jetzt einen Jahresvertrag mit dem schwedischen Fernsehen abgeschlossen hatte – und die letztendlich als *Confusion* bekannt werden sollte. Tati behauptete, sich in seinem Hotelzimmer jede Menge amerikanischen Fernsehens anzuschauen und von dem meisten, was er sah, angewidert zu sein. Er behauptete auch, ein lukratives amerikanisches Angebot abgelehnt zu haben, aus *Les Vacances de M. Hulot* eine TV-Comedy-Serie zu machen. »Ich muss an meiner Freiheit festhalten«, sagte er wiederholt. »Ich habe das Alter der grauen Haare erreicht, ohne je auf irgendwelche Kompromisse eingegangen zu sein ...«[432]

Kurz nachdem Tati im November 1972 wieder nach Paris zurückgekehrt war, wurde er von einem amerikanischen Journalisten aufgesucht, der ihn mehrere Stunden lang befragte. »Es war leicht genug, sich bei Tati beliebt zu machen«, erinnerte sich Jonathan Rosenbaum. »Ich brauchte nur zu sagen, dass *Playtime* mein Lieblingsfilm ist.«[433] So groß war das Wohlwollen des Maestros gegenüber dem Bewunderer seines *Enfant terrible*, dass er Rosenbaum anbot, er könne, wenn er je eine Bleibe in Paris brauche, immer auf dem großen Sofa in seinem Büro in La Garenne-Colombes pennen. Aber es geschah aus einem ganz anderen Grund, dass der langhaarige Amerikaner bald viele Stunden auf diesem Sofa verbrachte.

VIERUNDVIERZIG

Zirkus-Zeit

Die Stockholmer Premiere von *Trafic* im Oktober 1971 – ein Gala-Event, bei dem Tati auf der Bühne erschien und einige seiner »Sport-Imitationen« vorführte – hatte Tati die Gelegenheit gegeben, ernsthafte Verhandlungen mit dem schwedischen Fernsehen zu führen, dem er großen Dank, wenn nicht gar hartes Geld schuldete.

Der Vertrag, der aus diesen Gesprächen resultierte, gibt fast keinen Aufschluss darüber, wie das fertige Produkt aussehen würde. Tati verpflichtete sich, dreizehn kurze TV-Comedy-Sendungen unter dem Titel *TTV* zu machen.[434] Die Dreharbeiten sollten unverzüglich beginnen. Der Produzent sollte Karl Haskel sein, der ursprünglich auf die Idee gekommen war, Tati im Hinblick auf »Frühling in Europa« zu interviewen, und der die meisten Interviews für den später fallengelassenen Dokumentarfilm am Drehort über den Schöpfer von *Trafic* geführt hatte. Tati gab vorsichtig zu verstehen, dass er den großen Gunnar Fischer, bis 1960 Igmar Bergmans Kameramann, für alle seine Aufnahmen ins Auge gefasst hatte. Das wurde ohne viel Aufhebens arrangiert. Darüber hinaus eröffnete Tati seine Absicht, mit den Schlusssequenzen aller dreizehn Episoden zu beginnen: mit einer lustigen Zirkusnummer, einer kurzen Darbietung akrobatischer Glanzstücke. Er wusste genau, welche Akrobaten er haben wollte – *Veteranerna* (»Die Veteranen«). Vielleicht war es der Name, der ihn ansprach – könnte es ein besseres Schlagwort für Tatis eigene Position in der Unterhaltungsbranche geben? Doch hatte er den Kontakt mit der Welt der Zirkusartisten nie ganz verloren, und seine Wahl basierte möglicherweise auf Insider-Informationen, vielleicht sogar auf direkter Bekanntschaft mit der Truppe.

Tati hielt sich an den Zeitplan, zumindest am Anfang, und schob im November 1971 zwischen seiner US-Tour und seinem

Besuch in London eine Woche Dreharbeit in Stockholm ein. Er filmte zwölf Versionen der Nummer der Veteranen-Truppe auf 16 mm (dem üblichen Format für Wiederholungssendungen im Fernsehen), aber in Farbe; und er machte eine dreizehnte Aufnahme desselben Stoffs auf 35 mm: die letztere wahrscheinlich für den Kinofilm, den Tati immer noch zu machen hoffte, obwohl nichts davon im Vertrag mit dem schwedischen Fernsehen stand.

Kurz danach wurden dieselben Europa-Film-Studios in Stockholm von einem anderen weltbekannten, doch sehr anders gearteten Zirkusmeister und Filmkomiker genutzt. Jerry Lewis kam nach Schweden, um einen kontroversen, bis heute nicht veröffentlichten Film zu machen: *Am Tag, als der Clown weinte* (*The Day the Clown Cried*). Der Protagonist ist ein deutscher Clown, der sich dem Alkohol ergibt, um seinen Hass auf die Nazis zu verschleiern; er wird in einem Vernichtungslager interniert, wo er die Kinder auf ihrem Weg in die Gaskammern amüsieren muss.[435]

Für Gunnar Fischer, den Altmeister der schwedischen Kameramänner, und für seinen Sohn Jens, seinen derzeitigen Lehrling, war das Tati-Projekt ein rätselhaftes Kuddelmuddel. Es gab kein Storyboard. Weder Karl Haskel noch Tati konnte ihnen sagen, ob sie ihre Aufnahmen für ein Fernsehprogramm oder einen Spielfilm machten: aber Tati wollte Bilder, die *gleichzeitig* in 1:1,33 und auch 1:1,66 passten. Das sei einfach nicht machbar, erklärte ihm der Kameramann. Tati dachte darüber nach. Stundenlang saß er neben der Kamera und versuchte, die Nummern, die Formen und alles Nötige zu durchdenken; er murmelte vor sich hin, als ob niemand in seiner Nähe wäre. Die Fischers respektierten Tati sehr und bewunderten die sorgfältigen Erwägungen, die der Konzeption und dem Design jeder einzelnen Aufnahme vorausgingen. (Nur wenige der Regisseure, mit denen sie gearbeitet hatten, verfügten auch nur annähernd über Tatis Feingefühl für die Auswahl und Gestaltung der Bildausschnitte.) Aber sie konnten sehen, dass er mit technischen Aspekten nicht zurechtkam, die sie problemlos verstanden. Das war ein überaus bedauerliches Durcheinander.[436]

Dennoch war die Aufführung der »Veteranen« eine gewaltige Nummer, und Tati ließ nicht locker, manchmal über zwanzig Stunden am Tag, bis er die exakt richtige Aufnahme ihrer Leibesübungen und musikalischen Scherze im Kasten hatte. Einmal entschied er, dass er einen Schlagzeuger brauchte. »Okay«, sagte Haskel, »ich hole Janne Carlson.« Er rief ihn an: Es stellte sich heraus, dass es Mitternacht war und selbst der fabelhaft wilde Trommler Carlson im Bett lag. Aber für Jacques Tati? Okay! Janne rief ein Taxi und kam in die Studios, aber nicht gerade erfreut darüber, mitten in der Nacht aus dem Bett geholt zu werden. Er erschien in seiner langen, ärmellosen Schaffelljacke und mit einem Bandana um sein schwarzes Haar, ging auf den langen schlaksigen Mann zu, der M. Hulot sein musste, und griff ihm kräftig zwischen die Beine. Das war Carlsons »Unterschrift«, eine aggressive Begrüßung, die man von ihm kannte. Der 64-jährige Tati war perplex, hatte sich aber unter Kontrolle, und nach ein paar Augenblicken peinlicher Stille schlang er seine Arme um den Jazz-Schlagzeuger. Von da an war es, nach Aussage der Fischers, wie eine Liebesaffäre zwischen dem angesehenen Regisseur und dem wilden Mann des schwedischen Jazz.

»Und wo ist das Schlagzeug?«, wollte Tati wissen.

»Was für ein Schlagzeug? Ich bin angerufen worden, ich sollte hierherkommen und Sie treffen. Keiner hat was von Schlagzeug gesagt...«

Carlson musste also nach Hause zurück und mit seiner Ausrüstung wieder herkommen. Mittlerweile war es fast drei Uhr morgens geworden, und selbst Tati brauchte ein paar Stunden Schlaf.

Am nächsten Tag, und jeden Tag danach, musste Carlson endlose Stunden lang Hintergrundmusik trommeln, die weit über das hinausging, was für die Aufnahmen erforderlich war. Es schien, als würde Carlsons bloße Anwesenheit Tati bei seiner Ar-

Abb. 90: *Tati überdenkt Seitenverhältnisse, Europa-Film-Studios, Stockholm, 1971*

beit inspirieren – obwohl seine Stimmung für den längsten Teil dieser langen Woche melancholisch und verschlossen war.

Tati flog nach Paris zurück, »um den Rest des Drehbuchs zu schreiben«, da das ursprüngliche *TTV*-Szenario einer Tati'schen Satire des Lebens und Treibens in einem TV-Studio definitiv beiseitegelegt worden war und es kein anderes Drehbuch für das Serien-Projekt gab, das immer noch den Titel »TTV« trug und notgedrungen ganz anders ausfallen musste. Wahrscheinlich geschah es zu diesem Zeitpunkt, wenn nicht schon früher, dass Tati seinen alten Freund Jacques Lagrange anrief und sich zusammen mit ihm daran machte, Zirkus-Gags zu entwerfen. In Lagranges Papieren findet sich eine Anzahl undatierter Skizzen von Clowns und entsprechendem Dekor, die in der Rückschau heute als Echo von *Parade* anmuten (und zweifellos dafür geplant waren). Die schwedischen Produzenten suchten Lagrange in seinem Pariser Studio auf; das im fertigen Film sichtbare Gemälde zweier Akrobaten, einer über dem anderen, wurde, wenn nicht von Lagrange selber, nach einem seiner Entwürfe gemalt. Seine Nennung als

Mit-Autor von *Parade* erfolgte auf Tatis nachdrückliche Anweisung.

Über das Drehbuch hinaus benötigte man für das Projekt jetzt auch Co-Produzenten, da das ursprünglich veranschlagte Budget von zwei bis drei Millionen Kronen auf drei bis vier Millionen angewachsen war, die weit über die Mittel des schwedischen Fernsehens hinausgingen, das noch nie zuvor an der Finanzierung und Produktion eines Projekts dieser Größenordnung beteiligt gewesen war. Es gab Konsultationen mit der schwedischen Filmindustrie wie auch mit deutschen Studios, aber keiner wollte sich auf Tatis nächsten Film einlassen, so dass sich im Verlauf des ganzen Jahres 1972 nicht viel tat.[437] Anfang 1973 ging dem schwedischen Fernsehen dann doch die Geduld aus, denn man hatte bereits erhebliche Summen in die Dreharbeiten der Europa-Studios mit den »Veteranen« investiert. Man schrieb wiederholt an Michel Chauvin, und schließlich kam ein beratender Produzent, Bo Jonsson, nach Paris und legte Tati persönlich einen neuen Vorschlag vor: »Legen Sie ›TTV‹ ad acta, kommen Sie Ihren Verpflichtungen nach und machen Sie für das schwedische Fernsehen ein ›Special‹ von 52 Minuten, das auch für den internationalen Verkauf geeignet ist und sich ganz spezifisch, wenn nicht ausschließlich, auf Ihre, Tatis, eigene pantomimische Darstellungen konzentriert.« Damit sollte Tati die Rechte für den längeren Film (der de facto zu *Confusion* mutierte) zurückbekommen; das Projekt würde dann unter einem anderen Namen laufen: »Tati-Special«. Tati stimmte zu und unterschrieb im September 1973 einen neuen Vertrag. Zweifellos war er unglücklich darüber, das ursprüngliche Projekt aufgeben zu müssen; er hätte nur allzu gern diesen längeren satirischen Film über das Fernsehen selber gemacht; und vielleicht wusste er sogar schon, dass dieses schwedische »Special« sein letztes solides Werk für die Leinwand sein würde.

Von da an ging alles zügig voran. François Bronett, ein schwedischer Zirkusmeister, wurde als künstlerischer Berater angeheuert, und er half bei der Auswahl und Anstellung der Zirkusartisten. Gegen Ende Oktober mietete man das alte Zirkustheater in Stockholm und hatte sehr bald eine Reihe von Zirkusnummern zusammengestellt, auch ein Publikum und ein paar ganz besondere Schauspieler engagiert. Herausragend unter diesen Schauspielern waren zwei Kinder: die dreijährige Anna-Karin Dandenell und der sechsjährige Juri Jägerstedt, die aus einer Kindergartenklasse in Halen ausgewählt worden waren – nicht nur wegen ihres Aussehens, sondern weil Anna-Karin und Juri sich am wenigsten folgsam zeigten, als sie beim Casting angewiesen wurden, verschiedene Dinge zu machen oder zu spielen.

Der schnell zusammengesetzte Zirkus wurde am 29. Oktober 1973 eröffnet. Die Zuschauer waren zur Hälfte Statisten (die hauptsächlich innerhalb des schwedischen Fernsehens gefunden worden waren) und zur Hälfte echte Zuschauer mit ihren Kindern. Das sichtbare Publikum wurde erweitert durch lebensgroße, auf Tafeln montierte Fotos sitzender Zuschauer mit echten Schals, Hüten und Brillen.

Die Zirkussequenzen wurden von drei Videokameras aufgenommen. In dieser zweiten Phase wurde kein Zelluloidfilm benutzt, weder 16 mm noch 35 mm, obwohl die Möglichkeit immer noch bestand, das Endprodukt, nachdem es ausgestrahlt worden war, auf 35 mm zu transferieren und als Kinofilm herauszugeben. Aber Tati wollte den Film auf Zelluloid in althergebrachter Weise mit Schere und Klebeband bearbeiten. Haskel schleppte Woche um Woche die schweren Filmdosen mit den Videobändern nach London, wo es in der Nähe vom Heathrow Airport ein kleines Labor gab, das die Technologie besaß, Videos auf 35-mm-Negativfilm zu übertragen.

Und dann ... kam Tati und gab mitten in der Zirkusarbeit kund, dass er in erster Linie einen Spielfilm drehe, und dass das Fernseh-Special nur ein Zweitprodukt sei. Das Hauptmaterial bestünde nicht in den Videobändern, sondern in den 35-mm-Zelluloidfilmen, auf die die Videos übertragen worden waren; also eigentlich in den von den Negativen gemachten 16-mm-Arbeitskopien, die Tati jetzt bearbeitete und mit denen er seine Redakteure bis zur Erschöpfung einspannte. Insgesamt verschliss er vier an der Zahl, bis das Projekt abgeschlossen war.

Tati kam im November 1973 nach Paris zurück, wo er eine Super-16-mm-Kamera mieten konnte, um mit einer Truppe von Musik-Komikern, die er nicht nach Stockholm hatte bringen können, ein paar zusätzliche Sequenzen zu drehen. Bei diesem Dreh war der Kameramann wieder einmal Jean Badal, und Tatis Tochter half ihm im Schnittstudio. So gab es jetzt vier separate »Sets« von Material für *Parade* (der Titel war schon vor dem Zirkusdreh in Stockholm gefunden worden) – 35-mm-Film der »Veteranen« aus dem Europa-Studio-Dreh 1971, 16-mm-Film von demselben Dreh, 35-mm-Film dank Transposition von Videoaufnahmen der Stockholmer Zirkusvorstellung und Super-16-mm-Film des zusätzlichen Pariser Drehs.

Diese letzten Sequenzen waren natürlich im 1:1,66-Format und konnten so, wie sie waren, nicht in den Film hineingeschnitten werden, da das musikalische Trio im Stockholmer Vorführraum in ein Duo mutierte. In Norwegen sollte es ein geeignetes Gerät geben, mit dem Breitbild auf ein schmaleres Format neu aufgenommen werden konnte, und so machte Haskel sich wieder einmal mit Filmspulen auf den Weg, um sie in etwas anderes zu verwandeln ... Die Ausrüstung in Oslo entpuppte sich als ziemlich rudimentär (man musste dem Gerät einen kräftigen Tritt geben, um es nach rechts oder links zu schwenken!), aber es funktionierte.

Doch wie es oft geschieht, zeigte sich erst bei der Bearbeitung, dass weitere Übergangsaufnahmen erforderlich waren; und so wurde der Stockholmer Zirkus im Frühjahr 1974 nochmals für einen »Fertigstellungsdreh« angeheuert. Die Zuschauer wurden wieder zusammengetrommelt, auch die Kinderdarsteller; doch wenn man sich den fertigen Film genau anschaut, kann man sehen, dass das Alter von Anna-Karin und Juri von Sequenz zu Sequenz erheblich variiert. Die beiden Fischers kamen zurück, um die Kameras für diese letzten Zirkusaufnahmen zu schwenken, und auch jetzt waren sie sich nicht sicher, was sie tun sollten – wie schon vor zwei Jahren in den Europa-Studios.

Parade war Tatis letzter Film, aber nicht die Krönung seiner Karriere. In technischer Hinsicht ist er das schwächste aller seiner Werke, und man kann nicht umhin, den Film als einen tragischen Fehler eines Mannes zu betrachten, der drei Jahrzehnte lang auf der Suche nach dem perfekten Bild und dem perfekten Ton alle seine Mitarbeiter bis zur Erschöpfung eingespannt hatte. Der Film ist gleichermaßen eine öffentliche Kundgebung persönlicher Nostalgie. Tatis frühe Karriere in der Music-Hall-Pantomime war in den 1970er Jahren weithin bekannt. Wie für einen Filmstar, der angeheuert wird, eine Rolle zu spielen, die sich auf sein eigenes öffentliches Leben bezieht (wie Philippe Léotard, der in Claude Lelouches »freier Bearbeitung« von Hugos *Les Misérables* einen Alkoholiker spielt; oder auch und besonders Chaplin in seiner Rolle als gealterter Music-Hall-Performer in *Limelight*), so ist es in *Parade* Tatis Rolle, er selbst zu sein und so seinem Publikum nahezulegen, seinen Film zumindest teilweise als Selbstdarstellung zu betrachten. Auch das ist völlig anders als alles, was Tati bis zu dem Zeitpunkt in der Filmkunst geschaffen hatte: Man könnte es sogar als eine herzzerreißende Kapitulation vor einem System bezeichnen, das Tati während seiner gesamten Karriere zu einem hohen persönlichen Preis zu vermeiden suchte. Diese Einwände gegen *Parade* lassen sich nicht einfach von der Hand weisen. Aber jede Medaille hat zwei Seiten.

In *Parade* hatte Tati einen Weg gefunden, eine langjährige ästhetische und gesellschaftliche Ambition umzusetzen: die Grenze zwischen *Film* und *Schaustück* zu überschreiten. Er hatte Derartiges schon oft versucht, bei Filmpremieren mit einführender Live-Pantomime oder bei Varietévorführungen mit eingeschobenen Filmsequenzen (*Jour de fête à l'Olympia*, siehe S. 342–345); und er hatte bei dem ersten Entwurf des Werks, aus dem *Playtime* hervorging, von noch viel radikaleren Wegen geträumt, das zu bewerkstelligen (siehe S. 346). In *Parade* hebt er die Unterscheidung zwischen »Film« und »Show« auf, indem er eine Live-Vorführung filmt. Dieses Experiment ist aus vielerlei Gründen wesentlich interessanter als das »gefilmte Theater« traditionell französischer Art.

Tatis Zirkus-Special verleiht auch seinem viel beschworenen Ziel, »den Gag zu demokratisieren«, Substanz und Glaubwürdigkeit. Die Mittel, die er dafür einsetzt, sind nicht völlig original: Er ist nicht der erste Zirkusmeister, der Mitglieder seiner Truppe unter das Publikum mischt, und jeder Volksentertainer vor ihm hat versucht, Menschen aus dem Zuschauerraum auf die Bühne oder in den Ring zu bringen. Aber Tati überträgt diese Jahrmarktmethoden auf den Film, und meines Wissens war er der erste Regisseur, der auf die Idee kam, das zu tun. Beachtliche Kunstfertigkeit ist vonnöten, den Anschein von Spontaneität zu erwecken. Als die Zuschauer im Zirkus herausgefordert werden, auf einem von Karl Kossmayers bockenden Maultieren zu reiten, reißt sich ein glatzköpfiger Ehemann mit Brille und zerknittertem Büroanzug von seiner angsterfüllten Ehefrau los und stellt sich der wohl ersten großen Mutprobe seines Lebens. Die Illusion ist perfekt, denn der Pantoffelheld ist tatsächlich ein verkleideter Akrobat. Aber bei anderen Zuschauern, die freiwillig in den Ring kommen, um sich von dem Maultier herumschleudern zu lassen, können wir nicht ganz so sicher sein. Wie weit ist diese Sequenz »komponiert«? Wie weit natürlich? Am Ende wissen wir nicht, ob wir eine Show oder einen Film ansehen, und genau das wollte Tati mit dieser Verwischung erreichen. Die ungewissen Grenzen zwischen Zuschauer und Performer, zwischen Spontaneität und Komposition, zwischen »Show« und »Film« geben uns Tatis letztes Wort zum Paradoxon der Kunst, das ihm über zwanzig Jahre lang zu schaffen gemacht hatte.

Abb. 91: *Der letzte Schritt des Zentauren, Stockholm, 1973*

Tati, der Mime, ist der Star der Zirkusshow und damit das Herzstück des Films. Der Regisseur hatte keine andere Wahl: Das war eine Bedingung seines Vertrags mit dem schwedischen Fernsehen, und auch die einzige Möglichkeit, aus einem früheren Vertrag herauszukommen, den er nicht hatte erfüllen können. So ist *Parade* auch die einzige umfassende visuelle Aufzeichnung der Pantomime-Nummern, die um 1935 Tatis Karriere auf den Weg gebracht hatten. Obgleich seine leicht versteiften Bewegungen und Gesten offensichtlich die eines alternden Mannes sind, ist es eine reine Freude, seinen Sinn für Rhythmus und für Nachahmung zu verfolgen, die uns voll und ganz erklären, warum Colette ihn vor vierzig Jahren so herausragend fand. Die für *Parade* gefilmten Darstellungen waren Tatis letzte öffentliche Pantomimen. Und die allerletzte davon ist die Wiederholung seiner berühmten Nachahmung von Pferd und Reiter, in der Colette die Nachbildung des legendären Zentauren gesehen hatte. Als er zum Ende seines Ritts kommt und sich den Kulissen nähert, dimmen die Lichter des Hauses und das Rampenlicht zeigt uns die Rückansicht eines eleganten schlanken alten Mannes in Frack und Zylinder. Das ist eine wunderschöne Inszenierung des Endes einer langen Karriere, vielleicht der perfekteste Abgang, den sich der versierte Mime hätte ausdenken können.

Nur wenige Sekunden nach der Aufnahme des oben gezeigten Fotos fiel Tati, völlig erschöpft, ohnmächtig zu Boden. Vielleicht schoss ihm in dem Moment der Gedanke an Molière durch den Kopf, der in seiner berühmtesten Rolle als *Malade imaginaire* bei fallendem Vorhang starb. Oder er mag die traurige Schönheit gesehen haben, die darin lag, sein öffentliches Leben mit der Nummer zu beenden, die es eingeleitet hatte. Doch der Arzt brachte ihn wieder zu sich und wies ihn zur Untersuchung und Erholung ins Krankenhaus ein.[438]

In *Parade* setzt Tati auch Kunstgriffe ein, die er in Bert Haanstras Filmen zu bewundern gelernt hatte. Nach der Zirkusvorstellung zerstreuen sich die »Zuschauer«, nur die beiden Kinder, Juri und Anna-Karin, bleiben zurück und müssen inmitten der Requisiten und anderen Gerätschaften in den Kulissen spielen. Die »Kinderspiel«-Sequenz wurde nur einmal gefilmt, ohne Probe und ohne Abschlussaufnahmen (und auch nur auf Video-, nicht auf Zelluloidfilm), in der Art eines dokumentarischen oder mit versteckter Kamera gedrehten Films. Der Großteil wurde in relativ langen Kamerafahrten aufgenommen, und auch nicht in Tatis gewohntem Stil der Totale, sondern in Nahaufnahme. Die Kinder machen nichts Kompliziertes, vollführen keine Gags und folgen keinem Skript: Sie spielen einfach mit den Farbtöpfen, Musikinstrumenten und allem Zubehör, das auf dem leeren Set herumstand oder lag. Es gibt keinen nachbearbeiteten Ton, keine Musik, nur die unmittelbaren Geräusche, die die Kinder mit ihren neu gefundenen Spielzeugen machen. Die Schlusssequenz des 85 Minuten langen Films (Tati kümmerte sich nicht um die vertraglich ausbedungene Grenze von 52 Minuten, die für Fernsehprogramme üblich ist) dürfte als ironische Selbstreferenz betrachtet werden können, denn in dieser eigenartigen und eindringlichen

Episode erfährt der metaphorische Titel von Tatis Meisterwerk eine Wendung ins Wörtliche. Der alte Schauspieler hat die Bühne verlassen, der Zentaur ist, wie François, wie Hulot, auf immer gegangen. Jetzt lernt eine neue Generation, was *playtime* (Zeit zum Spielen) bedeutet. Es ist nicht unbedingt tragisch oder gar traurig zu sehen, dass sie für das Fernsehen spielen.

Während der Dreharbeiten für *Parade* in Stockholm schien Tati einigen seiner Mitarbeiter ein mürrischer, etwas verwirrter alter Mann zu sein. Auf jeden Fall fühlte er sich nicht sehr wohl; er erlitt nicht nur einen Ohnmachtsanfall hinter den Kulissen, sondern auch einen kleinen Schlaganfall, als er auf eine Runde in einem Privatflugzeug mitgenommen wurde. Aber es ging ihm gut genug, um einen besonderen Empfang, eine große Soiree in Gustaf Douglas' Schloss auf einer privaten Insel im Stockholmer Schärengarten zu genießen. An diesem Abend war er in so guter Kondition, dass er seine Nummer »Tennis um die Jahrhundertwende« vorführte, die in *Parade* zu sehen ist.

Während seines Aufenthalts in Stockholm schien er die Nähe einer bestimmten Art von Menschen zu benötigen. »Er brauchte Menschen, die sich *von ihm* nicht kleinkriegen ließen«, sagt Elisabeth Wennberg, »denn solche Menschen konnten sich auch *für ihn* großmachen.« Der Schlagzeuger Carlson, der Geschäftsmann Gustaf Douglas und Wennberg selber fielen in diese Kategorie. Doch Tati kam auch gut mit der Kostümdirektorin Inger Persson aus, die es verstand (wie es heißt), Tati glauben zu machen, dass ihre Ideen genau das waren, was er sich selber ausgedacht hatte. Außerhalb der Filmarbeiten hatte Tati fast keine Kontakte in der Stadt – er war ohne Micheline gekommen, nur um zu arbeiten, und er fuhr nur zum Schlafen in sein Hotel zurück und bekam viel weniger Schlaf, als gut für ihn war.

Tati traf Gustaf Douglas etwas später wieder in London bei einem Abendessen für mögliche Käufer und Verleiher von *Parade*. Da er sich seit den späten 1950er Jahren an den Rollkragenpullover gewöhnt hatte, als der noch ein klares modisches Bekenntnis zur Informalität leicht bohemischer Art war, fand Tati formale Gesellschaften, zu denen man mit Schlips und Kragen erscheinen musste, ziemlich lästig. Aber für die Londoner Produzenten musste er sich einen Schlips umbinden und war somit bereit, zusammen mit seinem schwedischen Sparringpartner auf respektlose Weise beim Dinner zu stören. Er hatte Douglas schon vor langer Zeit von einigen Scherzen erzählt, die er sich geleistet hatte – zum Beispiel: Als er bei einem prätentiösen Abendessen den Wein kosten sollte, hat er kennerisch an seinem Wasserglas geschnüffelt, einen kleinen Schluck genommen und ihn im Mund herumgeschwenkt, ehe er würdevoll seine Zustimmung nickte – und der Weinkellner hätte nichts gemerkt! Doch in London, vielleicht aufgrund des ungewohnten Stricks um den Hals, trieb Tati es noch einen Schritt weiter. Ein mürrischer Sommelier in Frack goss den vorgeschriebenen Finger Wein zur Kostprobe in Tatis Glas. Das Gesicht des Maestros verfärbte sich und wurde dunkelrot, er rutschte unruhig auf seinem Stuhl hin und her, griff sich an die Kehle, tat so, als wolle er aufstehen, gab vor, zu erstarren, stieß seinen Stuhl um und schlug in seiner ganzen Länge mit dem Rücken auf den Boden. Ein Desaster! War der Wein so schlecht? Oder war das wieder ein Schlaganfall? Der Chef des Restaurants stürzte zum Telefon und wählte 999, doch da stand Tati, breit über das ganze Gesicht grinsend, wieder auf. Tati musste doch gewusst haben, dass er mit dem Feuer spielte. Er hätte jeden Moment wirklich tot umfallen können.

FÜNFUNDVIERZIG

Confusion

Zwischen 1967 und 1975 scheinen alle von Tati unternommenen Projekte nur als Ablenkung von einer einzigen, originalen, lang gehegten Idee gedient zu haben: dem Plan, etwas für oder über das Fernsehen oder etwas mit dem Fernsehen zu machen. Wie wir gesehen haben, war *Trafic* (gedreht ab 1969 und 1971 in die Kinos gebracht) die Ausweichlösung eines ursprünglichen Plans, zusammen mit Bert Haanstra eine Fernsehserie zu produzieren. *Parade*, begonnen 1971 und nicht vor 1974 fertiggestellt, war das nicht erwartete Endresultat eines ursprünglichen Plans, eine Fernsehserie für das schwedische Fernsehen zu drehen, der sich sehr schnell zerschlug, weil eine anspruchsvollere Idee für einen Film über das Fernsehen mit dem angedachten Titel *TTV* aufs Tapet kam. Wenngleich geplagt von Schulden und schlechter Gesundheit und abgelenkt durch endlose Reisen, um Filmpremieren beizuwohnen, Preise entgegenzunehmen und die Kunst des französischen Films im Ausland zu repräsentieren, machte Tati sich während dieser ganzen Zeit immer wieder Gedanken – meistens gemeinsam mit seinem alten Freund Lagrange (aber nie vor Mittag: Tati wurde mit fortschreitendem Alter nicht zum Frühaufsteher) – über das grundlegende und noch ziemlich verworrene Projekt, das ihm die endgültige Rechtfertigung und Ehrenrettung seiner Kunst bringen würde: eine Fortsetzung von *Playtime* oder ein diesem Film ebenbürtiges neues Werk – das letzten Endes den richtigen Namen bekam: *Confusion*.

Selbstverständlich hatte Tati seine Assistentin, die getreue »CinéSiegler«, aber um ein Drehbuch zu entwickeln, aus dem, wie er hoffte, ein wirklich internationaler Film hervorgeht, suchte er andere, ganz besonders amerikanische Hilfe. Für die Arbeit an einem der früheren Teile von *Confusion* holte er sich Jona-

Abb. 92: *Die erste direkte Ansicht eines Fernsehapparats in Tatis Werk: die »Fishbowl«-Appartements in* Playtime *(1967)*

than Rosenbaum. Der fühlte sich »geschmeichelt, ja sogar eingeschüchtert und auch ziemlich erschrocken«, als er im Januar 1973 nach Garenne-Colombes zitiert wurde, um Gags zu entwerfen, die Tati für seinen nächsten Film ausgestalten würde. Nicht sehr viel kam während dieses langen Arbeitsmonats zu Papier. Es gab Tage, an denen das, was Tati seine »slawische Seite« nannte, die Oberhand bekam und den Regisseur in eine Wolke der Melancholie hüllte, so dass es sehr schwer für Rosenbaum wurde, irgendetwas aus ihm herauszubekommen. Manchmal holte Tati seine großen Sammelalben von *Playtime*-Produktionen hervor und hielt sich lange mit Fotos von den Sets auf ...

Doch an guten Tagen führte er seine Ideen vor den Augen seines Gehilfen mimisch aus und benutzte ihn als Zuschauer, den er immer brauchte, um einen neuen Gag zu erfinden. Und obwohl Tati den jungen Amerikaner gut bezahlte, schien er auch gern eine gute Portion Zeit darauf zu verwenden, einfach mit ihm über dies und das zu plaudern.

> Er war kein großer Intellektueller und las auch nicht viel ... Bei einer unserer ersten Sitzungen, als ich noch versuchte herauszufinden, warum er mich eingestellt hatte, fragte ich vorsichtig, ob man vielleicht, sagen wir, an Marshall McLuhan denken könnte, da das Hauptthema von *Confusion* ja das Fernsehen war. Das brachte mir leere Blicke von Tati und Marie-France [Siegler] ein. Nach einer kurzen Erklärung ... wurde deutlich, dass sie nicht im Geringsten daran interessiert waren.[439]

Wie dem auch sei, das auf Französisch verfasste 123 Seiten lange Szenario, das schließlich – nach wie vielen Jahren? – aus seinem lange schwelenden Ehrgeiz hervorging, ist alles andere als unintelligent, und es ist mindestens ebenso amüsant und interessant zu lesen wie die Drehbücher für Tatis andere Filme: Es ist, nun endlich, ein echt Tati'scher Text, in dem es keinen M. Hulot gibt. Mindestens zehn Jahre lang hatte Tati versucht, ohne Hulot auszukommen, aber es war ihm nie richtig gelungen. In seiner allerletzten Arbeitssitzung mit Rosenbaum spielte Tati mit dem Gedanken, an den Anfang von *Confusion* etwas »wirklich Unerhörtes [zu setzen]: Den Bildschirm dunkel werden lassen, zum Beispiel, damit die jungen Leute unter den Zuschauern lospfeifen« (Debords *Hurelements en faveur de Sade* (»Geheul für Sade«, 1952) war viel weiter gegangen: In diesem legendären »Anti-Film« bleibt die Leinwand von Anfang bis Ende dunkel!); oder den Film damit zu beginnen, Hulot ein für alle Mal zu töten.

> Plötzlich stand Tati von seinem Schreibtisch auf – die besten Gedanken kamen ihm immer, wenn er auf den Beinen war – und begann, in seiner kleinen Kabine hin und her zu laufen und dabei eine Szene zu entwerfen. Ja, sie würden so etwas wie eine Live-Seifenoper oder ein Melodrama aus einem TV-Studio ausstrahlen, und echte Kugeln, keine Platzpatronen, würden versehentlich in eine Requisitenpistole gesteckt. Hulot würde ein Studiotechniker sein, oder noch besser, ein arg-

loser Zuschauer ... und wenn ein mieser Schauspieler seinen Revolver zieht und auf einen anderen miesen Schauspieler schießt, trifft er daneben und erschießt einen Hulot außerhalb des Bildes ... Entsetzen ... die Show muss weitergehen ... das Melodrama geht weiter, während die Crew verzweifelt versucht, Hulots Leiche zu entfernen, ehe die Fernsehkameras sie einfangen ... die Schauspieler müssen jedes Mal diskret über die Leiche steigen, wenn sie das Set überqueren ... Tati spielte alle Rollen durch, einschließlich Hulots Leiche, und ich musste mich totlachen ...[440]

In Tatis Werk findet sich eine ganze Reihe Toter-Mann-Witze: In *Jour de fête* übergibt François einen Brief an einen Stadtmenschen im Sonntagsanzug und macht ihm ein Kompliment über seine feine Aufmachung für den Jahrmarkt – und als der Mann aus dem Zimmer tritt, sieht François, und auch der Zuschauer, eine Leiche auf dem Bett, die durch die nach innen sich öffnende Tür verdeckt war, und erkennt jetzt in dem sauberen Anzug und Hemd die Trauerbekleidung des Mannes. In *Les Vacances* spielt eine ganze Sequenz auf dem Friedhof, wo ein Begräbnis sich in eine surreale Verwechslungskomödie verwandelt; und selbst in *Playtime* muss eine lebensgroße, für den Eröffnungsabend des Restaurants vor dem Haus aufgestellte Attrappe eines Küchenchefs ins Haus zurückgetragen werden, weil alle Tische besetzt sind; und wie diese Figur horizontal liegend weggeschleppt wird, sieht es so aus, als werde ein vergifteter Koch vom Tatort entfernt. (In *Trafic* gibt es keine Leichen-Witze: vielleicht, weil der Straßenverkehr im allzu wahrsten Wortsinn tödlich ist.)

Aber Hulot muss in der finalen Version von *Confusion* nicht sterben, denn obwohl sein Geist in einem Charakter fortlebt, der »un certain hulotisme«[441] in sich trägt, gibt es in dem Film keine Rolle für Tati-Hulot. Die Szenerie ist eine riesige futuristische audiovisuelle Fabrik, COMM (Compagnie d'Ordinateurs et Matériel Multivideo), und die Handlung schließt praktisch alle

Medienbranchen ein, die Tati sich ausdenken konnte: Modefotografie, Fernsehsportreportage, Dreh eines Kostümdramas, ein dem derzeit noch nicht erfundenen Internet bemerkenswert ähnliches Kommunikationsgerät (Sprachnachrichten erscheinen auf Bürokonsolen), Armbanduhren als Miniaturfernseher, Autotelefone, ferngesteuerte Videobildschirme auf der Rückseite der Sitzlehnen von Touristenbussen und vor allem – an zentraler und exponiert letzter Stelle – ein neues »magisches« Objektiv, das es auf ergötzliche Weise nicht schafft, mit den echten Farben der Welt zurechtzukommen.

Das frühe Farbfernsehen nach dem ursprünglichen amerikanischen Standard, das einzige Farbfernsehen, von dem Tati einiges gesehen hatte, ist bekanntlich total unzuverlässig (für die an PAL und SECAM gewöhnten Europäer steht das amerikanische Akronym NTSC für »Never The Same Colour« – nie dieselbe Farbe), und *Confusion* könnte man, wenn man das will, als lediglich einen Witz darüber betrachten. Doch für einen Filmemacher, dem der Thomsoncolor-Skandal gleich am Anfang seiner Karriere einen Strich durch die Rechnung gemacht hatte, entspringt eine Satire der Science-Fiction-Farbtechnologie einer persönlicheren und schärferen Motivation. *Confusion* hätte beinahe ein autobiografischer Film werden können.

Der Filmdreh fiel wesentlich günstiger aus als der für *Playtime*, da das COMM-Hauptquartier kein Hochhausblock ist, sondern ein unterirdischer Bunker, und fast alle im Drehbuch vorgesehenen Szenen – abgesehen von den Sequenzen am Drehort des komischen Kostümdramas und ein paar einleitenden Aufnahmen von Fahrten in Limousine und Bus – sind für Studioproduktion konzipiert. Was aber im Drehbuch auffällt, sind die vielen, wahrscheinlich nicht realisierbaren Witze über Körperfunktionen. In *Confusion* begegnet uns ein Maß an fäkaler Vulgarität, die sich weit von dem entfernt, was Tati bis dahin erdacht und erschaffen hatte.

Zum Beispiel: Im Touristenbus, der immer gerade dann in die Pariser Tunnel eintaucht, wenn die Passagiere den Eiffelturm oder den Concorde-Obelisk aufnehmen wollen, versucht ein Hüne von einem Holländer die Bustoilette zu benutzen. Die Kabine ist so winzig, dass er sich beim Hineingehen tief bücken muss, aber in dieser Position kann er seine Blase nicht erleichtern; so kommt er wieder heraus, beugt sich nach hinten und versucht, rückwärts ins WC zu kommen (S. 33). In den Geschäftsräumen von COMM gibt es münzbetriebene Toiletten und Garderoben, und selbst hoher Besuch muss das passende Kleingeld haben, um sich zu erleichtern (typischerweise kommt ihm das portugiesische Reinigungspersonal mit dem erforderlichen Pfennig zu Hilfe). Ähnlich gibt es auf dem Flughafen, wo das »durchsichtige« Röntgengerät im Einsatz ist, eine Reihe von Toilettenschlangen-Gags von Frauen wie auch mit Gepäck beladenen Männern. Man fragt sich, was das alles soll. Wahrscheinlich wurde Tati mit zunehmendem Alter auch immer mehr von Blasenproblemen geplagt, aber die Anregung für die Witze ist wahrscheinlich etwas allgemeinerer Art, auch wenn das jetzt nur noch von historischem Interesse ist. In Paris gab es über viele Jahrzehnte frei zugängliche und kostenlose *urinoirs* (vom Typ *vespasiennes*). Im Namen der Hygiene wurden sie 1970 in schneller Aktion von den Straßen entfernt und durch wesentlich kleinere, hässliche, münzbetriebene Unisex-»Komfortstationen« aus Aluminium ersetzt. Das Drehbuch für *Confusion* trägt die deutliche Handschrift eines alten Mannes, der verärgert war über das Verschwinden dessen, was für ihn »komfortabel« war.

Der befremdlichste Ausscheidungs-Gag im Drehbuch spielt sich im Büro des Direktors von COMM ab. Ein Strahler bildet auf seinem riesigen Schreibtisch einen runden Farbfleck ab, der leicht für einen Teller gehalten werden kann. Als dem Direktor das Frühstück gebracht wird, tut er einen Klecks Marmelade auf diesen Nicht-Teller, doch er wird nach draußen gerufen und vergisst die Sache. In einer späteren Sequenz kommt er in sein Büro zurück: Das Frühstückstablett ist weggeräumt, die Beleuchtung verändert, und so sieht der Direktor den Marmeladenklecks auf seinem Schreibtisch wie »eine weniger appetitliche Substanz« aus (S. 116).

Eines der neuen Produkte von COMM ist eine Art Röntgengerät zur Verbesserung der Flughafensicherheit (genau das, was heute für das Gepäck benutzt wird). Passagiere, die hindurchgehen müssen, sind ohne jegliche Kleidung zu sehen, und laut Drehbuch beabsichtigte Tati, dieses Gerät für mehrere komische Gags zu nutzen – ein Mann mit gepolsterten Schultern hat einen mickrigen Brustkorb (S. 101); ein stocksteifer Geschäftsführer in dunklem Anzug und Schlips sieht ohne dunklen Anzug und Schlips genauso stocksteif aus (S. 101); eine Frau, die sich beim Durchgehen dieser Maschine ihre Kleidung zurechtzuckelt, sieht aus, als kratze sie sich am ganzen nackten Körper (S. 101f.).

Vielleicht drückt sich in dieser milden Obszönität Tatis Empörung darüber aus, was der natürlichen Welt außerhalb des Hauptsitzes des Medienunternehmens angetan wurde. In *Confusion* findet sich eine Außensequenz am Fluss, zwischen dessen Ufern große Ballen von Plastikmüll, Styroporverpackung, halbverdaute Fast-Food-Reste, alte Stiefel vorbeischwimmen ... Die Szene scheint fast identisch mit dem Bild des vorstädtischen Kanals zu sein, in dem Debedeux und seine Freunde in René Fallets *Le Beaujolais nouveau est arrivé* (1975) angeln. Dieser Roman fasst viele der Themen, die Tati am Herzen lagen, in Worte: die von den französischen *copains* gewahrte Geselligkeit im Gegensatz zum Neuen Brutalismus in der Architektur, wie auch kultivierter Müßiggang als Widerstand gegen die Modernisierung. Doch während Fallet sich über den militanten französischen Zweig der Freunde der Erde auch lustig macht (die erste Wahl, die sie bestritten, war die von 1974 für den Rat des hochpolitisierten fünften Arrondissement von Paris), scheint Tati in *Confusion* eher mit den Ökologen zu sympathisieren. Es ist erstaunlich, wie der alte Mann es offensichtlich schaffte, sich auf dem Stand der Zeit zu halten.

Viele andere Elemente im Text von *Confusion* sind rückwärtsgerichtet und erinnern an Szenen aus Tatis früheren Filmen. Der hohe Besuch hält eine Rede, die der parteipolitischen Radioübertragung in *Les Vacances* nicht unähnlich gewesen wäre:

> Unter all dem Rülpsen und Gurgeln können wir nur wenige Worte auffangen, die der Redner hin und wieder hervorhebt, wie zum Beispiel: Information, Zukunft, Erfindung, Kommunikation, Technologie, Frieden (S. 72).

Wie in *Playtime,* so gibt es auch hier lange Sequenzen, in denen die Charaktere sich auf der Suche nacheinander in den labyrinthischen Gängen verirren, wie auch andere lange Sequenzen komischen Durcheinanders in der Abflughalle eines Flughafens. Wie in der Sequenz des Royal-Garden-Restaurants ist auch hier in der unterirdischen Fabrik einer der wichtigsten Faktoren der Komik die unzuverlässige Heizung: Einige der Büroarbeiter erscheinen in kurzen Hosen und T-Shirts, andere mit Schals und Mützen. Und der avisierte Film endet auf bemerkenswert ähnliche Weise wie *Jour de fête*: Die langhaarigen *cinéastes*, die das Ende ihres Drehs eines Kostümdramas über Guinevere und ihren Ritter mit einem Gelage im Freien feiern, brechen dann in einer lustigen Karawane auf, angeführt von einer Pferdekutsche und gefolgt von zwei Motorrädern, deren blinkende Rücklichter am Ende des Films in der Dunkelheit verschwinden.

Freilich ist ein Drehbuch nur ein Drehbuch, und es ist unmöglich zu wissen, wie viele von den darin vorgesehenen Ideen letzten Endes realisiert worden wären. Aber es ist deutlich zu erkennen, dass der Materialentwurf es Tati ermöglicht hätte, fast alles direkt oder indirekt einzubauen, was er je getan hatte. In verschiedenen Sequenzen und in verschiedenen Medien finden sich Gelegenheiten für mimische Darstellungen von Fußball, Ringen, Boxen, Gewichtheben und Springreiten; wir bekommen Ansichten von unterschiedlichen Wohnblocks, Autos, Bussen, Motorrädern und Mopeds; es gibt Rollen für Straßenfeger, Kaffeehauskellner, kesse Büromädchen und für einen Charakter –

überraschenderweise Luther genannt –, der mit seiner großen Erfindung, einer farbmodifizierenden Linse, kein richtiges Glück hat. Es besteht kein Zweifel: Hulot ist tot, aber die Idee eines Außenseiters, der sich in einer Welt bewegt, die nicht so recht weiß, was sie mit ihm anfangen soll, lebt fort.

Der »Schlüssel« zu *Confusion* liegt, wie es am Anfang des Drehbuchs erklärt wird, in der Nutzung zweier unterschiedlicher Bildqualitäten. Szenen, die am Rand mit dem Buchstaben C (vermutlich für »Camera«) gekennzeichnet sind, sollen die Wirklichkeit wiedergeben, logischerweise in normaler Bildschärfe. Szenen, die als Bilder auf den Monitoren in den COMM-Büros gezeigt werden sollen, sind im Drehbuch mit dem Buchstaben V (vermutlich für »Video«) gekennzeichnet, sollten unschärfer definiert und farblich weniger stabil sein. Offensichtlich nutzte Tati hier das kürzlich in *Parade* erlebte Durcheinander für expressive Zwecke. Das wäre ein effektiver Kunstgriff geworden. Die Körnung und Textur der Bilder würden den »Realitätsgrad« der Sequenz anzeigen – ohne die Notwendigkeit voraus- oder rückschauender Bildeinschübe, und ohne den in Hollywood üblichen Parallelschnitt. Wie alle Filme von Tati sollte *Confusion* eine einzige Zeitlinie besitzen, aber im Gegensatz zu allen anderen seiner Filme, zwei unterschiedliche, gleichzeitig ineinander verschlungene und selbstdarstellende Bildspuren.

Parade wurde als Kinofilm Anfang Mai 1974 bei den Filmfestspielen von Cannes uraufgeführt. Jérôme Savary, der Star und Direktor der »New-Age«-Zirkustruppe *Le Grand Magic Circus*, hielt es für angesagt, großen Wirbel um Tati zu machen, und er veranstaltete entlang der Croisette eine Parade für *Parade*: mit Clowns, Luftballons, Blaskapelle und Purzelbaum schießenden Akrobaten – und einem siebzigjährigen Ex-Mimen in Stonewash-Jeans und Hawaii-Hemd an der Spitze. Für einige war das eine wundervolle Hommage des Zirkus an einen seiner Meister; für andere ein trauriges, entwürdigendes Spektakel, inszeniert allein aus dem Grund, dass Tati den Startschuss und das Aufsehen brauchte.

Im Dezember 1974 in Paris herausgekommen, brachte *Parade* Tati tatsächlich wieder ins Rampenlicht, und eine kurze Zeitlang schien es, als stünde seine Karriere noch einmal vor einem Neubeginn. David Frost, der englische Fernseh-Promi und Medienmogul, verkündete, dass seine Firma, Paradine Productions, den Großteil des Budgets von 1,6 Millionen Dollar aufbringen werde, um Tati die Möglichkeit zu geben, seinen neuen Film in Los Angeles über eine lokale Firma namens North-Levinson Productions zu drehen. »Jacques Tatis erster Film in Hollywood!«, trompetete die Schlagzeile auf der Titelseite des *Hollywood Reporter* im Sommer 1975.[442] Das Ziel war es, *Confusion* für Cannes 1976 fertig zu haben. »Tati mag achtundsechzig Jahre alt sein«, sagte der Journalist, »aber er hat den Kopf und den Antrieb und die Energie eines Steven Spielberg, der achtundzwanzig ist ... Eine Reihe großer Namen ist für *Confusion* vorgesehen, aber Tati hat jeglicher Versklavung an Promi-Macht abgeschworen. ›Ich kann mit jedem arbeiten‹, sagt Tati in seiner Präsentation für den Film. ›Ich kann ein Huhn im Bauernhof komischer spielen als irgendwer.‹«

Wie es im Kinobetrieb oft geschieht, verpuffte das laut angekündigte Projekt, und nichts wurde je wieder davon gehört. Tati lungerte weiter in Flughafen-Lounges herum, um zu Festivals und Premieren zu kommen – 1975 nach London und Moskau, 1976 London und Bologna, 1977 Neuchâtel und wieder London, 1979 Rio de Janeiro, Barcelona 1982 –, aber es ist ihm nie gelungen, die richtigen Geldgeber für seinen nächsten Film zu finden.

Doch er fand Unterstützung in der Sportwelt, und dem Sport verdankte er seine letzte Gelegenheit, eine Filmkamera zu nutzen. Der Fußballklub von Bastia (Korsika) qualifizierte sich für die erste Runde des UEFA-Pokals, und »Fußballfieber« überfiel die ganze Stadt. Tati schloss mit dem Klub einen Vertrag über einen Dokumentarfilm des Spiels Bastia gegen Eindhoven ab – das wegen starken Regens verspätet anfing und schließlich bei einsetzender Dämmerung auf einem Fußballfeld, das sich sehr bald in ein Schlammbad verwandelt hatte, ausgetragen wurde. Tatis dreistündiger Film (auf 16 mm) war dann auch nichts Besonderes, und da Bastia verloren hatte, wurde die Idee, einen richtigen Film daraus zu machen, fallengelassen und das Projekt vergessen. Zwanzig Jahre später stieß Sophie Tatischeff auf dieses Rohmaterial und machte daraus einen posthumen Kurzfilm von 26 Minuten, der im Jahr 2000 unter dem Titel *Forza Bastia!* herauskam.[443] Tatis Amateurkarriere hatte am Strand von Saint-Tropez mit einer Pantomime eines Torhüters begonnen; seine professionelle Karriere endet mit diesen Bildern eines verregneten Fußballspiels. Es scheint, als hätte Tati nach seiner Hommage an die Music-Hall in *Parade* ganz bewusst darauf abgezielt, den großen Kreis seines Lebens mit diesem letzten Fußballfilm zu schließen.

Nino Molossena del Monaco, der die Rechte und auch die Spulen der Filme Tati Nummer 1, 2, 3 und 4 gekauft hatte, ließ diesen seinen Besitz im Banktresor, wo sie aufbewahrt wurden, nicht schmoren. Er arbeitete unermüdlich daran, die finanziellen, verwaltungstechnischen und rechtlichen Auflagen zu entwirren, die einer Vorführung dieser Filme im Weg standen – und letzten Endes gelang es ihm, Tatis Werk von seinen Ketten zu befreien.[444] 1977 standen *Jour de fête*, *Les Vacances*, *Mon Oncle* und *Playtime* wieder für den Verleih zur Verfügung.[445] Tati hatte selbstverständlich keinen finanziellen Anspruch mehr auf diese Filme, aber er hatte nichts von seinem moralischen und ästhetischen Interesse an seinen frühen Werken verloren. Natürlich wollte er sie noch etwas verbessern, ehe sie wieder gezeigt würden. Es hätte eines überaus mutigen Mannes bedurft, Tatis soundsovielte Neufassung von irgendetwas zu finanzieren. Aber aller Unwahrscheinlichkeit zum Trotz tat ein britischer Freund genau das.

Nach einem Intervall von zehn Jahren wurde die 1961er Version von *Jour de fête* im Februar 1977 in Frankreich neu herausgegeben, und die Neufassung von *Les Vacances* (1963), wie auch die noch unveränderte Version von *Mon Oncle*, kam im April desselben Jahres heraus. *Playtime* wurde in seiner »internationalen« Fassung auf anamorphotischem 35-mm-Film im Juni 1978 in London neu herausgegeben und kurz darauf in seiner »originalen« französischen Fassung in Paris. Da *Parade* und *Trafic* immer noch in Umlauf waren und eine lange Reihe von Dokumentationen und Interviews in ganz Europa veröffentlicht wurden, war Tati, als er sein siebzigstes Lebensjahr überschritt, weit sichtbarer, als er es seit vielen Jahren gewesen war. Nicht als Exponent der französischen Filmszene, auch nicht der französischen Filmkultur, mit der sein Werk nur sehr indirekt verbunden ist. Am Ende des Jahres 1970 war Tati eine Größe von internationaler Berühmtheit, was ihm sehr behagt haben muss – und ein historisches Denkmal, was vielleicht nicht so leicht hinzunehmen war.

Tati kehrte 1976 zum ersten Mal nach Saint-Marc-sur-mer zurück, und zwar im Auftrag der BBC, deren Reporter Gavin Miller ein langes Interview mit dem Regisseur führte, während er über den Sandstrand schritt und sich im Speisesaal des ziemlich unveränderten Hôtel de la Plage niederließ. Das Hotel und die kleine Stadt hatten gutes Kapital aus Tati geschlagen, und ganz besonders aus seinen britischen Bewunderern: Fast alle Zimmer wurden (und werden) viele Monate im Voraus von Urlaubern aus den »Home Counties« gebucht, die in »M. Hulots Hotel« übernachten woll(t)en. Vielleicht war es diese Rückkehr zum Drehort von *Les Vacances*, die Tati den Anreiz gab, noch eine Szene hinzuzufügen. Zwei Jahre danach kam er mit einer kleinen Crew nochmals zurück, um eine neue Sequenz zu drehen, die *Les Vacances* wie einen neuen Film aussehen lassen würde. Das war äußerst kompliziert. Die Idee war, einen satirischen Verweis auf einen »Strandfilm« einzufügen, der *Les Vacances* beiseitegeschoben und die Idee von Ferien am Meer vortrefflich in einen Alptraum verwandelt hatte. Zu diesem Zweck musste das Kajak, das in zwei Hälften zerbricht, als Hulot aufs Meer hinaus paddelt, völlig neu konstruiert werden. Tati musste auch eine große Anzahl von Strandstatisten zusammenbringen, deren Kostüme genauso aussahen wie die in dem Originalfilm vor fünfzig Jahren. In der

Abb. 93: *Jacques Lagranges ursprüngliche Zeichnungen (ca. 1951) für den Gag des kenternden Kanus in* Les Vacances de M. Hulot

neu gedrehten Sequenz mit dem neu gebauten Kajak zerteilt sich die Innenwand des Boots in gezackte Faserbüschel, während ein kenternder Hulot versucht, sich aus dem »Rachen« zu befreien, der sich über ihm schließt; dabei scheinen die faserigen Zacken – ziemlich vage – den Zähnen eines großen weißen Haifischs zu ähneln. Dann folgt ein Schnitt zu einer Totalaufnahme des Strands: jemand steht auf und zeigt aufs Meer; die Menge gerät in Panik und flüchtet sich vom Strand nach oben ins Hotel. Ende der Sequenz. Wenn man Spielbergs *Jaws* (*Der weiße Hai*, 1975) gesehen hat, könnte man vielleicht lachen. Wenn nicht, dann ist diese Sequenz seltsam, eigentlich nichtssagend.

Wie in der Neufassung von *Jour de fête* aus dem Jahr 1961, so enthält auch die jetzt im Umlauf befindliche Version von *Les Vacances* widersprüchliche, nicht zueinanderpassende »Datierungen«. Das sind Ungereimtheiten, die verärgern, belustigen, aber auch gefallen können. Die Zeitreise der 1960er Jeans neben 1940er Dampfloks, von 1950er Strandbekleidung neben einem Seitenhieb auf Steven Spielberg – all das siedelt Tatis Storys in einem verallgemeinerten, fast abstrakt chronologischen Raum an. Tati hatte von Anfang an beabsichtigt, dass M. Hulots Urlaub in einem »Irgendwann« stattfindet und dass der »Tag des Jahrmarkts« sich in allen möglichen Welten abspielt. Die Neufassungen und Neueinlagen enthistorisieren Tatis Werke bis zu einem gewissen Grad; aber genau weil sie Widersprüche und Brüche im Zeitrahmen der Filme schaffen, vergegenwärtigen sie uns den Lauf der Zeit und bringen die jeweils eigene Geschichte der Filme auf die Leinwand.

Abb. 94: *Jacques Tati, Stockholm, 1973*

Nachwort I

Das Alter ist nichts für einen Akrobaten oder Sportpantomimen. Als Tati im Sommer 1978 seine letzte Sequenz für *Les Vacances* drehte, wusste er, dass seine Krebserkrankung, auch wenn sie ihm ein paar weitere Jahre gewähren sollte, nicht geheilt werden konnte. Er diskutierte weiter mit Jacques Lagrange über *Confusion* und rief ihn oft an (*Jacques? C'est Jacques...*), aber beide wussten, dass der Film nie zustande kommen würde. Viele Nachmittage verbrachte Tati zusammen mit seinem Freund Sempé, dem Karikaturisten, in seinem Studio mit Blick auf den Place Saint-Sulpice; er traf sich mit den Bergerons, den Broïdos in Genua, mit seinem anderen alten Rugby-Freund Gorodiche: Freunde wie diese, und noch viele andere, einschließlich des Gastronomen Moustache, halfen ihm, Anfälle von Schwermut abzuwehren, die manchmal einer klinischen Depression sehr nahe kamen. Er schien sich über den Ruhm anderer zu ärgern und sich beleidigt zu fühlen, wenn er in Restaurants oder anderswo in der Stadt nicht erkannt wurde. Für Tati, der wenig Freude am Lesen und wenig Interesse für die Filme anderer hatte, war das Alter keine schöne Zeit.

Maurizio Nichetti war geradezu überwältigt, als Tati 1979 nicht nur zu seinem Film *Rantanplan* kam, seinem ersten (Stumm-)Film, den er Italienisch-Studenten an der Sorbonne vorführte, sondern ihn, einen sehr jungen italienischen Komödienschauspieler, auch noch zu sich nach Hause zum Tee einlud. Sophie servierte lächelnd den Tee und verschwand. Der Maestro beschwerte sich bitter über den schlimmen Zustand des französischen Films und den bevorstehenden Niedergang der Filmkunst. Nichetti, dessen Französisch nicht besonders gut war, fasste schließlich Mut und fragte Tati, ob *Rantanplan* ihm gefallen habe. »Sie haben gute Beine«, erwiderte sein Gastgeber. Nichetti dachte, er habe sich vielleicht im französischen Idiom vergriffen, und fragte Tati, was er damit meinte. »Wenn ich in eine Filmkomödie gehe, schaue ich nicht auf die Gesichter, nur auf die Beine. Wenn die Beine sich nicht bewegen, dann ist der Komiker ein TV-Komiker; wenn die Beine sich bewegen, ist der Komiker ein Filmkomiker. Sie haben gute Beine.« Und das war alles, was Nichetti aus dem Mann herausbekam, den er mehr als alle anderen Filmemacher verehrte, und dessen Nachfolger er inzwischen geworden ist.[446]

In diesen letzten Jahren trat Tati weiterhin bei Filmfestivals aller Art in Frankreich und im Ausland als prominentes Jurymitglied oder einfach nur als Prominenter auf. Es war ihm ein Herzensanliegen, junge Filmemacher zu unterstützen und auch die Schaffung von Kurzfilmen zu fördern, die er für die beste Ausbildung und Einführung eines angehenden Regisseurs hielt. Als er mit dem »César« – dem französischen Äquivalent eines Oscars – für sein Lebenswerk ausgezeichnet wurde, sprach er sich zur Überraschung seines Publikums energisch, fast zornig, für mehr Förderung von Kurzfilmen junger Regisseure aus. So hatte er seinen Start im Cinéma gemacht, sagte er, aber heutzutage habe ein junger Filmemacher nicht einmal so eine Chance ... Er kam aus dem Konzept, und seine Aussprache, die nie sehr gut gewesen war und jetzt durch ein schlechtsitzendes Gebiss noch erschwert wurde, verschwamm immer mehr ... Der Moderator unterbrach die Rede, das Publikum erhob sich zu begeistertem Applaus für Jacques Tati, den Schöpfer von M. Hulot – einst berühmt als einziger französischer Filmemacher, der Gewinn aus seiner Kunst zog, später berühmt dafür, pleite zu gehen ...

Als ihm mitgeteilt worden war, dass er den César bekommen sollte, hatte Tati zu seinem treuen Gefährten Lagrange gesagt, dass er, Tati, um die Wahrheit zu sagen, ihm, dem Freund und Maler, eine Hälfte dieser Auszeichnung verdanke. Er wollte das auch in seiner Dankesrede sagen. »Dieser César geht auch an Jacques Lagrange ...« Aber ob es daran lag, dass er es einfach vergessen hatte, oder daran, dass die Unterbrechung durch den Moderator zu früh kam: er sagte es nicht. Und es ist auch nicht leicht auszumachen, ob das die ganze Wahrheit gewesen wäre. Tati verdankte einen Teil dessen, was er geschaffen hatte, vielen Menschen: von Henri Marquet bis Pierre Etaix, von Alfred Sauvy bis Jean Badal, von Bernard Maurice bis Bert Haanstra, von Sylvette Baudrot bis Karl Haskel ... Ein großer Teil der Aufgabe eines Regisseurs ist es, auszuwählen, zu koordinieren und die Fähigkeiten anderer einzubinden. Doch Lagrange gehörte auf jeden Fall zu der kleinen Gruppe von Partnern, deren Talente Tatis eigene Talente anfeuerten und ohne die Tati vielleicht nie sein volles Potenzial verwirklicht hätte. Sauvy, Broïdo, Marquet und Etaix hatten je eine Zeitlang diese Rolle gespielt, aber keiner so konsequent und auf so lange Zeit wie Jacques Lagrange.

Tati starb im November 1982. Er hatte darauf bestanden, völlig ohne Pomp und Zeremonie begraben zu werden. Kein Priester und weniger als ein Dutzend Trauernder waren anwesend. Und nach der Erinnerung einiger hätte man, wenn es ganz Tatis Wunsch überlassen worden wäre, seinen Leichnam in einen Plastiksack gestopft und auf den Müllhaufen geworfen. Tati war immer sehr stolz auf sein Werk gewesen – und das zu Recht. Aber von sich selbst hatte er nie sehr viel gehalten.

Nachwort II: Helgas Story

Helga Schiel, Jacques Tatis uneheliche und von ihm aberkannte Tochter, wurde bis zu ihrem sechsten Lebensjahr von einer Pflegemutter, Madame Gorra, in dem Dorf Lardy (Essone) unweit von Étampes versorgt. Ihre Mutter Herta, eine Kabaretttänzerin, fuhr, wann immer sie konnte, mit dem Fahrrad zu ihrer Tochter. Nach der Befreiung von Paris 1944 war sie als deutschsprachige Österreicherin mit nichts weiter als einem tschechischen Pass großer Gefahr ausgesetzt; doch ihre Verbindung zu Dr. Jacques Weil, dem Arzt und Widerstandskämpfer, der ihre Schwester behandelt hatte und für den sie während der deutschen Besatzung als Übersetzerin gearbeitet hatte, schützte sie vor Repressalien. Jedoch konnte sie ohne die erforderlichen Ausweispapiere nicht in Frankreich bleiben, und so folgte sie ihrem früheren österreichisch-jüdischen Geliebten, Heinz Lustig, nach Marokko, wo sie sich einer ganzen Gruppe von Flüchtlingen aus Wien anschloss. 1948 ließ sie Helga zu sich kommen, und das sechsjährige Kind reiste unbegleitet von Paris nach Casablanca.

In Marokko wurde Helga in einem Waisenhaus, der Mission Laque Aïn Sebaa, erzogen; dort kam sie mit vielen Kindern zusammen, deren Schicksal in mancher Hinsicht noch härter war als das ihre. Helga hatte das zusätzliche Problem eines Stiefvaters, der sich im Umgang mit »Tatis Kind« schwertat. Letzten Endes kam man zu dem Schluss, dass das Familienleben, solange Helga daran teilhatte, nicht richtig funktionieren konnte. Im Alter von zehn Jahren wurde sie 1952 nach Paris zurückgeschickt, wo sie im Collège Saint-Vincent-de-Paul in Saint-Germain-des-Prés von Nonnen unterrichtet und erzogen wurde. An Wochentagen lebte sie im Internat, und die Samstage und Sonntage verbrachte sie bei der Familie von Dr. Weil, der ja während der Besatzung ihrer Mutter beigestanden hatte.

Die Schule war streng, Frömmigkeit war Pflicht, und die Regeln wurden strikt durchgesetzt. Einmal wurde Helga an einem einzigen Tag nicht weniger als zwölfmal zum Gebet zitiert. Nach Ansicht der Nonnen hatte sie vielerlei Grund zu beten: Sie war ein uneheliches Kind, und dazu noch die Tochter einer Kabaretttänzerin. Helga war kein rebellisches Kind, und sie akzeptierte den Glauben, den die Nonnen ihr einflößten. Auf lange Sicht, sagte Helga später, habe die eiserne Disziplin der Klosterschule ihr keinen bleibenden Schaden zugefügt; doch das doppelte Stigma, das sie als Kind aufgrund des Verhaltens und des Berufs ihrer Eltern ertragen musste, sei eine schwere Belastung gewesen.

Es geschah auch in ihrer Klosterschulzeit, dass sie ihren Vater zum ersten Mal sah – nicht leibhaftig, sondern auf der Leinwand. Es war ihr äußerst peinlich zu wissen, dass dieser Riese von einem Postboten, der in *Jour de fête* auf einem Fahrrad herumalberte, ihr Vater war. Den Film, der alle anderen zum Lachen bringt, fand sie überhaupt nicht lustig. Sie wusste, dass ihre Mutter diesen wortlosen Idioten mit seinen überlangen Beinen geliebt hatte. Manchmal träumte sie, dass er zurückkommen und alles wiedergutmachen würde. Aber das hat er nie getan.

Helga war noch im Internat ihrer Pariser Klosterschule, als ihr Vater den Film *Les Vacances de M. Hulot* veröffentlichte. Das war der erste Auftritt von Tatis filmischem Charakter M. Hulot – einem liebenswerten, unbeholfenen, fast kindlichen Gentleman ungewissen Alters, unbestimmter ethnischer Herkunft und Gesellschaftsschicht. Den ganzen Rest seines Lebens stotterte und sprudelte Tati sich durch hundert Interviews, um klarzustellen, dass Hulot nicht Tati war. Helga brauchte man das nicht zu sagen.

Nach zwei Jahren im Internat sehnte Helga sich so sehr nach ihrer Mutter, dass sie die beschwerliche Reise nach Marokko noch einmal auf sich nahm. Doch die Rückkehr nach Casablanca war keine glückliche Heimkehr. Helga hatte jetzt zwei Stiefgeschwister, die über zehn Jahre jünger waren und denen natürlich der Großteil der Aufmerksamkeit und Fürsorge ihrer Eltern galt. Wiederum fühlte sie sich beiseitegeschoben als eine Art Aschenputtel und hässliche Stiefschwester. Für ihren Stiefvater war und blieb sie »Tatis Kind«, und es fiel ihm schwer, ihr ein Vater zu sein. Darüber hinaus wurde die Lage der europäischen Siedler in Marokko zunehmend prekär, da die Forderungen nach Unabhängigkeit von Frankreich immer lauter wurden. 1954 verabschiedete Österreich sich von dem 1945 eingeführten Viermächteabkommen und erlangte erneut seine nationale Souveränität. So konnte Helgas Mutter österreichische Staatsangehörigkeit beantragen, und die Familie beschloss, nach Wien zurückzuziehen. Gegen Ende des Jahres 1955 verließen die Lustigs Casablanca, aber Helga nahmen sie nicht mit. Ein Grund dafür war, dass sie kein Deutsch sprach; außerdem hatte sie einen französischen, keinen österreichischen Pass, und im Heimatland ihrer Eltern stand ihr kein automatisches Aufenthaltsrecht zu. Daher vertraute Herta ihre Tochter einer Freundin an, der Madame Psaila, die eine Entbindungsklinik leitete. Helga sollte nur ein paar Monate dortbleiben, bis es Herta gelungen war, ihr die notwendigen Papiere zu verschaffen; dann würde Herta nach Casablanca kommen und Helga wieder »nach Hause« holen. Die gute Absicht sollte an der praktischen Durchführung scheitern, und am Ende blieb Tatis Kind wieder einmal sich selbst überlassen.

Nachdem die Familie Lustig sich nach Wien gerettet hatte, verschlechterte sich die Lage in Marokko noch mehr. Sultan Mohammed V. war überraschend aus dem Exil zurückgekehrt, und die Gewalttätigkeit gegen Europäer nahm zu. Am 24. Dezember 1955 warfen Terroristen eine Bombe auf den Markt im Zentrum von Casablanca ab, wobei hundert Menschen ums Leben kamen, darunter auch eine Schulfreundin von Helga. Daraufhin versuchten die meisten der verbliebenen Europäer, das Land zu verlassen. Und bald zog sich auch die französische Armee aus Marokko zurück. Helga war verängstigt – und allein. Sie ging zum Rathaus, um sich zu erkundigen, was sie tun sollte. Dort sagte man ihr, dass sie, weil ihre Mutter Österreicherin war, den österreichischen Konsul, Herrn Martin, um Hilfe bitten könnte. Das sei möglich, weil Frankreich, anders als die meisten Länder, zu der Zeit eine automatische Übertragung der Staatsangehörigkeit über die Mutter zulasse.

Eines schönen Tages im Jahr 1956 war ein österreichischer Arzt, der Leiter einer Klinik in Quazarzate, zu Gast bei Herrn Martin in Casablanca. »Ich habe ein verzwicktes Problem«, sagte der Konsul. »Da ist ein junges Mädchen aus Österreich, das in einer Entbindungsklinik arbeitet. Ihre Lage ist völlig aussichtslos, und ich weiß nicht, wie ich ihr helfen kann. Und das Erstaunlichste an dieser Sache ist: Sie ist die Tochter von Jacques Tati.« Aus Gefälligkeit gegenüber dem Konsul, auch aus natürlicher Hilfsbereitschaft, erklärte der Arzt Rudolf Pellegrini sich bereit, die jetzt vierzehnjährige Helga als Au-pair-Mädchen zur Betreuung seiner neugeborenen Tochter Caroline einzustellen. Aus Quazarzate schrieb Helga an ihren Vater Jacques Tati und bat ihn, ihr dabei zu helfen, aus Marokko herauszukommen. Sie legte ein Foto bei. Es gibt keinen Grund zur Annahme, er habe dieses Schreiben nicht erhalten, doch eine Antwort ist nie gekommen.

1958 erkrankte Pellegrinis Tochter, und ihr Vater glaubte nicht, dass sie in dem rauen Wüstenklima von Quazarzate eine Chance auf Genesung hatte. Wie konnte man sie zurück nach Österreich bringen? Es gelang Pellegrini, Transitpapiere zu bekommen, die es Helga ermöglichten, Caroline nach Linz zu begleiten. Als Helga schließlich in Österreich ankam, wurde sie von den Pellegrinis herzlich aufgenommen; sie behielten sie bei sich in Linz, wo sie Deutsch lernte – ihre »Muttersprache«, die sie vorher nie gesprochen hatte. Einige Monate später war sie wieder in Wien, vereint mit ihrer Mutter und ihrer Stieffamilie.

Das hätte das Ende der Odyssee eines ungeliebten Kindes sein können, dessen hartes frühes Schicksal sowohl dem Krieg und seinen Wirren als auch elterlicher Pflichtvergessenheit geschuldet war. Aber es sollte nicht das Ende sein. Helga konnte ihrer Mutter problemlos verzeihen und die herzliche Mutter-Tochter-Beziehung wiederbeleben, die bis zum Ende des sehr langen Lebens der Mutter anhielt. Aber Helga konnte in Wien nicht heimisch werden. Sie fühlte sich als Französin (die sie ja war) und betrachtete Paris als ihr Zuhause. Daher setzte Herta sich wieder mit Dr. Weil in Verbindung, der ihre Schwester Molly behandelt hatte. Ja, er konnte tatsächlich eine Au-pair-Mädchen gebrauchen! Und ja, er würde sehr gern die Tochter einer Frau einstellen, die er während des Krieges geschätzt und bewundert hatte. So brach Helga wieder einmal auf und landete nur eine Fahrradstrecke entfernt von ihrem Vater, der gerade auf dem Gipfel seines Ruhmes stand. 1959 wurde *Mon Oncle* in jedem Kino gezeigt, und diese bewegende, komisch-lustige Geschichte der Annäherung eines Vaters an sein Kind berührte jedes Herz. Nur eines nicht.

Für Helga war es besonders schmerzhaft zu sehen, wie ihr Vater den lieben Onkel spielte, wo sie, und nur sie allein, doch wusste, was für ein lieblosser Vater er war. Ihre Arbeitgeberin, Madame Weil, ermutigte sie nachdrücklich, Tati zu kontaktieren. Aber Helga sah die Dinge anders. Tati hatte eine Frau und zwei noch junge Kinder, und Helga wusste nicht, ob diese von der Existenz ihrer Halbschwester wussten oder auch nur eine Ahnung davon hatten. Wie viel Leid würde sie ihnen zufügen, wenn sie plötzlich auftauchte und ihnen die Augen dafür öffnete, was für ein Mann ihr Vater gewesen war? Außerdem hatte sie auch ihren Stolz und sagte sich, dass Tati es nicht verdiente, eine Tochter wie sie zu haben. Sie beschloss, ihr eigenes Leben zu leben und diesen Mann in Ruhe zu lassen. Ungeachtet dessen erzählte Dr. Weil einem seiner Patienten, der als Journalist bei der Tageszeitung *Le Figaro* arbeitete, die lange Geschichte des von Tati verstoßenen Kindes. Der Journalist ging der Sache nach und befragte Helga selber. Aber sie war, aus Stolz oder Verletzung, zurückhaltend und sagte sehr wenig. Die Geschichte ist in der Presse nie erschienen. Höchstwahrscheinlich, aber das ist nicht nachzuweisen, ließ man sie auf Druck von Tati, der zu dieser Zeit enormen Einfluss genoss, unter den Tisch fallen. Es kann aber auch sein, dass Helga dem Journalisten zu wenig preisgegeben hatte, um ihre Story berichtenswert zu machen.

Helga mangelte es nicht an Gelegenheit, sich über das Leben ihrer Mutter während des Krieges zu informieren. Sie kontaktierte zwei Kolleginnen ihrer Mutter aus dem damaligen Chor des Lido, Gladys und Renée, und diese beiden Damen wurden Helgas »Adoptivtanten«. Sie hatten Herta während der 1950er Jahre über Tatis aufblühende Karriere auf dem Laufenden gehalten, und von ihnen erfuhr Helga auch viele Einzelheiten über die Umstände ihrer eigenen Zeugung und Geburt, und auch über ihre frühen Jahre, wie sie hier dargestellt wurden.

Helga arbeitete die ganze Woche für die Familie, bei der sie angestellt war. Aber sie hatte das Tanztalent ihrer Mutter geerbt und war eine gefragte Partnerin auf den Partys, die sie besuchte. Bei einem Gruppenurlaub im spanischen Sitges lernte sie einen jungen Mann aus Newcastle-on-Tyne kennen, einen Facharbeiter im Baugewerbe. Nach langem Bemühen seinerseits besuchte sie ihn schließlich in Großbritannien. Alle ihre Freunde warnten sie davor, dorthin zu fahren: England sei ein kaltes und trostloses Pflaster, und außerdem konnte sie die Sprache nicht sprechen. Aber sie fuhr trotzdem hin, als Au-pair in einer Familie namens Charlton, und sie blieb in diesem Land für den Rest ihres Lebens.

Helga kehrte ihrer verworrenen französisch-marokkanisch-österreichischen Vergangenheit den Rücken. England – nass und schmutzig, wie es damals war – schenkte ihr ein neues Leben, und Helga besaß die Courage und Flexibilität, es zu meistern. Als sie sich entschloss, ihren Freund, dem sie in den Nordosten Englands gefolgt war, zu heiraten, beantragte sie britische Staatsangehörigkeit. In den Bewerbungsunterlagen gab Helga Tatis vollständigen Namen und auch seine Adresse an, und wir dürfen davon ausgehen, dass die britischen Behörden Tati kontaktiert haben, um die Bestätigung einer Angabe zu bekommen, die in Helgas Geburtsurkunde nicht eingetragen war. Doch auch dann zeigte Tati keinerlei Interesse am Leben seiner Tochter. Es war Dr. Weil, der aus Paris anreiste, um als ihr Brautvater zu agieren.

Helga hatte eine verworrene und ziemlich kurze Ausbildung genossen und kam mit geringen Qualifikationen und äußerst bescheidenen Aussichten nach Großbritannien. Aber sie lernte sehr schnell Englisch. Es stellte sich heraus, dass Helga über wirklich überraschende sprachliche Fähigkeiten verfügte: Französisch und Deutsch sprach sie bereits fließend, Arabisch und Spanisch waren ihr ebenfalls geläufig, und obendrein eignete sie sich gute Kenntnisse der italienischen und norwegischen Sprache an. Anfangs arbeitete sie in Hotels, bald aber wurde sie Mutter und zog drei Geordie-Söhne auf: Kenneth, Richard und Grahame McDonald.

Herta Lustig genoss ein glückliches und langes Leben in Wien, und sie lernte sehr gut Englisch, um sich mit ihren britischen Enkelkindern verständigen zu können, die auch Tatis einzige noch lebende Verwandte sind. Helgas Halbbruder, Francis Lustig, ist zu einem der bekanntesten und wohlhabendsten Geschäftsleute Österreichs avanciert. Es hätte alles viel schlimmer kommen können.

Es ist schon überraschend, dass Helgas Story ein halbes Jahrhundert lang ein Geheimnis geblieben ist. Viele Menschen – einschließlich derer, die ich in den 1990er Jahren bei meiner Arbeit an diesem Buch befragt habe – wussten, dass Tati eine verstoßene Tochter hatte, aber keiner von ihnen äußerte mir gegenüber auch nur ein einziges Wort darüber. Durchaus nicht alle Kollegen von Tati waren geneigt, den großen Mann sein Leben lang und auf alle Zeit zu schonen. Das Gegenteil war eher der Fall. Tati hat sich oft mit seinen Kollegen zerstritten, und manchmal hat er sie wirklich übel behandelt. Mehr als nur einer von ihnen hatte allen Grund, es dem Maestro heimzahlen zu wollen – und doch hat jeder Einzelne von ihnen für sich behalten, was Tati während des Krieges wirklich getan hatte, auch wenn sie sehr wohl wussten, dass die Geschichten, die Tati der Presse wiederholt erzählte, erlogen waren. Aus Solidarität mit dem Milieu des Varietés? Oder weil sie einfach nicht wollten, dass ihre eigenen Auftritte am

Lido de Paris oder in Berlin ans Licht kamen? Es kann auch Rücksichtnahme auf Micheline und Sophie gewesen sein, die möglicherweise nichts von dieser Episode wussten. Wie dem auch sei, der kollektive Gedächtnisschwund bezüglich der Besatzungszeit, dem Frankreich im ganzen Verlauf der 1950er und 1960er Jahre erlegen war, scheint Tatis Freunde vom Varieté gelähmt zu haben, selbst wenn sie guten Grund dafür hatten, den Schöpfer von Monsieur Hulot schlechtzumachen.

Als sie das Alter von 21 Jahren erreichte, hätte Helga, die zu der Zeit in Paris lebte, vor Gericht gehen können, um die rechtliche Anerkennung ihres Status als leibliches Kind von Jacques Tati zu erlangen, aber sie hat es nicht getan. Sie wollte ihre Herkunft vor den Augen der Öffentlichkeit verborgen halten, und so ging sie ihr ganzes Leben, wie sie selber sagte, »auf den Zehenspitzen«.

Helgas Ehemann Norman McDonald starb im Jahr 2000, und ihre Mutter verstarb 2005 im Alter von 85 Jahren in Wien. Helga selber verschied erst vor kurzem im Jahr 2023, aber lange vorher hatten sie und ihr Sohn Richard klar und deutlich den Wunsch geäußert, dass ihre Geschichte bekannt werde.

Und sollte jemand, der diese neue deutsche Ausgabe von *Jacques Tati. His Art and Life* gelesen hat, einmal in den Nordosten Englands kommen, und sollte ihm dort auf der linken Straßenseite ein nicht mehr junger Radfahrer mit sehr langen Beinen ins Auge springen, weil er dem Monsieur Hulot verblüffend ähnlich sieht, wird er wissen, warum.

David Bellos
14. September 2023

Abkürzungen

AJT	Archives Jacques Tati, Privatsammlung, Paris
AN	Archives nationales, Paris
BFI	British Film Institute, London
BiFi	Bibliothèque du Film, Paris
BN	Bibliothèque nationale
CC	*Cahiers du cinéma*
CNC	Centre national de la cinématographie
COIC	Comité d'organisation de l'industrie cinématographique (1940-1944)
MoMa	Museum of Modern Art (New York), Film Stills Archive
NYPL	New York Public Library, Performing Arts Collection
STO	Service du travail obligatoire
VdP	Vidéothèque de Paris

Anmerkungen

Eins. Die französische Familie Tatischeff
1. In vielen Zeitungsartikeln und sogar in einigen Nachschlagewerken wird das Datum falsch als 1909 (seltener als 1908) angegeben.
2. Interview mit Sophie Tatischeff, Paris, 29. Juni 1998.
3. Gespräch mit Germaine Meunier, Saint Germain-en-Laye, November 1998.
4. »Cette tristesse dont vous me parlez«, sagte Tati den *Cahiers du cinéma* 1968, »c'est un peu mon côté slave« (CC 199, S. 20), aber er muss den Journalisten auf den Arm genommen haben, der berichtete (in »Aux Quatre Coins de Paris«, *L'Aurore*, 23. März 1969), dass der Schöpfer des M. Hulot seinen nächsten Film definitiv in Russland drehen werde, und zwar über eine »slawische Geschichte«, die ihm von »[s]einem anderen Großvater erzählt worden war, dem General Tatischeff, Botschafter des Zaren in Paris ... «
5. Vgl. z. B. seine Antwort an Max Favallelli, in *Ici-Paris*, 16. März 1953.
6. Anonym, »Artisan numéro 1 de l'écran français ...«, *Tribune de Genève*, 6. Juni 1958. Diese Quelle beschreibt Tatis Großvater auch als »regulären Bilderrahmer für Toulouse-Lautrec«; es gibt in den AJT zumindest eine frühe Fotokopie eines Toulouse-Lautrec-Tuschporträts (von Tatis Großmutter?), die dieser Behauptung einige Glaubwürdigkeit verleiht.
7. Gespräch mit Germaine Meunier, Saint-Germain-en-Laye, November 1998.
8. Marc Dondey, *Jacques Tati* (Paris: Ramsay, 1987), S. 15. Dondey konnte Tatis Schwester Nathalie interviewen; einige Details aus Tatis Kindheit stammen allein aus dieser Quelle.
9. Dondey, S. 15.
10. *New Yorker*, 29. August 1971, S. 45.
11. AJT, Videokassette III, Clip 4, meine Übertragung; das Interview (auf Englisch) ist undatiert, wurde aber wahrscheinlich ca. 1975 in Stockholm geführt.
12. Der Clip ist exzerpiert in Sophie Tatischeffs ausgezeichnetem Dokumentarfilm über ihren Vater, *Tati sur les pas de M. Hulot*. Vgl. auch H. G. Woodside, »Tati Speaks«, *Take One* 22.6 (1970), S. 6–8.
13. »Vingt questions sur les vacances posées à Jacques Tati«, *Les Cahiers d'Elle* 10 (Mai 1953).
14. Namentlich in einem Interview mit Eric Lejeune (»Avec *Playtime*, Jacques Tati entre dans l'ère des loisirs«, nicht identifizierter Presseausschnitt ca. 1967, in ATJ). Hier setzte Tati der Behauptung seines Interviewers nichts entgegen, dass *Les Vacances de M. Hulot* direkt von einem Kindheitsurlaub in Mers-les-bains inspiriert worden sei, und dass M. Hulots eigenartige Bekleidung von den Besuchen seines Vaters während des Krieges herrührte, bei denen er in schicker Uniform erschien.
15. Brief von Nathalie Tatischeff an James Harding, 13. Mai 1983; BFI, Harding Collection.

16. Interview mit Ira Bergeron, Paris, November 1996.
17. Wie auch für sein Geburtsdatum (siehe Anm. 1) schwanken die in Zeitungen und Nachschlagewerken gegebenen Daten über Tatis Größe und Gewicht innerhalb eines plausibel beschränkten Bereichs: zwischen 1,88 m und 1,92 m, und zwischen 92 und 100 kg.
18. Gespräch mit Pierre Etaix, Paris, November 1996.
19. Alfred Sauvy, *Légendes du siècle*. Paris: Editions Economica, 1990, S. 125–126.
20. Will Tusher, »Jacques Tati to make first Hollywood film, *The Hollywood Reporter*, 237.21 (24. Juli 1975).
21. Fred Orain z. B. beschrieb in einem Interview im Dezember 1996 Tati als *bête comme un clou* (»dumm wie Bohnenstroh«).
22. Jean-Claude Carrière, »Comédie à la française«, *American Film* 11.3 (Dezember 1985), S. 18.
23. Brief an Suzanne Legoueix, 6. Februar 1957 (AJT, Specta-Films-Korrespondenz).
24. Brief, unterschrieben Max Duravy, datiert 22. März 1939; Original und mehrere zeitgenössische Fotokopien in AJT.

Zwei. Das Bilderrahmengeschäft

25. Interview mit Jean Reznikov, Paris, August 1997. Dieselbe Anekdote wird in Tatis Interview mit Jacqueline Vandel erwähnt, *Le Figaro littéraire,* 19. November 1964.
26. Paul Guth, Interview mit Tati, *Le Figaro littéraire*, 29. September 1956.
27. Jacqueline Vandel, »Jacques Tati«, *Le Figaro littéraire*, 19. November 1964.
28. Claude Schurr, Privatkorrespondenz, 1997.
29. Zitiert auf Französisch von Morando Morandini, »Il mimo Tati legge gli nomini«, *Cinema* XII.135 (10. Juni 1954).
30. Anonym, »Tati distributeur de Mack Sennett«, *Le Figaro*, 16. Oktober 1964.

Drei. Der Kavallerist

31. Dieser Kommentar ist, wie auch einiges von dem vorher Gesagten, einer handschriftlichen Transkription von Tatis Memoiren entnommen, wie sie ca. 1980 Jean L'Hôte diktiert wurden, S. 63–64 (mir freundlich zur Verfügung gestellt von Gilles L'Hôte). Tati äußerte sich auch in einem vom ORTF (in der Serie *Cinépanorama*) am 3. März 1956 ausgestrahlten Interview ausführlich über Lalouette und die 16. Dragoner.
32. Ebd., S. 41.
33. Vgl. z. B. Philippe Trétiack, »La Fille de Mon Oncle se souvient«, *Elle*, 12. Dezember 1994.
34. Vgl. Abb. 15, S. 67

Vier. Tatis Universität
35. Vgl. Olivier Merlin, *Tristan Bernard ou le temps de vivre*. Paris: Calmann-Lévy, 1989.
36. L'Hôte, a. a. O., S. 6; siehe Anm. 31.
37. L'Hôte, a. a. O., S. 9.
38. Charles Ford, *Histoire du cinéma français contemporain*. Paris: Editions France-Empire, 1977, S. 242–244.
39. L'Hôte, a. a. O., S. 4.
40. Alfred Sauvy, *La Vie en plus. Souvenirs*. Paris: Calmann-Lévy, 1981, S. 237.
41. Richtige Schreibweise: Katharine (geb. Hyde). Vgl. *Who's Who in France, 1955–1956*.
42. Christian Guy, »La vie difficile ... du créateur de M. Hulot«, *France-Dimanche*, 18. September 1958, S. 34.

Fünf. Les Copains
43. Alfred Sauvy, Brief an Jacques Tati, unbekannte Veröffentlichung (Kopie freundlich zur Verfügung gestellt von Anne Sauvy-Wilkinson).
44. L'Hôte, a. a. O.,S. 14.
45. Geneviève Agel, *Hulot parmi nous*. Paris: Editions du Cerf, 1955, S. 13.
46. Sauvy, S. 237; siehe Anm. 40.
47. Siehe Anm. 43.
48. Sauvy, S. 238; siehe Anm. 40.
49. Ebd.
50. In einem Brief vom 7. April 1939 schrieb Sauvy, dass die Revue am 28. April 1930 erstmals aufgeführt wurde, aber das Programm für diese Show konnte nicht aufgefunden werden.
51. Geneviève Agel beschreibt unter dem Titel »Le Voyage en Tramway« (in *Hulot parmi nous*. Paris: Editions du Cerf, 1955, S. 16) eine ganz andere Sequenz von Pantomimen. Diese ist möglicherweise anlässlich Tatis gelegentlicher Rückkehr zur Bühne der Music-Hall für One-Night-Promi-Shows in den späten 1940er Jahren entwickelt worden; sie wird in keiner anderen Quelle erwähnt.
52. Max Favallelli, Interview mit Jacques Tati, *Ici-Paris*, 16. März 1953.

Sechs. Mittellos und auf der Straße
53. Pierre Bost, *Le Circe et le Music-Hall*. (Les Manifestations de l'Esprit contemporain.) Paris: Au Sans-Pareil, 1931. Vgl. besonders S. 40–42.
54. Pierre Billard, *L'Age Classique du cinéma français*. Paris: Flammarion, 1995.
55. Raymond Chirat und Jean-Claude Romer, *Catalogue. Courts-métrages français de fiction, 1929–1950*. Paris: Editions Mémoires du cinéma, 1996. Eintrag 176.
56. Vgl. Paulette Coquatrix, *Les Coulisses de la mémoire*. Paris: Grasset, 1984, S. 23–25.
57. Martine Danan (in »French Patriotic Responses to early American sound films«, *Contemporary French Civilization* XX.2 (1996), S. 294–303) bietet fas-

zinierende Einzelheiten zu den Strategien, die zwischen 1929 und 1933 in Frankreich eingesetzt wurden, um ausländische Filme zu »naturalisieren«.
58. Freddy Buache, *Claude Autant-Lara*. Lausanne: L'Age d'homme, 1982. *Parlor, Bedroom and Bath* wurde zu *Buster se marie*, und *The Passionate Plumber* zu *Le Plombier amoureux*.

Sieben. Oscar, Roger und Rhum
59. Chirat und Romer, a. a. O., Eintrag 38.
60. »Le Cinéma des cinéastes«, gesendet am 17. April 1977; INA, Archives sonores, Kassette Nr. K1707.
61. Chirat und Romer, Eintrag 1026. 1977 bestätigte Tati, dass er mit den Dreharbeiten für *Oscar champion de tennis* tatsächlich begonnen, sie aber vorzeitig abgebrochen hatte, weil die Konzeption und Ausführung allzu »kindisch« waren.
62. Diese Mutmaßungen werden durch Tatis spätere Erinnerungen, nach denen die Gala anlässlich der Verleihung des Blauen Bandes sein allererstes bezahltes Engagement war (»mon premier cachet«), nicht bestätigt : In C. Guy, »La vie difficile ... du créateur de M. Hulot«, *France-Dimanche*, 18. September 1958, S. 35.
63. Sauvy, Brief an Jacques Tati, unbekannte Veröffentlichung (Kopie zur Verfügung gestellt von Anne Sauvy-Wilkinson).
64. Sauvy, S. 237–238; siehe Anm. 40. Sournia, im äußersten Südwesten von Frankreich, war der Wohnsitz von Sauvys Großvater mütterlicherseits. Vgl. Michel-Louis Lévy, *Alfred Sauvy. Compagnon d'un siècle*. Lyon: La Manufacture, 1990.
65. Interview mit Max Favalelli, *Ici-Paris*, 16. März 1953. Was Tati hier nicht sagt, ist, dass der hier erwähnte *gérant* Hulot hieß.
66. René de Laborderie, »Tête à tête abvec Tati«, *Lui* (Oktober, 1967), S. 5–15.
67. Interview mit Tati in *Arts*, 13. Mai 1953, S. 4.
68. Der Rest der Besetzung und der Crew waren ebenfalls keine Amateure: Jean Clairval spielte in *Trois de la Marine* von Barrois und schrieb auch seine eigenen Szenarien; und Raymond Turgy (auch bekannt als Rémond oder Raymond Vilmont) ist in verschiedenen derzeitigen Stücken zu finden, namentlich *Le Juif polonais* (Jean Kemm, 1931).
69. Durchschlag eines Briefes von Bernard Maurice an Henri Langlois, 6. März 1961 (AJT, Korrespondenz).
70. Ginette Vincendeau, »From the *bal populaire* to the casino: class and leisure in French films of the 1930's«, Nottingham French Studies 31.2 (1992), S. 52–69 (S. 52).
71. *Action cinématographique* Nr. 37, 10. Oktober 1937.
72. Zum Beispiel in einem Interview, das 1971 auf Canada I ausgestrahlt wurde (AJT, Videokassette Nr. 20).

Acht. Sport-Imitationen
73. Die meisten dieser Angaben aus Jacques Feschotte, *Histoire de Music-Hall*. Paris: PUF, 1965.
74. Information von Lucile Terouanne (ehem. Mrs B. Minevich), Paris, Januar 1998.
75. Pascal Sevran, *Le Music-Hall français de Mayol à Julien Clerc*. Paris: Olivier Orban, 1978.
76. Nathalie Tatischeff, Brief an James Harding, 13. Mai 1983. BFI, Harding Collection.
77. Brief an Tati, unterschrieben Max Duravy, 22. März 1939. AJT.
78. Vgl. Colette, »Spectacles de Paris«, *Le Journal*, 28. Juni 1936.
79. C. Constantin Brive, »Le Sport considéré comme un des beaux-arts«, *L'Auto*, 17. Oktober 1935.
80. Pierre Audiat, »Lavalisons ...«, *Paris-Soir*, 21. September 1935.
81. C. Constantin Brive, siehe Anm. 79.

Neun. Ein Tag auf dem Land
82. Durchschlag eines Briefes, datiert 7. März 1963 (AJT, Korrespondenz).
83. Durchschlag eines Briefes, datiert 27. März 1959 (AJT, Korrespondenz).
84. Vgl. Jacques Richard, »Quand les gents du cirque inventaient le cinéma burlesque«, *Le Cinque dans l'univers* Nr. 179 (1995), S. 5–8. Tati begegnete Loriot 1939, als beide im Nachtklub *Européen* auftraten.

Zehn. Der Zentaur
85. Bestätigt von Germaine Meunier, Saint-Germain-en-Laye, November 1998.
86. Brief von Jacques Tati an seinen Rechtsanwalt, 1. Februar 1956 (AJT, Korrespondenz).
87. Jean Queval, »*Jour de fête*«, *Sight and Sound* 19.4 (1950), S. 165–166.
88. Colette, »Spectacles de Paris«, *Le Journal*, 28. Juni 1936.
89. 4. März 1937; dann am folgenden Tag derselbe Doppelauftritt in Brüssel. Vgl. *Conferencia* 24 (1. Dezember 1937), S. 671–676; hier auch eine Beschreibung und Rezension von Tatis Auftritt.
90. Diese Angaben stammen aus Tatis eigenen Presseausschnitten und seiner Sammlung von Postern und Programmen (AJT), und (in puncto Datierung) aus André Sallée und Philippe Chauveau, *Le Music-Hall et café concert*. Paris: Bordas, 1985, S. 116, 151.
91. Vgl. Robert Delaroche und François Bellair, *Marie Dubas*. Paris: Candeau, 1980; mit einem Vorwort (eine Seite) von Jacques Tati.
92. In der *Berliner Zeitung* vom 17. Januar 1964 wurde ein Werbefoto des KadeKo abgedruckt, auf dem Tati in weißem Anzug umgeben von Tatjana Sais, Rudolf Platte, Loni Heuser, Werner Fink, Günther Schwerkolt und Edith von Ebeling zu sehen ist.
93. Der Clip ist in Gilles Delavauds Kurzfilm über *Mon Oncle*, *L'École du regard* (Ministère de la Culture/Totem Productions, 1994) enthalten.

94. »*Cinq colonnes à la une*«, Regie Guy Labrousse, ausgestrahlt vom ORTF 1966.
95. Nach Tatis Erinnerung in einem Interview aufgezeichnet (auf Italienisch) in *Nuova Stampa*, 22. Mai 1954; vgl. ebenfalls den Brief von Eileen de Brandt an James Harding, datiert 25. März 1983 (BFI, Harding Collection).
96. *New Yorker*, 17. Juli 1954.
97. Bruno Dumons, Gilles Pollet, Muriel Berjat, *Naissance du sport moderne*. Lyon: La Manufacture, 1987, S. 15–16.
98. Ebd., S. 23–37.
99. Vgl. Florence Pizzorni Itié, *Les Yeux du stade. Colombes, temple du sport*. Thonon-les-bains: Société Présence du livre, 1993.
100. Vgl. Bruno Dumons, etc., S. 57–63; Anm. 97.
101. Pierre Chazaud, »Le Sport et son expression culturelle et artistique dans les années 1920-1930«, in Pizzorni Itié, a. a. O., S. 100–114.
102. Michel-Louis Lévy, siehe Anm. 64.
103. Gespräch mit Jean Reznikov, Paris, August 1997.
104. Gespräch mit Ira Bergeron, Paris, November 1996.
105. Vgl. Robert Storey, *Pierrots on the stage of desire. Nineteenth-Century literary artists and the comic pantomime*. Princeton, NJ: Princeton University Press, 1985. Neben einer psychoanalytischen Interpretation von Pierrot-Stücken gibt Storey uns einen umfassenden, detaillierten und maßgeblichen Überblick über die Entwicklung der Pantomime und der stummen Show in Frankreich von der Romantik bis zum Ende des neunzehnten Jahrhunderts.
106. Jacques Charles, *Cent Ans de Music-Hall*. Paris: Jeheber, 1956, S. 56.
107. Vgl. Thomas Leabhart, *Modern and Post-Modern Mime*. London: Macmillan, 1989, S. 26; ebenso Decrouxs eigenes Kursbuch, *Paroles sur le mime* (Paris: Librairie théàtrale, 1963), das viele aufschlussreiche Illustrationen enthält.
108. Jean Laurent bezichtigte in *Les Nouveaux Temps* (24. Juni 1943) Maurice Bacques ausdrücklich des Plagiats von Tatis Nummer.
109. Brief an den Präsidenten der Association des Auteurs de Film (AJT), datiert 11. Oktober 1948. Das Datum des Briefs ist wahrscheinlich korrekt, denn das Original ist unter anderer Geschäftskorrespondenz zu *Jour de fête* (gedreht 1947) abgelegt. Jedoch gibt es andere Korrespondenzen aus den späten 1930er Jahren, die sich auf die historische Priorität von Tatis Pantomime beziehen und offensichtlich im Zusammenhang mit dem Versuch stehen, Entschädigung wegen Verletzung des Urheberrechts zu erhalten. Der Streit mit Barrault entstand wahrscheinlich vor dem Krieg; und ganz sicher gab es zu der Zeit auch andere Imitatoren der Tati'schen Pantomimen.
110. Marc Bernard, »Visite à Jacques Tati«, *Le Figaro littéraire*, 29. April 1961.

Elf. Spiel der Phantasie
111. Bestätigt von Didier-Jacques Broïdo (Jacque Broïdos Sohn) in einem Gespräch in Genf, Juli 1998.

112. Auszüge sind einzusehen in Gilles Delavauds Lehrvideo über *Mon Oncle, L'École du regard* (Ministère de la Culture/Totem Productions, 1994).
113. Information erhalten von Jean Guihou, November 1998. Alte Schulfreunde von M. Guihou wirkten in dem Film mit. Dank an Sophie Tatischeff. Der Bauernhof gehörte der Familie Gobin-Daudé, wohlhabende Industrielle, die mit den Tatischeffs in Le Pecq und Saint-Germain befreundet waren.
114. *Soigne ton gauche* war Tatis einziger Vorkriegsfilm, der nach dem Krieg von seinem eigenen Unternehmen, Cady-Films, neu herausgegeben wurde. Die Credit-Sequenzen und (höchstwahrscheinlich) die Tonspur der aktuellen Kopien wurden in den 1940er Jahren hinzugefügt und haben mit der Originalversion des Films nichts zu tun.

Zwölf. Tatis Krieg
115. »Vingt questions sur les vacances posées à Jacques Tati«, *Les Cahiers d'Elle* 10 (Mai 1953).
116. Michel-Louis Lévy, S. 40; siehe Anm. 64.
117. Ein unlängst wiedergefundener Karton mit Familienfotos der Tatischeffs enthält Fotos von Militärzügen auf schneebedeckten Abstellgleisen, deren Beschriftung auf der Rückseite (freilich ohne Angabe von Datum oder Ort) in Tatis Handschrift gegeben ist. Wir dürfen annehmen, dass es sich um Ansichtskarten an Nathalie aus dem Winter 1939/40 handelt; das steht völlig in Einklang mit Tatis vermutlicher Stationierung an der nord-östlichen Grenze.
118. Christian Guy, »La vie cocasse et difficile du créateur de l'inoubliable M. Hulot«, *France Dimanche*, 18. September 1958. Diese Anekdote existiert in vielen Varianten: Tati mag sehr wohl mehr als eine Nacht in der Zelle verbracht haben.
119. Zum Beispiel noch 1980 dem Karikarturisten Jean-Jacques Sempé. Interview mit Sempé, Paris, Januar 1998.
120. Aus »TTV«, ein Szenario von Jacques Tati. Typoskript, 76 Seiten, Schwedisches Fernseharchiv, Stockholm. Diese Passasge S. 10 f.
121. Ministère des armées, service historique, *Guerre 1939–1945: Les Grandes Unités françaises. Historiques succinctes*. Paris, Imprimerie nationale, 1967, Vol. 1, S. 370. Tatis *livret militaire* ist verlorengegangen.
122. Vgl. z. B. die ergreifende Evokation des Gefühls der Vergeblichkeit und Verwirrung an der Front in Julien Gracqs Erzählung *Un Balcon en forêt* (»Ein Balkon im Wald«, 1958).
123. Guy Teisseire, »Monsieur Tati«, *Elle*, 5. März 1979. Diese Aussage stimmt lückenlos überein mit den offiziellen Aufzeichnungen für die dritte DLC; siehe Anm. 121.
124. Vgl. Guy des Cars, *Le Fabuleux roman du Lido de Paris*. Genf, Edito-Service, 1989. Unter den Zuschauern befand sich ein Soldat namens Ernst Günther Klein, der Journalist wurde und Tati 1963 für eine nicht identifizierte Zeitung interviewte (»Eine herrliche Privatvorstellung«, Ausschnitt datiert 22. August 1963).

125. Presseausschnitte zu diesen Daten aus *Paris-Midi, L'Oeuvre, Le Matin, Je Suis Partout, Les Nouveaux Temps* etc. sind in Tatis Pressebuch auf S. 25-27 eingeklebt (AJT).
126. Jean Laurent, in *Les Nouveaux Temps*, 24. Juni 1943.
127. Interview mit Helga McDonald, geb. Schiel, in Newcastle-on-Tyne, 17. August 2006.
128. Aus einem Telefongespräch mit Gladys Guichot, einer ehemaligen Tänzerin am Lido de Paris, 16. Juni 2006.
129. Aus einem Telefongespräch mit Helga McDonald, Mai 2007.
130. Information erhalten von Helga McDonald und Glady Guichot.
131. Telefoninterview mit Rudolf Pellegrini (Linz), Oktober 2006.
132. Archives nationales (Paris), F42, Box 142.
133. Information erhalten von Gladys Guichot.
134. Interview mit Jacques-Didier Broïdo, Genf, Juli 1998; einige Informationen sind handschriftlichen Memoiren der Madame Broïdo entnommen.
135. Hans-Dieter Schäfer, *Berlin im Zweiten Weltkrieg. Der Untergang der Reichshauptstadt in Augenzeugenberichten* (München: Piper, 1985): Berichte aus erster Hand über den Zuzug von Äusländern im Berlin der Kriegsjahre; Howard Kingsbury Smith, *Last Train from Berlin* (New York, 1942): ein düsteres Bild der Berliner Unterhaltungsszene unmittelbar vor dem Eintritt der USA in den Krieg.
136. *Ici-Paris Hebdo*, 19. April 1961.
137. Interview für die Serie »Le Cinéma des Cinéastes«, ausgestrahlt am 17. und 24. April 1977. Audio-Kassette Nr. K1707, »Tati par Tati«, Archives Sonores INA.
138. Interview geführt 1994 von François Ede, in Ede, *Jour de fête de Jacques Tati ou la couleur retrouvée* (Paris: Cahiers du cinéma, 1995), S. 83.
139. In *France-Dimanche* (18. September 1958), zum Beispiel, erwidert Tati nichts gegen die Aussage, er habe drei Jahre lang in Sainte-Sévère Weizen und Rüben geerntet, »pour ne pas aller faire son numéro en Allemagne«.
140. Für weitere Einzelheiten vgl. Jacques Évard, *La Déportation des travailleurs français dans le IIIe Reich*. Paris: Fayard, 1972.
141. Sophie Tatischeff, Interview in *Cinémascope* 2 (Januar 1995); diese Informationen basieren auf Interviews (geführt 1987-1988) mit Madame Vialette und anderen Personen in Sainte-Sévère.
142. Interview mit Ira Bergeron, Paris, November 1996.

Dreizehn. Der Weg zurück
143. Marcel Carné, *La vie à belle dents*. Paris: J.-P. Olivier, 1975, S. 224. Dieselbe Anekdote erzählt Edward Baron Turk, in *Child of Paradise. Marcel Carné and the Golden Age of French Cinema*. Cambridge, MA: Harvard University Press, 1989.
144. Fred Orain, Interview mit François Ede, Januar 1988, in François Ede, a. a. O., S. 42-43.

ANMERKUNGEN 511

145. Ede berichtet, dass man die Rolle des Geistes in *Sylvie et le fântome* auch Barrault angeboten hatte, der aber zu der Zeit anderswo engagiert war.
146. Claude Autant-Lara, »Entretien«, in *Cinémascope* Nr. 37 (1978), S. 22-23.
147. BiFi, CN 811 (Archives du Crédit national) enthält ein Dokument, datiert 29. November 1948 und unterschrieben von Fred Orain, in dem *L'École des facteurs* als »Film d'essay du film *Jour de fête*« bezeichnet wird.
148. Vgl. *L'Écran français* Nr. 50, 12. Juni 1946.
149. Paul Guth, Interview mit Tati, *Le Figaro littéraire*, 29. September 1956. Hier betont Tati diesen Zusammenhang ausdrücklich, weil er Max Martel gerade für eine kleine Rolle in *Mon Oncle* engagiert hatte.
150. Zu Demanges Karriere vgl. R. Chirat und O. Barrot, *Les Exentriques du cinéma français* (Lausanne: Veyrier, 1983), S. 216.
151. Möglicherweise war er auch zu der Zeit, die für den Dreh eingeplant war, erkrankt. Vgl. Paul Davay, »L'Extravagant Monsieur Hulot«, *Elite*, Februar 1968. Der Presseausschnitt in AJT trägt den Vermerk, vermutlich in Tatis Handschrift, »bonne biography de JT« [sic].

Vierzehn. Mr Byrnes und M. Blum

152. Vgl. Jean-Pierre Bertin-Maghit, *Le Cinéma français sous l'occupation* (Paris: Olivier Orban, 1989); ebenfalls Charles Ford, *Histoire du cinéma français contemporain, 1945-1977* (Paris: Editions France-Empire, 1977).
153. Daher befinden sich die meisten Archive dieser ungewöhnlichen Bank jetzt in der BiFi.
154. Ein detaillierter Bericht über diese Vereinbarung und ihre Aufnahme in Frankreich ist nachzulesen bei Patricia Hubert-Lacombe, *Le Cinéma français dans la guerre froide, 1946-1956.* (Paris: L'Harmattan, 1996), S. 7-43.
155. *L'Écran français* Nr. 54, 10. Juli 1946.

Fünfzehn. Lokale Farbe

156. Drei undatierte in Typoskript überlieferte Szenario-Entwürfe (von 2, 14 bzw. 18 Seiten) befinden sich in den AJT; eine vierte Variante wurde in A.-J. Cauliez, *Jacques Tati* (Paris: Seghers, 1962) veröffentlicht und ist jetzt neu abgedruckt in François Ede, *Jour de fête ou la couleur retrouvée*, Paris: Editions Cahiers du cinéma/INA, 1995, S. 94-96.
157. Rudolphe-Maurice Arland, Brief an Karim Ghiyati, 18. Mai 1996, neu abgedruckt in Karim Ghiyati, *Panoramique sur la carrière de Fred Orain*. Unveröffentl. These, Université de Paris-Sorbonne, 1996.
158. Brief von Fred Orain an Paul Wagner (Maison Dubail), 27. März 1947, in Karim Ghiyati, a. a. O., S. 73.
159. Bericht von François Ede, a. a. O., S. 43 (siehe Anm.133). Dieses bemerkenswerte Buch gibt uns einen faszinierenden Bericht darüber, wie die längst aufgegebenen Waben-Negative letzten Endes dazu gebracht wurden, ihre Farben zu zeigen; desgleichen erhalten wir mehr technische

Einzelheiten des Thomsoncolor-Verfahrens, als hier dargelegt werden kann.
160. Benoît Noël, *L'Histoire du cinéma couleur*. Croissy-sur-Seine: Editions Press-Communication, 1955.
161. Chirat, Posten 389. Dieser Katalog gibt keine Auskunft über die angewandte Farbtechnik: vermutlich eine der von Agfa oder Gevaert abgeleiteten Methoden, wie. z. B. Rouxcolor oder Gevacolor.
162. Technische Details in Ede, a. a. O. (siehe Anm. 139).
163. Aufgezeichnet in Jérôme Deschamps, Les Couleurs de *Jour de fête*, © INA/Son pour Son, 1995.
164. Interview with Didier-Jacques Broïdo, Genf, Juli 1998. Vgl. ebenfalls Partrice-Hervé Pont, *Caméras légendaires* (Neuilly: Fotosaga, undatiert): Hier finden sich Details über Broïdos stolzeste Errungenschaft – Design und Markteinführung der »Pocket«-Filmkameras Webo und Carena in den Jahren nach der Befreiung. Webo blieb bis in die frühen 1980er Jahre in Produktion.
165. Oder 1940, wenn man dem Bericht von André Delpierre den Vorzug gibt; vgl. S. 135 im Text.
166. Trotz allem erscheint Mercantons Name nicht in den Film-Credits, auch nicht in Dondeys technischem Eintrag für den Film. Vgl. *Jacques Tati* (Paris: Raqmsay, 1987), S. 263.
167. In Ede, a. a. O., S. 38.
168. Jacques Tati, Interview mit Fernand Seguin in »Le Sel de la Semaine«, Canada 2 TV, 1968 (AJT Kassette 21).
169. Claude-Marie Trémois, »Mon Oncle? C'est M. Hulot«, *Radio-Cinéma* 351 (7. Oktober 1956).
170. Jacques Tati im Gespräch mit Noëlle Chaval in einer Fernsehsendung über »les filmes coloriés«, 1977; Ausschnitt aufgenommen in Jérôme Deschamps, Les Couleurs de *Jour de fête*, © INA/Son pur Son, 1995. Sehr ähnliche Aussagen finden sich in einem Interview mit A. Y. Serge, *Radio-Cinéma*, 15. August 1954, zitiert in Ede, a. a. O., S. 79 (siehe Anm. 139).

Sechzehn. Ton und Wort

171. Michel Chion, *La Toile trouée. Le son au cinéma*. Paris: Editions des Cahiers du cinéma, 1988. Vgl. z. B. S. 22–23.
172. Jean-Claude Carrière, »Comédie à la française«, *American Film* 11.3 (Dezember 1985), S. 18.
173. Kurt London, *Film Music: A Summary*. London: Faber and Faber, 1936, S. 27.
174. In *Komposition für den Film* (Frankfurt: Suhrkamp, 1947) postulieren Theodor Adorno und Hans Eisler eine Verbindung zwischen Filmmusik und rituellem Gebrauch hinsichtlich der Schaffung einer quasi-magischen »Aura«. Auch stellen sie Vermutungen darüber an, dass die Musik in den frühen Stummfilmen die Funktion ausübte, die magisch beweglichen Bilder weni-

ger beängstigend zu machen. Vgl. Tom Levin, »The Acoustic Dimension«, *Screen* 25.3 (Mai–Juni 1984), S. 60–63.
175. Vgl. z. B. die Analyse von Delerues Partitur für Truffauts *Jules et Jim* in der dritten Auflage von David Bordwell, Kristin Thompson, *Film Art. An Introduction* (New York: McGraw-Hill, 1990), S. 250.
176. In der Schwarz-Weiß-Version (1949) sind die Aufnahmen von François am Waschbecken eingeblendet. Diese sind aus dem Remake von 1961/64 herausgeschnitten und in die Farbversion von 1995 auch nicht wieder aufgenommen worden.
177. Ich bin nicht davon überzeugt, dass die uns vorliegenden Tonspuren total original sind. Insbesondere *Gai dimanche* scheint mir zumindest teilweise nach dem Krieg neu aufgenommen worden zu sein (elektronische »Pieptöne« sind anstelle der Kommentare zu hören, die Rhum augenscheinlich zu den Sehenswürdigkeiten gibt, welche die Touristen, nicht die Zuschauer, sehen können).

Siebzehn. Back-Up
178. Das war auch eine der frühesten Anwendungen in Frankreich von magnetischem statt optischem Ton. Karim Ghiyati, a. a. O., S. 35 (siehe Anm. 157).
179. Wenigstens den Technikern wurden weiterhin über viele Jahre Tantiemen ausgezahlt.
180. Vgl. Bertin-Maghit, *Le Cinéma français sous l'occupation* (Paris: Olivier Orban, 1989), S. 53.
181. R. Chirat und O. Barrot, *Les Excentriques du cinéma français* (Lausanne: Veyrier, 1983), S. 227.
182. Brief von Orain an Paul Wagner, 5. Juli 1947 (AJT, Korrespondenz).
183. »Jour de fête«, *L'Aurore*, 9. Mai 1949. S. 2.
184. *L'Aurore*, a. a. O.
185. Maine Vallée, Interview in *Le Figaro*, 7. Januar 1995.
186. Dondey, a. a. O. S. 263 (siehe Anm. 8).
187. In ihrem Dokumentarfilm *L'Homme au chapeau de soie* weist Maud Linder darauf hin, dass die burlesken Kurzfilme ihres Vaters »einen unmittelbaren Einblick in die Sportarten des Tages« bieten – hauptsächlich Skifahren, Schlittschuhlaufen, Reiten, Baden und Bootfahren.
188. Jean Rougel, in *L'Écran français*, 2. September 1947; wiederabgedruckt in Ede, a. a. O., S. 44 (siehe Anm. 139).

Achtzehn. »US Go home!«
189. Die Telefonanlage war zu der Zeit (und bis in die 1970er Jahre) eine Filiale des Postamts.
190. Lucy Fischer sieht es ebenso, in »*Jour de Fête*: Americans in Paris«, *Film Criticism* VII/2 (1983), S. 31–44; vgl. ebenfalls D. Bellos, »Tati and America«, *French Cultural Studies*, Juni, 1999.

Neunzehn. Im tiefsten Frankreich
191. *The New York Times Film Reviews, 1913–1968* (New York: Arno Press, 1970), S. 2591; Rezension ursprünglich veröffentlicht am 20. Februar 1952.
192. Aurélien Ferenczi, »Aujourd'hui c'est Jour de fête«, *L'Information*, 11. Januar 1995. Deschamps (entfernt verwandt mit Micheline Tatischeff) ist der Autor der Comedy-Serie *La Famille Deschiens*.
193. Einige der Aufnahmen des »landwirtschaftlichen« Ambiente in der Veröffentlichung von 1949 – ein Pflüger, der ein Feld bestellt, ein ruhendes Zugpferd – wurden aus dem Remake von 1964 herausgeschnitten, um Zeit für die zusätzlichen Sequenzen zu gewinnen. Das Original ist deutlich bäuerlicher orientiert als das Remake.
194. Jacqueline Michel, »Sainte-Sévère-sur-Indre est devenu Follainville«, *Le Parisien libéré*, 20. Juni 1949.

Zwanzig. Fenster und Rahmen
195. Claude Ventura, zitiert von François Ede, a. a. O., S. 12 (siehe Anm. 138).

Einundzwanzig. Eine schleppende Freigabe
196. *L'Aventure est au coin du bois* (1948), *Deux Petits Anges* (1948) (Chirat, Einträge 129 und 485). Beides sind Kurzfilme über Kinder.
197. *Les Vagabonds* (1948). Nach Chirat (Eintrag 1412) war der Kameramann dieser zeitgenössischen Kurzfilmkomödie Jacques Mercanton.
198. Vgl. ebenfalls E. Eckert Lundin, in *Expressen* (Stockholm), 28. Januar 1959: »Tati war nicht der Star der Show (1948).«
199. China Teater, Stockholm. Programmheft Juli 1948. Drottningsholm Theater-Museum-Bibliothek, Filmhuset, Stockholm.
200. Nach einem anonymen Artikel in *Svenska Dagbladet*, 28. Januar 1959, hatte Tati zahlungskräftige gute Freunde in der Kaffeebranche, die auch seine ersten Geldgeber für *Jour de fête* waren. Außerhalb dieser schwedischen Quellen konnte keine Erwähnung der »Kaffee-Verbindung« gefunden werden.
201. Bengt Grive, *Glitter och Stänk* (Stockholm. 1989, S. 57–60: »Tati och blåa svenska ögon«. Dieselbe Anekdote ist nachlesbar in *Aftonbladet*, 27. Januar 1959.
202. *Upsala Nya Tidning*, 18. Juni 1964.
203. Am 19. Mai 1951. Tati konnte jetzt ein sehr hohes Honorar verlangen: 150.000 Franken für einen einzigen Auftritt (AJT, Korrespondenz, Brief datiert 11. Mai 1951).
204. BiFi-Signatur SCEN 1115 B333.
205. Tati sprach von dieser Geschichte als seinem »nächsten Film«, sobald *Les Vacances* herausgekommen war. Zu der Zeit avisierte er auch, wenngleich nur kurz, einen Film über den Sport um 1900. Vgl. sein langes Interview in *Franc-Tireur*, 21. März 1953.
206. Der Animationsfilm *L'Illusionniste* (2010) von Sylvain Chomet ist eine freie Adaption und Umsetzung des Drehbuchs von Tati. Tatis Enkel Richard

McDonald sieht in den autobiografischen Elementen eine indirekte Hommage an Helga, die verstoßene Tochter des Filmemachers. Vgl. Roger Ebert, »The private torment behind Tati's The Illusionist« unter https://www.rogerebert.com/roger-ebert/the-private-torment-behind-tatis-the-illusionist.
207. Claude Deparsac, »Monsieur Tati«, *Bonjour Bonheur*, Dezember 1962. Die »eingeschmuggelte« Vorführung lief eine Woche.
208. Anne Manson, Interview mit Jacques Tati, *L'Aurore*, 18. Dezember 1967. Nicht alles in diesem Beitrag kann ernst genommen werden.
209. Art Buchwald, in *New York Herald Tribune*, 23. Mai 1949.
210. Louis Chauvet, »Vers un renouveau du cinéma burlesque«, *Le Figaro*, 13. Mai 1949, S. 5.
211. Jeander (Jean Derobe), »Un Film burlesque français«, *Libération*, 16. Mai 1959, S. 2.
212. André Lang, »Les Films de la semaine«, *France-Soir*, 14. Mai 1949, S. 4.
213. Claude Lazurick, in *L'Aurore – France Libre*, 22. Mai 1949.
214. *Le Monde*, 20. Mai 1949, S. 9.
215. *Le Canard enchaîné*, 18. Mai 1949, S. 4.

Zweiundzwanzig. Unabhängigkeitserklärungen
216. Nach einem Artikel von Orain, geschrieben 1957 (wiederabgedruckt in Ghiyati, a. a. O., S. 96, siehe Anm. 157), betrug der von Tati erhaltene Anteil der Einnahmen von *Jour de fête* 22 Millionen Franken.
217. Vgl. H. M., in *Le Monde*, 1. Juni 1950: eine vernichtende, möglicherweise übertriebene Kritik an der Geschichte und Bedeutung des Preises. Unter den 21 Mitgliedern der Jury befanden sich Tristan Bernards Sohn Raymond, der Direktor von Corniglion-Molinier, der Comedy-Schauspieler Noël-Noël und eine Schar Damen von Welt. Vgl. ebenfalls *L'Epoche*, 31. Mai 1950.
218. Abschrift eines Interviews mit Lagrange, ca. 1975, freundlich zur Verfügung gestellt von Hyacinthe Moreau-Lalande.
219. Gespräch mit Lucile Terouanne, Paris, Januar 1998.
220. Vgl. ebenfalls *The New York Times*, 20. Februar 1952, wiederabgedruckt in *The New York Times Film Reviews, 1913–1968* (New York: Arno Press, 1970), S. 2591.
221. »Maxi«, *Jour de fête, Variety – Film Reviews*, 1949, S. 53.

Dreiundzwanzig. Warten auf Hulot
222. Vgl. z. B. Ausgabe 1199 [BN M-482]: 23. August 1879.
223. *Exposition Emile Reynaud, Inventeur du dessin animé.* Ausstellung, Cinémathèque française/Conservatoire national des Arts et métiers, Januar–März 1946. Walt Disney persönlich kam nach Paris, um diese Ausstellung zu besichtigen. Vgl. Dominique Auzel, *Emile Reynaud et l'image s'anima.* Paris: Editions du May, 1992, S. 110.
224. *Emile Reynaud, peintre de films.* Ausstellungskatalog, Cinémathèque française, Sammlung Les Maîtres du cinéma, 1945, S. 68–69. Nach diesem Katalog befindet sich der originale Filmstreifen in einem Museum in Prag.

225. Artikel unterschrieben F. B-R., in *Le Monde*, 24. Juli 1947.
226. Freundlich zur Verfügung gestellt von Hyacinthe Moreau-Lalande.
227. Interview mit Jean-Jacques Sempé, Paris, Januar 1998.
228. Michel Chion, Jacques Tati (Paris: *Cahiers du cinéma*, 1987), S. 32.
229. Brief an M. Hulot, »concierge au lycée Gassendi, Digne«, 30. Juni 1958: »Um Genaues über den Ursprung meines Protagonisten zu sagen, muss ich Ihnen mitteilen, dass der Name mit voller Zustimmung des Managers des Blocks, in dem ich wohne, gewählt worden ist, und dass dessen Name ebenfalls Hulot ist.« (AJT, Korrespondenz).
230. Eine Irisblende (auch Kreisblende) reduziert das rechteckige Filmbild auf einen kreisförmigen, sich verengenden Ausschnitt.
231. Amerikanische Kritiker (z. B. Thompson, siehe Anm. 232) bezeichnen diesen Charakter als »Der Kommunist«. Da aber Sartre die Frage »Peut-on être un intellectuel de droite?« bereits nachdrücklich negativ beantwortet hat, haben sie – in gewisser Weise – recht.
232. Kirstin Thompson, »Boredom on the Beach: Triviality and Humor in *Les Vacances de Monsieur Hulot*«, in: *Breaking the Glass Armor* (Princeton, NJ: Princeton University Press, 1988), S. 89–109; auf S. 103 gibt Thompson eine schematische Chronologie des Films.
233. Diese Aufnahme wurde aus der in den USA gezeigten englischsprachigen Version herausgeschnitten.

Vierundzwanzig. Gags, Witze und Kameratricks

234. In Johann Arckenholz, *Mémoirs concernant Christine reine de Suède*, Amsterdam und Leipzig, 1751-1760, Band 2, S. 53. Zitiert von Monica Setterwall, »Queen Christina and Role Playing in Maxim Form«, *Scandinavian Studies* 57 (1985), S. 162–173.
235. Noel Carroll, »Notes on the sight gag«, in: A. Horton (Hrsg.), *Comedy / Cinema / Theory*. Berkeley, CA: University of California Press, 1991, S. 25–42.
236. In diesem Drehbuch steht S.L.S. für »short long shot« (eine Aufnahme, die eine Reihe von Figuren in voller Größe vor einem größeren Hintergrund zeigt); M.S. für »medium shot« (über und unter den Figuren ist je ein schmaler Rand); und M.C.S. für »medium close shot«, wo die Figuren nur oberhalb der Knie zu sehen sind.
237. Donald Kirihara, »Sound in *Les Vacances de Monsieur Hulot*«, in: Peter Lehman (Hrsg.), *Close Viewing. An Anthology of New Film Criticism*, Tallahassee, FL: Florida State University Press, 1990, S. 150–170.
238. Bei all seiner scheinbaren Harmlosigkeit inszeniert, möglicherweise verspottet dieser Gag ein grundlegendes Problem der zeitgenössischen französischen Gesellschaft: die Vorstellungen der Mittelschicht von Immigranten aus Nordafrika als »marchands de trapis ambulant en France«, wie Romain Gary es in *La Vie devant soi* ausdrückte.

239. Diese Schlüsselelemente des Gags stehen nicht im Drehbuch, wo eine kürzere und weniger verwickelte Friedhofsszene vorgesehen ist.
240. Noel Carroll (Artikel zitiert in Anm. 235; S. 41) weist zutreffend darauf hin, dass dieser Gag hier nur deshalb funktioniert, weil es ein Schwarz-Weiß-Film ist: In einem Farbfilm wäre es recht schwierig, tote Blätter, die an einem schwarzen Gummireifen kleben, wie einen Kranz aussehen zu lassen. Demzufolge müssen wir hinnehmen, dass die Charaktere auf der Leinwand die Dinge *auch* schwarz-weiß sehen. Hier bekommen wir eine recht merkwürdige negative Bestätigung der verschiedenen Äußerungen Tatis über die Irrelevanz der Farbe.
241. In der Originalversion des Films begegnet Hulot am nächsten Tag den vier Bestattern am Strand – einer von ihnen trägt noch seine Arbeitskleidung (Traueranzug). Dies ist eine der vielen Sequenzen, die mit der Vernichtung der Negative verlorengingen (vgl. S. 292). Aus Tatis Interview mit Jean-André Fieschi und Jean Narboni, *CC* 199 (1968), S. 19.
242. In einem kaum wahrnehmbaren winzigen Ausschnitt tritt Tati selber als ein anonymer Reisender auf, der vor dem geparkten Amilcar vorbei zum Bus eilt – das Vorspiel zu dem Gag mit dem »verklemmten Regenschirm«.
243. Der Führer des Pferdewagens war ein ortsansässiger Bauer, Gaston Chaignon. Vgl. *Le Parisien*, 11. Januar 1995.

Fünfundzwanzig. Am Strand

244. Brief von A. Joubert (Saint-Marc) an James Harding, 10. März 1983; BFI, Harding Collection.
245. Mit Ausnahme des Docks, in das Hulot stolpert und fällt: Diese Sequenz wurde in La Baule aufgenommen.
246. Gespräch mit Sylvette Baudrot, Paris, November 1996.
247. Details aus *Combat*, 4. Juni 1952.
248. Vgl. Ghiyati, a. a. O., S. 71. Die durchschnittlichen Kosten für die Herstellung eines Spielfims in Frankreich lagen um 1950 zwischen 45 und 50 Millionen Franken.
249. Die Finanzierung des Films kam zu einem kleinen Teil von *L'Écrain français*, zum Teil vom Verleiher Discina (einem von André Paulvé geführten Unternehmen); einen weiteren wesentlichen Beitrag leisteten Subventionen vom französischen Staat in proportionalem Verhältnis zur Zahl der durch *Jour de féte* bis *dato* verkauften Tickets. Wiederum nahm Tati als Autor, Regisseur oder Star kein Honorar ein, aber er teilte sich im Hinblick auf seinen Beitrag zum Film einen proportionalen Anteil der Einnahmen zu. Wir dürfen davon ausgehen, dass mehr oder weniger alles, was er mit *Jour de féte* verdient hatte, in die Finanzierung von *Les Vacances* ging; und dass die Art seiner Finanzierung seinen zweiten Film zu einem Unterfangen nach dem Motto »Verdoppeln oder Schluss damit« machte. Demzufolge war Orain finanziell weniger am Erfolg des Films interessiert als Tati.

250. Tatis Förmlichkeit erstreckte sich bis in die Familie hinein. Wie Simone de Beauvoir, die Jean-Paul Sartre immer nur mit der höflichen Pluralform *vous* anredete, sprach Michou von ihrem Ehemann immer nur als »Monsieur Tati«. Information erhalten von Sophie Tatischeff.
251. *France-Soir*, 17. Juni 1952. Die Kojen in der Pfadfinderhütte waren aus dem Set von Albert Schweitzers Leprakolonie in Lambarence ausgeliehen, über die zur gleichen Zeit ein besser finanzierter Film gedreht wurde.
252. Einige im Drehbuch vorgesehene Sequenzen spielen in »Hulots Schlafzimmer«, aber die sind nie gedreht worden; ein Schlafzimmer-Set wurde nie errichtet.
253. Tati an Gilles Jacob, 16. Dezember 1962 (Durchschlag in AJT).

Siebenundzwanzig. Unfall

254. Cady-Films und Armor-Films (Nachfolgerin ersterer, im Besitz von Orain) haben weiterhin buchstäblich Hunderte von dokumenrtarischen Kurzfilmen produziert, sich aber nie wieder an abendfüllende oder fiktionale Filme herangewagt.
255. *Arts*, 13. März 1953.
256. Obwohl das uns überkommene vollständige Szenario wahrscheinlich viele Jahre lang nicht getippt auf Papier vorlag und erst 1961 beim CNC hinterlegt wurde, gehen die Hauptideen der Handlung mit Gewissheit in die Zeit von 1950 bis 1955 zurück; die Idee, es in Osteuropa (wahrscheinlich in der Tschechoslowakei) zu drehen, lag in der Luft, noch ehe *Mon Onlce* in den Kinos erschien.
257. Diese Bezeichnung wurde erstmals in einem Brief (datiert 18. Juli 1955) von Bernard Maurice an Tati benutzt (Durchschlag in AJT).
258. Diese Details aus einem Brief von Bernard Maurice an Morey Getz, datiert 28. Februar 1955 (Durchschlag in AJT).
259. Briefe an D. Matt (4. Januar) und E. Schweitzer Galleries (22. April) in New York; die verlangten Preise reichen von 25.000 bis 45.000 Franken pro Rahmen.
260. Handgeschriebener Brief, datiert 3. Februar 1954 (AJT, Korrespondenz)
261. Brief in Durchschrift, datiert 16. März 1954 (AJT, Korrespondenz)
262. Für einige dieser Einzelheiten vgl. René Marx, *Le Métier de Pierre Etaix* (Paris: Edition Henri Berger, 1994), S. 24. Weiteres aus Gesprächen mit Pierre Etaix, Paris, November–Dezember 1996.
263. Boris Vian, *Le Dernièr des métiers*, erst nach Vians Tod veröffentlicht (Paris: Pauvert, 1965).
264. Etaix' Worte.
265. *De Telegraaf*, 12. Oktober 1955.
266. Jean-Claude Carrière, »Comédie à la française«, *American Film* 11.3 (Dezember 1985), S. 18, 19, 22, 80. Carrière wurde Drehbuchautor für Pierre Etaix und viele andere und blieb ein enger Freund von Tati.

267. Brief an François Burnier, Mailand, April 1957 (AJT, Korrespondenz).
268. Der nach französischem Recht engere Begriff der Privatsphäre ist der Grund dafür, dass viele ehrlich glauben, ihren Eigennamen zu »besitzen«, wie die Alten Ägypter in Ismail Kadares The Pyramid.
269. Tati reagierte auf ebendiese Weise, als eine französisch-algerische Familie sich dafür entschied, ihren Billigladen für Bekleidung unter dem Namen TATI zu führen. Er wollte die »Namensdiebe« vor Gericht bringen, wurde aber beraten, davon abzusehen, da Tati im französischsprachigen Afrika als Familienname nicht ungewöhnlich ist. Tati ist ebenfalls der Name einer Sprachgruppe.
270. Brief (in Durchschrift) von Jacques Tati an »Molto caro Fellini«, 24. März 1955 (AJT); vgl. ebenfalls Tatis Erklärungen und Dementis in Paris-Match, 24. und 30. Mai 1955.
271. Brief an France Roche (France-Soir), 16. März 1957 (AJT, Korrespondenz).
272. Kostenvoranschläge abgesendet am 1. Februar 1954 (AJT, Korrespondenz).
273. Ein Brief von Bernard Maurice an Morey Getz, datiert vom 4. Mai 1955, legt die Einzelheiten von Getz' Investition dar, die gestaffelt ab August 1954 ausgezahlt wurde (AJT, Korrespondenz).
274. Nach Getz' Tod im Jahr 1958 versuchten seine Nachlassverwalter, Rechte an Mon Oncle zu erwerben. Tati scheint mit seinem Gegenargument durchgekommen zu sein, Getz habe ihm das Geld als persönliches Darlehen zur Verfügung gestellt, und es sei nicht in Mon Oncle investiert worden. Das deutet darauf hin, dass Getz' 6,5 Millionen Franken nie voll zurückbezahlt wurden. Brief von Tati an Lester Guterman, 9. Juli 1958 (AJT, Korrespondenz).
275. Brief datiert 3. Oktober 1955 (AJT, Korrespondenz). Einige Tage später schickte Tati an Gevaert »technische Muster« für Laboruntersuchungen. Broïdos Kameras wurden zu der Zeit von Gevaert in Antwerpen hergestellt.
276. Auch die Beziehungen zu GBD verschlechterten sich sehr bald: Schon im darauffolgenden Frühjahr drohte Tati damit, alle in den USA im Umlauf befindlichen Kopien von Les Vacances zu beschlagnahmen, wenn GBD ihm nicht auszahlten, was sie ihm schon schuldeten ... (Brief von Tati an Jules Buck, 19. März 1956, AJT, Korrespondenz).
277. Vgl. Tatis Kommentar dazu in »Le champ large. Entretien avec Jean-André Fieschi et Jean Narboni«, CC 199 (1968), S. 19.
278. Tati behielt einen restlichen Anteil an Cady-Films bis Juli 1959 und verkaufte seinen Einsatz an Fred Orains Schwiegervater für nur 99.000 Franken. Cady-Films wurde im November desselben Jahres aufgelöst, und alle seine laufenden Geschäfte wurden fortan von Orains anderem Unternehmen, Armor-Films, abgewickelt.
279. Brief datiert Juli 1958 (AJT, Korrespondenz).
280. Hier eine kleine Auswahl: 11. Mai 1959, Unfall in der Passage Denfert, Paris (Tati wiederum verletzt); 29. Mai 1959, Strafmandat wegen Geschwindigkeitsüberschreitung in Saint-Cloud; 12. August 1959, Autounfall in Mag-

ny-en-Vexin; 10. November 1960, Autounfall zusammen mit Micheline; 15. Februar 1962, Kollisionsschaden, Rue Pierre-Charron, Paris; 2. Juni 1964, die meisten seiner Mitarbeiter wegen Parkvergehens bestraft, Saint-Germain; 4. September 1967, eine weitere Kollision zusammen mit Micheline.
281. In den 1950er Jahren war die Zahl der Verkehrstoten in Frankreich, gemessen an allen verfügbaren Kriterien, ungefähr fünfmal höher als in Großbritannien; noch heute ist sie mehr als doppelt so hoch.
282. Die Studie von Kirstin Ross, *Fast Cars, Clean Bodies. Decolonization and the Reordering of French Culture* (Boston: MIT Press, 1953), basiert ungeachtet ihres hohen Ansehens in der französischen Kulturwissenschaft auf mangelnder Kenntnis der französischen Autokultur jener Zeit.
283. Belgien, das keine eigene Automobilindustrie hatte, erhob niedrigere Zölle auf US-Autoimporte als jedes andere Land in Europa; so wurde Belgien zur Clearingstelle für gebrauchte Chevrolets, Oldsmobiles und Cadillacs.

Achtundzwanzig. Mein Onkel
284. A. Bazin, »M. Hulot et le temps«, *Liens*, Mai 1953, Nachdruck in *Esprit* (Mai 1953), Nachdruck in *Qu'est-ce que le cinéma?* Paris: Editions du Cerf, 1975, S. 41–48.
285. Claude Beylie, »Jacques Tati inconnu«, *Cinéma 57*, Nr. 23 (Dezember 1957).
286. Geneviève Agel, *Hulot parmi nous.* Paris: Editions du Cerf, 1955.
287. Vgl. die Ausgaben für April und August 1953 (*Cahiers*) und August 1953 (*Esprit*).
288. Gleichwohl muss ihre Behauptung, Sartres berühmter Ausspruch *l'enfer c'est les autres* (aus *Huis Clos*) könnte als Motto für *Les Vacances* betrachtet werden, schon damals wie eine starke Übertreibung geklungen haben.
289. Antwort vom 17. Mai 1955 (AJT, Korrespondenz)
290. François Truffaut, »Crise d'ambition du cinéma français«, *Arts*, 30. März 1955.
291. *Arts*, 6. Januar 1956.
292. Vgl. Antoine de Baecque, Serge Toubiana, *François Truffaut.* Paris: Gallimard, 1996, S. 347.
293. Ausgestrahlt 20. März 1954.
294. Ausgestrahlt 5. Juli 1954.
295. Art Buchwald, »Jacques ›Hulot‹ Tati's American Spectacular«, *New York Herald Tribune*, 23. Januar 1955.
296. *Mon Oncle. Résumé de scénario de Jacques Tati.* Paris, août, 1954. Typoskript, S. 14.
297. Das Maison Jeanneret steht in Square du Docteur Blanche (16. Arrondissement), einer Sackgasse an der Rue Mallet-Stevens. Vgl. Norma Evenson, *Paris: A Century of Change, 1878–1978* (New Haven, CT: Yale University Press, 1979), S. 165.
298. Abschrift eines Interviews mit Jacques Lagrange, ca. 1975, freundlich zur Verfügung gestellt von Hyacinthe Moreau-Lalande.

299. Dietrich Neumann (Hrsg.), Film Architecture. *Set Designs from »Metropolis« to »Blade Runner«* (München/New York: Prestel, 1996), S. 136.
300. Marie-Hélène Contral, »Lagrange Peintre et Architecte«, anonymer Presseausschnitt, ca. 1985.

Neunundzwanzig. Die Alte und die Neue Welt
301. Michel Chion, *Jacques Tati,* S. 110.
302. Gilles Delavaud, in *L'École du regard.* »*Mon Oncle*« *de Jacques Tati* (Ministère de la Culture/Totem Productions, 1994), zeigt einige der Schlüsselsequenzen, die sich in den beiden Versionen voneinander unterscheiden.
303. Gespräch mit Pierre Etaix, 12. Dezember 1996.
304. Im Mai 1958 in Cannes gezeigt, aber in Frankreich aufgrund der politischen Situation erst im September freigegeben.
305. Guy Teisseire, »Monsieur Tati«, *Elle*, 5. März 1979.
306. *Sports Illustrated*, 20. Dezember 1958.
307. Eine französische Version (mit Untertiteln) wurde in der Wintersaison 1958–1959 auch gleichzeitig in New York gezeigt.
308. Jacques Tati, »Une Visite à Mack Sennet«, *L'Express*, 10. November 1960.
309. Brief an den Bildungsminister, 23. August 1958 (AJT, Korrespondenz).
310. Tati nahm in den 1960er Jahren an mehreren anderen Empfängen im Élysée-Palast teil.
311. Günther Seuren, »Wenn ich nicht pfeife, stimmt was nicht mit mir« (darin ein Interview mit Jacques Tati), *Christ und Welt* (Stuttgart), 4. Oktober 1964.

Dreißig. Tati-Total
312. *Le Parisien,* 12. Juni 1959; sehr ähnliches Material in *L'Aurore* (unter demselben Datum). Möglicherweise hat Tati hier die beiden Filme *L'Illusioniste* (das »gut gemachte Stück«) und *Playtime* im Sinn, aber es mögen auch andere Skizzen gewesen sein, die verloren gegangen sind.
313. Jonathan Rosenbaum, »The Death of Hulot«, *Sight and Sound* 52 (1983), S. 95–97 (S. 95).
314. Mitgeteilt von F. M. Bonnet, »M. Hulot als Onkel«, *Film-Telegramm* 24/59, 9. Juni 1959. In einem Nachdruck desselben Artikels in *Kölnische Rundschau* vom 13. Juni 1959 wurde der Hinweis auf *Lancelot du lac* ausgelassen.
315. Diese Parodie ist eine von Jacques Lagrange in den 1970er Jahren geschriebene Sequenz in *Confusion*. Vgl. Kapitel 45.
316. Paul Carrière, »Jacques Tati: divertir plus que jamais«, *Le Figaro*, 26. Mai 1960.
317. Die beiden Drehbuchfragmente wurden separat am 8. Juni 1961 (*L'Illusioniste*) und am 7. September 1961 (*La Grande Ville*) beim CNC registriert. Jedoch sind in dem jetzt bei der BiFi (SCEN 1115 B333) unter dem Titel »Tati N° 4« archivierten Skript *L'Illusioniste* und *La Grande Ville* lediglich als Überschriften zweier Teile desselben Projekts verzeichnet. Trotz seines Titels scheint *La Grande Ville* in keiner Weise ein Vorläufer von *Playtime* zu sein.

318. Briefe, datiert 30. bzw. 31. Mai 1961, an Ladislav Kachtik (Ceskoslovensky Filmexport) und das CNC (AJT, Korrespondenz).
319. Vgl. Maud Linders Fernsehfilm *L'Homme au chapeau de soie*.
320. Eine Filmaufzeichnung von dieser auf der Bühne des Olympia vorgeführten Nummer kann in Nicolas Ribowskis *Cours du soir* (1966) eingesehen werden.
321. *France-Soir*, 5. Mai 1961.
322. Gespräch mit Pierre Etaix, Paris, November 1996.
323. Woody Allens *Purple Rose of Cairo* spielt mit derselben Idee – innerhalb des Films, nicht in einer eigentlichen Show.
324. Vertrag in Kopie, im AJT-Korrespondenz-Ordner für November 1959.
325. Marc Bernard, »Visite à Jacques Tati«, *Le Figaro littéraire*, 29. April 1961.
326. Tati wurde im November 1961 operiert, möglicherweise im Zusammenhang mit den Verletzungen, die er sich im Frühjahr bei den Proben zugezogen hatte.
327. Ausführlicher Bericht in (zum Beispiel) *The Times*, 1. Mai 1961.
328. *Le Figaro* (24. April) und *France-Obvservateur* (27. April 1961).
329. Die letzte Vorführung lief am 19. Juni 1961 über die Bühne.
330. Brief an Mademoiselle Charron, 19. Juli 1961 (AJT, Korrespondenz).
331. Brief an Naudy, 3. Mai 1961 (AJT, Korrespondenz).
332. Details zum neuen Design des Theaters in *Le Monde*, 25. November und 4. Dezember 1964, und *L'Écran français*, 27. November 1964.
333. Juliette Hacquard, »Un Grand Homme tout simple«, *Montparnasse mon village* Nr. 46 (April 1965).
334. Peter Cowie, *Dutch Cinema. An Illustrated History*. London: Tantivy Press, 1979, S. 35–46.
335. Freddy Sartor, »Haanstra en Tati«, *Film, Televisie en Video* 466 (November 1966), S. 30–31 (auf Holländisch).
336. Honoré Bostel, »Mais qu'est-ce que fait donc Jacques Tati?«, *Paris-Match*, 12. Dezember 1964.
337. Simon Carmiggelt und Peter van Straaten, *Mooi kado*. Utrecht, 1979, S. 21–23.
338. Bernard Maurice an Bert Haanstra, zitiert (auf Englisch) in Jo Daems, »De Tati-Episode« (Auszug aus Daems Biografie von Bert Haanstra), *MediaFilm. Tijdschrift voor filmcultur en filmkunst* 214 (1996), S. 12–23 (S. 15).
339. Interview mit Jean Reznikov, Paris, August 1997.
340. Gespräch mit Pierre Etaix, Paris, November 1996.
341. Zum Beispiel, Jean Lefèbvre, *Calcul de probabilités*, Option gekauft am 26. September 1962.
342. Die deutschsprachige Version war besonders enttäuschend: Die Voice-overs, sagte Tati, waren prätentiös, dumm und schlecht gesprochen, woraufhin er versuchte, seinen Vertriebsvertrag mit Atlas Filmverleih zu kündigen. Brief an Eckelkamp, 9. August 1963 (AJT, Korrespondenz).

Einunddreißig. Edifice Complex
343. Le Figaro littéraire, 19. November 1964.
344. Bericht in *Upsala Nya Tidning*, 18. Juni 1964.
345. Gespräch mit Jean Badal, Paris, August 1997.
346. Information von Hyacinthe Moreau-Lalande, Paris, Oktober 1996.
347. Abschrift eines Interviews mit Jacques Lagrange, ca. 1975, freundlich zur Verfügung gestellt von Hyacinthe Moreau-Lalande.
348. Vgl. Eve Jouennais, »La Pré-histoire des villes nouvelles«, *Urbanisme* 301 (1998), S. 51–53.
349. Zitiert von Norma Evenson, *Paris. A Century of Change*. New Haven, CT: Yale University Press, 1979, S. 58.
350. *Paris-Jour*, 15. Juli 1965.
351. Guy Teisseire, *L'Aurore*, 24. Februar 1965.
352. Hélène Mara, in *Arts*, 14. Oktober 1964.
353. Thomas Lenoir, »Tati et le temps des loisirs«, *L'Express* 815 (30. Januar 1967).
354. Claude-Marie Trémois, »Tati-Playtime«, *Télérama*, 22. Oktober 1967.
355. Dieser Zeitplan erwähnt von Trémois, siehe Anm. 354.
356. Gespräch mit Jean Badal, Paris, August 1997.
357. Danièle Heyman, Michel Delain, Interview mit Jacques Tati, *L'Express*, 1. Juni 1979, S. 47–48.
358. Ebd.
359. Bestätigt in Privatkorrespondenz mit Michel Jobert, 18. April 1997.
360. Siehe Anm. 357.
361. Marcelle Poirier, »Gimmicks Galore from Esterel«, *Yorkshire Post*, 24. Januar 1966; vgl. ebenfalls *Le Figaro*, 24. Januar und *Le Monde*, 25. Januar 1966.
362. *France-Soir*, 27. August und *Minute*, 10. September 1965.
363. Brief an den Préfet de Seine-et-Oise, 8. Juni 1962 (AJT, Korrespondenz).

Zweiunddreißig. Le Gadget
364. Im umgangssprachlichen Französisch erstmals bezeugt um 1946, und in französischen Standardwörterbüchern noch immer kategorisiert als Amerikanismus. Doch das englische Wort wurde wahrscheinlich Jahrhunderte vorher von dem französischen *gâchette* entlehnt, dessen ursprüngliche Bedeutung »Auslösehebel«, »Auslöser« in der Folgezeit zu »kleine mechanische Vorrichtung« erweitert wurde.
365. Fast identische Gadgets sind heute in vielen Versandkatalogen erhältlich.
366. Zu *Sylvie et le fantôme* vgl. Kapitel 13.

Dreiunddreißig. Die breite Leinwand
367. Zu den technischen Überlegungen vgl. André Barsacq, *Les Décors de film* (Paris: Seghers, 1970), S. 133–140; zu den ästhetischen Problemen (mit nützlichen Illustrationen) vgl. David Bordwell, Kirstin Thompson, *Film Art. An Introduction* (New York: McGraw Hill, 1990), S. 168–173.

368. Honoré Bostel, »Mais qu'est-ce que fait donc Jacques Tati?«, *Paris-Match*, 12. Dezember 1964.
369. Gespräch mit Jean Reznikov, Paris, August 1997.
370. Claude-Marie Trémois, »Mon Oncle? C'est M. Hulot«, *Radio-Cinéma* 351 (7. Oktober 1956).
371. Brief an Mr Lofthouse, 18. September 1968.
372. In einem Interview im französischen Radio sagte Tati, dass er die komplette Version »gern« wieder in Umlauf haben würde, blieb aber ausweichend hinsichtlich der damit verbundenen praktischen Erfordernisse. Die zurzeit in Restaurierung befindliche 70-mm-Version wird ebenfalls 119 Minuten dauern. Einem Gerücht zufolge wird eine komplette 140-minütige 70-mm-Kopie in einem Filmarchiv in Moskau aufbewahrt; es ist uns nicht gelungen, das zu bestätigen, oder den Originalfilm einzusehen.
373. CC 199 (1968), S. 11.
374. »Propos rompus« (Interview mit Jean-Jacques Henry, Serge Daney, Serge Le Péron). CC 303 (1979), S. 15 und passim.

Vierunddreißig. Economic Airlines

375. Nach einem Gespräch mit Marie-France Siegler, Château de Pécany, Dezember 1996.
376. Gespräch mit Barbara Denneke-Ramponi, La Queue-en-Brie, Juli 1997.
377. Brief, datiert 5. Februar 1963, an Lena Rydhagen (Nörrköping) (AJT, Korrespondenz). Ähnliche Briefe im Verlauf des ganzen Jahres an Freunde in England und an Bert Haanstra in Holland.
378. Siehe Anm. 376.
379. Gespräch mit Norbert Terry, Cannes, Dezember 1996.
380. Dessen ungeachtet weigerte Tati sich anfänglich, einen Fernsehwerbespot für Chrysler, die Eigentümer der Marke Simca, zu machen (AJT, Korrespondenz, 25. März 1963).
381. Edgar Schneider (in »Pour Tati, *Playtime* is Money«, *France-Soir,* 20. Dezember 1967) nennt zusätzlich Waterman (Schreibstifte), Prisunic (Supermarkt-Kette) und Moët et Chandon (Champagner) als am Film beteiligte Produktwerber. Nach Aussage dieses Artikels wurde das ganze Elektrizitätswerk von Tativille an die Victorine Studios in Nizza verkauft.

Fünfunddreißig. Situationen

382. Günther Feuerstein, »Thèses sur l'architecture accidentelle«, 1960; Nachdruck in *Archives situationnistes* (Paris: Contre-Moule, 1997), Band 1, S. 60, 66–67.
383. Vgl. D. Bellos, *Georges Perec, A Life in Words* (London: Harvill, 1993), S. 280.
384. Information von Vincent Kaufmann und Andrew Hussey, die sich derzeit beide mit Biografien von Guy Debord befassen.
385. Brief an Michèle Lecluse, 13. April 1965 (AJT, Korrespondenz).

386. Interview mit Jacqueline Vandel, *Le Figaro littéraire*, 19. November 1964.
387. Andall eröffnete ein Restaurant, Le Petit Véfour, nachdem er seine Schauspielarbeit für Tati beendet hatte.

Sechsunddreißig. Fisch im Wasser
388. Eine im März 1968 veröffentlichte Analyse des Films zeigt, dass die Szene, in der Barbara den »englischen Hulot« zu erkennen glaubt, in der jetzt verlorenen Langfassung des Films beibehalten wurde. Vgl. Pierre Leroy, »Play Time«, *Téléciné* 140, Band 28, Blatt Nr. 482.
389. Vgl. Tatis Interview mit Jonathan Rosenbaum unter dem Titel »Tati's Democracy«, *Film Comment* 9.3 (Mai 1973), S. 36–41.
390. Gespräch mit Barbara Denneke-Ramponi, La Queue-en-Brie, Juli 1997.

Siebenunddreißig. Babylonische Türme
391. Zitiert in *Marie-France* Nr. 134 (April 1967).
392. Siehe Anm. 390.
393. Außerdem konnte Tati dasselbe »Damen«-Team nicht für die Dauer eines so langen Drehs einbehalten: Viele wurden schon während der Dreharbeiten in die Staaten oder an andere NATO-Standorte geschickt und mussten ersetzt werden. Für die letzten Aufnahmen wurden einige mit dem Bus aus Brüssel nach Paris gebracht. Vgl. *Panorama* Nr. 9 (März 1966) und *L'Aurore*, 18. Dezember 1967.
394. *Paris-Jour*, 29. September 1965.
395. Siehe Anm. 389.
396. René Etiemble, *Parlez-vous Franglais?* erschien 1964, als Tativille gerade erbaut wurde.

Achtunddreißig. Das Ende des Wegs
397. Jacques Chancel, »L'Homme qui se cachait derrière Jacques Tati«, *Paris-Jour*, 17. September 1967.
398. Thomas Lenoir, »Tati et le temps des loisirs«, *L'Express* 815 (30. Januar 1967).
399. *L'Aurore*, 31. August 1967.
400. *Le Parisien*, 4. April 1968, S. 15.
401. Vgl. z. B. Jacqueline Vandel, in *France-Soir*, 4. November 1967.
402. *France-Soir*, 19. Dezember 1967, *Le Figaro*, 5. Januar 1968. Tatsächlich wurde die Krippe im Ganzen nur von zwölf Kindern genutzt.
403. »Tati ne fait pas la conquête de l'Ouest«, *Minute*, 17. Januar 1968.
404. Werner Schwier, »Pariser Tagebuch«, *Münchener Abendzeitung*, 14. August 1968.
405. AJT, Korrespondenz 7. Januar 1969.
406. Brief an Sheldon Gunsberg, 28. November 1970 (AJT, Korrespondenz).
407. Die Walter Reade Organisation kaufte im Dezember 1970 die US-Rechte, sicherte sich aber nie den allgemeinen Vertrieb.

408. Private Korrespondenz mit Madame B. Maurice, Juli 1997. Um Privatinsolvenz zu vermeiden, zahlte Bernard Maurice schließlich aus seinen eigenen Einkünften mehrere Hunderttausend Franken, die Specta für die Sozialversicherung schuldete.
409. Diese Geschichte, die ihrer Natur nach nicht in allen Einzelheiten dokumentiert werden kann, ist, unter anderen, von Jacques-Didier Broïdo bestätigt worden.

Neununddreißig. Tati-TV
410. Brief an M. Morgaine, 31. Dezember 1970, (AJT, Korrespondenz).
411. Jean-Marie Fitère, »Le Sacrifice de Madame Hulot«, *Ici-Paris*, 9. Januar 1968.
412. AJT, Korrespondenz, 20. August und 9. September 1968.
413. Handgeschriebener Brief, Sauvy an Tati, 17. Dezember 1968. Freundlich zur Verfügung gestellt von Anne Sauvy-Wilkinson.
414. Anne Manson, »Aux Quatre Coins de Paris«, *L'Aurore*, 23. März 1969.
415. Jonathan Cecil, »A Memory of August 1972«, unveröffentlichtes Manuskript, James Harding Collection, BFI.
416. Die Chronologie der hier folgenden Episode beweist zweifelsfrei, dass Tati von vornherein wusste, dass er mit *Playtime* alles verlieren würde.
417. Frei nach Haanstras eigenem, wortwörtlich von Freddie Sarto wiedergegebenem Bericht, »Haanstra en Tati«, *Film, Televisie en Video* 466 (November 1966), S. 30–31 (auf Holländisch).
418. Ein Kurzfilm wurde von dem bereits gedrehten Material gerettet: *Retour Madrid (Return Ticket to Madrid, 1967)*.
419. Brief, datiert 12. August 1968, zitiert (auf Englisch) von Jo Daems, in »De Tati-Episode«, *Mediafilm. Tijdschrift voor filmcultur en filmkunst* 214 (1996), S. 17.

Vierzig. Rettung aus dem Norden
420. Später machte er in Schweden die Filme *ABBA The Movie* (1977), *The Children of Bullerby Village* (1987) und viele mehr, ehe er seine jetzige und fortdauernde Karriere als Regisseur in den USA antrat.
421. Es ist Karl Haskel zu verdanken, dass uns die unbearbeiteten, nur teilweise übersetzten und kommentierten Aufzeichnungen dieser Gespräche erhalten geblieben sind; doch der Film selber wurde verworfen. Der Dokumentarfilm wurde nie gedreht, trotz all dieser Vorarbeiten.

Einundvierzig. Spiegel der Mobilität
422. Octave Burnett, »*Trafic*«, *Téléciné* 173 (Oktober 1971), S. 17–23.
423. Die spezielle Federung dieses Modells machte es besonders geeignet für »akrobatische« Stunts. Viele Versuche wurden unternommen, der Herausforderung Herr zu werden, einen Citroën auf nur zwei Rädern von New York nach Los Angeles zu fahren.

Zweiundvierzig. Auf Tour, in der Show
424. Charles Dumont, *Non je ne regrette rien* (Paris: Guy Anthier, 1977), S. 192–193.
425. G. Langlois, in *Les Lettres françaises*, 21. April 1971.
426. Jean Fayard, in *Point de vu/Images du Monde*, 16. April 1971.
427. *Minute*, 28. April 1971.

Dreiundvierzig. Zwei französische Wochen
428. *New York Post*, 6. Januar 1973.
429. *France-Soir*, 18. November 1972.
430. Vincent Canby, »Tati's Terrific *Traffic*«, *New York Times* (Sonntag), 17. Dezember 1972.
431. Bericht in *France-Soir*, 18. November 1972.
432. Ebd.
433. Jonathan Rosenbaum, »The Death of Hulot«, *Sight and Sound* 52 (1983), S. 95. Tati stellte hin und wieder andere englischsprachige Drehbuchautoren ein, sowohl für *Playtime* als auch für *Confusion*: Michael Hargraves, Gene Moskowitz und vielleicht auch andere.

Vierundvierzig. Zirkus-Zeit
434. Gespräch mit Karl Haskel, Stockholm, November 1996.
435. *Le Nouvel Observateur*, 15. Oktober 1998.
436. Gespräch mit Gunnar und Jens Fischer, Stockholm, November 1996.
437. Gespräch mit Gustaf Douglas, Stockholm, November 1996.
438. Gespräch mit Marie-France Siegler, Pécany, Dezember 1996.

Fünfundvierzig. Confusion
439. Jonathan Rosenbaum, siehe Anm. 433.
440. Ebd.
441. »*Confusion*« *de Jacques Tati.* Roneo-Booklet, undatiert, 122 Seiten, freundlich zur Verfügung gestellt von Hyacinthe Moreau-Lalande, S. 2.
442. Bericht von Will Tusher, in Band 237, Ausgabe 21 (24. Juli 1975).
443. Ph.-J. C., »L'Insolante Jeunesse de Tati«, *Le Monde des livres*, 16. Juni 2000, S. ii.
444. Nach Carol Lawson, in der *New York Times*, 6. November 1977, bezahlte er 1.600.000 Dollar, die Specta-Films und andere Parteien im Zusammenhang mit Tatis Filmen schuldeten.
445. Andreas Freud, »Jacques Tati and his movies return after Enforced Vacation«, *New York Times*, 6. Februar 1977.

Nachwort I
446. Maurizio Nichetti, Vortrag in Udine (Italien), am 27. Januar 2001.

Quellennachweis

Die Filme von Jacques Tati

Die zuverlässigste Filmographie von Jacques Tatis Arbeit für die Leinwand bleibt Marc Dondey, *Jacques Tati* (Paris: Ramsay, 1987), S. 263-265.
Kopien von *Oscar champion de tennis* (1932?) und *Retour à la terre* (1938?) sind bisher nicht aufgefunden worden.
Seit dem Erscheinen der ersten Ausgabe dieses Buches in englischer und französischer Sprache haben Jérôme Deschamps und Macha Makaieff das Unternehmen *Les Films de Mon Oncle* gegründet, um das Werk von Jacques Tati zu restaurieren, zu kuratieren und zu fördern, das sie in einer Sammlung von 7 Blu-ray-DVDs veröffentlicht haben, die in Deutschland als *Jacques Tati Complete Collection* erhältlich sind, mit deutschsprachigen Tonspuren und/oder Untertiteln. Die englischsprachige Version ist von The Criterion Collection in den USA als *The Complete Jacques Tati* und in Frankreich als *Jacques Tati-L'Intégrale* erhältlich. Dieses bemerkenswerte Set enthält alle erhaltenen Filme sowie zahlreiche wertvolle Ergänzungen, darunter Varianten der Hauptwerke, Interviews mit und Dokumentationen über Jacques Tati.
Was *Playtime* betrifft, so vermutet man, dass eine einzige 70-mm-Kopie des 150-minütigen Originalfilms in einem Moskauer Filmarchiv versteckt ist, die aber bis heute nicht gefunden werden konnte.

Texte von Jacques Tati

Mon Village. Unveröffentl. Typoskript, 2 Seiten, ca. 1945.
La Fête au village (mit Henri Marquet). Unveröffentl. Typoskript, 14 Seiten, ca. 1946.
Jour de fête (mit Henri Marquet und René Wheeler). Unveröffentl. Typoskript, 18 Seiten, 1947.
Jour de fête (ohne Namen), in François Ede, *Jour de fête ou la couleur retrouvée* (Cahiers du cinéma, 1995), S. 94-96.
Les Vacances de M. Hulot (mit Henri Marquet), unveröffentl. Typoskript, 70 Seiten, 447 Sequenzen. 1951.
Film Tati N° 2: Les Vacances de M. Hulot (mit Henri Marquet und Jacques Lagrange), Roneo-Heft, 202 Seiten, 396 Sequenzen. Cady-Films, 1951.
»Allez! ... Pas d'histoires«, *Arts*, 13. März 1953.
Mon Oncle. Résumé. Unveröffentl. Typoskript, 14 Seiten, 1954.
Mon Oncle. Scénario. Mit Jean L'Hôte und Jacques Lagrange. Roneo-Heft, 157 Seiten, 410 Sequenzen. Specta-Films/Gray-Films/Alter Films, 1956.
Beitrag zu »La mode vue par six cinéastes«, *Le Nouveau Femina-l'Illustration* 24 (1956), S. 53.

»Un bon conseil à M. Hulot«, *Marie-Claire* Nr. 16 (1956), S. 102–103.
L'Illusioniste. Découpage technique en 311 séquences. Typoskript, 136 Seiten, unterschrieben ohne Datum (1958?).
Film Tati N° 4 (*L'Illusioniste – La Grande Ville*), unveröffentl. Typoskript, ca. 1961.
Leserbrief, *New York Herald Tribune*, 16. November 1958.
»Prix Jacques Tati du film humoristique amateur«, *Loisirs-films* Nr. 18 (Oktober 1960).
»Une Visite à Mack Sennett«, *L'Express*, 10. November 1960.
Film Tati N° 4. Mit Jacques Lagrange. Unveröffentl. Typoskript, 148 Seiten, Specta-Films, 1960 (?) (erster Entwurf von *Playtime*).
Leserbrief, *Le Figaro*, 1. Februar 1962.
Ohne Titel (»A Amsterdam, dans un building ...«). Typoskript, 12 Seiten (mehrere leer), 1971.
TTV. Scénario de Jacques Tati. (Text auf Englisch), Typoskript, 76 Seiten, ca. 1972.
Confusion. Mit Jacques Lagrange. Typoskript, 123 Seiten, ca. 1975. Auszüge abgedruckt in *L'Avant-scène cinéma* 400 (1991), S. 9–17.
Vorwort, in Robert Delaroche und François Bellair, *Marie Dubas*. Paris: Candeau, 1980, S. 11.

Buchversionen und Nebenprodukte

Jour de fête. Illustrationen von E. Lamotte. Hachette, 1950. (Kinderbilderbuchversion des Films)
Les Vacances de M. Hulot. Text von Jean-Claude Carrière. Karikaturen von Pierre Etaix. Paris: Laffont, 1958. Neuauflage 1985.
Mon Oncle. Text von Jean-Claude Carrière. Karikaturen von Pierre Etaix. Paris: Laffont, 1958.
Playtime. Un film de Jacques Tati. Paris: Dargaud, 1967, 2 Bände, ohne Seitenzahl.

Bibliografie

Fischer, Lucy. *Jacques Tati. A Guide to References and Resources.* New York: G. K. Hall, 1983.

Bücher über Jacques Tati
Agel, Geneviève. *Hulot parmi nous.* Paris: Editions du Cerf, 1955.
Louis, Théodore. *Jacques Tati.* Bruxelles: Club du livre de cinéma, 1959.
Caulier, A. J. *Jacques Tati.* Paris: Seghers, 1962.
Gilliatt, Penelope. *Jacques Tati.* London: Woburn Press, 1976.
Maddock, Brent. *The Films of Jacques Tati.* Metuchen, NJ: Scarecrow Press, 1977.
Nepoti, Roberto. *Jacques Tati.* Florenz, 1979. (auf Italienisch)

Harding, James. *Jacques Tati Frame by Frame*. London: Secker & Warburg, 1984.
Chion, Michel. *Jacques Tati*. Paris: Cahiers du Cinéma (Collection Auteurs), 1987. Englische Übersetzung: *The Films of Jacques Tati*, übersetzt von M. Viñas, P. Williamson und A. d'Alfonso. Toronto: Guernica, 1997.
Dondey, Marc. *Jacques Tati*. Paris: Ramsay, 1987. Neuauflage 1993.
Kermabon, Jacques. *»Les Vacances de M. Hulot«, de Jacques Tati*. Crisnée: Yellow Now, 1988.
Ramirez, François und Rolot, Christian. *»Mon Oncle« de Jacques Tati*. Paris: Nathan, Collection Synopsis, 1993.
Ede, François. *Jour de fête ou la couleur retrouvée*. Paris: Cahiers du cinéma, 1995.
Fieschi, Jean-André. *La Voix de Jacques Tati*. Strasbourg: Limelight/Editions Ciné-films, 1996 (26 Seiten).
Abela, Emmanuel, *Présence(s) de Jacques Tati*. Schiltigheim: Editions Ciné-films, 1997 (25 Seiten).

Die wichtigsten Dokumentarfilme über Jacques Tati
»Jacques Tati«. Omnibus, 13. Mai 1976. Drehbuch und Regie Gavin Millar, BBC-Archive, VC 165352.
»Tati sur les pas de M. Hulot«. Regie Sophie Tatischeff. CEPEC/La Sept/Antenne 2/INA, 1989.
»L'école du regard. *Mon Oncle*, de Jacques Tati«. Drehbuch und Regie Gilles Delavaud. Paris: Magimage, 1994 (mit 72-seitiger Broschüre).
»Les Couleurs de *Jour de fête*«. Drehbuch und Regie Jérôme Deschamps. INA/Son pour Son, 1995.
Tatis ausführliches Radio-Interview mit Claude-Jean Philippe, das ursprünglich am 17. und 24. April 1977 von France-Culture gesendet wurde, ist jetzt auch als Audio-Kassette erhältlich, die von Radio-France unter dem Titel »Tati par Tati« (K1070) herausgegeben wurde.

Tati in Les Cahiers du cinéma
Nr. 32/34 (1954):
Barthélémy Amengual, »L'étrange comique de M. Tati«.
Nr. 82 (1958):
Jacques Doniol-Valcroze, »Tati sur les pattes de l'oiseau«.
Nr. 83 (1958);
Interview mit André Bazin und François Truffaut
Nr. 199 (1968):
Artikel von Jean-André Fieschi, Noel Burch, Jean Badal, Paul-Louis Martin
Nr. 239 (1979):
Serge Daney, »Eloge de Tati«, und weitere Beiträge von Jean-Louis Schefer, Bernard Boland, Jean-Jacques Henry.

Weitere wichtige Artikel über Jacques Tati
Aroso, Mario. »Il Play-Dialogo di Monsieur Hulot«, *Rivista del cinematografo* 8 (August 1968), S. 450-457.
Bazin, A. »M. Hulot et le temps«, *Liens*, Mai 1963. Neudruck in *Esprit*, 1963; Neudr. in *Qu'est-ce que le cinéma?* Paris: Editions du Cerf, 1975, S. 41-48.
Beylie, Claude. »Jacques Tati inconnu«, *Cinéma* 57, Nr. 23 (Dezember 1957).
Carrière, Jean-Claude. »Comédie à la française«, *American Film* 11.3 (Dezember 1985), S. 18.
Carroll, Noel. »Notes on the sight gag«, in: A. Horton (Hrsg.), *Comedy/Cinema/Theory*. Berkeley, CA: University of California Press, 1991, S. 25-42.
Daems, Jo. »De Tati-Episode«, *MediaFilm. Tijdschrift voor filmcultur en filmkunst* 214 (1996), S. 12-23.
Fischer, Lucy. »*Jour de Fête*: Americans in Paris«, *Film Criticism* VII/2 (1983).
Heyman, Danièle & Michel Delain. Interview mit Jacques Tati, *L'Express*, 1. Juni 1979, S. 47-48.
Kirihara, Donald. »Sound in *Les Vacances de M. Hulot*«, in: Peter Lehman (Hrsg.), *Close Viewing. An Anthology of New Film Criticism*. Tallahassee, FL: Florida State University Press, 1990, S. 150-170.
Morandini, Morando. »Il mimo Tati legge gli nomini«, *Cinema* XII. 135 (10. Juni 1954).
Rosenbaum, Jonathan. »The Death of Hulot«, *Sight and Sound* 52 (1983), S. 95-97.
Sartor, Freddy. »Haanstra en Tati«, *Film, Televisie en Video* 466 (November 1966), S. 30-31.
Subiela, Michel. »En laissant couleur la guimauve«, *Positif* Nr. 6 (1954).
Thompson, Kirstin. »Boredom on the Beach: Triviality and Humor in *Les Vacances de M. Hulot*«, in: *Breaking the Glass Armor* (Princeton, NJ): Princeton University Press, 1988), S. 89-109.
Truffaut, François. »Connaissez-vous *Mon Oncle*?«, *Arts*, 6. April 1958, S. 2-3.

Einschlägige Literatur
Auzel, Dominique. *Emile Reynaud et l'image s'anima*. Paris: Editions du May, 1992.
Barsacq, André. *Les Décors de film*. Paris: Seghers, 1970.
Bertin-Maghit, Jean-Pierre. *Le Cinéma français sous l'occupation*. Paris: Olivier Orban, 1989.
Billard, Pierre. *L'Age Classique du cinéma français*. Paris: Flammarion, 1995.
Bordwell, David & Kirstin Thompson. *Film Art. An Introduction*. New York: McGraw-Hill, 1990.
Bost, Pierre. *Le Cirque et le Music-Hall*. (Les Manifestations de l'Esprit contemporain.) Paris: Au Sans-Pareil, 1931.
Buache, Freddy. *Claude Autant-Lara*. Lausanne: L'Age d'homme, 1982.
Carmiggelt, Simon & Peter van Straaten. *Mooi kado*. Utrecht, 1979.
Carné, Marcel. *La Vie à belles dents*. Paris: J.-P. Olivier, 1975.
Chazaud, Pierre. »Le Sport et son expression culturelle et artistique dans les années 1920-1930«, in Pizzorni Itié, S. 100-114.

Chion, Michel. *La Toile trouée. Le son au cinéma.* Paris: Cahiers du cinéma, 1988.
Chirat, Raymond & Jean-Claude Romer. *Catalogue. Courts-métrages français de fiction, 1929-1950.* Paris: Editions Mémoires du cinéma, 1996.
Chirat, Raymond & O. Barrot. *Les Excentriques du cinéma français.* Lausanne: Veyrier, 1983.
Coquatrix, Paulette. *Les Coulisses de la mémoire.* Paris: Grasset, 1984.
Cowie, Peter. *Dutch Cinema. An Illustrated History.* London: Tantivy Press, 1979.
Danan, Martine. »French Patriotic Responses to early American sound films«, *Contemporary French Civilization* XX.2 (1996), S. 294-303.
De Baecque, Antoine & Serge Toubiana. *François Truffaut.* Paris: Gallimard, 1996.
Decroux, Etienne. *Paroles sur le mime.* Paris: Librairie théâtrale, 1963.
Dumons, Bruno, Gilles Pollet, Muriel Berjat. *Naissance du sport moderne.* Lyon: La Manufacture, 1987.
Dumont, Charles. *Non, je ne regrette rien.* Paris: Guy Anthier, 1977.
Emile Reynaud, peintre de films. Ausstellungskatalog, Cinémathèque française, Sammlung Les Maîtres du cinéma, 1945.
Evenson, Norma. *Paris: A Century of Change, 1878-1978.* New Haven, CT: Yale University Press, 1979.
Evrard, Jacques. *La Déportation des travailleurs français dans le IIIe Reich.* Paris: Fayard, 1972.
Exposition Emile Reynaud, Inventeur du dessin animé. Cinémathèque française/ Conservatoire national des Arts et métiers, Januar-März 1946.
Fallet, René. *Le Beaujolais nouveau est arrivé.* Paris: Gallimard, 1975.
Feschotte, Jacques. *Histoire du Music-Hall.* Paris: PUF, 1965. (Que sais-je? Nr. 1169).
Feuerstein, Günther. »Thèses sur l'architecture accidentelle«, 1960; Neudruck in *Archives situationnistes.* Paris: Contre-Moule, 1997, Band 1.
Ford, Charles. *Histoire du cinéma français contemporain, 1945-1977.* Paris: France-Empire, 1977.
Ghiyati, Karim. *Panoramique sur le carrière de Fred Orain.* Unveröffentl. These, Panthéon-Sorbonne, 1996.
Grive, Bengt. »Tati och blåa svenska ögon« in: *Glitter och Stänk.* Stockholm, 1989, S. 57-60.
Hubert-Lacombe, Patricia. *Le cinéma français dans la guerre froide, 1946-1956.* Paris: L'Harmattan, 1996.
Jacques-Charles. *Cent Ans de Music-Hall.* Paris: Jeheber, 1956.
Jouennais, Eve. »La Pré-histoire des villes nouvelles«, *Urbanisme* 301 (1998), S. 51-53.
Leabhart, Thomas. *Modern and Post-Modern Mime.* London: Macmillan, 1989.
Levin, Tom. »The Acoustic Dimension«, *Screen* 25.3 (Mai-Juni 1984), S. 60-63.
Lévy, Michel-Louis. *Alfred Sauvy. Compagnon d'un siècle.* Lyon: La Manufacture, 1990.
London, Kurt. *Film Music: A Summary.* London: Faber and Faber, 1936.
Marx, René. *Le Métier de Pierre Etaix.* Paris: Henri Berger, 1994.

Merlin, Olivier. *Tristan Bernard ou le temps de vivre*. Paris: Calmann-Lévy, 1989.
Ministère des armées, service historique, *Guerre 1939–1945: Les Grandes Unités françaises. Historiques succinctes*. Paris: Imprimerie nationale, 1967, Band 1.
Neumann, Dietrich (Hrsg.). *Film Architecture. Set Designs from »Metropolis« to »Blade Runner«*. München/New York: Prestel, 1996.
Noël, Benoît. *L'Histoire du cinéma couleur*. Croissy-sur-Seine: Editions-Press-Communication, 1955.
Pizzorni Itié, Florence. *Les Yeux du stade. Colombes, temple du sport*. Thonon-les-bains: Société Présence du livre, 1993.
Pont, Pastrice-Hervé. *Caméras légendaires*. Neuilly-sur-Seine: Fotosaga, ohne Datum.
Richard, Jacques. »Quand les gens du cirque inventaient le cinéma burlesque«, *Le Cirque dans l'univers* Nr. 179 (1995), S. 5–8.
Romains, Jules. *Les Copains*. Paris: Grasset, 1922.
Ross, Kirstin. *Fast Cars, Clean Bodies. Decolonization and the Reordering of French Culture*. Boston: MA: MIT Press, 1995.
Sallée, André & Philippe Chauveau. *Le Music-Hall et le café concert*. Paris: Bordas, 1985.
Sauvy, Alfred. *La Vie en plus. Souvenirs*. Paris: Calman-Lévy, 1981.
Sauvy, Alfred. *Légendes du siècle*. Paris: Editions Economica, 1990.
Schäfer, Hans-Dieter. *Berlin im zweiten Weltkrieg. Der Untergang der Reichshauptstadt in Augenzeugenberichten*. München: Piper, 1985.
Sevran, Pascal. *Le Music-Hall français de Mayol à Julien Clerc*. Paris: Olivier Orban, 1978.
Smith, Howard Kingsbury. *Last Train from Berlin*. New York, 1942.
Storey, Robert. *Pierrots on the stage of desire. Nineteenth-century literary artists and the comic pantomime*. Princeton, NJ: Princeton University Press, 1985.
Truffaut, François. »Crise d'ambition du cinéma français«, *Arts*, 30. März 1955.
Turk, Edward Baron. *Child of Paradise. Marcel Carné and the Golden Age of French Cinema*. Cambridge, MA: Harvard University Press, 1989.
Vincendeau, Ginette. »From the *bal populaire* to the casino: class and leisure in French films of the 1930s«, *Nottingham French Studies* 31.2 (1992), S. 52–62.

Andere benutzte Quellen – größtenteils kürzere Filmkritiken und Zeitungsausschnitte – sind in den Anmerkungen ausgewiesen. Kopien fast aller dieser kleineren Beiträge befinden sich in den AJT.

Abbildungsliste

1 Graf Dmitri Tatischeff in der Uniform der Alexandrinischen Husaren
2 Georges-Emmanuel Tatischeff in französischer Militäruniform, ca. 1915
3 Jacques Tatischeff am Tag seiner Erstkommunion
4 Das Familiengeschäft, Rue de Caumartin, 1929
5 Georges-Emmanuel Tatischeff zu Pferd, ca. 1925
6 Jacques und Nathalie Tatischeff, Mers-les-bains, ca. 1916
7 Jacques Tatischeff als Teenager
8 M. Hulot von einem Schimmel zur Strecke gebracht, 1953
9 Die Werkstatt in der Rue de Caumartin, 1929
10 Tati und Kameraden, Saint-Gerrmain-en-Laye, 1928
11 Tati und ein Schimmel, Stockholm, 1975
12 Militärischer Festzug, 10. Juni 1928. Tati in der Uniform eines *carabinier* von 1809
13 Tati gibt Pantomime-Unterricht am Set von *Mon Oncle*
14 Die »Garden-Party« in *Mon Oncle* (1958)
15 »R. C. F. 31«: Gala-Programm
16 »Sport 33«: Gala-Programm
17 Vater und Sohn, Juli 1931
18 Georges-Emmanuel Tatischeff beim Tennisspiel
19 *On demande une brute*: Nach dem Wrestling-Match
20 *Gai dimanche*: Unter der Motorhaube
21 *Gai dimanche*: Tati und Rhum werben Kunden an
22 *Les Vacances de M. Hulot*: der Amilcar
23 Jacques Tati, Studio-Porträt, 1936
24 Tati-Zentaur, ca. 1937
25 Tai beim Auftritt an der Scala, Berlin, 1937 oder 1938
26 *Soigne ton gauche*: Tatis erstes Fahrrad-Bravourstück
27 *Soigne ton gauche*: Theaterspiel auf dem Bauernhof
28 *Soigne ton gauche*: Florett-Boxen
29 Schlussszene von *Soigne ton gauche*
30 Tati in Uniform, vermutlich 1940 mit seiner Schwester Nathalie
31 Tati im A. B. C., 1943
32 Micheline Winter als junge Frau
33 Tati und Micheline auf ihrer Hochzeit, Eglise Saint-Augustin, März 1944
34 Tati wird auf die Kulisse von *Sylvie et le fantôme* gespiegelt
35 Jacques Tati, Aix-en-Provence, Oktober 1945
36 Die »Drogerie« in *Playtime*: Das Bild ist mit einem grünlichen Schimmer überzogen, der vom Neonlicht der Apotheke ausgeht
37 *Jour de fête*: Die summende Biene (1)
38 *Jour de fête*: Die summende Biene (2)

39 Dreharbeit für *Jour de fête* mit zwei Kameras
40 Jacques Tati und Henri Marquet in Sainte-Sévère, 1947
41 Lydie Noël, Marcel Franchi, Jacques Mercanton und Jacques Tati machen Pause in Sainte-Sévère, Sommer 1947
42 *L'École des facteurs*: GIs in der Bar im ursprünglichen Follainville
43 *Jour de fête*: Die Hässlichen Amerikaner
44 Der Dorfdepp
45 Errichtung des Maibaums
46 François nimmt den Salut entgegen
47 François kehrt aufs Land zurück
48 Tati gibt Alexandre Wirtz Anweisungen zu den Retakes für *Jour de fête*, Sainte-Sévère, September 1961
49 Jacques Lagrange in Saint-Marc-sur-mer, 1952
50 Borrah Minevich
51 Lagranges vorbereitende Skizzen von Strandmobiliar für *Les Vacances de M. Hulot*
52 Hulot an der Eingangstür des Hôtel de la Plage
53 Hulot und der Voyeur
54 Vorbereitungen für die Aufnahme des Notsitz-Gags
55 Einige von Lagranges vorbereitenden Skizzen für die Villa
56 Vorbereitung auf die Dreharbeit am Strand von Saint-Marc
57 Vorbereitung zum Filmen von Martine auf ihrem Balkon
58 Tatis Krieg? Der Kommandant führt die Ausflügler
59 Ein früher Entwurf von Jacques Lagrange für das Maison Arpel in *Mon Oncle*
60 Le Corbusier – Villen La Roche/Jeanneret (1923)
61 Eine spätere Version von Lagranges Ideen für das Maison Arpel
62 Lagranges Skizzen der Bekleidung für »Die Nachbarin« in *Mon Oncle*
63 Eine frühe Zeichnung von Hulots Haus in *Mon Oncle*
64 Das in den Marktplatz von Saint-Maur eingebaute Set von Hulots Haus
65 Jacques Lagrange in Paris, um 1960
66 Tati unterweist André Dino im Nicht-Fegen der Straßen
67 Tati und Pierre Etaix am Set von *Mon Oncle*
68 Nr. 9, Rue Voltaire, Saint-Germain-en-Laye
69 Tati mit Buster Keaton und Harold Lloyd, Hollywood, 1959
70 Jacques Tati und Charles de Gaulle
71 Tativille. Beginn der Bauarbeiten
72 Tativille. Die Stadt wächst in die Höhe
73 Tativille. Die Stadt funktioniert
74 *Playtime*: Der Eiffelturm im Spiegelbild sichtbar gemacht
75 Le Corbusier – Pierre Jeanneret – Charlotte Perriand, chaise longue (1928)
76 Der auf dem umgekippten Sofa schlafende Hulot (*Mon Oncle*, 1958)
77 Das Labyrinth der Einsamkeit. Die Arbeitswelt aus der Sicht von *Playtime*
78 *Playtime*: Der Neon-Pfeil

79 Langranges Skizzen der Stühle für das Royal-Garden-Restaurant
80 Das Royal-Garden-Restaurant, unmittelbar vor dem Zusammenbruch des Dekors
81 Die *guinguette* im Royal Garden
82 *Playtime*: Der ausgestoßene Kellner
83 Offizielle Ankündigung des Verkaufs von Tatis Werk, 1974
84 Tati und Crew beim Dreh von *Trafic*. Amsterdam, 1969
85 *Trafic*: Der Unfall
86 *Trafic*: Nach dem Unfall
87 *Trafic*: Regenschirme im Regen
88 Hulot kämpft mit einem Tor in *Mon Oncle*
89 Jacques Tati in London zur Premiere von *Traffic*, 1974
90 Tati überdenkt Seitenverhältnisse, Europa-Film-Studios, Stockholm, 1971
91 Der letzte Schritt des Zentauren, Stockholm, 1973
92 Die erste direkte Ansicht eines Fernsehapparats in Tatis Werk: Die »Fishbowl«-Appartements in *Playtime* (1967)
93 Jacques Lagranges ursprüngliche Zeichnungen (ca. 1951) für den Gag des kenternden Kanus in *Les Vacances de M. Hulot*
94 Jacques Tati, Stockholm, 1973

Bildnachweis

Canal+ : 84, 85, 86, 87
Dino, André: 13, 14, 64, 67
Fischer, Gunnar: 90
Gaumont: 20, 21
Lagrange, Jacques, Nachlass: 49, 51, 55, 59, 61, 62, 63, 65, 79, 93
Le Corbusier, Fondation: 60, 75
©FLC/ADAGP, Paris und DACS, London, 1999
MoMa, mit freundlicher Genehmigung: 34. 69
NYPL Performing Arts Collection: 50
Orain, Fred: 36, 37, 40, 41, 44
Panoramic/Specta-CEPEC: 8, 13, 14, 22, 26, 27, 28, 29, 36, 38, 39, 42, 43, 45, 46, 47, 48, 52, 53, 54, 56, 57 58, 71, 72, 73, 74, 76, 77, 78, 80, 81, 82, 88, 92
Saad, Georges: 23
Svensk Filmindustri, Ab: 91
Sveriges Radio: 94
Swedish Television, mit freundlicher Genehmigung: 11
Tatischeff, Sophie: 1, 2, 3, 4, 5, 6, 7, 9, 10, 12, 17, 18, 30, 32, 33, 35
Alle Rechte vorbehalten: 11, 15, 16, 19, 24, 25, 31, 48, 50, 66, 68, 69, 70, 89

Film-Posters auf der Rückseite der Teiltitel

Erster Teil	*Mon Oncle*	Panoramic/Specta-CEPEC © Pierre Etaix
Zweiter Teil	*Jour de fête*	Panoramic/Specta-CEPEC
Dritter Teil	*Playtime*	Nachlass von Jacques Lagrange. Panoramic/Specta-CEPEC
Vierter Teil	*Parade*	Nachlass von Jacques Lagrange

Personenregister

Das Personenregister bezieht sich auf den Textteil des Buches (einschließlich der Bildunterschriften), nicht aber auf die Anmerkungen und den Quellennachweis.

Adler, Larry S. 86
Agel, Geneviève S. 62, 297, 298
Agel, Henri S. 297
Alinquant, Rose-Anathalie (Großmutter väterlicherseits) S. 17–19
Alliaud, Emile S. 369
Andall, Tony S. 42, 402
Arletty S. 86
Astruc, Alexandre S. 299
Aubert, Pierre S. 248, 249
Autant-Lara, Claude S. 76, 131, 143, 144, 146, 253, 298, 378, 379

Badal, Jean S. 359, 364, 367, 385, 392, 411, 415, 470, 493,
Bailby, Léon S. 87
Balzac, Honoré de S. 19, 240, 357
Bardot, Brigitte S. 330
Baron, Suzanne S. 271
Barrault, Jean-Louis S. 58, 109, 110, 111, 142, 143
Barrois, Charles S. 80, 82, 112
Baudrot, Sylvette S. 7, 270, 271, 415, 493
Bazin, André S. 277, 297, 339
Bazot, Georges S. 96
Becker, Jacques S. 299
Beckett, Samuel S. 248, 298
Bergeron, Ira S. 242
Bergman, Ingmar S. 229
Bernard, Tristan S. 52, 57, 68, 79, 82, 107
Berry, Jules S. 131
Blum, Léon S. 88, 105, 153, 154, 203
Boudin, Eugène S. 244, 297, 448
Bourbon, Billy S. 226, 413
Bourgoin, Jean S. 392
Boyer (Schwestern) S. 75
Brabo, Michèle S. 7, 241, 270, 343, 406
Brammeld, Miss S. 23

Brando, Marlon S. 238, 420
Brännström, Lars »Brasse« S. 440
Bresson, Robert S. 77, 131, 299, 339, 340
Broïdo, Colette S. 65
Broïdo, Hermann S. 65
Broïdo, Jacques S. 53, 57, 64, 65, 66, 69, 107, 112, 133, 142, 163, 240, 289, 326, 436, 491, 493
Bronett, François S. 468
Buchwald, Art S. 232, 418, 419
Buck, Jules S. 290
Buñuel, Luis S. 75, 224
Burch, Noel S. 277, 447
Byrnes, James F. S. 153, 154

Camus, Albert S. 294
Carlson, Janne S. 466, 475
Carmiggelt, Simon S. 351
Carné, Marcel S. 108, 131, 142, 143, 194
Carpentier, Georges S. 130
Carrière, Jean-Claude S. 29, 172, 253, 288, 351
Carrière, Paul S. 340
Carroll, Noel S. 257, 259
Cecil, Jonathan S. 431
Cézanne, Paul S. 39
Chaplin, Charles S. 12, 38, 49, 74, 96, 108, 109, 115, 149, 150, 154, 234, 238, 252, 264, 298, 342, 374, 409, 471
Chauvet, Louis S. 232, 233
Chauvin, Michel S. 440, 468
Chevalier, Maurice S. 99, 132
Chion, Michel S. 8, 251, 265, 317
CinéSiegler *siehe* Siegler, Marie-France
Clair, René S. 298
Cleese, John S. 252, 450
Clément, Claude S. 392, 416
Clément, René S. 112, 118, 131, 146, 149, 298, 367

Cocteau, Jean S. 75, 98, 298, 299
Colette S. 88, 100, 102, 108, 111, 473
Colombel S. 54
Colombet, Henri S. 278
Condominas, Laure S. 340
Coquatrix, Bruno S. 31, 341, 346, 347, 348
Cottin, Jacques S. 194, 198, 325, 409

Dalio, Marcel S. 77
Dac, Pierre S. 86
Dandenell, Anna-Karin S. 469
Dandy, Raymond S. 99
de Beauvoir, Simone S. 295
de Brinon, Fernand S. 131
de Brunhoff, Marie-Claude S. 131
de Gaulle, Charles S. 139, 142, 151, 211, 212, 214, 226, 321, 326, 334, 336, 337, 342, 360, 389, 416, 459, 461
de Grundwald, Dmitri S. 421
de Noailles, Charles S. 75
de Noailles, Marie-Laure S. 75
Debord, Guy S. 244, 396, 397, 399, 400, 479
Debureau, Jean-Gaspard S. 108, 109, 142, 143
Decomble, Guy S. 194
Decroux, Etienne S. 109, 110, 181
del Monaco, Nino Molossena S. 425, 487
Delpierre, André (Pierdel) S. 135, 194, 198, 272
Demange, Paul S. 147, 178, 203
Denneke, Barbara S. 7, 390, 391, 406, 415
Derobe, Jean (»Jeander«) S. 232, 233, 234
Descaves, Lucien S. 89
Deschamps, Jérôme S. 214
Dhéry, Robert S. 295
Diderot, Denis S. 62, 86
Dino, André S. 323, 324
Doillon, Jacques S. 217
Dondey, Marc S. 8, 31, 87, 252
Donen, Stanley S. 167

Dorfman, Robert S. 435, 436, 438, 441
Dorin, René S. 88, 89
Douglas, Gustaf S. 7, 439, 440, 442, 445, 454, 475, 476
Dubail, Philippe S. 195
Dubas, Marie S. 99, 101, 107, 140
Dufy, Raoul S. 39, 297
Dumont, Charles S. 454, 455
Dupont S. 53
Duras, Marguerite S. 31, 241, 243

Eckert-Lundin, Eskil S. 226
Ede, François S. 7, 135, 193
Eidsvik, Charles S. 355
Eisenstein, Sergej S. 186
Esterel, Jacques S. 367, 372,
Etaix, Pierre S. 7, 286, 287, 288, 310, 324, 325, 327, 328, 335, 339, 341, 343, 351, 352, 353, 436, 438, 493
Etiemble, René S. 418

Fallet, René S. 322, 483
Faurez, Jean S. 162
Fellini, Frederico S. 289
Fernandel S. 58, 83, 86
Feuerstein, Günther S. 397, 399
Feyder, Jacques S. 80
Fischer, Gunnar S. 464, 465, 471
Fischer, Jens S. 465, 466
Fischer, Lucy S. 8
Flaubert, Gustave S. 185, 220, 276
Forrester, Jack S. 75, 77
Franchi, Marcel S. 199
Frankeur, Paul S. 194, 198
Frost, David S. 486
Fusée, Claude S. 91
Fusée, Micheline S. 91

Gabin, Jean S. 194, 330
Gance, Abel S. 131, 299, 380
Gaumont, Léon S. 74
Gelin, Daniel S. 238
Getz, Morey S. 290, 291
Giacometti, Alberto S. 250
Giraudoux, Jean S. 131

Godard, Jean-Luc S. 172, 299, 387
Goethe, Johann Wolfgang von
  S. 88, 192
Goldin, Mitty S. 86, 107
Gorodiche S. 53, 72, 142, 491
Grade, Lew S. 31
Grémillon, Jean S. 131
Grieg, Edvard S. 174
Grive, Bvengt S. 227, 228, 279
Gromaire, Marcel S. 106
Guilbert, Yvette S. 75, 99
Guitry, Sacha S. 131

Haanstra, Bert S. 61, 349-351, 431-438,
  444, 449, 454, 474, 477, 493
Hallström, Lasse S. 439-443, 449
Hallyday, Johnny S. 294
Halsman, Philippe S. 332
Harding, James S. 8
Hardy, Oliver S. 80, 258
Harper, Ken S. 367
Haskel, Karl S. 7, 439-444
Henry, Maurice S. 155
Holliday, Judy S. 302
Huard, Jean-Marie S. 118
Hugo, Victor S. 471
Hulot, François S. 131
Huyghe, René S. 38

Jägerstedt, Juri S. 469
Jeander siehe Derobe, Jean
Jeppsson, Hasse S. 227
Jolson, Al S. 74
Jonsson, Bo S. 468
Jorn, Asger S. 396

Karno, Fred S. 108, 110
Keaton, Buster S. 38, 76, 145, 154, 211,
  234, 253, 298, 333, 334, 341, 352, 353
Kelly, Gene S. 167
Ketty, Rina S. 99
Kimberley, Maria S. 263, 457, 462
Kolldehoff, Reinhard S. 372, 419, 422
Kwariani, Kola S. 80, 84

Lagrange, Jacques S. 25, 38, 127, 225,
  236, 237, 242, 243, 248-250, 269,
  270, 272, 290, 296, 305-309, 312,
  315, 323, 359, 368, 370, 392, 416, 447,
  467, 477, 489, 491-493,
Lagrange, Léo S. 105
Lagrelat S. 53
Lallemant, Robert S. 106
Lang, André S. 233
Lang, Fritz S. 174
Langlois, Henri S. 299
Laumain, Maurice S. 7, 444, 456
Laurel, Stan S. 80, 258, 334
Laval, Pierre S. 88
Le Corbusier S. 306, 308, 368, 371, 373
Leenhardt, Roger S. 299
Lefebvre, Henri S. 396
Lelouche, Claude S. 471
Léotard, Philippe S. 471
Leplée, Louis S. 86, 87, 401
Lewis, Jerry S. 465
L'Herbier, Marcel S. 131, 248, 271
L'Hôte, Gilles S. 7
L'Hôte, Jean S. 29, 43, 46, 290
Lifar, Serge S. 131
Linder, Maud S. 200, 344
Linder, Max S. 38, 82, 145, 154, 200,
  342, 344, 349
Lloyd, Harold S. 333, 353
London, Jack S. 379
Loren, Sophia S. 334, 361
Lustig, Francis S. 496, 500
Lustig, Heinz S. 126, 494, 496
Lustig, Herta S. 126-128, 130, 494,
  496, 498-500

MacLaine, Shirley S. 454
Moutet S. 53
McDonald, Norman S. 501
McDonald, Helga siehe Schiel, Helga
McLuhan, Marshall S. 479
Magnan, Henry S. 233
Mallet-Stevens, Robert S. 306
Malraux, André S. 416
Marceau, Marcel S. 58

Marcellin, Raymond S. 447
Margaritis, Gilles S. 77
Marquet, Henri S. 126, 134, 135, 159,
   193 195, 198, 205, 226, 248, 249, 272,
   284, 318, 325, 416, 493
Martel, Max S. 114, 147, 511
Marx, Friedrich S. 396
Marx, Harpo S. 298
Mathews, Harry S. 340
Mathieu, Mireille S. 439
Maupassant, Guy de S. 276
Maurice, Bernard S. 82, 271, 284, 286,
   339, 351, 353, 423, 436, 493
Mercanton, Jacques S. 163-165, 192
Meunier, Germaine S. 7
Minevich, Borrah S. 86, 226, 238-241,
   290, 292, 326
Molière, Jean-Baptiste Poquelin
   S. 13, 261, 474

Nimier, Roger S. 294
Noël, Lydie S. 199
Noël-Noël S. 86

Ophüls, Max S. 299
Orain, Fred S. 7, 114, 143-146, 155,
   160-163, 168, 190, 192, 193, 196, 197,
   199-201, 218, 226, 230, 231, 243,
   282, 284, 291, 292, 296, 302, 335,
   364, 421,

Painlevé, Paul S. 160
Pascaud, Nathalie siehe Schillio,
   S. Jacqueline
Pathé, Charles S. 73
Paulvé, André S. 143, 162
Pellegrini, Rudolf S. 497
Pellegrini, Caroline S. 497
Pellos, André S. 106
Pépée, Hélène siehe Pierre, Hélène
Perec, Georges S. 9-11, 29, 234,
   398, 422
Perrault, Louis S. 270, 271
Perret, Gustave S. 237
Perriand, Charlotte S. 371, 373

Persson, Inger S. 475
Pétain, Marshal S. 124, 131, 132, 135,
   139, 151, 214
Peynet, Georges S. 349
Philippe, Gérard S. 146
Piaf, Edith S. 87, 99, 112, 226, 241, 341,
   347, 454
Pierdel siehe Delpierre, André
Pierre, Hélène S. 80, 82
Plé, Fernande S. 424
Pompidou, Georges S. 360, 364, 461
Prévert, Jacques S. 155, 190, 232

Queneau, Raymond S. 11, 17, 234, 239,
   243, 310, 314, 322
Queval, Jean S. 234

Raimu S. 58, 83, 86
Ramponi, Barbara siehe Denneke,
   Barbara
Renoir, Jean S. 194, 220, 299
Reynaud, Emile S. 244, 245, 247, 448
Reznikov, Jean S. 353, 382
Rhum siehe Sprocani, Enrico S.
Ribowski, Nicolas S. 7, 44, 78, 367, 416
Rizzi, Teresa-Maria S. 22
Rochard, Bob siehe Perrault, Louis
Roche, France S. 289
Rodie, Paul S. 449
Rohauer, Raymond S. 38
Romains, Alain S. 241, 278
Romains, Jules S. 59
Roman, Eugène S. 392
Rosenbaum, Jonathan S. 417, 463,
   478, 479
Rossi, Tino S. 86
Rouffe, Louis S. 108
Rouquier, Georges S. 217, 232

Sabbagh, Georges S. 106
Sagan, Françoise S. 294
Saint-Exupéry, Antoine de
   S. 298
Saint-Granier S. 88, 89
Sartre, Jean-Paul S. 17, 298

Sauvy, Alfred   S. 51–53, 55–57, 59, 65, 68, 79, 80, 107, 112, 120, 132, 142, 331, 424, 430, 493
Savary, Jérôme   S. 485
Saulx, Mademoiselle   S. 23, 304
Schiel, Helga   S. 128, 494–501
Schiel, Herta   siehe Lustig, Herta
Schiel, Molly   siehe Wien, Molly
Schillio, Jacqueline   S. 270
Schneider, Douglas   S. 53, 107, 133, 142
Schneider, Katherine   S. 57
Schurr, Claude   S. 36, 38, 410
Sennett, Mack   S. 298, 334, 341
Siegler, Marie-France   S. 7, 389, 415, 416, 436, 440, 441, 477, 479
Silvéra, René   S. 351
Simon, Luc   S. 340
Simon, Michel   S. 99
Sinatra, Frank   S. 302
Spielberg, Steven   S. 29, 220, 486, 489
Sprocani, Enrico   S. 80–85, 91–93, 95, 96, 178, 240
Stoppard, Tom   S. 399
Sullivan, Ed   S. 331

Tatischeff, Graf Dmitri (Großvater väterlicherseits)   S. 17–19
Tatischeff, Georges-Emmanuel (Vater)   S. 17–22, 24, 25, 32, 71, 78, 285, 329, 364
Tatischeff, Marcelle Claire (Mutter)   S. 20, 329, 424
Tatischeff, Micheline (Ehefrau)   S. 137–139,142, 204, 226, 239, 293, 33, 337, 376, 392, 424, 425, 430, 461, 462, 475, 501
Tatischeff, Odette Nathalie (Schwester)   S. 21, 24, 26, 87, 121, 127, 129, 137, 364, 434, 425
Tatischeff, Pierre (Sohn)   S. 142, 236, 242, 303, 318, 425, 430, 454
Tatischeff, Sophie (Tochter)   S. 7, 142, 179, 193, 236, 242, 318, 348, 425, 430, 440, 444, 456, 487, 491, 501

Taylor, Elizabeth   S. 361
Terouanne, Alain   S. 7, 302
Terry, Norbert   S. 7, 364, 392–394
Thompson, Kirsten   S. 277
Trébor, Max (Robert)   S. 88
Triquet, Gaby   S. 99
Truffaut, François   S. 11, 194, 297–299, 409
Tschechow, Anton Pawlowitsch   S. 244
Turpin, Ben   S. 54

Valéry, Paul   S. 100
Vallée, Maine   S. 193, 199
Vallée, Marcel   S. 194
Van Hoof, François Hubert Théodore (Großvater mütterlicherseits)   S. 22, 23, 36
Van Hoof, Marcelle Claire   siehe Tatischeff, Marcelle Claire
Van Hoof, Theresa Marie (Großmutter mütterlicherseits)   siehe Rizzi, Teresa-Maria
Vaneigem, Raoul   S. 396
Vialette, Madame   S. 136
Vian, Boris   S. 234, 239, 243, 287
Vigouroux, J.   S. 66
Vivet, Jean-Pierre   S. 232, 233
Volterra, Léon   S. 128
Volterra, Simone   S. 128

Wague, Georges   S. 108, 110
Weil, Jaques   S. 494, 498, 499
Wennberg, Elizabeth   S. 7, 45, 475
Wheeler, René   S. 159
Wien, Molly   S. 126, 128, 498
Winding, Andreas   S. 415
Winter, Micheline   siehe Tatischeff, Micheline
Wirtz, Alexandre   S. 221, 222
Wuidart, Juliette   S. 339, 353, 436

Yatové, Jean   S. 126, 179, 180, 200

Zanuck, Darryl F.   S. 364

David Bellos, geb. 1945, ist Übersetzer und Übersetzungstheoretiker, Professor für Romanistik, Französische Literatur und Komparatistik an der Princeton University. Er verfasste mehrere literarische Biografien, u. a. über Victor Hugo und Georges Perec und ist Übersetzer von Perec, Ismail Kadare sowie Georges Simenon. Im Jahr 2015 wurde er als Offizier in den *Ordre des Arts et des Lettres* aufgenommen.

Angelika Arend, geb. 1942 in Leipzig, absolvierte ein Studium der Anglistik, Slawistik und Germanistik. 1971 emigrierte sie nach Kanada und lehrte ab 1983 als Professor of German an der Universität Victoria. Seit ihrer Emeritierung 2007 ist sie als Autorin von Lyrik, Kurzprosa und literarischer Übersetzung tätig. Für den Mitteldeutschen Verlag übersetzte sie u.a. Sharon Balas Roman *Boat People* (2020).

»Die beste Biografie des Jahres ... Mit Scharfsinn und Eleganz untersucht David Bellos, wie der Schöpfer von Monsieur Hulot in einem sich rasch verändernden Medium einen berechtigten Anspruch darauf geltend machte, in die Fußstapfen von Chaplin und Keaton zu treten.«

JOHN GOLDSTREAM, *Daily Telegraph*

»Es ist fast schon zur Gewohnheit geworden, dass das Leben großer, genialer Komiker sie als düstere, finstere Persönlichkeiten zeigt, die mit einer inneren Dunkelheit zu kämpfen hatten. So ist es keine Überraschung, wenn sich David Bellos' ausgezeichnete Biografie als trauriges Buch über einen der witzigsten Männer der Kinogeschichte entpuppt.«

JOSEPH FARRELL, *Glasgow Herald*

»Voller Einsichten und Informationen ... Bellos erweist sich als glänzender Erklärer von Sinn und Bedeutung dieses ungewöhnlichen Gesamtwerks.«

JONATHAN COE, *London Review of Books*

»Eine gründlich recherchierte, wohldurchdachte Biografie ... die die Filme von Jaques Tati mit methodischer Sorgfalt und Präzision untersucht.«

IAN GRAHAM, *Irish Independent*

»Die meisten Filmstars würden um eine Biografie wie diese betteln; sie verzichtet auf plumpe Heldenverehrung, verteidigt beherzt echte Inspiration und wirft nicht mehr als höfliche Blicke auf das persönliche Leben ihres Protagonisten; sondern zieht es vor, das Gefüge seiner Witze offenzulegen oder einen Schritt zurückzutreten und das Augenmerk auf die Gesellschaft zu richten, der er entstammte und sich daher nicht dazu aufschwingen konnte, sie ernsthaft zu kritisieren.«

ANTHONY LANE, *New Yorker*

»Bellos zeigt die einzigartige Gabe von Monsieur Hulot mit Präzision. Wie man es von dem akribischen Balzac-Forscher und Biografen des exzentrischen Georges Perec erwarten kann, steht die Analyse fest in einer französischen und künstlerischen Tradition und ergeht sich nicht in der Überschwänglichkeit eines Fanmagazins. Das ist erfreulich und angemessen. Tati hat nur sehr wenige Filme gedreht. Was er dem Kino geschenkt hat, verdankt sich ebenso seiner Teilnahme am Alltagsleben wie seinen Neuerungen in Sachen Farbe oder Format. Bellos ist ein Kenner dieser Vergnügungen und Ansprüche, ein idealer Beobachter des Mannes mit der mürrischen Miene, der sich unerschütterlich im Spektrum der gallischen Provinzen, der Badeorte und der dadaistischen Moderne bewegte.«

NOEL PURDON, *Australian*